# IDC

DE L'IMPRIMERIE DE Et. IMBERT,
RUE DE LA VIEILLE-MONNAIE, N°. 12.

# RECUEIL GÉNÉRAL

DES

# ANCIENNES LOIS FRANÇAISES,

Depuis l'an 420 jusqu'à la révolution de 1789;

CONTENANT LA NOTICE DES PRINCIPAUX MONUMENS DES MÉROVINGIENS, DES CARLOVINGIENS ET DES CAPÉTIENS,

ET LE TEXTE DES ORDONNANCES ÉDITS, DÉCLARATIONS, LETTRES-PATENTES, RÈGLEMANS, ARRÊTS DU CONSEIL, ETC., DE LA TROISIÈME RACE,

Qui ne sont pas abrogés, ou qui peuvent servir, soit à l'interprétation, soit à l'histoire du Droit public et privé,

Avec notes de Concordance, Table chronologique et Table générale analytique et alphabétique des matières;

## PAR MM.

JOURDAN, Docteur en droit, Avocat à la Cour royale de Paris;
DECRUSY, Avocat à la même Cour;
ISAMBERT, Avocat aux Conseils du Roi et à la Cour de Cassation.

» Voulons et Ordonnons qu'en chacune Chambre de nos Cours de
» Parlement, et semblablement ez Auditoires de nos Baillis et
» Sénéchaux y ait un livre des Ordonnances, afin que si aucune
» difficulté y survenait, on ait promptement recours à icelles. »
( Art. 79 de l'Ordonn. de LOUIS XII, mars 1498, 1re. de Blois.)

## TOME II.

1270—1308.

PARIS.

Chez { BELIN-LE-PRIEUR, LIBRAIRE-ÉDITEUR, QUAI DES AUGUSTINS, N°. 55.
{ VERDIERE, LIBRAIRE, QUAI DES AUGUSTINS, N°. 25.

Ire. LIVRAISON, IIe. VOLUME.

# ÉTABLISSEMENS
## DES
# CAPÉTIENS.

SUITE ET FIN DU RÈGNE DE SAINT LOUIS.

N°. 223 — LES ÉTABLISSEMENS (1)

*Selon l'usage (2) de Paris et d'Orléans et de court de baronnie.*

1270. ( C. L. I, 107. )

## LIVRE I.

L'an de grace 1270 (3). Li bons Roys (4) Loeys fit et ordena ces establissemens (5), avant ce que il allast en Tunes, en toutes les

(1) Ces établissemens, dans lesquels saint Louis comprit quelques lois de ses prédécesseurs, et plusieurs de celles qu'il avait publiées auparavant, sont comme une espèce de code qu'il fit faire peu de temps avant sa seconde croisade. Ducange, dans sa préface sur ces établiss. dit, que ce sont eux que Beaumanoir cite souvent, sous le titre d'establissement le Roy, ce qui est vrai quelquefois, comme l'on peut voir en conférant le ch. 65 du liv. 1er intitulé : « d'homme qui se plaint de nouvelle dessaisine », et le ch. 41 du livre 2, avec ce qu'écrit Beaumanoir, chap. 32, p. 171. (Laur.)

(2) Dans un manuscrit il y a à la tête du livre, « Ci ce commencent li establissement, le roy de France, selonc l'usage de Paris et d'Orliens, et de Touraine et d'Anjou, et de l'office de chevallerie, et court de baron. La premiere rebriche dou premier cas si est de l'office de prevost. » Et ce titre vaut peut-être mieux, parce qu'il est évident que les coutumes d'Anjou, du Maine, de Touraine et du Loudunois ont été tirées en partie de ces établiss. La préface qui suit n'est pas dans le même manuscr. Laur.)

(3) Plusieurs doutent de cette date sur l'autorité de Nangis, qui écrit, p. 385, que saint Louis partit d'Aiguemortes, pour son second voyage d'outremer, le mardi après la fête de saint Pierre et de saint Paul, de l'année 1269; mais il y a au Trésor des Chartes, registre coté 20, depuis 1259 jusqu'en 1272, un échange du mois de juin 1270, fait entre le roi d'une part et les Templiers d'autre, pour leur maison de Saint-Gilles, et daté d'Aiguemortes, lequel suffit pour prouver que Nangis s'est trompé, et qu'en 1270, ces établiss. ont été publiés, comme il est dit dans cette préface.
C'est d'ailleurs un fait constant dans l'histoire, que saint Louis mourut le 25 août de l'année 1270, presque aussitôt qu'il fut arrivé à Tunis. De sorte qu'il n'y a nul doute que ce prince n'ait été assez long-temps en France, en l'année 1270, pour y faire publier ces établiss. (Laur.)

(4) Ces mots nous marquent que cette préface a été ajoutée après la mort de saint Louis, par une tierce personne. (Laur.)

(5) Pour se mettre bien au fait de la jurisprudence de ces temps-là, il faut lire avec attention les réglemens de saint Louis qui fit de si grands changemens dans l'ordre judiciaire. ( Montesq. 9, L. 28, C. 23.)

cours layes du royaume et de la prevosté de France. Et enseignent ces establissemens comment tous juges de court laye doivent oir et jugier et terminer toutes les querelles qui sont tretiées par devant eux, et des usages de tout le royaume et d'Anjou, et de court de baronnie, et des redevances que li prince, et li baron ont sur les chevaliers et sur les gentilshommes, qui tiennent d'eux ; et furent faits ces establissemens par grand conseil de sages hommes et de bons clers, par les concordances des lois, et des canons et des decretales, pour confermer les bons usages et les anciennes coustumes, qui sont tenuës el royaume de France, seur toutes querelles, et seur tous les cas qui y sont avenus, et qui chacun jour y aviennent. Et par cet establissement doit estre enseigné li demanderres et li deffendieres à soy deffendre. Et commence en la manière qui en suit.

*Loeys* (1) Roys de France par la grace de Dieu, à tous bons chrestiens habitans el royaume, et en la seignorie de France, et à tous autres qui y sont présens et à venir, salut en nostre Seingnieur.

Pour ce que malice, et tricherie est si porcreue entre l'umain lignage, que les uns sont souvent aux autres tort, et anuy, et meffés en maintes manieres, contre la volenté et le commandement de Dieu, et n'ont li plusours poor, ni espouvantement du cruel jugement Jésus-Christ. Et pour ce que nous voulons que le pueple qui est dessous nous, puisse vivre loyaument et en pés, et que li uns se garde de forfere à l'autre, pour la poor de la decepline du cors, et de perdre l'avoir. Et pour chastier et refrener les mauféteurs par la voye de droit et de la roideur de justice, nous en appelans l'aide de Dieu, qui est juge droicturier seur tous autres, avons ordené ces establissemens (2), selon lesquiex nous volons que l'en use és cours laies, par tout le reaume, et la seigneurie de France.

---

(1) Ceci manque encore dans le même manuscrit. (Laur.)
(2) Il y avait dans ce temps-là, comme on l'a tant dit, deux sortes de lois ou d'établissemens. Quand le Roi ne les faisait pas pour avoir lieu dans tout son royaume, ils n'avaient lieu que dans ses domaines, tel fut l'établissement qui abolit les duels et qui introduisit au lieu des duels la preuve par témoins. V. ci-dessus l'ordonnance de 1260, touchant les batailles. Mais quand nos Rois faisaient les établissemens pour l'utilité générale de tous leurs sujets, ils devaient être observés dans tout le royaume. « Quand li Roys, dit Beaumanoir, page 265, fait aucun establissement especialment en son domaine, li barons ne laissent pas pourche à user en leurs terres, selon les anciennes coustumes, mais quand li establissement est généraux, il doit courre par tout le royaume; et nous devons croire que tel establissement sont fait par tres grand conseil, etc. » Tels furent ces establissemens, et tel fut celui des guerres privées de l'an 1245. (Laur.)

CHAPITRE I<sup>er</sup>. — *Comment* (1) *le prévost se doit contenir en ses plés.*

*De la conduite du prévôt en sa cour.*

Se aucuns vient devant aus, et muet question de marchié qu'il ait fait, encontre un autre, ou demande heritage, li prevost semondra (2) celuy dont len se plaindra. Et quand les parties vendront à ce jor, li demandierres fera sa demande (3), et celuy à qui len demande, respondra, à cel jour meismes, se ce est de son faict. Et se ce est d'autruy fet, il aura un autre seul jour à respondre, se il le demande, et à cel jor il respondra. Se cil à qui len demande connoist ce que len li dira contre lui, li prevost fera tenir et enteriner ce qui sera conneu, et ce

Si quelqu'un se présente devant le prévôt et agite une question de marché qu'il ait fait avec un autre, ou réclame quelqu'héritage, le prévôt ajournera celui dont on se plaindra : quand les parties se présenteront au jour assigné, le demandeur fera sa demande, et le défendeur répondra le jour même s'il conteste ou avoue le fait. S'il le désavoue, on lui assignera un autre jour, auquel il sera tenu de répondre. S'il reconnaît ce dont il est question, le prévôt jugera et fera exécuter ce qui a cou-

---

(1) Dans le manuscrit déjà cité, et dans celui de Baluze, le titre de ce chapitre est conçu en ces termes : « Li prevost de Paris et d'Orliens si tendront cette forme en leur plez, etc. » (Laur.)

(2) Les prévôts étaient alors comme depuis, inférieurs aux baillis. Suivant ce chapitre, le prévôt devait donc faire faire les semonces par ses sergens ou bedeaux, car les prévôts comme les baillis avaient de ces sortes de bas-officiers, qu'ils commettaient eux-mêmes, soit pour faire les ajournemens, soit pour exécuter leurs jugemens. Et c'est pour cela que saint Louis défendit aux prévôts et baillis, par l'art. 17 de son Ord. de 1254, d'avoir un trop grand nombre de ces officiers.

Les choses étaient ainsi dans les pays où la justice était administrée par les prévots ou les baillis, ou dans les lieux où la justice se rendait par hommes ou pairs, lorsque les semonces étaient faites à des roturiers et des personnes non franches ; mais quand les semonces étaient faites à des gentilshommes, ou des possesseurs de fiefs, ce devait être, suivant Beaumanoir, par le ministère de leurs pers. Beaumanoir, chap. 2, p. 17. V. Desfontaines, dans son Conseil, chap. 3. (Laur.)

(3) La semonce, comme on le voit dans le passage de Beaumanoir, que l'on vient de citer, devait contenir la cause pourquoi elle était faite, ce qui était nécessaire, afin que celui qui était ajourné pût être en état de se défendre, quand l'action serait formée devant le juge.

Comme cette procédure se pouvait faire verbalement chez les Romains, elle se faisait aussi souvent en France verbalement du temps de saint Louis, ainsi qu'on en peut juger par cette ord., ce qui est aboli il y a long-temps. V. l'Ord. de 1667, tit. 2. (Laur.)

qui est accoustumé selon droit escrit el Code el titre *de Transactionibus*, en la loy, *Si causâ cognitâ*, en la fin, et en la digeste el titre qui se commence *de re judicatâ l. A divo pio*. Se cil à qui len demande, ne dit aucune reson qui valoir luy doie à sa deffense ; et se il avenait se cil à qui len demande meist eu ny, ce que len li demandera, ou ce cil qui demande, niast ce que len li met sus, à la deffense de cil à qui li demande, les parties jureront de la querelle. Et la forme du serement si se sera tele. Cil qui demande jurera que il croit avoir droite querelle, et droite demande, et qu'il respondra droite verité à ce que len li demandera selon ce qu'il croit, et que il ne donra riens à la justice, ne ne promettra por la querelle, ne aus tesmoins, fors que leurs despens, ne n'empeschera les prueves de son adversaire, ne riens ne dira contre les tesmoins qui seront amenez contre luy, qu'il ne croie que voir soit, et qu'il n'usera de fausses preuves. Cil à qui len demande jurerra qu'il croit avoir droit et bone reson de soi deffendre, et jurera les autres choses qui sont dites dessus. Aprés ces seremens li prevost demandera és parties la verité de ce qui sera dit pardevant luy. Et se cil à qui len demande met en nie ce que len li demandera, se cil qui demande à ses tesmoins prés, li prevot les recevra, et

tume d'être observé en pareil cas, conformément au droit écrit, au Code, titre *de Transactionibus*, en la loi *Si causâ cognitâ*, vers la fin, et dans le digeste au titre qui commence *de re judicatâ l. A divo pio*. Si le défendeur ne donne aucune bonne raison pour sa défense et nie tout ce qu'on lui demandera, et que le demandeur de son côté recuse tous les moyens de défense de son adversaire, les parties alors seront admises au serment, dont voici la forme : le demandeur jurera qu'il croit avoir droit de former sa demande, qu'il répondra avec sincérité aux questions qui lui seront faites, qu'il ne donnera rien aux juges pour les corrompre, ne leur promettra, ainsi qu'aux témoins, que leurs dépens, qu'il n'empêchera pas les défenses de son adversaire, et se soumettra à la preuve par témoins ; qu'il ne croit voir que ce qui est juste, et qu'il n'emploiera pas de fausses preuves. Le défendeur, de son côté, jurera qu'il croit avoir droit et juste raison de se défendre, et fera les autres sermens marqués ci-dessus. Aprés ces sermens, le prévôt demandera la vérité de ce qui sera dit devant lui. Si le défendeur nie ce qu'on lui

orra tantost, se ce non, se il veut selon ce que li tesmoins ou les parties seront prés, ou loin, et selon ce qu'il semblera bon au prevost. Et a savoir quant li tesmoins seront presens, lors demandera li prevos, se cil contre qui il seront amené, ne veut riens dire contre les tesmoins, et les personnes, et lors convendra que il responde, et se il dit que non, il ne porra riens dire contre iceux d'illeques en avant; et se il dit que oil, il conviendra dire dequoy. Et se il dit chose qui vaille, len li mettra jour à prouver ce qui sera dit contre les tesmoins, un seul jour. Et recevra li prevos les tesmoins du demandeur et jurera chacun par soi, et les doit oir secreement, et tantost pueplier (1), et porra dire contre les dis és tesmoins cil à qui len demande, se il puet dire chose qui vaille. Et se il avenoit chose que li tesmoin seront amenez (2), que cil à qui len demande dit par son serrement que il ne cogneust les tesmoins, len li mettra jour, se il le demande, à dire contre les tesmoins, ou les personnes un seul jour, et un autre à prouver, se il le demande, et il dit chose qui vaille. Et ne pourquant les tesmoins du demandeur seront re-

demande, le prévôt recevra et entendra les témoins du demandeur, s'ils sont près ou bien celui-ci pourra obtenir deux jours de délai, s'il le veut, selon que ses témoins seront loin ou près ; et selon que le prévôt le trouvera convenable. Lorsque les témoins seront présens, le prévôt demandera à celui contre lequel ils vont déposer s'il n'a rien à dire contre eux, il fera aussitôt sa réponse, et s'il ne les recuse sur-le-champ, il ne pourra plus ensuite les reprocher : s'il les recuse, il en donnera les raisons, si elles paraissent fondées ; on lui donnera jour pour les prouver, et il ne pourra obtenir plus d'un jour de délai. Le prévôt recevra les témoins du demandeur, et après avoir pris leur serment, les entendra en secret, puis aussitôt fera connaître leurs dépositions. Si le défendeur a quelque chose à objecter contre lesdits témoins, il pourra le faire sur-le-champ, et s'il arrivait qu'il protestât ne les point connaître, on lui donnera, s'il le demande, un jour pour former sa plainte contre eux ; et si elle est fondée,

---

(1) V. la note sur l'art. 5 de l'Ord. de 1260, touchant les batailles, et sur l'art. 4. (Laur.)

(2) Dans le manuscrit de Baluze, il y a mieux, « se il avenoit chose quant li tesmoins seront amenez. » Et encore mieux dans le manuscrit déjà cité : « Se il avenoit quand li tesmoins seront amenez. » (Laur.)

ceus et puepliés en la maniere qui est dite dessus. Et se il avenoit que li tesmoins fussent amenés contre les tesmoins au demandeur, l'en demanderoit à celi demandeur selon ce qui est dit dessus, c'est à sçavoir se il vodra riens dire contre les tesmoins qui seront amenez à reprouver les siens, et conviendra que il responde selon ce qui est dit dessus, et garderoit l'en la forme dessus dite, en toutes choses, ne plus de tesmoins ne seront reçeus d'illeques en avant à reprouver tesmoins. Et donroit li prevotz son jugement selon ses erremens, se la chose estoit clere, ne ne pourra l'en appeler de son jugement (1), selon droit escrit el Code *de precibus Imperatori offerendis, l. ult. Si quis, Authent. ibi signata, quæ supplicatio* un autre seul jour pour la prouver. Les témoins du demandeur ne seront reçus et avoués qu'en la manière dite ci-dessus. Si le défendeur produisait des témoins contre ceux du demandeur, on demandera à celui-ci s'il n'a rien à dire contre les témoins qui viennent déposer contre les siens. Il répondra selon ce qui est dit ci-dessus, et l'on ne s'éloignera jamais de cette règle, laquelle étant remplie et observée, on n'écoutera plus aucune raison pour recuser les témoins ainsi reçus. Le prévôt prononcera ensuite le jugement d'après ce qu'il aura entendu, et si l'affaire est claire, on ne pourra appeler de sa sentence, selon le droit écrit au Code *de precibus Imperatori*

---

(1) On voit par-là qu'il n'y avait point alors tant d'appellations en la cour, qu'il y en a eu depuis, et que le parlement, qui n'était pas encore sédentaire, était bien moins surchargé d'affaires. Dans les cas qui sont ici marqués, on demandait en la justice du Roi amendement de jugement, ce qui devait être fait le jour même que le juge royal avait rendu sa sentence, et, ce jour passé, il n'y avait plus que la voie d'appel dont l'usage commençait de s'introduire suivant les chap. 78 et 80 de ce liv. Joignez l'art. 18 de l'Ord. de Charles VII à Montil-les-Tours, en 1453.

L'amendement de jugement se demandait au même juge par supplique ou supplication; et il était, par cette raison, plus respectueux que l'appel qui, selon les praticiens, contenait félonie, ainsi qu'il est dit au chap. 15 du liv. 2. de ces Etabl. Et le juge, dans ce cas, faisait venir une seconde fois ceux-mêmes qui avaient assisté au jugement, et autres prud'hommes qui connaissaient de droit et de jugement, comme il est dit dans le chap. 80. V. la note sur le chap. 78 de ce livre. L'appel suspendait le jugement; l'amendement ou la rétractation ne le suspendait pas.

Suivant le chap. 76, nul gentilhomme ne pouvait demander amendement de jugement, et il devait le fausser ou le tenir pour bon, à moins que ce ne fût en la court le Roi, où tout le monde pouvait demander amendement, et où personne ne pouvait fausser.

Et suivant le chap. 136, « l'homme coutumier ne pouvait faire froisser, ne contredire jugement. » Et si après que son seigneur lui avait rendu justice, il

gloriosis; més len pourra bien supplier au Roy que il le jugement voye, et se il est contre droit, que len le depiéce, selon droit escrit el Code *de sententiis præfectorum prætorio*, *lege unicâ*, où il escrit de ceste matiere. Cist meismes ordres de prevost et de prueves sera gardés à faire selon plés d'eritage, ou d'appartenances à héritage. Derechief se cil à qui len demande, met en sa deffense aucune chose qui vaille, li ordres dessus dit sera gardés és prueves faire. Et est à savoir que faux tesmoins sera punis, selon ce que li prevos verra que bien sera, et seront li tesmoins contraints à porter tesmoignage és quereles qui seront pardevant les prevos.

*offerendis. l. ult. si quis Authent, ibi signatâ, qua supplicatio gloriosis*; mais on pourra bien supplier le Roi, pour qu'il revoie lui-même le jugement, et le reforme s'il lui paraît injuste, selon le droit écrit au Code *de sententiis præfectorum prætorio, lege unicâ*, où il est traité de cette matière. Le prévôt observera cette forme de procédure dans toutes les causes d'héritages ou concernant héritages. En un mot, si celui contre qui la demande est formée veut se défendre, on observera a son égard tout ce que nous avons dit relativement aux preuves qui sont à faire, et nous faisons savoir que les faux témoins seront punis selon ce que le prévôt en aura ordonné. Tous témoins appelés seront contraints de paraître en témoignage dans les causes pendantes au tribunal du prévôt.

2. *De deffendre batailles, et d'amener prüeves.*

*Batailles défendues, preuves admises.*

Nous deffendons les batailles partout nostre demaine, en

Nous défendons dans toute l'étendue de nos do-

---

avait demandé l'amendement de son jugement, il en était amendable envers son seigneur.

Nous apprenons du chap. 78 que l'amendement se demandait ainsi au baillif ou autre juge, en suppliant : « Sires, il me semble que cest jugement me gueve, et pour ce en requiers-je amendement, et que vous me mettez terme, et faites tant de bonnes gens venir, que eux connoissent se li amendement y est, ou non par gens qui le puissent faire. » V. les chap. 6, 78, 136, avec les notes. (Laur.)

toutes querelles (1) : mais nous n'ostons mie les denis (2), les responses, les contremans (3), qui ayent esté accoustumés, selon les usages des divers pays, fors itant que nous en ostons les batailles. Et en lieu des batailles, nous mettons prueves des tesmoins, ou des chartres, selon droit escrit en Code el titre *de pactis*, qui commence (4), *Pactum, quod bona fide interpositum*. Et en Code el titre *de transact. l. cum transegisset*. Et si n'ostons mie les autres bonnes prueves et loyaus, qui ont esté accoustumés en court laie en jusques à ores.

maines de terminer les querelles et contestations par le sort des armes. N'empêchons cependant les dénis, les réponses et les contremans, conformément aux usages de divers pays, n'entendant abolir que les batailles. En leur place nous substituons les preuves par témoins ou par titres, selon le droit écrit au Code, tit. *de pactis*, qui commence par ces mots : *Pactum quod bona fide interpositum*; et au Code, tit. *de transact. l. cum transegisset*, ne voulant proscrire aucunes des bonnes et loyales preuves reçues jusqu'à présent en cour laies.

3, *D'appeler* (5) *homme de murtre, et d'annoncer la peine au pleintif.*

*D'accuser quelqu'un de meurtre, et d'annoncer à l'accusateur la peine qu'il encourt, si son accusation se trouve fausse.*

Nous commandons, que se nus homme veut appeler nu autre de murtre, que il soit oïs ententivement. Et quand il

Nous ordonnons que si quelqu'un veut accuser un autre de meurtre, qu'il soit entendu avec la plus grande

---

(1) C'est l'art. 1er. de l'Ord. de 1260, contre les duels et les gages de bataille. (Laur.)

(2) Dans l'art. 1 de l'Ord. de 1260, il y a *clains*. (Laur.)

(3) Ajoutez «ne nul des erremens,» suivant le ms. de Baluze. Le duel judiciaire se faisait par gages qui consistaient ordinairement en un gant, que celui qui provoquait, ou appelait, jetait par terre. En matière civile, les erremens ou arremens étaient comme les gages des procès. On a expliqué dans les notes sur l'Ord. de 1260, touchant les duels, ce que c'était que les clains, les respons et les contremans. V. aussi le gloss. du Droit français sur ces mots, et le ch. 6 ci-après sur Erremens. (Laur.)

(4) Qui commence. Il doit y avoir «en la Loi qui commance.» (Laur.)

(5) Ce mot ne signifie pas ici, comme on l'a déjà dit, se porter appelant d'une sentence, mais ajourner, assigner, accuser. (Laur.)

vodra faire sa clameur (1), que l'en li die. Se tu veus (2) icelui appeler de murtre, tu seras ois, mais il convient que tu te lies à souffrir tele peine, comme tes adversaires soufferroit, se il en estoit atteins, selon droit escrit en digeste, *Novel de privatis* (3) *l. finali*, au tiers liv. Et soies bien certain que tu n'auras point de batailles, ains te conviendra jurer par bons tesmoins jurez. Et si convient que tu en aies deux bons au mains. Et bien ameine tant de tesmoins comme il te plaira à prouver, et comme tu quideras, que aidier-te puissent et doivent. Et si te vaillent ce qu'il te doie valoir; car nous ne contons (4) nulles prueves qui aient esté receües en court laye en jusques à ores, fors la bataille. Et saches tu bien que tes adversaires porra bien dire contre tes tesmoins se il veut (5). Et se cil qui veut appeler, quand l'en li aura ainsi dit, ne veut poursuivre sa clameur, laissier la puet, sans peril et sans peine. Et se il veut sa clameur poursuivre, il la fera, si comme l'en la doit fere à la

attention, et qu'avant de recevoir sa déclaration, on lui dise : si tu veux accuser un tel de meurtre, tu seras entendu ; mais il faut que tu t'engages à subir la même peine que subira l'accusé. S'il est atteint et convaincu du crime dont tu viens l'accuser, selon qu'il est écrit au digeste *de privatis l. finali*, au troisième livre. Apprends que désormais tu ne peux plus recourir aux armes et présenter le gage de bataille ; mais qu'il faudra faire le serment, et produire des témoins avoués, dont il te faudra présenter deux au moins ; mais s'il te plaît en amener davantage, tu le pourras, et leur témoignage aura le même effet qu'avait auparavant le combat judiciaire ; car nous ne te privons d'aucunes des preuves reçues jusqu'à présent en cour laïe, hors la bataille ; mais sache que ton adversaire pourra récuser les témoins, s'il le veut, et si après ces avertissemens, tu

---

(1) V. la note sur l'art. 1 de l'Ord. de 1260, lettres c. d. (Laur.)
(2) Ceci est pris mot pour mot de l'Ord. de 1260, art. 2. (Laur.)
(3) C'est la loi dernière *Dig. de privatis delictis*, qui ne parle pas clairement du Talion, non plus que la loi 3. § 2, et la loi 7 *in princ. D. De accusat.* On aurait pu mieux citer le chap. 21 de l'Exode, le 19 du Deutéronome, la loi des Douze Tables, où il y a *Si membrum rupit, ut cum eo pacit talio esto*. La loi 14 *Cod. Theod. de accusationibus*. V. Jacques Gaudefroy sur la loi 7me. de ce titre, *Formulam 29. secundum legem romanam. Doctores ad legem 3, cod. Qui accusare non possunt*, et Imbert, liv. 3, ch. 1, vers la fin. (Laur.)
(4) Au lieu de lire *contons*, il faut lire *l'oston*. (Laur.)
(5) V. chap. 3, Ord. de 1260. (Laur.)

coustume du pays et de la terre. Et quand l'en viendra au point que la bataille devra venir, cil qui par bataille prouvast, se bataille fust, si prouvera par bons tesmoins, aus cous de celuy qui les requiert, se ils sont desous son pouvoir. Et se cil encontre (1) qui li tesmoins seront amenez, veut aucune raison dire contre les tesmoins qui seront amenez contre luy, pourquoy il ne doivent estre receüs, l'en l'orra, et se la raison est bonne et loyaux, et communaument sauvée (2), et elle est muée (3) de l'autre partie, l'en enquerra les resons (4) de l'une partie et de l'autre, et seront li dis pueploiés (5) aus deus parties. Et se cil encontre (6) qui li tesmoins seront amenés vousist dire après le pueploiement aucune chose resonable encontre les dis des tesmoins, si seroit oïs, selon droit escrit en decretales, *de testibus*, en premier chapitre (7), qui commence, *Præsentium statuimus*, où il est escrit en ceste matière, et puis après fera la justice son jugement.

crois devoir abandonner ton accusation, tu le peux faire sans péril et sans crainte. Si l'accusateur veut poursuivre sa plainte, il le pourra et la fera selon l'usage du pays et de la terre, et obtiendra un délai pour lui et ses témoins; mais l'accusé pourra se défendre, et produire également en sa faveur des témoins, suivant l'usage du pays et de la terre, quand on en sera venu au point de procédure où le combat s'engagerait, si cette preuve était encore admise, l'accusateur produira ses témoins, s'il en a. Et si celui contre lequel les témoins déposent, a quelque chose à opposer à leur témoignage, on l'entendra; si ses raisons sont bonnes et loyales et communément admises, les témoins ne seront point recus; mais si elles sont niées de la partie adverse, l'on entendra les témoins de part et d'autres, et l'on fera connaître aux deux parties leurs dires respectifs. Si après cela celui contre lequel les té-

---

(1) V. chap. 4 de l'Ord. de 1260. (Laur.)

(2) Il faut mettre seue, et apres le mot seue, il faut ajouter li tesmoin ne seront pas receü. Sans ces mots, il n'y aurait pas de sens. Ils se trouvent dans l'Ord. de 1260, art. 4. (Laur.)

(3) Dans l'Ord. de 1260, art. 4, il y a mieux : « Et si la chose n'est communalement seüe et elle est niée de l'autre partie, etc. » (Laur.)

(4) Il y a mieux dans l'Ord. de 1260, art. 4 : « L'en oira d'une partie et d'autre les tesmoins, etc. » (Laur.)

(5) V. l'Ord. de 1260, art. 4. (Laur.)

(6) Ceci est pris de l'Ord. de 1260, art. 5. (Laur.)

(7) C'est le 31. (Laur.)

moins sont produits veut encore faire quelque plainte raisonnable, il sera ouï de nouveau, selon qu'il est dit aux décrétales *de testibus*, chap. 1, qui commence ainsi: *Præsentium statuimus.* Ensuite le juge prononcera la sentence.

## 4. De quas de haute justice de baronnie (1).

## Des cas de haute justice de baronnie.

En telle maniere (2) come vous avez oï ira len avant és quereles que nous vous nommeron, de traïson (3), de rat, d'arson (4), de murtre, de scis (5), de tous crimes où il ait peril de perdre la vie, ou membre, là où l'en fesoit bataille, et en tous ces quas devant dis seront amenez tesmoins; *et se aucuns* (6) *est encusés des quas dessus dis pardevant aucuns baillis, li baillis si orra la querelle jusques aus prueves, et adonc il li nous fera savoir, et adonc nous i envoyerons* (7) les prueves oïr, si appelleront cil que nous i envoyerons de ceus qui devront estre au jugement...

Dans toutes les affaires où il sera question de trahison, de rapt, de meurtre, de femmes enceintes, ou de l'enfant qu'elle porte dans son sein, dans tous les crimes en un mot, dont la peine doit être la perte de la vie ou de quelque membre, nous voulons qu'on substitue à la preuve par le combat celle qui doit se faire par témoins. Si quelqu'un est accusé d'un de ces crimes au tribunal d'un bailli, celui-ci fera informer l'affaire jusqu'aux preuves; il nous en instruira, et alors nous enverrons pour entendre les preuves, et nos en-

---

(1) V. chap. 1er. liv. 2. (Laur.)
(2) Ce chap. est pris du chap. 5 de l'Ord. de 1260. (Laur.)
(3) V. Beaumanoir, chap. 30. (Laur.)
(4) Incendie. (Laur.)
(5) V. l'art. 44 de la coutume d'Anjou. (Laur.)
(6) V. art. 6 de l'Ord. de 1260. (Laur.)
(7) Des Fontaines dans son Conseil, chap. 22, art. 14, dit qu'en pareil cas: « Li rois Philippes envoya jadis tout son conseil en la cour l'abbé de Corbie, pour un jugement qui y estoit faussez. » V. la note sur l'Ord. de 1260, art. 6. (Laur.)

voyés appeleront au jugement ceux qui doivent s'y trouver.

### 5. *De demander homme comme son serf* (1).

En querelle de servage (2), cil qui demande homme, comme son serf, il fera sa demande, et poursuivra sa querèle selon l'ancienne coustume, jusques au point de la bataille, et en lieu de bataille, cil qui prouveroit par bataille, se bataille fust, si prouvera par tesmoins, ou par chartres, ou par bonnes prueves et loyaus, qui ont esté accoustumés (3) en jusques à ores. Ainsi cil qui demande, prueve celi que il demandera comme son serf, et se il defaut de prueve, il demourra en la volenté au seigneur por l'amende.

### 5. *De réclamer un homme comme serf.*

Dans les causes où il s'agira de servage, celui qui réclamera un homme comme serf fera sa demande, et la poursuivra en la manière accoutumée, jusqu'à l'instant de la bataille ; et à la preuve par le combat, on substituera celle par témoins ou par chartes, ou par d'autres bonnes et valables preuves, qui ont été en usage jusqu'à ce jour. Ainsi celui qui poursuit un homme comme son serf, l'obtiendra si sa réclamation est fondée; mais si sa demande est injuste, le seigneur lui imposera telle amende qu'il voudra.

### 6. *De fausser jugement* (4).

Se aucun veut fausser jugement (5) en pais, là où fausse-

### 6. *De se pourvoir contre un jugement comme faux.*

Si quelqu'un veut attaquer un jugement comme faux,

---

(1) Ce chap. a été tiré de l'Ord. de 1260. (Laur.)
(2) V. liv. 2, chap. 31. (Laur.)
(3) Dans plusieurs manuscrits, il y a mieux en cort laie. (Laur.)
(4) Ce chap. est une suite du précédent, dans l'Ord. de 1260. V. l'art. 7 de cette Ord. (Laur.)
(5) *Falsare*, dans la moyenne et basse latinité, signifiait accuser de fausseté. Capitulare anni 819, tom. 1. Capitular. col. 619, art. 11. *Si servus chartam ingenuitatis adulterit, si servus ejusdem chartæ autorem legitimum habere non potuerit, domino servi ipsam chartam falsare liceat.* Fausser jugement était se pourvoir contre un jugement, comme faux ou mal rendu. Ce qui

ment de jugement afiert, il n'i aura point de bataille, mais li cleim, li respons et li autre errement du plet seront rapportés en nostre court, et selon les erremens du plet, l'en fera tenir, ou dépiécer le jugement, et cil qui sera treuvé en son tort l'amendera par la coustume du païs et de la terre. Et *se là défaute* (1) est prouvée, li sires qui est apelés, il perdra ce que il devra par la coustume du païs et de la terre. Et est à savoir que li tesmoins qui seront amenés en querele de servage, ou en querele que len apéle son seigneur de défaut de droit, si seront pueploié (2), si come il est dit dessus. Et se cil encontre qui li tesmoins seront amenés veut dire aucune chose resonnable encontre aus, il sera oïs.

en pays où l'on peut appeler d'un jugement, on ne soumettra pas l'affaire à la décision du combat; mais les plaintes, les réponses à ces plaintes, et tous les autres erremens des procés, seront apportés en notre cour, et d'après l'instruction, qui en sera faite, on approuvera ou infirmera la sentence. Celui qui perdra sa cause sera amendé selon la coutume du pays et de la terre; et le seigneur prendra ce qui lui est dû d'après la coutume du pays. Si la plainte de faux contre son jugement est trouvée raisonnable, nous faisons **savoir** que les témoins qui seront produits, soit dans les causes du servage, soit dans l'accusation de faux contre le jugement de son seigneur, seront reçus en la manière prescrite ci-dessus, et si celui contre lequel ils déposent a quelque juste reproche à leur faire, on y aura égard.

7. *De pugnir faus tesmoins.*

7. *De la punition des faux témoins.*

Se aucuns est atains, ou re-

Si quelqu'un est convaincu

---

se faisait en deux manières ou en appelant sur-le-champ purement et simplement, ou en accusant celui qui l'avait rendu d'avoir été corrompu. Voyez Part. 10 de l'Ord. de 1260, sur le chap. 1er. ci-dessus, et joignez le ch. 75 de ce liv. (Laur.)

(1) Lisez « se aucuns appelle son seigneur de defaute de droit, et se, etc. » V. Part. 9 de l'Ord. de 1260, touchant les batailles, et Beaumanoir, ch. 61, p. 312. (Laur.)

(2) V. Part. 5 de l'Ord. de 1260. (Laur.)

prins de faus témoignage és quereles devans dites, il demoura en la volenté la justice, pour l'amende. Et les batailles nous ostons par tout nostre demaine à toujours més, et volons et commandons et octroions que les autres choses soient tenuës en nostre demaine, si comme il est devisé dessus, et en telle maniere que nous puissions, et mettre, et oster et amander, quand il nous plaira, se nous voyons que bon soit.

de faux témoignage dans les causes dont nous venons de parler, la justice lui imposera telle amende qu'il lui plaira ; mais nous proscrivons à jamais dans toute l'étendue de nos domaines, les gages de batailles, voulons et ordonnons qu'on observe exactement tout ce que nous avons prescrit ci-dessus; nous réservant cependant le droit d'ajouter, retrancher et de corriger ce qu'il nous plaira, et si nous le jugeons convenable.

8. *De don de gentilhomme à ses enfans, et comment eus doivent partir se li pere meurt sans assener eus.*

8. *Du don qu'un gentilhomme peut faire à ses enfans, et comment ils doivent partager son héritage, lorsqu'il est mort sans leur avoir assigné leur part et portion.*

Gentishomme ne puet donner à ses enfans, qui sont puisnez, que le tiers de son heritage, més (1) il bien puet donner ses achats et ses conqués, auquel que il voudra, se faire le voloit. Més se il avoit fait achas (2), qui fussent de son fié, et il les donnast à un etrange,

Nul gentilhomme ne peut donner à ses enfans puinés que le tiers de son héritage ; mais il peut disposer de ses acquêts et conquêts en faveur de celui qu'il voudra. S'il avait un acquêt qui relevât de son fief, et qu'il le donnât à un étranger,

---

(1) C'est de ce chap. que l'art. ter. de la cout. du Loudunois, aux titres des donations entre nobles, et l'art. 248 de la cout. de Touraine ont été tirés. En Anjou, entre nobles, « le pere, ou la mere peuvent donner seulement à l'un de leurs puinez, ou à tous leurs puinez la tierce partie de leurs acquets et conquets, pour en joüir par héritage avec tous leurs meubles pour en joüir en propriété. » Anjou, art. 321, le Maine, art. 334. (Laur.)

(2) Voilà un cas singulier, ou en donation il y avait une espèce de retrait. V. le chap. 14. (Laur.)

li ainés les auroit pour les deniers payant que li peres y auroit mis. Et se ainsic avenoit, que li gentilhomme allast de vie à mort, sans fere partie à ses enfans, et il n'eust point de fame, tuit li mueble seront à l'aisné (1) *mes il rendroit les detes de son pere* (2) loyaument. Et se li puisné li demandoit partie (3), il leur seroit du tiers de sa terre par droit ; et se ce est fiés enterins (4), li ainsnés ne sera ja foy à seigneur de cele tierce partie, et garantira es autres en parage. Et se ainsi estoit que li freres ainsnez fust rioteus (5), et il leur eust leur tierce partie faicte trop petite, li puisné ne la prendroit pas, se il ne voloit, ains remaindroit à l'aisné, et li puisné si partiroit l'autre terre en deux parties, et l'aisné prendroit ce que li plai-

l'aîné de ses enfans pourroit le retraire en rendant la somme qu'il a coûté à son père. Si un gentilhomme, après la mort de sa femme, venait à décéder sans avoir partagé son bien à ses enfans, tous ses meubles appartiendront à l'aîné, qui sera tenu d'acquitter les dettes du père. Si les puinés lui demandent leur part, il leur abandonnera le tiers de la terre, et si ce tiers est un fief entier, il ne sera pas tenu de rendre foi et hommage pour ce tiers de la terre, et de garantir ses autres frères en parage. Mais s'il arrivait que l'aîné fût de mauvaise foi, et qu'il ne voulût pas donner le tiers juste de la terre, le puiné pourrait le refuser, le laisser à son

---

(1) S'il y avait une femme, comme elle avait la moitié des meubles, l'aîné ne pouvait en avoir que l'autre moitié, et non le tout. V. le chap. 15 de la coutume du Loudunois, au tit. de succession de fiefs, art. 3 et 31, celle de Touraine, art. 260, 290. (Laur.)

(2) V. la cout. du Loudunois au titre de succession de fiefs, art. 3, celle de Touraine, art. 268. Anjou, 235. (Laur.)

(3) Car l'aîné faisait partage à ses puinés. V. la cout. du Loudunois, au tit. de succession de fiefs, art. 15 ; celle de Touraine, art. 271. (Laur.)

(4) C'est-à-dire, fief entier. D'enterin on a fait enteriner pour accomplir, perfectionner, autoriser. Cet endroit est un peu obscur. Quand l'aîné donnait à ses puinés une part du fief, il en portait la foi et hommage pour eux, parce qu'il les garantissait en parage sous son hommage. V. la cout. du Loudunois, au tit. de succession de fiefs, art. 9, et celle de Touraine, art. 264. Mais quand, pour leur partage, il leur donnait un fief enterin, entier ou séparé, il ne les garantissait plus sous son hommage, et c'était à eux de le faire et d'en porter la foy. V. la cout. de Touraine, art. 266, et celle du Loudunois au tit. de succession de fiefs, art. 12. (Laur.)

(5) Riote en vieux français signifiait querelle, et rioteux querelleur, pointilleux. V. la cout. du Loudunois au tit. de succession de fiefs, art. 15, et celle de Touraine, art. 271. (Laur.)

roit (1). Et ainsi à li aisné les deux parties, et si a les hebergemens en heritage (2).

ainé, et demander à diviser le reste de la terre en deux autres parts, en choisir une, et laisser l'autre à l'ainé avec le principal manoir.

9. *De don de gentilhome qu'il donne à sa fille, ou à sa suer en mariage.*

9. *De la dot qu'un gentilhomme peut donner à sa fille ou à sa sœur.*

Gentishons si puet bien donner à sa fille plus grand mariage que avenant (3), et se il la marioit o mains que avenant (4), si puet elle recouvrer à la franchise (5). Et ainsi se gentishome à sa suer, et il li donne petit mariage (6), cil qui la prend ne puet autre demander avenant partie, puisque li peres est mors (7). Car bien li semble que

Un père noble ne peut donner à sa fille en mariage, plus que la portion qu'elle a droit d'attendre dans sa succession; et s'il lui donnait moins, elle a droit de réclamer le surplus. Il en est de même du frère noble à l'égard de sa sœur: s'il lui donne moins que ce qui doit lui revenir, son mari ne pourra

---

(1) C.-à-d., une de ces deux parties. V. les art. de la cout. du Loudunois, et de celle de Touraine qui viennent d'être cités. (Laur.)

(2) Dans la coutume d'Anjou glosée, tirée de ces établiss., il y a mieux en avantage. V. la cout. du Loudunois au tit. de succession de fiefs, art. 5, celle de Touraine, art. 273, et le chap. 10 ci-après. (Laur.)

(3) C.-à-d., que le père noble peut donner en mariage à sa fille, plus que la portion héréditaire, coutumière et légale qu'elle aurait ab intestat, dans la succession. L'avenant est la portion héréditaire, et le plus qu'advenant est ce qui excède la portion héréditaire, ce qui a été fixé dans la cout. du Loudunois au quart de l'advenant. V. cette cout. au tit. des Donations entre nobles, art. 5, à la fin; celle de Touraine, art. 254, et Anjou, art. 247, 241. (Laur.)

(4) Dans plusieurs manuscrits déjà cités, il y a mieux, retourner. (Laur.)

(5) Dans la cout. d'Anjou glosée, il y a Fraresche, c.-à-d. partage, et cette dernière leçon vaut mieux. Et au lieu de lire, si elle puet elle retourner, il faut lire « si ne puet elle retourner », comme il y a dans plusieurs manuscrits déjà cités; car suivant l'ancien usage, la fille noble dotée et apparagée, n'eût-elle qu'un chapel de roses, était exclue de la succession de son père ou de sa mère qui l'avait dotée. V. la cout. du Loudunois au tit. de succession de fiefs, art. 26; et celle de Touraine, art. 284. (Laur.)

(6) V. la cout. d'Anjou, art. 244; celle du Londunois au tit. de succession de fiefs, art. 27, et celle de Touraine, art. 285. (Laur.)

(7) Dans l'ancienne coutume d'Anjou glosée, il y a li sires, c'est-à-dire le mari, et mieux, parce qu'il est dit un peu plus haut, que « celui qui a épousé la sœur, ne peut demander autre mariage, » d'où il résulte que la sœur ne peut demander son avenant entier, qu'après le décès de son mari qui s'est contenté du petit mariage, ce qui a été changé par la cout. du Loudunois,

li freres li ait failli petite partie, pour retenir à soy et à ses enfans, se la mere moroit (1).

rien exiger de plus; mais après la mort de son époux, elle pourra demander toute la part qui lui appartient; il semble qu'il n'ait peu donné que pour retenir le surplus et le transmettre à ses enfans si sa sœur venait à mourir la première.

10. *De gentilhome qui n'a que filles.*

10. *Du gentilhomme qui n'a que des filles.*

Gentishons se il n'a que filles (2), tout autretant prendra l'une comme l'autre, més l'aisnée aura les heritages (3) en avantage, et un coq, *se il i est*, et se il n'i est, v. s. de

Gentilhomme qui n'a que des filles les doit partager également; mais l'aînée, outre sa portion, aura la maison paternelle, et le vol du chapon, s'il y a lieu, si-

---

tit de succession de fiefs, art. 27; et par celle de Touraine, art. 285. V. la cout. de Normandie, art. 251: *et Cujac. ad leg.* 48, *De negotiis gestis, lib.* 3, *Qu. Papin. et Leg.* 12, *S ult. de administ. Tutorum.* (Laur.)

(1) Dans le temps de ces Etablissemens, le frère faisait partage à ses puinés, comme il se pratique encore en Anjou et dans le Loudunois, etc. Et comme il était saisi de la succession de son père, si le père était mort le premier, il pouvait lui donner en mariage moins qu'avenant, et si son mari s'en était contesté, ni lui, ni elle, tant que son mari vivait, ne pouvait rien demander davantage, comme on vient de le dire. Mais après la mort du mari, elle ou ses enfans, en cas qu'elle fût décédée la première, pouvaient demander le supplément de l'avenant. En sorte que le frère noble qui mariait sa sœur pour peu de chose, n'en tirait avantage que contre son mari et non contre elle, quand elle devenait veuve, ni contre ses enfans, en cas qu'elle prédécédât, bien qu'il semble qu'il n'eût peu donné que pour avoir le surplus, et le transmettre à ses enfans, quand même sa sœur décéderait la première. (Laur.)

(2) Les cout. d'Anjou, art. 222, du Maine, art. 238, 239, et du Loudunois, au tit. de succession de fiefs, art. 3, donnent le droit d'aînesse aux ainés, quand il n'y a que des filles, comme elles le donnent aux mâles; mais la cout. de Touraine réformée dans l'art. 273, s'est conformée à ce chap., en ordonnant « qu'és successions directes et collatérales procédant du chef des nobles, qui adviennent à filles nobles, chacune d'elles est saisie de sa portion par teste, fors qu'à l'aînée appartient l'hostel principal, avec le chésé et avantage, par la forme et manière que prend l'aîné sur ses puinez. Et est tenüe ladite ainée faire ses foy et hommage, et garantir en parage les portions de ses puinez, du-rant iceluy, etc. » (Laur.)

(3) Dans un manuscrit déjà cité, il y a mieux les hébergemens en avantage. (Laur.)

378 LOUIS IX.

rente, et guerra aux autres parage (1).

non cinq sous de rente, et elle sera tenue de garantir les terres en parage.

11. *De don de mariage à porte de monstier, et de tenir sa vie, puisque li hoirs en a crié et bret* (2).

11. *Du don de mariage à la porte de l'église, et du droit de viduité quand l'enfant a assez vécu pour crier.*

Gentishoms (3) tient sa vie (4), ce que l'en li donne à porte de monstier en mariage (5), après la mort sa feme, tout n'eut-il nul hoir, pour qu'il en ait eu hoir qui ait crié et

Le gentilhomme jouira du don de mariage fait à la porte de l'église, après la mort de sa femme, quoiqu'il n'ait point d'enfant vivant, pourvu qu'il en ait eu un qui

---

(1) Dans l'ancienne cout. glosée, il y a mieux, « et garra », c.-à-d., garantira les autres en parage sous son hommage. Garrir, d'où l'on a fait guérir, n'est autre chose que préserver, garantir. V. le chap. 144 ci-après, et ce qu'on y a remarqué. (Laur.)

(2) Ce chap. est tiré en partie du 2e. Capitul. de Dagobert, ou de la Loi des Allemands, chap. 92. Et en cela l'on suivait l'ancien droit romain qui était en usage avant Constantin. *Vide Tit. Cod. Theod. et Justinian. De Bonis maternis, et ibi Jacob. Goth. et Cujac.* (Laur.)

(3) Et non le roturier. Le Capitul. de Dagobert ne fait pas cette distinction. (Laur.)

(4) Quand même l'enfant serait décédé avant la mère. En quelques-unes de nos cout., on a suivi le droit établi par Constantin, et le Capitul. de Dagobert qui vient d'être transcrit ci-dessus. *Vide Legem 1, Cod. de bonis maternis*, et les art. 48 et 49 du tit. 14 de la cout. d'Auvergne avec les commentaires de Basmaison. Ce droit était en Auvergne, et dans quelques autres cout. comme dans le droit romain, une suite de la puissance paternelle qui était en 1270, en usage dans tout le royaume, et même dans la prévôté et vicomté de Paris, comme nous l'apprenons de l'auteur du grand Coûtumier, livre, 2, ch. 40, page 264, à la fin. On voit des restes de cet ancien droit dans l'art. 230 de la cout. de Paris, à la fin, et dans le 382 de celle de Normandie, où il est nommé Droit de viduité. (Laur.)

(5) Nous apprenons du chap. 79 du 7me. liv. des Capitul. que les maris devaient constituer le douaire à leurs femmes, de l'avis du curé et des amis communs, *Conveniendus est sacerdos in cujus parochiâ nuptiæ fieri debent, in ecclesiâ coram populo... et si licita omnia pariter invenerit, tunc per consilium et benedictionem sacerdotis et consultu aliorum bonorum hominum, eam sponsare et legitime dotare debet*. De là vient que les douaires ont été constitués aux portes des monstiers ou des églises, ainsi que les mariages des femmes, c.-à-d., ce que les femmes donnaient ou apportaient en mariage à leurs époux, comme il se voit dans ce chap. et dans le chap. 18 de ce liv. V. Bracton, liv. 4. *De actione dotis, cap. 10, fol. 305 verso*. (Laur.)

bret (1) se ainsi est que sa femme li ait esté donnée pucelle (2).

ait assez vécu pour crier et se faire entendre, et que sa femme lui ait été donnée vierge encore.

## 12. De sole gentilfame.

## 12. De la femme qui s'est déshonorée.

Gentisfame, quand elle a eû enfans, ains qu'elle soit mariagée (3), ou quand elle se fait dépu-

Une femme noble qui a eu des enfans avant d'être mariée, est privée de droit

---

(1) Ces mots semblent avoir été pris du ch. 58, § 1, du liv. 2 des Lois d'Ecosse, intitulées *Regiam Majestatem*, et faites par le roi David, en l'année 1124, environ 147 années avant ces Établiss. *Cum terram aliquam, cum uxore sua, quis acceperit in maritagio, si ex eadem heredem habuerit bragantem, inter quatuor parietes, si idem vir uxorem suam supervixerit, sive vixerit heres, sive non, illi vero pacifice remanebit terra illa.* Braire se dit proprement des chevaux et des ânes, et il se prend ici pour crier, ainsi que *Skenæus* le remarque en cet endroit. V. l'art. 382 de la cout. de Normandie, rapporté ci-dessus. (Laur.)

(2) Quand même elle ne l'aurait pas été, et qu'elle aurait eu quelque mauvais commerce que le mari aurait ignoré, parce qu'il n'aurait pas été juste que le mari trompé eût encore été privé de ce droit de succéder à son enfant. Mais si sa femme ne lui avait pas été donnée pucelle, comme alors il aurait été en faute, il y a, ce semble, lieu de dire qu'il aurait dû être privé de cette succession. V. l'observation sur le chap. qui suit.

L'auteur de la glose de l'ancienne cout. d'Anjou, nomme mal ici Don pour noces, ce que la femme donnait à son mari, à la porte du monstier. On l'appelait dans la basse latinité *maritagium*, comme on peut voir dans Bracton et dans Fleta. Chez les Romains c'était la dot, mais parmi nous, les femmes n'ont point d'autre dot que leurs douaires, comme on l'a prouvé dans le glossaire du droit français, et dans les notes sur le tit. du douaire de la cout. de Paris.

Ce même auteur remarque que le gentilhomme qui avait épousé une veuve ne jouissait pas du bénéfice de ce chap., ce qui peut être vrai. (Laur.)

(3) C.-à-d., avant qu'elle soit mariée. Ains signifie avant, d'où l'on a fait le mot ainsné pour signifier l'avant-né, ou le premier né. Le sens de ce chap. est donc que « la fille noble, qui est convaincue d'avoir eû quelque mauvais commerce, soit qu'elle en ait enfant ou non, » est privée de plein droit de sa part et portion dans la succession de son père ou sa mère. V. l'ancienne cout. de Normandie au chap. de Viie.

Ce qu'il faut entendre, quand même elle aurait épousé celui avec qui elle aurait été en commerce. *Lex Visigothorum.* lib. 3, tit. 2, cap. 8.

Par les lois romaines, il n'était permis d'exhéréder, dans ce cas, les filles qu'avant vingt-cinq ans et non après, parce qu'après vingt-cinq ans, c'était la faute des pères et des mères de ne les avoir pas mariées. *Auth. sed si post si inofficioso testamento.*

Cette disposition du Droit romain a été suivie dans les cout. d'Anjou, du Maine, de Touraine et du Loudunois. Dans les deux premières, à l'égard de

celer, elle perd son heritage par droit, quand elle en est prouvée (1.)

de sa part et portion dans la succession de son père et de sa mère, quand son inconduite est prouvée.

### 13. De gentilfame qui est hoir de terre, comment elle prend doüere.

Se gentilfame est hoirs de terre et ses sires soit morts, et elle ait ses hoirs, elle veille prendre doüere en la terre son seigneur (2), ce est la tierce partie (3) en la seüe (4).

### 13. De la femme noble propriétaire d'une terre, comment elle doit prendre son douaire.

Si une femme noble, propriétaire d'une terre, veut prendre son douaire après la mort de son mari, et qu'elle ait des enfans, elle aura le tiers de la terre de son mari.

### 14. Quel doüere gentilfame doit avoir, et demander à l'hoir ses achats.

### 14. Quel doit être le douaire d'une femme noble, et comment elle peut redemander ses acquêts à ses enfans.

Gentilfame si n'a que le

Femme noble qui n'a pour

---

la fille noble seulement; et dans les deux dernières, tant à l'égard de la fille noble que de la roturière. V. Anjou, art. 251; Loudunois, au tit. de succession de fiefs, art. 28. (Laur.)

(1) V. l'ancienne cout. de Normandie, au ch. de Vüe. (Laur.)

(2) Son mari, ou pour user des termes des praticiens anglais, son baron. (Laur.)

(3) Quelques manuscrits ajoutent, « et ses ainez prendra la tierce partie en la seüe, » c'est-à-dire dans la terre de sa mère. Et il y a dans l'ancienne cout. d'Anjou glosée.

Le sens de ce chap. est donc que « la femme noble heritiere de terre, joüit pour son douaire du tiers de la terre de son mary, mais que son fils ainé joüit en récompense du tiers de la terre dont elle est heritiere. » En sorte qu'elle ne profite de rien, comme douairière, à moins que la terre de son mari ne soit d'un plus grand revenu que la sienne, ce qui a été bien observé par l'auteur de la glose sur ce chap. On voit encore des restes de cet ancien droit, dans les art. 300 et 302 de la cout. d'Anjou. (Laur.)

(4) Dans un manuscrit déjà cité, il y a mieux: « ses fiz li ainsnez prenra aussi la tierce partie en la seüe, » c.-à-d. en la terre de sa mère. V. le chap. 19 ci-après. (Laur.)

tiers (1) en doüere en la terre son seignour. Més li sires li puet bien donner ses achaz, et ses aqués à faire sa volonté. Et se ainsint estoit que li sires eust fait achapt (2) en son fié *cel achat auroit ses fieuls* (3) li aisnés, par les deniers payans et rendans que li sires y auroit mis.

douaire que le tiers la terre de son mari, peut être par celui-ci avantagée de ses acquêts et conquêts; mais si son mari avoit acquis un bien qui relevât de son fief, son fils aîné pourrait le retraire en payant à sa mère la somme qu'il a coûté à son père.

15. *Comment gentilfemme doit partir as muebles, quand ses sires est morts, et de l'aumosne son saignour.*

15. *Comment la femme noble doit entrer en partage des meubles à la mort de son mari, et des legs de celui-ci.*

Gentilfame *ne met riens en l'aumosne son saignour* (4), et si aura la moitié és muebles (5), se elle veult, més elle mettra la moitié és detes, et se elle ne veut rien prendre és muebles, elle ne mettra riens és detes et de ce est-il à son chois.

Femme noble n'entre pour rien dans l'acquit des legs pieux de son mari. Elle peut, si elle veut, demander la moitié des meubles; mais à la charge de payer la moitié des dettes. Si elle ne prend pas la moitié des meubles, elle ne sera pas tenue d'acquitter les dettes de son mari. On lui laisse entièrement la liberté du choix.

---

(1) C'était l'usage dans l'Anjou, le Maine, la Touraine et le Loudunois. V. la cout. du Loudunois au tit. de Doüaire de femme noble, art. 1; Touraine, art. 326; Anjou, art. 299; le Maine, art. 313; et le chap. 133 ci-après. (Laur.)

(2) V. la cout. du Loudunois, au tit. de Donaisons entre roturiers, art. 4; Touraine, art. 247; 243, le Maine, art. 334; Anjou, 323, 325. (Laur.)

(3) V. ci-dessus le chap. 8. (Laur.)

(4) C.-à-d., qu'elle ne contribue pas au paiement des legs qui ont été faits par son mari. V. la cout. d'Anjou, art. 238; le Maine, art. 255; Touraine, art. 305; Loudunois, tit. 29, art. 8. Dans l'art. 7 de la cout. de Lille, le Légataire est nommé Aumônier, et dans les anciens titres, les exécuteurs testamentaires étaient nommés *Eleemosynatores, Eleemosynarii*. V. le Gloss. du droit français.

(5) Anjou, art. 328. Dans le Loudunois et la Touraine, il n'y a que la femme roturière qui ait moitié aux meubles. V. la cout. de Touraine, art. 307, et du Loudunois, chap. 29, art. 11. Entre nobles, la femme survivante a tous les meubles, si elle veut. Touraine, art. 247. Loudunois, au tit. de succession de fiefs, art. 14. (Laur.)

16. *Quel hebergement gentilfame doit avoir après la mort de son saignour, et de tenir le en bon estat.*

Gentilfame doit avoir les hebergemens son saignour (1) après sa mort, jusques à tant que cil qui doibt avoir le retort de la terre, li ait fet herbergement avenant ; et elle le doit tenir en bon estat (2). Et se elle ne li tenoit, cil li porroit oster par droit, pourquoy ce fust en sa defaute, que li manoirs fust empiriés, et encore seroit-elle tenüe à amender les dommages, et se elle ne les pooit amender, il li porroit oster le doüere, et si le devroit perdre par droit. Et tout ainsi devroit-elle tenir en bon estat, vignes (3), et arbres fruit portant, se elle les avoit en son doüere, sans couper, et sans mal mettre.

16. *Quelle maison doit avoir la femme noble après la mort de son mari ? Elle doit la conserver en bon état.*

Femme noble après la mort de son mari aura le château, jusqu'à ce que celui à qui il doit revenir lui ait fait disposer un logement convenable. Elle le tiendra en bon état ; et si elle y manquait, on pourrait le lui ôter, parce qu'elle ne serait point excusable de l'avoir laissé dépérir. Elle serait encore tenue aux frais de réparation ; et si elle ne pouvait y satisfaire, elle serait privée de son douaire. Elle conservera aussi en bon état les vignes et les arbres fruitiers qui se trouveront dans ce qui formera son douaire, sans en rien couper ni détériorer.

---

(1) Le chap. 14 dit : « que gentilfame si n'a que le tiers en doüaire, en la terre son saignour, c'est-à-dire, de son mary. » Et ce chap.-ci dit : « qu'elle doit avoir les hebergemens son saignour après sa mort, etc. » La femme noble avait-elle et ce tiers et ces hébergemens ? L'auteur de la glose sur cet art. ne décide pas de cette question, mais les commentateurs de la nouvelle cout. d'Anjou sur l'art. 309 de ce chap., disent que l'usage est, que cet hébergement fait partie du tiers des immeubles du mari noble, dont la femme jouit par usufruit pour son douaire. Voyez Du Pineau et Touraille sur cet article. (Laur.)

(2) L'art. 311 de la cout. d'Anjou a été tiré de ce chap. (Laur.)

(3) La nouvelle cout. d'Anjou ajoute : « que si elle laisse courre les vignes ou partie d'icelles de tailler, ou de bescher, par deux années continuelles, elle perd tout son doüaire, et est tenüe néanmoins de dédommager l'héritier. » (Laur.)

1270.

17. *Comment gentilfame doit tenir après la mort son saignour le bail de son hoir, et toutes choses en bon estat* (1).

Se ainsint avenoit que gentilfame eust petit enfant, et ses sires mourust tenroit-elle le bail de son hoir masle jusques à vingt-un an (2) et le bail de la fille jusques à quinze ans (3) pourcoi il n'i ait hoir masle (4). Et toutes ces choses si doit-elle tenir en bon estat (5), et se il i avoit bois, ou estanc, que li sires eust autrefois vendu, elle le porroit bien vendre. En tele maniere maintendroit li sires la chose, se ele se marioit (6) ; et se ele, ou ses sires, lessoient le manoir descheoir, ou fondre, ou il vendissent bois, qui n'eust esté autrefois vendus, cil à qui le retort de la terre devroit ave-

17. *Comment la femme noble, après le décès de son mari, doit avoir la garde noble de ses enfans, et le tout tenir en bon état.*

Femme noble, après la mort de son mari, aura la garde de son enfant mâle encore mineur, jusqu'à ce qu'il soit parvenu à l'âge de vingt ans, et celle de sa fille jusqu'à quinze. Elle tiendra tous les biens en bon état ; et s'il y avait des bois que le mari eût autrefois vendus, elle pourra encore les vendre, si elle se remarie, son mari sera tenu aux mêmes devoirs. Si elle et son nouveau mari laissaient dépérir les biens, ou vendaient des bois, qui n'eussent été vendus auparavant, le plus proche héritier paternel de

---

(1) Les art. 85 et 86 de la cout. d'Anjou ont été pris de ce chap. (Laur.)

(2) La majorité féodale, qui était aussi la coutumière des gentilshommes, était à vingt-un ans, parce qu'à vingt-un ans, tout mâle était présumé en état de porter les armes et de desservir son fief. Ce que l'auteur de la Glose a très-bien remarqué sur l'art. 11 de l'ancienne cout. d'Anjou. (Laur.)

(3) Le bail finissait à la fille à quinze ans, parce qu'à cet âge, elle pouvait prendre un mari pour desservir son fief. V. le Glossaire sur Devoir le Mariage en la lettre M. (Laur.)

(4) Il y a ainsi dans les manuscrits, et il semble résulter de là, que quand il y avait un mâle, la fille ne tombait pas en garde ou en bail, ce qui provenait peut-être de ce que l'aîné était saisi des successions, comme on l'a observé sur le chap. 6, et de ce qu'il gagnait les fruits des portions de ses puinées, jusqu'à ce qu'elles l'eussent sommé de leur en faire partage. V. cout. du Loudunois, au tit. de succession de fiefs, art. 6. (Laur.)

(5) L'art. 311 de la cout. d'Anjou est tiré en partie de ce chap. V. cet art. (Laur.)

(6) C.-à-d., si elle passait en secondes noces. Il y a dans l'ancienne cout. d'Anjou glosée, « Et en autelle maniere tendroit son mary, si elle l'avoit prédécédé. » (Laur.)

nir, pourroit bien demander le bail à avoir par droit.

l'enfant à qui la terre devrait retourner pourrait demander de droit à en avoir lui-même l'administration.

18. Devant qui l'en püet pledier de son doüere (1).

18. Dans quel tribunal on peut plaider pour son douaire.

Gentilfame (2) püet bien plaidier de son doüere en la cort à celui en qui chastellerie il sera (3), ou en la cort de sainte eglise (4), et en est à son chois. Et ainsi püet faire gentilhome de son mariage, qui li a esté donné à porte de monstier (5) pourcoi sa femme li ait esté donnée pucelle.

Femme noble peut plaider de son douaire, soit en la cour du seigneur de qui sa terre relève, soit en la cour de la sainte église, à son choix : c'est aussi dans ces tribunaux que le gentilhomme peut plaider pour le don de mariage qui lui a été fait à la porte de l'église (1), si sa femme lui a été donnée encore vierge.

19. Quel assenement gentilhom doit fere à son fils, quand il le marie (6).

19. Quelle dot un gentilhomme doit donner à son fils, lorsqu'il le marie.

(7) Se gentilhons marie son

Quand un gentilhomme

---

(1) Ce chap. est pris du chap. 4 de la convention qui fut faite sous le règne de Philippe-Auguste, entre les clercs, le roi et les barons, au sujet de la juridiction. (Laur.)

(2) Il en était de même de la femme roturière ou de pôte, suivant le chapitre 133. Ce droit est encore pratiqué en Anjou, comme il se voit par l'article 313 qui parle de la femme, sans distinguer la noble de la roturière.

(3) C.-à-d. la justice ou juridiction du châtelain. V. les cout. d'Anjou, du Maine, de Touraine et du Loudunois, au tit. des Droits du seigneur châtelain. La femme noble, suivant ce chap., pouvait donc demander son douaire en la cour du seigneur châtelain, s'il y était, c.-à-d., si le douaire y avait son assiette, et s'il se prenait sur des immeubles. V. chap. 133. (Laur.)

(4) C.-à-d., en l'officialité. L'église s'était attribué ce droit, parce que suivant les lois romaines, les maris étant obligés de doter leurs femmes, on ne les mariait pas qu'ils ne les eussent dotées, ce qui se faisait à la porte de l'église et du consentement du curé. *Regiam Majestatem* lib. 2, cap. 16, de Dote. (Laur.)

(5) V. la note sur le chap. 11. (Laur.)

(6) Un manuscrit ajoute bien, ou fait chevalier. (Laur.)

(7) Cet art. est obscur. En voici le sens.

fils, il li doit donner le tiers de sa terre, et ainsi quand li est chevaliers. Més il ne li set pas partie de ceu qui li a esté donné à porte de monstier en mariage; porcoi sa fame ne soit hoirs de terre, il li fera aussi le tiers de la terre sa mere.

marie son fils, ou le reçoit chevalier, il doit lui donner le tiers de sa terre; mais il n'est pas tenu de lui donner part dans le bien que sa femme lui a apporté à l'entrée de l'église. Cependant si sa femme a hérité de quelque terre, le père donnera à son fils le tiers de la terre de sa mère.

### 20. *En quiex escheoites gentilfame doit prendre doüere, et son assenement.*

### 20. *En quel cas la femme noble doit réclamer son douaire et sa dot.*

Se ainsi estoit que gentilhons (1) eust aiol ou aiole, pere et mere, et il preist fame, et il se morust avant que sa fame, et il n'eussent nul hoir. Quand li pere et la mere et l'aiol et l'aiole seront mort, elle a en ces choses son doüere (2), et en toutes autres

S'il arrivait qu'un gentilhomme se mariât ayant encore son aïeul ou son aïeule, ses père et mère, et qu'il vînt à mourir avant sa femme, sans laisser de postérité, à la mort du père, de la mère, de l'aïeul et de

---

Lorsqu'un gentilhomme marie son fils, ou qu'il le fait chevalier, il doit, suivant la cout., lui donner le tiers de sa terre.

Mais la question est de savoir s'il lui doit faire partie, ou lui donner part dans ce que sa femme lui a apporté en mariage, à porte de monstier.

Il faut distinguer. Ou la femme n'a pas été héritière de terre, ou elle a été héritière de terre.

Si elle n'a pas été héritière de terre, le gentilhomme ne donne rien de ce que sa femme lui a donné à porte de monstier.

Mai si elle a été héritière de terre, le fils doit avoir le tiers de la terre de sa mère. V. le chap. 3 ci-dessus.

Après ces mots, « porquoy sa femme ne soit hoir de terre, » il faut ajouter, « Et si elle est hoir de terre, il li fera ainsi le tiers de la terre sa mère. »

On voit par ce chap. qu'on ne mariait pas alors les aînés, comme héritiers principaux, et que les institutions contractuelles ou reconnaissances d'aînés n'étaient pas encore connues. V. l'art. 245 de la cout. d'Anjou. (Laur.)

(1) Les art. 303 et 304 de la cout. d'Anjou ont été pris de ce chap., et ne font néanmoins aucune distinction entre l'homme coutumier et l'homme noble. (Laur.)

(2) « Elle a en ses choses son doüere. » Selon Beaumanoir, dans ses coutumes du Beauvoisis, chap. 13 du ....aire, p. 76, la femme ne devait avoir douaire que sur les biens qui écheaient à son mari en ligne directe, pendant le mariage et non après. « Se aucune descendüe d'heritage vient à l'oume ou temps qu'il a fame, comme de son pere, ou de sa mere, ou de son aiol.

escheoites (1), fussent de freres, ou de serors, ou de oncles, ou de neveus, ou d'autre lingnage. Més elle n'i auroit riens, se elles estoient avenués puisque li sires l'auroit prise, et se elles estoient escheoites avant, elle i auroit son douere.

l'aieule de son mari, la femme prendra son douaire sur leur bien, et sur toutes autres choses échues par héritage ou de frère ou de sœur, ou d'oncle ou de neveu, ou d'autre parent : elle n'aurait rien à y prétendre, si elles étaient échues depuis son mariage ; mais si elles sont échues avant, elle pourra y avoir son douaire.

21. *D'escheoites entre freres.*

21. *Des successions entre frères.*

Toutes escheoites, qui avienment entre freres, si sout à l'aisné, puis la mort au pere (2).

Toutes successions qui arrivent entre frères appartiennent à l'aîné (1) après la

---

ou de s'ayole, ou de plus loing, en descendant, et li hons müert : puis chele descendüe, ains que la fame, la fame emporte la moitié pour raison de douaire. Més se la descendüe ne vient devant que li hons est mors, tout soit che que elle en ait enfans, elle ni püet demander douaire, car li barons n'en fut onques tenant, ainchois vient as hoirs, etc. » p. 76. Et ainsi il doit paraître extraordinaire que ce chapitre donne douaire à la femme sur des biens, dont son mari n'a jamais été saisi, et qui ne lui ont jamais appartenu.

La décision de ce chap. ne laisse pas que d'avoir sa raison ; parce que le père, la mère, l'aïeul et l'aïeule qui sont présens au mariage de leur fils, et qui y donnent leur consentement, constituent tacitement à sa femme son douaire coutumier sur leurs biens, après leur décès, ou pour mieux dire, le fils constitue à sa femme son douaire sur leurs biens, de leur consentement, pour en jouir après leur décès. D'où ce douaire est appelé *Douvement ex consensu patris*, dans Littleton, au titre *Of douver*, sec. 4. Vide regiam *Majestatem*, lib. 2. cap. 16 *de Dote*, num 75, 76. Ce chap. se retrouve dans plusieurs cout. V. celle d'Anjou, art. 303 : celles du Maine, art. 317 ; de Touraine, 353 : de Normandie, 369. (Laur.)

(1) Les escheoites, selon Beaumanoir, sont les successions collatérales. Ch. du douaire. p. 76 et tel est l'usage. V. le chap. suivant. (Laur.)

(2) Apres la mort du père, toutes les successions collatérales vont à l'aîné.

L'auteur de la Glose de l'ancienne cout. d'Anjou, sur cet art. qui est le 15, dit que de son temps quelques-uns soutenaient que l'aîné ne succédait à celui de ses frères puinés qui décédait, à l'exclusion des autres puinés, que quand toys les enfans tenaient leur part divisément : mais que quand les enfans jouissaient tous ensemble de leurs parts par indivis, ils se succédaient réciproquement à l'exclusion de leur aîné.

Et la question s'étant présentée depuis, de savoir comment on devait en user, et quand c'était l'aîné qui était décédé, l'art. 23, cout. du Loudunois,

se ce n'est de lour mere, et de lour aiol, et de lour aiole, car l'en appelle celles escheoites droites aventures.

mort du père, à moins qu'elles ne viennent de leur mère, de leur aïeul et aïeule; car ces héritages sont appelés en droite ligne.

22. *D'escheoites en parage, et de gentishons qui tient en parage.*

22. *Des successions en parage, et du gentilhomme qui tient en parage.*

Nus gentishons (1) ne fet rachat de riens qui li eschiée devers soi, jusques atant que il ait passé cousin germain (2). Ne nus ne puet demander à autrui franchise, se il n'est cousinz germainz, ou plus prés (3). Et

Nul gentilhomme ne fait rachat aussi long-temps que dure le parage, qui s'étendra jusqu'au degré de cousin germain. Personne ne demandera à un autre de garantir ses terres en parage,

---

au tit. des successions de fiefs, et l'art. 282 de la cout. de Touraine ont décidé : « qu'entre nobles, les successions collatérales viennent à l'aîné ou aînée et n'y prennent rien les puinez, fors en deux cas, l'un quand lesdits puinez tiennent leur partage ensemble, et l'autre quand la succession naist et procede du frere aîné, ou d'autre parent, chef de la ligne, ou souche, dont ils sont descendus, ou de ceux qui les representent, car si tele succession advient tous les membres en sont abbrevez, en manière que l'aîné en aura les deux parts, ensemble l'avantage, comme en succession directe, et tous les puinez le tiers. V. l'art. 283 de la même cout. (Laur.)

(1) La raison est que le parage n'avait lieu en ce temps qu'entre nobles. V. l'art. 212 de la cout. d'Anjou, à la fin. Depuis, on l'a étendu aux non nobles, quand les fiefs tombaient en tierce-foi. V. le chap. 23 ci-après à la fin : l'art. 2 de la cout. du Loudunois au tit. de succession de gens roturiers, le Glossaire, sur Tierce-foi et Tierce-main. (Laur.)

(2) Suivant ces établiss., l'aîné noble garantissait en parage ses puinés, sous son hommage, en sorte que pendant cette garantie il paraissait seul seigneur de tout le fief, quoique ses frères puinés y eussent leur part. Cette garantie en parage durait jusques à tant que le degré de cousin germain, c'est-à-dire, le quatrième degré de parenté eût été passé, et que la parenté fût du quart au quint, qui étaient les degrés où les mariages étaient permis suivant le chap. *Non debet*, extra de consanguinitate. Le sens de ce chap. est donc qu'il n'y a point de rachat, tant que le parage dure. V. Cosme Beschet dans son comment. sur les usages de Xaintes, p. 149, 156 et 158, et ce qu'on remarque sur le chap. 42 de ce liv. (Laur.)

(3) Dans l'ancienne cout. d'Anjou glosée, il y a : « Nul homme ne puet demander fraresche, ne partie, se il n'est cousin germain, ou plus prés, etc. » Le Parage est appelé Franc, parce que l'aîné qui garantit ses puinés sous son hommage, les affranchit de tout devoir pendant que le parage dure. Demander franchise, n'est donc ici autre chose que demander la garantie en parage, ce qui ne peut être demandé que par les cousins germains, ou autres plus proches parens, c'est-à-dire, par ceux qui sont dans le quatrième

chose que gentishons prend o sa femme, pourcoi il en face foi au saingnour, il en fet rachat (1), l'anée de sa terre. Et se il tient en parage, il n'en fera point (2).

s'il n'est cousin germain, ou plus proche parent. Le gentilhomme qui conjointement avec sa femme acquiert des biens dont il est tenu de rendre foi et hommage au seigneur doit offrir pour rachat l'année de sa terre ; mais s'il tient en parage, il ne fera point de rachat.

23. *De partie fere entre les enfans de gentilfame, qui prend home coustumier.*

23. *Du partage entre les enfans d'une femme noble mariée à un roturier.*

Se gentilfame prend hons vilain coustumier (3), li enfant qui istront d'aus d'eos, si auront el fié devers la mere, autretant li uns come li autres, se il n'i a foi à faire (4); et se il a foi à faire (5), li aisné la fera, et

Les enfans qui naitront d'une femme noble mariée à un roturier, partageront également entre eux l'héritage de leur mère, s'il n'y a point d'hommage à rendre ; mais si ce fief exige foi

---

degré ou plus près, parce que le parage finit dès que la parenté est du quart au quint degré.

Suivant l'ancienne cout. d'Anjou glosée, il faudrait dire qu'on ne pourrait demander partage, si l'on n'était cousin germain ou plus près, car fraïesche et partage ne sont qu'une même chose, ce qui n'a aucun sens. (Laur.)

(1) Il en fait rachat. V. la cout. du Loudunois au tit. des rachats, art. 1. (Laur.)

(2) V. les chap. 42, 43, 44 et 74. (Laur.)

(3) C.-à-d., homme non noble ou roturier. Quelquefois par vilain dans nos cout., on entend un serf, comme quand on dit que le chanteau par le vilain, et quelquefois on entend simplement un roturier comme ici. Vilain vient de *villa*, d'où nous avons fait village. Le roturier était aussi appelé coutumier, parce qu'il était sujet aux prestations, ou tributs nommés coutumes. V. la cout. du Loudunois au tit. de successions de roturiers, ou coutumiers. (Laur.)

(4) Ici le fief se prend simplement pour héritage ou fond. Dans l'art. 63 des constitutions du Châtelet, ces sortes de fiefs sont nommés vilains, à la différence des fiefs nobles.

Anciennement en Normandie et en Angleterre, fief se prenait aussi pour toute sorte d'héritage. V. Littleton dans ses Instituts, chap. 1, section 1, touchant le partage des coutumiers par têtes. V. les chap. 130, 137. (Laur.)

(5) C.-à-d., si le fief est franc ou noble. Selon Beaumanoir qui finit ses cout. du Beauvoisis en 1283 par l'ancien droit de France et par nouvel établissement, il n'y avait que les nobles ou gentilshommes qui pouvaient posséder des fiefs. V. cet auteur, chap. 48.

Mais nous apprenons de ce même auteur que les enfans qui étaient nés de

aura le hebergement en advantage (1) ou une chose à son chois (2). Se li hebergement n'i est, ne le chois (3), il aura selon la grandeur du fié pour fere la foi au saingnour, et pour garantir aus autres en parage (4). Et en ceste maniere sera més toujours partis, jusques à tant qu'il descendra en la tierce foi (5) puis si departira toûjours més gentillment (6).

et hommage, l'aîné le rendra; et aura de plus le principal manoir ou quelqu'autre chose, à son choix. S'il n'y a ni château ni autre chose qu'il puisse choisir, on le dédommagera à raison du fief, pour rendre foi et hommage, et garantir ses puînés en parage. Le fief restera ainsi jusqu'à la tierce-foi; il sera partagé alors pour toujours comme entre nobles.

---

mère noble et de père roturier étaient nobles et gentilshommes, et que de droit ils pouvaient posséder des fiefs. En sorte qu'ils différaient seulement des nobles, et des gentilshommes de parage ou de par le père, en ce qu'ils ne pouvaient être chevaliers comme les derniers. Beaumanoir, chap. 45, p. 252, 255. Ainsi, au rapport de Monstrellet, vol. 1er., chap. 57, p. 91, Jean de Montagu, surintendant des finances sous Charles VI, natif de Paris, était gentilhomme de par sa mère. De là vient, suivant ce chap., que les enfans issus de gentilfame et de père vilain pouvaient tenir fié. V. le chap. 128. (Laur.)

(1) Suivant le chap. 10 ci-dessus, quand il n'y a que filles nobles, elles partagent par têtes, et l'aînée n'a en avantage que l'hébergement avec un coq, qui est le vol du chapon. Suivant ce chap., les nobles de par la mère seulement, partagent aussi les fiefs par têtes, et l'aîné n'y a que l'hébergement en avantage avec le vol du chapon. V. l'art. 2, cout. du Loudunois, tit. de successions de roturiers. (Laur.)

(2) Dans le chap. 17 de la cout. d'Anjou glosée, il y a mieux un choisé, caput mansi, appelé chezé par la cout. du Loudunois, dans l'art. 4, au titre de succession de fiefs, ce qui n'est autre chose que le coq, ou le vol du chapon dont il est parlé dans le chap. 10. (Laur.)

(3) V. l'ancienne cout. d'Anjou glosée, art. 17. (Laur.)

(4) Le parage, comme on l'a remarqué sur le chap. 22, n'a lieu qu'entre nobles de par le père; ainsi qu'il est dit dans l'art. 212 de la cout. d'Anjou; de sorte que la garantie dont il s'agit ici et dans le chap. 10, n'est pas d'un véritable parage. (Laur.)

(5) Il y avait lieu à la tierce-foi, quand le fief possédé par l'aïeul et le père échéait au petit-fils. V. la cout. du Loudunois, au titre de successions de roturiers, art. 2. (Laur.)

(6) C.-à-d., par les deux parts et par le tiers, comme entre nobles, de par le père dont l'aîné a les deux tiers des fiefs et les puînés le tiers, ce qui est une preuve que la possession des fiefs, continuée en ligne directe, annoblissait à la tierce-foi, comme l'a remarqué le Poggio de nobilitate dont les termes méritent d'être ici rapportés. *Mercatorum aut quorumvis opificum filii, qui divitiis praestant, aut empto praedio rus se conferunt urbe relicta, atque ejus fructu contenti seminobiles evadunt, suisque posteris nobilitatem praebent, aut principibus famulantes, atque praedio collato, pro nobilibus honorantur. Ita plus illis rura et nemus conferunt quam urbes, ad consequendam nobilitatem.* Et ce fut une des raisons pour lesquelles ces personnes furent taxées pour les francs fiefs. V. Bouteiller, dans sa Somme, liv. 2, tit. 1er., p. 664. (Laur.)

24. *Quiex parties enfans de baron doivent avoir, et de mettre ban en terre de vavasor.*

Baronie ne depart mie entre freres (1), se leur pere ne leur a faete partie, més li ainsnez doit faere avenant bien set au puisnez, et si doit les filles marier. Bers si à toutes justice en sa terre. Ne li rois ne püet mettre ban (2) en la terre au baron sans son assentement, ne li bers ne püet mettre ban en la terre au vavasor.

25. *Quiex li cas sont de haute justice de baronnie.*

Bers (3) à en sa terre (4) le murtre, le rat, et l'encis,

24. *Quelle part doivent avoir les enfans des barons, et du droit de mettre ban en la terre du vavasseur.*

Baronnie ne se partage point entre frères, si le père meurt sans avoir pourvu ses enfans. L'aîné doit donner une portion raisonnable aux puînés, et doter les filles. Le baron a toute justice en sa terre; et comme le Roi ne peut mettre ban (2) en la terre du baron, si celui-ci n'y consent, par la même raison, le baron ne peut mettre ban dans la terre du vavasseur, si le vavasseur n'y consent.

25. *Quels cas sont de haute justice de baronnie.*

Le baron peut juger en sa cour du meurtre, du rapt

---

(1) Ce chap. est expliqué par les comment de la cout. d'Anjou, sur l'art. 298 de celle du Maine; sur l'art. 294 de celle de Touraine; sur l'art. 294, 295; et du Loudunois sur le chap. 28. art. 1, 2 et 3. V. le chap. 36 de celle du Loudunois, liv. 2, et Loiseau, des Seigneuries, chap. 6, no. 12, 13, etc. (Laur.)

(2) Ces termes se trouvent dans la cout. de Lorraine, Vosges et Allemagne, art. 278, et ne signifient autre chose que faire Bans, Edits, Cris et Proclamations, mettre et indire peine sur ses sujets, selon la qualité et nécessité des cas, comme il est dit dans l'art. 45 de la cout. d'Anjou, et dans le 52 de celle du Maine. Le droit de mettre ban appartient au baron à cause de sa justice, et comme le Roi ne peut entreprendre sur la justice du baron, le Roi ne peut mettre ban en la terre du baron, si le baron n'y consent. Et le baron, par la même raison, ne peut mettre ban dans la terre du vavasseur, si le vavasseur n'y consent. V. Du Pineau, sur l'art. 45 de la cout. d'Anjou, et ci-après le chap. 38. (Laur.)

(3) V. le chap. 36 du liv. 2. (Laur.)

(4) V. la note sur le chap. 4 et le chap. 40 ci-après, qui réserve au baron le chemin brisié et le meffect de marché. (Laur.)

tout ne l'eust pas anciennement. Rat si est fame efforciée. Encis si est fame enceinte (1) quand len la fiert, et elle muert de l'enfant. Murtre si est d'home ou de fame, quand en les tué en leur lict, ou en aucune maniere pour que ce ne soit en meslée. En sa voie (2) porroit len un home murtrir (3), se len le feroit, si qu'il en morust, sans menacier, et sans tanchier (4) à lui, et sans li defier (5).

t de l'encis, quoiqu'il n'eût pas ce droit anciennement. Rapt est l'enlèvement par force d'une femme; encis est le meurtre d'une femme enceinte, ou de l'enfant qu'elle porte dans son sein. Le meurtre est la mort donnée à un homme, ou à une femme dans leur lit ou ailleurs, pourvu que ce ne soit pas dans un combat réglé. L'on est encore coupable de meurtre lorsque, sans querelle, sans menace et sans défi, on blesse tellement un homme dans un chemin public qu'il en meurt.

26. *De pugnir maufeteur et home soupçonneux, comment la justice en doit ouvrer.*

26. *De punir les malfaiteurs, les hommes suspects, et comment la justice doit procéder contre eux.*

Hons quand len li tot (6) le sien ou en chemin, ou en boez, soit de jour, soit de nuit, c'est apelé eschapelerie (7). Et tous ceus qui font tel mefet, si doi-

Lorsque quelqu'un s'empare de ce qui appartient à un autre, soit dans un chemin, soit dans un bois, de jour ou de nuit, cette action

---

(1) V. Cholet, Pratique manuscrite. (Laur.)

(2) Dans plusieurs manuscrits, il y a mieux : « Em mi la voye. » (Laur.)

(3) Nous apprenons de ce chap. que le meurtre se commet quand on tue, ou quand on blesse à mort un homme dans son lit, ou dans sa chambre secretement. Cependant il y est ajouté que c'est commettre un meurtre que de tuer une personne dans une voie publique, quand on n'a pas de querelle avec elle. *Leges Scotiæ*, lib. 4, cap. 5, § 4. (Laur.)

(4) Sans quereller: ce mot vient de *tendere, contendere*, et selon Du Cange, de *Tensare*. (Laur.)

(5) V. la Dissertation 3ce. de Du Cange sur Joinville, p. 33. (Laur.)

(6) Ce mot vient de *tollere*, d'où l'on a fait *mala tolta*, maltôte. (Laur.)

(7) Escharpiller est enlever l'écharpe, comme dérober, est enlever la robe. V. Du Cange, sur Joinville, p. 88. (Laur.)

vent estre pendu (1), trainé, et tuit li meuble est au baron. Et se il ont terre, ou mesons en la terre au baron, li bers les doit ardoir (2), et les prés areir, et les vignes estreper, et les arbres cerner. Et se aucun tel maufeteur s'en fuioit, qu'il ne peust estre trouvez, li bers les doit faere semondre par jugement el lieu où ils esteront, selon droit escrit el Code *De jurisdictione et foro compet., l. juris ordinarii*, et en decretales, *de dolo et contumacia*: en un chapitre qui commence *causam*, où il est escrit de cette matiere, et au monstier de la paroisse, dont il seroit que il vienge ez droiz, dedans les sept jors et les sept nuits (3), pour cognoistre, ou pour defendre. Et si le fera len apeler en plain marchié. Et se il ne venoit dedans les sept jours et les sept nuits, si le feroit len semondre derechef par jugement, que il venist dedans les quinze jours, et les quinze nuits, si len le feroit semondre derechief que il venist dedans les quarante jours et les quarante nuits; et se il ne venoit lors, si le feroit len banir en plein marchié. Et se il venoit puis, et il ne peust monstrer resonable essoigne,

est appelée vol, et tous ceux qui en seront coupables, seront pendus et traînés sur la claie; leurs meubles appartiendront au baron, et s'ils ont terre ou moisson dans sa seigneurie, le baron fera brûler la maison, dessécher les prés, arracher les vignes, couper les arbres; si un tel malfaiteur s'enfuit et se dérobe aux poursuites, le baron le fera sommer par jugement au lieu où il sera, selon le droit écrit au Code *de jurisdictione et foro compet., l. juris ordinarii*; et aux décrétales, *de dolo et contumaciâ*, au chap. qui commence *causam*, où cette forme est prescrite. Il le fera encore sommer à la porte de sa paroisse, de comparaître dans sept jours et sept nuits, afin de reconnaitre son crime, et de se justifier. Le baron le fera aussi appeler en plein marché. S'il ne répond pas à la sommation dans les sept jours et les sept nuits, on le sommera de nouveau pour qu'il ait à paraître sous quinze jours et quinze nuits; enfin, on le sommera une troisième fois pour qu'il comparaisse

---

(1) Le supplice ... ne fut introduit pour ce crime que par l'Ord. de janvier 1534. (Laur.)

(2) L'ancien usage était de raser les maisons des criminels. (Laur.)

(3) V. le Glossaire du Droit français, sur Nuits. (Laur.)

qu'il eust esté hors en pelerinage, ou en autre resonable lieu, parcoi il n'eust oi le ban, ne les semonces, li bers feroit reagier sur la terre (1), et seroient li mueble sien. Et se aucuns est souspçonneus (2) de tel meffet, ou d'autre semblable, dont il deust perdre vie, ou membre, et il s'en fust allés hors du païs, et venist aprés, quand les sept jours et les sept nuits (3), et les quinze jours et les quinze nuits et les quarante jours et les quarante nuits fussent passez, et il venist à la justice, et il li deist que aussitost comme il sot que len l'ot appelé à droit, il estoit venu pour soi deffendre, adonc en devroit la justice prendre son serement, qu'il diroit voir, et atant aroit sa deffense qui le vodroit appeler. Et se il ne treuvoit qui l'apelast, la justice le porroit bien retenir pour le souspeçon, car souspeçon si doit estre estrange à tous preudeshomes, selon droit escrit en Code *de furtis*, en la loy qui commence *Civilem rem*, et el titre des choses emblées, en la loi qui commence *Civile*, où il est escrit de cette matere de dans quarante jours et quarante nuits; et s'il ne se rend pas à cette dernière sommation, il sera banni en plein marché. S'il se présentait ensuite et qu'il ne pût excuser son absence par quelque prétexte raisonnable, comme par un pélerinage, ou quelque autre cause semblable qui l'ait empêché d'être instruit des sommations, le baron fera ravager sa terre, et s'emparera de ses meubles. Si quelqu'un soupçonné d'aucun des crimes nommés ci-dessus ou d'autres semblables, pour lequel il y ait peine de la vie ou de quelque membre, disparait du pays, et ne se présente à la justice qu'après que les sept jours et les sept nuits, les quinze jours et les quinze nuits, les quarante jours et les quarante nuits, seront écoulés, et s'il dit qu'aussitôt qu'il a su qu'on l'avait sommé, il est venu se présenter pour se défendre, le juge ordonnera qu'il confirme par son serment la vérité de sa déclaration, lui

---

(1) Dans un manuscrit, il y a ravagier, ce qui vaut mieux. (Laur.)
(2) V. le chap. 34 de ce liv., et le 16 du liv. 2. (Laur.)
(3) Ceci doit être restitué par le chap. 20 de l'ancienne cout. d'Anjou glosée, et le sens est que : « Si celuy qui est soupçonné d'avoir commis le crime, ne trouve personne qui l'en appelle, qui l'en accuse, ou qui se rende partie contre luy, la Justice le peut retenir pour le soupson, pendant l'espace de sept jours et de sept nuits, de quinze jours et quinze nuits, etc. Et la Justice fera ensuite semondre le lignage du mort pour scavoir, si quelqu'un des parens du defunt le veut appeler, ou accuser. » Dans les lois 2 et 5, *Cod. de pactis*, il n'est rien dit de ces délais. (Laur.)

sept jours et de sept nuits, de quinze jours et quinze nuits, de quarante jours et de quarante nuits. Et feront semondre le lignage du mort, pour savoir se eulx le voudroient appeller et dire au monstier, et crier au marchié, et se nus ne venoient avant por lui appeller, la justice le devroit lessier aller par pleges, se il les püet avoir, et se il ne les püet avoir si li face fiancier que il ne s'enfuira dedans l'an, ne ne se destornera, et qu'il rendroit adroit (1) qui l'en voudroit appeller.

accordera un temps nécessaire pour se justifier. Si celui qui est soupçonné ne trouve personne qui l'accuse ou se rende partie contre lui, la justice pourra néanmoins le retenir à cause du soupçon que tout honnête homme doit éloigner de lui selon qu'il est écrit au Code *de furtis*, en la loi qui commence *Civilem rem*, où il est traité de cette matière, c'est-à-dire, des sept jours et des sept nuits, des quinze jours et des quinze nuits, des quarante jours et des quarante nuits. La justice fera sommer la famille du mort pour savoir si quelqu'un des parens veut accuser celui que l'on croit coupable, et le faire appeler à la porte de l'église, et en plein marché. Si personne ne se présente, le juge lui accordera de se défendre, s'il le peut; et s'il ne peut éloigner de lui le soupçon, on lui fera jurer de rester dans le pays pendant l'espace d'un an, afin qu'il soit toujours prêt à répondre à celui qui voudra l'accuser en justice.

27. *D'hons qui occit autre en meslée.*

27. *Du meurtre d'un homme dans une querelle.*

Hons qui occit autre en mes-

Si un homme qui en tue

---

(1) Dans l'ancienne cout. d'Anjou glosée, il y a : « Que il viengue adroit qui l'en voudroit appeller. » (Laur.)

lée et puisse monstrer plaie que cil li ait faite avant qu'il l'ait occis, il ne sera pas pendu par droit, fors en une maniere que se aucuns du lignage l'appelle de la mort de celuy et li meist sus (1), sans ce que cil l'eust feru, ne navré, et li deist en telle maniere que le mort li eust donné ÷ commandement, et avoüerie, et atant porroit l'en jugeir une bataille (2) d'aus d'eus, et si li quiex que soit avoit quarante ans (3), il porroit bien mettre autre pour luy, et cil qui seroit vaincus si seroit pendus (4).

un autre dans une querelle, peut prouver que lui-même était blessé avant de porter le coup de la mort à son adversaire, il ne sera pas condamné de droit à la potence, à moins que quelque parent du mort ne l'accuse en justice, et ne prouve qu'il n'avait reçu aucune blessure, suivant que le mort a ordonné de le certifier. Alors la justice pourra ordonner entre eux la preuve par le combat, et si l'un d'eux a quarante ans, il pourra mettre un champion à sa place; le vaincu sera pendu.

28. *D'hons qui requiert asseurement pardevant la justice, à qui l'en fet force de cors, ou d'avoir, ou dommage.*

28. *D'un homme à qui l'on fait tort dans sa personne et dans ses biens, après avoir demandé et obtenu assûrement en justice*

Se ainsint estoit que un hons eust guerre (5) à un autre, et il venist à la justice pour li faere asseurer (6), puisque il le requiert, il doit fere fiancer,

Si quelqu'un étant en différend avec un autre, se présente à la justice, pour demander l'assuremnt, il l'obtiendra, et l'on fera promet-

---

(1) Dans un autre manuscrit et dans celui de Baluze; il y a, « et ne puisse montrer plaie..... il sera pendu ». (Laur.)
(2) Ajoutez « que il l'eust meurdry. » (Laur.)
(2) Voilà une exception au chap. 2. (Laur.)
(3) Dans le ch. 21 de l'ancienne cout. d'Anjou glosée, il y a « soixante ans.» Selon Beaumanoir, chap. 61, p. 308, tout homme devait néanmoins combattre en personne, à moins qu'il n'eût essoines légitimes et prouvées, dont une était d'avoir soixante années passées. (Laur.)
(4) Et souffrirait ainsi la peine du talion. V. ce qu'on a remarqué sur l'art. 2 de l'Ord. de 1260, touchant les batailles. (Laur.)
(5) Ces guerres privées n'avaient lieu presque partout qu'entre gentilshommes. (Laur.)
(6) La cout. ancienne d'Anjou glosée, dans l'art. 22, ajoute très-bien : « La Justice le doit faire assurer, puisqu'il le requiert et doit, etc. » (Laur.)

ou jurer à celui de cui il se plaint, ou fiancier (1) que il ne li fera domage ne il, ne li sien (2), et se il dedans ce li fet dommage, et il en püet estre prouvé, il en sera pendus: car ce est appelé trive enfrainte (3), qui est une des grans traisons qui soit: et ceste justice si est au baron (4). Et se ainsint estoit que il ne vousist asseurer, et la justice li deffendist, et dist, je vous deffends (5) que vous ne vous en alliez pas devant ce que vous aurez asseuré: et se il s'en alloit sur ce que la justice li auroit deffendu, et len ardist à celui sa maison, ou len li cou-

tre et jurer solennellement à celui contre qui il est demandé, de ne lui faire aucun dommage à lui ni aux siens; et s'il contre vient à sa promesse, et qu'on puisse le prouver, il sera pendu; car enfreindre l'assurement, est une grande trahison, dont il appartient au baron de faire justice. Mais s'il arrivait que ne voulant pas accorder l'assurement qui lui est demandé, le juge lui dit: je vous défends d'attaquer celui que vous aurez assuré, et que contre cet ordre, il courût sur son ennemi, brûlât sa maison, dégradât ses

---

(1) Lisez fiancer, comme il y a dans les manuscrits. V. l'art. 52 de la cout. d'Anjou. (Laur.)

(2) Dans un manuscrit déjà cité, il y a mieux : « ne lui, ne les siens, ne à lui, ne aux siens, etc. » (Laur.)

(3) Ceci a été pris de l'Ord. de saint Louis de 1245. Il y avait cependant de la différence entre la trève et l'assurement. La trève n'était qu'à terme ou à temps. L'assurement était pour toujours, parce qu'il était une paix. La trève était légale, mais l'assurement se faisait par autorité de justice, quand celui qui était le plus faible le demandait, comme il est dit dans ce chap. La trève n'avait lieu qu'entre ceux qui pouvaient se faire la guerre, au lieu que l'assurement était tant pour le roturier que pour le noble. L'assurement devait être demandé par l'une des parties, au lieu que les seigneurs pouvaient forcer ceux qui étaient en guerre à faire trève ou paix. V. Beaumanoir, chap. 59 et 60; et Du Cange dans sa Dissert. 29 sur Joinville. Ces choses sont ici confondues quant à la peine. Il nous reste encore des cout. qui ont des dispositions sur ce sujet. V. Glossaire sur asseurement et sur trèves. La cout. d'Anjou, art. 386, et celle du Maine, art. 396, et l'arbre des batailles. (Laur.)

(4) Beaumanoir marque la même chose en plusieurs endroits, et surtout dans le chap. 59, p. 301. Bouteiller, dans sa Somme rurale, liv. 1er. tit. 34, p. 236, dit que : « par délibération du grand conseil à Paris, il fut délibéré que si le cas advenoit dans la terre d'un haut justicier, et ledit haut justicier en prenoit la connoissance à faire avant les officiers royaux, à luy comme haut justicier luy devoit demeurer. Mais que si lesdits officiers du Roi en commencoient premièrement leurs exploits sur ce, la connoissance leur en appartiendroit, et que cette loy estoit plus usée és parties de Picardie et deça la Somme. » etc. V. [...] Anjou, dans l'art. 42, et celle du Maine dans l'art. 49 et le 60 quoique [...] partie de ces établiss. donnent la connoissance de la trève enfrein[...] leurs hauts justiciers. V. la cout. du Loudunois, chap. 4. art. 1er.

(5) V. le chap. 37. (Laur.)

past ses vignes, ou leu le tuast, il en seroit aussi bien coupable, comme s'il l'eust fait.

*vignes et le tuât, il serait regardé comme aussi coupable que s'il avait accordé l'assurement qui lui était demandé.*

29. Quele justice l'en doit de larron selon qu'il a meffet.

*29. De la peine qu'on peut infliger au voleur, selon son crime.*

Li lierres est pendables qui emble cheval, ou jument, et qui art meson de nuiz (1), et cil pert les iex, qui emble riens en monstier (2); et qui fait fausse monnoye (3), et qui emble soc de charrue (4), et qui emble autres choses, robes ou deniers, ou autres menües choses, il doit perdre l'oreille (5),

*Celui qui vole un cheval ou une jument, ou qui, pendant la nuit, met le feu à une maison mérite d'être pendu. On crevera les yeux à celui qui aura volé dans une église, ou fait de la fausse monnaie. Qui dérobera le soc d'une charrue ou quelqu'instrument sem-*

---

(1) V. Beaumanoir, chap. 58. p. 294. chap. 38 de ce livre; *Damhouder*, dans sa Pratique criminelle, chap. 110, n°. 24, 25 et 32; Boutillier, liv. 2, chap. 38, p. 294, et la cout. du Loudunois, au tit. des crimes, article 10. (Laur.)

(2) Cette peine était en usage chez les Lombards pour le vol. V. les lois de Guillaume I, roi d'Angleterre, art. 67, p. 172 de l'édition de 1644. (Laur.)

(3) Par le capitul. de Louis-le-Débonnaire de l'an 1819, ceux qui avaient fabriqué de la fausse monnaie devaient avoir le poing coupé, *qui eam percussisse compro batus fuerit manus ei amputetur.* (Laur.)

(3) Dans l'art. 23 de l'ancienne cout. d'Anjou glosée, il y a « qui fait fausse monnoie il doit estre boüilli, » ce qui avait lieu seulement à l'égard des monnaies du Roi, qui étaient toutes anciennement d'or et d'argent, et non à l'égard des monnaies des barons qui étaient de cuivre, comme il paraît par ce qui suit du livre vert du Châtelet, en l'art. de l'Ordonnance des droits dus au Roi, à cause de sa couronne. « au Roy seul et pour le tout appartient la connoissance du forgement des fausses monoyes. c'est à entendre de ceux qui font la monoye, et de ceux qui y aydent tant soit petit, et ne fut tant seulement que de souffler le feu, qui fait boüillir les métaux ensemble. Et pour ce sont tels délinquans boüillis. Et pareillement des marchands ses sujets, sans moyen et pris en present meffet en sa justice, auroit la connoissance, et est à entendre des monoyes du Roy, car en son royaume, autre que lui ont bien puissance de faire forger et de donner coins, *Exemplum*, le comte de Flandres, le duc de Bretagne. (Laur.)

(4) V. l'art. 13 de la cout. du Loudunois, au tit. des crimes. (Laur.)

(5) Par l'art. 11 de la cout. du Loudunois, au tit. des crimes, « celuy qui emble bœuf ou vache, doit avoir l'oreille coupée. » V. l'art. 627 de la cout. de Bretagne, Boutillier, liv. 1er. tit. 35, p. 244, et les institutes d'Edouard, composées par Bretoun, ou Britton, chap. 15, n°. 52. (Laur.)

du premier meffet, et de l'autre larrecin il perd le pied (1), et au tiers larrecin il est pendable: car l'on ne vient pas du gros au petit, més du petit au grand.

blable, ou qui volera, soit habit, soit argent, ou autre chose de peu de valeur, doit perdre l'oreille la première fois, le pied la seconde, et à la troisième, il sera pendu; car on ne vient pas du grand au petit, mais du petit au grand.

30. *D'hons qui emble à son saignour qu'il sert.*

30. *Du vol domestique.*

Hons, quand il emble à son saignour, et il est à son pain et à son vin (2), il est pendables: car c'est maniere de traison. Et cil à qui il fet le meffet, le doit pendre par droit, se il a justice en sa terre.

Celui qui vole le maître qui le nourrit doit être pendu; car c'est une espèce de trahison, et le maître a le droit de le faire pendre lui-même, s'il a justice en sa terre.

31. *De vavasor qui fet forbani.*

31. *Du vavasseur qui condamne au bannissement.*

Nus vavasor ne puet fere forbani (3), ne ne puet à hons

Nul vavasseur ne peut condamner personne au bannis-

---

(1) Les lois de Guillaume I, roi d'Angleterre, art. 67. *Interdicimus ne quis occidatur, vel suspendatur pro aliquo culpá, sed eruantur oculi, et abcindantur pedes,* etc. (Laur.)

(2) V. *Tit.* 27, lib. 2, *Feudorum* 9, et ibi Gothof. *Gellium* lib. 7, cap. 15. *Isidorum,* lib. 5, *originum,* cap. 26, *Damhouderium in Praxi,* cap. 110, l'ancienne cout. de Touraine, l'ancienne cout. d'Anjou au tit. des crimes, Bodereau sur l'art. 44 de la cout. du Maine, et Britton, chap. 15. Anciennement en Touraine le moindre vol domestique était puni de la perte d'un membre, ce qui fut aboli en 1260. *Ex Registro Inquestarum.* A: folio 110 verso. (Laur.)

(3) Du temps que ces établiss. furent faits, il n'y avait que deux degrés de justice, la haute et la basse. Et les vavasseurs, ou vassaux inférieurs n'avaient que la basse.
Suivant ce chap., «le vavasseur ne peut forbannir, ne faire forjurer hons sa châtellerie.» C'est-à-dire, la châtellerie du chef seigneur sous qui l'homme demeure. La raison en est évidente: c'est que le vavasseur qui en userait ainsi, étendrait sa jurisdiction au-delà de son territoire, parce qu'il n'est pas seigneur dans toute la châtellerie ou châtelenie. (Laur.)

fere forjurier sa chastellerie (1), sans l'assentement du baron, en qui chastellerie il sera, et se il le fesoit, il en perdroit sa justice : car la justice si n'est mie au vavasor (2).

semont, ni lui faire abandonner sa terre, sans le consentement du baron à qui appartient la châtellerie; s'il le fait, il perdra sa justice : car ce droit n'appartient pas au vavasseur.

32. *De tenir compagnie à larrons et meurtriers, et de ceus qui les consentent.*

32. *Des complices des voleurs et meurtriers, et de ceux qui les recèlent.*

Fames qui sont avec murtriers et avec larrons, et les consentent, si sont à ardoir (3). Et se aucuns, ou aucunes leur tenoit compaignie, qui les consentissent, et ne emblassent riens, si leur feroit len autretant de peine (4), comme se

Tous ceux et celles qui font société avec les voleurs et les meurtriers, ou qui les recèlent, seront condamnés au feu. Tous compagnons et receleurs des voleurs seront traités comme eux, lors même qu'ils n'auraient rien

(1) Quand ceux qui avaient la justice séculière ou laïque, avaient les criminels dans leurs prisons, si le délit le méritait, ils les bannissaient, ou pour user des termes de nos anciens praticiens ils les forbanissaient. Mais lorsque le criminel avait le temps de se retirer dans l'église, ou le cimetière qui étaient anciennement des lieux d'asile ; alors la justice laïque qui ne pouvait lui faire son procès, exigeait de lui qu'il forjurât le pays. «Cil qui s'enfuit à l'église, ou as saints lieux, dit l'ancienne cout. de Normandie, dans le chap. 24, il y peut demeurer par huit jours, et au neufvième jour, on luy doit demander s'il se veut rendre à la justice laye, ou se tenir à l'église. Car s'il veut, il se peut rendre à la cour laie, et s'il veut se tenir à l'église, et forjurera le pays, etc. » V. Britton, chap. 16.

V. l'Enquête des droitures que les rois d'Angleterre avaient en Normandie, ordonnée par Philippe-Auguste, en 1205, dont l'original est au feuillet 9 du Registre saint-Just de la chambre des comptes de Paris, à la fin. «Comme nul vavasseur ne peut forbannir homme hors sa chastellerie, c'est-à-dire hors de la châtellenie, où l'homme est domicilié, nul vavasseur ne peut, par la même raison, faire qu'un criminel forjure sa chastellerie.» (Laur.)

(2) Car la justice n'est mie au vavasseur, mais au baron, qui selon la cout. du Londunois peut concéder haute, moyenne et basse justice. V. l'art. 3 de cette cout., au tit. des Droits de baronie. (Laur.)

(3) Il paraît par là que les femmes qui sont avec les meurtriers et avec les larrons sont traitées plus sévèrement que les larrons et les meurtriers ; parce que ceux-ci ne sont que pendus. (Laur.)

(4) Il est ici parlé des femmes comme dans la disposition précédente, et cependant on ne dit pas qu'elles seront arses, mais qu'elles seront punies, comme si elles avaient emblé ou volé. Il faut, ce semble, distinguer, ou elles participent aux crimes des meurtriers et des larrons, en les commettant avec eux, et elles sont brûlées, ou elles sont seulement dans la compagnie des lar-

eus l'eussent emblé. Et se li murtriers qui tüent les gens apportent aucune chose que soit à ceus qui il auront tués, et il l'apportent chiés aucun ame, soit hons, ou fame, et il sachent bien que eus sont larron, ou murtriers, et il les reçoivent, ils sont pendables, ainsi come li murtriers (1) sont selon droit escrit, en Code *de sacris ecclesiis*, en la loi qui commence, *Jubemus* § *œconomus*, et en decretales, *de officio delegati*, c. *quia quæsitum*, car li consenteour, si sont aussi bien pugnis, comme li maufeteur.

volé. Si un meurtrier dépose quelque effet de celui qu'il aura tué, chez un autre, soit homme ou femme, et que celui-ci le reçoive, sachant que c'est le fruit du vol, il méritera d'être pendu comme le meurtrier, selon qu'il est écrit au Code *de sacris ecclesiis*, en la loi qui commence, *Jubemus*, § *œconomus*, et aux Décrétales, *de officio delegati*, cap. *quia quæsitum*; car le receleur mérite autant d'être puni que le malfaiteur.

### 33. *D'encusement de laron.*

Se aucuns lierres, ou murtriers dit que aucuns soient ses compainz (2), il n'est pas pource prouvé (3), més la justice le doit bien prendre pour savoir se il li porroit recognoistre (4).

### 33. *De la déposition d'un voleur.*

Si un voleur ou meurtrier déclare qu'il a des complices encore que cela ne suffise pas pour le prouver, la justice les fera arrêter pour les confronter.

---

rons et des meurtriers, et alors quoiqu'elles n'aient ni tué ni volé, comme elles consentent hautement aux crimes commis, elles sont punies comme les meurtriers et les larrons. V. le chap. 35 de ce liv.

L'art. 26 de l'ancienne cout. d'Anjou manuscrite est en ces termes : « Femmes qui sont o meurtriers et les consentent sont à ardoir. Et ce elles sont à embler chevaux et jumens sont à enfouir. Et ce aucuns, ou aucunes qui n'emblassent rien, estaient d'assentement d'embler aucune chose, len eu feroit autant comme se il avoit emblé. » Dans la chronique de Louis XI, nommée scandaleuse, il est parlé d'une Perette Mauger qui fut enfouïe vive. (Laur.)

(1) Le sens de cette disposition est que les receleurs sont punissables, comme les voleurs. V. Britton, chap. 16. (Laur.)

(2) Les compains sont ceux qui sont à même pain, d'où l'on a fait compagnons et ensuite compagnons. Et les camarades sont ceux qui sont en même chambre, du mot *camera* ou *camara*, qui signifiait dans la bonne latinité une voûte, et la même chose que *fornix*. (Laur.)

(3) V. omninò Hyppolytum de Marsiliis, in Praitica criminali. V. diligenter. n. 59. (Laur.)

(4) L'ancienne cout. d'Anjou glosée ajoute « sans péril de son corps ne de tourment mortel. » V. *Hyppolitum de Marsiliis, dicto loco*. Il faut excepter de cette disposition le crime de lèze-Majesté. (Laur.)

## 34. De pugnir soupeçonneus.

(1) Se aucuns est qui n'ait riens, et soit en la ville sans riens gaigner, et il hante tavernes, la justice le doit prendre, et demander de quoy il vit, et se il entent qu'il mente, et que il soit de mauvaise vie, il le doit bien jetter hors de la ville ; car ce appartient à l'office de prevost de netoyer la jurisdiction et sa province de mauvais hons et mauveses fames, selon droit escrit en Digeste *De officio præsidis*, en la loy qui commence, *Congruit*.

## 34. De la punition d'hommes suspects.

Si quelqu'un sans biens, sans chercher à gagner sa vie, fréquente les cabarets, la justice s'en saisira et l'interrogera sur sa vie et sa conduite. Si l'on s'aperçoit qu'il ne dise pas la vérité, et qu'il mène une mauvaise vie, on le chassera de la ville ; car il est de l'office du prévôt de purger sa juridiction et sa province de tous mauvais sujets, hommes ou femmes, conformément au droit écrit dans le Digeste, *de officiio præsidis*, en la loi qui commence, *Congruit*.

## 35. De fame qui tüe son enfant par mescheance.

Se il meschiet à fame que elle tüe (2) son enfant, ou estranglé de jours, ou de nuits, elle ne sera pas arse du premier, ains la doit l'en rendre à sainte yglise, més se elle en tüoit un autre, elle en seroit arse, pour ce que ce seroit ac-

## 35. De la mère qui tue son enfant par cas fortuit.

S'il arrive à une femme de tuer ou d'étouffer son enfant par cas fortuit, soit de jour soit de nuit, elle ne sera pas condamnée la première fois à la peine du feu ; mais elle sera renvoyée pardevant la sainte église ; à la

---

(1) L'ancienne cout. d'Anjou imprimée au tit. des amendes, art.º 12. « La cout. audit pays est telle, que si en ville a compagnon oiseux, et n'a rente, ne meuble pour son estat soustenir, la justice le püet prendre et emprisoner, et l'examiner, et s'il est trouvé variant, soy enquérir plus avant, ou le faire vider hors le pays. » V. le chap. 26 ci-dessus, et le 16 du liv. 2.

Il y avait une loi presque semblable, mais plus rigoureuse chez les Egyptiens, suivant Hérodote. *Lib. 2, in Euterpe.* (Laur.)

(2) L'exemplaire de Ducange ajoute « par mescheance, » c.-à-d., par malheur, et non par hasard. De més-eschant, ou malescheaut, on a fait ensuite méchant, pour malheureux. (Laur.)

coustumé, selon droit escrit en Code, *de episcop. audient. l. nemo* (1), en la fine concordance.

seconde elle sera condamnée au feu, parce qu'en elle ce serait une habitude criminelle, selon qu'il est écrit au Code, *de episcop. audient. leg. nemo*, en la concordance.

### 36. *De volenté d'omicide, sans plus faire.*

Se aucuns (2) gens avoient enpensé à aler tüer un hons, ou une femme, et fussent pris en la voie, de jours ou de nuits, et len les amenast à la justice, et la justice lor demandast que il aloient querant, et il deissent que eus allassent tüer un hons, ou une femme, et il n'en eussent plus fet, já pource ne perdroient ne vie ne membre.

### 36. *Du dessein de tuer quelqu'un sans l'exécuter.*

Si quelqu'un, ayant dessein de tuer un homme ou une femme, est arrêté sur le chemin de jour ou de nuit, et amené devant la justice, on lui demandera ce qu'il allait y faire? S'il répond qu'il allait assassiner un homme ou une femme, et que son mauvais dessein n'ait pas été exécuté, il n'encourra pas pour cela perte de la vie ou de quelque membre.

### 37. *De menace et d'asseurement vée pardevant justice, et de guerre au souverain par justice aus parties.*

Se aucuns hons menaçoit un

### 37. *Des menaces et du refus d'assurement pardevant la justice, et du recours au souverain pour faire droit aux parties.*

Si un homme, en pré

---

(1) L'ancienne cout. d'Anjou glosée, chap. 30, ajoute : « Mais orendroit elle seroit arse par l'Establissement du Roy Philippe, qui corrigea cette cout. considérant qu'elle tüeroit plus volontiers un autre, et ainsi qu'il li mouveroit de très mauvaise nature de tüer son enfant. » Ce nouvel établissement a été suivi dans l'ancienne cout. de Touraine et de celle du Loudunois, au tit. des crimes, à l'égard de celle qui tue son enfant volontairement, car à l'égard de celle qui le tue par hasard, elle n'est soumise qu'aux peines canoniques. (Laur.)

(2) La raison est qu'on ne punit pas la simple volonté, lorsque l'exécution n'a pas été tentée. *Cogitationis pœnam nemo patitur.* Leg. 18. Dig. *De pœnis*, si ce n'est pour crime de lèse-Majesté. *Lege quisquis 4, in principio.* Cod. *Ad legem Juliam majestatis.* (Laur.)

autre, à faere damage de cors et de l'avoir, pardevant justice (1), et li menaciés en demande asseurement, et li autres deist, je m'en conseillerai, et la justice deist, ne vous en allés pas devant que vous l'aiez asseuré, et il s'en allast seur sa deffense, et sans lui asseurer, et ardist len à celui ses mesons, ou li eist l'en autre dommage, de corps, ou d'avoir, et tout ne l'eust encore pas fet, cil menacierres si en seroit-il aussi bien atains et prouvés comme se il l'eust fet, ou qui auroit tué (2) celuy qui auroit demandé asseurement, et l'en li en vousist bien ensuivre, jusques à droit, par qui l'asseurement eust esté vée, ou refusé à fere en la court le Roy, ou en la court au baron ou en la court de quelque chastellerie il seroit, il en seroit autresi bien pendables, come s'il eust fet le fet. Et pour ce ne doit nus véer droit de trisence de la justice, menace son adversaire de lui faire tort dans sa personne et dans ses biens, et que celui-ci demandant assurement, l'autre lui réponde qu'il se consultera, le juge ne le laissera pas aller cependant sans l'accorder. S'il le refuse, et qu'ensuite il brûle la maison de celui qu'il a menacé, lui fasse tort, soit dans sa personne, soit dans ses biens, s'il le menace même sans exécuter ses mauvais desseins, il sera reputé aussi coupable que s'il les avait exécutés, ou qu'il eût tué celui qui lui demandait assurement. Il pourra être poursuivi de droit, soit à la cour du Roi, soit à celle du baron, ou à celle de la terre dans laquelle il sera, par celui qu'il aura refusé d'assurer, et il sera pendu, comme s'il avait exécuté ses mena-

(1) *Pardevant justice.* On a remarqué sur le chap. 28, que quand il y avait guerre entre nobles, les seigneurs pouvaient les contraindre à faire trêve pour un temps; et que quand il y avait querelles entre gens de pôte ou roturiers, les seigneurs pouvaient les contraindre à se donner asseuremens; qui duraient toujours. (Qu'en cas de trèves, on ne s'en prenait qu'à ceux qui les brisaient, et que dans le cas d'asseuremens, on s'en prenait à ceux qui les avaient donnés, et à ceux qui les avaient brisés. V. Beaumanoir, chap. 60, et la note sur le chap. 28 ci-dessus.

Nous apprenons de ce chap., que quand un homme avait l'audace d'en menacer un autre en justice, le menacé pouvait demander asseurement, et si celui qui avait fait les menaces ne voulait pas l'accorder, il était coupable de toutes les violences commises ensuite envers celui qui avait demandé l'asseurement, comme s'il les avait commises lui-même. En sorte que le refus d'asseurement valait asseurement. (Laur.)

(2) L'ancienne cout. d'Anjou glosée ajoute très-bien : « et len ne prit le meurtrier en present meffect, car quand le meurtrier est pris en present meffect, il est aisé de sçavoir si celui qui a refusé l'asseurement est coupable ou non. » (Laur.)

ves à donner devant justice. Et quand aucuns se doute, il doit venir à la justice, et requerre asseurement, selon droit escrit, el Code *de iis qui ad eccles. confug. l. denuntiamus.*

ces, parce qu'il n'est permis à personne de refuser le droit de trêve qui lui est demandé en présence de la justice, et parce que tout homme qui craint quelques mauvais desseins de la part de son adversaire, peut lui demander en justice l'assurement, selon le droit écrit au Code, *de iis qui ad eccl. confug. leg. denuntiamus.*

### 38. De justice (1) de vavasor.

### 38. De la justice du vavasseur.

Tuit-gentis-hons qui ont voirié (2) en leur terre, pendent larron (3) de quelque larrecin que il ait fait en leur terre. Més en aucune chastellerie les mene l'en juger à leur saignour (4). Et

Tout gentilhomme qui a basse-justice, peut condamner à la potence celui qui a volé dans sa terre. Il est cependant des châtelleries où le criminel doit être jugé

---

(1) Les Vavassors nommés *Valvassores* dans les livres des fiefs, sont ceux qui possèdent de simples fiefs avec basse justice, sous les barons, ou ceux qui tenaient en baronie. Ces Vavasseurs qui étaient appelés Bacheliers, quand ils étaient chevaliers, étaient ordinairement pauvres. V. Gloss. sur Bachelier. (Laur.)

(2) On a remarqué sur le chap. 31 qu'il n'y avait anciennement que deux degrés de justice, la haute et la basse, et que la basse se nommait Voierie. Mais depuis les degrés de justice ayant été divisés en haute, moyenne et basse, la moyenne justice a été nommée grande voierie, comme il se voit par l'inscription de l'art. 39 de la cout. d'Anjou, et la basse justice foncière a été nommée simple voierie, comme il se voit dans l'art. 1er. de la cout. d'Anjou. Voierie vient de *Viaria*, ou plutôt d'*Advocatia*. V. Instit. de Loisel, liv. 2, tit. 2, art. 45. (Laur.)

(3) Ainsi dans ces temps-là, les seigneurs qui avaient voierie ou basse justice avaient la connaissance du larron, ce qui a été observé par Beaumanoir dans ses cout. du Beauvoisis, chap. 8. V. notes sur Loisel, au tit. des crimes, règle 20. Cependant par l'art. 44 de la cout. du Maine, le larcin est cas de grand voierie ou de moyenne justice. (Laur.)

(4) La châtellerie ou châtellenie est ici le territoire du baron, comme dans le chap. 31. Suivant ce chap. en quelques châtelleries, ceux qui y avaient voierie, ou basse justice, étaient obligés de mener les larrons à leurs seigneurs pour être jugés. Et quand les seigneurs les avaient jugés, les bas justiciers ou voyers en faisaient justice et en avaient la dépouille, c'est-à-dire, le chaperon, le surcot, et tout ce qui était au-dessus de la ceinture, ainsi que le remarque l'auteur de la glose sur le chap. 33 de l'ancienne cout. d'Anjou. statut. Alex. Regis Sociii cap. 2, n. 6. (Laur.)

quand li sires les a jugiés, si les envoie arriere, et cil en sont la justice. Et encore ont plus li vavassour, car eus tiennent lor batailles devant eus de toutes choses, fors de grans messaez (1) que nous vous avons nommés pardevant. Et si ont lor mesure en lor terre (2), et les prennent, et les mettent és cors de lor chastiaux (3) et les baillent à leurs homes. Et puis se eus truevent seur leur home fausse mesure, li droits en est lour, et en puevent lever soixante sols d'amende. Et se li bers la trueve, ains que li vavassour, li droit en est siens (4). Et se li vavassour puet estre prouvés que il ait baillé fausse mesure (5), il en perdra ses müebles: et se il voloit d'abord par le baron, et renvoyé ensuite au bas-justicier, pour qu'il mette le jugement à exécution. Les vavasseurs ont de plus les batailles de tous crimes, excepté de ceux que nous avons nommés ci-dessus. C'est encore eux qui font les mesures, les gardent dans leurs châteaux, et les livrent à leurs vassaux pour s'en servir. S'ils s'aperçoivent que quelqu'un use de fausses mesures, c'est à eux à le condamner à une amende de 60 sous; si le baron s'en aperçoit avant le vavasseur, l'amende lui appartiendra. Tout vavasseur convaincu d'avoir donné de fausses me-

---

(1) C.-à-d., qu'à l'exception de trahison, de meurtre, de rapt, d'incis, de chemin brisé et de meffect de marchié, qui suivant le chapitre 4 ci-dessus, étaient cas de haute justice, les Vavasseurs avaient de ce temps les batailles de tous meffects, ce qui était, ce semble, contre le droit général de la France, sur lequel le duel ou le gage de bataille était de haute justice. V. les Instit. de Loisel, liv. 2, tit. 2, règle 47, et ci-après les chap. 40 et 41.

L'auteur de la Glose sur l'art. 33 de l'ancienne cout. d'Anjou, ne donne les batailles qu'à ceux qui ont grande voierie ou moyenne justice. V. le chap. 4 ci-dessus portant abrogation des batailles. (Laur.)

(2) De là vient que la cout. d'Anjou dans l'art. 40, donne les mesures au moyen justicier ou grand voyer, et la cout. du Loudunois, au titre de moyenne justice, art. 2. V. les Instit. coutum. de Loisel, livre 2, titre 2, règle 46. (Laur.)

(3) Afin qu'elles ne soient point falsifiées. Suivant la Nov. 128 de Justinien, elles devaient par cette raison être conservées dans les églises. (Laur.)

(4) C.-à-d., que l'amende est au baron, s'il trouve la fausse mesure avant le vavasseur. (Laur.)

(5) Le vavasseur ne prend pas sa mesure de lui, mais du baron son seigneur qui en a l'étalon ou le patron, et si le vavasseur donne fausse mesure à ses hommes, il perd ses meubles. Cependant si le vavasseur veut affirmer qu'il n'a pas donné de fausse mesure à son homme villain ou coutumier, le vavasseur en sera cru par son serment, et le villain chez qui la mesure fausse aura été trouvée, paiera soixante sols d'amende, ce qui a été suivi en Anjou et au Maine, avec cette différence qu'au Maine les peines pécuniaires sont du double de celles d'Anjou, suivant la remarque de la Glose sur ce chapitre. (Laur.)

dire que il ne li eust baillé fausse, il s'en passeroit par son serement, et li vilains en paieroit soixante sols d'amende.

sures à ses vassaux, perdra ses meubles ; mais s'il affirmait par serment ne les avoir pas données, celui qui aura été surpris avec de fausses mesures, paiera l'amende de 60 sous.

### 39. De va[vassor] qui relasche larron.

Nus vavassour ne puet relaschier larron, ne larronesse, sans l'assentement du chief saignour (1) : et se il le relasche, et il en puet estre prouvés, il en perdra sa justice. Et se il voloit dire que il ne l'eust pas relaschié, et que il fust eschapé, et qu'il en fist la meilleure garde que il onques po fere, se i li porroit li sires esgarder un serement (2), et se il l'osoit fere, il en seroit quittes à tant.

### 39. Du vavasseur qui met un voleur en liberté.

Nul vavasseur ne peut mettre un voleur en liberté, sans le consentement du chef seigneur, et s'il peut être prouvé qu'il l'ait fait, il en perdra sa justice. S'il s'en défend et prétend qu'il s'est évadé de lui-mème, malgré la bonne garde qu'il y avait commise, le seigneur exigera de lui son serment, et s'il le fait, il en sera quitte.

### 40. De quel meffet vavasor (3) nera pas le cort de son hons de la cort au baron.

De quelque meffet li bers apelast hons à vavasor, li vavassor en auroit la cort (4), se il la

### 40. Pour quel méfait le vavasseur ne pourra rappeler son vassal de la cour du baron en la sienne.

Si un baron veut juger en sa cour l'homme du vavasseur accusé de quelque cri-

---

(1) La raison en est rapportée ci-dessus à la fin du chap. 31. C'est que la justice du vavasseur n'est pas à lui, mais à son seigneur. (Laur.)

(2) Dans la basse latinité, l'égard était une connaissance, un jugement, une sentence. De sorte qu'ici égarder un serment, était faire ordonner par le juge, que le vavasseur ferait serment ou jurerait que le larron s'était échappé. V. le chap. 273 des Assises de Jérusalem. (Laur.)

(3) V. la note sur le chap. 38. (Laur.)

(4) Anciennement l'aveu emportait l'homme, et était l'homme justiciable de corps et de châtel, c.-à-d., de meuble où il levait et couchait, en sorte que quand il était poursuivi pardevant un autre seigneur, en s'avouant du

requeroit, à mener son hons par sa main ; se ce n'estoit de haute justice. Car se aucuns hons se plaint d'hons à vavasor en la cort au baron, li vavassor en aura la cort, se ce n'est de chemin brisié (1), ou de meffet de marchié. De ce il n'aura pas la cort, ne il n'en auroit mie les deffautes, se li autres l'en apeloit (2), ne de choses jugiées, se li autres dit que l'en li ait riens jugié en la cort au baron, ne de choses conneües, toutes les avoast-il aprés ; car li bers, ne ses justices ne doivent pas fere recors (3) au vavassor de riens du monde, qui soit jugié pardevant eus.

me, le vavasseur pourra, s'il le veut, redemander le coupable, à moins que le cas soit de haute justice. Si quelqu'un se plaint des justiciables du vavasseur en la cour du baron, le vavasseur en aura la cour, pourvu qu'il ne soit pas question de délit de grand chemin ou de mauvaise foi en marché public, dont la justice du vavasseur n'a point droit de connaitre. Si le justiciable du vavasseur est ajourné à la cour du baron pour aucun de ces deux cas, les défauts, ni la peine des défauts, n'appartiennent point au vavas-

---

seigneur sous qui il levait et couchait, il devait être renvoyé en la justice de ce dernier seigneur. Il en était de même, quand ce dernier seigneur revendiquait lui-même son homme, et le prenait par la main, pour le faire retourner en sa justice. V. Loisel dans ses Instit., liv. 1, tit. 1, règle 26, et ce qu'on y a remarqué.

Suivant ce chap. le vavasseur ou bas justicier, (car il faut se souvenir qu'alors il n'y avait que deux degrés de justice, la haute et la basse), le bas justicier connaissait de tous meffects, à l'exception des cas de haute justice. ce qui a été changé dans la suite par l'établiss. des moyennes justices, ou la distinction des voieries en hautes et basses. (Laur.)

(1) L'ancienne cout. d'Anjou glosée, dans l'article 35, ajoute peageau. (Laur.)

(2) Le sens est que si quelqu'un se plaignait en la cour du baron de l'homme, ou du justiciable du vavasseur, le vavasseur en avait la court et non le baron, à moins qu'il ne fût question de chemin brisié, ou de meffect de marché, car de ces deux choses, la court n'était pas au vavasseur, mais au baron. Et si quelqu'un appelait de ces deux cas l'homme du vavasseur, les défauts, ou la peine des défauts n'était pas au Vavasseur, mais au baron. V. le chap. 57, et l'art. 77 de la cout. d'Anjou. (Laur.)

(3) Du mot latin *recordari*, qui signifie se souvenir, on a fait record pour signifier celui qui a été présent à quelque fait et qui peut en rendre compte et le certifier. Faire recors ici, c'est rendre compte en la justice du vavasseur de ce qui s'est fait dans la justice du baron ; ce qui est contre toutes les règles parce que le juge supérieur ne rend pas compte de son jugement, au juge inférieur.

Si donc le justiciable du vavasseur est ajourné en la court du baron, et si la cause y est jugée, ou si la dette dont il s'agit y est reconnue, le vavasseur ne peut plus revendiquer son homme ni juger la contestation, parce qu'il ne peut pas réformer le jugement de son seigneur. V. les art. 71 et 72 de la cout. d'Anjou. (Laur.)

seur, non plus que le jugement de toutes autres contestations entamées en la cour du baron; car le baron ni ses juges ne peuvent et ne doivent rendre aucun compte au vavasseur de ce qui a été jugé par devant eux.

### 41. De requerre larron ou meurtrier.

(1.) Se aucuns lierres, larron, ou murtrier fet larrecin, ou murtre en une chastellerie, et il s'en fuit en une autre. Se li bers, en qui la chastellerie li meffez sera fet, l'envoye querre, il l'aura par droit, et rendra pour chascun larron 11 sols vi deniers au baron qui les aura arrestés. Et se li larcins avoit esté fait en la terre à aucun vavaseur, porquoy li vavasseur ait voüerie en sa terre, ses sires li devroit rendre, ô les 11 sols vi deniers paians, que il auroit rendus au baron.

### 42. De fere aide (2) à son saigneur, et de semondre ses aparageors.

Se li bers fait s'aide par-

### 41. De redemander voleur ou meurtrier.

Si quelque voleur ou meurtrier, après avoir commis meurtre ou larcin dans une terre, s'enfuit dans une autre, et que le baron, en la terre duquel le délit a été commis, le réclame, il aura le droit, et rendra pour chaque voleur 11 sous 6 deniers au baron qui les aura fait arrêter. Mais si le vol a été fait dans la terre d'un vavasseur bas-justicier, son seigneur le lui rendra avec les 11 sous 6 deniers qu'il aurait rendus au baron.

### 42. De faire aide et de sommer ceux qui garantissent en parage.

Si un baron demande aide

---

(1) On a dit sur le chapitre précédent qu'anciennement en France, l'aveu emportait l'homme, et que l'homme était justiciable de corps et de châtel où il couchait et levait. Nous apprenons de ce chap.-ci que suivant l'usage de Paris, d'Orléans, de Touraine et d'Anjou, l'aveu n'emportait pas l'homme en matière criminelle, mais que les délits étaient punis où ils avaient été commis; ce qui a été depuis confirmé par l'article 35 de l'Ord. de Moulins. V. remarques sur les Instit. de Loisel, liv. 1, tit, 1, règle 26, et l'art. 74 de la cout. d'Anjou. Joignez le chap. 59. (Laur.)

(2) Quand l'aîné noble garantit ses puînés en parage sous son hommage, il

dessus ses vavassors (1) il les doit mander pardevant luy. Et se li vavasor avoient aparageors qu'il deussent mettre en l'aide, il leur doit mettre jor que il auront lors aparageors (2). Et li vavassor doit dire as autres aparageors que eus viegnent à tel jour voir fere l'aide, et se li aparageor n'i viennent, il ne leront pas por ce à mettre, puisqu'ils y sont semons. Et se aucuns fet s'aide sans semondre ses aparageors, il n'i mettront riens se eus ne veulent.

43. *En quel aide aparageors doivent mettre terme du parage, et quelle franchise cil à, qui tient en parage.*

Nus hons (3) qui tient én pa-

---

à ses vavasseurs, il les doit mander par-devers lui; et si les vavasseurs ont aparageurs qui doivent contribuer à l'aide avec eux, le baron doit leur assigner un jour pour venir avec leurs aparageurs; et à ce jour les aparageurs viendront faire aide avec les vavasseurs, et s'ils n'y viennent, ils ne laisseront pas de payer leur part, puisqu'ils en auront été sommés. Si le vavasseur fait aide sans sommer ses aparageurs, ceux-ci ne seront point tenus d'y contribuer, s'ils le veulent.

43. *A quel aide doivent contribuer ceux qui sont garantis en parage, et de quelle franchise jouit celui qui tient en parage.*

Celui qui tient en parage

---

paraît seul seigneur de tout le fief, quoique ses puinés y aient leur part, et par cette raison, comme il n'y a que l'aîné seul qui couvre le fief par la foi qu'il porte, il n'y a aussi que lui seul qui en fasse le rachat, ainsi qu'on l'a vu sur le chap. 22 ci-dessus. Et de là vient que le parage est appelé franc.

Comme en franc parage, l'aîné acquitte ses frères du rachat, il semble qu'il devait aussi les acquitter des aides. Cependant nous apprenons de ce chap. qu'ils devaient contribuer aux aides. (Laur.)

(1) L'aide est un secours en argent que les seigneurs nobles chevels lèvent sur leurs vassaux, et leurs hommes coutumiers en trois cas. Le premier pour la rançon des seigneurs, quand ils sont prisonniers chez les ennemis de la foi, ou du royaume. Le second pour le mariage et l'apparagement de leur fille aînée. Et le troisième, quand les seigneurs se font chevaliers. V. les art. 127, 128 et 129 de la cout. d'Anjou, avec les Commentaires de Du Pineau; Salving, p. 239; Masuer, tit. 38. n. 4; la Thaumassière, dans ses Coutumes locales, chap. 27; Bealy dans ses Comptes de Poitou, p. 87; d'Olives, p. 258; Le Grand sur la cout. de Troyes, tit. 1, art. 3. (Laur.)

(2) C.-à-d., s'ils avaient des puinés ou des enfans de puinés qu'ils garantissent en parage sous leur hommage. (Laur.)

(3) Le sens de ce chap. est que ceux qui sont garantis en franc parage, ne font point aide à celui qui les garantit, et qu'ils y contribuent seulement, quand celui qui les garantit les paie au chef seigneur. (Laur.)

rage ne set aide à son aparageor, se il ne le set au chief seigneur. Et se aucuns est qui ait aparageors, qui tiennent de lui en parage, il ne lor püet terme mettre hors du parage (1), par droit, hons qui a parageur (2), si tient aussi franchement et gentement, come celui de qui il tient, et si a autretant de justice (3) en parage.

ne fait point aide à son aparageur, si celui-ci ne le fait au chef-seigneur. Et si aucun a des aparageurs qui tiennent de lui en parage, celui qui tient en parage jouit de tous les droits de franchise et de noblesse, comme celui de qui il tient, et s'il a autant de justice en parage.

44. *De requerre son aparageor de fere homage, et quel service il doit fere, se il ne püet conter lignage.*

44. *D'exiger hommage de son aparageur, et à quel service il est tenu s'il ne peut prouver sa noblesse de race.*

Quand aucuns hons a tenu, grand piece, en parage (4), et cil de qui il tient requiert que il li face homage, ou se ce non, ce que il li doit fere, si face, cil li doit monstrer que il ait entre eus deus tel parage que leur enfans ne s'entrepuissent avoir par mariage (5). Et

Lorsque quelqu'un, qui a tenu en parage une portion considérable de terre, est sommé par son seigneur de lui faire hommage, et de remplir les devoirs auxquels il est tenu envers lui, il doit lui faire voir qu'il y a entre eux deux telle parenté, que

---

(1) Les puinés garantis en parage, sous l'hommage de leur ainé, contribuent avec lui au paiement des aides; et si l'ainé leur donne terme, il faut de droit, par cette raison, que le terme ne soit pas hors du parage. Quand le parage est failli, pourvu que ce ne soit pas par depit de fief, ce qui était tenu en parage, commence d'être tenu de l'ainé ou de celui qui le représente, à foi et hommage, et ainsi en arrière-fief du chef seigneur. En quelques lieux la règle est que les « soustenanz, qui ont seigneur moyen entre eux, et le chef seigneur, ne doivent pas payer au chef seigneur ayde, mais qu'ils doivent aider à celui de qui ils tiennent nu à nu, pour payer l'ayde au chef seigneur. » ainsi qu'il est dit dans le chap. 35 de la cout. de Normandie; mais ici comme la partie du fief tenue en parage, ne devient arrière-fief, qu'après l'assiette de l'aide, il ne serait pas possible que ceux qui la tiennent nouvellement à hommage, pussent contribuer à cet aide comme arrière-vassaux. (Laur.)

(2) V. l'art. 215 de la cout. d'Anjou et les commentateurs. (Laur.)

(3) V. la cout. d'Anjou, art. 221, 216. (Laur.)

(4) L'art. ... de la cout. d'Anjou a été pris de ce chap. (Laur.)

(5) C.-à-d., que leurs enfans soient hors du quatrieme degré de parenté. V. l'observation sur le chap. 22 ci-dessus. En Normandie, suivant l'ancienne

se il ne li püet monstrer le lignage, il li fera homage par droit (1). Et li sires ne li püet asseoir qu'un roncin de service (2), pour ce que li fiés est issu de parage.

leurs enfans ne se puissent marier ensemble ; et si celui qui a tenu en parage ne peut certifier de la parenté, il sera obligé de faire hommage ; mais le seigneur ne peut exiger qu'un cheval de combat, parce que le fief est issu de parage.

45. *De hons qui demande heritage à son home : comment li hons en doit querre droit.*

45. *De celui qui demande héritage à son homme, et comment il doitse pourvoir.*

Se li bers demande à son vavasor l'eritage que ses hons tendra de lui (3), li vavasor ne pledera pas pour lui, pardevant lui, se il ne veut, car li bers si est ainsi comme li tolerres (4),

Si un baron demande à son vavasseur qu'un héritage tenu par un de ses vassaux soit déclaré mouvant de lui, le vavasseur ne plaidera pas à la cour du baron, s'il ne

---

cout., dans le chap. 35 à la fin, le parage dure jusqu'au sixieme degré de lignage. Joignez Beaumanoir, chap. 59, p. 303 et la note sur le chap. 74 ci-après. (Laur.)

(1) L'art. 217 de la cout. d'Anjou ajoute que si le parageur ne peut montrer que le parage soit failli, « le parageau fera serment qu'il a bien loyaument raccompté son lignage, et sera envoyé comme dessus,» c.-à-d., à l'obéissance de son parageur. Par le mot *il*, il faut entendre celui qui a tenu en parage. (Laur.)

(2) Savoir parage failli. L'art. 218 de la cout. d'Anjou. Quoique tout fief ait été donné à la charge de faire profession des armes, tout vassal n'était pas obligé de se monter, ni de s'armer à ses dépens. Il n'y avait que ceux qui relevaient immédiatement du Roi ou des barons, qui étaient obligés de se monter. Et de là vient que le Roi et les barons ne levaient sur leurs hommes aucuns roussins. V. la note sur le chap. 129 de ce liv., et Beaumanoir dans ses cout. du Beauvoisis, chap. 28, p. 142. (Laur.)

(3) Le sens de ces paroles est, que si le baron demande qu'un héritage soit déclaré être mouvant de lui, et que le vavasseur qui a la possession pour lui soutienne que c'est de lui qu'il releve, on ne plaidera pas en la cour du bers ou baron, à moins que le vavasseur ne le veuille bien. (Laur.)

(4) Dans l'art. 40 de la cout. d'Anjou glosée, il y a, «telleour.» Et dans une note manuscrite qui est à la marge de la cout. d'Anjou glosée manuscrite, *il y a, « li tollieres »*.

Il est difficile de dire ce que ces mots signifient, mais on voit bien le sens de ce chap. qui est, que comme le vavasseur ne doit pas plaider pour lui devant lui, le baron ne peut aussi plaider pour lui devant lui-même, et qu'ainsi il faut qu'ils plaident l'un et l'autre en la cour du seigneur supérieur dont le la-sus tient. V. *tit. Cod. Ne quis in sua causa judicet.*

et pour ce ne doit il pas plaidier pardevant lui, ains plaidera en la cort au seignor, de qui li bers tendra. Et se bataille est jugiée (1) entre lui et son seigneur, li hons ne se combatra pas en la cort, là où il plede, car la cort ne seroit pas ygal, pource que semblant seroit que li sires i eust plus pooir, que li hons. Se li sires est bers, il doit nommer la cort le Roy, ou la court de deus autres barons, et li hons si prendra laquelle que il voudra des trois. Se li sires est vavasor, la bataille sera en la cort au baron de qui eus tendront, se li hons ne puet nommer que il (2) li ait fait grief.

le veut; car il n'est pas juste que le baron soit juge et partie dans sa cause. Il faut que l'un et l'autre se pourvoient en la cour du seigneur supérieur, de qui relève le baron. Si l'on juge le combat entre eux, ils ne combattront pas en la cour où ils auront plaidé; car la partie ne serait pas égale, puisque le baron semblerait y avoir plus de crédit et de pouvoir que le vavasseur. Si le seigneur est baron, il nommera la cour du Roi ou de deux autres barons, et le vassal choisira ce qu'il voudra des trois. Si le seigneur est vavasseur, la bataille se fera dans la cour du baron, de qui les deux parties relèvent, si le vassal ne peut prouver que le baron lui ait fait tort.

46. *De baron qui demande à voir le fié que ses hons tient de li, et comment li hons le doit monstrer.*

46. *Du baron qui demande à voir le fief que son vassal tient de lui; et comment celui-ci doit se montrer.*

Se li bers semont son hons,

Si un baron demande à

---

Peut-être qu'il faudrait lire «li taillieres», comme il y a dans le manuscrit de Baluze qui est un des plus corrects, et entendre par ce mot ceux qui imposaient la taille, lesquels ne pouvaient pas se l'imposer à eux-mêmes. V. l'Ord. sans date de saint Louis, touchant la manière de lever la taille, qui est précise à ce sujet. (Laur.)

(1) Dans ce cas, le vavasseur ne se combattra pas, en la cour du seigneur dont le bers ou le baron tiendra, quoiqu'il eût été obligé d'y plaider. La raison est que l'affaire étant plus importante, il se trouverait que le bers aurait plus de pouvoir que le vavasseur en la cour du seigneur suzerain. V. le chap. ci-dessus avec les notes. (Laur.)

(2) Dans l'ancienne cout. d'Anjou glosée, il y a mieux « que li sires ». (Laur).

que il li monstre son fié (1), il li doit demander terme de quinze jours, et de quinze nuits, et cil li en doit monstrer quanque il en saura. Se li hons avoit vavaseur, ou hons qui ne voussist estre venus (2), li sires li doit aidier à pourchassier et pourforcier à venir. Aprés quand li sires aura veu son fié (3), il demandera à son hons, en i a-t-il plus que vous aiés à tenir de moi. Li hons li doit respondre, et dire, sire, je vous demant enqueste telle comme je dois avoir : car je ne suis pas bien pourpensés : et li sires li en doit donner quarante jours et quarante nuits (4) de terme, par droit à enquerre et à encerchier. Et emprés l'enqueste, se li hons

son vassal l'aveu et dénombrement de son fief, celui-ci doit demander un délai de quinze jours, et de quinze nuits, et le montrer ensuite tel qu'il le connaît. Si le vassal a lui-même des vassaux qui refusent de venir, le baron doit l'aider, et les obliger de se rendre à la sommation qui leur est faite. Après que le baron aura vu en quoi consiste le fief, il demandera à son vassal s'il n'en a pas davantage qui relève de lui, lequel lui répondra : Sire, je vous demande le délai que vous ne pouvez me refuser, parce que je n'ai pas encore fait toutes les recherches néces-

---

(1) Du temps que ces établiss. furent faits, les aveux et dénombremens étaient inconnus. Le vassal alors qui possédait un fief, en portait la foi, et avouait en même temps qu'il le tenait de son seigneur. V. Gloss. sur aveu du vassal.

Mais quand le seigneur craignait que son vassal ne lui diminuât son fief, l'usage était qu'il pouvait obliger le vassal de lui en faire montrée. Hostiensis en parle ainsi dans sa Somme, au titre *de feudis*. num. 12.; Brodeau sur l'art. 44 de la cout. de Paris, num. 5; Ricard sur le même art. ; Joan. *Galli.* Qu. 285; Mornac, *ad leg. si in rem Dig. De rei vindicatione*. Cout. d'Anjou, art. 6 et 7 ; celle du Loudunois, tit. 1, art. 2 ; et celle de Touraine, art. 2 et 117.

Ces vues et montrées ont été abolies par le tit. 9 de l'Ord. de 1667. (Laur.)

(2) Comme celui qui tient du vavasseur, n'est pas vassal du bers ou baron, *quia vassallus vassalli mei non est meus vassallus*, il semble que le bers ne pouvait pas obliger son arrière-vassal de venir. Cependant l'art. 6 de la cout. d'Anjou, autorise en quelque manière le bers, ou le chef seigneur dans cette poursuite, mais elle ajoute que ses arrière-vassaux ne doivent faire leur déclaration qu'en gros et non par le menu. (Laur.)

(3) Remarquez que ce que le vassal tient à foi et hommage, est le fief de son seigneur. (Laur.)

(4) Après la montrée et la vue le vassal avait quarante jours et quarante nuits pour y ajouter ce qu'il avait omis. Mais nos cout., en abolissant cet ancien droit, ont mieux ordonné que le nouveau vassal, aurait quarante jours pour faire hommage, et du jour de l'hommage quarante jours pour bailler son aveu et dénombrement. V. les art. 7 et 8 de la cout. de Paris et les commentateurs. (Laur.)

dit à son seigneur, sire, je ne puis trouver que je en tiegne plus de vous : aprés li sires li doit demander se il veut droit : et quand li hons l'en a monstré, quanque l'en a trüevé en l'enqueste, li sires li püet bien esgarder par droit (1) que il n'en püet plus avoir de lui à tenir (2). Et se li sires en savoit aucunes choses (3), et qu'il le deist à son home en tele maniere, je vueil que vous aiés perdu le fié que vous tenés de moy : car ce est de mon fié, et li monstroit quoi et si ne le m'avés mie monstré. Et se li hons dit sire, je ne le savoie mie, et en feré ce que je devrai. Si li püet l'en bien esgarder que il jurera seur sains (4), que il ne le savoit mie, au jour que il li rendit l'enqueste, et itant en demoërra au baron, comme il en aura trouvé (5). Et se li hons n'ose fere le serement, il perdra son fié (6) : car ce seroit ainsi come se il li voloit embler, et ainsi seroit-

saires. Le seigneur doit lui accorder un délai de quarante jours et de quarante nuits pour s'informer et faire toutes ses recherches. Si, après ce terme, le vassal dit au seigneur qu'il ne croit pas en tenir davantage de lui, le baron lui demandera s'il veut s'en rapporter à justice, et après avoir montré tout ce qu'il aura trouvé tenir du seigneur, par l'examen qu'il en aura fait faire, le baron, de son côté, pourra faire vérifier l'aveu et dénombrement ; et s'il s'aperçoit que le vassal n'ait pas tout déclaré, il lui dira ; je veux que vous perdiez le fief que vous tenez de moi ; car ceci est du fief, et vous ne l'avez point déclaré. Si le vassal lui dit : sire, je ne le savais point, et je ferai ce que je dois, on pourra exiger de lui son serment, et il restera en la possession

---

(1) V. la note qui a été faite ci-dessus sur le chapitre 39. (Laur.)
(2) Dans la coutume ancienne d'Anjou glosée, il y a : « Que il ne püet plus tenir de luy tout ce qu'il a montré. » (Laur.)
(3) Un manuscrit ajoute très-bien, « oubliées. » (Laur.)
(4) V. la note sur le chap. 39. (Laur.)
(5) Ceci ne paraît pas juste, le vassal affirmant qu'il ne savait pas que la chose fût de son fief, et offrant au seigneur de lui en faire ce qui serait dû. Mais on peut opposer avec raison au vassal qu'il doit connaitre son bien, ce que Paris de Puteo a bien remarqué dans le chap. 24 de son Traité de *Reintegratione feudorum*, num 4. *Et si dicat Vassallus res feudi ignorare, talis ignorantia et excusatio non auditur, quam culpa præcessit et argumento legis. Si ut certo, § interdum digestis commodati*, etc. V. *Ardizonem, in Summâ feudali*, cap. 100. (Laur.)
(6) Ainsi le vassal qui recélait dans la montrée la moindre partie de son fief le perdra tout entier. V. Beaumanoir au chapitre des aveux et désaveux. V. l'art. 199 de la cout. d'Anjou ; *Joannem de Ardizone, capite 93 Summæ feudalis; Barsterium, tit. 13, n. 14, et Jus feudale Saxonum, cap. 11 et 14.* (Laur.)

il de tous les autres seigneurs qui auroient homme de fié, se dex quas leur avenoit.

du baron que ce qu'il aura trouvé ne lui avoir point été déclaré. S'il n'ose faire le serment requis, il perdra son fief en entier, parce qu'il est aussi coupable que s'il avait voulu voler son seigneur. Il en sera de même de son seigneur à l'égard de ses vassaux, si pareil cas arrivait.

47. *De drois à gentilhons.*

47. *Du droit de gentilhomme.*

Gentishons ne püet fere que trois droits (1) : le gage de sa loi (2) et son fié (3), et son muëble (4), se ce ne sont de droits establis, c'est-à-dire, se il apele hons, ou fame de folie desloial, ou se il coupe en forest, dont le droit seroit de soixante sols (5) en la court le roy, et en autres pluseurs chastelleries.

Le gentilhomme ne peut lever que trois espèces de droits sur son vassal, le gage de sa loi, son fief, et son meuble; à moins qu'il n'y ait en ait d'autres établis. Il ne peut les exiger que lorsque son vassal accuse un homme ou une femme de folie déloyale, ou s'il coupe en ses forêts, et alors l'amende sera de 60 sous en la cour du Roi et en plusieurs châtelleries.

(1) Ce chap. est difficile et doit être entendu des peines ou amendes coutumières ou légales dont le gentilhomme ne peut lever que trois en sa cour, savoir : « le gage de sa loy, son fié et son meuble. » (Laur.)

(2) C'est la petite amende due au bas justicier, et dont il est parlé dans l'article 2 de la cout. d'Anjou. V. les art. 3, 15, 50, 146, 150 de la cont. d'Anjou; la cout. du Loudunois, tit. 1, art. 1 ; et ci-après le chap. 136. (Laur.)

(3) Comme quand le vassal met main par mal talent à son seigneur. Lorsqu'il n'aide pas son seigneur en guerre, et que le seigneur l'en a requis, et autres meffaits, pour lesquels le vassal perd son fief, qui sont marqués dans les art. 187, 188, 189, 190, 191, 192, 193, 194, etc. V. ci-après le chap. 48. (Laur.)

(4) Il y a dans le chap. 78 de ce livre un cas pour lequel le vassal perdait encore ses meubles, qui était quand il demandait amendement de jugement. L'auteur de la Glose sur le chap. 43 de l'ancienne cout. d'Anjou en marque d'autres qui ne sont plus en usage, comme quand le vassal démentait son seigneur, quand il péchait dans ses étangs contre sa volonté, ce qui a été changé par l'art. 192 de la cout. d'Anjou; lorsqu'il devait garde et qu'il ne l'avait pas faite exactement, et quand il « choioit d'applegement fraudeur, etc. » V. l'article 167 de la cout. d'Anjou, et les 165, 166 ; et le chap. 50 ci-après. (Laur.)

(5) Le bas justicier ne pouvait de droit lever amendes coutumières ou légales

## 48. De quel meffet gentishons doit perdre son fié.

Se gentishons met main à son seigneur (1) par mal despit, avant que ses sires l'ait mise en lui, il perd son fié par droit. Et se il avenoit sus son seigneur en guerre o gens qui riens ne li tiendroient (2), il en pert son fié. Et se nus hom liges ot appeler son saignour qui est ses droits sires (3) de traison (4), et il s'en offre (5) à deffendre, il en perd son fié.

## 48. Pour quel méfait un gentilhomme perd son fief.

Tout gentilhomme qui porte la main sur son seigneur avant qu'il en ait été frappé, perd de droit son fief. Il mérite encore de le perdre, lorsqu'il fait la guerre à son seigneur, accompagné d'autres gens que de ses propres parens, ou lorsqu'ayant accusé de trahison son seigneur, dont il est homme-lige, il ne peut prouver la vérité de son accusation.

## 49. De semondre son hons pour aller guerroier son chief seigneur.

Se li sires à son hons lige, et il li die, venez-vous-en o

## 49. De mander son vassal pour faire la guerre au chef seigneur.

Si un seigneur dit à son homme lige : venez avec

---

que de sept sols six deniers tournois sur les nobles et de dix sols entre roturiers. Cependant il y avait des cas, où par titre particulier, privilége ou prescription il pouvait lever amende jusqu'à soixante sols, comme lorsque quelqu'un « avait appellé homme ou femme de folie desloyal, ou qu'il avoit coupé en forest. » L'art. 43 de la cout. d'Anjou glossée ajoute « ou que quelqu'un eut brisé chemin, ou s'il avait fait paitre beufs ou vaches en deffaux, c.-à-d., en lieux défendus. V. l'art. 3 de la nouvelle cout. d'Anjou. (Laur.)

(1) « Met main à son seigneur. » V. le chap. précédent. *Librum primum feudorum* cap. 5, *circa principium*, cap. 17, et librum 2, cap. 24, § 1. Regiam majestatem lib. 3, cap. 63, § 5. Et la cout. d'Anjou, art. 188, 189. V. le chap. 50. (Laur.)

(2) C.-à-d., s'il venait sur son seigneur en guerre avec gens qui ne fussent pas ses parens, c.-à-d.; parens de lui et non du seigneur. Anciennement les parens étaient enveloppés dans les guerres de leurs parens jusqu'au septième degré. V. Beaumanoir chap. 59, p. 463. (Laur.)

(3) C.-à-d., le seigneur. (Laur.)

(4) V. ci-dessus le chap. 3. *Math. de Afflictis de feudis ad tit. Quibus modis feudum amittatur*, versiculo, item fideles n. 27, pagina 61; Remarques sur les Institutes de Loisel, au tit. des crimes, règle 21 et 28; et Beaumanoir chap. 61, p. 308. (Laur.)

(5) Dans les manuscrits il y a mieux ensuite : « et il ne l'offre à deffendre. » Cette correction est importante. (Laur.)

moi (1), car je veuil guerroier mon seigneur, qui m'a véé le jugement de sa court (2). Li hons doit respondre en tele maniere à son seigneur, sire, je iray volentiers sçavoir à mon seigneur se il est ainsi que vous me dites : A donc il doit venir au seigneur, et doit dire, sire, mes sire dit que vous luy avez véé le jugement de vostre cort, et pour ce suis-je venu à vostre court, pour savoir en la vérité, car mes sires m'a semons, que je aille en guerre encontre vous. Et se li seigneur li dit que il ne fera jà nul jugement en sa cort, li hons en doit tantost aller à son seigneur, et ses sires le doit pourveoir de ses despens : et se il ne s'en voloit aller ò lui, il en perdroit son fié (3) par droit. Et se li chief seigneur avoit répondu, je feré droit volentiers à vostre seigneur en ma cort, li hons devroit venir à son seignor, et dire, sire, mon chief seigneur m'a dit que il vous fera volentiers droit en sa court. Et se li sires dit,

moi ; car je veux faire la guerre à mon seigneur, qui m'a refusé justice en sa cour. Le vassal doit lui répondre : sire, j'irai vers mon seigneur m'informer s'il est ainsi que vous le dites. Alors il viendra trouver le chef seigneur, et lui dira : sire, mon seigneur m'a dit que vous lui avez refusé justice en votre cour, je me présente devant vous pour savoir la vérité ; car je suis sommé de l'accompagner pour vous faire la guerre. Et si le chef seigneur répond, que son intention n'est pas de lui faire justice en sa cour, le vassal se joindra à son seigneur, qui sera tenu de l'équiper à ses dépens. Mais s'il refusait de marcher avec lui, il en perdrait de droit son fief. Si, au contraire, le chef seigneur lui répond : je rendrai volontiers justice à votre seigneur en ma cour, le vassal doit venir trouver son seigneur, et lui dire :

---

(1) *V. Mincuccium de Feudis*, tit. 6, pag. 42, *et ibi Columbum*. (Laur.)

(2) Véer jugement, « estoit refuser de faire justice, ou quand les seigneurs dilaioient les plais en leurs cours plus que ils ne pouvoient, et ne devoient. » L'homme ou le vassal pouvait par cette raison appeler son seigneur de défaute de droit, comme nous l'apprenons de Beaumanoir, chap. 61, p. 312 et 318. Comme l'appel de faux et mauvais jugement se demenoit par gages de bataille, selon Beaumanoir, chap. 67, p. 337, l'appel de défaute de droit se demenait aussi par gages, et par la même raison il se décidait aussi par la guerre, entre gentilshommes, ainsi qu'il se voit dans ce chap. Et la peine du seigneur qui avait refusé de faire droit était de perdre l'obéissance de son homme. V. la cout. d'Anjou 195, et l'Ordon. de 1667, au tit. 25 des prises à parties. Véer vient du latin *vetare*. (Laur.)

(3) V. le chap. précédent. (Laur.)

je n'enterré (1) jamais en sa court, més venez-vous en ò moi, si comme je vous ai semons, adont pourroit bien dire li hons, je n'iray pas, pour ce n'en perdroit jà par droit, ne fié, ne autre chose.

sire, mon chef seigneur m'a dit qu'il vous rendra volontiers justice en sa cour. S'il lui répond qu'il ne veut plus se soumettre à son jugement et qu'il lui enjoigne de se rendre à la sommation qu'il lui a faite, alors le vassal pourra le refuser, de droit, sans craindre de perdre son fief, ni autre chose.

50. *De quel meffet gentishon perd ses muebles, et son fié* (2).

50. *Pour quel méfait l gentilhomme perd ses meubles et son fief.*

Home qui fait esqueusse à son seigneur (3), il perd ses muebles ou se il met main à son certain mesage (4) par mal despit, ou se il desment son seigneur (5) par mal despit, ou se il a mise fausse mesure (6) en sa terre, ou se il va poursuivant son seigneur (7) par mal despit, ou se il a peschié en ses estans sans son congié (8), ou se il a em-

Le gentilhomme perd ses meubles, lorsqu'il fait tort à seigneur, porte la main sur son envoyé, le dément par mauvaise foi, donne fausses mesures en sa terre, fait injustement la guerre à son seigneur, pêche en ses étangs sans sa permission, vole ses lapins en sa garenne; il perd son fief, lorsqu'il cor-

---

(1) « Je n'enterré. » C.-à-d., je n'enterrai. Dans l'ancienne cout. d'Arçou glosée, il y a: « Je ne retourneray. » V. Cod. Juris feudalis Alamanni, cap. 10, et ibi Schilterum. (Laur.)

(2) Ce chap. sert d'explication au 47. (Laur.)

(3) La Glose sur l'art. 43 de l'ancienne cout. d'Anjou dit que «gentilhomme qui escout à son Seigneur ce que il prend sur luy, il perd ses meubles.» Escourre ou faire escousse ou esqueusse, vient d'excurrere, comme faire recousse ou requeste, ou requerre à l'infinitif, viennent de recurrere. Le vassal fait esqueusse à son seigneur, quand il persiste à vouloir spolier son seigneur de ce qu'il a usurpé injustement sur lui. V. la cout. d'Anjou, art. 110. Il se voit par ce chap. qu'anciennement il perdait ses meubles. (Laur.)

(4) V. l'art. 189 de la cout. d'Anjou et le chap. 60 de la très-ancienne cout. de Bretagne. (Laur.)

(5) Le vassal perd son fief pour l'injure faite à son seigneur. V. Math. de Afflictis. ad tit. Quibus causis feudum amittatur § Similiter, n. 2. (Laur.)

(6) V. le chap. 33 ci-dessus, et ce qu'on y a remarqué. (Laur.)

(7) V. Minuccium de Prato veteri de feudis, lib. 4, cap. 16, pag. 181, et ibi Jacobum Columbum. (Laur.)

(8) V. la cout. d'Anjou, art. 192. (Laur.)

blé ses conins, en sa garenne, et se il gist o sa feme (1), il en perd son fié, ou o sa fille, pourquoi elle soit pucelle (2), et il en puisse estre preuvés, il en perd le fié de droit et coustume si accorde.

rompt la femme de son seigneur, ou sa fille encore vierge, et qu'on peut le prouver; et dans tous ces cas le droit et la coutume s'y accordent.

51. *De bailler pucelle à garder, comment l'en la doit garder.*

51. *De confier à un autre fille encore vierge, et comment il la doit garder.*

Se un gentishoms baille une pucelle à garder à un autre gentilhoms son hons (3), et soit de son lignage, ou d'autre (4), se il la depucelloit et il en porroit estre prouvés, il en perdroit son fié (5), tout fust-ce à la volenté de la pucelle et ce estoit à

Si un gentilhomme confie sa fille encore vierge à la garde d'un autre gentilhomme qui relève de lui, et que celui-ci la déshonore, il perdra son fief, lors même que la fille aurait consenti à son déshonneur ; mais s'il

---

(1) V. la cout. d'Anjou, art. 193. *Mincuccium de Feudis*, lib. 4, tit. 16, p. 127, et ibi Jacobum Columbum, *Ardisonem in Summa feudali*, cap. 8, 83, 84, 85, 86 etc. ; et l'art. 60 de très-ancienne cout. de Bretagne. (Laur.)

(2) C.-à-d., pourvu qu'elle soit de bonnes mœurs, et non une prostituée, car tous les feudistes tiennent que le vassal perdrait son fief s'il avait suborné la fille de son seigneur, mariée ou veuve. V. l'art. 193 de la cout. d'Anjou, et le 60 de la très-ancienne cout. de Bretagne. Joignez le chap. 53 à la fin, et le 54; et ci-après l'art. 94. Pucelle vient du mot latin *pulchra, pulchellula*. (Laur.)

(3) Par les lois romaines les tuteurs qui mariaient leurs pupilles devenues pubères, devaient prouver au mari qui les épousait qu'elles étaient vierges, et s'il y avait preuve que le tuteur en eût abusé, il était exilé et ses biens étaient confisqués. Legem una Cod. Theod. *Si quis eam cujus tutor fuerit corruperit* lib. 9, tit. 8, et Cod. Just. lib. 9, tit. 10.
Léon, par sa Nov. 34, changea ce droit en ordonnant que les biens ôtés au tuteur ne seraient plus au profit du fisc, mais de la fille qui aurait été subornée.
On a regardé l'homme auquel le seigneur avait donné une pucelle à garder, comme s'il en avait été en quelque manière le tuteur, et de là vient que quand il l'avait séduite et abusée, il en était puni par la perte de son fief. (Laur.)

(4) L'art. 193 de la cout. d'Anjou ne parle que de la parente du seigneur. (Laur.)

(5) Ainsi il fallait information et jugement. Guy Pape, dans sa décision 180, tient que pour prouver cette sorte de félonie, il fallait cinq témoins, mais Du Molin dans son Comment. sur l'ancienne cout. de Paris, art. 43, glose unique, nombre 66, a été d'avis avec plus de raison que deux témoins suffisaient. (Laur.)

force, il en seroit pendus (1), se il en pooit estre prouvés. Et bien en droit estre pugnis, selon droit escrit en Code *De raptoribus*, en la premiere loy, et par tout le titre des meffets.

était prouvé qu'il lui eût fait violence, il serait pendu, et cette punition serait juste, selon qu'il est écrit au Code *De raptoribus*, loi première, et par tout le titre des méfaits.

### 52. De quoi li sires perd son hons (2).

### 52. Comment le seigneur perd l'obéissance de son vassal.

Quant li sires vée le jugement de sa cort, il ne tendra jamais riens de lui (3) ains tendra de celui qui sera pardessus son seigneur (4). Et ainsi seroit-il se i gesoit o la fame son hons, ou a la fille, se elle estoit pucelle (5) ou se li hons avoit aucunes de ses parentes (6), et elle fust pucelle, et il l'eust baillée à garder à son seigneur, et il li de-

Tout vassal à qui son seigneur a refusé justice en sa cour, ne relevera plus de lui, mais du chef seigneur. Il en sera de même si le seigneur séduit la femme ou la fille encore vierge de son vassal ou quelqu'une de ses parentes qu'il eût commises à sa garde.

---

(1) V. tit. Cod. *de raptoribus*, et ibi *Doctores*. Il semble qu'en ce temps les gentilshommes étaient sujets aux mêmes peines que les roturiers. V. sur ce chap. *Rolandum a Valle*, lib. 2, consil. c. 35 et 36.; Du Pont sur la cout. de Blois, article 9; Du Molin sur la coutume de Paris, article 43, glose unique, nombre 140; Dargentré sur l'art. 617 de l'ancienne cout. de Bretagne, et les commentateurs sur l'article 193 de la cout. d'Anjou. (Laur.)

(2) On a vu dans les chap. 47, 48, 49, 50 et 51 les causes pour lesquelles le vassal perdait son fief ou ses meubles; il est traité ici des causes pour lesquelles le seigneur perd son homme. (Laur.)

(3) V. le chap. 49 ci-dessus. C.-à-d., que quand le seigneur vée ou denie jugement à son hommé, la peine est, suivant ce chap., qu'il perd l'obéissance de son homme, en sorte que son homme cesse d'être son vassal. (Laur.)

(4) Il semble qu'il aurait été plus raisonnable que le vassal à qui le droit aurait été véé ou denié, affranchi de l'hommage de son seigneur eût tenu son fief en franc aleu, mais cet affranchissement d'hommages et de devoirs aurait été un abrégement de fief défendu par les lois du royaume, et dont la peine était que le fief affranchi ou la partie du fief abrégée retournait au même état où était dévolué de plein droit au seigneur suzerain, et de seigneur suzerain à seigneur suzerain jusques au Roi, ainsi qu'on l'a fait voir dans la Dissertation sur l'origine du droit d'amortissement, p. 83, 84, 85. V. les notes sur l'Ord. de 1275. (Laur.)

(5) V. les notes sur le chap. 50 ci-dessus, le chap. 60 de la très-ancienne cout. de Bretagne, et les art. 661, 662 de la nouvelle. (Laur.)

(6) V. ci-dessus le chap. 51 avec la note. (Laur.)

1270.   421

pucelast, il ne tendra jamais
riens de luy.

### 53. Comment len se doit tenir en son lige estage (1).

### 53. Comment le vassal doit se comporter en lige estage.

Se li sires fet semondre ses homs, qui li doivent sa garde (2), cil qui li doit la garde, il doit estre o fame, et se il doit la garde sans fame, il et ses sergent doivent estre (3), et i doit gesir toutes les nuiz (4). Et se il ne le fesoit, comme nous avons dit, il en perdroit ses muebles. Cil qui doit lige estage (5), il doit estre avec sa fame, et avec son

Si un seigneur fait sommer celui qui lui doit la garde de son château, de s'y rendre, il y viendra avec sa femme; et s'il n'est pas tenu d'y amener sa femme, il s'y rendra avec ses sergens, et ils y resteront toutes les nuits : s'il ne le faisait il perdrait ses meubles. Celui qui doit lige-estage doit ame-

---

(1) Ce chap., quoiqu'il n'en soit rien dit dans le titre, parle de deux choses, de la garde et du lige étage. (Laur.)

(2) Ceci est une suite des guerres privées et des incursions que plusieurs barbares ont faites anciennement dans le royaume, comme les Maures, les Normands, « les Cottereaux, etc. »
Dans ces cas malheureux les pauvres habitans de la campagne se retiraient avec leurs femmes, leurs enfans et leurs meilleurs effets dans les châteaux de leurs seigneurs, et les seigneurs qui vendirent cette protection, cette défense ou cette advouerie le plus cher qu'ils purent, assujettirent leurs hommes ou sujets au droit de garde qu'ils se firent payer en bled, en vin ou en argent, et les obligèrent de plus à faire le guet. V. titulum. Cod. Theodos. De Patrociniis vicorum. tom. 4. p. 173 et ibi Jacob, Goth; et Glossaire sur avouerie.
Les seigneurs, en plusieurs lieux, allèrent jusqu'à forcer leurs sujets aux réparations des châteaux, comme il se voit par l'art. 17 du tit. 25 de la cout. d'Auvergne.
Ces conventions étaient différentes suivant les différens lieux; car il y en avait où les hommes étaient obligés à la garde avec leurs femmes, et d'autres où ils n'étaient pas obligés d'amener leurs femmes, comme il se voit par ce chapitre. (Laur.)

(3) Tous ceux qui avaient des fiefs, n'avaient ou le moyen ou le droit de les fortifier, ainsi que le remarque Jean Faure, ad leg. 10, Cod. De ædificiis privatis. Et comme ils étaient obligés de se retirer avec leur famille et leurs effets dans les châteaux de leurs seigneurs, ils étaient aussi obligés de mener avec eux leurs femmes, et quand ils n'en avaient pas, ils devaient mener avec eux les sergens, c.-à-d., leurs serviteurs ou leur ménage, ainsi qu'il est dit dans le chap. 48 de l'ancienne cout. d'Anjou glosée. V. l'art. 136 de la cout. d'Anjou avec les commentateurs. (Laur.)

(4) Ainsi le jour il pourrait vaquer à ses affaires. (Laur.)

(5) On a dit ci-dessus que les gentilshommes qui étaient en guerre y engageaient et enveloppaient tous leurs parens jusqu'au septième degré, sans

sergent, et avec sa mesnie, la plus grant partie, més il ne lerra pas à aler à ses affaires souffisaument (1). Et se il ne se tenoit à son estage souffisaument, et li sires l'en apelast, et li deist, vous m'avez laissié agastir mon lige estage (2), li sires en porroit bien avoir son serement, que il n'eust pas laissié agastir son estage : et se il n'ose fere le serement, il en perd ses müebles.

ner avec lui sa femme, ses serviteurs, et la plus grande partie de sa maison; il ne laissera pas cependant de vaquer suffisamment à ses affaires. S'il négligeait la garde et que le seigneur s'en plaignît et lui reprochât d'avoir laissé dégrader son château, il pourrait exiger de lui le serment qu'il n'a point laissé dépérir le château: et s'il n'osait le faire, il perdrait ses meubles.

### 54. De gentilhons qui perd ses müebles par son meffet.

Se gentishons perd ses müebles, il doit jurer voir (3) à son seigneur, quand il les a perdus, que il ne li celera riens, ains

### 54. Du gentilhomme qui a perdu ses meubles pour quelque méfait.

Lorsqu'un gentilhomme perd ses meubles pour quelque méfait, il doit jurer à son seigneur qu'il lui ac-

---

même que leurs parens en sussent rien. En sorte qu'avant l'établissement de la Quarantaine-le-Roi, les parens se trouvaient souvent assaillis sans être en état de se défendre. Il en était encore pis à l'égard des incursions des barbares ou des voleurs qui survenaient quand on y pensait le moins.

Pour prévenir ces malheurs et ces violences, les seigneurs donnèrent souvent leurs terres à cens, à la charge que les preneurs, leurs enfans ou ayant cause y résideraient, et ils les inféodèrent, ce qui est la même chose, à la charge du lige-étage, afin que les uns et les autres fussent toujours près d'eux pour les défendre. Ainsi la resseantise et le lige étage étaient des espèces de servitudes dues aux seigneurs à cause de leurs châteaux.

Odefroy, très-ancien auteur, parle de ces fiefs dans sa Somme, sous le titre *De Divisione feudi*. (Laur.)

(1) La garde ou le guet obligeait l'homme à passer les nuits dans le château du seigneur lorsqu'il y avait nécessité, et l'homme avait le jour à lui. Le lige étage l'obligeait, comme on l'a dit, à résider sur le lieu, mais avec la liberté raisonnable de s'absenter pour ses affaires. Ces gardes et ces guets ont été ensuite réglés par nos rois. V. Glossaire sur lige étage, guet et garde. (Laur.)

(2) Dans l'ancienne cout. d'Anjou glosée, il y a «degaster.» Dans un manuscrit, il y a mieux «à garder.» V. les art. 134 et 135 de la cout. d'Anjou et l'art. 6 de la cout. du Loudunois, au tit. des Loyaux aydes.

Anciennement étage signifiait maison, et l'étagier était celui qui avait son domicile en un lieu, comme il se voit par plusieurs art. de la cout. d'Anjou. (Laur.)

(3) L'ancienne cout. d'Anjou glosée, dit mieux, «il doit jurer qu'il dira voir, »c.-à-d., vrai. (Laur.)

les trera tous avant, se il n'est hons qui porte armes. Et se il est hons qui porte armes, si li remaindra ses palefrois, et le ronciu son escuyer (1), et deus seles à luy et à son escuier, et son sommier que il mene par la terre, et son lit, et sa robe à cointoyer (2), et un fermail, et un anel, et le lit sa fame, et une robe à la dame, et un anel, et une ceinture (3), et une aumoniere (4), et un fremail, et ses guimpes (5), et toutes les autres choses sont au seigneur qui a gaigné les muebles. Et se il porte armes, il a son cheval, et toutes ses autres choses. Et se li sires mescroit son hons, que il ne li ait dit voir de ses muebles, il ne l'en püet au plus mener que par son serement.

cusera vrai, ne lui en cachera aucun, et les lui livrera tous, si toutefois il n'est pas homme d'armes. S'il est homme d'armes, il retiendra son palefroy, le cheval de son écuyer, son cheval de charge, son lit, son habit de cérémonie, son agraffe, un âne, le lit de sa femme, une de ses robes, son âne, une ceinture et une bourse, une agraffe et ses coiffures; tout le reste de ses meubles appartient au seigneur, lequel, dans le doute si son vassal a déclaré la vérité, peut exiger son serment.

---

(1) Le Palefroy, comme l'on voit, était le cheval du vassal, et le Roussin était le cheval de son écuyer, d'où il résulte que le Palefroy était de plus grand prix que le Roussin.

Palefroy vient de *Paraveredus*, qui signifiait le cheval dont on se servait pour aller en diligence dans les chemins militaires ou de traverse, suivant la remarque de Jacques Godefroy, *Ad legem 4: Cod. Theod., De cursu publico. V. Cujac ad tit. Cod. De cursu publico; Cangium in Glossario; Vossium de vitiis sermonis*, et Menage dans ses Etymologies.

Dans le petit dictionnaire ancien que le P. Labbe a fait imprimer après ses Etymologies, Palefroy est rendu par le mot *gradarius* qui signifiait un cheval qui marchait vite ou qui allait l'amble. Quant au Roussin, c'était un cheval de service et propre à la guerre. V. le chap. 85 de l'ancienne cout. de Normandie. Brunes, dans son Trésor manuscrit, dit que le Roussin était un cheval de somme; mais ce chap. prouve le contraire, le Roussin y étant distingué du Sommier. Du mot *Ross* allemand, qui signifie cheval, on a fait Roussin. (Laur.)

(2) C'est-à-dire, la robe qu'il met quand il se pare ou se met proprement. Ce mot est fréquent dans le roman de la Rose. (Laur.)

(3) V. Glossaire et Pasquier dans ses Recherches, liv. 4, chap. 10. (Laur.)

(4) C.-à-d., une bourse. V. Ménage dans son Etymologique. (Laur.)

(5) C'est ainsi que l'on nommait les linges des femmes qui servaient à couvrir et envelopper leurs têtes. V. Menage et *Cang. in Glossario*, in *guimpe*. (Laur.)

55. *D'hons qui se plaint en la cort le Roy, de son seigneur.*

Se aucuns hons (1) se plaint en la cort le Roy de son seigneur, li hons n'en fera jà droit, ne amende à son seigneur (2), ainçois se la justice savoit que il les pledoiast (3), il en feroit le plet remaindre, et feroit li sires droit au Roy, dont il l'aurait pledoyé.

56. *De monstrée fete, et d'enteriner les choses conneües, et de defaute en la cort au baron.*

Se aucuns se plaint en la cort le Roy de son seigneur (4), que

55. *Du vassal qui se plaint de son seigneur en la cour du Roi.*

Si un vassal se plaint de son seigneur en la cour du Roi, le seigneur ne pourra le condamner à l'amende: mais si la justice du Roi savait que le seigneur voulût rappeler l'affaire en sa cour, elle la ferait retenir avec amende envers le Roi, dont le seigneur aurait voulu décliner la justice.

56. *De l'examen fait par justice, d'entériner les choses connues, et du défaut de justice en la cour du baron.*

Si quelqu'un intente son action à la cour du Roi;

---

(1) L'homme ou le vassal qui avait eu procès en la justice de son seigneur ne pouvait demander amendement de jugement, et comme il est dit dans le chap. 76 de ce livre, il fallait ou qu'il le tint pour bon, ou qu'il le faussât. V. le chap. 136.
S'il avait interjeté appel du jugement de son seigneur, sans le fausser, il était renvoyé en la cour de son seigneur qui avait droit de le condamner en l'amende. Et quand le jugement était faussé, et l'appel porté en la cour du supérieur ou du roi, s'il était prouvé que le seigneur eût fait faux jugement, il perdait l'obéissance de son homme. Et si le jugement du seigneur était bon, et la plainte de l'homme injuste, l'homme perdait son fief. V. le chap. 79 de ce livre, le chap. 16 du livre 2, et ce qu'on a remarqué ci-dessus sur le chap. 6. (Laur.)

(2) La raison est qu'il pourra arriver que le seigneur sera convaincu d'avoir rendu faux jugement. (Laur.)

(3) L'auteur de la Glose sur l'ancienne cout. d'Anjou, entend ce chap. de l'appel. (Laur.)

(4) Si quelqu'un se plaint, c.-à-d., agit ou intente son action en la cour le Roi, contre son seigneur qui lui a pris ses vignes ou sa maison, le hers en la châtellerie de qui les choses seront, pourra en revendiquer la connaissance et en demander la cour. (Laur.)

il li ait tolu ses terres ou ses mesons, ou de vignes, ou de prés, et li bers en qui chastellerie ce sera, demandast la cort à avoir, et cil de qui len sera clamés (1) dit, je ne me vuel pas partir de cette cort devant qu'il aura esté veu. Lors li doit len mettre jour de la veüe, et i doit estre la justice le Roy, et celle du baron, et cil qui demande doit montrer à veüe des deux justices, ce qu'il demande à l'autre. Et après la veüe, li sires doit avoir la cort, se ce est de son fié, et leur doit mettre jour de estre à droit pardevant luy. Et se il s'en plaint autrefois à celui, dont il doit avoir ce qu'il aura veu par jugement de la cort le Roy, droit ne li donroit mie, car toutes les veües qui sont fetes en la cort le Roy, ou au chief seigneur, sont fermes et estables par droit.

contre son seigneur qui lui a pris ses terres, ou sa maison, ou ses vignes, ou ses prés, et que le baron, en la châtellerie duquel les choses se seront passées, demande que l'affaire soit jugée en sa cour. Si le défendeur ne veut pas quitter la cour du Roi avant que la cause n'y ait été instruite, on lui fixera jour pour l'instruction du procès, qui sera faite en présence de la justice du Roi et de celle du baron. Le demandeur alors doit mettre sa plainte sous les yeux des deux justices, et après la vue et la connaissance des faits, la cour appartient au baron, pourvu que la chose contentieuse relève de son fief, et il doit donner jour aux parties pour comparaître devant lui. Si le demandeur se plaint et demande qu'on revoie ce qui a déjà été vu par le jugement de la cour du Roi, on n'aura aucun égard à sa plainte; car tout ce qui a été fait et ordonné par la cour du Roi ou du chef seigneur, doit être regardé comme certain et durable.

---

(1) Dans un manuscrit il y a mieux. « Et cil qui cette clameur dira. » Dans le chap. 51 de l'ancienne cout. d'Anjou glosée, il y a cet celui qui s'est clamé; » c.-à-d., le demandeur.
Si donc le demandeur revendiqué, dit qu'il ne veut pas quitter la cour le Roi, que la montrée et la vue n'y aient été faites, on doit lui mettre jour de vue. La vue doit être faite en la présence de la justice du Roi et de celle du baron.

## 57. Dou droit au prince.

Li bers n'a mie en la cort le Roy la cort de son hom de defautes (1), més des choses conneües, on lui rend la cort à faire à son gré (2), et enteriner les choses connues pardevant la justice le Roy.

## 58. De defaute de droit et de requerre son malfaisant, ou son larron, ou son meurtrier.

Se li bers ne li façoit droit, et il s'en plaignissent arriere par la defaute dou larron (3), et il püent estre prouvé, et il demandast la cort, il ne l'aroit mie, ainçois ferient (4) les justices anquerre (5) par leur mains tout ce qui aroit esté fait pardevant aus.

## 57. Du droit du Roi.

Le baron ne peut pas rappeler son homme de la cour du Roi en la sienne, ni réclamer la peine des défauts; mais on lui rendra la cour pour faire exécuter le jugement rendu par la justice du Roi.

## 58. Du déni de justice, et de négliger de punir malfaiteur, larron ou meurtrier.

Si le baron ne faisait pas exécuter ce qui aurait été jugé par la justice du Roi, qu'on s'en plaignît, et que son refus fût prouvé, on ne lui accorderait pas la cour, lors même qu'il la demanderait; mais la justice du Roi ferait exécuter le jugement qu'elle aurait prononcé.

---

Le demandeur doit alors, en présence des deux justices, montrer ce qu'il demande, et après la vue, la cour est au baron, pourvu que la chose contentieuse soit de son fief, et il doit donner jour aux parties pour ester à droit devant lui. V. Gellium, lib. 20, cap. 9, et Jacobum Gothof, ad Duodecim Tabulas, tabulâ 6. De vindiciis. (Laur.)

(1) V. la note sur le chap. 40. (Laur.)

(2) C.-à-d. que quand les choses ont été connues et jugées en la cour du roi, la cour en est rendue au baron pour enteriner ou faire exécuter le jugement. V. le chap. 40 ci-dessus, et ce qu'on y a observé. (Laur.)

(3) Lisez du baron. (Laur.)

(4) Lisez feroient, «savoir les justices le roy.» (Laur.)

(5) Lisez enteriner. V. la Glose de l'ancienne cout. d'Anjou sur le chap. 52. (Laur.)

59. *Comment li sires doit rendre larron à son hons, et li hons à son seigneur.*

Se larrons ou murtriers avoit esté arresté (1) en la court le Roy, qui eust meffet en la chastellerie au baron, li bers si l'auroit, et si ne rendroit mie les 11 sols VI deniers (2), car nus hons ne les rend à son seigneur, ne li sires à son hons, més il rendent bien les cousts avenans que il a despendus, pardevant qui que il soit requis, du seigneur, ou de l'hons. Et se il avenoit que il i eust debat, il ne rendroit nus des cousts qui seroient faits d'illuec en avant.

60. *Comment li gentishons garissent o els leur gent de ventes, et de paages, et leur prevos d'os et de paages, et de chevauchiées.*

Nus gentishons ne rend coustumes, ne paages de riens qu'il achate, ne qu'il vende (3), se il

59. *Comment le seigneur doit rendre un voleur à son vassal, et le vassal à son seigneur.*

Si un voleur ou meurtrier était arrêté en la cour du Roi, et qu'il eût commis son crime en la châtellerie du baron, il sera rendu au baron, qui pour le ravoir ne sera pas obligé de donner les 11 sous 6 deniers; car nul homme n'est tenu de les rendre à son seigneur, ni le seigneur à son homme; mais les dépens seront rendus à celui qui les demandera du vassal ou du seigneur, et s'il y avait contestation à ce sujet, on ne rembourserait aucuns des dépens qui seraient faits par la suite.

60. *Comment les gentihommes garantissent leurs gens des droits de vente de péage, et leurs prévôts de péages et de chevauchées.*

Nul gentilhomme ne paie le droit ordinaire, ni celui de péage de tout ce qu'il

---

(1) V. les art. 1, 2, 3, 4, 5 du tit. de la Compétence des juges, de l'Ord. criminelle de 1670. (Laur.)
(2) V. le chap. 41 ci-dessus. (Laur.)
(3) Si paage ou peage venait de *pedagium*, et si c'était le droit qui est dû pour les bêtes au passage des ponts, etc, on ne voit pas pourquoi il serait dit ici que le gentilhomme ne rend rien de ce qu'il vend, car la bête vendue étant à l'acheteur, il ne serait pas juste que le gentilhomme affranchît l'acheteur du peage.

n'achate pour revendre, et pour gaaigner. Et se il avoit bestes achetées et les gardast un an et un jour en sa meson, et en sa garde, il n'en rendroit nulles ventes (1); et ainsi garantissent li gentilhons leurs sergens (2) de ventes et de paages de leurs bestes, et de leurs norritures, qu'il ont norries en leurs chastelleries de leurs biens, qui croissent en leurs tenemens (3). Aus chevaliers, pour quoi que il ait son pooir, et il tiegnent leur coust, il les garantissent d'ots et de chevauchies.

achète et vend, s'il n'achète pas pour revendre et y gagner. Il ne paye aucun droit de vente pour des troupeaux qu'il a gardés en sa maison pendant un an et un jour; ainsi les gentilshommes garantissent leurs gens des droits de vente et de péage en nourrissant dans leurs châteaux, et des fourrages de leurs terres, les bestiaux qu'ils ont achetés. Le seigneur garantit aussi du service de guerre et de chevauchées, les chevaliers qui servent à maintenir son pouvoir et qui sont à ses gages.

---

Paage ne vient donc point ici de *pedagium*, mais de payer, et du latin *pactare* ou *pacare*, et le sens de ce chap. est que le gentilhomme ne paie aucune petite coutume ou levage de tout ce qu'il achète ou qu'il vend, pourvu qu'il n'achète pas pour revendre. V. Ménage dans ses Etymologies sur peage.

Dans les bas siècles, les non nobles qui possédaient des fiefs et qui y demeuraient, étaient considérés comme francs ou nobles, et transmettaient la noblesse à leurs enfans ainsi qu'on le prouve sur le chap. 23 ci-dessus, par l'autorité du Poggio. V. l'art. 30 de la cout. d'Anjou pris de ce chapitre. V. Des Fontaines dans son Conseil, chap. 3, art. 6.

Comme il n'y avait que les roturiers qui payaient ces coutumes, de-là vient qu'ils ont été nommés coutumiers. V. du Pineau sur l'art. 8 de la cout. d'Anjou et les auteurs qu'il cite. (Laur.)

(1) S'il vendait ses bêtes achetées dans l'an et le jour, le page était dû, parce qu'il y avait lieu de croire que le gentilhomme avait acheté pour revendre et gagner. (Laur.)

(2) C.-à-d., leurs domestiques et serviteurs. V. le chap. 53. Ceci n'est que contre les seigneurs justiciers qui lèvent les cout. dont il est parlé dans l'art. 8 de la cout. d'Anjou. (Laur.)

(3) Dans un manuscrit, il y a bien: « Et chascuns Vavassors, pourquoy il ait son Prevost, et lievent leurs coutumes, ils les garantissent d'ost et de chevanchiée. »

Dans le chap. 55 de la cout. d'Anjou glosée, il y a « Chascun Vavasseur püet avoir un Sergent, pourquoy il soit son Prevost, et se le Sergent releve ses coutumes, ils les garantissent d'ost et de chevauchée. » Ce qui a fait dire à l'auteur de la Glose que si le vavasseur garantit ainsi son prévôt qui leve ses coutumes d'ost et de chevauchée, il le garantit à plus forte raison des coutumes et paages. Ce chap. n'a plus été observé que dans les cout. qui l'ont reçu. (Laur.)

61. *D'ost* (1) *et de chevauchie devers le Roi, le baron, et des amendes, et des gaiges.*

61. *D'ost et de chevauchées envers le Roi et le baron, des amendes et des gages.*

Se li bers fet semondre ses hons, que il li amaine ses hons coustumables, pour aller en l'ost le Roi (2). Li prevos les doivent amener de chacun ostel (3) au commandement leur seigneur *el cüer du chastel* (4), *et puis s'en doivent retourner* (5). Més nulle fame à coustumier ne doit aller en ost, n'en chevauchiées (6), ne fournier, ne mousnier qui gardent les fors et les moulins. Et se nus de ceus qui sont semons ne venoient, et l'en le pooit sçavoir, il en paieroit soixante sols de gages (7). Et li prevos au baron si doit mener ses hons devant dits,

Quand le baron fait sommer ses hommes de lui amener tous ses vassaux pour se rendre au ban du Roi, les prévôts les doivent amener de chaque endroit dans la cour du seigneur, et s'en retourner. Les femmes, les boulangers, les meûniers, et ceux qui gardent four et moulin ne sont point tenus de remplir aucuns services d'ost et de chevauchées. Si quelqu'un ayant été sommé néglige de s'y rendre, il sera condamné à 60 sous d'amende. Le prévôt du baron doit ensuite conduire

---

(1) Ce ch. est remarquable, parce qu'il nous apprend de quelle manière le ban et l'arrière-ban se levaient du temps de saint Louis; car ce qui est ici appelé ost et chevauchée, quand c'était le Roi qui les convoquait, était la même chose. Suivant l'ancienne cout. d'Anjou. L'ost était néanmoins pour défendre le pays, et la chevauchée pour défendre son seigneur; mais ici ces termes sont confondus. V. Delalande, dans son Traité du Ban et de l'Arrière-ban, p. 65. (Laur.)

(2) C'était là l'arrière-ban, *retrobanum*. Car nous apprenons d'un ancien tit. qui est au Trésor des Chartes dans le registre de Philippe-le-Bel, coté 36, au haut et au bas 12, nombre 38 que de ce temps « les nobles seuls estoient sujets au ban, et toutes personnes, sans distinction, sujettes à l'arrière-ban, pourvû qu'elles pussent porter les armes, etc. » Ce qui détruit plusieurs mauvaises conjectures faites sur l'origine de ce mot. (Laur.)

(3) Dans le chap. 56 de la coutume d'Anjou glosée, il y a « un hostel. » (Laur.)

(4) Dans l'ancienne cout. d'Anjou glosée, « au corps du chastel. » (Laur.)

(5) Savoir les prévôts. (Laur.)

(6) Parce que les femmes ne sont pas propres aux batailles, comme le remarque l'auteur de la Glose sur l'ancienne cout. d'Anjou. Cependant elles devaient accompagner leurs maris aux gardes et guets, quand il y en avait eu convenance. V. le chap. 53 ci-dessus. (Laur.)

(7) Dans l'ancienne cout. d'Anjou glosée, il y a mieux, «d'amende. » (Laur.)

jusques au prevos le Roi, el chastel, dont li hons sont du ressort, et puis li s'en doit retorner arriere. Et ainsi li hons coustumier des chastelleries si doivent aus barons leurs chevauchiées, et li prevos aus vavassors si les doivent mener el cors du chastel au commandement au baron. Et li bers ne les doit mie mener en lieu dont en ne puissent venir jusques au soir. Et cil qui remeindroit en paieroit soixante sols d'amende. Et se li sires les voloit mener si loins que eus ne peussent venir au soir, ils n'iroient pas se ils ne voloient, et n'en feroient jà droit, ne nulle amende. Et ainsi li baron et li hons le Roy doivent le Roy suivre en son ost, quand il les en semondra, *et le doivent servir* (1), soixante jours et soixante nuits (2), o tant de chevaliers, comme chacun li doit, et ses services il li doivent quand il les en semont, et il en est mestiers. Et se li Roy les voloit tenir plus de soixante jours au leur (3), il ne remeindroient mie, s'il ne vo-

tous les hommes du ressort de la baronie jusque dans la cour du prévôt du Roi, et s'en retourner. C'est ainsi que tous les hommes coutumiers des châtelleries doivent aux barons service de chevauchée, et les prévôts des vavasseurs les amener au château du baron à son premier commandement. Le baron ne les doit point conduire dans un lieu si éloigné, qu'ils ne puissent revenir le soir même. S'il le vouloit, ils pourraient refuser de l'accompagner, sans craindre de payer l'amende. Le baron et tous les vassaux du Roi sont tenus de se rendre auprès de lui, quand il les en sommera, et de le servir à leurs dépens l'espace de soixante jours et de soixante nuits, avec les chevaliers qui les doivent accompagner, et il peut exiger d'eux ces services, quand il le veut et qu'il en est besoin. Si le Roi les

---

(1) Un manuscrit ajoute très-bien, au leur. C.-à-d., à leurs dépens. Un autre manuscrit est conforme, et dans l'art. 58 de l'ancienne cout. d'Anjou glosée, il y a, à leurs dépens. (Laur.)

(2) Dans deux manuscrits et dans le chap. 58 de l'ancienne cout. d'Anjou glosée, il y a quarante jours et quarante nuits, ce qui vaut peut-être mieux, car suivant l'ancien usage de la France, le ban n'étoit que de quarante jours. Capitul. Caroli Magni, lib. 7, additione 4, cap. 84. Mathæus Paris, ad annum 1226.

Le rôle de ceux qui furent convoqués en ban pour la guerre que Philippe III entreprit contre le comte de Foix.

Delalande remarque très-bien que dans ces quarante jours, on ne comptait pas l'aller et le revenir. V. cet auteur p. 63. (Laur.)

(3) Il y a quarante jours dans les manuscr. (Laur.)

loient pas droit. Et se li Roy les voloit tenir au sien, pour le royaume deffendre, il devroient bien remaindre par droit. Més se li Roy les voloit mener hors du royaume, ils n'iroient mie se ils ne vouloient, puisqu'ils auroient fet soixante jours, et soixante nuits (1); et nule dame ne doit ne ost, ne chevauchiée desoremés, se n'est fame le Roy (2) : més elle doit envoyer tant de chevaliers, comme ses fiés doit (3), et li Roy ne la puet achoisonner (4). Et se les gens le Roy truevent les hons coustumiers par les chastelleries qui fussent remés, fors ceux qui devroient remaindre (5), li Roy en porroit bien lever sus chacun soixante sols d'amende, et li bers ne les en pourroit garantir. Et li hons coustumier ne doivent estre en l'ost le Roy que quarante jours et quarante nuits (6), et se il en ve-

voulait retenir plus de soixante jours à leurs frais et dépens, ils seraient les maîtres de rester ou de se retirer ; mais s'il voulait les retenir à ses dépens et pour la défense du royaume, ils seraient contraints de rester. Cependant si le Roi les voulait conduire hors du royaume, ils pourraient le refuser, parce qu'ils auraient déjà servi pendant soixante jours et soixante nuits. Nulle femme ne sera tenue au service d'ost et de chevauchée, si ce n'est la reine. Mais elles seront obligées d'envoyer autant de chevaliers que leurs terres le comportent ; et le Roi ne pourra les inquiéter. Si les gens du Roi, dans leurs tournées, trouvent dans les châtelleries des hommes coutumiers qui ne se soient pas rendus

---

(1) Il y a quarante jours et quarante nuits dans les manuscrits. (Laur.)

(2) Quoique les femmes des coutumiers ne fussent pas sujettes à l'arrière-ban, les dames ou celles qui possédaient des fiefs étaient néanmoins sujettes au ban, et elles devaient donner des personnes qui servissent pour elles: Mais il paraît par le mot «desoremés,» que quand elles n'étaient pas femmes le Roi, elles en furent déchargées, ce qui a changé dans ces derniers temps où elles y ont été assujetties à l'effet de payer finance. V. *Altesserram, de origine feudorum*, cap. 9, p. 317; Dargentré dans ses Avis sur les partages des nobles, question 41 ; Brodeau sur l'art. 40 de la cout. de Paris, nombre 11, et la Dissert. de Delalande sur le ban et l'arrière-ban. (Laur.)

(3) C.-à-d., que si le fief de la femme du Roi doit le service de 2, 3, 4 chevaliers, plus ou moins, elle les doit fournir. (Laur.)

(4) Il y a ainsi dans l'ancienne cout. d'Anjou glosée. Du latin *occasio* on a fait oehoison et achoison pour occasion ou prétexte de faire de la peine. Et de ochoison et achoison on a fait ensuite ochoisoner et achoisoner. V. Du Cange en cet endroit et dans son glossaire. (Laur.)

(5) De *remanere*, rester, demeurer. (Laur.)

(6) Ceci paraît faire de la distinction entre les nobles et les coutumiers, d'où

noit avant, et il en fussent prouvé, la justice le Roy en porroit bien lever *soixante sols* (1).

à la sommation, et qui n'en soient pas exempts, ils leur feront payer 60 sous d'amende, sans que les barons les en puissent garantir. Les hommes coutumiers resteront au service du Roi pendant quarante jours et quarante nuits, et si aucuns se retiraient avant ce temps, la justice du Roi les condamnerait à 60 sous d'amende.

### 62. Comment dame doit faire rachat.

Nule dame ne fet rachapt (2), se elle ne se marie. *Més se elle se marie, ses sires fera rachapt au seigneur, qui ele sera fame* (3). Et se au seigneur ne plaist ce qu'il li offerra, il ne puet prendre que les isseües d'une année de son fié (4). Et se il y avoit bois (5) que la dame eust

### 62. Comment dame doit faire rachat.

Nulle dame ne fait rachat lorsqu'elle ne se marie pas : mais si elle se marie, son mari fera le rachat au seigneur. Si les offres que le mari aura faites ne conviennent pas au seigneur, il ne pourra prendre que le droit d'une année du fief. S'il y

---

il y aurait lieu de croire que dans les lieux marqués ci-dessus il ne faudrait pas mettre quarante au lieu de soixante, le lecteur en jugera. (Laur.)

(1) L'auteur de la Glose sur le chap. 60 de la cout. d'Anjou, demande quelle était la peine des bers et des arrière-vassaux qui ne s'étaient pas trouvés au ban, après la sommation qui leur en avait été faite. Et il répond que, suivant l'avis commun, ils perdront leurs fiefs. V. *Ardizonem. de Feudis*, cap. 67. Il faut ici remarquer que les Croisés n'étaient pas affranchis de l'ost ni de la chevauchée. V. l'Ord. de Philippe-Auguste touchant les Croisés, art. 2. (Laur.)

(2) Cela est vrai pour le fief qui lui est échu en ligne directe. V. l'art. 96 de la cout. d'Anjou. (Laur.)

(3) C'est encore la disposition de l'art. 93 de la cout. d'Anjou. (Laur.)

(4) V. l'art. 103 de la cout. d'Anjou. (Laur.)

(5) V. le chapitre de l'ancienne cout. d'Anjou glosée. Quand le rachat est dû au seigneur, parce que sa vassale se marie la première fois ou passe en secondes noces ayant le bail de ses enfants, car aucun

commencié à vendre ou que li, ou son seigneur, et que ele le peust bien vendre par droit, ou par raison du rachat, li sires le porroit bien vendre à ce mesme fuer, que il auroit esté commenciés à vendre, més il n'en porroit pas faire plus grant marchié que cil auroit fet devant.

avait des bois qui eussent été autrefois vendus, et qu'elle eût droit de vendre, à raison du rachat, le mari pourrait les vendre au même prix qu'ils auraient déjà été vendus, et non à un plus haut prix.

63. *De dame qui donne seureté à son seigneur pour soupeçon du mariage sa fille.*

63. *Dame qui donne sûreté à son seigneur pour soupçon du mariage de sa fille.*

Quant dame remeint véve, et elle a une fille, *et elle s'asebloie* (1), et *li sire à qui elle sera femme lige* (2), viengne à lui, et li requierre, dame, je vuel que vous me donnés seureté que vous ne mariez vostre fille, sans mon conseil (3), et sans le conseil au lignage son pere, car ele est fille de mon hons lige, pour ce ne vüel je

Lorsqu'une dame reste veuve ayant une fille encore mineure, et que le seigneur dont elle est femme lige vient à elle, et lui dit : Dame, je veux avoir sûreté que vous ne marierez point votre fille sans mon conseil et l'avis des parens de son père ; car étant fille de mon homme-lige, je ne veux pas qu'elle

---

nement en Anjou la femme ne perdait pas le bail, par son second mariage, le seigneur pour son rachat ne peut prendre les bois qu'au même marché, ou au fur que la femme ou son premier mari auraient commencé de les vendre. V. Gloss. sur le mot Feur, les art. 101 et 113 de la cout. d'Anjou, le 48 de la cout. de Paris et le chap. 17 ci-dessus. Cet art. n'était plus pratiqué que comme cout. Joignez les art. 93, 96 et 103 de celle d'Anjou, et ci-dessus l'Ord. de 1246 touchant les rachats. (Laur.)

(1) Ces mots ne sont pas dans le chap. 61, de l'ancienne cout. d'Anjou glosée. (Laur.)

(2) Ainsi la disposition de ce chap. n'est pas pour la mère, qui n'est pas supposée femme lige du seigneur. Cela paraît par ces mots qui suivent, « car elle est fille de mon hons lige, etc. »
Les seigneurs et le Roi avaient soin de prendre ces précautions, afin que leurs vassales prissent des maris, sur la fidélité desquels ils pussent compter. V. les preuves de l'histoire de Châtillon, p. 40. *Et quoniam attachiamenta, seu leges baronum Scotia*, lib. 2, Cap. 92, et ibi *Skenæus*, et l'Alliance chronologique du P. Labbe, t. 2, p. 652.

(3) Le seigneur avait double intérêt dans ce mariage. Le premier était que

pas que ele soit fors-conseilleé. Il convient que la dame li doint seureté par droit. Et quand la pucelle sera en aage de marier, se la dame trû qui la li demande, ele doit venir à son saignor, et au lignage devers le pere à la damoiselle, et leur doit dire en tele maniere, saignors, l'en me requiert ma fille à marier, et je ne la voel pas marier sans vostre consel : ore metés bon consel car un tel homme la me demande : et le doit nommer. Et se li sires dit, je ne voel mie que cil l'ait, quar tiex hons la me demande qui est plus riches, et plus gentis-hons assez, que cil de qui vous parlés, qui volontiers la prendra. Et se li lignage dit, encore en savons-nous un plus riche et plus gentis-hons que nus de cels. Adonc si doivent regarder le meillor des trois, et le plus proufitable à la damoiselle, et cil qui dira le meillor des trois, si en doit estre creus (1). Et se la dame la marioit sans le conseil au saignor, et sans le conseil au lignage devers le pere,

soit mal mariée. Il convient que la dame donne au seigneur la sûreté qu'il demande. Lorsque la fille sera nubile, si la dame trouve quelqu'un qui la demande en mariage, elle doit venir vers son seigneur et la famille de son mari, et leur parler ainsi : Seigneurs, on me demande ma fille en mariage, je ne veux pas la donner sans votre conseil, voyez donc ce qu'il convient ; car un tel l'a demandée, et elle le nommera. Si le seigneur répond : Je ne veux pas que celui-ci l'aie ; car j'en connais un autre qui est beaucoup plus riche et de meilleure famille, qui l'épousera volontiers ; et que les parens disent qu'ils en connaissent un encore plus riche et plus noble que les deux autres, on examinera lequel est préférable, plus convenable des trois ; celui qui l'aura proposé en sera cru. Si la dame mariait sa fille sans conseil de son seigneur et la

---

la vassalle lige ne fût pas trompée, et le second qu'en prenant un époux elle lui donnât un vassal fidèle. (Laur.)

(1) Cela était vrai quand la mère et les parens paternels de la fille offraient au seigneur des personnes qui ne lui étaient pas désagréables ; mais quand ils lui présentaient des personnes suspectes, et dont il avait lieu de douter de la fidélité, il les pouvait récuser, et dans ce cas, l'usage était en plusieurs lieux que le seigneur présentait trois personnes, dont la mère et les parens de la fille étaient obligés d'en prendre un, ce qui se pratiquait ainsi lorsque la fille était majeure, et que le seigneur voulait qu'elle prît un mari pour desservir son fief, comme il se voit par les assises de Jérusalem, chap. 242 et 34. (Laur.)

V. *Regiam majestatem*, cap. 48, num. 5 et 6, Gloss., sur Devoir le marier

puisque li sires li auroit de-
vée (1), ele en perdroit ses müebles (2), et si l'en porroit li sires
destraindre par sa foy, ou par
pleges, se mestiers estoit, aincois que elle partist de son fié
ou de sa foy, et jüerroit à dire
voir des müebles (3), puis l'eure
que ele les auroit perdus par jugement. Et quant ele les auroit
tous mis avant, si li remaindroit
sa robe à chacun jour, et sa
robe à cointoier soi, et joiaux
avenans, se ele les avoit, et son
lit, et sa charette, et deux ron-
cins qui souffiroient à aler en ses
besongnes, pourquoy elle n'ait
point de saignor, et son palefroy, se ele l'a.

participation de la famille
de son mari, elle perdrait
ses meubles, pour être con-
trevenue aux ordres de son
seigneur, qui pourra la desti-
tuer de son fief et de sa foi,
et lui faire jurer qu'elle donnera un état exact de ses
meubles au moment où elle
les a perdus par jugement.
Lorsqu'elle les aura tous déclarés, elle pourra se réser-
ver sa robe de chaque jour
et sa robe de cérémonie, ses
joyaux, si elle en a, sa voiture, deux chevaux pour
vaquer à ses affaires, puisqu'elle n'a plus de mari, et
son palefroi, si elle en a.

64. *Quies gentilhons püeent fere de leur heritage, puisque eus aient hoirs.*

64. *Quel don peuvent faire sur leur héritage le gentilhomme ou la femme noble lorsqu'ils ont des enfans.*

Dame n'est que bail de son heritage, puisqu'elle a hoir masle (4), ne elle ne püet don-ner, ne choisir (5), pour que ce

Femme noble n'a que l'administration de l'héri-tage, lorsqu'elle a enfant mâle; elle ne peut donner

---

(1) Lui aurait défendu.
(2) Ceci doit être entendu, ce semble, de la mère qui avait le bail de sa fille, et qui comme baillistre était entrée en foi. V. la cout. du Loudunois, au tit. des bails, art. 3. Ce chap. n'avait lieu que dans les cout. qui l'avaient reçu. (Laur.)
(3) V. le chap. 54 avec les notes. (Laur.)
(4) C.-à-d. que la femme noble, dès qu'elle a un hoir mâle, cesse d'être propriétaire de sa terre, et qu'elle n'en jouit plus que comme usufruitière, baillistre, ou gardienne de son fils; en sorte qu'elle ne peut plus la vendre, l'engager, la donner, ni la diminuer, à son préjudice, par quelque contrat que ce soit. V. le chap. 114, ci-après. L'auteur de la Glose sur la coutume d'Anjou, art. 63, dit qu'il en serait de même de l'aînée, s'il n'y avait que des filles, ce qui est précisément contre ce texte. (Laur.)
(5) Dans l'ancienne cout. d'Anjou glosée, art. 63, il y a cessier, peut-être pour céder. (Laur.)

soit amenuisement de l'oir, se ce n'est à son *adversaire* (1), ou ele ne püet donner ne le tiers, ne le quart, ne le quint, selon l'usage de cort laie. Més gentishons püet bien donner le tiers de son heritage (2), tout ait il enfanz, ou non, més il n'en puet plus donner *qui fust* (3), par droit.

ni disposer de quelque chose que ce soit au détriment de son enfant, si ce n'est à son adversaire, encore ne peut-elle donner ni le tiers, ni le quart, ni le quint, selon l'usage de cour laie; mais le gentilhomme peut disposer du tiers de son héritage, soit qu'il ait enfant ou non: mais il ne peut donner davantage.

### 65. D'hons qui se plaint de nouvele dessesine.

### 65. D'homme qui se plaint de nouvelle desaisine.

Se aucuns hons vient à son seigneur, soit gentishons, ou coustumiers, pourquoy li sires ait voerie en sa terre, et li die, sire, uns riche hons (4) est venus à moy d'une meson, ou de pré, ou de vignes, ou de terres, ou de cens, ou d'autres choses, et m'a desseisi (5) de nouvele

Si quelqu'un vient à son seigneur, soit gentilhomme, soit coutumier, pourvu qu'il ait justice en sa terre, et lui dit : Sire, un homme riche est venu me déposséder de ma maison, ou de mon pré, ou de mes vignes, ou de mes terres, ou de cens, ou d'au-

---

(1) Dans les manusc., il y a mieux «anniversaire,» et il faut remarquer que la femme, pour son anniversaire, ne pouvait donner le tiers ni le quart, ni le quint de son héritage, c.-à-d., qu'elle ne pouvait presque en rien donner. (Laur.)

(2) V. l'art. 321 de la cout. d'Anjou: (Laur.)

(3) Ce chap. n'était suivi que comme coutume, où il était reçu:

(4) Dans les manusc. et dans le chap. 65 de l'ancienne cout. d'Anjou glosée, il y a, « un tiex home. » (Laur.)

(5) Il ne s'agit point ici de la complainte en cas de saisine et de nouvelleté, ou de l'interdit, *Uti possidetis retinendæ possessionis*, comme quelques-uns se le sont mal imaginés, mais il s'agit de la complainte de dessaisine et de force, ou de l'interdit, *Unde vi recuperandæ possessionis*.

Dans ces temps-là, celui qui était dessaisi ou expulsé de son héritage allait trouver son seigneur, c'est-à-dire, son sergent, comme le remarque l'auteur de la Glose de l'ancienne cout. d'Anjou, sur le chap. 65, et il demandait que la chose contentieuse fût ôtée à son adversaire, et qu'elle fût mise en mainte justice.

Mais comme dans cette complainte, celui qui agissait, reconnaissait son adversaire saisi, le sergent n'avait point d'égard à sa demande, à moins qu'il ne donnât plèges ou cautions, de poursuivre le plait et de payer les dommages et intérêts auxquels il pourrait être condamné.

dessesine, que je exploitai au seu et au veû, en servage de seigneur jusques à ores, que il m'en a dessaisi à tort et à force dont je vous pri que vous prengniez la chose en vostre main. Li sires li doit respondre, si feroi-je, se vous metez pleiges à poursuivre le plet, à ce que cil vous a dessaisi à tort, et à force, si come vous avez dit. Et se il ne met pleiges, li sires n'a mie à dessesir l'autre. Et se il dit, je vous en mettré volentiers bons pleiges, il doit les pleiges prendre bons et souffisans, selon ce que la querele sera grande, et quand il aura pris bons pleiges, il doit l'autre partie mander par certain mesages, et li doit dire, que cil a mis bons pleges que il l'a dessesi à tort et à force, et de tele chose, tre chose, et m'a dessaisi d'un bien que je possédais au vu et au su de tout le monde, et sous l'hommage de mon seigneur, il s'en est emparé par force, et je vous prie de prendre la chose en votre main. Le seigneur lui répondra : Je le veux bien, si vous donnez caution de poursuivre l'affaire et de prouver qu'il vous a fait tort et violence ainsi que vous le dites. S'il refuse de donner caution, le seigneur ne dessaisira pas du bien l'adversaire ; mais s'il y consent, il doit donner des gages proportionnés à l'importance de l'affaire ; et quand il les aura donnés, le seigneur fera mander la partie adverse, et lui dira, qu'un tel

---

S'il ne donnait pas de pleiges, les choses en demeuraient là ; et l'adversaire restait saisi.

Et s'il donnait pleiges, le sergent exigeait ensuite de l'adversaire ou du défendeur en complainte, qu'il lui donnât aussi caution ou pleiges. Et s'il ne les voulait pas donner, la saisine de la chose contentieuse lui était ôtée et donnée au demandeur qui avait donné pleiges. Et si le défendeur donnait pleiges, la chose contentieuse était mise en main de justice.

Comme dans ces complaintes, il y avait pleiges et contrepleiges, elles furent nommées par cette raison, appleigemens et contreappleigemens. Cet usage dura jusques à Messires Simon de Bucy, premier président du parlement de Paris, qui établit le premier pour principe, que celui qui avait été spolié de sa chose, n'en perdait que la possession naturelle ou la détention, et qu'en conservant par sa volonté, ou son esprit, la possession civile ou la saisine, il pouvait demander d'être conservé ou maintenu dans cette possession, et intenter la complainte en cas de saisine et de nouvelleté, comme si la force et la dessaisine n'avaient été qu'un nouveau trouble. Ce qui est expliqué par l'auteur du grand Coutumier, qui dit, par cette raison, que Simon de Bucy fut le premier qui mit sur le cas de saisine. V. Gloss. sur appleigemens et sur complainte ; Henrion de Pensey. *Justice de paix.*

Chez les Romains, lorsqu'il était question de successions, le défendeur qui était en possession, devait donner caution au demandeur, et le demandeur pareillement au défendeur. V. Asconius dans ses notes sur la 3e. Verrine, p. 100. V. Paulum 1, sententiarum, tit. 19, num. 1, et Hotomanum 1, observationum cap. 6.

et la nommera, je vuel sçavoir se vous mettrés pleges au deffendre là. Et se il dit, je n'i mettré jà pleiges, l'en doit l'autre lessier en la sesinne, pour les pleges que il i a mis. Et se cil dit, je i mettré bons pleges au deffendre que il n'i a riens, et que ce est ma droiture, la justice si doit mettre jour aus deus parties, et tenir la chose en sa main, jusques à tant que li quiex que soit ait gaigniée la saisinne par droit, selonc droit escrit en Code, *de ordine cognitionum, leg. Si quando negotium*, environ le milieu de la loi. Et se li plaintif est deffaillant, et li autres viegne au saignor, et li die, sire, cil vous avoit fet entendant que je l'avoie dessesi à tort et à force, et avoit mis pleges de prouver, et m'en fist dessesir à tort, et je ay gaigné ma querelle et ma droicture par jugement de vostre court, dont je vous requiex comme à saignor que vous me faciez rendre mes cous, et mes despens que je ai mis el plet. Quar droit est qui fait autre dessaisir, et il li met sus que il l'a dessesi à tort et à force, et il perd la querele, il doit rendre à l'autre partie ses couts, et ses despens (1), pour ce que il l'a fet dessaisir, et pour

s'est engagé par bons gages, de prouver qu'il l'a dessaisi à tort et par violence, d'une telle chose, qu'il lui nommera, et exigera de même, de lui caution pour se défendre. S'il la refuse, la saisie demandée lui sera ôtée, et donnée à celui qui a fourni caution. Si le défendeur donne caution, le juge assignera jour aux deux parties, et s'emparera de l'objet contentieux jusqu'au jugement de l'affaire, selon qu'il est écrit au Code *de ordine cognitionum, l. Si quando negotium*, vers le milieu de la loi. Si le plaignant est débouté de sa demande, et que le défendeur vienne vers son seigneur, et lui dise: Sire, mon adversaire vous avait fait entendre que je m'étais à tort et par violence emparé de son bien, il vous a donné caution pour le prouver et m'en a fait déposséder; je viens de gagner ma cause, et vous demande comme à mon seigneur que vous me fassiez rembourser mes coûts et dépens (car le droit exige que si celui qui a fait dessaisir quelqu'un d'un bien, sous prétexte

---

(1) Ragueau, dans son Indice des droits royaux, dit néanmoins qu'en cette matière, il n'y avait pas de condamnation de dépens, et cite un arrêt de la dame de Vierzon, contre l'abbé de Foucombaut, ès enquêtes du parlement de Toussaints, qui dit l'avoir ainsi jugé. V. Gloss. du droit français sur les mots applégemens, contre applégement, en la lettre a, p. 55. (Laur.)

ce en prend l'en les pleges. Si l'en doit l'en fere rendre les couts et les domages, et les dépens que il a mis el plet, et aus pleideurs loüer, et en autres choses qui appartiennent au plet, et à tant l'en aura à la capcion de juge (1), selon droit escrit en Code de *Judiciis, l. Properandum*, et *l. Sancimus ut omnes judices*, en la digestes *de Judiciis. l. Eum quem*, et en decretales, *de Dolo et contumaciâ, cap. Finem litibus*, etc. où il est escrit de cette matere. Toutes icelles choses (2) qui sont mises en main de justice, si valent autant come si elles estoient monstrées en jugement : et quand les deux parties ont terme de ce qui est en main de justice, et l'une s'en deffaut, l'en doit mettre jour au deffaillant en jugement par trois hons, si que eus se puissent recorder du jugement. Et se il ne vient au terme que l'en li aura mis el jugement, l'en doit bailler la

qu'il s'en est emparé à tort et par force, perd son procés, l'autre doit être remboursé de ses coûts et dépens, et c'est pour cela qu'on demande des gages) : le juge taxera les dépens suivant qu'il les jugera justes et raisonnables, selon qu'il est dit ou Code *de judiciis, l. Properandum*, et *l. Sancinus ut omnes judices*, au digeste *de judiciis, leg. Cum qui*, et aux décrétales, *de dolo et contumaciâ, cap. Finem litibus*, etc., où il est traité de cette matière. Toutes choses mises en main de la justice, valent comme si elles étaient vues en jugement, et lorsqu'on a donné terme aux parties pour plaider, et que l'une ne paraît pas, on doit lui faire assigner un autre jour par trois sergens chargés de le lui rappeler, et si malgré cela elle ne paraît pas au terme indiqué par

---

(1) Dans un manusc., il y a mieux, «à la tauxation du juge;» et dans un autre, «au taux du juge.» Laur.

(2) Du Cange remarque que dans quelques manusc., c'est ici un nouveau chap. qui a pour titre: «De défaute après montrée faite au jugement, et de adjournement par justice.» Dans un autre manuscr. c'est aussi un autre chap., qui a pour titre : « De defaute faite après montrée en jugement. » Dans la cout. d'Anjou glosée, c'est aussi un autre chap.; mais dans le manuscrit de Baluze, c'est à la fin du 65, comme dans l'édition de Du Cange, que l'on a jugé à propos de suivre.

La première partie de ce chap. explique comment la chose contentieuse, en cas de dessaisine, était mise en main de justice. Et la dernière partie explique comment la justice en faisait la délivrance.

L'usage était donc, quand la chose contentieuse était mise en main de justice, de donner aux parties terme et jour pour venir plaider, et quand une des deux était en défaut, on lui donnait un autre jour, en jugement par trois hommes qui puissent le recorder, et si elle défaillait au jour marqué, la saisine était donnée à l'autre partie. Et il ne pouvait en ce cas y avoir aucune diffi-

saisinne à l'autre, qui est prest par pleges (1), més ceux qui rien li demanderoit de la querele.

le jugement, accorder la saisie du bien à celui qui a donné caution, et l'autre n'aura plus rien à réclamer.

### 66. Comment la justice doit ouvrer d'honis deffaillant.

### 66. Comment la justice doit procéder à l'égard d'homme défaillant.

Se aucuns se plaint d'un autre à la justice d'heritage (2). La

Si quelqu'un se plaint en justice d'un autre relative-

---

culté à l'égard de la certitude et de la consistance de la chose, parce que la main de justice valait montrée. V. le chap. suivant. (Laur.)

(1) C.-à-d., à celui qui est présent, en donnant pleiges ou caution. V. le chap. 66, de l'ancienne cout. d'Anjou glosée. Ce chap. n'est plus en usage. (Laur.)

(2) Dans l'ancienne cout. d'Anjou glosée, il y a, «ou autre chose.» V. le chap. 68 de ce livre.

On ne peut mieux faire, pour développer cette ancienne procédure, que de transcrire ici la glose, manusc. sur le chap. 67 de l'ancienne cout. d'Anjou. « Si vous voulez sçavoir comment l'en doit proceder contre son adversaire, en simple action, sans applegement, partie à partie. Le demandeur doit venir au sergent : et li doit dire. Sire je vous requiert que vous bailliez jour à tel, à ce que je li voudray demander. Lors doit le sergent ajourner la partie averse aux plaids son seigneur en la demande de l'autre. Et se celuy qui est adjourné defaut, et le sergent confesse que il li eust baillé le jour, le sergent doit mettre jour au deffaillant par meismes, c'est-à-dire, par si comme alé est, et c'est second jour baillé au deffaillant. Et se il deffaut au second terme, il ara jour si com alé est secondement, c'est-à-dire jour tiercement, et ainsi est jusques à trois termes. C'est à sçavoir, premier, second et tiers, etc.

« Item se il defaut des trois termes dessusdits et les ajournemens soient recordez, le sergent doit ajourner le deffaillant o jugement, et se il deffaut o jugement par trois hommes, qui puissent recorder le jugement quand il est mis hors court, c.-à-d., par le sergent et deux records. Mais en aucun territoire l'en baille au deffaillant, jour premier, second et tiers, et est jour au jugement. Et se il deffault au jugement suffisamment recors, le sergent li baillera jour o jugement le sien tenant, c.-à-d., la cause tenant. Et est à entendre, que celuy qui sera demandeur, se il est ainsi deffailly, ne püet demander jusques à ce qu'il ait obéi des deffautes. Se il est deffendeur toutes les deffences li sont vagées et deffenduës, jusques à tant qu'il ait obéi des deffautes.

« Ainsi poez vous voir que celuy à qui l'en baillera jour o jugement, se il est deffendeur, li sien tenant, s'il vient obéir aux pleds, il doit demander la délivrance du sien, o mettant pleges d'obéir avant connaissance de cause, et se il faisoit autrement, il seroit l'amende, et le pleige. Més cil püet user de sa demande, ou de sa deffense, en respondant avant des deffautes à la partie averse, car il ne serait pas oüy des deffenses après.

« Celuy deffendeur l'en püet sauver en disant, quand les jours des deffautes seront nommez et prouvez par ordre des jours baillez premierement, secondement et tiercement, il püet respondre que n'oït nul d'iceux jours; ou qu'il obéit, ou qu'il avoit certains essoines recevables, lesquels il nommera et declarera, etc., ou que il avoit essoines, et ne trouva par qui les envoyer, etc., et li jurera, et ainsi ara un serment pour chascune deffante, et sera lors les sermens se il vient; ou se il vient les fera autrefois, et y emportera jour, et par-

justice li doit mettre jour, et se cil qui sera atermés, deffault, cil qui se plaint doit dire en tele maniere. Sire, je vous requiert droit. La justice doit oïr le jugement, et si doit oïr les serjans qui ont le terme mis, et se li serjans garantissent que euls li ayent mis terme, la justice les doit atermer par trois termes. Et quant li serjant aura garanti qu'il aura mis les trois termes, la justice doit bien esgarder par droit que cil qui se defaut doit estre atermés en jugement, et la justice i doit envoyer trois serjans qui s'en puissent recorder. Et se cil qui aura esté deffaillanz de trois termes, vient au terme, que l'en li aura mis en jugement, et l'autre partie qui se plaint li demande sa querele et ses dommages à amander, de *chacun default* (1) 50. s. se il est gentilshons. Et se li autres dit, je n'en vuel rien rendre, et dire reson pourquoy, quar je ne voi onques terme, ne ne soi terme, fors que celuy. Et se li autres dit, je ne vuel mie qu'il s'en puisse deffendre, quar li serjant ont bien garanti que euls l'ont semons, et que euls li mistrent les trois termes. Et se il dit, je m'en deffens bien contre ment à quelque affaire de succession, le juge donnera jour aux parties ; et si celui qui sera ajourné ne se présente pas, le demandeur parlera ainsi : Sire, je vous demande justice. Le juge entendra le sergent qui aura assigné la partie défaillante. S'il répond qu'il lui a signifié le terme indiqué, on lui ordonnera de le signifier encore trois fois ; et lorsque le sergent aura garanti qu'il a ajourné la partie par trois différentes fois, le juge ordonnera que le défaillant soit ajourné en jugement, et le lui fera signifier par trois sergens qui s'en puissent souvenir. Si celui qui a été défaillant aux trois termes, se présente à celui marqué pour le jugement, le demandeur, s'il est gentilhomme, pourra exiger de lui cinquante sous d'amende pour chacun des défauts. Si le défendeur le refuse, disant qu'il n'a connu d'autre terme que celui auquel il s'est rendu, et que l'autre conteste sa défense sur ce que les sergens ont garanti qu'ils lui avaient signifié les trois

---

tant ne vaudra son jour que simple. Et si les deffautes sont connues et prouvées, celuy qui se deffaillit, fera l'amende au juge pour chascun deffaut, le juge de sa loy, soit gentilhomme ou vilain, et à la partie pour chascune deffaute, ce que il en osera jurer pour ses coust, le juge moyennant, se partie faisoit son estimation excessive. » (Laur.)

(1) L'ancienne cout. d'Anjou glosée, art. 57, ajoute, « Et li amandera de chascune defaute 50 sols. » (Laur.)

vous, et contre les sergens, si comme l'en m'esgardera (1). Adonques la justice püet bien esgarder que se il ose jurer seur sains de sa main, qu'il n'oi, n'en entendi que li serjans l'eussent atermé par les trois termes, si comme ils ont garenti ci avant, aitant si doit estre quites des defautes, ainsi ne vaudroit le jour jugié qu'une simple semonce. Et se il n'ose faire le serment, si rendra au gentilshons pour son deffaut 50 s. més il jüerra que tant li aura cousté en son conseil et en ses pledeours, et la justice si prendra pour chacun deffault le gage de sa loi, et ainsi a len de chacune defaute prouvée, conneüe et jugiée en gentishons. 50. s. soit vilains, soit gentishons, pourquoy les deffautes fussent fetes avant veüe, (2) quar cil qui deffaut après veüe (3), si perd la sesine des choses que l'en li a monstrées, quand il est prouvés des defautes.

termes. Le juge pourra lui ordonner, s'il le requiert, de jurer qu'il n'a point eu connaissance des trois termes que les sergens garantissent lui avoir été signifiés, et par son serment il sera exempt de payer l'amende. S'il n'ose prêter le serment requis, il payera cinquante sous par défaut au gentilhomme qui jurera qu'il lui en a coûté autant pour son conseil et les avocats. Le juge, pour chaque défaut, retiendra le gage de sa loi. Tout gentilhomme ou roturier payera pour chaque défaut cinquante sous, pourvu qu'il soit prouvé avant l'instruction de l'affaire ; car celui qui est défaillant après l'information faite, perd la saisie des biens qu'on réclame contre lui, si son défaut est prouvé.

67. *Comment l'en püet porforcier hons qui ne veut faire hommage à son seigneur.*

67. *Comment on peut contraindre celui qui refuse de faire hommage à son seigneur.*

Se aucuns sires est, qui ait hons, qui ne li soit pas venus

Si un seigneur a un vassal qui ne soit pas venu lui

---

(1) V. la note sur le chap. 39, ci-dessus. (Laur.)
(2) Dans la cout. d'Anjou glosée, il y a, « les deffautes soient avant montrées. » (Laur.)
(3) L'art. 52, des lois de Thibaud, comte de Champagne, est conforme à ce chap. V. Britton, chap. 32, fol. 83. *Fletam*, lib. 4, cap. 5 : l'ancienne cout. de Normandie, chap. 93, et *stilum Curiæ Parlamenti*, tit. *De causâ novitatis*. V. le tit. 9, de l'Ordon. de 1667. (Laur.)

fere son homage, li sires le doit fere semonre qui li viegne fere son homage, et le doit fere semondre par hons qui foi li doie (1), se il l'a, et se il ne l'a, par aucun prud'hons souffisant (2). Et se il ne vient au terme, li sires le doit faire atermer autrefois, et se il ne vient au second terme, li sires li doit mettre le tiers terme (3), et se il ne vient au tiers, li sires li doit mettre terme, ou jour de jugement, et se il ne vient au jour jugié, li sires doit lessier le jour passer, et lendemain, et adonques il poit prendre le fié en sa main, et le püet faire semondre en jugement par trois gentishons ou par serjans (4) souffisans, et doit estre le terme de huit jours, et de huit nuits. Et li doient li sergent dire, sires, pource que vous estes deffaillant de trois termes simples, et du tiers en jugement, pour ce à mes sires pris le fié que vous devez faire hômmage, il doit le faire sommer de venir le lui rendre par un homme qui lui doit foi, s'il en a, et s'il n'en a pas, par un gentilhomme. S'il ne se rend pas à cette première sommation, le seigneur le fera sommer une seconde fois, s'il ne vient pas à cette seconde il le fera sommer une troisième, et lui assignera jour pour le jugement. S'il ne comparaît au jour marqué pour le jugement, le seigneur laissera passer le jour entier et le lendemain, après quoi il mettra le fief en sa main, le fera sommer par trois gentilshommes ou sergens de comparaître en jugement, et le terme sera de huit jours et huit nuits. Les sergens lui parleront ainsi : Sire, parce que vous n'avez point répondu aux trois sommations simples qui vous ont été faites, et à celle de vous

---

(1) La cout. d'Anjou, art. 68; le chap. 71, ci-après, *Et quoniam attachiamenta*, capite 67. (Laur.)

(2) C.-à-d., ce semble, par un gentilhomme. Anciennement dans les procès où il était question de fiefs, on n'employait que le ministère des gentilshommes, ce qui parait par l'art. 152, de l'ancienne cout. de Bretagne, qui décide que nul roturier ne doit être reçu en témoignage pour fait de noblesse de personnes, ni des fiefs, s'il n'est prêtre, ou d'état de justice. Par sentence du 28 novembre 1616, rendue au Châtelet, entre le sieur de Bleimur, et le seigneur du fief Charles de Montmorency, à Domont, il fut jugé que le mot prud'hommes, dans l'art. 47, de la cout. de Paris, devoit s'entendre de gentilshommes.

Dans le Beauvoisis et autres lieux, le seigneur, au lieu de prud'hommes, devait emprunter, dans le cas marqué ci-dessus, un homme de fief de son seigneur supérieur. Beaumanoir, chap. 2, de ses cout. du Beauvoisis. (Laur.)

(3) V. les deux chap. précédens, l'art. 65, de la cout. de Paris, avec la conférence, et l'art. 103, de la cout. d'Anjou. (Laur.)

(4) V. la règle de Loisel, « Sergent à Roi est Pair à Comte. » Dans l'art. 68, de la cout. d'Anjou glosée, il y a « trois sergens suffisans. » (Laur.)

tenir de luy, *par* (1) et vous en fet semondre en jugement de huit jours et de huit nuits. Et se il ne vient au jour qui li est atermés de huit jours et de huit nuits, l'en li doit mettre (2) en jugement de quinze jours et de quinze nuits. Et se il ne vient, li sires doit oïr les serjans, et se il li mistrent terme, et se il le garantissent, li sires li doit mettre terme de quarante jours et quarante nuits aussi souffisant, comme nous avons dit dessus, et se il ne vient au terme, li serjant doivent estre ois, et s'il le garentissent, li sires doit lessier (3), et li doit mettre terme d'an et jour (4) el jugement, et s'il ne vient au terme, li sires li puet bien esgarder par jugement, que il a le fié perdu par droit, quand li jors sera passé. Ainsi, remest (5) le fié au seigneur. Et se il vient avant que li sires face tous ses exploits sor luy, il n'en perdra pas son fié par droit, més il en aura perdu quanque li sires en aura levé, et si sera droit des defautes.

trouver au jugement, mon seigneur a mis en sa main le fief que vous devez tenir de lui, et vous fait sommer en jugement, dans le terme de huit jours et de huit nuits. S'il ne répond pas à ce terme, on lui en assignera un autre de quinze jours et de quinze nuits; s'il ne répond pas encore à celui-ci, le seigneur doit ouïr les sergens, et s'ils assurent le lui avoir signifié, il lui en accordera encore un autre de quarante jours et de quarante nuits. S'il persiste à ne point comparaître et que les sergens garantissent le lui avoir signifié, le seigneur doit lui en accorder un dernier d'un an et d'un jour pour le jugement. S'il ne se présente pas, après le jour passé, le seigneur lui fera déclarer par jugement qu'il a perdu son fief de droit, ainsi ce fief reste au seigneur. Si le vassal comparait avant que tous ces termes et délais

---

(1) Ajoutez « droit, » comme font plusieurs manusc. et la cout. d'Anjou glosée, art. 88. Les mots par droit, se doivent rapporter au mot pris. (Laur.)

(2) Ajoutez « terme. » Il y a ainsi dans les manusc. et dans l'art. 67, de la cout. d'Anjou glosée. (Laur.)

(3) Un ms. ajoute « passer le jour. » La coutume d'Anjou glosée y est conforme. (Laur.)

(4) Dans l'ancienne cout. d'Anjou glosée, il y a, « Li doit mettre terme de quarante jours et quarante nuits. Et se il ne vient à celuy terme, li serjent doivent estre ois, et se ils le garantissent, li serjent doit laissier le jour passer et li doit faire mettre jour de sept jours en sept jours o jugement, et si il ne vient à celui terme li sires l'y puet esgarder, etc. » (Laur.)

(5) Remest. *Remanet*, demeure, reste. Toute cette procédure cessa d'être en usage. V. l'art. 65, de la cout. de Paris, avec la Conférence de Guenois. (Laur.)

soient expirés), il ne perdra pas son fief de droit ; mais il perdra tout ce dont le seigneur aura joui pendant cet intervalle, et il supportera ainsi la peine de ses défauts.

68. (1) *D'hons qui se plaint de deniers ou de müebles, ou d'autres choses.*

Se aucuns se plaint d'un autre de deniers, et cil en viegne à la cort, et li autres die, vous me devés itant de deniers : Et li deserres die, je n'en oi onques parler, pourquoy je dement jour avenant (2), et à ce jour je respondré ce que je devré, comme cil qui deffent que nul tort je ne vous fais ; et li autres die, je ne vuel mie que vous aiez terme, ains vüel que vous me cognoissiez, ou niés ma dete, et se il atend droit, droit dira (3) que il li doit cognoistre, ou nier; et se il li connoist, il aura terme de huict jours et de huict nuits de rendre (4) à veüe de justice : si que li uns ne soit mescreus (5) de rendre, ne li autres de prendre, fors ce que la justice *esgardera* (6), se il i

68. *D'homme qui demande à un autre deniers, meubles ou autre chose.*

Si quelqu'un demande à son débiteur deniers qu'il lui a prêtés, et qu'en présence de la justice il lui dise: vous me devez telle somme d'argent; si le débiteur répond : je n'en sais rien et je demande jour pour répondre à ce que vous demandez, et prouver que je ne vous fais aucun tort, et ne vous dois rien. Si le créancier lui dit : je m'oppose a ce que vous ayez terme; mais je veux que vous reconnaissiez ou niez ma dette. On exigera du débiteur qu'il reconnaisse ou nie la dette. S'il la reconnaît, on lui accordera un délai de huit jours et de huit nuits pour payer à vue de justice, afin que dans la

---

(1) Ce chap. est le 69, de la cout. d'Anjou glosée. (Laur.)
(2) Dans l'ancienne cout. d'Anjou glosée, il y a, « jour à avoir. » (Laur.)
(3) Dans l'ancienne cout. d'Anjou glosée, il y a, « droit donra. » (Laur.)
(4) Dans la cout. d'Anjou glosée, art. 69, il y a. « de rendre la dette. » (Laur.)
(5) Dans l'ancienne cout. d'Anjou glosée, il y a crûs, ce qui revient au même. Le sens de ce chap. est que celui qui s'est reconnu débiteur, doit au terme de huit jours et de huit nuits payer la dette à vue de justice, afin que dans la suite il ne soit pas mescru quand il dira qu'il aura payé, ni le créancier cru en ce cas qu'il soutienne qu'il n'ait pas été payé. (Laur.)
(6) V. la note sur le chap. 39. (Laur.)

a contens. Et se ainsi estoit que il deffendist, que il ne li deust riens, il auroit terme, et se il deffailloit au terme, il auroit terme en jugement pource que quand les choses qui sont mueblans sont monstrées en court (1), eles valent autant come se eles estoient monstrées en jugement, et se il ne vient au terme jugié, et cil li die, sire, cil se deffault : je en demant droit, car je suis tout près de prouver ma dete, li sires doit fere semondre l'autre en jugement, que il viegne veoir prouver sa dete que l'autre dit que il li doit. Li termes doit estre mis ô souffisant recort, et se il ne vient, ne à l'un jor ne à l'autre, et li serjant garentissent qu'il li aient mis les termes il doivent tant prendre de la chose (2) *à celui* (3) que ils facent l'autre payer sans prouver. Et quand la seue chose sera prise, se il disoit, vous me faites tort, je me plain de celui quar je ne lui dois riens (4). La justice li en doit mettre jour més la justice si doit estre certains du jugement (5). Et se il dit, je ne vous dois riens, et li autres die, je le puis bien prouver, comme chose jugiée.

suite il ne soit pas mécru, lorsqu'il dira qu'il a payé, ni le créancier cru en cas qu'il soutienne n'avoir point été payé, fors ce que la justice ordonnera, s'il y a contestation. S'il arrivait que le débiteur niât la dette, on lui donnera terme, et s'il y manque, on lui assignera jour pour le jugement, parce que la déclaration de choses prêtées faite en justice, vaut autant que si elles étaient déclarées par jugement. Si, après l'expiration du terme, il ne se présente pas, et que le créancier dise : sire, un tel ne paraît pas, je demande que vous me rendiez justice; car je suis tout prêt à prouver ma dette, le seigneur le fera sommer de comparaître en justice pour entendre prouver sa dette. Les termes lui seront signifiés avec suffisans records, et s'il ne se présente point, et que les sergens garantissent lui avoir signifié les termes prescrits, ils saisiront suffisamment de ses biens pour que le créancier soit payé, même sans prouver la

---

(1) V. le chap. 65, note 6. Dans l'ancienne cout. d'Anjou, manusc. glosée, il y a mieux, « sont déclarées en cour. » (Laur.)

(2) Dans le chap. 69, de l'ancienne cout. d'Anjou glosée, il y a, « ils doivent tant prendre des choses, que il fassent payer l'autre sans preuve. » (Laur.)

(3) Ces mots ne sont pas dans l'ancienne cout. d'Anjou glosée. (Laur.)

(4) Je ne lui dois rien. V. l'art. 471, de la cout. d'Anjou. (Laur.)

(5) La cout. d'Anjou glosée dit plus nettement, « mais la justice luy doit toujours faire enteriner ce qui est jugié avant. » (Laur.)

Adonc si doit en oïr les sergens qui ont mis les termes (1), et qui ont mis le jugement (2), et se il recordent que ainsi soit, si sera cil payés, et li autres si fera droit à la justice dont il aura vée le jugement (3).

validité de sa créance. Si le débiteur après la saisie, se présente à la justice et lui dit : vous me faites tort, je me plains d'un tel; car je ne lui dois rien; elle lui donnera jour pour l'entendre; mais fera cependant exécuter le jugement rendu auparavant. Si le débiteur nie la dette et que le créancier la prouve comme chose jugée, on entendra le rapport des sergens qui ont signifié les termes, et de leurs records; et s'ils certifient que la chose soit ainsi, le créancier sera payé, et le débiteur fera raison à la justice dont il aura nié le jugement.

69. *D'hons qui se plaint à qui l'en ait fet dommage.*

69. *D'homme qui se plaint qu'on lui a fait tort ou dommage.*

(4) Se aucuns se plaint que uns autres li ait fet dommage, et cil venist à la cort, et se deffendist, et en demandast jour à avoir, il l'auroit. Et se il s'en deffailloit, ainsi come nous avons dit dessus, l'en feroit rendre à l'autre son domage, sans prüeve (5).

Si quelqu'un se plaint à la justice qu'un autre lui ait fait tort, et que celui-ci s'en défende et demande jour pour se justifier; il l'obtiendra; mais s'il ne se présente pas, le demandeur, après avoir observé toutes les formes prescrites ci-dessus,

---

(1) Un manusc., et la cout. d'Anjou glosée ajoutent « jugiés. » (Laur.)
(2) Dans la cout. d'Anjou glosée, il y a peut-être mieux. « Et qui ont fait les serremens. » V. l'art. 471, de la cout. d'Anjou. (Laur.)
(3) Dans la cout. d'Anjou glosée, il y a, « dont il aura nié le jugement. » V. l'art. 509, de la cout. d'Anjou. (Laur.)
(4) V. ci-dessus le chap. 66 et le 68. (Laur.)
(5) Dans l'ancienne cout. d'Anjou glosée, il y a, « ainsint comme l'autre sans prueve. » (Laur.)

### 70. (1) *D'hons qui se plaint que l'en li fet tort d'eritage.*

Se ainsi avenoit que aucuns se plainsist de un autre, qui li fist tort de son héritage, et cil heritage eust monstré en jugement, et cil à qui l'en le demanderoit se defansist, et il fust prouvé de la defaute, il en perdroit sa saisine, et si la bailleroit l'en à l'autre par bons pleiges metans d'estre à droit. Més pour ce n'auroit-il pas gaaingnié la chose (2), que li autres ne l'eust, se il pooit monstrer que ce fust sa droicture.

### 71. (3) *De baron qui ne veut pas estre jugié par ses pers.*

Se li bers est apelés en la cort le roy d'aucune chose qui apartienne à éritage, et il die, je ne vuel mie estre jugiés par mes

### 70. *D'homme qui se plaint qu'on lui a fait tort d'héritage.*

S'il arrivait que quelqu'un se plaignît qu'un autre lui eût fait tort dans un héritage qu'il eût obtenu de la justice après en avoir formé sa demande, et que le défendeur vînt à se justifier, il en perdra la possession, s'il est prouvé qu'il n'ait point répondu aux termes prescrits que lui a fait signifier le demandeur, et la saisie en sera accordée à celui qui a donné gages suffisans. Cependant il n'en aura pas la propriété, qui ne peut être ôtée au défendeur, s'il peut prouver qu'il est en droit de l'obtenir.

obtiendra la satisfaction du dommage dont il se plaint, sans qu'il soit nécessaire de le prouver.

### 71. *Du baron qui demande à être jugé par ses pairs.*

Si un baron est ajourné à la cour du Roi pour affaire d'héritage, et qu'il demande à être jugé par ses pairs, on

---

(1) Ce chap. est une répétition du 66, ci-dessus. (Laur.)

(2) C.-à-d., la propriété. Ce chap. n'est plus en usage. (Laur.)

(3) Dans deux manusc., le titre de ce chap. est comme dans l'imprimé; dans un autre, qui est un des plus corrects, le titre est mieux : « De Baron qui veut estre jugié par ses Pers. » (Laur.)

pers de cette chose (1), adonc si doit-on les barons semondre (2) jusques à trois à tout le mains (3), et puis la justice doit sere droit à ceux, et à autres chevaliers (4).

appellera au jugement trois barons au moins, et la justice du Roi jugera conjointement avec eux et les autres chevaliers qui s'y trouveront.

72. (5) *De demander éritage à hons qui atend à estre chevalier.*

72. *De demander héritage à un gentilhomme qui s'attend à être fait chevalier.*

Se l'en demande à baron, ou à autre gentilhons, aucune chose de son heritage; et il ne soit mie encore chevaliers (6),

Si l'on demande à un baron ou à un gentilhomme qui n'est pas encore reçu chevalier, quelque chose

---

(1) Dans l'ancienne cout. d'Anjou glosée, il y a, « Je ne vüel estre de cette chose jugié, si par mes pers non. » C.-à-d., je ne veux être jugé de cette chose, sinon par mes pers. Et dans un manusc., il y a plus nettement, « Je ne vüeil mie de cette chose estre jugié, fors par mes pers. »
Anciennement la justice se rendait en France, ou par pairs, ou par baillis. Il y a aucuns lieux, dit Beaumanoir, là où « li baillis fet les jugemens, et autres lieux, là où li hommes du fief au Seigneur les font..... En la Comté de Clermont doivent tout le jugement estre fait par li hommes dou fiefs, etc. »
Cela était ainsi dans les justices subalternes, mais en court le roi, c.-à-d., dans les justices royales, les bers ou vassaux n'étaient pas jugés par leurs Pers, à moins qu'ils ne le demandassent, et au lieu que dans les justices subalternes, ils devaient être ajournés par leurs pairs, en court le roi, ils n'étaient ajournés que par les sergens royaux, d'où est venu le proverbe, « Sergent à Roy est Pair à Comte. » V. les Instit. de Loisel, liv. 1, tit. 1, règle 32. (Laur.)
(2) C.-à-d., les barons, pairs au baron, appelés en la cour le roi. (Laur.)
(3) Selon Beaumanoir, chap. 67, page 336, il en fallait semondre jusques à quatre. « Uns home seul en sa personne ne puet jugier, ainchois en convient ou deux ou trois ou quatre, au moins, autres que le seigneur. » V. Des Fontaines, chap. 21, art. 9. (Laur.)
(4) Dans l'ancienne cout. d'Anjou glosée, il y a beaucoup mieux, « o eux et o autres chevaliers. » C.-à-d., avec ces trois barons pairs et les autres chevaliers qui se trouveront au jugement. Ce chap. n'est plus en usage. (Laur.)
(5) Dans la cout. d'Anjou glosée, le tit. est, « Quand len demande à baron ou autre gentilhome de son héritage. (Laur.)
(6) Du temps que ces établissemens furent faits, la majorité des nobles était à vingt-un ans, qui était l'âge auquel ils pouvaient porter les armes et desservir leurs fiefs, et les roturiers étaient majeurs à quatorze ans, qui était l'âge auquel ils pouvaient faire quelque négoce. V. ci-après les chap. 73 et 140. Ceux qui possédaient des fiefs de Haubert, étaient obligés de se faire chevaliers dès qu'ils étaient majeurs; mais à l'égard des autres gentilshommes, ils se faisaient chevaliers quand ils pouvaient. Ce chap. doit être entendu des chevaliers bacheliers qui étaient ordinairement pauvres, et non des chevaliers bannerets qui étaient riches. V. Gloss., sur Bachelier. (Laur.)

et il die à ceux qui li demanderoient, je ne vous feré nus tors, més je demant attente d'estre chevaliers (1), ains que je vous responde, il aura l'atente de un an et d'un jours par droit.

concernant l'héritage, et qu'il réponde à ceux qui ont formé contre lui leur demande : je ne vous ferai point de tort, mais avant de vous répondre, je requiers que vous attendiez que je sois reçu chevalier, il obtiendra de droit un délai d'un an et d'un jour.

73. *D'aage de gentilshons et de tenir en bail.*

73. *De la majorité et de la tutèle du gentilhomme.*

Gentilshons n'a aage de soi combatre devant que il ait vingt-un an (2), ne ne doit tenir terre, ne avoir seignorie (3) de nul heritage, que l'en li demandast (4), se l'en ne l'en avoit dessesi, (5) més à sa des-

Gentilhomme avant vingt ans, ne peut ni se battre, ni tenir terre, ni posséder héritage, à moins qu'il n'en ait été dépossédé, et, dans ce cas, il aura voix en justice. De même le gentil-

---

(1) Cette attente était un petit répit, qui était accordé aux chevaliers à cause de la dépense extraordinaire qu'ils étaient obligés de faire quand ils recevaient l'accolade, et outre cela ils levaient les loyaux aides. V. le chap. 42. ci-dessus, et ce qu'on y a remarqué, le chap. 73, de l'ancienne cout. d'Anjou glosée, et l'art. 95 de la cout. d'Anjou, avec la 5e. dissertation de Du Cange, sur sire De Joinville, p. 189. (Laur.)

(2) Tel était l'ancien Droit de la France, comme il se voit encore par la décision 249 de Jean des Mares, dont voici la teneur. « Enfans de poste sont aagiez à quatorze ans puisqu'ils sont mâles, et les pucelles sont aagées à douze ans. Mais ceux qui sont nobles sont aagiez à vingt-un an, quand és choses nobles et féodataires, et quant à celles qui sont tenues en villenage à quatorze ans. » V. le chap. 140 ci-après, et l'auteur du grand Coutumier, liv. 2, chap. 42.

De-là vient que la garde noble, dans plusieurs de nos coutumes, dure aux mâles jusques à vingt-ans accomplis, et aux femelles jusques à quinze ans, et la garde bourgeoise aux mâles jusques à quatorze ans, et aux femelles jusques à douze ans. Voyez, Remarques sur le tit. de la garde noble et bourgeoise de la cout. de Paris, et sur la règ. 34 du 1er. livre des Instit. de Loisel. (Laur.)

(3) Dans la cout. d'Anjou glosée, et dans deux manuscrits, il y a, « ne avoir saisine, etc. » c'est ainsi qu'il faut lire, le mot seigneurie n'ayant pas un bon sens.

(4) Lisez « qu'il demandast, » et il y a ainsi dans l'ancienne cout. d'Anjou glosée, et dans deux manuscrits.

(5) C.-à-d., que quand le mineur avait été dessaisi, lui ou son tuteur pouvaient agir pour rentrer dans la possession de son bien. V. ci-dessus le chap. 85 avec la note.

tesine il auroit response (1). Et aussi gentishons et gentilfame, se il tiennent enfant en bail, il ne püeent riens demander de leur droicture, se leur pere n'en estoit mort vestu et sesi (2), ou se ce n'estoit escheoite qui leur est avenuë de droit puis la mort au pere. Et se l'en demandoit au bail choses dont li peres aus enfans fust mors sesis et vestus, tout le teinsist-il à tort, si n'en respondroit ja le bail. Et se ainsi estoit, que le bail rendist à l'enfant sa terre, et l'eust fait prendre à home à ses seigneurs, aincois que il fust en aage, et aucun li demandast du sien, il ne respondroit point par droit jusques à tant qu'il eust vingt-un an. Et se ainsi estoit, que le bail ne li vousist rendre sa terre, et deist qu'il n'eust pas aage de terre tenir, et cil l'offrist à prouver qu'il eust vingt-un an, il le prouveroit par ses parrains (3), et par le prestre qui le baptisa,

homme ou la femme noble, qui ont enfans sous leur tutelle, ne peuvent rien réclamer, ni demander pour leurs pupilles, à moins que ce ne soit chose que leur père ait possédée à sa mort, ou qui leur soit échue en ligne directe depuis son décès. Si l'on redemande au tuteur choses dont le père de ses pupilles fût mort saisi et vêtu, quand même il en aurait joui injustement, il ne sera pas tenu de répondre, si le tuteur rendait à son pupille sa terre et le faisait reconnaître par ses seigneurs comme leur vassal, avant qu'il fût en âge. Le pupille ne serait pas tenu de répondre avant qu'il eût 21 ans, à celui qui viendrait réclamer quelque chose ; mais si le tuteur refusait de lui rendre sa terre, sous prétexte qu'il n'est pas encore

---

(1) La réponse se dit du défendeur, et la voix du demandeur, mais ici la réponse est la même chose que la voix.

(2) Tel était l'ancien droit de la France sous la seconde race de nos rois, et comme souvent les peres usurpaient injustement des biens et les cédaient à leurs enfans mineurs en fraude des propriétaires, Charlemagne fit en 829, le capitulaire suivant, qui se trouve dans la loi des Lombards. *lib.* 2. *tit.* 25. *cap.* 4, et qu'Yves, évêque de Chartres, a rapporté dans son Décret. partie 16, chap. 542.

En l'année 1330 Philippe de Valois abrogea cet ancien droit. Et afin que les baillistres, les baux, ou gardiens ne négligeassent pas les affaires de leurs mineurs en n'entreprenant pas pour eux des procès nécessaires, dans la crainte d'en payer les frais, il ordonna qu'en cas de garde, il serait pourvu aux mineurs de tuteurs ou de curateurs.

En l'année 1498. il y eut arrêt en la maison de St.-Théran, par lequel il fut jugé suivant cette Ord., que le gardien noble ne pourrait point agir pour son mineur, mais que l'on ferait créer à cet effet au mineur un tuteur, ou un curateur. Et c'est sur cette Ordon. et cet arrêt, que l'art. 270, de la cout. de Paris, suivi dans nos autres cout., a été fait. (Laur.)

(3) Dans les manuscrits, il y a, « et maraines. »(Laur.)

et le juerroient seur sains, et li prestres le diroit en parôle de prevoire. Et s'il ne les pöõit avoir, qu'il fussent tuit mort, il le proveroit par preudoms, et par preudes fames qui seroient certains de son aage, et le juerroient seur sains. Et quant la seignorie auroit receu les parties (1) des preudomes, l'en le metroit en foi et en la seignorie de sa terre, se ainsi estoit que le bail li eust rendu, et de sa volenté, il ne devroit pas prendre les hommages de sa terre devant que il soit en la foy au seigneur. (2).

en âge, et que le pupille offrit de prouver qu'il a 21 ans, on recevra le témoignage du parrain qui l'a tenu sur les fonds de baptême, et du prêtre qui l'a baptisé, après avoir reçu leurs sermens ; mais s'ils étaient morts, il prouverait son âge par le témoignage d'hommes et de femmes dignes de foi, qui, par leur serment attesteraient la vérité, alors il sera mis en possession de la terre ; et si son tuteur la lui avait rendue de sa propre volonté, il ne recevrait point d'hommages de ses vassaux, que lui-même n'eût rendu foi à son seigneur.

### 74. De conter lignage à son aparageur.

Se aucuns *avoit tenu en parage longuement* (3), et cil de qui il auroit tenu deist, je ne vuel que vous teigniez plus en parage de moi, se vous ne me monstrés le lignage (4). Et li

### 74. De conter lignage à son aparageur.

Si quelqu'un avait tenu long-temps en parage, et que celui dont il aurait tenu, lui dit : je ne veux plus que vous teniez de moi en parage, si vous ne me montrez

---

(1) Lisez les « preuves. » (Laur.)

(2) Voilà la preuve qu'anciennement celui qui possédait un fief, ne pouvait pas recevoir les hommages de ses vassaux avant qu'il fût en foi envers son seigneur. L'art. 79, de la cout. de Clermont en Beauvoisis, en a une disposition expresse. Mais il faut remarquer que dans le temps de ces établissemens, la maxime, « tant que le seigneur dort le vassal veille, » n'était pas encore connue. Voyez Laur., sur Duplessis, liv. 1 des Fiefs, chap. 5. (Laur.)

(3) La tenure en parage est une espèce de jeu de fief, par lequel le fief, quoique divisé entre les frères, est toujours entier par rapport au seigneur dominant, auquel l'ainé seul porte la foi, et garantit ses frères et sœurs puisnés sous son hommage. Et parce que tant que cette tenure dure, les puinés tiennent parité avec leur ainé, elle a été nommée Parage. (Laur.)

(4) On a remarqué sur le chap. 22. et le 44 ci-dessus que le parage ne doit

autres dit, je vous le monstreré, il li doit mettre terme pardevant soi pour le parage conter, et cil li doit monstrer et conter, dont il est issus, et le lignage de degré en degré. Et se il se truevent si prés que eus ne s'entrepuissent avoir par mariage, et li uns soit homme, et li autres soit fame, il remaindra en paraige. Et se cil ne l'en croit, il juerra seur sains, que il a conté loiaument le lignaige à son escient, et quand il aura fait le serement, il remaindra en paraige, et se il n'osoit fere le serement, il li feroit homage, et quand il li auroit fet homage, li sires ni porroit asseoir que un roncin de service (1).

votre lignage, et qu'il lui réponde : je vous le montrerai, on lui donnera terme, pour compter et montrer le lignage de degré en degré. S'ils se trouvent être si proches parens, que leurs enfans ne puissent s'entrevoir par mariage, il conservera le fief en parage. Si le seigneur refuse de le croire, il jurera qu'il a fidèlement compté le lignage, et montré tel qu'il le connaît, et dans ce cas, il restera en parage ; mais s'il n'ose faire le serment, il fera hommage à son seigneur, qui ne pourra exiger de lui qu'un cheval de combat.

75. (2) *De rendre roncin de service.*

75. *De donner le cheval de combat.*

Nus hons ne rend roncin de service devant que il se depart de la foi à celui à qui il l'aura rendu (3). Car se cil à qui il

Nul vassal n'est tenu de donner le cheval de combat, que lorsqu'il est dégagé de la foi qu'il a rendue à

---

que tant que le lignage durait, et que les descendans des ainés qui garantissaient, et les descendans des puinés garantis ne se pouvaient marier ensemble.

Avant l'année 1216, le lignage durait jusqu'au 6e. degré inclusivement, et jusqu'au 7e. exclusivement. *Canone. ad sedem. causâ* 35., *quæstione* 5. En sorte que le parage durait alors jusqu'au 7e. degré exclusivement.

Mais le concile de Latran de l'an 1216, ayant permis les mariages au-delà du 4e. degré de consanguinité, capitulo *non debet extra de consanguinitate et affinitate.* Le parage a été restreint dans ces degrés. V. Brahmanon, p. 303.

Cependant en Normandie le parage durait jusqu'au 6e. degré, comme il se voit par le chap. 35, à la fin.

Il n'est pas là parlé de mariage, ce qui pourrait donner lieu de croire qu'en Normandie le parage durait tant que les descendans des frères se pouvaient succéder. V. l'art. 129 de la nouvelle cout., et l'art. 41 et 42 du réglem.

(1) V. chap. suivant, et les 42, 43, 44 ci-dessus. (Laur.)

(2) V. chap. 76 et chap. 44. (Laur.)

(3) Ce chap. est obscur. Pour l'entendre il faut savoir que le roussin de ser-

l'auroit rendu se mouroit, il rendroit à celuy à qui la terre escharroit. Et se ainsi avenoit que aucuns eust rendu son roncin de service à son seigneur, et ses sires le vousist donner à son fils, ou à sa fille, et li hons respondist : Je ne me voel pas partir de vostre foy, se je ne m'en part comme de foy servie (:), quand je vous ai rendu vostre roncin de service. Il ne s'en partira pas par droit, se il ne le fet quitter à l'autre, à qui il le rendroit ; se cil mourroit, ou il li fera ottroier que il ne prendra point de roncin de service, tant comme cil vive, à qui il l'aura rendu.

son seigneur. Car si celui vers lequel il a rempli ce devoir mourait, il le devrait au seigneur à qui le fief échérait. S'il arrivait que celui qui a reçu le cheval de combat voulût donner son fief à l'un de ses enfans, le vassal pourrait lui dire : je ne veux pas partager la foi que je vous dois, à moins que vous ne reconnaissiez que j'en ai rempli les devoirs en vous donnant le cheval de combat. Dans ce cas, le vassal ne se départira pas de la foi du père, à moins que le fils ne s'engage à ne point exiger de cheval de combat, pendant la vie de son père.

---

vice est dû à mutation de seigneur et à mutation de vassal. « Cheval de service, dit la cout. d'Anjou dans l'art. 132, se paye ordinairement par ceux qui tiennent terres sujettes à chevaux de service, à mutation par mort de sujet et de chacun d'eux. Et combien que la foy et homage ne soient pas faits, toutesfois peut-on avoir et demander ledit cheval de service, qui est dû pour raison de la mutation, non pas pour raison de l'homage. »

Le sens de ce chap. est donc que tant que le vassal est en foi, il ne doit point de cheval de service, et qu'il doit le cheval de service, lorsqu'il est départi ou dégagé de sa foi par le décès de son seigneur, ou lorsqu'il a porté sa foi à celui qui a acheté du seigneur le fief dominant.

Que l'on suppose qu'un seigneur qui a été payé de son cheval de service, ait donné son fief à son fils, le vassal qui a payé le cheval de service au père, sera-t-il obligé de le payer encore au fils ? Et si le vassal se départ de la foi qu'il a faite au père, en faisant nouvellement l'hommage au fils, il est indubitable qu'il sera obligé de donner au fils un cheval de service.

Mais si le vassal dit au père, « Je ne me departiray pas de la foy que je vous ai promise, c.-à-d., je ne cesserai pas de vous reconnoistre pour mon seigneur, et je ne me reconnaistray point vassal de vostre fils en luy portant la foy, si je ne me departis de vostre foy, comme de fief servi, puisque je vous ay payé le cheval qui vous estoit dû. » Dans ce cas le vassal, de droit, ne se départira pas de la foi du père, à moins que le père ne le fasse décharger par son fils du cheval de service, ou à moins que le fils ne lui promette qu'il n'exigera de lui le cheval de service que quand son père sera mort. (Laur.)

(1) Lisez « comme de fié servi », et il y a ainsi dans l'ancienne cout. d'Anjou glos., chap. 76. (Laur.)

76. *Quel redevance cil qui tient en paraige fet à son aparageur.*

Nus hons (1) qui tient en paraige ne met riens en roncin de service, ne en nus rachat, ne en nul service, que cil, de qui il tient en parage, face au chief seigneur, se ce n'est en ses loiaux aides.

77. *De demander homage à enfans qui sont en bail.*

Se aucuns hons, ou aucune fame tient enfanz en bail, et cil enfant tiennent en paraige, et li sires (2) leur die, je ne vüel (3) que vous me faciés mon hommage, que cil enfanz ne me sont riens que vous tenez en bail, si vüel que vous me faciez la foi, ou vous me contez le lignage. Et cil qui tient en bail si li doit respondre, je ne vous feré ne l'un ne l'autre, que je ne suis que bail (4) si vüel tenir

76. *Quelle redevance celui qui tient en parage doit à son aparageur.*

Celui qui tient en parage, est exempt du cheval de combat, du rachat, et de toutes les charges auxquelles est tenu envers le chef seigneur, celui dont il tient en parage. Il ne doit contribuer qu'aux loyaux aides.

77. *De demander hommage à des enfans qui sont en tutelle.*

Si quelqu'un a sous sa tutelle des enfans qui tiennent en parage, et que l'aparageur lui dise : je veux que vous me fassiez hommage pour ces enfans que vous avez sous votre tutelle et qui ne me sont rien, ou bien, prouvez-moi leur parenté avec moi ; il doit répondre : je ne ferai ni l'un ni l'autre, car je ne suis que tuteur des biens de ces en-

---

(1) Ce chap. est expliqué sur le 42 et le 43. V. l'art. 218 de la cout. d'Anjou. (Laur.)

(2) Par ce mot il ne faut point entendre ici le seigneur dominant du fief appartenant à l'enfant qui est en bail, mais l'aîné ou celui qui le représente, qui ne veut plus garantir l'enfant en franc parage sous son hommage. (Laur.)

(3) Dans l'ancienne cout. d'Anjou glosée, il y a, « je vüel », et c'est ainsi qu'il faut lire, parce qu'avec la négative il n'y a aucun sens dans ce chap. (Laur.)

(4) Dans les manusc., il y a mieux, « quar ou car je ne suis que bail. » (Laur.)

en achat (1) ce que li peres aus enfans tient, et en atend droit, Si li esgardera l'en, que il n'en doit point fere, ne conter lignage, ainçois tendra en autel estat, comme li heritiers avoit tenu avant que il mourust (2).

fans, et je veux les conserver dans le même état que leur père les tenait, et je m'en confie à justice. Il ne sera point tenu de faire hommage, ni de compter les degrés de parenté; mais il conservera les biens, dans le même état que le père les tenait avant sa mort.

### 78. De gentilshons qui demande amandement de jugement.

Nus gentishons ne püet demander amandement de jugement (3) que l'en li face, ains convient que il le fausse tout

### 78. Du gentilhomme qui appelle d'un jugement.

Nul gentilhomme ne peut demander qu'en la cour du Roi amendement de jugement, sinon il faut qu'il le

---

(1) Il n'y a là aucun sens. Dans les manusc. et dans l'ancienne cout. d'Anjou glosée, il y a mieux, « si vuel tenir en estat, etc. » (Laur.)

(2) Dans un manuscr., il y a mieux, « comme li sires tenoit avant que il mourust. »

La raison de ce chap. est que le bail qui n'est qu'un simple usufruitier, ne peut changer l'état du bien de son mineur. V. la note sur le chap 74. (Laur.)

(3) Par le droit romain, il y avait trois voies pour se pourvoir contre les sentences.

La première était l'appel, qui était la voie la plus ordinaire.

La seconde était la restitution en entier. *Lege, Cum et minores, Cod. Si adversus rem judicatam.*

Et la troisième était la supplication, qui différait principalement de l'appel, en ce que l'appel portait l'affaire devant le juge supérieur, au lieu que la supplication se faisait au juge même qui avait rendu la sentence, à qui l'on en demandait la réformation ou l'amendement. *Appellatio*, dit Oldendorpius, *trahit causam ad superiorem judicem, supplicatio, ad eumdem qui judicavit. Ratio diversitatis est quia appellatio præsupponit iniquitatem sententiæ, de quâ ejusdem judicis cognitio esset suspecta. Supplicatio misericordiam implorat, ideoque nihil prohibet eumdem judicem de eo cognoscere et statuere.* L'appellation suspendait l'exécution du jugement. La supplication ne le suspendait pas, etc. Ce qui est expliqué avec exactitude par Oldendorpius, *Tract. De re judicatâ, tit. de Remediis adversus iniquam sententiam judicis*, p. 517. Editionis Basileensis, anni 1559.

Suivant ce chap., *Nus gentishons*, et suivant le chap. 146, nul homme coutumier ne pouvait demander amendement de jugement en cour subalterne et non royale, parce que les seigneurs ou leurs juges ne pouvaient corriger leur sentence; mais au lieu de demander amendement, il fallait fausser de la manière qu'on l'a expliqué ci-dessus sur le chap. 6, et plus au long sur l'art. 8 de l'Ordon. de 1260, touchant les batailles. (Laur.)

oultre, ou que il le tienne pour bon, se ce n'est en la cort le roy : car illuec puent toute gent demander amandement de jugement (1) par droit, selon droit escrit en Code de precib. Imperat. offerendis, l. ult. et l. Si quis. Et pour ce ne l'en puet fausser (2), car l'en ne trouveroit mie qui droit en feist car li rois ne tient de nului (3) fors de Dieu et de luy.

jette entièrement, ou qu'il s'y soumette, car tous les sujets du Roi peuvent de droit appeler en sa cour, suivant ce qui est dit au Code De precibus Imperat. offerendis, l. ult., et l. Si quis; mais personne ne peut appeler d'un jugement rendu par la cour du Roi; car aucune justice n'a droit de la réformer. Le prince ne tient sa puissance que de Dieu et de son épée.

79. *De gent qui ont à marchir (4) au Roi d'aucunes choses, et comment li Roi esgarde droit à luy et à autruy.*

79. *De ceux qui ont à réclamer quelque chose contre le Roi, et comment le Roi doit faire droit à lui et à autrui.*

Se li Rois tient aucunes choses de ses hommes, qui li demandent, et li dient, ce est nostre droicture que vous demandons, et somes prest de trere l'enqueste (5) et la jurée de la gent du païs, li Rois ne

Si le Roi retient quelque chose qui appartienne à ses vassaux, et que ceux-ci le lui redemandent, et lui disent : sire, ce que nous vous redemandons, est notre bien; nous sommes prêts à le

---

(1) Les parties demandaient cet amendement en proposant qu'il y avait erreur de fait dans le jugement. *V. Rebuffum. ad constitut. regias, Tractatu de supplicationibus et errorum propositionibus*, p. 300. Par l'Ordonn. de 1667, au tit. des requêtes civiles, art. 42, ces propositions d'erreur ont été abolies.

(2) Dans les manusc. et dans la cout. d'Anjou glosée, il y a mieux : « pource que l'en ne puet fausser. »

(3) « Car li rois ne tient de nului. » V. Loisel, liv. 1, tit. 1, règ. 2, le chap. 13 du liv. 2, à la fin; et Brodeau, sur l'art. 60 de la cout. de Paris. (Laur.)

(4) Marchir ou marchier, vient de marc ou march, qui signifie borne : de sorte que marchier ou marchir n'est autre chose que borner ou mettre des bornes ou terminer à ce sujet quelque différent. V. les chap. 3 et 19 du liv. 2. (Laur.)

(5) Il y a «croire en l'enquête» dans l'ancienne cout. d'Anjou glosée. (Laur.)

l..ur peut véer par droit, ains doit commander au baillif que il face semondre les gens des plus prochaines paroisses, et les prochains chevaliers (1), et les prochains serjans fiefés (2), et les prochains barons, se la querele est si grand (3). Et si les doit l'en fere jurer à dire voir, et se il est conneu que ce soit la droicture le Roy (4), elle li remaindra, et tout ainsi à l'autre partie se la mode garantist (5) que ce soit leur droicture (6).

prouver, par l'enquête qu'il vous plaira ordonner, et par le serment de tous les gens du pays. Le Roi ne peut leur refuser justice, et doit ordonner en conséquence au bailli, de faire sommer les gens des plus prochaines paroisses, les plus proches chevaliers, les sergens du fief, et même les barons les plus voisins, si la chose contestée est de grande importance. Le bailli recevra leur serment, et s'il est prouvé que le Roi y ait droit, la chose lui restera; si au contraire, le témoignage des gens appelés est en faveur des demandeurs, ils obtiendront ce qu'ils réclamaient.

## 80. Comment l'en doit demander amandement de jugement.

Nus hons ne püet demander amandement de jugement (7) en la court le Roy, se ce n'est le jor meisme que li jugement

## 80. Comment on doit demander amendement de jugement.

Personne ne peut demander amendement de jugement à la cour du Roi, que le jour même où le jugement

---

(1) V. l'ancienne cout. de Normandie, au tit. de Vue et de Record de vue. (Laur.)
(2) V. Gloss. sur sergent féodé ou du fief sur sergenteries, et Loiseau, dans son Traité des offices, liv. 2, chap. 2, n. 49. (Laur.)
(3) C.-à-d. s'il s'agit de fiefs et de grands fiefs. V. les chap. de l'ancienne cout. de Normandie, que l'on vient de citer, et le chap. 67, lett. B. (Laur.)
(4) C.-à-d. la seigneurie ou le domaine du roi, ou la chose qui de droit lui appartient. (Laur.)
(5) Il n'y a là aucun sens. Dans les manusc. et dans l'ancienne cout. d'Anjou glosée, il y a mieux : « Et si la jurée garantit. » (Laur.)
(6) La cout. d'Anjou ajoute « en la cour le roi. » (Laur.)
(7) V. les chap. 5 et 78 ci-dessus, et le chap. 8 de l'Ordon. de 1260, qui abolit les batailles. (Laur.)

sera fés (1), car l'en doit maintenant apeler, *selon l'usage de la court laie* (2), car les choses qui sont jugiés, dont l'en apele (3), sont tenües, selon droit escrit en Code, *De advoc. diver. judic.*, en la loi première en la fin, car il n'auroit point de amendement de jugement, se li jors passoit (4). Et se il le requiert au baillif en souppliant, li doit dire, et li doit requerre, sire, il me semble que c'est jugement me griéve, et pour ce en requier-je amandement, et que vous me mettez terme, et fétes tant de bonnes gens venir, que eux connoissent se li amandement i est, ou non, par gens qui le puissent fere, et doivent selon le droit, et l'usage de baronnie. Adonc li baillif li doit

a été rendu; car à présent on peut appeler, et l'usage en est reçu en cour laie. Mais les jugemens dont on n'appelle point, doivent être être exécutés, selon qu'il est écrit au Code *De advoc. divers., jud.*, en la loi première, vers la fin. Le jour passé, on perd le droit à l'appel. Or, si quelqu'un demande amendement du jugement par voie de supplication, il doit le faire ainsi: sire, il me semble que le jugement qui vient d'être rendu me blesse; je vous en demande amendement, et vous supplie de donner jour, et de faire venir gens de probité qui jugent si ma demande est

---

(1) Ceci est tiré du droit romain.

En la cour le roi, toute personne pouvait demander, comme on l'a dit ci-dessus, amendement de jugement, non par appel, mais en suppliant, ce qui est bien remarqué dans le chap. 15 du liv. 2 de ces Établiss., en ces termes: « Cil qui demande amendement, doit dire en telle manière. » De ce jugement je demande amendement de jugement, «en souppliant, car soupplications doite estre faite en court le roi, et non pas appel, car appel contient felonie et iniquité, selon droit écrit en Code De haut Prince les prieres, en la loi qui commence, *Si quis adversus* 5; en la loi unique, *Instrumentum* 8; en la loi qui commence *Litigantibus, Cod. De sententiis Præfectorum Prætorio*, et en la loi *Præfecti*, 17; Dig. *De minoribus*, où il est traité de cette matière. »

Or, suivant le droit romain, la supplication par laquelle on demandait amendement de jugement, se faisait par écrit, quand il y avait du temps que le jugement avait été rendu; mais si celui qui s'en plaignait le jugeait à propos, il pouvait le même jour supplier de vive voix, et après le jour il n'y était plus reçu, ainsi que Oldendorpius l'a remarqué dans son traité. *De re judicati. tit. de Remediis adversus iniquam sententiam judicis. Lege* 1, *in fine*, et *lege sequenti. Dig. De appellationibus*.

Quand les appellations eurent été introduites, l'usage fut qu'elles seraient faites incontinent après le jugement rendu, comme il se voit, par l'art. 13 de l'Ordon. de Charles VII, de Montil-les-Tours, d'avril 1453. (Laur.)

(2) Remarquez que l'usage des appellations n'a été reçu que tard en France en cour laie. (Laur.)

(3) Dans un manusc., il y a mieux: « Dont len appelle pas. (Laur.)

(4) V. note première. (Laur.)

mettre terme, et li doit fere semondre des hommes le Roy, et ceux qui furent au jugement fere, et autres preud'hommes qui connoissent de droit et de jugement : et pour garder se le jugement est bon, ou non, et se le jugement est bon par leur esgard et par leur dit, il sera tenus, et se il n'est bons, il le convient amander. Et se il esgardent, que il n'y ait point d'amandement, cil qui aura demandé amandement de jugement, il en gagera ses muebles, se il est gentishons, et hons le Roy (1). Et se li baillif ne vouloit fere l'amandement de jugement, cil en puet appeler devant le Roy. Et se li Rois et ses conseils dient que il soit bons et loiaus, cil en gage ses muebles : més le Roy le doit sçavoir par cels qui furent au jugement fere, et se li jugement ne fut bien faict, li Rois li doit fére rendre ses coust et ses dommages au baillif, qui fist le jugement.

bien ou mal fondée suivant le droit et conformément aux usages de baronnie ; alors le bailli assignera jour pour le jugement, fera avertir les gens du Roi, ceux qui rendirent la sentence, et toutes autres personnes de probité, versées dans la connaissance du droit et des lois pour examiner les causes de l'appel. S'ils trouvent le jugement bon et loyal, il sera confirmé, sinon ils l'amenderont et corrigeront, s'ils pensent qu'il n'y ait pas lieu à l'amendement. L'appelant, s'il est gentilhomme ou vassal du Roi, engagera ses meubles. Si le bailli refusait de recevoir l'appel, le demandeur pourra en appeler au Roi, et si le Roi et son conseil trouvent le jugement bon et loyal, l'appelant perdra ses meubles. Le Roi s'informera de l'affaire à ceux qui prononceront le jugement, et s'il est injuste et méchant, on fera payer au bailli les frais et dépens du demandeur.

### 81. *Comment l'en doit appeler son seigneur de default de droit.*

Se aucuns gentishons ot (2) que ses sires li face mauvais ju-

### 81. *Comment on doit appeler son seigneur lorsqu'il a rendu un jugement faux et injuste.*

Si quelque gentilhomme se plaint que son seigneur

---

(1) V. le chap. 19 du liv. 2. au commencement. ( Laur. )
(2) Dans la cout. d'Anjou glosée, il y a : « dit. » ( Laur. )

gement, il li püet bien dire (1), c'est jugement est mauvais et faus (2), et je ne plederé jà plus pardevant vous, et se li sires est bers, il s'en doit clamer en la court le Roy (3), ou en la cour de celui de qui il tendra, (4) et se li sires est vavasors qui aura fet le jugement faux, li autres s'en doit clamer en la court au bers, ou de celui de qui il tendra, et li puet dire en tele maniere, sires, cil m'a fet faux jugement, pour laquelle reson je ne vuel plus tenir de luy, ainçois tendre de vous qui estes chief sires. Et se li vavane lui ait pas rendu justice, il pourra lui dire : le jugement que vous avez rendu est faux et injuste, je ne veux plus plaider devant vous. Si le seigneur est baron, il en appellera à la cour du Roi ou du seigneur de qui il relèvera; et s'il est vavasseur, il portera sa plainte en la cour du baron ou du seigneur de qui il tiendra, et il parlera ainsi : sire, un tel a rendu un jugement faux contre moi, et pour ce, je ne veux plus tenir de lui; mais de

---

(1) Selon Beaumanoir, dans ses cout. du Beauvoisis, chap. 61, (des aveux. « Quiconque vouloit son seigneur appeler de faux jugement ou de défaute de droit, il devoit tout avant son seigneur requerre que il li feist droit, et en la presence de ses pers, et se li sires le veoit, il avoit bon appel de faux de droit. Et se il appeloit avant que il eust son seigneur sommé en cheste maniere, il estoit renvoyé en la cour de son seigneur, et il li devoit amender che que il l'avoit trait en la cour du souverain, seur si vilain cas, et estoit l'amende en la volenté dou seigneur, de tout che que li appelliés tenoit de luy, etc. V. le chap. 43 des Lois de Thibaud, comte de Champagne. (Laur.)

(2) Selon Beaumanoir, chap. 67: « Il estoit deux manieres de fausser jugement, desquels li uns des apiaux se devoit demener par gages, et si estoit quand on ajoutoit avec l'appel, villain cas, en disant vous avez fait jugement faux et mauvais, comme mauvais que vous êtes, ou par loyer ou par promesse, ou par autre mauvaise cause. L'autre se devoit demener par errement seur quoy li jugement fut faits, etc. » (Laur.)

(3) Les seigneurs supportaient ces appels avec peine, et usaient souvent de rigueur envers ceux qui les avaient interjetés. (Laur.)

(4) Beaumanoir explique ceci dans le chap. 61 des aveux, en ces termes « Chil qui appelle, soit de defaute de droit ou de faux jugement, doit appeller devant le seigneur de qui len tient le court, où li faux jugement fut fait, car se il se trepassoit et appelloit pardevant le comte ou pardevant le roy, il en auroit chil le court, de qui len tenoit le just che nu à nu, ou le jugement fut fet, car il convient appeler de degré en degré; c'est-à-dire, selonc che que li homage descendent, dou plus bas, au plus prochain seigneur après, si come du prevost au baillif, et du baillif au roy és cours où prevost et baillis jugent, et és cours où les hommes jugent, selonc che que li houmage vont et descendent, li appel doit estre fet en montant de degré en degré sans nul seigneur trepasser. Mais il n'est pas ainsi en li cour de chrétienté qui ne vient, car de quelque juge que che soit l'en puet appeler à l'apostoille, et qui veut, il puet appeler de degré en degré, si comme du doyen à l'évesque, de l'évesque à l'archevesque et de l'archevesque à l'apostoille. » (Laur.)

sors dit, je m'en deffend, et li autres die, je ne vuel mie qu'il s'en puisse deffendre, car il me fist le jugement faux à veüe et asseüe de moi, qui foi li doit, et le sui prest de monstrer contre son cors (1), se il le veut deffendre, et tout ainsi appelle l'en son seigneur de faux jugement et en puet l'en bien jugier une bataille (2), et se cil qui appelle son seigneur vaint l'autre, il ne tendra jamés riens de luy, ainçois tendra du chief seigneur : et se il estoit vaincus, il en perdroit le fié (3). Et sachiés que nus juge ne doit tenir à injure (4), se l'en appelle de sa sentence, et de son jugement, ne en grant querele, ne en petite, selon droit escrit en Code, *De appellationibus*, en la loi qui commence, *Et in ma-*

vous qui êtes chef seigneur. Si le vavasseur s'en défend, le demandeur pourra dire: je m'oppose à ce qu'il puisse s'en défendre, car, à ma connaissance, et en ma présence, il a rendu contre moi, qui foi lui doit, un jugement faux et injuste, et je suis prêt de le lui prouver dans un combat singulier, s'il persiste à s'en défendre. C'est ainsi que l'on doit appeler son seigneur de faux jugement; et dans ce cas, on peut décider une bataille, entre l'appelant et son seigneur. Si le demandeur a l'avantage sur le champion du seigneur, il ne relèvera plus de lui, mais du chef seigneur; et s'il est vaincu, il perdra son fief. Apprenez

---

(1) Beaumanoir explique ceci dans le chap. 61 de ses cout. de Beauvoisis: « Quant aucun, dit il, appelle nicement, si come si il dit, che jugement es faux et mauvés, et il ne l'offre pas à fere pour tel, li apiaux ne vaut riens, ainchois doit amender le villenie que il a dit en court, et est l'amende de dix sols au seigneur pour le villenie dite, se il est gentilshons, et se il es hons de poote, cinq sols. Mais si hons coûtumiers de parler vilainement encheoit en cel cas pardevant nous, il ne s'en iroit pas sans peine de prison, car il es: assez de tix qui pour si petite partie d'argent ne seroient pas à dir villenie en court, et pour che y est peine de prison bien employée. » (Laur.)

(2) Voilà une exception aux art. 2 et 3 du liv. 1 de ces Établiss. (Laur.)

(3) Quand le vassal voulait ainsi accuser son seigneur de vilain cas, il devait commencer par renoncer à son hommage, et déclarer qu'il ne le reconnaissait plus pour seigneur ; car comme dit Beaumanoir, chap. 67: « Il loist bien à l'houme à soi deffendre contre son seigneur, quand il l'accuse de mauvaistié, ne ja pour che il se deffend de mauvaistié contre son seigneur, ne convenra que il lesse che que il tient de li. Mais se li hons accusoit son seigneur de mauvaistié, il convenroit que il li rendist son hommage. » Et de la vient que le vassal qui avait mal appelé son seigneur de faux et mauvais jugement, perdait son fief. (Laur.)

(4) Cela est vrai, quand le juge pris à partie n'est pas accusé de vilain cas. V. Leg. 13, § 1. *Dig. De appellationibus*. (Laur.)

joribus et in minoribus negotiis, etc., où il est escrit de cette matiere.

qu'un juge, quelle que soit la contestation importante ou non, ne doit pas se trouver offensé qu'on appelle de sa sentence, selon qu'il est dit au Code *De appellationibus*, en la loi qui commence, *Et in majoribus et in minoribus negotiis*, où il est traité de cette matière.

## 82. De bataille de chevalier et de vilain.

Se ainsinc avenoit que uns hons coustumier appellast un chevalier, ou en autre gentilhons qui deust estre chevalier, de murtre (1), ou de larrecin, ou de roberie de chemin, ou d'aucun grand meffet, dont li quiex que soit deust prendre mort, li gentishons ne se combatroit pas à pied, més à cheval, se il voloit. Més se li gentishons appelloit le vilain, droit douroit qu'il se combatist (2),

## 82. Du combat entre chevalier et roturier.

S'il arrivait qu'un roturier accusât un chevalier ou un gentilhomme qui dût être chevalier, de meurtre, de vol de grand chemin ou de quelqu'autre crime qu'on punit de la peine de mort, il serait permis au gentilhomme de se battre à cheval, s'il le voulait ; mais si c'était le gentilhomme qui se portât accusateur, il serait obligé de combattre à pied : l'on

---

(1) La cout. d'Anjou glosée ajoute, « de trahison. » (Laur.)
(2) L'ancienne cout. d'Anjou glosée ajoute, « à pied. »
On ne peut mieux expliquer ce chap. qu'en transcrivant ce que Beaumanoir a écrit sur cette matiere, dans le chap. 61 de ses cout. de Beauvoisis.

« Se un gentishons appelle un gentishons, et li uns et li autre est chevaliers, ils se combatent à cheval armez de toutes armeures, tel coume il leur plest, excepté coustel à pointe et mace d'armes mouliies. Ne doit chacun porter que deux épées et son glaive, et aussint si sont etcuyers deux épées et un glaive.

» Se chevalier ou écuyer appelle houme de poote, il s'y combat à pié, armé en guise de champion aussint coume li home de poote, car par che qu'il s'abaissent à appeller si basse personne, sa dignité est ramenée en cel cas, à fere armeures comme chil qui est appellé de son droit, et moult seroit crueile chose, se li gentishons appelloit un home de poote, et il avoit l'avantage du cheval et des armûres.

» Se li hons de poote appel gentilhoume, il se combat à pié en guise de champion, et li gentishoumes à cheval armé de toutes armes, car en soi défendant, il est bien avenant que il usent de leur avantage.

» Se li hons de poote appelle un autre houme de poote, il se combatront

pour ce que ce fust de si grand chose, comme nous avons dit dessus, et cil qui seroit vaincus, seroit pendus (1).

n'ordonnera cependant le combat, que dans le cas d'accusation de quelques-uns des crimes mentionnés ci-dessus, et celui qui sera vaincu, sera pendu.

### 83. D'hons qui s'enfuit de prison.

### 83. D'homme qui s'échappe de prison.

Se aucuns (2) estoit en prison pour souspeçon de murtre, ou de larrecin, ou d'aucun grand meffet, dont l'en doutast que il deust prendre mort, et se il s'en aloit de prison, il seroit aussi coupables du fet, comme se il l'avoit fet, tout ne l'eust pas fet, si en seroit-il pendus.

Si quelqu'un, détenu en prison pour soupçon de meutre, de vol ou d'autre délit dont on fût incertain s'il ne doit pas perdre la vie, s'échappait de prison, il serait regardé comme aussi coupable que s'il eût commis le crime dont il est soupçonné, et serait pendu, comme s'il en eût été atteint et convaincu.

---

pié. Et de toute telle condition est li champions à le gentilfame, se elle appelle ou est appellée, comme il est devisé de gentixhoume ci-dessus. »
La décision de ce chapitre était pour les lieux qui n'étaient pas du domaine du Roi, car dans ces lieux les batailles ne cessèrent pas d'être en usage. V. l chap. 2 ci-dessus. (Laur.)

(1) Ainsi alors les gentilshommes étaient punis comme les roturiers. V. l chapitre 91 de ce livre, à la fin, et la note lettre N. Tout ce droit n'est plus en usage. (Laur.)

(2) Ce chapitre est pris de la loi première, *Dig. De effractoribus*, où le juris-consulte dit la même chose.
Mais Imbert, dans sa Pratique, livre 3, chap. 3, dit que cette loi n'a pas été pratiquée en France, ce que l'on peut prouver par les articles 24 et 25 de l'Ord. de 1670, au titre des Défauts et contumaces; si celui qui est prisonnier pour un crime, en était convaincu par le bris de prison, il suffirait de le condamner pour un seul de ces crimes; et cependant l'Ord. dit que son procès sera fait et parfait pour l'un et pour l'autre. V. Imbert, au lieu marqué ci-dessus, et les Institutions de Loisel, livre 6, titre 1, règle 11. L'article 3 des Lois de Thibaud, comte de Champagne, est conforme à cet art. « Item, se uns homs est mis en prison fermé pour quelconque fait que ce soit, et il brise la prison et s'en va; et il est prouvez, il est tenu et le doit l'en punir selon le fet pourquoy il aura esté mis en prison, et ainsi en use l'en generalement. » V. Beaumanoir, chap. 30, vers le milieu, et l'auteur du Grand Coutumier, livre 4, des Peines, où il dit que ce chapitre n'a lieu que pour cas civil. Joignez Papon, livre 22, titre 2, et l'Ord. de 1356. (Laur.)

1270.

64. Comment laie justice doit ouvrer de cler, ou de croisié; ou d'ome de religion à quelque meffet que l'en les praigne.

64. Comment la justice laie doit procéder contre un clerc, un croisé, ou un religieux, quel que soit le crime pour lequel elle l'ait fait arrêter.

Se li Rois, ou quens (1), ou bers, ou aucun qui justice a en sa terre prent clerc, ou croisié (2), ou aucun home de religion, tout fust-il lais (3), l'en le doit rendre à sainte eglise de quelque meffet que il face (4). Et se li clerc fet chose dont il doie estre pendus, et desfés, et ne porte point de couronne (5), la justice laie en doit fere justice. Et se il a la couronne et l'habit de clerc, et soit lierres,

Si le Roi, ou un comte, ou un baron, ou un autre seigneur, ayant justice en sa terre, fait arrêter ou un clerc, ou un croisé, ou aucun homme de religion, fût-il même laic, quel que soit son crime, il le doit rendre à l'église. Si un clerc a mérité la mort, et qu'il ne porte point la couronne, la justice laie lui fera son procès; mais s'il porte la couronne, et qu'il

---

(1) V. Remarques de Laurière sur les comtes, dans ses notes sur les Institutes de Loisel, livre 1, titre 1, règle 32.

(2) Le croisé était celui qui s'était engagé de faire le voyage d'outremer, en prenant la croix, et qui était par cette raison sous la protection de sainte église. V. Stabilimentum cruce-signatorum. (Laur.)

(3) V. Concilium Parisiense, causâ 2, qu. 1, canone 2. Tit. de Clericis conjugatis in sexto lib. 3, tit. 2; Anastasium Germonium et Cironium ad Tit. extra de Clericis conjugatis. Concil. Tridentinum, sessione 23, de Reformatione. cap. 6. (Laur.)

(4) Ainsi du temps de ces Etablissemens, on ne distinguait pas les délits ecclésiastiques des délits communs, et les cas privilégiés étaient inconnus. V. Fevret dans son Traité de l'Abus, livre 3, chapitre 1, nombre 3, et Remarques sur les Institutes de Loisel, livre 6, titre 1, règle 16. (Laur.)

(5) Ceci est expliqué par le chapitre 25 des Statuts synodaux français d'Ameil, archevêque de Tours, de 1396, tome 4 du Trésor d'Anecdotes de Dom Martene, col. 1184. « Tous clercs mariez qui peuvent jouir de privilège, nous ammonestons que portent habit et tonsure, autrement ils ne jouiront point du privilége de clerc. » V. tractatum de Re vestiaria hominis sacri. cap. 8. et les autorités rapportées sur ce chapitre en la lettre D. La Glose sur l'ancienne cout. d'Anjou cite à ce sujet le chapitre Super quibusdam, 26, extra de verb. signific.; mais le lecteur verra mieux le chap. unique De clericis conjugatis in sexto, et ibi Joannem monachum et Joannem Andreæ. En France, les clercs mariés ne jouissent plus d'aucun privilège. Clerici sæcularis status, dit Du Molin, nullo gaudent privilegio clericali, ad tit. De cleric. conjug. V. Fevret, de l'Abus, tome 1, livre 4. chap. 4, n. 1. (Laur.)

nulle cognoissance, ne nulle response que il face, ne li puet porter domage : car il n'est mie ses juges ordinaires, et cognoissance faite devant celuy qui n'est mie ses juges ordinaires si ne vaut riens, selon droit escrit en Decretales. *De judiciis*, cap. *Et si clerici*, et le chapitre *Cum homine*.

soit convaincu de vol, quelque aveu, quelque réponse qu'il fasse, il n'en recevra aucun dommage, parce qu'il n'est point devant ses juges ordinaires; et que tout aveu fait à des juges incompétens, est nul par lui-même, selon ce qui est dit aux Décrétales *De judiciis*, cap. *Et si clerici*, et au chap. *Cum homine*.

### 85. *De puguir mescreant et herite.*

### 85. *Comment on doit punir les incrédules et les hérétiques.*

Se aucuns est souspeçonneux de bouguerie (1), la justice laie le doit prendre, et envoyer à l'evesque (2), et se il en estoit prouvés l'en le doit ardoir, et tuit li mueble sont au baron. En au tele maniere doit-on ouvrer d'ome herite (3), puisqu'il en

Si quelqu'un est soupçonné d'incrédulité la justice laie le doit prendre et livrer à l'évêque, et s'il en est convaincu, il sera condamné au feu, et ses meubles confisqués au profit du baron. On observera

---

(1) Geofroy de Villehardouin, dans son Histoire de la conquête de Constantinople, nombre 45, écrit que « Li Grex d'Andrinople requistrent l'empereur Baudouins qu'il leur laissast la ville garnie, por Joan le Roy de Blaks et de Bougrie, qui guerre lor faisoit souvent. » Ce Jean était Roi de Valachie et de Bulgarie. Ainsi voilà la preuve que par Bougrie on entendait anciennement la Bulgarie, et par B..... les Bulgares.
Comme ces peuples étaient hérétiques manichéens, les Albigeois, qui furent comme eux, furent par cette raison nommés B...., et c'est peut-être de ces hérétiques, dont tout le Royaume fut anciennement infecté, qu'il est parlé dans ce chap., ce qui semble néanmoins contredit par le mot hérite qui suit. V. l'histoire du Moine des Vaux de Cernay. Ce nom fut ensuite donné aux usuriers, et à ceux qui commettaient un crime qu'il n'est pas permis de nommer, et c'est peut-être de ces derniers que le mot B.... devrait être entendu. (Laur.)

(2) Parce que l'évêque est le seul juge en matière de foi et de religion. *Lege* 1. *Cod. Theodos. de Religione*, lib. 16. tit. 11, *Farinacium, de hæresi*, quæs. 86, S. 1, n. 5-6, etc., et *Clarum*, § *Hæresis*, num. 5. L'évêque connaissait aussi alors du crime contre nature, ce qui a été aboli. V. Fevret, *de l'Abus*, tom. 2, liv. 8, chap. 2, n. 14.
Lorsque celui qui avait été soupçonné d'hérésie en avait été convaincu en court de chrétienté, il était livré au bras séculier qui le faisait brûler. (Laur.)

(3) D'homme hérétique. (Laur.)

soit prouvés, et tuit li mueble sont au prince, ou au baron (1), selon droit escrit en Decretales, el titre des Significations de paroles, el chapitre *Super quibusdam* (2), et coustume si accorde.

la même chose à l'égard des hérétiques, lorsqu'ils seront convaincus d'hérésie, et leurs meubles appartiendront au seigneur ou au baron de qui ils relèvent, suivant le droit écrit aux Décrétales, tit. des Significations de paroles, au chap. *Super quibusdam*; la coutume y est conforme.

86. *De pugnir les usuriers* (3).

86. *Comment on doit punir les usuriers.*

Quand (4) en la terre au baron à aucun usurier, ou en quelque terre que ce soit, et il

S'il se trouve dans la terre d'un baron ou d'un seigneur, un homme atteint et con-

---

(1) Ainsi, en ce temps, l'hérésie n'était pas un crime royal comme il l'est devenu depuis. V. l'Ord. de 1670, au tit. de la Compétence des juges, art. 11. (Laur.)

(2) C'est le chap. 36. *Extra de verb. signific.* de l'an 1215, qui est d'Innocent III, adressé au comte de Tholose. (Laur.)

(3) A qui l'on donnait anciennement le même nom qu'aux hérétiques albigeois, comme on l'a remarqué sur le chap. précédent. (Laur.)

(4) On voit, par ce chap., que du temps de ces Établiss., le crime d'usure était *mixti fori*. C.-à-d., que la connaissance en appartenait au juge séculier et au juge ecclésiastique, contre l'opinion de la Glose sur le chap. 1er. *De officio ordinarii*, et sur la Clémentine, *Dispendiosam de judiciis* et de presque tous les interprètes du droit Canon, sur le chap. *Cum sit general. extra de foro competenti*, qui ont soutenu que le crime d'usure était purement ecclésiastique. V. *Leotardum, De usuris*, quæst. 100. n. 78, et *Merendam*; lib. 15, cap. 17, n. 7.

Lorsque l'usurier avait été condamné en cour laïque, et que ses meubles y avaient été confisqués, on le renvoyait alors en cour d'église, où on lui imposait une peine canonique pour son péché. V. Beaumanoir, chap. 68, p. 345.

L'enquête des droitures des rois d'Angleterre, envers ste. église en Normandie, que Philippe-Auguste fit faire, et qui se trouve au feuillet 9 du registre St.-Just de la chambre des Comptes, peut servir à illustrer ce chap. « Nous deimes par nostre serement, que des choses as usuriers, tant comme l'usurier sera ellict de sa maladie, se il distribue les choses de sa main propre, ce sera chose ferme et estable, et se il ne le fait ainsi, toutes ses choses après sa mort seront à nostre Sire le Roy, pour tant que il soit prouvé que en chel an, el quel il mourut, il ait presté à usure. »

Chopin remarque que ce crime est encore *mixti fori*, en ces termes. *Crimen usurarum fori est pontificii, si de eo accusatio instituatur adversus clericum, et profani si adversus laicum. De sacrâ politiâ*, lib. 2, cap. 3, num. 16 et 17. Joignez Fevret, dans son Traité de l'Abus, liv. 3, chap. 2. nomb. 6. (Laur.)

en est prouvez, li muebles si doivent estre au baron, et puis si doivent estre pugnis par sainte eglise pour le peché. Car il appartient à sainte eglise de chastier chacun pecheur de son pechié, selon droit escrit en Decretales, el titre des Jugemens, ou chapitre *Novit*, où il est escrit du Roy de France et du Roy d'Angleterre.

vaincu d'usure, ses meubles seront confisqués au profit du baron ; et il sera renvoyé par-devant l'église, pour y subir la peine de son péché ; car il appartient à l'église de châtier le pécheur, selon qu'il est écrit aux Décrétales, titre des Jugemens, chap. *Novit*, où il est parlé des Rois de France et d'Angleterre.

### 87. D'home estrange, qui n'a point de seigneur.

Se aucuns hons estrange (1) vient ester en aucune chastellerie (2) de aucun baron, et il ne face sainnieur dedans l'an et le jour (3), il en sera esploitable au baron. Et se avanture estoit que il morust (4), et il n'eust

### 87. De l'étranger qui n'a point de seigneur.

Si quelque étranger vient se fixer dans la châtellenie d'un baron, et qu'il ne lui fasse pas aveu dans l'an et jour, il devient exploitable et amendable envers le baron ; et s'il venait à mourir

---

(1) Dans l'art. 86 de l'ancienne cout. d'Anjou glosée, il y a : « Si aucuns home de dehors, vient demeurer en la chastellerie au baron, et il ne soit pas de l'évêschié. » L'homme étrange est ici celui qui est d'un autre diocèse, ou d'un autre crême. Car suivant l'ancien usage de l'église, on a toujours réputé étranger celui qui était d'un autre diocèse que celui où il demeurait. On voit des restes de cet ancien usage dans les chap. 154 et 157 de ce liv., dans les anciennes cout. de Bourges, partie 1ère., p. 161, art. 10, p. 178, p. 185 coll. L. p. 234, art. 18, p. 369, art. 1er.
La cout. de St-Cyran en Breune, locale de Touraine, est précise à ce sujet.
La cout. du Londunois a retenu cet ancien droit, comme il se voit au titre de moyenne justice, art. 5. Dans l'art. 43. de la cout. de Touraine, au lieu de diocese, on a mal mis baillage. (Laur.)

(2) C'est ainsi que l'on nommait le territoire du bers, ou du baron. V. Beaumanoir, chap. 60, p. 304. (Laur.)

(3) Celui qui était né dans un évêché, et qui venait en un autre évêché, se domicilier dans la châtellenie d'un baron, devait faire aveu, et se reconnaître bourgeois, ou du baron, ou de l'un de ses vavassors, et s'il ne le faisait, il en était exploitable, et amendable envers le baron. Mais selon l'usage d'Orléans et de Sologne, l'aubain, ainsi que le bâtard ne pouvait faire autre seigneur que le Roi. V. le chap. 30 du liv. 2ème. de ces Établiss., et l'art. 5. de l'ancien coutumier de Champagne. V. les observations sur le chap. 30 du liv. 2. (Laur.)

(4) C'est en partie de ce chap. que l'on a pris l'art. 5. de la cout. du Lon-

1270.

commandé à rendre IV. den. au baron, tuit si muebles seroient au baron.

avant de lui avoir fait rendre 4 deniers, tous ses meubles appartiendraient de droit au baron.

88. *D'hons ou de feme qui se pend, ou noie, ou s'occit en aucune maniere.*

88. *D'homme ou de femme suicide.*

Se il avenoit que aucuns hons se pendist, ou noiast, ou s'occist en aucune maniere, si muebles seroient au baron (1), et aussi de la fame (2).

S'il arrivait qu'un homme ou une femme se pendît, se noyât ou se tuât, de quelque manière que ce fût, ses meubles seraient confisqués au profit du baron.

89. *D'hons qui muert desconfés.*

89. *D'homme qui meurt sans confession.*

Se aucuns hons, ou aucune fame (3) avoit geu malade huit

Si quelqu'un, après avoir été malade huit jours, vient

---

dunois, au tit. de moyenne justice. On dit en partie parce que cette cout. donne le droit d'aubainage au moyen justicier, au lieu que dans le temps de ces Etablissemens, il appartenait au baron. Et au lieu que le baron confisquait les meubles de l'aubain, quand il n'avait pas été payé de ses quatre deniers, le moyen justicier ne lève, dans ce cas, qu'une amende de soixante sous. (Laur.)

(1) V. l'Ordon. criminelle de 1670, au tit. 22. De la manière de faire le procès au cadavre. (Laur.)

(2) Bacquet traite de la matière de ce chap., dans le chap. 7 de ses Droits de justice, n. 17. (Laur.)

(3) St.-Etienne, roi de Hongrie, qui mourut en l'an 1038, fit une pareille loi rapportée dans le tome 2 des Lois de Hongrie, p. 7, chap. 11.

On trouve sur ce sujet une pareille disposition dans le chap. 21 de l'ancienne cout. de Normandie latine. Ce qui a été pris d'une ancienne enquête que le roi Philippe-Auguste fit faire, après la conquête de la Normandie, pour savoir quelles y étaient les droitures des rois d'Angleterre envers son église, qui est au registre de St.-Just de la chambre des Comptes de Paris, feuillet 9, en ces termes : « Nous deismes de celuy qui muert intestat, se il gist en son lict par trois jours, ou par quatre, tous ses biens meubles doivent estre nostre sire le Roy, ou acheli en quelle terre, ou en quelle Jurisdiction il est, et tout est-il de chaux qui ochient eux-mesmes de leur propre volonté. »

En l'année 1686, le 9 avril, Louis XIV, a renouvelé et augmenté en quelque manière cet ancien droit.

Du Cange, dans ses notes sur ce chap., et sur le mot *Intestatio* de son Gloss. a été d'avis que le déconfés n'est ici autre chose que l'intestat, c.-à-d. celui qui avait voulu mourir sans léguer une partie de ses biens aux pauvres et à l'église, et à qui, par cette raison, on avait refusé la confession et le viatique,

jours (1), et il ne se volust confesser, et il morust desconfés,
tuit li müebles seroient au baron, més se il moroit desconfés de mort subite, la justice, ne
la seignorie n'i auroit riens (2),
et se cette chose avenoit en la
terre à aucun qui eust toute justice (3) en sa terre, tout ne fust-
il baron, si en seroit la justice

à mourir ayant constam-
ment refusé de se confes-
ser, ses meubles appartiendront au baron; mais s'il
meurt de mort subite, sans
confession, ni la justice, ni
le seigneur n'auront rien à
réclamer. Si ce cas arrivait
dans la terre d'un seigneur
qui aurait toute justice, en-

---

ce qu'il prouve par une charte accordée aux habitans de la Rochelle, par Alphonse, comte de Poitou, en 1257, et rapportée par Besly, dans ses Preuves de l'histoire des Comtes de Poitou, p. 500.
V. L'histoire des Normands de Duchesne, folio 1052-1060, que le même Du Cange a employé dans son Gloss. V. ce qui vient d'être rapporté de l'enquête de Philippe Auguste.
En joignant ces deux passages, on voit que, dans ces temps-là, mourir dé-confés, ou intestat, n'était qu'une même chose, et qu'on ne mourait déconfés que parce qu'on ne voulait pas tester. V. Gloss., sur Exécuteurs testamentaires. Joignez le chap. 122, ci-après. *Regiam Majestatem, lib. 2, cap.* 53 54. L.

(1) Dans la cout. d'Anjou glosée, il y a, « sept jours et sept nuits. » Laur.
(2) On a remarqué ailleurs, qu'anciennement en Orient, ceux qui mou-raient, étaient obligés de laisser quelques legs à l'église ou aux pauvres, et qu'au rapport de Balzamon, patriarche d'Antioche, Constantin Porphyro-genète fit une constitution, par laquelle il ordonna, que la troisième partie des biens des intestats serait employée en œuvres pieuses, quand ils n'auraient pas laissé d'enfans. *Balzamo. ad Canonem 84. Concilii Carthaginensis. V. Constitutionem Constantini inter constitutiones imperatorias. canon. Ni-cephori 4, tom. 4, monumentorum ecclesiæ græcæ pag.* 445, *Et jus græco-romanum. tom. 1, pag.* 196.
Les ecclésiastiques d'Occident, qui regardèrent les morts subites, comme des châtimens de Dieu, à l'imitation des églises d'Orient, se firent un droit sur les biens des intestats ou décédés sans langue, au préjudice de leurs héritiers. Cet abus fut fréquent en Espagne, et Alphonse IX y remédia. Las siete Par-tidas, *partida primera, tit.* 13, *leg.* 6.
En Ecosse, les seigneurs féodaux confisquèrent les biens meubles des déconfés, ou intestats, comme il paraît par deux art. tirés de *Regiam Majes-tatem,* au *tit.* 53. V. *de intestato decedente, lib.* 2; Glanvillam, *lib.* 7, cap. 16.
En Angleterre les seigneurs se rendirent maîtres de tous les biens de ceux qui étaient ainsi décédés, comme il paraît, ce semble, par l'autorité tirée de Prynn, p. 20 Et les prélats, sous prétexte de s'opposer à ce désordre, ayant voulu se rendre maîtres de ces biens, leur entreprise fut réprimée.
L'on voit par ce chap., et par le chap. de l'ancienne cout. de Normandie rapporté ci-dessus, qu'en France, les seigneurs ne prirent, ou ne confisquè-rent que les meubles des intestats ou déconfés. Mais comme ce prétendu droit n'avait aucun fondement à l'égard de ceux qui étaient morts subitement, st. Louis l'abolit avec justice, et l'on ne voit pas que depuis ces Etabliss. les seigneurs l'ayent levé. (Laur.)
(3) Ainsi les meubles du déconfés n'appartenaient au baron, que dans sa châ-tellerie ou châtellenie, et si le cas arrivait dans la haute justice d'un seigneur, ces meubles étaient à lui quoiqu'il ne fût pas baron. Dans la cout. manus. d'Anjou glo. au lieu de cette clause, il y a, « et si teielx cas arrivaient. » Laur.

leur; et se li mors avoit fait son testament (1), car nulle chose n'est si grande come d'accomplir la volenté au mort, selon droit escrit au Code *de sacrosanct. eccles., l. Jubemus*, où il est escrit de cette matere.

core qu'il ne fût pas baron, les meubles ne lui appartiendraient pas moins. Si le mort avait fait son testament, il serait exécuté : car rien de plus juste que d'accomplir la volonté des morts; selon qu'il est écrit au Code *De sacrosanct. eccles., l. Jubemus*, où il est traité de cette matière.

90. *De trouver aucune chose par fortune, ou en autre maniere.*

90. *Comment on doit disposer de ce qu'on trouve par hasard ou autrement.*

Nus n'a fortune d'or, se il n'est Rois (2), et les fortunes

L'or trouvé appartient au Roi, et l'argent au baron ou

---

(1) Dans l'ancienne cout. d'Anjou glosée, il y a : « l'en le devroit garder. » Suivant ce chap., la justice et la seigneurie n'ont rien en cas de mort subite, et par conséquent lorsqu'il est dit ici, que « si le mort avoit fait son testament, il devoit estre gardé, » cela ne peut être entendu du testament de celui qui était mort subitement, mais de celui qui avait été malade pendant huit jours et qui était mort sans vouloir se confesser, ni recevoir ses sacremens, ce qui pourrait donner lieu de soutenir, contre l'opinion de Du Cange, que mourir déconfés et intestat n'était pas une même chose. Mais il faut dire, ce semble, que tout intestat était déconfés, et que tout déconfés n'était pas intestat, parce qu'il pouvait arriver qu'un homme qui avait eu la précaution de faire son testament, n'eût pas voulu recevoir ses sacremens. Il semble, dans ce dernier cas, que le testament ne devait pas valoir, comme il n'aurait pas valu, si le testateur avait été homicide de lui-même; mais ce chap. décide très-bien qu'il devait être exécuté, si ce n'était, ce semble, quant aux meubles du déconfés qui avait été malade pendant huit jours, que le baron ou le haut justicier confisquait.

Anciennement on regarda aussi les usuriers comme des désespérés, et on leur refusa, par cette raison, le viatique et la sépulture.

Et ceux qui mouraient excommuniés, pour n'avoir pas payé leurs dettes, étaient traités de même manière. On n'offrait pas pour eux le sacrifice de la messe et ils étaient privés des prières publiques. En 1357, Pierre de Bourbon, ayant, par cette raison, été excommunié à la poursuite de ses créanciers, Louis de Bourbon, son fils, le fit absoudre après sa mort, afin de faire prier Dieu pour lui, et le pape Innocent VI ne leva l'excommunication, que sur l'obligation du fils, qui promit de payer les dettes de son père.

V. l'art. de 1357 dans le petit livre de la Restitution des grands. p. 25, etc.
V. le chap. 40, aux Décrétales. *de appellation.*, liv. 2. tit. 28. Le chap. Odoardus, 5. *De solution.*, liv. 3. tit. 23, et le chap. *Alma*, de Boniface VIII, *De sententia excommunicationis. in sexto*. liv. 5. tit. 2.

(2) Nous apprenons de la fin de ce chap., que la fortune d'or est l'or

d'argent sont aus barons (1), et à ceux qui ont grand justice en leur terre. Et se il avenoit que aucuns hons qui n'eust voierie en sa terre, trouvast sous terre aucune trouvaille, elle seroit au vavasor (2), à qui la voierie de la terre seroit, ou la trouvaille fu trouvée; et se cil venoit avant qui l'auroit perdue, il l'auroit à son serement, se il estoit de bonne renommée; et se li hons de foy la receloit à son seigneur, et il li eust demandée, il en perdroit son mueble (3), et se il disoit, sire, je ne sçavois mie que je la vous deusse rendre, il en seroit quittes par son serement, et si rendroit la au seigneur haut-justicier. S'il arrivait à quelqu'un qui n'eût pas justice en sa terre, de trouver un trésor, il appartiendrait au vavasseur qui aurait justice dans la terre où il aurait été trouvé; si celui qui l'a découvert, vient à le perdre, et qu'il soit de bonne renommée, on l'en tiendra quitte sur son serment; mais s'il le cachait, quoique son seigneur le lui eût demandé, il en perdrait ses meubles, à moins qu'il n'affirmât par serment, qu'il ignorait devoir le lui rendre. C'est ainsi que l'on disposera de toutes choses trou-

---

trouvé par hasard dans la terre lorsqu'on y fouille. « Fortune si est quand elle est trouvée dans terre et terre en est effondrée. » Ceux qui ont rédigé la cout. d'Anjou sous René de Sicile, et ceux qui ont réformé cette cout. en 1508, ignorant ce que c'était que fortune, ont mal mis, «fortune d'or en mine.» V. l'art. 46 de la nouvelle cout. de Bretagne; l'art. 53 de l'ancienne; le 16 des anciennes cout. de Bourges, publiées par M. de la Thaumassière, et les arts 60, 150 et 151, de la cout. d'Anjou.

ç En l'année 1295, peu de temps après ces Établiss., un lingot d'or ayant été trouvé à Aubervilliers, les religieux de St.-Denis qui y avaient haute et basse justice, s'étant approprié ce lingot, le prévôt de Paris le revendiqua pour le Roi, et l'affaire fut portée au parlement, qui rendit l'arrêt qu'on peut voir, reg. Olim, f. 116, v°.

Bracton. *De legibus Angliæ*, lib. 3, tractatus 2, de corona, cap. ., § . V. *Convellum*, lib. 2, institut. tit. 1, S 38; *Fletam*, lib. 1, cap. 43; et *Hovedenum in Henrico II*, p. 604.

Il faut ici remarquer que la fortune d'or, dont il est parlé dans ce chap., et ce qui est appelé trésor dans l'arrêt qu'on vient d'indiquer, ne sont qu'une même chose, en sorte que si ce lingot d'or qui fut adjugé aux religieux comme chose simplement trouvée avait été fortune et trésor, ou trouvée en fouillant la terre, il aurait été adjugé au Roi, suivant ce chap.

Bacquet, dans son Traité des droits de justice, chap. 32, rapporte quelques jugemens qui ont partagé la fortune d'or par tiers, entre celui qui l'avait trouvée, le propriétaire du fond et le seigneur haut justicier. (Laur.)

(1) Chopin, sur l'art. 61 de la cout. d'Anjou, rapporte un extrait des anciens usages d'Anjou, qui dit la même chose. V. remarques sur les Instit. de Loisel, liv. 2, tit. 2, règle 52, 53. (Laur.)

(2) Ainsi, suivant ce chap., tout ce qui est trouvé en fouillant la terre, à l'exception de l'or et de l'argent, appartient au vavasseur. (Laur.)

(3) Cette décision doit être jointe au chap. 50 ci-dessus. (Laur.)

trouvaille au baron. Fortune si est quand elle est trouvée dedans terre, et terre en est effondrée.

vées en terre fouillée ou écroulée.

91. *D'avoir son garand de chastel emblé.*

91. *D'avoir garant de chose mobiliaire volée.*

Se uns hons achetoit un cheval, ou un buef, ou autre chose, et il fust de bonne renommée, et uns autres venist avant, et li deist, cette chose m'a esté emblée, et il fust bien cogneus, et il ne seust de qui il l'eust achetée, li autres l'auroit se il voloit jurer sors sains loiaument que elle feust seüe, et cil qui l'auroit achetée si auroit son argent perdu (1), et se il li convenroit jurer que il ne sauroit de qui il l'auroit achetée (2), il l'amerroit à la justice se il voloit venir, et se il ne voloit venir, il leveroit le cri après lui (3). Et se il disoit cette chose sai-je bien de qui je l'ai achetée, et en aré bon garend (4), à terme

Si un homme d'une probité reconnue achetait un cheval, ou un bœuf, ou autre chose, et que quelqu'un vint lui dire que ce qu'il a acheté lui a été volé, et que l'acquéreur ne connût pas celui dont il a acheté l'effet réclamé, si le demandeur jure sur saints qu'il lui appartient réellement, l'acquéreur perdra son argent, et il jurera que s'il peut trouver celui dont il l'a acheté, il l'amènera à la justice, s'il y veut venir, et que, s'il le refuse, il lèvera le cri après lui : mais s'il dit connaître celui dont il l'a acheté, et qu'il en aura bon ga-

─────────

(1) C'est la décision de la loi seconde, au Code *De furtis et servo corrupto*, liv. 6, tit. 2. La même décision se trouve dans la loi 23, au Code *De rei vindic*. V. Godefroy dans ses not. sur ces lois.
La même disposition se trouve dans les Institutes d'Edouard, roi d'Angleterre, composées par Briton, évêque d'Hereford, décédé en 1275, au rapport de Mathieu Vestmunster, chap. 15, De larcins, nom. 49-50. Fleta, lib. 1, cap. 38, § 7, V. l'ancienne cout. de Normandie, chap. 71. (Laur.)

(2) Ce serment était nécessaire à l'acheteur pour se purger de la suspicion de vol. leg. 5, *Cod. De furtis*. (Laur.)

(3) V. Gloss. sur Cry et sur Haro. (Laur.)

(4) Celui qui parlait ainsi se mettait à couvert de la suspicion de vol. V. Gothofredum, *ad legem* 5, *Cod. de furtis* ; l'art 146 et 420 de la cout. d'Anjou ; Briton et Fleta, aux lieux marqués ci-dessus.
Il n'y a pas eu de jurisprudence certaine à cet égard dans les parlemens du royaume. Car il y en a, où l'on ordonne que celui qui possède la chose volée sera payé du prix par le propriétaire qui la revendique, lorsqu'il l'a acquise

nommé ; il doit avoir terme, et se il amaine son garand au terme nommé, et die en cette maniere, l'en me demande ce que vous m'avez vendu, cil doit demander ( à voir la chose, et cil la li doit monstrer ) et se il ne la demande à veoir, aincois la garantisse, ce ne vaut riens, et après la veüe, se il deist, ce vous garantirai-je bien, li autres doit estre quittes du plet (1), et avoir son argent du garantisseur, car tout paiast-il la chose, si rendroit-il l'argent à celui qui l'auroit achetée (2), et tout ainsi puet aler de garantisseur jusques à sept. Et si li derreniers garantisseur dit, cette chose li garantire-je bien, car ce est de ma norriture, et se c'est drap, ou robe, et autre chose, il porroit bien dire, ce est de l'œuvre de ma maison, et se cil dit, je la deffent, elle me fut emblée, adonc doit tenir la justice la chose en sa main, et ainsi puet en esgarder des deux une bataille (3), ou par deux autres, se eux voloient chan-

rant, on doit lui donner terme. Si, au terme prescrit, il amène son garant, et dit : On me demande ce que vous m'avez vendu ; celui-ci doit demander à voir la chose réclamée, et on la lui montrera : car, s'il venait à la garantir sans l'avoir vue, la garantie ne serait pas valable. Si, après l'avoir vue, il la garantit, le demandeur recevra son argent du garant : car, encore que celui-ci gagne, il doit rendre l'argent de celui à qui il a vendu l'effet réclamé. Ainsi, on peut remonter de garant en garant, jusqu'à sept. Si le dernier dit : Je garantis cette chose, car c'est de mon bétail ; ou si c'est drap, robe ou autre effet, s'il dit : C'est l'ouvrage de ma famille ; et que le demandeur dise : Je la défends, car elle m'a été volée ; la justice doit retenir la chose en sa main, et ordonner en ce cas une bataille entre eux deux,

---

publiquement et en plein marché, et il y en a d'autres, où, sans distinction, on ordonne que l'acquéreur de bonne foi sera remboursé du prix. V. Bardet dans ses arrêts, tom. 1, liv. 1er., chap. 15 ; Soefve, tom. 1, centurie 2, chap. 96 ; Boniface, tom. 2, liv. 1er. ; tit. 5 ; Papon, liv. 1, tit. 5, n. 38 ; Bouvot dans son Recueil d'arrêts, tom. 2, sur le mot Revendication ; Despeisses, tom. 1, Des causes criminelles, partie 1ère., tit. 12, sect. 2. art. 6 ; Taisand, sur la cout. de Bourgogne, tit. 1, art. 5, n. 8. V. l'art. 2280, Code civil. (Laur.)

(1) V. l'art. 9 de l'Ord. de 1667, au tit. des garands, (Laur.) c. pr. civ. 175.

(2) Dans l'art. 89 de l'ancienne cout. d'Anjou glosée, il y a, « tout gaignt-il la chose. » Dans le manus. de Baluse, il y a mieux, « tout perdit-il la chose. » (Laur.)

(3) La raison était que la bataille avait lieu nécessairement dans les cas où

gier (1). Et fera le serement à celui qui se fera garantisseeur, et quand il sera au jour de la bataille, il vendra devant les sains, et prendra li autres par la main, et dira, ò tu hons que je tiens par la main, et vous justice, se Dieu m'ait (2) et li sains, iceste chose qui est en main de justice, dont je me fais garentisseeur, et me sui trait avant pour garantir, si estoit moie devant que je la vendisse, si comme je dis, quand je la vendi à celui qui m'a trait à garand. Et li autres si doit jurer encontre et dire se Dieu m'ait, et les sains; tu és parjure, et tost ainsi l'en doit les mettre en champ, et cil qui appelle, si doit aller à l'autre, et requierre le, et cil qui sera vaincus ne perdra jà ne vie ne membre (3) pour ce qu'ils ne s'entrappellent pas de traison, ne de larrecin en chief : mais cil qui sera vaincus, paiera à l'autre ce que ses champions li aura cousté en chief, et les coustemens du jour que la bataille aura esté jugée : més il ne mettra riens en autres cousts, et si fera le droit à la justice de soixante sols.

ou deux autres champions, s'ils ne veulent pas combattre eux-mêmes. Le jour marqué venu, le garant prendra la main du demandeur, et dira : O toi, homme que je tiens par la main, et vous justice, si Dieu m'aide et ses saints, vous verrez que cette chose qui est entre les mains de la justice, et dont je me rends garant, était à moi avant que je l'aie vendue, comme je l'ai assuré à celui qui me fait paraître pour son garant! Le demandeur doit soutenir le contraire, et dire : Si Dieu m'aide et ses saints, tu es un parjure. Aussitôt on les mettra en champ-clos, et le demandeur pourra encore aller vers son adversaire, et le sommer de nouveau de dire la vérité; celui qui sera vaincu, ne perdra la vie ni aucun membre, parce qu'il ne s'agit pas de trahison ni de vol au premier chef ; mais il paiera à l'autre ce que ses champions lui auront coûté, et les dépens faits le jour que la bataille aura été décidée.

---

la justice manquait de preuves pour décider. V. Des Fontaines, dans son Conseil, chap. 15, art 28, et le chap. 27 ci-dessus. (Laur.)

(1) Dans la cout. d'Anglou glosée, il y a, et par deux sergens, c.-à-d. par deux champions, s'ils ne voulaient pas combattre eux-mêmes. (Laur.)

(2) Dans l'ancienne cout. d'Anjou glosée, il y a, « Se Dieux me aist, » c.-à-d., ce semble, si Dieu m'aide. (Laur.)

(3) V. Beaumanoir. chap. 71, p. 315. et le chap. 82 ci-dessus, à la fin. Tout cela est aboli depuis long-temps. (Laur.)

## LOUIS IX.

Il n'entrera dans aucun des autres frais, coûts et dépens, et fera droit à la justice de 60 sous.

92. *De quiex choses* (1) *len rend despens la cort laie.*

92. *Dans quel cas on doit rendre les dépens en la cour laie* (1).

Tele est la coustume en la cort laie, que l'en ni rend cous ne despens que de trois choses (2), ce est de bataille vaincüe (3), et de deffautes, quant elles sont prouvées (4) avant veüe (5), non aprés : se ce estoient les cous à un genuilhons de chacun defaut 50 sols et au coustumier 10 sols, més il les doivent conter par leur serement (6) que tant leur a-t-il cousté en pledeours loüer, et se ce estoit que eus fissent pés par-devant la justice de chose jugiée, et cil qui auroit perdu venist avant de rechief en cort et en pledoiast l'autre, de quanqu'il auroit perdu par jugement, ou par pés, et cil deist, je ne vous vüel reprendre (7), car

C'est un usage établi en la cour laie, de ne rendre les coûts et dépens qu'en trois cas seulement; savoir : lorsqu'on est vaincu dans le combat ordonné par la justice; pour les défauts, lorsqu'ils sont prouvés avant l'instruction faite et non après. Tout gentilhomme paiera pour chaque défaut 50 sous, et le roturier 10; le demandeur cependant doit affirmer par serment que les frais du procès sont montés à cette somme. Lorsque les parties ont transigé avant que la contestation ait été jugée par la justice, si celui qui a perdu par la transaction, se présente de nou

---

(1) V. l'art. 29 de l'Ord. de 1254. (Laur.)
(2) Dans la cout. d'Anjou glosée il y a « de quatre choses. » (Laur.)
(3) Comme à la fin du chap. précédent, qui est la preuve de ce qui est dit ici. (L.)
(4) Les preuves de ce qui est dit ici sont ci-dessus dans les chap. 65, 66, et 68. (Laur.)
(5) Dans le chap. 90, de l'ancienne cout. d'Anjou glosée, il y a, « c.-à-d. avant montrée. » (Laur.)
(6) Dans le chap. 90 de l'ancienne cout. d'Anjou glosée, il y a, « mais ils doivent prouver par leur serment. » et c'est ainsi qu'il faut lire. V. le chap. 64 ci-dessus, et ce qui vient d'en être rapporté en la lettre D. (Laur.)
(7) Il faut lire « respondre, » il y a ainsi dans l'ancienne cout. d'Anjou glosée et dans tous les manuscrits. (Laur.)

je le gaaigné par jugement, et bien le prouverai-je par jugeeurs, si li puet l'en bien esgarder qu'il doit nommer la justice, et ceux qui furent au jugement, si les doit l'en oïr parler, et se ceux garantissent que le jugement fust tieus, comme il dit, si li doit on rendre ses despens et ses 'cous qu'il a mis el plet, et si comme il a dit dessus el titre de nouvelle dessesine (1), selon droit escrit en Code *de fructibus et litis expensis*, en la loi qui commence *Non ignoret*, ô ses concordances. Et se il avenoit, que aucuns se plainsist pardevant la justice que aucuns l'eust dessesi à tort (2) et à force de nouvelle dessesine, et li autres s'en deffendist, et cil l'offrist à prouver, et justice eust la chose en sa saisinne, cil qui perdra la querelle rendra à l'autre ses cousts par droit que il aura mis el plet, et de nule autre chose l'en ne rend cous en cort-laie, fors des trois (3) choses dessus dites.

veau à la cour, disant que le jugement lui est contraire, et que son adversaire lui réponde : Je ne veux pas entendre, car j'ai gagné par le jugement, et je le prouverai par les juges eux-mêmes, on pourra exiger qu'il nomme la justice et ceux qui ont rendu le jugement. Ils seront entendus, et s'ils garantissent que le jugement est tel qu'il l'a affirmé, il obtiendra ses frais et dépens, comme il est dit ci-dessus, au chap. LXV de nouvelle dessaisine, suivant le droit écrit au Code *De fructibus et litis expensis*, en la loi qui commence *Non ignoret*, avec ses concordances. S'il arrivait que quelqu'un se plaignît qu'un autre, à tort et par violence, l'eût dépouillé d'une chose qui était en sa possession, et s'offrît à le prouver contre son adversaire, lorsque la justice s'en sera saisie, celui qui succombera, remboursera à l'autre ses frais et dépens. Voilà les trois seuls cas où il

---

(1) C'est le chap. 65. ci-dessus. (Laur.)

(2) On a vu trois choses pour lesquelles les couts et dépens devaient être rendus suivant ces Établis.

La 1re. de bataille vaincue.

La 2eme., de deffautes, quand elles estoient prouvées avant vüe et non après.

La 3eme., quand celuy qui avoit esté condanné, ou qui avoit acquiescé, en faisant paix avant le jugement, revenoit contre le jugement qui l'avoit condanné, ou contre sa transaction.»

Et la 4eme., dont il est ici question, était, quand il y avait « complainte de dessaisine. » (Laur.)

(3) Des quatre. (Laur.)

## 93. De sesinne brisiée (1).

Se aucuns appeloit son hons, qu'il li eust sa saisinne brisiées, et emportées les choses qui i estoient, et les nommera (2), et se li homs dit en tele maniere, je ne desdiré jà, que je vous les aies ostées, més je ne savois pas (3) que ils fussent en vostre sesinne, et en feré ce que je devré, et ce que l'en m'esgardera. Adonc li sires li puet esgarder que il porte tout arriere en la saisinne ce que il en aura osté, ou la valüe, et partant sera-t-il quittes : més il jüerra seur sains de sa main, que il ne savoit mie la sesinne, et se il n'ose fere le serement, la paine si est telle que il doit estre tenus et condamnés selon droit escrit en Code *de juramento calum.* en la loy 2, § 2, *Si autem reus hoc sacramentum*, et par tout le

## 93. De l'infraction de la saisie.

Si un seigneur accusait son vassal d'avoir enfreint la saisie, pris et emporté les fruits de son fief-saisi, il les désignera; et si le vassal lui répond : Je ne nierai pas les avoir emportés, mais j'ignorais qu'ils fussent en votre saisie et pour ce que je ferai ce que je devrai et ce que l'on m'ordonnera; le seigneur pourra exiger qu'il remette ce qu'il a enlevé ou la valeur, et il en sera quitte pour cela, en jurant cependant qu'il ignorait la saisie. S'il n'ose faire ce serment, il portera la peine fixée par le droit écrit au Code *De juramento calum.* en la loi 2, § 2, *Si autem reus hoc sacramentum*, et par tout le titre au Code *De judiciis*, et en la

soit permis, en cour laie, d'exiger les frais et dépens de son adversaire (2).

---

(1) La saisine brisée est ici la même chose que l'infraction de la saisie du seigneur, soit la féodale dont il est parlé dans l'art. 29, de la cout. de Paris, ou autre. V. Brodeau en cet endroit, nombre 1.

L'art. 28 des lois de Thibaud comte de Champagne peut contribuer à l'intelligence de ce chap. En voici les termes. « Encore use l'en en Champagne que se aucuns a justice et il y a sergens jurez establis en icelle justice que chacun fait ygaument et li sergent fait aucune saisine sus aucun qui est justiciable à son seigneur, d'aucuns de ses biens que il treuve en la justice de son seigneur et en brise la saisine et il en est atains, il doit soixante sols d'amende. »

V. Beaumanoir dans sa cout. du Beauvoisis, chap. 3, des Meffectes. (L.

(2) V. l'art 7, de l'Or. de 1667, au tit. des Saisies. (Laur.)

(3) C'est pour prévenir ces sortes de défenses qu'il a été introduit que les saisies tant féodales qu'autres seraient notifiées aux parties saisies. V. l'art. de la cout. de Paris; du Molin sur l'art. 109, et 112, de la cout. de Tours; l'Ord. de 1667, au tit. des Saisies, art. 7 et 8. (Laur.)

titre el Code *De judiciis*, et en la loy qui commence *Properandum* : et aussi par toute la loi où il est escrit de cette matere, et est à sçavoir que il perdra ses muebles (1), se il est gentishons, et se il est coustumiers, il en paiera 60. sols, selon la laye justice.

loi qui commence *Properandum*, et aussi par toute la loi où il est traité de cette matière, et est à savoir qu'il perdra ses meubles, s'il est gentilhomme, et s'il est roturier, qu'il paiera 60 sous, suivant l'usage de cour laie.

94. *De gentishons qui fet eschange à son homme pour fere ses hebergemens.*

94. *Du gentilhomme qui échange quelques portions de terre avec son vassal.*

Se gentishons (2) se voloit herbergier, et ses hons coustumiers eust une piece de terre ou deux, que il tienne de luy, li sires la prendra se il veut à luy herbergier, ou en fera son estanc ou son moulin, ou autre herbergement, en lui faisant eschange avenant.

Si un gentilhomme se voulait loger, et que son vassal eût une ou deux pièces de terre, qu'il tînt de lui, le seigneur les peut prendre, s'il veut, pour y faire construire, ou y faire son étang, son moulin, ou quelque autre bâtiment ; en faisant cependant à son vassal échange convenable.

95. *De meson taillable à gentilhons.*

95. *De maison de gentilhomme sujette à la taille.*

Se gentilhons avoit meson, qui fust escheoite en la terre le Roy, ou en chastel à baron,

Si un gentilhomme avait eu la seigneurie du Roi ou d'un baron, une maison

---

(1) V. Brodeau, au lieu marqué ci-dessus. Voilà un cas dont il n'est rien dit dans l'art. 50, ci-dessus intitulé, « De quel meffect gentishons perd ses muebles ». Toute cette procédure fut abolie long-temps avant la révolution. (Laur.)

(2) V. cout. de Touraine, art 37 ; celle d'Anjou, art. 29 ; celle du Maine art. 9 ; celle du Nivernois, titre 16, des eaux et rivieres, art. 4, Troyes, art. 150 ; la Marche 308 ; Guy Pape, Qu. 91 ; Boer, Consil. 33 ; et les comment. de chacune plus en usage. (Laur.)

qui soit taillable (1), en quelque manière que li gentilhons l'ait, soit d'eritaige, ou d'es-

qui fût taillable, de quelque manière qu'il l'ait eue, soit par héritage, ou par suc-

(1) Du temps de saint Louis, et même avant son règne on levait des tailles en France pour le besoin de l'état, et comme ce prince voulut qu'elles fussent imposées avec justice il fit le règlement suivant, qui a été extrait du Mémorial de Saint-Just de la chambre des Comptes de Paris, fol. 4, verso.

*Comment l'en doit asseoir tailles ès Villes nostre sire le Roy.*

« Soient eslus 20. hommes ou 40. ou plus ou mains, bons et loiaux par le conseil des prestres, et de leurs paroisses, et des autres hommes de religion, et ensement des bourgeois et des autres prud'homes, selon la quantité et la grandeur des villes, et ceux qui seront en telle manière eslus jureront sur les saintes Evangiles, que iceux d'entr'eux meismes ou d'autres, prud'homes d'ichelles villes meismes esliront siques à douze homes d'iceux, qui seront les meilleurs ichelle taille asseer, et les autres douze hommes nommés jureront sur les sains Evangiles, que bien et leaument, il asseiront la dite taille, et n'espargneront nul, ne il ne graveront nul, par haine ou par amour, ou par prière, ou par criente, ou en quelqu'autre manière que ce soit, il asserront ladite taille à leur volenté, la livre égaument, et la valeur des choses meubles en l'assise devant la dite taillée. Et ensement o les 12. homes dessus nomméz seront eslus quatre bons homes et soient escrits les noms segrement, et soit fait si sagement que leur Election ne soit coniiée à âme qui vive, ains soit gardée comme chose segrée, de si atant que ichels douze homes aient la taille assise dessus dite, et comme nous avons dit pardessus, laquelle chose fete devant que la dite taille soit peuplée par escriptures et fete, les quatre hommes qui sont eslus des douze pour la taille faire loiaument, il ne doivent mot dire que si à tant que les douze homes leur aient fet faire serement pardevant la Justice, que il, par leur serment bien et loialment asserront la taillée dessus dite en la forme et en la manière, que les devant dits douze homes auront ordené et fet selon l'ordonnance que nous avons dite pardevant. » Cette ordonnance est rapportée en latin dans le Spicilège de dom Luce Dachery, t. 12, p. 168, pièce 44. V. ci-dessus la note sur le chap. 45, au mot Toleres.

Quand le Roi levait la taille dans les villes, les barons qui étaient obligés de servir le Roi dans ses urgentes nécessités, la levaient pareillement dans les villes dont ils étaient seigneurs, et ils la devaient faire asseoir le plus justement qu'il leur était possible, ainsi que le dit Beaumanoir dans le chap. 50 de ses cout. du Beauvoisis.

Que l'on suppose à présent qu'il fût échu à un gentilhomme une maison dans les terres du Roi, ou des barons, ce gentilhomme devait-il être mis à la taille pour cette maison? Et il y avait ce semble raison de l'y mettre, puisqu'un roturier aurait été imposé à raison de cette maison si elle lui était échue.

Ce chap. distingue : ou le gentilhomme fera estage, c'est-à-dire occupera sa maison, ou il ne l'occupera pas.

S'il occupe sa maison, il n'en payera pas la taille, parce que tout gentilhomme en est exempt.

Mais s'il l'accence, la donne à cens, ou la donne à ferme, alors celui qui l'occupera en paiera la taille.

V. Beaumanoir, page 270, et chap. 30, p. 150; touchant l'exemption de la taille accordée aux ecclésiastiques. V. Durant, quest. 93, Fevret, de l'Abus, tom. 1, liv. 4, chap. 4, n. 9, p. 367 ; la Dissertation de Laurière sur le droit d'amortissement. p. 44, 45; les Mémoires du clergé, tom. 3, part. 4, p. 26, 40 et dans l'addition en la partie 40, p. 377, part 5, p. 59 ; tom. 3. part. p. 59. et aux additions à la 4me. part. p. 379; tom. 3, part. 4. p. 40, 77,

Quand les tailles étaient réelles et serviles, les personnes franches, ni les gen-

cheoite, ou d'autre chose, elle est taillables. Se il i fet estage pour lui, pourcoi il la tiegne en sa main, elle ne sera pas taillable: més se il l'avoit loüée, ou afermée à hons coustumiers, il ne la porroit pas garantir de taille.

cession ou autrement, elle sera sujette à la taille; s'il y fait quelques augmentations et qu'il l'occupe par lui-même, elle ne sera point taillable; mais s'il la loue ou l'afferme à un roturier, il ne pourra la garantir de la taille.

96. *De hons mesconnu en terre de gentilhons* (1).

96. *D'homme inconnu dans la terre d'un gentilhomme.*

Se gentilhons a hons mesconneu en sa terre (2), se il servoit le gentilhons (3), et il morust, le gentilhons auroit la moi-

Si un gentilhomme avait dans sa terre et comme serf un homme inconnu, et qui vint à mourir, il aurait la

---

hommes ne pouvaient, ce semble, se dispenser de les payer par les raisons rapportees par Des Fontaines, chap. 3, art. 6 et 7. Mais comme les tailles ne pouvaient être exigées des personnes franches comme des serves, de-là vient que les franches étaient obligées dans l'an, de mettre hors de leurs mains les héritages qui en étaient chargés. Et de-là vient en partie que dans la cout. du duché de Bourgogne, où, suivant l'art. 1er. du tit. 9, «il n'y a nuls serfs de corps.» l'homme de main-morte, suivant l'art. 10, du même tit. « ne peut vendre son heritage assis en lieu de main-morte, à homme de franche condition, si ce n'est du consentement des seigneurs de la main-morte.» V. la cout. du Bourbonnais, art. 201, 345; celle du Nivernais, chap. 8, art. 19; la cout. de Châteauneuf en Berry, art. 17; Loisel dans ses Instit., liv. 1, règ. 12; Gloss, sur taillables haut et bas, et la note sur l'art. qui suit, liv. 5.

(1) Dans la cout. d'Anjou glosée, ce chap. a pour titre, « De home estrange et convert. » (Laur.)

(2) Dans l'ancienne cout. d'Anjou glosée, il y a « si gentishomme a cuvert en sa terre », c.-à-d., serf. Et pour prouver que celui qui est ici appelé cuvert, était un serf, on emploie ce passage de Mathieu-Paris, sous l'an 1213. « *Et quod nullus remaneat qui arma portare possit sub nomine culvertagii et perpetuæ servitutis... his ergo literis per Angliam divulgatis, convenerunt ad maritima in locis diversis... nihil magis quam opprobrium Culvertagii metuentes.* Quelques-uns prétendent que de colibertus on a fait cuvert.

(3) Ces mots prouvent qu'il s'agit dans ce chap. de serf, ou de cuvert, comme il est dit dans la cout. d'Anjou glosée.

Ces Établiss. distinguent deux sortes de personnes Estranges ou Aubains: savoir, «ceux qui ne sont pas nez dans le diocese où ils se sont venus establir,» dont il est parlé dans le chap. 87 ci-dessus, et les mescruz, ou mesconnus, c'est-à-dire, ceux qui étaient nés hors du royaume, ou qu'on ne pouvait croire sur leur origine.

Les premiers étaient des personnes franches, quoiqu'ils dussent un droit

tié de ses muebles (1), et se il muert sans hoir, et sans lignage, toutes ses choses seront au gentilhons (2). Més il rendra sa dette et s'aumosne (3). Et se li mesconneus avoit conquises aucunes choses sous autres vavasors que sons celui à qui il seroit hons, li autres sires n'i auroit riens par droit (4), més il ne perdroit pas le cens (5), ne les coustumes du saingnieur, ains conviendroit que li sires li

moitié de ses meubles; mais s'il mourait sans enfans et sans héritiers, le gentilhomme aurait tout ce qui lui aurait appartenu; à la charge cependant d'acquitter ses dettes et ses legs. Si cet inconnu avait fait quelque acquisition dans la terre d'un vavasseur autre que celui dont il relève, le vavasseur ne pourrait rien réclamer; mais

---

d'aubainage, mais pour les autres ils étaient serfs ou envers, en plusieurs lieux. V. Beaumanoir, chap. 45, Des Aveux; la cout. de Vitry, art. 72; l'art. 58 des cout. de Champagne; l'enquête touchant les Aubains de Chauny, dans Gloss. de Du Cange sur Aubaine; *Statuta Davidis, Regis Scotiæ*, liber 2, cap. 3.

De-là est venu que l'art. 41, de la cout. d'Anjou donne encore le droit d'aubaine aux seigneurs, ce qui a été néanmoins rejeté avec raison, puisque tous ces prétendus droits étaient des entreprises sur l'autorité souveraine.

(1) Ceci doit être entendu quand l'aubain ou le cuvert laissait des enfans. V. le chap. 127, et les 30, et 31, du livre 2eme. (Laur.)

(2) Par droit de main-morte. (Laur.)

(3) Il y a mieux dans le manuscrit et sera s'aumosne. » C.-à-d., que le gentilhomme succédant à son serf par droit de main-morte, payera non-seulement les dettes du serf, mais aussi ses legs. Cependant l'ancien usage de la France était que les serfs ne pouvaient tester au préjudice de leurs seigneurs. V. Remarques sur Loisel, liv. 1°. tit. 1, règ. 74. (Laur.)

(4) Le seigneur du serf succédait ainsi à tous ses biens par droit de mortmain, car anciennement en France on pratiquait l'art. qui suit de la cout. du Nivernois. « Les hommes et femmes serfs taillables à volonté, abonnez, questables ou corvéables, sont main-mortables, et au moyen du droit de main-morte, s'ils décedent sans hoirs communs, leur succession entierement de meubles, immeubles et autres especes de biens, quelque part qu'ils soient assis, sauf la terre main-mortable ou autres, compete et appartient à leur seigneur, qui s'en peut dire vestu et saisi, sinon que par privilege, convention, ou prescription suffisante, ils soient exemptez de ladite main-morte. L'art. 41 de la cout. d'Anjou a une décision contraire à ces principes. V. la cout. du Nivernois, chap. 9, art. 7. (Laur.)

(5) Le sens est que le gentilhomme qui succèderait ainsi à son cuvert par droit de main-morte, n'aurait pas les cens et les cout. dus par les héritages que le cuvert aurait acquis dans d'autres seigneuries, mais qu'il conviendrait que ce seigneur donnât aux autres seigneurs des hommes coutumiers pour desservir les héritages et en payer les redevances. V. la cout. du Nivernois, chap. 8, art. 19, et la note sur le chap. précédent. Tout cela fut aboli long-temps avant la révolution. (Laur.)

en baillast hons coustumiers qui le servist.

le seigneur qui hériterait, ne pourrait non plus exiger les cens et autres droits dus au seigneur pour les héritages. Ainsi il convient qu'il donne à ce vavasseur un autre homme coutumier pour desservir l'héritage et en payer les redevances.

97. *D'hons bastard* (1).

97. *D'homme bâtard.*

Quand bastart muert sans hoir de sa fame, toutes ses choses sont à ses saigneurs (2), à chascun ce qui sera en son fié (3), més il puet bien prendre de ses muebles à s'aumône (4), et sa fame son douere, més il retornera après sa mort aux seignories (5).

Lorsqu'un bâtard décède sans enfans de sa femme, toute sa succession doit être divisée et partagée entre les seigneurs, et à chacun appartiendra ce qu'il possédait dans l'étendue de son fief, cependant, sur ses meubles, il pourra faire des legs, et sa femme prendre son douaire; mais après la mort de sa femme, le douaire retournera aux seigneurs.

---

(1) En plusieurs provinces du royaume, les bâtards étaient serfs, et par cette raison ils ne pouvaient se marier sans la permission de leurs seigneurs. Ils ne pouvaient tester, et leurs successions appartenaient à leurs seigneurs par droit de main-morte. V. Laurière, Gloss. sur le mot bâtard, et notes sur Loisel, liv. 1, tit. 1, reg. 42. Mais du temps de ces Établiss. les bastards etoient francs, suivant les usages de Paris, d'Orléans et d'Anjou, etc.

(2) Par droit de bâtardise, et non de main-morte.

(3) Il n'en aurait pas été ainsi si le bâtard avait été serf; car tous ses biens auraient appartenu à son seigneur par droit de main-morte, comme dans le chap. précédent. Sous Charles VII, ce droit était changé. V. l'auteur du grand Coutumier, liv. 1, chap. 3. Et tel était l'usage avant la révolution. V. Bacquet, Droit de bâtardise, chap. 8, n. 4.

Ce droit de tester fut encore contesté aux bâtards en 1329; mais il fut jugé qu'ils pouvaient disposer librement de leurs biens. V. la 7e. partie du style du parlem. chap. 81, et Laurière, sur les Instit. de Loisel, liv. 1, tit. 1, reg. 42.

(5) Cela est vrai, quand le douaire n'avait été constitué à la femme qu'en usufruit, mais s'il lui avait été constitué en propriété elle le gardait, et les seigneurs n'y avaient rien.

## 98. De ventes d'heritaiges de bastart (1).

Se bastart vendoit de ses heritages (2), et il eust freres, ou cousins, ou autres lignage, il n'auroient point de la vente au bastart, ne li bastars de la lor, se il ne l'avoient par achat. Et se eus moroient sans hoirs et sans lignage, si escharroit-il au saigneur avant que au bastard, ou à la saignorie de qui li bastard tendroit. Car le bastard ne puet rien demander ne par lignage ne par autre raison pour sa mauvaise condicion : Et droit si accorde selon le Code *De heredibus instituendis et quæ personæ heredes institui possunt*, en la loy *Si pater*, en la dig. de l'estat des homes, en la loy qui commence *Vulgo concepti*, et selon l'usage d'Orlenois, el titre *Des Bastars*, et coustumes si accorde.

## 98. De la vente des biens fonds, appartenans aux bâtards.

Les frères, cousins ou autres parens d'un bâtard qui vend ses biens, ne peuvent rien réclamer de la vente, ni le bâtard de celle de leurs biens, à moins que ce ne fût par achat. Si les parens d'un bâtard venaient à mourir sans enfans, leur succession appartiendrait à leurs seigneurs ou à celui du bâtard : car celui-ci n'y peut rien prétendre, à cause de l'irrégularité de sa naissance ; et le droit y est conforme, selon le Code *De heredibus instituendis, et quæ personæ heredes institui possunt*, en la loi *Si pater*, digest. de l'état des hommes, en la loi qui commence *Vulgò concepti*, et selon l'usage d'Orléans, au titre *Des Bâtards*, la coutume y est conforme.

---

(1) Ce chap. est principalement pour les lieux où les bâtards pouvaient vendre librement leurs biens, car en plusieurs provinces du royaume ils ne le pouvaient sans la permission du Roi. V. le regist. du Trésor des Chartes, coté Philippe-le-Bel, pour les années 1303, 1304 et 1305, pièce 77.

Non-seulement les bâtards ne pouvaient vendre en plusieurs provinces, mais ils ne pouvaient même acquérir. V. Trésor, reg. de Philippe-de-Valois, pour les années 1329, etc., coté 57, pièce 40. (Laur.)

(2) Par ce mot il ne faut pas entendre des propres, mais des fonds. Le bâtard ne peut exercer aucun retrait lignager par raison de la loi dernière. *Cod. de Naturalibus liberis*. Ce chap. faisait, avant la révolution, le droit général du royaume. V. Loisel, Instit. liv. 3, tit. des Retraits, reg. 1819, avec les notes de Laur.

99. *De tenir terres de bastars à terrages.*

Se aucuns gentishons avoit hons qui teinssent terres à terrages de bâtart, et il ne l'en rendissent autres coustumes que les terrages (1), li sires les porroit bien prendre à son gaaingnage, més il ne les porroit pas bailler à autre.

100. *De mesurer terres censives.*

Se aucuns gentishons avoit hons quy tenissent de luy terres à cens, et il doutast que il en rendissent poi de cens, il leur porroit bien fere mesurer, et se il trouvoit plus, dont il ne rendissent le cens, et celle terre se tenist à la seue ce qu'il en auroit trouvé (3). Et se elle ne se te-

99. *De tenir terres de bâtard à terrage.*

Si un gentilhomme avait un vassal qui tint d'un bâtard terres à terrage, et qui ne payât autre redevance que le droit de terrage, le seigneur pourrait confisquer les terres à son profit; mais il ne pourrait les donner à un autre.

100. *De mesurer les terres chargées de cens.*

Si un seigneur ayant un homme qui tint de lui des terres à cens, doutait que son vassal lui rendit exactement le cens, il pourrait faire mesurer les terres, et s'il s'en trouvait dont le cens ne lui eût point été payé, il pourrait s'emparer du sur-

---

(1) Le champart n'est seigneurial et n'emporte lods et ventes, que quand il est dû au seigneur foncier et direct. V. l'auteur du Grand Coutumier, chap. 26. liv. 2. (Laur.)

Que l'on suppose à présent que, dans une seigneurie, il y ait un homme qui tienne des terres à champart d'un bâtard, et qui n'en paye aucune redevance au seigneur direct, ce bâtard aura-t-il pu se faire ainsi seigneur direct de ces terres, au préjudice de son seigneur. Il faut dire que non, et que le seigneur pourra dans ce cas mettre ces terres en sa main, jusques à ce que le bâtard les reprenne à la charge du cens. Ce qui est ici dit du bâtard convient à toute personne. (Laur.)

(2) En plusieurs lieux, le seigneur direct confisquait l'alleu, qui était fait à son préjudice. V. Beaumanoir chap. 24, pag. 123, ci-après le chap. 163. (Laur.)

(3) On a agité la question, dans le droit romain, de savoir si celui qui possédait un fonds mesuré et limité, comme de vingt ou trente arpens en une pièce, pouvait augmenter son fonds en prescrivant contre son voisin. La raison de douter était que son propre titre répugnait à la prescription; mais comme on pouvait prescrire par trente années sans titre, il fut décidé que le possesseur du fonds limité pouvait prescrire par trente années. *Leg. Quamquam*

noit à la seüe, si ne la porroit pas prendre à soi, més il li porroit bien croistre le cens à la réson qu'il auroit trouvé en la terre, et des autres cens, rendroit les defaux des cens des années que il auroit ces terres tenues. Et feroit droit de la premiere année; et feroit le gaïge de sa loy (1), et ainsi li remaindroit sa terre, et non pas au seigneur.

plus. Mais si le tenancier ignorait qu'elles dussent un cens plus considérable, le seigneur ne pourrait pas s'en emparer; mais il augmenterait le cens à raison de ce qu'il aurait trouvé de plus en sa terre, et des autres cens, et obligerait le tenancier à lui rembourser ce qui manquait aux cens qu'il lui a payés, en remontant jusqu'à la première année qu'il a tenu de lui ces terres. Il ferait encore le gage de sa loi, et ainsi les terres resteraient au vassal, et non pas au seigneur.

### 101. De demander à son hons service trespassé.

### 101. De demander à son vassal le service qu'il a négligé de rendre.

Se aucuns estoit qui laissast son service à rendre à son saigneur, gants ou esperons, ou autre service deu à jour nommé (2) de quatre, ou de cinq

Si un vassal a négligé pendant quatre ou cinq ans, plus ou moins, de rendre à son seigneur le service qu'il lui doit, comme gant

---

pedum et Lege ult. Cod. Finium regundorum. Il pouvait même arriver qu'une telle prescription s'accomplît avec bonne foi, le propriétaire du fonds limité ayant cru que le fonds prescrit en faisait partie.

Or, pesonne ne doute que dans les cas où il ne s'agit ni de foi ni de reconnaissance de cens, le seigneur ne puisse prescrire contre le vassal ou le tenancier, et le vassal ou le tenancier contre le seigneur. Ainsi il ne serait pas juste qu'après une possession de trente années de la part de l'homme ou du tenancier, le seigneur qui fait mesurer profitât de ce qui se trouverait au-delà de la mesure, quand même le seigneur aurait ses terres voisines; et c'est pour cela que dans l'art. 98 de la cout. d'Anjou glosée, la distinction qui est faite dans ce chap. ne se trouve pas, et qu'il y est dit seulement que « Se il se trouvoit plus de terre, dont li hons ne rendissent leur cens, et icelle terre tenist à la soe, c'est-à-dire, à celle du seigneur, il n'en pourroit pas faire son domaine, mais qu'il pourroit bien croistre le cens, selon ce que il auroit plus trouvé, etc. » V. Balbum, de Præscriptionibus, part. 2, quest. 14. Et Brodeau sur l'art. 12 de la cout. de Paris, n. 7, 8. (Laur.)

(1) V. le chap. 47 ci-dessus. (Laur.)

(2) Dans le chap. 99 de la cout. d'Anjou glosée, il y a, « pour defautes,

ans, ou de plus, ou de mains, et li sires l'en apelast, et li deist, vous ne m'avez pas rendu mon service de ces années trespassées, il li en feroit le droit gage de sa loy. Més li sires en porroit bien ouvrer en autre maniere : quar quand li terme seroit passez, que il ne li eust pas rendu son service, li sires porroit bien prendre en son fié el demaine à son home, ou bestes ou autres choses, s'il les avoit, et si puet bien vendre par souffrete de service. Et se il vient avant au seigneur, et li die, vous avez prises les moies choses, je les vous demant par pleges, quar je suis tout prest de fere droit pardevant vous : et li sires li puet respondre, je ne vuel pas que vous les aiez, car je les ay vendues par defaute de service. Més se ainsi estoit (1) que il les requist à son seigneur, il les devroit avoir par si que il li eust ainsi fet, et a tant rendre son service et le gaige de sa loy (2).

ou éperons, ou autre service, et que son seigneur le mande, et lui dise : Vous ne m'avez pas rendu le service que vous me devez; il lui en fera le gage de sa loi. Cependant le seigneur pourrait bien se comporter à son égard d'une manière plus rigoureuse; car lorsque le terme du service s'est écoulé sans que le vassal se soit rangé à son devoir, le seigneur peut faire saisir et vendre ses meubles, pour le punir de s'être soustrait au service qu'il devait. Mais si le vassal se présente devant le seigneur et lui dit : Vous vous êtes emparé de ce qui m'appartient, je vous le redemande, et vous offre caution que je suis prêt à vous rendre le service que je vous dois; le seigneur peut lui répondre : Je ne puis vous rien rendre; car j'ai fait vendre tout, parce que vous avez négligé de me rendre le ser-

---

et il y a plus bas ainsi dans la suite de ce même chap., au lieu de «sousfrete,» on pourrait lire soustraite; comme il y a dans un endroit du chap. 99 de l'ancienne cout. d'Anjou. (Laur.)

(1) Dans la cout. d'Anjou glosée, il y a : « Mais si ainsi estoit que home tenist de li à foy et requist à son seigneur avant que il les eut vendus ne mises hors de sa main, il les devroit avoir o plege, etc. » (Laur.)

(2) V. le chap. 47 ci-dessus et la cout. d'Anjou glosée.

On voit par ce chap. que les seigneurs féodaux avaient en ce temps des redevances annuelles de gants et d'éperons, et la question ayant été de savoir comment les seigneurs devaient se faire payer de ces redevances.

Il est décidé ici que les seigneurs, pour rendre les vassaux plus exacts, pouvaient leur faire payer le gage de la loi, ou qu'ils pouvaient faire saisir les bêtes ou les meubles de leurs vassaux, et les faire vendre. La cout. ancienne d'Anjou glosée dit encore mieux, que les seigneurs pouvaient prendre les fiefs de leurs vassaux, et tel a toujours été l'usage; mais il faut remarquer que la saisie féodale qui est faite pour ces droits extraordinaires,

vice auquel vous êtes tenu envers moi. S'il arrivait cependant que le vassal redemandât à son seigneur ce qu'il a fait saisir, avant qu'il l'eût vendu, le seigneur ne pourrait le lui refuser, puisqu'il offre de lui rendre le service, et de remplir le gage de sa loi.

102. *D'hons qui a essoine de son cors, comment il doit establir procureur pour luy.*

102. *Comment un homme malade peut constituer procureur pour sa défense.*

Se aucuns vieus hons, ou foibles, ou malade, fesoit tort à aucune gent, et cil s'en venist plaindre à la justice, l'en li doit mettre jour, et se il ne venoit au jour; et il demandast l'essoine de sa maladie, l'autre partie devroit attendre huict jours et huict nuicts. Et se le plainif vient devant le Roy (1), et die, sire, je vous requiex droit, car cil de qui je m'estois plaint si est malade, la justice i doit envoier par hommes souffisans, et cil li doivent dire, tieux gens se plaignent de vous, et de tele chose ( et la nommeront, ) et vous estes malade de longue maladie, et si vous esgarde l'en que vous mettez un autre pour

Si un homme âgé, infirme ou malade, fait tort à quelqu'un, et que celui-ci s'en plaigne à la justice, on ajournera le défendeur; et s'il ne peut se rendre au terme indiqué, à cause de sa maladie, le demandeur suspendra toute poursuite pendant huit jours et huit nuits. Mais s'il se présente de nouveau et dit: Sire, je vous demande justice; car celui dont je me plains est malade; alors le juge doit envoyer au malade un nombre d'hommes suffisans, qui lui diront: Un tel se plaint de vous; et ils lui expliqueront les motifs de sa plainte.

---

et pendant qu'il y a des hommes ou des vassaux qui sont en possession des fiefs, n'emporte pas perte de fruits. V. Molin, *ad art.* 33, *Cons. par. gloss.* t. n. *[...]* Brodeau sur cet art. n. 12. Touchant les gants, v. Gloss., et touchant les éperons, v. le chap. 130. (Laur.)

(1) Dans un manuscr. il y a mieux: « Vient avant derechief et die, etc. »

vous, qui vous deffende quant vous ne cognoissiez selon l'usage de la cour laie) selon droit escrit en Dig., el titre *des procureurs* en la loy, *Sed hæ personæ*, et el Code aussi des *Procureurs L. exigendi*, et en Decretal *des Procureurs*, où il est escrit que le fils puet estre pour le pere. Ne ne convient pas que il ait autre commandement que du pere, quand il est personne conjointe, si comme la dite escriture le dit, que cil i doit mettre son fils l'aisné, et se il n'a enfans, celui à qui le recors de la terre avient (1), et

Comme vous êtes attaqué d'une longue maladie, on vous ordonne de nommer un procureur qui puisse vous défendre, à ce que vous n'en ignoriez, suivant l'usage de cour-laie, et selon qu'il est écrit au Digeste, titre *des Procureurs*, en la loi *Sed hæ personæ*, et au Code, même titre *des Procureurs*, *L. Exigendi*, et aux Décrétales *des Procureurs*, où il est dit que le fils peut procéder en justice pour son père. Il convient que le fils ne reçoive

---

(1) Ajoutez, comme dans plusieurs manusc., « y doit estre pour lui. »

On a déjà remarqué en plusieurs endroits que, par l'ancien droit romain, on ne pouvait agir par procureur, si ce n'était en trois cas. *Olim*, dit Justinien, *in usu erat alterius nomine agere non posse nisi pro populo, pro libertate, pro tutela*. Instit. *Per quos agere licet*.

On voit par la formule 21 du liv. 2 de Marculphe, que ce droit était pratiqué de son temps en France, et cet usage continua long-temps sous la troisième race de nos rois. De-là vient que Beaumanoir, dans le chap. 4 de ses cout. de Beauvoisis, écrit « qu'en demandant nul n'est oïs par procureur. Et que l'auteur du Grand Coutumier écrit, liv. 3, chap. 6, p. 335, qu'un procureur du demandeur en pays coutumier faut grâce. »

Les choses étaient ainsi en demandant, mais en défendant chacun pouvait constituer procureur. V. Beaumanoir, chap. 4, p. 27; l'auteur du Grand Coutumier, p. 335 346. Boutillier et Masuer, *tit. De contumacia. S. Item procurator*. Tout ce droit fut aboli par Louis XII, aux États tenus à Tours en 1483.

Quand celui qui avait été semons, avait juste raison pour ne pas comparoir, il faisait proposer son essoine, et celui qu'il en chargeait devait, selon Beaumanoir, « dire en cheste manière à chelui qui tenait la cour, Sires P., essoine tel jour comme il avoit à huy pardevant vous, contre tous chaux à qui il avoit à faire, et quand il sera délivrés de son essoine, il le vous fera à savoir, si que vous le puissiez radjourner se il vous plest, ou se partie vous le requiert, et se aucune partie voulloit debatre l'essoinement, il le devoit debatre, etc. »

Quand l'essoinement était juste et que la partie adverse ne le débattait pas, l'affaire restait en suspens; mais lorsque la partie adverse, ou celui qui avait fait faire la semonce, voyait que l'essoinement pouvait durer un long espace de temps, parce que le défendeur était âgé et dans une infirmité qui pouvait durer plusieurs années, on suivait ce chapitre, et l'on obligeait celui qui avait proposé l'essoine à constituer procureur. V. Ayrault, contre l'abus des Essoines, liv. 3, chap. 383, n. 7. Ce chap. avait cessé d'être en usage long-temps avant la révolution. (Laur.)

ainsi l'esgarde l'en par droit qu'il sera establi, et ce que il fera, sera establie.

d'ordre que de son père, comme il est dit aux lois déjà citées; le père, s'il a des enfans, doit désigner son fils aîné, et s'il n'en a pas, celui qui doit hériter de sa terre. C'est ainsi que la justice veut qu'on choisisse procureur, et tout ce qu'il fera, sera stable et invariable.

103. *De battre homs que l'on aterme pardevant justice.*

103. *De battre quelqu'un que l'on a fait ajourner pour comparaître en justice.*

Se ainsi avenoit (1) que l'en se plainsist d'un home, ou de battre, ou de ferir, ou de deniers, ou de terre, ou d'aucune autre chose, et justice li meist terme, et il venist au terme; et cil li demandast sa droiture ou autre chose, et cil li respondit, je m'en deffends que je nul tort ne li fay, comme cil qui point ne tiens de sa droiture, ne riens ne li dois, més je vueil que il me face droit de ce que il m'a meffet dedans le terme que vous m'aviez mis à sa plainte, comme cil qui m'a batu, et fet autre meffet, et le vous nommeré, Sire, (fet li

S'il arrivait que quelqu'un se plaignit en justice d'un autre pour cause d'insulte, de coups, de deniers, de terre ou d'autre chose, le juge donnera terme à l'accusé pour se défendre, au jour indiqué, lorsque le plaignant aura formé sa demande. Si le défendeur répond : Je m'en défends; car je n'ai nul tort envers lui; je ne lui dois rien. Mais je veux avoir raison de ce qu'il m'a méfait pendant le terme qu'on m'avait accordé pour répondre à sa plainte. Il m'a frappé et fait d'autres torts que je

---

(1) Anciennement quand un homme en appelait un autre en jugement, pour crime ou pour des sommes dont il demandait le paiement, celui qui était appelé avait toujours terme pour se préparer à sa défense. Cependant ce terme, l'appelé méfaisait à l'appelant, il en était puni quand le méfait était prouvé, et la peine était qu'il perdait, au jour marqué, sa réponse et ses membres, avec dommages et intérêts, s'il était gentilhomme et s'il était coutumier, il payait à justice 60 sous d'amende. Tout cet ancien droit était aboli avant le dix-huitième siècle. ( Laur.)

autres) je ne vüel pas à luy respondre, car je n'ay point de jour à sa plainte, més il a jour à la moie, pource si vüel qu'il responde à ce que je li demanderai. Sire, (fet li autre) je ne vüel mie respondre, més respondra à moi de ce qu'il m'a meffet dedans le terme que vous m'avez mis. Tout n'ait-il point de jor (à sa plainte) il respondra avant qué cil responde à li, et se il püet prouver qu'il ait mise main sur luy, dedans le terme, se ce n'estoit sur son corps defendant, il en payeroit 60 sols d'amende à la justice, se il estoit coustumiers, et se il estoit gentilhom, il en payeroit ses muebles (1), et amenderoit à celui à qui il auroit meffet tous ses dommages. Et pour ce se doit l'en bien garder de meffaire dedans le terme, car l'en en pert sa response au jour, et en fet-on droit, si comme nous avons dit dessus.

détaillerai. Si le demandeur répond : Sire, je ne veux pas répondre à sa plainte, parce qu'on ne m'a pas donné terme pour le faire; mais lui au contraire a jour pour répondre à ce que je lui demanderai; le défendeur pourra refuser de répondre, comme ayant souffert quelque tort pendant le terme qui lui avait été accordé. Alors le demandeur sera tenu de répondre à la plainte formée contre lui, quoiqu'on ne lui ait pas donné jour pour le faire, et s'il est convaincu d'avoir porté la main sur celui qu'il poursuit en justice pendant le terme qui lui avait été accordé, à moins que ce ne soit à son corps défendant, il sera condamné à 60 sous d'amende, s'il est roturier, et s'il est gentilhomme, à la perte de ses meubles, et aux dommages envers celui à qui il a fait tort. C'est pourquoi on doit bien se garder de faire tort à celui que l'on a appelé en justice, pendant le délai qui lui a été accordé: car on perd le droit de former sa demande au jour indiqué, et on est puni comme nous venons de le dire.

---

(1) Lisez, « il perdrait ses meubles. » (Laur.)

104. *De rendre par pleges hons qui est appellé de murtre.*

Se il avenoit que aucuns apelast un autre de murtre, ou de traison, parquoi il deust perdre vie ou membre, la justice doit tenir les cors de eus deus (1) en ygal prison, si que li uns ne soit plus à malése que li autres. Et se aucune fole justice estoit, qui lessast l'uns aller hors de prison, par pleges (2), et retenist l'autre, et cil s'en foüist qu'il auroit mis en prison par pleiges, et ne venist mie au terme que l'en li auroit mis : adonques la justice doit dire au pleges, vous avez tel home plevi à estre à tel jour à droit pardevant nous ( et le nommera ) et si estoit appellez de si grant meffet (3), et il s'en est foüis, et pour ce vuel-je que

104. *De relâcher sur caution un homme accusé de meurtre.*

Lorsque quelqu'un en accuse un autre de meurtre ou de trahison, ou de quelque crime que l'on punit par la perte de la vie ou d'un membre, la justice doit se saisir de l'accusé et de l'accusateur, les retenir tous deux en égale prison, de manière que l'un ne soit pas mieux traité que l'autre. S'il arrivait qu'un juge fût assez peu sensé pour mettre l'un en liberté sur caution, et retenir l'autre, si celui qu'on a mis hors de prison prend la fuite, et ne comparait pas au jour indiqué, alors le juge doit dire à ceux qui se sont rendus caution : Vous vous

---

(1). V. le chap. 20 du livre 2, notes. ( Laur. )

(2) Dans la cout. d'Anjou glosée, il y a, « Et celuy qui auroit esté laissé aller, s'enfouît. » De sorte qu'il faut lire ici, « et s'il s'enfoüit qu'il auroit mis hors de prison par pleiges », etc. »

Il semble que du temps que ces Établissemens ont été faits, le ministère des procureurs du Roi et de ceux des seigneurs, pour la punition des crimes, était inconnu, et l'on voit manifestement qu'on usait alors de récrimination, ce qui a été rejeté avec raison, parce que, comme le remarque Ayrault dans son ordre judiciaire, liv. 3, chap. 30, « Si on vouloit admettre ces deux accusations respectives toutes ensemble, ce seroit contre la règle de Celsus et d'Apollodorus, qui disoient . *de uno reo consilium cogi dumtaxat*. C'est-à-dire, qu'en un procès il ne doit y avoir qu'un accusé. Or ce seroient deux accusations, deux procès, deux jugemens. Et quand cela se présente, dit Quintilien après eux, il faut par nécessité préférer l'une des accusations, et surseoir à l'autre, etc. » On était alors obligé d'en user ainsi pour découvrir les grands crimes et leur ..... Et, contre toutes les règles du droit ancien et nouveau, on commençait par mettre en prison les accusateurs et les accusés pour les faire connaître par le défaut de preuves; car, comme dit Des Fontaines dans son Conseil, chap. 15, art. 28, p. 100 : « Bataille n'a pas lieu où justice a mesure. » Joignez le chap. 27 ci-dessus. ( Laur. )

(3) Beaumanoir, chap. 30, p. 148, parle de ces méfaits. ( Laur. )

vous en soiez proués et atains de porter tele peine, comme cil qui s'en est foüis, soffrist. Sire, ce dient cil, ce ne ferons nous mie, car se nous plevisons nostre ami, nous fesons ce que nous devrons. Et ainsi püet l'en esgarder aux pleges que eux en feront à c. sols et 1 den. d'amande, et atant en seront quittes. Et icelle amende si est appelée relief d'home (1) et pour ce se doit bien garder la justice que il ne praigne pleiges de gent qui s'entre-appellent de si grand meffet, comme de murtre, ou de traison. Car il n'en püet porter autre amande que ce que nous avons dit dessus.

êtes engagés à faire comparaître aujourd'hui pardevant nous un tel, et il le leur nommera; il est accusé d'un grand crime, il s'est enfui: c'est pourquoi nous voulons que vous vous obligiez à subir la peine qu'il subirait s'il en était atteint et convaincu. Sire, réponderont les cautions, nous ne nous y soumettrons point; car nous n'avons fait que remplir les devoirs de l'amitié en nous rendant cautions pour notre ami. Le juge ne les pourra condamner qu'en une amende de 100 s. 1 denier. Cette amende est appelée relief d'homme. C'est pourquoi tout juge doit bien se garder de recevoir caution pour des hommes accusés de grands crimes, comme de meurtre ou de trahison; car on ne peut exiger des cautions une amende plus considérable, que celle qui vient d'être prescrite.

### 105. Comment la justice doit ouvrer quand jugement est contendus deus fois pardevant luy.

### 105. Comment la justice doit procéder lorsqu'une affaire a été soumise deux fois à son examen.

Se aucun se plaint (2) à justice de aucun meffet, et li ju-

Lorsqu'un homme se plaint de quelque méfait

---

(1) V. ci-après le chap. 121. Ce chap. n'était plus en usage au dix-huitième siècle. (Laur.)
(2) Ce chap. était pour les lieux où la justice se rendait par prevôts ou baillis, et non pour les lieux où elle se rendait par pairs ou par hommes de fief.

gement contende, au premier jour de leurs paroles, la justice leur doit mettre terme avenant. Et se à cel jour content li jugement par meismes leur paroles, la justice si leur doit mettre l'autre terme (1), et à celuy terme se doit lever et appeler gens souffisans, qui ne soient de l'une partie, ne de l'autre, et si doit fere la parole retrere, et des paroles qu'auront dites, si leur doit fere droit, et si leur doit retraire ce qu'il auroit jugié (2), et ainsi justice ne se peut lever, ne se doit, devant ce que jugement ait contendu deux fois par devant luy.

qu'un autre a commis envers lui, le juge doit le premier jour qu'il les a entendus, leur mettre terme avenant. Si, au jour marqué, les parties persévèrent dans leurs dires respectifs, on leur indiquera encore un autre terme; et lorsqu'elles se seront rendues à ce terme, le juge doit se lever, appeler ses conseillers, qui ne peuvent être ni de l'une, ni de l'autre partie, leur faire le rapport des moyens et raisons de part et d'autre, prendre leur avis, et rapporter aux parties ce qu'ils auront décidé. Ainsi le juge ne peut et ne doit se lever avant qu'il ait prononcé définitivement sur une affaire soumise deux fois à son tribunal.

Dans le temps que ces Établiss. avaient lieu, quand un homme se plaignait à justice d'aucun méfait contre un autre, la justice, au premier jour de leurs paroles, c'est-à-dire, au premier jour qu'elle les avait entendus, leur mettait terme advenant. Quand ils venaient au jour marqué, ils disaient encore leurs raisons, et la justice, après les avoir encore entendus, leur donnait un autre terme. Quand ils s'étaient rendus à ce terme, la justice, c'est-à-dire le juge, se levait et appelait hommes suffisans, c'est-à-dire, ses conseillers, assesseurs, ou comme il est dit dans le chap. 15 du liv. 2 de ces Établiss., ses hommes jugeurs, qui ne devaient être amis ni de l'une ni de l'autre partie. Il devait retraire, c'est-à-dire, faire rapport aux jugeurs, des paroles ou des raisons des deux parties, et les jugeurs devaient dire leur avis et faire droit. Le juge retraitait ensuite aux parties présentes, ce qui avait été décidé par les jugeurs; et si l'une des parties n'était pas contente du jugement, elle devait en appeler en présence du juge. Voilà l'explication de ce chap., que l'on ne peut entendre que par le commencement du chap. 15 du liv. 2, qu'il y faut joindre. ( Laur. )

(1) Dans la cont. d'Anjou glosée, il y a « le tiers terme. » ( Laur. )

(2) Dans tous les manusc. il y a mieux : « ce qu'ils auront jugié. » C'est-à-dire, les hommes suffisans ou les jugeurs. (Laur.)

106. *De requerre à partir terres parçonnieres.*

106. *De demander le partage de terres possédées en commun.*

Se aucunes gens avoient terres, ou vignes, qui fussent communes ensemble, et li uns venist à l'autre, et deist, biau sire, partons nos terres que nous avons ensemble, et li autres die, je ne vüel pas partir. Si s'en pourroit cil plaindre à la justice, et la justice si leur doit mettre terme, et quand eux seront au terme, se cil qui seroit plaint deist, sire, entre moi et cet homme avons terres parçonnieres, et je vüel que elles soient parties, car je vüel savoir où ma partie en gist. Et li autres die, je ne vüel pas partir; et je partiré (1), püet dire li autres, et vous choisissez comme cil qui n'i a plus de moy, et je i ai autant comme vous, et en atens droit, et ainsi püet esgarder la justice que cil qui se haste doit partir, et partira à l'autre, et cil choisira. Et se il avenoit que li uns eust plus de justice (2), en la terre, que li autres, et il deist, bian sire, je ne vüel mie que nous partons ensemble, car je

Si deux personnes possédaient en commun des terres ou des vignes, et que l'un dit à l'autre : beau, sire, partageons les terres que nous possédons ensemble. S'il refuse le partage, le demandeur pourra s'en plaindre au juge, qui leur donnera terme. Quand ils comparaîtront au jour indiqué, si le demandeur dit : sire, cet homme et moi possédons des terres en commun; j'en demande le partage, parce que je veux savoir ce qui m'appartient, et que l'autre refuse de partager : je partagerai moi-même, peut répondre le demandeur; vous choisirez celui des deux lots que vous voudrez, et j'attends justice de ma demande. Le juge ordonnera que le demandeur fasse le partage, et que l'autre choisisse entre les deux lots celui qui lui sera plus convenable. Mais s'il arrivait que l'un

---

(1) Dans le chap. 103 de la cout. d'Anjou glosée, il y a : « Je ne le vüeil pas, et si le complaignant die Sire je suis prest de partir et vous choisirez, etc. » (Laur.)

(2) Ce n'est pas, ce semble, plus de juridiction, mais plus de droits. Ce mot, pris dans ce sens, est fréquent dans une infinité de titres. V. Cangium in gloss. Cependant justice doit être ici prise pour juridiction, ce qui paraît par les mots qui suivent « je tiens le plait. » Par plus de justice, il faut donc entendre ici, justice ou juridiction de plus. (Laur.)

ai la justice en la terre, tant y ai-je plus de vous, et vous n'y avez riens plus de moy, et sont les rentes rendües (1) par moy et par mes mains, et par mon sergent, et bien püet estre que vostre sergent i a esté, et les coustumes me sont rendües au terme; je tiens le plet se vous n'y volés estre (2); et pour ce que je j'ay ces avantages, ne vüel-je pas partir, et se ainsinc est, il ne partira pas par droit.

eût plus de justice dans sa terre, et qu'il dît: beau sire, je ne veux pas de partage, parce que ma juridiction est plus considérable dans ma terre; et vous, vous n'avez rien plus que moi; je perçois les rentes par mes mains; votre sergent et le mien en ont pu être témoins; tous les droits me sont payés exactement; lorsqu'il s'élève quelque contestation, je tiens le plaids, lorsque vous refusez d'y assister; à cause de tous ces avantages, je ne veux pas faire de partage; s'il est ainsi qu'il le dit, on ne pourra le forcer à partager.

(1) Dans la cout. d'Anjou glosée, il y a, « receües. » (Laur.)

(2) La question proposée est de savoir comment des terres ou des vignes, possédées en commun par deux personnes, doivent être partagées, qui des deux doit faire les lots, et qui doit choisir; et il est décidé dans ce chap. que c'est le provoquant ou le complaignant qui doit faire les lots, et que l'autre doit choisir. « Cil qui se haste doit partir et partira, et cil choisira, » et ce qui est ici décidé est devenu dans la suite le droit commun de presque toute la France, au témoignage de Jean Faber *ad titul. Instit. De actionibus. S. quædam*, num. 10, en ces termes: *Quæritur, Quis tunc dividet: et quis eliget? Consuetudinarii dicunt quod provocans dividet et provocatus eliget, et ita scio servari in pluribus terris de facto. Quid si sint plures provocati, tunc videtur quod minor eligat. Cod. De metatis, lege 2, etc.* V. Loisel, dans ses Instit., liv. 2, tit. 6, reg. 1.

Les choses étaient ainsi quand il s'agissait de fonds; mais quand il était question de cens, de rentes et de droits seigneuriaux entre des personnes, dont la justice appartenait à une seule d'elles, alors celui qui avait la justice pouvait s'opposer au partage, et l'usage était qu'il devait les recevoir seul, à la charge d'en faire raison aux autres. V. *Joannem Fabrum, ad tit. Instit. De actionibus. S. Quædam*, n. 8, *in principio*.

Celui qui faisait ainsi payer les rentes seigneuriales, employait son sergent à les lever, et les sergens des autres pouvaient être avec lui, pour informer leurs maîtres de ce qui avait été payé. Et quand il était question de procéder contre ceux qui ne payaient pas, ou qu'il s'élevait quelque contestation à ce sujet, il était libre à tous les seigneurs d'assister au plait. (Laur.)

107. *De moudre à moulin par ban, et de fere rendre les domages au mouleur.*

Se aucuns hons avait moulin, qui eust voierie (1) en sa terre (2), il doivent moudre à son moulin tuit cil qui sont dedans la banlieüe (3). Et se aucuns en defailloit puisqu'il en seroit semons (4), li sires li puet bien esgarder (5) que il ne moule à autre moulin ( et se li sires, ou ses serjans le truevent apportant farine d'autre moulin que du sien ) la farine si est au seigneur et li hons n'en doit autre amende (6). Et se il avenoit que li mousniers feist dommage à aucun de ses mouleeurs, et cil venist au seigneur, et li deist, sire, vostre mousnier

107. *De moudre au moulin bannal, et de faire payer au meûnier les dommages qu'il a causés.*

Tout seigneur ayant justice en sa terre, a droit d'obliger tous les habitans de la banlieue de moudre à son moulin. Si quelqu'un s'y refusait, le seigneur le ferait sommer de comparaître, et lui défendrait d'aller moudre autre part. Si, malgré ses défenses, il est rencontré venant d'un autre moulin, la farine qu'il en apportera sera pour toute amende confisquée au profit du seigneur. S'il arrivait que le meûnier fît tort à aucun de ceux qui viennent moudre à son moulin, et que celui-ci s'en plai-

---

(1) V. l'art. 3 de la cout. du Loudunois, au titre de basse justice, et l'art. 14 de la cout. d'Anjou. ( Laur. )

(2) V. l'art. 14 de la cout. d'Anjou, la note sur le chap. 54 ci-dessus, et Gloss., au mot *Estagiers*. ( Laur. )

(3) L'art 14 de la cout. d'Anjou ajoute « dudit moulin, » et l'art. 3 de la cout. du Loudunois, au tit. de basse justice, requiert que le moulin soit à eau. Par l'art. 9 du même tit., la banlieue est de deux mille pas, chacun valant cinq pieds ; et en Anjou, de mille tours de roue, valant quinze pieds, art. 22. ( Laur. )

(4) Dans le temps de ces Établiss., celui qui avait moulin banal devait commencer par faire semondre ses estagiers d'y aller moudre. S'ils n'obéissaient pas à la semonce, il devait leur faire défense de moudre ailleurs, et si les estagiers n'y obéissaient pas, il pouvait confisquer les farines. Aujourd'hui ces précautions ne sont plus requises. ( Laur. )

(5) Dans l'art. 104 de la cout. d'Anjou glosée, il y a : « Le seigneur le peut bien faire guetter que il n'aille à autre moulin. » ( Laur. )

(6) Suivant les art. de la cout. d'Anjou et du Loudunois cités ci-dessus, le seigneur qui a voirie ou basse justice, ne confisque les farines de ses estagiers, que quand elles sont saisies dans son fief, et les estagiers ne doivent autre amende ; mais si les farines sont trouvées hors du fief, ou si le seigneur ne fait pas saisir les farines, il peut poursuivre son amende de loi en justice, qui est de 7 sous 6 deniers, ainsi qu'il est dit dans le chap. 104 de l'anc. cout. d'Anjou glosée. V. l'art. 4 de la cout. de Loudunois, au tit. de basse justice. ( Laur. )

m'a fet dommage de mon blé, fetes le moy amender : li sires doit mander le mousnier, et li doit dire, cest homme se plaint de toy, et dit que tu li as fet dommage de son blé. Et se li mousnier dit, je m'en deffends, et li autres die, je le prouveré, si comme je devré, si li en doit fere amender ; se il i a plus de 12 deniers par son serement : et se il i a moins, par la foy (1), et ainsi püet-on entendre que nus mousniers n'a point de deffense seur son moulin : més cil doit jurer ou fiancier, que il y a bien eu tant de domages en la garde au mousnier (2), et ainsi auront li moulant leur domage, comme nous avons dit dessus. Et si li sires ne leur vouloit fere rendre leurs dommages, il ne seroient pas tenus de moudre à son moulin, jusques à tant que il leur eust fet amender, ne li sires ne les en porroit pas forcier par droit.

gnit au seigneur, et lui dit : sire, votre meûnier m'a fait tort, je requiers que vous le fassiez amender à mon profit ; le seigneur fera venir le meûnier, et lui dira : un tel se plaint de toi, et prétend que tu lui as fait tort de son blé. Si le meûnier s'en défend, et que le plaignant offre de le convaincre comme il le doit, on lui fera rendre le dommage qui lui a été fait ; l'on exigera son serment, s'il y a plus de douze deniers ; et si le tort est moins considérable, on s'en rapportera à sa parole. Ainsi le meûnier n'est point reçu à se défendre, lorsqu'il s'agit de quelque tort commis en son moulin, et celui qui se plaint doit jurer ou engager sa parole sur la valeur du dommage qu'il a éprouvé. C'est ainsi que doivent être dédommagés tous ceux qui vont moudre au moulin de leur seigneur. S'il refusait de faire rendre les domma-

---

(1) La cout. d'Anjou glosée dit « par sa fiance, » c.-à-d. sur sa parole. (Laur.)

(2). V. Part. 24 de la cout. d'Anjou :
Il faut observer que la disposition de ce chap. n'est que pour les estagiers, c'est-à-dire pour les roturiers, qui avaient leur estage ou domicile sur des terres en roture dans le fief du seigneur qui avait voirie. Il n'en était pas de même si la roturier avait son estage ou son domicile sur son fief, suivant le chap. 104 de l'ancienne cout. d'Anjou glosée, dont voici les termes. « Més tout home combien que il soit coutumier tenant son estage à soy, püet moudre et cuire où il voudra, pour la depense de luy et de sa famille. » V. Part. 30 de la nouv. cout. d'Anjou.

Beaumanoir, dans le chap. 30 de ses cout. de Beauvoisis rend raison de ce droit, expliquant que « si li home de poote maint en franc fief, il est demené comme gentilhome, coume de adjournemens et de commandemens, et püet user des franchises du fief, p. 152. (Laur.)

ges à ceux qui se plaignent, il leur serait libre d'aller moudre ailleurs, jusqu'à ce que le meûnier ait été amendé, et le seigneur ne pourrait pas les y forcer de droit.

### 108. De moulin à parçonnier, comment l'en en doit user.

### 108. De moulin possédé en commun, comment on doit en user.

Se aucuns avoient moulin parçonnier (1) et il fausist müebles en ce moulin, ou autre chose, parquoi il ne peust moudre, il doit venir à celuy (2) qui i a part, et li doit dire, il faut en vostre moulin mouille, metez i vostre part, et se il dit (3), je n'i mettré rien que je ne puis : et après il li doit autresi monstrer pardevant la justice, et se il dit, je n'i vuel plus mettre cil püet bien fere affetier, le moulin, et en aura toute la monture et l'une partie et l'autre, jusques à tant que il aura rendue sa part des couts et des despens, ainsi recevra toute la mouture sans conter. Et se il le fesoit affetier sans l'autre semondre (4), cil ne feroit que rendre l'argent, tant comme

Si deux personnes possèdent un moulin en commun, et qu'il ait besoin de réparations, sans lesquelles il ne pourrait servir, l'un des propriétaires doit venir trouver l'autre, et lui dire : il faut une meule à notre moulin, contribuez-y pour votre part. S'il lui répond : je n'y contribuerai en rien, parce que je n'en ai pas le moyen, le demandeur renouvellera sa demande en justice contre son copropriétaire ; et s'il persiste à n'y vouloir contribuer, il fera, s'il le veut, réparer le moulin à ses frais, et le produit de la mouture lui appartiendra en entier, jusqu'à ce que l'autre lui ait remboursé la moitié des frai-

---

(1) Dans les manusc., il y a, « müelles, » c.-à-d. des meules. (Laur.)

(2) Un manusc. ajoute, « avec luy », de sorte qu'un « moulin parsonier » et un moulin commun. (Laur.)

(3) Dans un manuscrit, il y a mieux, « quar je ne puis. » ( Laur. )

(4) Dans un manusc., il y a mieux : « L'autre ne feroit que rendre l'argent que cil auroit mis pour sa partie. Encores convendroit-il que il prouvast par son serement combien il aura mis au moulin affetier, de loiaux couz ... sera conté ce qu'il aura receû de la mouture, etc. » ( Laur. )

il auroit cousté par parties, et diroit par son serement combien et compteroit ce qu'il en auroit receü en payement de la mouture, et se il en avoit plus eu (1) que li coustement ne vaudroient, il rendroit le surplus.

et dépenses qu'il a faits pour les réparations; mais s'il les avait faits sans faire de sommation préalable à son copropriétaire, celui-ci ne serait tenu de lui rembourser la moitié de ses dépenses, et l'autre lui tiendrait compte, d'après son serment, du produit de la mouture, et s'il était plus que suffisant pour le paiement des réparations, il lui rendroit le surplus.

109. *Comment vavasor doit avoir for, et comment il en doit user.*

109. *Comment un vavasseur peut avoir un four bannal, et comment il en doit user.*

Nus vavasors ne püent avoir for à village, où il puisse fere cuire ses hommes, se il n'a bourc, ou partie en bourc (2), més se il l'a, il püet bien avoir for, se il a voirie en sa terre, et y doivent li homme cuire. Et se il y a aucun qui cuise à autre for, li sires en püet bien fere porter le pain, quand l'en l'apporteroit du for, et cil ne l'en rendroit já autre amende, més le pain seroit au seigneur. Et se

Nul vavasseur, s'il n'est seigneur d'un bourg ou d'une partie de bourg, ne peut avoir four, ni obliger ses hommes d'y faire cuire; mais s'il a bourg ou partie de bourg, il peut avoir four, et, s'il a justice en sa terre, obliger ses hommes d'y faire cuire. Si quelqu'un va cuire à un autre four, le seigneur peut faire saisir le pain qu'on en rapporte, et il le

---

(1) Dans plusieurs manuscrits, il y a mieux: « que li coutemens ne monteroient. »

L'art. 20 de la nouvelle cout. d'Anjou, tirée de ce chap., servira à le faire ... V. les commentateurs. (Laur.)

... La raison est qu'il n'est pas possible qu'un seigneur puisse tirer du ... un four banal, ni les estagiers de la commodité, s'il n'y a un si grand ... d'estagiers pour porter leur pâte au four, qu'il ne vaque pas. V. l'art. ... la coutume d'Anjou, le 24 de la cout. du Maine, et Sainson, sur ... 3 de l'ancienne cout. de Touraine. (Laur.)

li forniers fesoit dommage aux cuiseeurs de lor pain mal cuit, li sires leur devroit fere amender, ou il ne seroient pas tenu de cuire à son for (1), jusques à tant qu'il leur eust fet amender le dommage.

110. *De moudre à moulin par ban.*

Se aucuns bers est, qui ait sou vavasor, en sa chastelerie, et le vavasor n'ait point de moulin, tuit si homme coustumiers (2) moudront au moulin au baron, pourquoi il soit dedans la banlieüe, et se il en estoit hors, il n'i moudroient pas, se eus ne vouloient. Et li bers leur feroit amender leurs dommages à leurs prüeves, si comme il est dessus dit (3), et se aucuns de vavasors fesoit moulin en sa chastelerie (4), tot n'en

gardera pour toute amende; mais si le boulanger causait tort et dommage à ceux qui viennent cuire, le seigneur le ferait amender, ou bien ses hommes ne seraient point tenus de cuire à son four, jusqu'à ce que le dommage ait été réparé.

110. *De moudre au moulin bannal.*

Si un baron a dans sa châtellerie un vavasseur qui n'ait point de moulin, tous ses étagiers seront obligés de venir moudre à son moulin, pourvu qu'il soit dans la banlieue; car s'il était dehors, ils ne seraient point tenus d'y aller. Le baron les fera dédommager, ainsi qu'il est dit ci-dessus quand ils prouveront qu'il leur a été fait quelque tort. Si le vavasseur faisait construire

---

(1) Il y a une disposition semblable à l'égard du moulin bannal dans l'art. 107 ci-dessus, à la fin. (Laur.)

(2) Quand les vavasseurs n'ont pas de moulin, les barons peuvent contraindre les estagiers des vavasseurs de venir moudre à leurs moulins, pourvu que les estagiers soient de la banlieue. (Laur.)

(3) Chap. 107.

(4) Au lieu de chastellerie, qui est la justice du ber, il semble qu'il y aurait mieux voierm ou voirie, qui est la justice du vavasseur. Cette correction est autorisée par le commencement du chap. 107.

Le sens de ce chap. est que ceux qui sont dans le voirie de vavasseur, qui n'a point de moulin, doivent moudre au moulin du ber, pourvu qu'ils soient dans la banlieue; mais que si le vavasseur bâtit un moulin, il pourra contraindre ses estagiers à laisser le moulin du ber pour venir moudre au sien, pourvu qu'ils soient dans la banlieue de sa voirie, et s'il est dans la banlieue, mais hors de sa voirie, il ne pourra les contraindre, n'ayant nul droit sur les estagiers qui tiennent nuement du ber, lequel ne doit pas perdre sa droiture.

Par sa chastellerie, on peut, ce semble, aussi entendre celle du ber ou de Larou, dans laquelle est la voirie ou la voyere du vavasseur. (Laur.)

eust-il onques point eu, tuit si homme moudroient à son moulin, méa se eus estoient hors de sa chastelerie, ils n'i moudroient pas, tout fussent-ils dans la banlieue, ne li Bers n'en perdroit pas sa droiture.

### 111. De tenir fié en autrui baronnie.

Se li bers a fié, en baronnie à aucun autre baron, li bers à qui seroit li fié, n'i auroit ne petite justice, ne grant, ains seroit la justice au baron en qui chastelerie li fiés seroit. Et bien avient aucune fois (1) que li vavasors tendra en la terre à aucun baron, et si sera en autre chastelerie, que en cele de qui il tendra, et aura la voierie en la justice du baron, en qui la chastelerie il sera, et en cete manière fet l'en bien d'un fié deux hommages, à l'un du fié, et de la terre, et à l'autre de la voierie (2). Et se il avenoit que aucun se plainsist d'un autre, à

un moulin dans sa justice, lors même qu'il n'y en aurait jamais eu, tous ses étagiers seraient obligés d'y venir; mais s'ils étaient hors de sa justice, quoique dans la banlieue, il ne pourrait les y contraindre, n'ayant nul pouvoir sur les étagiers du baron, qui ne doit perdre aucun de ses droits.

### 111. De tenir fief dans la baronnie d'un autre baron.

Un baron qui possède fief dans la baronnie d'un autre, ne peut y avoir ni haute ni basse justice, elle appartient toute entière au baron en la châtellenie duquel le fief est situé. Il peut fort bien arriver qu'un vavasseur qui demeure dans l'étendue de son fief, le tienne à foi et hommage d'un baron, et qu'il relève en même temps d'un autre baron; et qu'ainsi il tienne sa justice, non du baron de qui il tient son fief, mais du baron en la châtellenie duquel il est; c'est pourquoi

---

(1) Dans la cout. d'Anjou glosée il y a « aucune fois. »
Le baron qui tient un fief avec simple voirie dans la châtellenie d'un autre baron, n'est que vavasseur par rapport au baron dont il tient ce fief; et il peut fort bien arriver qu'un vavasseur qui demeure sur son fief, le tienne à foi et hommage d'un baron; qu'il soit en même temps dans la châtellenie d'un autre baron, et qu'il tienne sa justice non voirie et sa justice, non du baron dont il tient son fief à foi et hommage, mais de l'autre baron en la châtellenie duquel il est, et ainsi l'on peut faire deux hommages d'un même fief et à deux différens seigneurs, à l'un du fief, et à l'autre de la voirie ou voyerie. (Laur.)

(2) Dans deux manusc. il y a mieux, « à l'un du fié de la terre et à l'autre de la voierie. » (Laur.)

celui qui tendroit le fié en autre chastelerie il porroit bien tenir les plés (1) jusques à la bataille : més il ne porroit tenir la bataille, porce qu'il n'i a point de justice, ains feroit d'illecques en avant devant l'autre baron en qui chastelerie ce seroit.

on peut faire deux hommages pour le même fief à deux différens seigneurs, à l'un pour le fief, et à l'autre pour la justice. S'il arrivait que quelqu'un se plaignît d'un autre à celui dont le fief releverait d'une autre châtellenie, il pourrait l'entendre, et juger jusqu'à la bataille; mais il ne pourrait pas la décider, parce qu'il n'est pas haut justicier: dans ce cas, ce sera le baron dans la châtellerie duquel le fief est situé, qui en connaîtra.

112. *De dete de baron et de vavasor.*

112. *Des dettes de baron et de vavasseur.*

Se li bers devoit deniers au Roy, li Rois ne se porroit pas venger à ses hommes par droit, fors que les redevances que li hommes doivent au baron (2). Més il ne porroit mie prendre leurs muebles par droit (3), ne

Si un baron devait deniers au Roi, le Roi ne pourrait avoir recours sur les vassaux du baron, à moins qu'ils ne doivent encore au baron leurs redevances; mais il ne pourrait faire

---

(1) Dans la cout. d'Anjou glosée, il y a : « celui de qui seroit tenu le fonds, porroit bien tenir le plaid du fonds. »
Que l'on suppose que deux personnes soient domiciliées dans la voirie ou au fief possédé par un de ces barons dans la châtellenie de l'autre, et que ces deux personnes aient procès ensemble; qui est-ce qui en aura le plaid ? Et il faut dire que ce sera le baron seigneur du fief auquel la voirie est unie.
Mais si la contestation de ces deux personnes ne peut être décidée que par le duel, qui en aura la connaissance ? Ce ne sera pas le baron seigneur du fief, parce qu'il n'a pas telle justice, car le gage de bataille n'est pas de voirie ou de basse justice, mais de haute; et ainsi ce sera le baron dans la châtellerie duquel le fief est, qui en connaîtra. V. remarque sur la règle de Loisel, « Tableau des champions combattant à l'audience, est marque de haute justice, » liv. 2, Instit., chap. 42. (Laur.)
(2) La raison est que les redevances, quand elles sont échues, sont entre les mains des barons. (Laur.)
(3) Il semble néanmoins que le Roi, exerçant les droits du baron, pouvait se faire payer comme le baron, qui pouvait faire saisir les meubles de ses hommes, pour être payé de ses redevances, par l'argument du chap. 101 ci-dessus; qu'il faut joindre à celui-ci. (Laur.)

aussi pour nul meffet que li bers fist, pourquoi li home ne l'euffent defservi. Et auffi dis je que li bers ne porroit mie prendre par droit, pour dete que li vavafor li doie, ne pour meffet que il li face autrement, fors ainsi comme nous avons dit deffus, et ainsi püet l'en entendre que nule justice ne püet fere autrement, que li Rois (1).

de droit faifir leurs meubles quelque méfait qu'ait commis le baron, lorsque ses vaffaux n'y ont eu aucune part. La même loi a lieu pour le baron à l'égard du vavaffeur, soit pour dette, soit pour autre méfait; car nul seigneur ne peut agir autrement que le Roi.

113. *De donner heritage à hommage à lui et à son hoir de sa femme espousée.*

113. *Du don que le Roi fait d'un bien à un homme et à ses enfans légitimes, à la charge de lui en faire hommage.*

Se ainsi avenoit que li Rois eust donné à aucun home pour son service, ou par sa volenté aucun heritage à lui et à ses hoirs (2), que il auroit de sa fame espousée. Se il mouroit, et il eust hoirs, quand li hoir seroit en aage (3), et partis de sa mere, (4) se sa mere demandoit doüere, et il respondit, dame, vous n'en devez point avoir, car se mes peres fust mors sans hoir, vous n'en euffiés point, (5) ainçois demeurast au Roy quites : car li Rois

S'il arrivait que le Roi fît don d'un bien à un homme, soit pour le récompenser de ses services, soit par pure libéralité, pour en jouir par lui et ses enfans légitimes, et que cet homme vînt à mourir, laissant un fils, lorsqu'il sera en âge et hors de la tutelle de sa mère, il pourra lui répondre, si elle lui demande son douaire : Madame, vous n'en devez point avoir sur un fief qui devait retourner au Roi, en cas que

---

(1) Dans le chap. 109 de la cout. d'Anjou glosée : « Fere autrement par droit. » (Laur.)

(2) Ainsi, au défaut d'hoirs, l'héritage devait retourner au Roi ou à ses successeurs. V. Cujac. ad tit. Cod. De donat. sub modo. (Laur.)

(3) Le chap. 111 de la cout. d'Anjou glosée ajoute : « il en serait en foi le Roi. » (Laur.)

(4) Tant qu'il était hors d'âge, sa mère jouissait de son fief à titre de bail. Laur.

(5) « Dame vous n'en devez point avoir, car se mes peres fust mort sans

ne la donna fors qu'à luy et à ses hoirs qui seroient de sa fame espousée, et pour ce se je fusse mort, vous n'eussiés point de douere o le Roy. Ainsi puet-on entendre que fame n'a point de douere en tiex dons, qui que les face, ou Roy, ou comtes, ou autres hons.

mon père fût mort sans postérité; car le roi ne l'a donné qu'à mon père et à ses enfans légitimes : or, si j'étais venu à mourir, vous n'eussiez pu réclamer auprès du Roi votre douaire. Ainsi nulle femme ne peut avoir son douaire constitué sur aucuns biens donnés soit par le Roi, soit par comtes, soit par autre seigneur.

114. *De don entre fame et home.*

114. *Du don entre mari et femme.*

Dame (1) ne puet rien donner à son saingnieur en aumosne, tant comme elle soit seinne, que

Femme ne peut rien donner à son mari après son mariage, et le don qu'elle

---

hoirs vous n'en eussiez point, etc. » Par le droit des Lombards, on ne pouvait donner des fiefs en dot, ni constituer-dessus des douaires, parce qu'ils regardaient les fiefs comme des usofruits, et les vassaux qui les possédaient comme de simples usufruitiers. Il y a, au sujet de dots, une décision précise dans le liv. 2 des fiefs, tit. 9. *V. Aretizonem, de feudis*, cap. 130. Et touchant le douaire *V. Matthæum de afflictis*, ad dictum capit. *Qualiter olim feudum*, n. 11, p. 303. *Et constitution. sicular. lib. 3, tit. 14, De dolariis constituendis in feudis et castris*. Ces principes étaient suivis à Paris et à Orléans dans les temps de ces Establiss. comme il se voit par ce chap., et ils ont été long-temps pratiqués en France depuis, à l'égard de certains fiefs. Beaumanoir, dans ses cout. de Beauvoisis, au chap. du douaire, p. 76. V. les Instit. de Loisel, au tit. des douaires, liv. 1, tit. 3, règ. 1, avec notes de Laurière. *Et Odofred. in summa feudali*, p. 94, n. 26.

Mais tout cet ancien droit a été aboli, et avec justice, car de ce qu'un vassal ne peut constituer sur son fief un douaire au préjudice de son seigneur, en cas de reversion par le défaut d'hoirs, il ne s'ensuit pas qu'il ne le puisse constituer à la charge de ses hoirs, et que ses hoirs, sous un tel prétexte, se puissent dispenser de le payer à leur mère. D'ailleurs, si, suivant les lois romaines, celui qui a un simple usufruit, pour sa vie seulement, peut l'engager à ses créanciers, *Leg. Si is qui*, 11. § *Ususfructus. Dig. De pignoribus*, l'on ne voit pas pourquoi un usufruit accordé à un homme et à ses hoirs ne pouvait pas être obligé à leurs créanciers et à leurs femmes pour leurs douaires, pourvu que le seigneur n'en souffrit pas. Et les biens même substitués ayant été affectés aux douaires, il s'ensuit, à plus forte raison, dans l'espèce présente, que les fiefs y doivent aussi être affectés, ce qui ne fait plus de difficulté, les fiefs étant patrimoniaux parmi nous. *V. Marcum Aurelium Galvanum, de usufructu*, cap. 39. (Laur.)

(1) Dans le chap. 111 de la cout. d'Anjou glosée, il y a, « femme. » (Laur).

li dons feust pas estables (1) : car par aventure ele ne l'auroit pas let en sa bone volenté, ainsi li auroit donné pour ce que il ne li en fist pis (2), ou par la grand amor que ele auroit à luy, et pour ce ne li püet-elle riens donner de son mariage (3). Més avant que elle l'eust pris, elle li porroit bien donner le tiers de son héritage, ou à sa mort, quand elle seroit malade, pour qu'il n'i eust hoirs masle.

lui ferait serait nul de droit, car il paraîtrait que la donation n'a pas été libre, et qu'elle s'y serait déterminée ou pour être mieux traitée, ou par excès d'amour; et c'est ce qui fait qu'elle ne lui peut rien donner de son héritage, mais avant de l'épouser, ou à sa mort, elle peut disposer en sa faveur du tiers, pourvu cependant qu'il n'y ait point d'enfans mâles.

115. *De don en mariage aus hoirs qui de eus deus istront.*

115. *Du don fait par mariage aux enfans qui en naîtront.*

Se ainsi avenoit que aucuns gentishons mariast sa fille, et li peres venist à la porte du moustier (4), et deist, sire, je vous doins cette damoiselle, et tant de ma terre à vous dons, et aus hoirs qui de vous deux istront, et se ainsi est que il i ait hoir (5), et la dame repraigne seigneur,

S'il arrivait qu'un gentilhomme mariât sa fille, et qu'il vînt à la porte de l'église, et dit : Sire, je vous donne ma fille et telle portion de ma terre pour vous et les enfans qui naîtront de votre mariage; s'ils ont des enfans, et qu'après la

---

(1) Dans la cout. d'Anjou glosée, il y a plus nettement, « car li dons ne seroit pas tenables. » (Laur.)

(2) Dans la cout. d'Anjou glosée, il y a, « par crainte qu'il ne li en fist pis. » (Laur.)

(3) Dans la cout. d'Anjou glosée, il y a, « de son héritage. » Le sens de ce chap. est que la femme ne pouvait faire aucune donation à son mari. Ce qui doit être entendu du legs et de l'aumône, ou de la donation purement gratuite, car par donation mutuelle elle le pouvait. V. l'art. 322, de la cout. d'Anjou. Mais avant de l'épouser, ou en mourant, elle lui pouvait donner le tiers de son héritage, pourvu néanmoins qu'elle n'eût pas d'enfans mâles, car si elle avait un enfant mâle, comme elle n'avait plus que le bail ou le simple usufruit de son héritage, ainsi qu'il est dit dans le chap. 64 ci-dessus, elle ne pouvait rien donner à son mari. V. l'art 322 de la cout. d'Anjou. (Laur.)

(4) Dans la cout. d'Anjou glosée, il y a, « ou la mere se elle n'avoit pere, » *monasterium*, on a fait moustier, que l'on a employé pour signifier une paroissiale. V. le chap. 11 ci-dessus. (Laur.)

(5) La cout. d'Anjou glosée ajoute : « et li peres se müert. » (Laur.)

... hoirs, et la fame se müere, et les enfans du derrenier seigneur deissent à l'aîné du premier seigneur, fêtes nous partie de la terre nostre mere, et li aîné deist, je ne vüel que vous y ayez riens, car ele fu donnée à mon pere et à ma mere, et aus hoirs qui de eus deus istroient, et ce sui-je tout prest de prouver. Et se li puisnés disoit que il ne l'en creust mie, si conviendroit amener gens qui eussent esté au mariage, au mains trois prudes hommes, ou quatre, qui jurassent seur sains que ce mariage eust esté donné au pere et à la mere, à aus, et à leurs hoirs, qui de eus deus istroient, à veüe et à seüe d'eus, et tout ainsi remaindroit à l'aîné : et se il ne pooit ainsi prouver, la tierce partie demouroit au puisné du darrenier seigneur, et li aîné leur garroit en parage. Et se il avenoit que du premier seignor n'i eust que filles, et elles le pussent prouver, comme nous avons dit dessus, toute la chose leur demourroit, et li puisné n'i auroit riens : et se elles ne le pooient prouver, li enfant du derrenier seigneur i auroit la tierce partie, et elles les deus parts (1), et leur gar- mort du père, leur mère vienne à se remarier, et ait des enfans de son second mariage, et qu'à la mort de leur mère les enfans du second lit disent à l'aîné du premier : Partageons la terre de notre mère. L'aîné leur répondra : Je n'en ferai rien; car elle a été donnée à mon père et à ma mère, et aux enfans qui naîtront d'eux, et je suis tout prêt de le prouver. S'ils refusent de le croire sur sa parole, il conviendra en appeler au témoignage de trois ou quatre personnes dignes de foi, qui aient été présentes au mariage, qui jureront que cette terre n'a été donnée, lors du mariage, qu'au père, à la mère, et aux enfans qui naîtront d'eux; après quoi la terre restera à l'aîné. Mais s'il ne pouvait fournir cette preuve, le tiers de la terre serait dévolu de droit aux enfans du second lit, et l'aîné du premier les garantirait en parage. S'il n'y a que des filles du premier mariage, et qu'elles puissent prouver la donation faite en leur faveur, toute la terre resterait

---

(1) Dans le chap. 112 de l'ancienne cout. d'Anjou glosée, il y a, « le fils du dernier seigneur y auroit les deux parts et elle la tierce, » et cette dernière leçon est constamment la bonne.

Ce chap. doit être joint avec le 113, parce qu'ils sont l'un et l'autre fondés sur le même principe.

Lorsqu'un père marie sa fille, et qu'il lui donne sa terre, ou une partie de sa terre et aux hoirs qu'elle aura de ce mariage, » il la grève de substitution fidéi-commissaire envers les enfans qu'elle aura de ce même mariage. Et si

roit l'aînée en paraige, et feroit la foy, se elle estoit à fere.

sans que les enfans du second lit pussent en réclamer le partage. Mais si elles ne peuvent prouver la donation, les enfans du second lit auront le tiers de la terre que l'aînée du premier leur garantira en parage, et elle en fera la foi, si elle est due.

116. *Comment l'en püet donner son homme de foy* (1).

116. *Comment on peut céder son homme de foi.*

Nus ne quens (2), ne bers, ne autres ne püet donner son homme de foy, se n'est à son frere, ou à sa suer : més à ceus le püet-il bien donner en partie (3) : més il ne le porroit pas

Nul comte, ni baron, ni autre seigneur, ne peut céder son homme de foi, si ce n'est à son frere ou sa sœur, avec qui il peut le partager. Mais il ne peut le don-

---

après la mort de son mari elle passe en secondes noces, les enfans du second lit, suivant ce chap., n'y auront rien, si ce n'est la légitime, car l'aïeul ne peut par une telle paction, priver ses petits-enfans de ce second lit de la légitime dans la succession de leur mère. Si c'était un fief que le père eût donné en mariage à sa fille avec cette charge, et si la fille avait un garçon de son premier mariage, il faudrait dire, en tempérant la rigueur de ce chap., que les enfans du second lit en auraient pour leur légitime, le tiers, ou en propriété, ou en usufruit, suivant les différens lieux.

Que l'on suppose à présent que cette fille ait eu de son premier mariage une fille, et du second un mâle. Comment le fief sera-t-il partagé ? Suivant ce chap., si la fille du premier lit peut prouver que le fief ait été donné à sa mère à cette charge, elle aura tout le fief comme substituée, et le fils n'y aura rien, et si elle ne peut prouver la charge, elle en aura les deux tiers et le fils le tiers. Mais ce droit, dit Lauriere, ne serait pas suivi aujourd'hui, et soit que la fille du premier lit prouvât la charge ou qu'elle ne la prouvât pas, le fils du second lit, comme aîné, aurait les deux tiers du fief avec le chef, parce qu'on ne peut, en ligne directe, par quelque stipulation que ce soit, priver un aîné de ses parts avantageuses. V. l'art. 226 de la cout. d'Anjou, et l'art. 2 de la cout. du Loudunois, au tit. de donaisons de nobles. Ainsi, dans ce dernier cas, ce sera l'enfant mâle du second lit, qui garantira sa sœur aînée en franc partage sous son hommage. Et il faut remarquer qu'alors les pactes des mariages ne se prouvaient que par témoins. (Laur.)

(1) Il est traité dans ce chap. du démembrement et de l'abrégement de fief, qui ne pouvait se faire au préjudice du seigneur supérieur. V. la dissert. sur l'origine du droit d'amortissement, p. 44. (Laur.)

(2) Pourquoi ni duc? V. Laur. sur la règle de Loisel, a Sergent à Roy est Comte, liv. 1er.; tit. 1. (Laur.)

(3) C.-à-d., en partage, comme il y a très-bien dans le chap. 113 de l'au-

| | |
|---|---|
| ... ner à un estrange, se il ne le donoit à toute l'obéissance que li auroit sans riens retenir (1). Car se li bers le donnoit à un de ses vavasors (2), ce seroit au dommage de celui : car il li conviendroit fere deux obéissance, à celui à qui il la devroit, et au baron de qui il tiendroit son fié, et ainsi feroit d'une obéissance deux. Més se li bers le donnoit en tele maniere, que cil à qui il le donroit le tenist du Roy, se li bers en tenoit (3) | ... ner à d'autres, à moins qu'il ne le lui cède entièrement, sans rien se réserver de son obéissance. Si un baron le cédait à un de ses vavasseurs, ce serait une injustice, puisque l'homme serait tenu de faire deux obéissances : une au vavasseur, parce qu'il lui appartiendrait, et une au baron de qui il tiendrait son fief; et ainsi ce serait faire d'une obéissance deux. Si un baron donnait |

---

... cout. d'Anjou glosée. Anciennement, on disait partir pour partager, diviser, comme il se voit par ce proverbe qui se dit par rapport aux serfs et main-mortables, « qu'un parti tout est parti et le chanteau part le villain. » V. Louet dans ses Institut. liv. 1, tit. 1, règ. 75. On pouvait donc en divisant le fief entre cohéritiers, diviser aussi les hommes de foi, ce qui ne se peut aujourd'hui, dit Lauriere, l'usage étant que l'on ne peut diviser par partage que les profits féodaux dus par les vassaux. V. Brodeau, sur la cout. de Paris, art. 51, num. 31. Louet, lettre V. somm. 10, avec les notes, et Du Molin sur l'ancienne cout. de Paris, §1, glossé 3, num. 29. (Laur.)

(1) Car en donnant ainsi son homme de foi, il démembrerait son fief, ce que le seigneur dominant pourrait empêcher. V. l'art 51 de la cout. de Paris. D'ailleurs il faudrait aussi le consentement de l'homme de foi : car c'est une règle féodale que *Dominus vassallos suos, sine eorum consensu in alium transferre non potest*. Capit. Imperialem. § Praeterea Ducatus, in fine, De prohibita feudi alienatione per Fridericum. Cap. unico, § Ex eadem lege, De lege Conradi. V. Borcholten, de feudis, cap. 8, num. 186. (Laur.)

(2) Le baron qui donne son homme de fief à un de ses vavasseurs, ou partage cet homme de foi, ou le donne sans en rien retenir. S'il le partage, cet homme qui devra la foi à l'un et à l'autre, sera en même temps vassal et arrière-vassal. Et comme le vavasseur aura la moitié des droits féodaux en qualité de seigneur immédiat pour sa part, il se trouvera que le baron aura abrégé, ou diminué son fief de cette moitié d'homme. Et de droit cette moitié d'homme, étant dévolue au seigneur suzerain immédiat du baron, il se trouvera que le baron n'aura rien donné à son vavasseur. Il en sera de même s'il a donné au vavasseur son homme de foi, sans en rien retenir, parce que son fief se trouvant diminué de tout cet homme, qui de vassal serait arrière-vassal, cet homme serait tout entier dévolu au seigneur immédiat du baron. Comme on le fait voir dans la dissertation sur l'origine du droit d'amortissement.

(3) Que l'on suppose que le bers qui relève du Roi donne son homme de foi à un tiers, à la charge de tenir du Roi, qu'en sera-t-il? et comme ce sera un démembrement de fief, il est certain que le Roi pourrait l'empêcher, mais comme le roi y gagne, parce que cet homme de foi, qui n'était que son arrière-vassal, devient son vassal, le don de l'homme de foi sera bon. Il en sera de même à peu près si un vavasseur cède son homme de foi à un autre vavasseur relevant du même baron, le baron ayant peu d'intérêt dans ce changement. (L.)

ou d'un autre seigneur, car ainsi n'en retient li bers nule obeissance : et en tele maniere porroit li vavasors donner à un autre vavasor, pourquoi cil à qui l'en le donnast tenist de celuy de qui li vavasors tendroit.

son homme de foi à un tiers, de manière que celui à qui il le donnerait tînt du Roi, ou que le baron en tînt un d'un autre seigneur, alors le don de l'homme serait bon, parce que le baron ne se réserverait de lui aucune obéissance. Il en serait de même si un vavasseur cédait son homme de foi à un autre vavasseur, pourvu que celui à qui il le donnerait tînt du même baron que lui.

### 117. Comment l'en doit garder hoirs de gentilhons qui a pere et mere.

### 117. Comment on doit garder les enfans d'un gentilhomme, dont le père et la mère sont morts.

Se il avenoit que uns gentilhons morust lui et sa fame, et ils eussent hoir, cil qui devroit avoir le retor de la terre (1) de par le pere et de par la mere, si anroit la terre en garde : més il n'auroit pas la garde des enfans, ains l'auroit un de ses amis de par le pere, qui seroit de son lignage, et devroit avoir de la

S'il arrivait qu'un gentilhomme mourût, ainsi que sa femme, laissant des enfans, celui à qui la terre devrait revenir, s'ils étaient morts sans enfans, aurait la garde de la terre, mais non pas celle des enfans, qui serait confiée à un parent ou à un ami du père, à qui l'on

---

(1) C.-à-d., celui à qui la terre devrait retourner et appartenir, comme héritier du mineur en garde. Solon l'avait ainsi prudemment ordonné par une de ses lois. Μὴ ἐπιτρέπειν, εἰς δὲ ὁ κλῆρος ἔρχεται τῶν ὀρφανῶν τελευτησάντων. Tutor is ne esto qui agnationis jure, hereditatem pupilli potest herciscere. V. Pottarum, in Archæologia græca, lib. 1, cap. 26, tit. 7, columna 180.

Vita Clementis VII, apud Bosquetum, p. 269.

V. la cout. d'Anjou, art. 89.

On ne peut mieux faire pour illustrer ce chapitre que de renvoyer à l'éloge que Fortescue a fait de ce droit dans le chap. 44 de son traité, De Laudibus Legum Angliæ, pag. 104.

V. Regiam Majestatem, lib. 2, cap 47, et Glanvillam, lib. 7, cap. 11. (Laur.)

terre par reson à norrir les enfans, et à pourvoir. Car cil qui ont le retor de la terre ne doivent pas avoir la garde des enfans, car souspeçons est que il ne vausissent plus la mort des enfans que la vie, pour la terre qui leur escharroit.

donnerait les revenus de la terre pour la nourriture et l'éducation de ses pupilles; car celui à qui devrait retourner la terre ne pourrait avoir la garde des enfans, de crainte qu'il ne désirât plus leur mort que leur vie, afin que la terre puisse lui revenir.

118. *De requerre son pleige, et comme l'en en doit ouvrer.*

118. *De requérir sa caution, et comment l'on en doit user.*

Se aucuns hons veut mettre un autre en pleiges, il l'en doit garder de tous dommages, et se il i a dommage en quelque maniere que ce soit, il li est tenus à amendes, à sa pruëve. Et se aucuns est pleiges d'un autre, il pöet bien prendre du sien, se il cognoist que il soit ses pleiges, et se il le deffent, il ne doit pas prendre du sien à force, mès il s'en doit plaindre à justice, et doit dire en tele maniere, sires, til m'a esquetus ses gages (1) et ses projés (2), et si estoit mes pleiges, fetes m'en droit (3). Car il est à la volenté de celuy à qui l'en doit, de prendre aus pleiges, ou au detour principal, selon l'usage d'Orlenois, et en

Quand un homme veut avoir quelqu'un pour caution, il doit le garantir de tout dommage, et s'il en éprouve quelqu'un, l'indemniser sur sa preuve. Le créancier, s'il n'est pas rempli de la dette de son débiteur, peut avoir recours sur celui qui lui sert de caution; mais s'il s'en défend, il ne peut le forcer, mais s'en plaindre ainsi à la justice: Messieurs, un tel m'a retiré ses gages, quoiqu'il fût caution, je demande que vous en fassiez justice: car il dépend de la volonté du créancier de recourir à la caution ou au débiteur principal, suivant l'usage

---

(1) M'a repris, m'a retiré. Ce mot vient d'*Excuevo*. Dans la suite de ce chap. au lieu d'Esquetus on se sert de Requetus ou recourir.

(2) Dans le chap. 145 de la cout. d'Anjou glosée, il y a, « celuy m'a escoussé ses projés, c'est-à-dire, ses choses. » (Laur.)

(3) Il y a ensuite, dans la cout. d'Anjou glosée, « la justice li doit mettre terme, et quand il viendra au terme, et l'un et l'autre seront venus, celuy dira, Sire, veez cy tel homme, etc. (Laur.)

court de baronie. Mès il doit ainçois requerre le principal que le plege, quand le principal est presens et souffisans, selonc droit escrit en Code, el titre des Pleges, en la loi qui commence, *Non recte*, et en l'authentique *presente*, où il est escrit de ceste matere. Et adonc l'en leur doit mettre terme, et quand vendra au terme, et li uns et li autres sera venus, il dira, sires, veez si cest homme qui est mes pleiges, por celui (et le nommera) et pour itant d'argent, ou pour itel chose et si m'a esquëus ses gages. Et cil dira, je m'en deffent, je ne vous esqueus onques, ainçois esteis tout prest de fere envers vous comme plege, et le prouverai, si comme l'en m'esgardera que prouver le doie. Se li puet l'en esgarder puisque il jurra seur sains de sa main, qu'il ne fist onques la resqueusse, et pour itant en sera quites. Et se il ne l'osoit jurer, il restituiroit à celui ses dommages qu'il auroit eu en la resqueusse, à sa preuve, et si seroit à la justice le gage de sa loi. Et se il avenoit que il deist, je ne vous suis de riens plege, et m'en deffent bien, et en feré ce que je devré, si li puet len esgarder que se il ose jurer seur sains de sa main, que il ne soit son plege, si en sera quites, et le ver[…]ssier corre à en son [juge]ment, et se il n'ose fere le [juge]ment il amendera à celui tous les couts, et sera tenus à la

d'Orléans et de cour de baronnie. Mais il doit cependant s'adresser d'abord au débiteur avant de recourir à la caution, surtout quand le débiteur peut payer, et qu'il se trouve sur les lieux, suivant le droit écrit au Code, titre des Cautions, en la loi qui commence *Non recte*, et en l'authentique, *presente*, où il est traité de cette matière. La justice alors leur donnera terme, et quand ils seront présens l'un et l'autre au jour indiqué, le créancier dira: Messieurs, voici un homme qui s'est porté caution en faveur d'un tel (qu'il nommera) pour telle somme d'argent ou pour telle autre chose, et qui m'a retiré ses gages. Si le défendeur répond: je m'en défends. Je ne vous ai rien repris, avant votre plainte, j'étais disposé à me comporter envers vous comme caution, et je le prouverai selon qu'on m'ordonnera de le faire, on pourra lui enjoindre de jurer qu'il n'a point retiré ses gages, et il en sera quitte pour cela. S'il refuse de le jurer, on l'amendera envers le demandeur des dommages qu'il aurait éprouvés par la reprise des gages, et il sera à la justice le gage de sa loi. Mais s'il arrivait qu'il dit: je ne suis point caution, je

plevine, et fera à la justice l'amende de sa loy. Et se la querelle est à plus de cinq sols, et il nist que il ne se fust mis en la plevine, si comme il est dit des-sus li autres li porroit chalangier (1) par un champ de bataille cors à cors, ou par deus autres cham-pions; et cil qui seroit vaincus, rendroit à l'autre ses couts, que il auroit donnés à son champion, et aux couteours du jour (2), et seroit à la justice soixante sols d'amende, se il estoit coutu-miers.

m'en défende, et je ferai ce que je devrai, on pourra exiger son serment, et s'il le fait, il en sera quitte pour cela, mais s'il n'ose le faire, il amendera au demandeur tous ses coûts et dépens, sera tenu à la caution, et fera à la justice l'amende de sa loi. Si la querelle passe 5 sous, et que le défendeur nie qu'il se soit rendu caution, le de-mandeur pourra lui propo-ser la bataille corps à corps

---

(1) Ce mot vient de *Calumniari* et signifie ici requérir, demander. V. Gloss. au mot *Calvage*. Dans la bonne latinité, *calumniari* signifiait chicaner, comme dans ce vers de Phèdre dans son prologue. *Calumniari si quis autem voluerit, quod et arbores loquuntur.* Cicero. lib. 1, *Officiorum*. *Existunt injuriæ sæpe ex calumniâ quadam, et nimis callidâ et malitiosâ juris interpretatione.* (L.)

(2) Dans la cout. d'Anjou glosée, il y a, « Et aux coûts du jour. »

Sous le règne de St. Louis il n'y avait ordinairement que les contrats des personnes riches et qualifiées, qui étaient rédigés par écrit. Les autres ne l'é-taient pas, parce qu'alors peu de gens savaient écrire, et de là vient que dans ces temps-là, en matière civile, on avait tant recours au serment et aux gages de batailles, comme il se voit dans ce chap., et dans plusieurs autres de ces Établies.

Quand un homme s'était rendu plege, ou caution d'un autre, celui qui s'é-tait rendu plege, devait être indemnisé comme il était juste. Et si le créancier n'était pas nanti, il pouvait de son autorité et par voie de fait se nantir lui-même, en se saisissant de quelques effets du plege.

Cela était ainsi, si celui que l'on traitait de la sorte, convenait qu'il était plege, ou garant, car s'il n'en convenait pas, le créancier ne pouvait se saisir de rien, et il ne pouvait se pourvoir en justice, ni se plaindre de ce que le plege lui avait esqueus, ou recoust ses gages.

Si le plege convenait qu'il était plege, et s'il niait la recousse il en était quitte en jurant de sa main sur les évangiles, qu'il ne l'avait pas faite. S'il ne voulait jurer, il l'amendait à l'autre qui était cru du dommage de la recousse, et il faisait à la justice le gage de sa loi.

Et, s'il niait qu'il fût plege, il en était quitte en jurant de sa main sur les évangiles qu'il ne l'était pas. Mais s'il ne voulait faire serment, il était tenu de la plevine ou du cautionnement, il devait dédommager l'autre de tous ses coûts, et il payait encore à la justice l'amende de sa loi. Si la querelle était de plus de cinq sols, et si celui que l'on prétendait caution niait la plevine, on en venait au duel.

Ces procès ont diminué en France à mespre qu'on y a appris à écrire, et ce sont en partie toutes ces mauvaises procédures qui ont donné lieu de statuer par l'Ord. de Moulins dans l'art. 54, et ensuite par l'Ord. de 1667, dans l'art. 2 du tit. des faits qui gisent en preuves, qu'il serait passé acte pardevant notaires pour toutes choses excédant la somme, ou valeur de cent livres. (Laur.)

ou entre deux champions; et celui qui sera vaincu doit rembourser à l'autre ce qu'il a donné à son champion, et les autres frais du jour, et paiera à la justice 60 sous d'amende, s'il est coutumier.

### 119. *De estre defaillant aprés monstrée des choses müeblans.*

Se aucuns se plaint de autres, que il li doie deniers, ou que il li ait fet dommage d'aucune chose qui appartienne à müebles; et cil de qui l'en se plaindra soit défaillant, l'en li doit bien mettre terme en jugement pour qu'il eust eüe la monstrée en court (1), et semondre par trois sergens feeus (2). Et se cil ne venoit au jour jugié, et il n'avoit resnable essoine de l'autre terme, et li autres l'appelast de la defaute, l'en bailleroit à l'autre la sesinne de ce qu'il auroit demandé en court, car les choses montrées en court, et motées parquoy elles soient müeblant, si valent jugiées (3), et pour ce se doit l'en garder de defaillir en tele maniere.

### 119. *De ceux qui refusent de paraître en justice après la montrée de choses mobilières.*

Si quelqu'un réclame le paiement d'une somme ou la réparation d'un dommage causé à des meubles et que le défendeur ne paraisse pas, on lui donnera le terme au jugement pour la montrée des choses en justice, et on le fera sommer par trois sergens du fief. S'il ne paraissait au jour du jugement et ne pût donner un prétexte raisonnable de son défaut, et que le demandeur en demandât justice, on lui adjugera la saisie et possession de ce qu'il aura demandé à la cour, car les choses montrées en cour, et qui sont prouvées être mobilières, sont comme adjugées : c'est pourquoi l'on doit bien se garder de se laisser condamner par défaut en cette occasion.

---

(1) Cependant, selon Beaumanoir, quand il était question de meubles, il n'y avait pas de mon... Chap. 9, p. 51.
(2) ... le ch... 75, à la fin. (Laur.)
(3) ... chap. 75, à la fin, le 77 et le chap. 10 du liv. 2. (Laur.)

120. *Ces essoines sont resnables, parquoi l'en est quites de defautes.*

120. Quelles excuses sont raisonnables, et comment on peut être déchargé de la peine des défauts.

Ces essoines (1) sont resnables. Quand li hons est malade, ou son fiuls (2), ou son pere ou sa mere, ou ses freres, ou ses niez (3), pourque eus fussent en peril de mort, ou se il aloit à l'enterrement d'aucun de ceus que nous avons dit dessus (4), ou se aucuns estoit qui eust terme en la court au baron, et il deust aler en la court le Roy, et l'en l'appelast de la defaute en la court au baron, et il deist en tele maniere, je n'en vüel nul droit fere, car j'avoie terme en la court le Roy, et m'i ajorna celui serjant, et le nommeroit, et adonc doit-on oïr le serjant parler, et doit envoier li bers sçavoir que li sergens dira. Car les justices le Roy ne se recordent pas en la court au baron (5), et se li sergent garantist qu'il eust terme en la court le Roy, si est cil quites de la defaute. Et se il voloit ainsi jurer

Lorsqu'on ne comparaît pas au jour indiqué, voici les raisons qu'on peut valablement alléguer à la justice : sa propre maladie, le danger de mort où se trouvent son père ou sa mère, ses frères ou ses neveux, ou la nécessité d'assister à l'inhumation d'aucun d'eux. Si quelqu'un est ajourné en la cour du baron, et qu'il soit obligé de se trouver à celle du Roi, et que l'on veuille poursuivre sur son défaut en la cour du baron, il pourra se défendre ainsi : je ne veux pas vous faire droit du défaut; car j'étais obligé de comparaître à la cour du roi, et un tel sergent (qu'il nommera) m'en avait sommé. Alors le baron enverra savoir du sergent la vérité; car les choses jugées par la justice du Roi, ne peuvent plus

---

(1) Selon Beaumanoir, chap. 2 et 3. « Essoigne est delais de plet, qui moutre cause pourquoy cil qui est semons ne vient à cort. » Ces essoines étaient nécessaires, parce qu'anciennement les jugemens devaient être rendus en présence des parties. Essoines vient des mots barbares, *sonnis, sonnia et exonia*, qui signifiaient la même chose. (Laur.)

(2) V. Leg. Visigothorum, lib. 2, cap. 18, in fine, tit. 1. V. Regiam Majestatem, lib. 1, cap. 8. Bartholum, ad legem Accusatore, 13. § Ad crimen, num. 16. D. De Publicis judiciis. Chassaneum, ad consuetudines Burgundiæ, rubr. 4, § 5, num. 28. (Laur.)

(3) Ses neveux, ou plutôt ses petits-enfans. V. le chap. 128 ci-après. (Laur.)

(4) Leg. 2 et 3. Dig. de In jus vocando. (Laur.)

(5) V. le chap. 40, à la fin, et le 56. (Laur.)

que l'en ne li meist onques terme en la court au baron, si est cil quites aussi de la defaute. Et si est resnable essoine (1) d'eue où il n'a port (2), més l'en doit venir à l'eue, et faire son poir de passer, et qui l'appeleroit de la defaute, et il deist que il fust ainsi venus, et en feroit ce que l'en li esgarderoit, si li porroit l'en esgarder par droit, que se il osoit jurer seur sains, que il eust ainsi alé, et qu'il eust fet son pouvoir du passer, si seroit quites de la defaute.

être soumises à celles des barons; et si le sergent assure et garantit qu'il avait ordre de comparaître en la cour du Roi, il sera exempt de la peine du défaut; s'il voulait jurer qu'on ne lui a pas signifié l'ajournement en la cour du baron, il serait de même exempt de la peine du défaut. On peut encore opposer pour valable excuse l'impossibilité où l'on a été de passer l'eau lorsqu'il n'y a point de pont; et si l'on affirme, par serment, qu'on a fait tous ses efforts pour passer l'eau, et se rendre devant la justice, on sera déchargé de la peine du défaut.

121. *Du dommage qui puet avenir de beste qui a male teche* (3).

121. *De rendre dommage fait par une bête vicieuse.*

Se aucuns (4) menoit sa beste au marché, et elle mordist, ou ferist (5) aucuns, et cil qui se-

Si quelqu'un menait au marché une bête qui mordît ou blessât quelqu'un, et

---

(1) V. les chap. 12, 13 et 14 de la très-ancienne cout. de Bretagne. (L.)

(2) V. le chap. 117 de la cout. d'Anjou glosée. (Laur.) V. *Lege 2, S 3 et 4 Digest. Si quis cautionibus*. (Laur.)

(3) Dans la cout. d'Anjou glosée, il y a, « mal entechiée, » ce qui revient au même. La bête malentechiée, ou qui a mal tache, est une bête vicieuse. Ce mot vient de tasca, qui se prenait en bonne et mauvaise part, comme il se voit par ce qui suit du chap. 26 de l'ancienne chronique de Flandres, où il est dit de la comtesse Marguerite, qu'elle avait quatre taches. Premièrement elle était une des plus belles dames au lignage de France. Secondement, elle était la plus sage, etc. Et de-là vient qu'ici il y a male tache, c'est-à-dire, mauvaise tache. De tache on a fait entiché, dont Molière s'est servi. (L.)

(4) Ce chap. est pris en partie du tit. du Digeste, *Si quadrupes pauperiem fecisse dicatur*. (Laur.)

(5) V. Potterum, in *Archæologiâ græcâ*, lib. 1, cap. 26. lib. 7, tit. 3. De

roit bleciés s'en plainsist à la justice, et li autres deist : Sire, je ne savois mie que ele eust itele teche, à itant rendra au pleintif (1) son dommage à sa prüeve, et n'en fera jà nul droit à la justice (2). Et se il ne l'osoit jurer, il perdroit la beste, et seroit à la justice : et se il avenoit que la beste tuast un homme, ou une fame, et la justice preinst celui qui l'auroit amenée, et li deist, ta beste a wé un home, et il deist, elle n'est pas moie (3) : si li püet l'en esgarder que il jüerra sor sains, que elle n'est pas seüe, et qu'il ne l'amena pas, et ainsinc remaindroit à la justice la beste (4), et si ne le püet-on plus mener. Et se il disoit, elle est moie, je l'amené, més je ne savoie mie que ele eust tele teche, encore remaindra la beste à la justice, et fera cil à qui la beste estoit le

que le blessé s'en plaignant à la justice, l'autre disc : sire, j'ignorais qu'elle eût ce défaut; il sera néanmoins obligé d'indemniser le demandeur, et ne sera quitte pour cela envers la justice. Mais s'il n'osait faire ce serment, il perdrait sa bête, qui resterait à la justice. Si la bête tuait un homme ou une femme, et que la justice se saisît de celui à qui elle appartient, s'il la nie pour être la sienne, on pourra l'obliger de jurer qu'il ne l'a pas amenée, et dans ce cas la bête restera à la justice, et personne ne pourra plus s'en servir.

S'il avouait qu'elle lui appartînt; mais qu'il déclarât ignorer son défaut, elle serait également confisquée par la justice, et le maître paierait

---

damnis; *Platonem, de Legibus, lib.* 11. *pag.* 926 *édit. Henrici Stephani: Legem Salicam, cap.* 38, *edit. Baluzianæ*; *Cap.* 39, *editionis Vendelini, et tit.* 46 *Legis Ripuariorum.* (Laur.)

(1) Suivant le droit romain, il avait la faculté, ou l'option d'abandonner la bête pour le délit, ou de payer les dommages. *V. Maranum, ad tit. Pan lect. Si quadrupes pauperiem fecisse dicatur.* Ce qui est ainsi ordonné par quelques cout. comme celle de Bretagne, art. 505 de l'ancienne, et art. 640 de la nouvelle. Celle d'Acs, tit. 11, art. 41, et celle de St.-Sever, chap. 18, art. 21. (L.)

(2) Le chap. 117 de la cout. d'Anjou glosée ajoute, « mais il jurra sor sains qu'il ne scavoit mie la teiche. » Et ainsi en payant le dommage, la bête lui demeurait. Mais s'il ne voulait jurer, la bête était confisquée, comme il est dit après. (Laur.)

(3) Lorsque la bête avait tué un homme, si celui que l'on en croyait le maître, jurait qu'elle n'était pas à lui, et s'il ne la menait pas, la bête était confisquée, elle ne devait plus être menée, et il en était quitte par son serment. Mais, par le droit romain, s'il avait juré faux, il était tenu solidairement du dommage, sans pouvoir abandonner la bête. *L.* 1, *Si quadrupes.* (L.)

(4) En quelques lieux on l'exécutait, comme il se voit par la décision 238 de Guy Pape, qui dit avoir vu en Bourgogne un cochon pendu pour avoir tué un enfant. *V. Julium Clarum, lib.* 5, *sententiar.* § *finali. Qu.* 99, *pag.* 850. et *Batlandierum.* R. 182, pag. 584. (Laur.)

relief d'un homme (1) C sols et 11 den. et par itant sera quites. Et se il estoit si fox que il deist que il seust la teche de la beste, il en seroit pendus (2) pour la recognoissance.

le relief d'un homme, qui est de cent s. onze deniers, et il en sera quitte pour cette amende; mais s'il était assez insensé que de dire qu'il lui connût ce défaut, il serait pendu, à cause de son aveu.

122. *De demander à enfant dette qui n'est mie cogneue aprés la mort son pere.*

122. *De redemander à un enfant, après la mort de son père, une dette dont il n'a point eu connaissance.*

Se aucuns appeloit un autre que ses peres li deust deniers, et le nommera, et son pere fust allés de vie à mort. Et cil deist à son fiuls, puisque li retors de la terre vous est avenus, je demant ma dete; et cil die, il se mourust bien confés(3), et ne vous en commenda riens à rendre, si en vüel estre quites. Et je ne vüel mie, dit l'autre,

Si quelqu'un redemandait un fils, après la mort de son père, une dette dont il exprimera la nature et la valeur, et s'il lui disait: comme la terre de votre père vous est revenue, je réclame ma dette, le fils pourra répondre : mon père est mort ayant mis ordre à ses affaires, il n'a pas ordonné de

---

(1) V. ci-dessus le chap. 104. (Laur.)

(2) Par nos cout, la peine, dans ce cas, est à l'arbitrage du juge. V. la cout. de Labourt au tit. « Des domages donnez par bestes, » art. 3; et *Mornacium, ad Leg. primam.* 5, § *Si quadrupes pauperiem fecisse dicatur*, pag. 402. (L.)

(3) C.-à-d., après avoir donné ordre à ses affaires, et déclaré ses dernières volontés, tant au sujet de ses aumônes, ou legs pieux, que du payement de ses dettes; ce qui fait voir que le Deconfés, dans le chap. 89 ci-dessus, n'est autre chose, comme on l'a dit, que l'intestat, ou celui qui, en mourant, n'a pas voulu donner ordre à ses affaires.

Or, comme on excommuniait, et qu'on privait des prières publiques ceux qui n'avaient pas voulu payer leurs dettes avant leur mort, ou qui n'avaient pas donné ordre de les payer en laissant de quoi satisfaire à leurs créanciers, ainsi qu'on l'a prouvé sur le chap. 89, par l'exemple de P. de Bourbon, c'était une bonne raison au fils, de dire que son père était mort Confés, et qu'il n'avait pas commandé de payer cette dette. Et cependant ce chap. décide que cette dette sera bien demandée, pourvu que le créancier, jure lui troisième, que cette dette lui est légitimement due.

Il fallait que le créancier n'eût pas d'écrit, car s'il en avait eu un c'aurait été au fils à en prouver la nullité, ou la fausseté. V. *Joannem Fabrum, ad Tit. Instit. De actionibus,* § *Item verborum*, n. 17. (Laur.)

car je suis prest de prouver ma dete. Si li esgardera l'en par droit, que il doit prouver sa dete lui tiers (1), et autrement n'en aura-t-il point.

vous rendre cette dette, c'est pourquoi je ne crois pas vous devoir rien payer. Si le demandeur offre de prouver sa dette, on lui ordonnera de la prouver, lui troisième; autrement il n'aurait point d'action contre le fils.

123. *D'escommenié pour forcier de venir à amendement et comment il respond en cour laie.*

123. *De forcer les excommuniés à l'amendement, et comment il doivent répondre en cour laie.*

Se aucuns (2) est escommeniés un an et un jour (3), et li officiaus mandast à la justice laie, que il le contrainsist par la prise de ses biens, ou par le cors, car le jugement de l'evesque doit estre menés à execution, et à fin par l'office du prevost, selon droit escrit en Code, el titre de l'Audience de l'Evesque, ensemble ses concordances; se mestiers est, et si ne le doit pas prendre pour que ce soit de detes (4), més la justice doit tenir toutes ses choses en sa main, sauf son vivre jusques à tant que il se soit fet essoudre. Et

Si quelqu'un reste excommunié pendant un an et un jour, et que l'official mande a la justice laie de le contraindre à revenir à l'église par la confiscation de ses biens ou de sa personne; le jugement de l'évêque doit être exécuté par l'entremise du prévôt, suivant le droit écrit au Code, tit. de l'Audience des évêques, ensemble ses concordances. Mais s'il est excommunié pour dettes, la justice ne se saisira pas de sa personne, mais seulement de ses biens, lui

---

(1) V. la cout. du Ponthieu, art. 20, et Du Cange dans son Gloss. sur *jurare tertiâ manu.* (Laur.)

(2) En l'année 1228, st. Louis fit une ord. à ce sujet. Ce chap. semble avoir été fait pour marquer comment elle devait être pratiquée. (Laur.)

(3) Dans la cout. d'Anjou glosée, il y a, « quarante jours ou plus. » (Laur.)

(4) Ce chap. fut suivi. Et dans la suite les ecclésiastiques excommunièrent pour dettes, et privèrent ainsi les débiteurs de la sépulture et des prières publiques, comme on l'a montré sur l'art. 89 ci-dessus, par l'exemple de Pierre de Bourbon, et comme l'a fait voir Du Cange dans son Gloss. sur les mots *Excommunicatio ob debita non soluta*, pag. 305; mais les laïques s'élevèrent contre cette jurisprudence, et de là vint l'art. 6 de l'ancienne cout. V. D'argentré en cet endroit. (Laur.)

quand il sera assous, il paiera neuf l. d'amende, dont les soixante s. seront à la justice laie, et les six l. seront à l'autre justice, et les doit avoir par la main de la justice laie. Et se il estoit souspeçonneus de la foy, la justice laie le devroit prendre adonques, et envoyer au juge ordinaire; car quand sainte eglise ne püet plus fere, elle doit apeler l'aide des chevaliers (1), et la force, selon droit escrit en Code des Evesques et des clercs, en la loy qui commence, *Si quis in hoc genus.* Et quand li juges l'auroit examiné, se il trouvoit que il feust bougres (2) si le devroit fere envoier à la justice laie, et la justice laie le doit faire ardoir. Tuit escommeniés sont oïs en cort laie en demandant et en defendant (3), mès ils ne sont mie oïs en la cort de sainte eglise en demandant: car ils ne doivent mie avoir proufit en leur malice, selon droit escrit en Decretales, ou titres des Juges, ou chapitre qui commence, *Intelleximus*: mès il seroit oïs en la cort de sainte eglise en defendant, car toutes defenses sont gardées à escommeniés par droit, selon droit escrit en Decretales, des Exceptions, le chap. *Cùm inter*

laissant cependant de quoi vivre, jusqu'à ce qu'il se soit fait absoudre; et quand il sera absous, il paiera neuf livres d'amende, dont trois à la justice laie, et les six autres à la justice ecclésiastique, qui les recevra de la justice laie. S'il était soupçonné d'hérésie, la justice laie le ferait prendre et envoyer au juge ordinaire; car lorsque la sainte église ne peut rien obtenir, elle doit recourir aux chevaliers et à la force, selon le droit écrit au Code des Evêques et des clercs, en la loi qui commence, *Si quis hoc genus.* Quand les juges l'auront interrogé, s'ils trouvent qu'il soit hérétique, ils le renverront à la justice laie, qui le fera brûler. Tous excommuniés sont ouïs en la cour laie, en demandant et en défendant; mais ils ne sont point ouïs en la cour de sainte église en demandant; car leur malice ne doit point tourner à leur avantage, suivant le droit écrit aux Décrétales, tit. des Juges, ch. qui commence *Intelleximus*; mais ils seront ouïs en la cour de sainte église en défen-

---

(1) Toute cette procédure est expliquée par Bouteiller, dans sa Somme, liv. 2, tit. 12, p. 758. (Laur.)

(2) V. le chap. 85, au commencement, avec la note, *et Constitutiones Siciliæ*, lib. 1, tit. 27 et 2. (Laur.)

(3) V. l'auteur du Grand Coutumier, liv. 2. chap. 45, p. 284. Bouteiller, liv. 1, tit. 9, p. 48. Et cap. *Intelleximus extra de Judiciis.* (Laur.)

puerum, où il est escrit de cette matere.

dant ; car toutes défenses sont permises aux excommuniés, selon le droit écrit aux Décrétales des exceptions, au chap. *Cum inter puerum*, où il est traité de cette matière.

124. *De donner erres de mariage pour enfans qui sont en aage.*

124. *De donner arrhes de mariage pour des enfans qui ne sont pas encore en âge.*

Se aucuns avoit son fils, qui feust en non aage, et li peres deist à aucuns de ses voisins, vous avez une fille qui est auques de l'aage de mon fils, se vous voliés que elle fust à mon fils, quand elle seroit en aage, je le voudroie bien, en tele maniere que vous me baillissiez une piece de vostre terre, et je dix liv. par nom d'erres, en tele maniere que les erres me demoüerront, quand vostre fille seroit en aage de marier, se elle ne vouloit le mariage ottroyer (1). Les erres

Si quelqu'un ayant un fils encore mineur, dit à l'un de ses voisins : vous avez une fille, qui est de l'âge de mon fils ; si vous vouliez qu'ils fussent mariés ensemble quand ils seront en âge, je le voudrais bien, à cet effet donnez-moi une partie de votre terre, et je vous donnerai dix livres d'arrhes ; de manière que les arrhes me resteront, si votre fille, quand elle sera nubile, refuse de consentir à ce mariage. Les

---

(1) Selon les lois romaines, ceux qui se fiançaient, se donnaient réciproquement des aires, et celui qui ne voulait pas ensuite donner son consentement au mariage les perdait, comme en matière de vente, car comme dit très-bien Cujas, *Arrharum datio erat contractus, qui adhibebatur his contractibus, emptioni, venditioni, locationi, conductioni, matrimonio et sponsalibus*. Et quand le mariage était contracté, les aires qui avaient été données de la part de la femme étaient imputées sur sa dot par le mari, et les aires que le mari avait données étaient imputées sur la donation à cause de noces, l'ypobolon ou l'augment. Et de-là vient que dans Harmenopule, lib. 4, tit. 10, l'hypobolon est appelé *arrha*. Et que les Espagnols et les Portugais appellent encore *las arras*, ce que nous appelons dans nos pays de Droit écrit augment de dot.

La question a été agitée, de savoir, à quel âge les fiançailles se pouvaient faire, et il a été décidé qu'elles étaient nulles par le défaut de consentement, quand elles étaient faites par des enfans, qu'elles n'obligeaient ni les peres ni les tuteurs, et que les peines qui avaient été stipulées ne pouvaient

demoüerroient à l'autre ou à ses hoirs, se il n'y avoit lignaige, ou autre cas, parquoy le mariage ne deust estre, parcoi sainte eglise ne s'y accordast, les erres demoüerroient à chacun, ce qu'il auroit baillié. Et se il avoit fet tele convenance en autre maniere que il eussent mis pleiges de rendre c. l. en plus, ou mains, se li mariages n'estoit, la peine ne seroit pas tenable par droit (1).

arrhes lui demeureront, ou à ses enfans, s'il n'y a parenté, ou autre cas pour lequel le mariage ne pût s'accomplir; mais s'il y avait parenté ou autre empêchement dirimant, chacun gardera les arrhes qu'il aura pu donner. Si cependant ils avaient pris entre eux telle convention qu'ils eussent donné caution de rendre cent livres, plus ou moins, si le mariage n'avait pas lieu, ils ne pourraient pas être condamnés de droit à tenir un pareil engagement.

### 125. *De heritage qui est donné en aumosne à religion.*

### 125. *Des biens légués à l'église.*

Se aucuns avoit donné à aucune religion (2), ou à aucune

Si quelqu'un léguait une terre à une église ou une ab-

---

être exigées. Cap. 1, de Desponsatione impuberum in sexto. Can. 1. caus. 3, qu. 2. Mais comme à sept ans les enfans commencent à avoir de la connaissance, l'opinion commune est qu'à sept ans accomplis, ils peuvent être fiancés, du consentement de leurs pères, mères et tuteurs. V. Sanchez, *De matrimonio*, lib. 1. disput. 16; Brouverum, *De matrimonio*, cap. 3, De infantium et impuberum sponsalibus n. 11; Cironium et Anastasium Germonium, ad tit. De desponsatione impuberum, et Franciscum Marcum, tom. 2, decision. cap. 502.

Un homme a un fils impubère et son voisin une fille aussi impubère. Le père du fils demande la fille en mariage, pour le temps où ils seront en âge, et les deux pères fiançant l'un et l'autre, se donnent des aires, savoir, le père de la fille une pièce de terre, et le père du fils dix livres. On demande si cette convention est bonne; et il est décidé dans ce chap. qu'elle est bonne, en sorte que si le mariage manque du côté du garçon, le père de la fille gagnera les aires, et que le père du garçon gagnera aussi les aires, si le mariage manque du côté de la fille. Et la raison est que les fiançailles étant bonnes, il s'ensuit que le contrat d'aires est bon aussi. V. Remarques sur Loisel, liv. 1, tit. 2, règ. 6. (L.)

(1) Parce qu'il est contre la liberté des mariages qu'une des parties soit forcée de les accomplir par des stipulations de peines. Et cependant la perte des aires approche assez du paiement de la peine. V. François Marc dans le tom. 2 de ses Décisions, cap. 538, n. 5. Hostiencem in Summâ, De sponsalibus, Sanchez, de matrimonio, lib. 1, disputatione 35. Utrum possint arrhæ in contractu sponsalium apponi amittendæ per frangentem sponsalium fidem, et Le Prêtre, centurie 1, chap. 68. (Laur.)

(2) Il en était de même des communautés laïques.

abaïe, une piece de terre, li sires en qui fié ce seroit ne le soufferroit pas par droit (1), se il ne voloit, ains le pourroit bien prendre en sa main. Més cil à qui l'aumosne aura esté donnée si doit venir au seigneur, et li doit dire en tele maniere : sire, ce nous a esté donné en aumosne, se il vous plest nous le tenions, et se il vous plest nous l'osterons de nostre main dedans terme avenant ; si leur doit li sires esgarder qu'ils la doivent oster dedans l'an et li jour de leur main (2), et se ils ne l'ostoient, li sires la porroit prendre comme en son demaine, et si ne len respondroit jà par droit.

baye, le seigneur de qui relèverait ce fief ne le souffrirait pas, s'il le voulait, et pourrait même le prendre en sa main ; mais ceux à qui le legs a été fait, doivent venir trouver le seigneur, et lui dire : Sire, cette terre nous a été donnée par legs, nous la conserverons, si c'est votre bon plaisir, ou bien nous la vendrons dans le terme que vous nous prescrirez. Le seigneur doit leur accorder un an et un jour pour la vendre ; et s'ils ne la vendaient pas pendant ce temps, il pourrait s'en saisir, et ne leur en ferait aucun droit.

---

Sous nos rois de la première et de la seconde race, les églises et les monastères se mettaient eux et leurs biens sous la protection royale, et nos rois, par leurs lettres appelées *Emunitates*, les recevant sous leur protection, leur accordaient des priviléges, ou confirmaient les priviléges que leurs prédécesseurs avaient accordés. V. Marculphe, dans ses formules, liv. 1, chap. 3, et ce que Bignon y a remarqué p. 877, de l'édition de Baluze. Nos auteurs ont mal confondu ces lettres avec les amortissemens, sans faire attention que les amortissemens sont des extinctions de droits, de fiefs et de censives. (L.)

(1) Parce que les gens de main-morte ne mourant pas, et ne vendant pas, le seigneur ne pouvait, de droit, être contraint de perdre ses lods et ventes, et ses rachats ou reliefs. Et quand le seigneur l'aurait voulu, il ne l'aurait pu, parce qu'en consentant à perdre ces droits, il aurait diminué, ou abrégé son fief, au préjudice de son seigneur, à qui les mêmes droits de lods et ventes et de reliefs auraient été dévolus, et ainsi de seigneur en seigneur jusqu'au roi, comme souverain fieffeux. V. l'Ord. de Philippe III de 1275, et Dissertation de Laurière sur l'origine du droit d'amortissement, p. 89. (Laur.)

(2) Les gens d'église pouvaient acquérir des immeubles, mais ils ne pouvaient les garder sans abréger, ou diminuer les fiefs dans lesquels ces immeubles étaient situés. Ce que nos praticiens ne peuvent comprendre, croyant toujours qu'un amortissement est une permission d'acquérir, accordée aux gens de main-morte. V. Dissertation sur l'origine du droit d'amortissement, p. 78. La cout. d'Anjou art. 37, et celle de Loudunois, au tit. d'indemnité et d'injonction. (Laur.)

126. *D'hons qui deffent à son aparageur à vendre son héritage.*

Se aucuns hons tenoit en parage d'un autre, et cil de qui il tendroit fust fox, et vendist sa terre (1), et li autre venist (2) au saingnieur du fié de qui il mouvroit, et li deist, sire, cil de qui je tiens en parage vent sa terre, et ce qu'il a. Je vous requier, que vous le facez atermer. Si püet cil dire à l'autre; biaux amis vous vendez ce que vous avez, je ne voie mie que vous le puissiez vendre, ains vüel que vous en retenez à moy garir (3), ou vous me baillez tant de ce que vous tenez que je en puisse rendre le service. Et se li autres dit : Bians amis : il me estuet vendre (4) ce que je ai, més feré volentiers ce que je devré. Si li püet len esgarder que il ne lera pas à vendre por son parageeur més il li baillera tant de sa terre (5), que il en puisse bien

126. *De celui qui s'oppose à ce que son aparageur vende son héritage.*

Lorsque quelqu'un tient en parage d'un autre, et que celui dont il tient en parage est assez insensé pour vendre sa terre, il pourra venir trouver le seigneur, et lui dire : Sire, celui dont je tiens en parage vend sa terre et ses biens, je vous demande de le faire ajourner. Alors il peut dire à son aparageur : vous voulez vendre ce que vous possédez de la terre; je ne crois pas que vous puissiez le faire, c'est pourquoi je veux que vous continuiez à me garantir, ou que vous me donniez assez de votre terre pour que je puisse rendre le service par moi-même. Si l'autre lui répond : la nécessité me force de vendre ce que je possède de la terre,

---

(1) Remarquez que l'on regardait alors comme fous ceux qui vendaient leur patrimoine. V. Loisel, Instit. liv. 1, tit. 2, règ. 15. (Laur.)

(2) La cout. d'Anjou glosée ajoute, « et le fit ajourner devant le seigneur suzerain et dist. » (Laur.)

(3) « A moi garantir, » comme il y a dans la cout. d'Anjou glosée, chap. 122. De garir on a fait guérir, qui n'est autre chose que garantir. (L.)

(4) Il y a ainsi dans les manuscrits. C.-à-d., «il m'est nécessité de vendre.» C'est l'apparageur ou celui qui garantit qui parle ainsi. (Laur.)

(5) Anciennement, quand l'aîné, qui garantissait ses puinés en franc parage sous son hommage, vendait ses deux tiers du fief, le parage cessait, parce qu'il n'y avait plus de lignage entre l'acquéreur et les puinés, en sorte que les puinés qui relevaient du seigneur suzerain, et qui perdaient la franchise de leur parage, avaient sujet de se plaindre et de s'opposer à la vente que l'aîné faisait. Cependant il est décidé dans ce chap. que l'aîné peut vendre, mais qu'il doit donner de sa terre au puiné autant qu'il lui en faut pour le dédom-

fere le service à celuy à qui il sera bons (1), et à qui il fera la foi, et ainsi doit lui esgarder de doumage que il y aura, selon la grandeur du fié, et au service fere, et à l'obéissance du seigneur d'aides et d'autres choses (2).

mais je vous en dédommagerai comme je le dois. Dans ce cas, on pourra le laisser vendre; mais auparavant il sera tenu de donner à celui qu'il garantit en parage, une portion de sa terre, assez considérable pour s'acquitter des services auxquels il est obligé envers le seigneur dont il relèvera, et auquel il devra foi et hommage. Ainsi le dommage doit être proportionné à la grandeur du fief, au service qu'il devra, et aux secours d'aides et d'autres services, dont il sera tenu envers son seigneur.

### 127. De deffendre pescherie d'eüe courant.

### 127. De défendre la pêche en eau courante.

Se aucuns gentishons avoit eüe, qui corust par sa terre, et i eust coru, et la vousist defendre que l'en i peschast pas, il ne le porroit pas fere sans

Si un gentilhomme avait eau courante dans sa terre, et qu'il voulût y défendre la pêche, il ne le pourrait pas sans le consentement du ba-

---

mager de la franchise qu'il perd. V. le chap. 76 ci-dessus, et l'art. 219 de la cout. d'Anjou. (Laur.)

(1) Ces mots prouvent que le parage était failli, puisqu'il n'y avait plus de garantie. Mais la question est de savoir à qui le puiné devenait homme, car ce chap. ne le dit pas. Et il faut dire que c'était au seigneur suzerain, par deux raisons.

La première, parce que si ce n'avait pas été au seigneur suzerain, il l'aurait fallu indemniser, comme le garantit, ou le puiné. Et il n'est rien dit de son indemnité dans ce chap.

Et la seconde, parce que si le puiné, à qui l'aîné donnait en dédommagement une partie de son fief, avait tenu le total à foi de l'acquéreur, le seigneur suzerain aurait plus perdu de sa mouvance, que si le parage eût été failli sans vente, ce qui n'aurait pas été juste. Joint à cela que les seigneurs suzerains, pardevant qui ces contestations se décidaient, avaient soin de leurs intérêts.

L'art. 219 de la cout. d'Anjou, a terminé cette difficulté. (Laur.)

(2) La cout. d'Anjou glosée ajoute, « et ainsi ne laissera à vendre. » (Laur.)

l'acort au baron, en qui chastelerie ce seroit (1), et sans l'accord du vavasor.

### 128. *De requerre la cort de celui qui doit au més le Roy* (2).

Se aucuns devoit au més le Roy (3) deniers, et le més s'en fust alé clamer à la justice le Roy, et li bers de qui chastelerie ce seroit, en demandast la court à avoir, il n'en auroit point, car les müebles au més le Roy sont au Roy.

ron en châtellerie duquel il se trouve, et sans celui du vavasseur.

### 128. *De demander la cour pour juger celui qui est débiteur de l'envoyé du Roi.*

Si quelqu'un devait deniers à l'envoyé du Roi, et que celui-ci attaquât son débiteur à la cour du Roi, le baron en la châtellerie duquel serait le débiteur, s'il demandait la cour, ne l'obtiendrait pas, parce que les meubles de l'envoyé du Roi sont au Roi.

---

(1) Il y a dans la cout. d'Anjou glosée, « ne le baron ne le pourroit faire sans l'assentement de ses vavasseurs. »
Ce chap. ne parle que de l'eau courante, à la différence des étangs. V. l'art. 192, de la cout. d'Anjou, et les Instit. de Loisel, liv. 2, tit. 2, reg. 6 et 51, avec les notes.

(2) C'est une des règles de Loisel, tirée de notre ancien droit, que les roturiers étaient justiciables de corps et de chastel, c.-à-d., de corps et de meubles, où ils couchaient et levaient. V. les Institut. de Loisel, liv. 1, tit. 1, règle 19 et 26.
Ce chap. contient une exception à cette règle qui est, lorsque les roturiers couchans et levans dans les terres des seigneurs, étaient débiteurs de sommes envers « le Més le Roy parce que les meubles du Més le Roy estoient au Roi,» et que le roi ne plaide pas dans les cours de ses barons, qui sont ses justiciables, et dont il n'est pas par conséquent justiciable lui-même. V. le chap. 19, du liv. 2, notes. (Laur.)

(3) Qu'est-ce que le Més le Roy? Du Cange croit que c'est *Missus Regius*. Dans un manusc., il y a comme ici, « au Més le Roy. » Dans d'autres, il y a, très-distinctement au niés, ou au « niex le Roi, » comme dans le chap. 120, ci-dessus, note C, c.-à-d., au neveu, ou pour mieux dire, au petit-fils du Roi. Et il est dit ici que les meubles du petit-fils du Roi étaient au Roi, parce que du temps de saint Louis, la puissance paternelle avait lieu à Paris. V. l'auteur du grand Coutumier, p. 264, 265, et le chap. suivant.

129. *De requerre la court à hons qui plede à juif, et de tesmoins à juif* (1).

129. *A qui appartient la cour dans les affaires qui concernent les juifs, et de quel poids est leur témoignage.*

Se li bers avoit juif qui se pleinsist des hommes au vavasor en la court au baron, et li vavasor en demandast la cort à avoir, il ne l'auroit mie, car les muebles aux juifs sont au baron. Et nus juif n'est reçeüs en tesmoignage, (2) selon droit. Aussi sont devées li tesmoignage au juif encontre les chrestiens, selon droit escrit en Code, *de hæret. et manich*. En la loy qui commence Quum multi judices, etc., où il escrit de cette matere.

Si un baron avait un juif qui se plaignît en sa cour d'un vassal du vavasseur, et que celui-ci en demandât la cour, il ne l'obtiendrait pas, parce que les meubles des juifs appartiennent au baron. Nul juif ne peut être reçu en témoignage selon le droit. Aussi les témoignages des juifs contre les chrétiens sont de nulle valeur, selon le droit écrit au Code, *de hæret. et manich*., en la loi qui commence, Quum multi judices, etc., où il est traité de cette matière.

---

(1) On a vu dans le chap. précédent, que tous les meubles du niés ou « Niex le Roy » étaient au Roi, et que par cette raison le « Niex le Roy » était en droit de poursuivre ceux qui lui devaient des sommes, en la cour le Roi, sans que le baron pût revendiquer le débiteur quoiqu'il fût son homme levant et couchant.

Nous apprenons de ce chap. que tous les meubles des Juifs étaient aux barons sous qui les Juifs demeuraient, et que par cette raison si un Juif poursuivait les hommes du vavasseur en la cour du baron, les hommes du Vavasseur ne pouvaient s'avouer de lui, ni lui les revendiquer, en sorte que la cause devait être jugée en la cour du baron. Ce qui est encore une autre exception à la règle, que « les hommes roturiers estoient justiciables de corps et de chastel des seigneurs, dont ils estoient conchans et levans. »

On peut voir, dans l'Ord. de Melun de décembre 1230, que les Juifs étaient serfs, et l'on voit par ce chap. que leurs meubles appartenaient aux barons. Mais peu après, tous les Juifs, ce semble, appartinrent au Roi, comme les aubains.

Ce chap. est ainsi conçu dans la cout. d'Anjou glosée, « Si homme au baron devoit deniers aux Juifs le Roy, et iceux Juifs s'en fussent clamez en la cour le Roy, et le baron en demandast la cour à avoir, il ne l'auroit pas, car les meubles aux Juifs sont au Roy. » Ce chap. sert de preuve à l'explication nouvelle que l'on a donnée au précédent. (Laur.)

(2) V. *Nellum, de testibus*, parte 1, num. 16, et num. 20; *Albericum de Maletis, de testibus*, cap. 3, num. 13.

130. *Comment vilenages est franchis en gentillece.*

Se aucuns hons estoit chevalier, et ne fust pas gentishons de parage (1), tout le fust-il de par sa mere (2), si ne pourroit-il estre par droit. Ains le porroit prendre li Rois ou li bers en qui chastelerie ce seroit, et trencher ses esperons (3) seur un fumier, et seroit li mueble à celui en qui chastelerie ce seroit : car usage n'est mie que fame franchisse home, més li home franchit la fame : car se uns home de grand lignaige prenoit la fille à un vilain à fame, ses enfans porroient bien estre chevaliers par droit.

130. *Comment un héritage tenu à cens peut être affranchi en noblesse.*

Si quelqu'un s'était fait armer chevalier sans être noble de père, quoiqu'il le fût cependant par sa mère, il ne pourrait l'être de droit. Ainsi le Roi ou le baron de qui il relèverait, pourrait le faire prendre, trancher ses éperons sur un fumier, et lui faire saisir ses meubles ; car l'usage n'est pas que la femme annoblisse l'homme ; mais l'homme annoblit sa femme, car si un homme d'une naissance illustre épousait la fille d'un roturier, leurs enfans pourraient être chevaliers de droit.

131. *Comment len doit rendre roncin de service à son seigneur.*

Se aucuns avoit un hons qui li deust roncin de service, et il le

131. *Comment on doit rendre le cheval de service à son seigneur.*

Si un seigneur avait un homme qui lui dût le che-

---

(1) Gentilhomme par son père, ou, comme dit Beaumanoir, «gentil-homme de par le père.» (Laur.)
(2) Ceci est bien expliqué par Beaumanoir, dans le chap. 45, de ses cout. du Beauvoisis, p. 252, 255.
Monstrelet, vol. 1, chap. 57, p. 91, dit que Jean de Montagu était né de la ville de Paris, qu'il était fils de feu Girard de Montagu, et qu'il était gentilhomme de par sa mère, ce qui est une preuve, avec ce chap., que la noblesse de par les mères avait lieu à Paris, comme dans tout le reste du royaume, car il y a encore plusieurs cout. qui l'attestent, comme celle d'Artois, art. 196, celle de Saint-Mihiel, art. 2, et celle de Champagne, ce qui suffit avec ce chap., pour prouver que ce n'est pas un privilége pour la Champagne, comme Pithou et nos auteurs se le sont imaginés. V. Gloss., sur Noblesse de par les mères.(Laur.)
(3) En ce temps les chevaliers avaient des éperons dorés, et les écuyers des

semonsist, et li deist, rendez-moy mon roncin de service, car je le vüel avoir, je n'en vüel mie avoir deniers adonc il li doit amener son roncin de service dedans 60 jours (1), se cil ne lien veut donner plus long terme, et cil li doit amener o frain et o selle, et o quanque mestiers est, et ferré de tous les quatre piés; et se li sires dist, je ne le vüel mie, car il est trop foibles, cil li porroit respondre, dire, fêtes-le essayer si comme vous devez. Li sires püet faire monter un escuier (2) dessus si grand comme il l'aura, et un haubert troussé derriere, et une chausse de fer, si l'envoier 12 lieues loin, et se il les püet bien aller en un jour, et lendemain retorner, li sires ne le püet pas refuser par droit. Et se il ne püet fere les deux journées, li sires le porroit bien refuser et conviendroit que il en queist un autre qui peust fere ces deux jornées. Et quand il l'auroit pourchassé souffisant, se li sires ne le prenoit, il ne li en rendroit

val de service, et qu'il le sommât de lui rendre, en lui disant : rendez-moi le cheval de service que vous me devez; car je le veux avoir, et je ne veux pas que vous me le donniez en argent. Le vassal doit le lui amener dans l'espace de soixante jours, si on ne veut lui accorder plus long délai, et il l'amenera bridé, sellé, tout équipé, et bien ferré des quatre pieds. Si le seigneur le refuse, sous prétexte qu'il est trop faible, le vassal peut lui dire de le faire éprouver comme il convient; alors le seigneur pourra le faire monter par le plus fort de ses écuyers, armé de pied en cap, et l'envoyer à douze lieues. Si le cheval peut les faire en un jour, et revenir le lendemain, il ne pourra le refuser; mais il lui serait libre de ne point l'accepter s'il ne pouvait faire ces deux journées, et il enjoindrait à son vassal de lui en donner

---

*chausses* argentées. Les roturiers n'avaient pas d'éperons, parce qu'en guerre ils servaient à pied. (Laur.)

(1) Il y a « quatorze jours » dans la cout. d'Anjou glosée. (Laur.)

(2) Parce que c'était ordinairement un écuyer qui montait le roncin. (V. comme Beaumanoir s'explique sur ce sujet.) Le ronsin de service était un cheval de combat, ce qui paraît encore par ce qui suit d'une ancienne Chronique d'Angleterre écrite en français, il y a environ trois cents ans, intitulée Vanmin, t. 1, p. 108. « Si fut Messire Alain pris et cent Chevaliers avec luy, sans plusieurs autres nobles hommes, et avec ce y eut deux cens ronsins tous couverts de fer, prins et retenus, etc. »

Il ne faut pas confondre le cheval de service avec le service de cheval. V. *Ardisonem*, in Summâ feudali, quæstione 34 ; *Odofredum*, in Summâ feudali, fol. 25, et Gloss. (Laur.)

jamés point, tant comme il ves-
cust, més se il plest au seigneur,
il le puet bien rendre dans l'an
pourquoi li chevaux soit sains
ainsi comme il le bailla, et li
hons ne le puet refuser, et quand
ce vendra jusques à un an, li
sires li puet demander son roncin de service, et cil li doit
amener, sicome nous avons dit
dessus, et se li sires le tenoit
plus d'un an et un jor, li hons
ne le reprendroit pas se il ne voloit.

un autre qui pût supporter
cette fatigue. Si le seigneur,
après l'avoir suffisamment fait
éprouver, refusait de le prendre, le vassal ne serait plus
tenu de lui en rendre de toute
la vie, à moins que le seigneur ne le lui redemandât
pendant le cours de l'année;
car alors il serait tenu de le
lui rendre aussi sain et dans
le même état qu'il le lui avait
d'abord donné; s'il le redemandait au bout de l'année,
le vassal serait encore tenu
de le lui rendre, comme
nous avons dit ci-dessus;
mais si le seigneur l'avait
gardé un an et un jour, le
vassal pourrait refuser de le
reprendre.

### 132. *De partie fere entre les enfans coustumiers.*

Quand hons coustumiers a
enfans, autant à li uns, comme
li autres en la terre au père et à
la mère par droit, soit fils ou
fille, et tout autant és muebles
et achas, et és conquez, car lois a
vilain si est patremoines (1) selonc l'usage de la court laie. Et
se li hons coustumiers avoit fils
marié ou fille, et il en eust autant à l'hostel (2), et ils deman-

### 132. *Du partage entre les enfans coutumiers.*

Un père roturier ne peut
de droit avantager un de
ses enfans plus que les autres, de ses biens ou de ceux
de sa femme; mais il doit
leur partager également à
tous, soit fils ou fille, ses
meubles, acquêts et con-
quêts, car tous ses biens sont
regardés comme patrimoine
suivant l'usage de la cour

---

(1) Dans la cout. d'Anjou glosée, il y a « bource. » Le sens de cette règle est que le coutumier ne peut plus avantager un de ses enfans de ses meubles acquets conquets, que de son patrimoine. V. les art. 321 et 327 de la cout. d'Anjou. L.

(2) Dans un manuscrit il y a plus nettement : « qui ne fussent pas mariez, et si mariez venist à l'hostel et demandassent partie. » Dans la cout. d'Anjou glosée, il y a, « Et il mourust, et ceux qui seroient mariez venissent

dassent partie és escheetes à ceux qui ne seroient pas mariés, cil qui ne seront pas mariés ne lor pueent véer partie par droit (1). Més il conviendroit aus autres que chacun aportast ce qu'il auroit eu en frerage, fust terre, fussent mesons, fussent déniers, ou autres müebles. Et se il avenoit que aucuns de ceus eussent amendé leur partie que il i eust fetes mesons, ou plantéees vignes, tuit cil amendement retorneroit en frerage. Més l'en feroit regarder par preudomes la value de la terre, combien elle valoit quand elle li fu donnée en mariage, et ce que il aura mis sera conté (2), et freragera comme les autres. Et se il i avoit aucun sol qui eust delessié empirier sa partie, comme laisser vignes agastir, ou trenchier arbres, ou laissier vignes à fere, ou se il avoit vendu tout ce qu'il avoit eü, et il demandast frerage, en l'escheoite du pere et de la mere, et li autre frere li deissent, nous ne voulons pas que vous frerachiez avec nous, se vous n'amendez ce que vous avez empirié de vostre partie, et se il dit, je ne le puis amender, més je

laie. Si cet homme avait des enfans mariés et d'autres qui ne le fussent pas, et que ceux qui sont mariés vinssent à la maison paternelle réclamer leur part dans la succession, à ceux qui ne sont pas mariés, ceux-ci ne peuvent de droit la leur refuser; mais il conviendrait que les autres leur tinssent compte de ce qu'ils ont déjà reçu, soit maisons, soit terres, ou deniers, ou meubles. S'il arrivait qu'ils eussent fait valoir ce qu'ils ont reçu, soit en bâtissant, soit en plantant des vignes, on leur tiendrait compte des frais de l'amélioration, que l'on ferait estimer et évaluer par gens de probité, qui apprécieront la juste valeur de la terre, lorsqu'elle leur a été donnée; et les dépenses qu'ils auront faites leur seront comptées dans le partage; mais si l'un d'eux avait été assez mal avisé pour détériorer ce qu'il aurait reçu ayant laissé dégrader les vignes, ayant abattu les arbres, négligé la culture des

à ceux qui seroient à l'hostel demeurez, et demandassent en l'escheoite partie. »

(1) Peu de temps après, la jurisprudence changea à Paris, et les enfans mariés, comme émancipés, ne succédèrent plus avec ceux qui étaient restés dans la maison paternelle, ou en puissance, comme nous l'apprenons de la décision 236 de Jean Des Mares, auteur qui vivait sous Charles VI, et dont Jean-Juvenal des Ursins fait mention vers le commencement de son histoire. Mais on est revenu, dit Laurière, à Paris, à l'ancien droit qui a toujours été suivi en Anjou, comme il se voit par l'art. 337 et 260. (Laur.)

(2) V. l'art. 305, de la cout. de Paris. (Laur.)

vuel que l'en esgard par preudomes, que la chose valoit quand elle me fut donnée, et combien elle est empiriée. Et en cette maniere compteroient li prudons la value de la chose, et ce qu'il l'auroit empiriée li seroit comptée en partie, et puis freragèroit avec les autres selonc ce que il en auroit eû, et du remanant auroit autant li un come li autres, et és terres et és muebles; et se il avenoit que li uns eust eû trop grande partie, et il ne vousist retorner à l'escheoite du père et de la mere, et li autres li demandassent, vous avez eû trop grande partie, venez freragier ô nous, et si nous fetes droit retour. Adonc droit donroit que sa partie seroit veue par preudes homes, et se il avoit trop eû, il leur feroit droit retour (1), sauf les amendemens, se il les i avoit mis, si come nous avons dit desus.

vignobles; ou enfin, s'il avait vendu ce qu'il aurait reçu, et qu'il vînt réclamer sa part dans la succession paternelle, les autres pourront lui dire: Nous ne voulons pas partager avec vous avant que vous ayez fait réparer ce que vous avez laissé dépérir; s'il répond: je ne puis le rétablir dans son premier état; mais je demande que vous fassiez estimer le dégât et la détérioration par gens de probité, qui estimeront la valeur du bien quand il m'a été donné, et l'état actuel où il se trouve. Les hommes choisis estimeront la valeur du bien lorsqu'il l'a reçu, et l'état où il se trouve; on lui tiendra compte, il partagera ensuite avec ses frères, et aura la même part que les autres, des terres et meubles de la succession; mais s'il arrivait qu'un des enfans ayant été plus avantageusement traité lors de son mariage, renonçât à la succession, ses frères pourraient lui dire: venez au partage avec nous, et faites nous droit de ce que vous avez reçu de plus. Dans ce cas on fera examiner sa part par gens de probité, et s'ils trouvent qu'il ait reçu plus

---

(1) Et si le donataire renonce à la succession du père il doit tout rendre, comme il se voit par l'art. 334 de la coutume d'Anjou. (Laur.)

que ses autres frères, il leur fera droit du surplus, et s'il avait amélioré le bien, on lui tiendra compte de ses frais, comme nous avons dit ci-dessus.

133. *Quel doüere fame coustumiere doit avoir, et où elle en doit pledier, se l'en li en fet tort.*

133. *Quel douaire doit avoir la femme coutumière, et dans quelle cour elle doit plaider lorsqu'on la lui conteste.*

Fame coustumiere si a la moitié de l'heritage de son mari en douere (1), et doit tenir son douere en bon estat (2), et si doit metre la moitié és coustemens (3), et qui li feroit tort de son douere, elle s'en pourroit bien plaindre en la court le Roy (4), ou en la court au baron, ou en la court de sainte eglise, et en est à son chois, et si n'en seroit pas la cort renduë au seingnieur en qui terre ce seroit.

Femme coutumière a pour douaire la moitié des biens de son mari qu'elle doit tenir en bon état, et entrer pour moitié dans les frais faits pour l'entretien de l'héritage. Si on lui contestait son douaire, elle pourrait, à son choix, s'en plaindre ou à la cour du Roi, ou du baron, ou de l'église; et le seigneur dans la terre duquel elle serait, ne pour-

(1) Suivant l'Ord. de 1214. Mais, dira-t-on, puisque Philippe-Auguste avait fixé le douaire de la femme à la moitié des biens immeubles que le mari avait au jour des épousailles, et à la moitié de ceux qui lui échéaient pendant le mariage en ligne directe, d'où vient que, suivant le chap. 14, ci-dessus, la femme noble n'avait que le tiers en douaire en la terre son seigneur. La raison est dans le chap. 8, c'est que le noble étant obligé de laisser les deux tiers de sa terre à son aîné, il n'y avait que le seul tiers dont il pût disposer, et par la même raison la femme ne pouvait avoir que le tiers aux fiefs échus en tierce-foi, ou en tierce-main, si la foi avait été muée en devoir. V. l'art. 299, de la cout. d'Anjou, et le tit. de la cout. du Loudunois, « De douaire de femme coustumière. » (Laur.)

(2) V. l'art. 262 de la cout. de Paris, et le 311 de la cout. d'Anjou. (Laur.)

(3) Comme aux labours et semences et au payement des charges réelles. (Laur.)

(4) V. les Lois de Thibaud, comte de Champagne, chap. 12 et 40, et l'art, 313, de la cout. d'Anjou. C'est encore ici une exception à la règle, que les vilains ou roturiers sont justiciables de corps et de châtel des seigneurs dont ils sont levans et couchans, et pour les immeubles, des seigneurs dans la justice desquels les immeubles sont situés. (Laur.)

## 134. De fere bonnage, ou de fere partie sans justice.

Se freres coustumiers partissoient ensemble, ils porroient bien seignier leurs parties de pieus, ou de pierre, sans justice, car il ne porroient metre bonnes, ne devroient sans la justice. Et se eus i mettoient bonnes sans justice, eus en feroient l'amende à la justice de chacune bonne soixante s. (1). Et icex parties qui sont seigniees sans justice, si ne sont pas estables, se li quiex que soit s'en desdissoit, més iceles qui sont fetes et bonnees pardevant justice si sont bien estables. Ne nule persone ne doit fere bonnage sans justice. Car nus ne se doit fere justice, ne de son deteur ne doit nus prendre sans justice (2), se ses detierres ne li bailloit de sa bonne volenté. Més il doit venir à la justice, et requierre droit, et demander. Et que ce soit voir que nus ne se doit fere justice, ne prendre de l'autrui sans justice, ou par le commandement à la justice,

## 134. De mettre bornes, et de se rendre partie sans l'agrément de la justice.

rait pas évoquer l'affaire à son tribunal.

Si des frères coutumiers partageaient ensemble, ils pourraient séparer leurs parts avec des pierres, mais non pas avec des bornes sans la participation de la justice; et s'ils le faisaient sans son agrément, ils paieraient chacun 60 sous d'amende à la justice, et les parts marquées ainsi avec des bornes, sans le consentement de la justice, ne seraient pas tenables, si l'une des parties réclamait contre le partage; mais aucune peut revenir contre le partage, quand les parts ont été faites et bornées du consentement de la justice: c'est pourquoi il n'est permis à personne de mettre bornes sans l'autorité de la justice; car nul ne doit se faire justice à soi-même, pas même de son débiteur, ni réclamer sa dette sans l'intervention de la justice, à moins que son

---

(1) La cout. d'Anjou, art. 280. V. les commentateurs sur cet art.; Loisel dans ses Instit., coutum., liv. 2, chap. 2, règ. 28.
Ce droit n'était pas anciennement général par tout le royaume, selon Beaumanoir; chap. 30, p. 151.
V. Bouteiller, dans sa Somme, liv. 1, p. 366. Chez les Romains, les bornes se mettaient aussi d'autorité privée. *Lege 1, et ibi Accursius, Cod. Finium regundorum*. (Laur.)

(2) V. ci-dessus, le chap. 118, au commencement. (Laur.)

selon droit escrit en Digeste el titre des choses qui sont fetes par force, ou par poor, en la loy qui commence *Extat enim decretum*, où il escrit de cette matere.

débiteur ne la lui remette de sa propre volonté; mais il doit venir à la justice exposer son droit, et former sa demande. On peut voir par-là qu'il n'est permis à personne de se faire justice, ni de rien prendre à autrui sans l'autorité et l'agrément de la justice, selon le droit écrit au Digeste, au titre des choses qui sont faites par force ou par crainte, en la loi qui commence, *Extat enim decretum*, où il est traité de cette matière.

135. *D'hons coustumier qui a eû deus fames, ou la fame deus seignieurs, comment leurs enfans doivent partir.*

135. *D'homme coutumier qui a eu deux femmes, et de la femme qui a eu deux maris, comment leurs enfans doivent partager.*

Se aucuns hons coustumiers a eu deux fames (1), li enfant de chacune des meres si prendront autretant li uns comme li autres (2) en la terre de par le père. Et se l'une des fames avoit eu deux seignieurs, li enfant si auroient en la terre de par la mere autretant li uns comme li autres. Et se ainsi estoit que entre le seingnieur et la première fame, cussent fet achat, li enfant de la première fame si auroient tuit seul la moitié par la reson de la mere, et l'autre partie si sera partie entre les premiers et les

Si un homme coutumier a eu deux femmes, les enfans des deux mères partageront également la terre de leur père; et si une femme avait eu deux maris, ses enfans partageraient également la terre de leur mère; mais s'il arrivait que le mari eût fait des acquisitions avec sa première femme, les enfans du premier lit auraient d'abord la moitié de l'acquêt, et partageraient l'autre moitié avec ceux du second lit, par égale portion,

(1) Ce chap. est conforme au droit commun, cout. d'Anjou, art. 267. (Laur.)
(2) Il faut joindre ici le chap. 25, ci-dessus. (Laur.)

derreniers, si que autretant en aura li un comme li autre, tout ainsi comme nous avons dit devant.

comme nous l'avons dit ci-dessus.

136. *De achat entre home et fame, comment eus le doivent tenir.*

136. *D'acquêt entre mari et femme, comme ils doivent le tenir.*

Se un home, ou une fame, achetoient terre ensemble cil qui plus vit, si tient sa vie les achas (1). Et quand ils seront morts ambedui, si retorneront li achat l'une moitié au lignage devers l'home, et l'autre moitié au lignage de vers la fame.

Si un mari achetait, conjointement avec sa femme, quelque terre, elle restera au dernier vivant, et à sa mort, la moitié retournera aux héritiers du mari, et l'autre moitié aux héritiers de la femme.

137. *De bail en vilenage.*

137. *De tutelle d'enfans roturiers.*

Nul home coustumier n'a baillie d'autrui enfant, se en une manière non, que je vous dirai, que se uns hons et une fame (1) moroient, cil qui doit avoir le retor de la terre, si porroit bien tenir les enfans (2), tant qu'ils porroient aler à un de leurs autres amis, se il leur grée miex, ou à un autre estrange; il iroient bien se eux voloient, et eux et leurs terres, et cil à qui eux seront alé, si doivent tenir les choses en bon estat: et se

Nul homme coutumier ne peut avoir sous sa tutelle un enfant étranger, qu'en un cas que nous allons expliquer. Lorsque le père et la mère sont morts, celui à qui devrait retourner la terre, s'ils fussent morts sans enfans, peut garder les enfans sous sa tutelle, jusqu'à ce qu'ils puissent choisir d'eux mêmes un des amis de leur père, ou, s'ils l'aiment mieux, un étranger. Ce droit de se

---

(1) La cout. d'Anjou, art. 283 et 288. V. les Commentat. sur ces art. (Laur.)
(2) « Cil qui doit avoir le retour de la terre, » est l'héritier *ab intestat*. Et cependant il est décidé dans le chap. 117, ci-dessus, que « cil qui ont le retour de la terre, » ne doivent pas avoir la garde des enfans, car soupçeons est que il ne voudroient plus la mort des enfans, que la vie, pour la terre qui leur escharroit. Il semble que ces lois aient fait moins d'attention à la vie des mineurs roturiers qu'à celle des gentilshommes. V. l'art. 89, de la cout. d'Anjou. (L.)

euls ne le fesoient, ils seroient tenus à l'amender, quand ils seroient partis de lui : més il ne rendroit nules des issues de la terre (1), de tant comme il auroit esté el lieu, et ainsi n'a nul hons coustumier bail d'enfant, se ce n'est son pere, ou sa mere, puisque il fet dire auquel il li plest miex d'aler de ses amis.

mettre eux et leurs biens sous la tutelle d'un autre, leur appartient; mais celui qu'ils ont choisi doit tenir leur héritage en bon état, et s'il ne le faisait, il serait tenu à leur en payer les dommages à la fin de la tutelle; mais il ne rendra aucun compte des revenus de la terre, aussi long-temps qu'ils seront restés sous sa tutelle ; c'est dans ce cas seul où l'homme coutumier peut avoir droit à la tutelle, puisqu'à l'exception de son père ou de sa mère l'enfant est libre de se choisir un tuteur parmi ses amis.

138. *D'hons coustumier qui fausse jugement.*

138. *D'homme coutumier qui appelle du jugement de son seigneur.*

Nus hons coustumier ne puet jugement fere froissier, ne contredire. Et se ses sires li avoit fet bon jugement, et loial, et demandast amendement de jugement, il feroit au seigneur amende de sa loy v. s. ou vi. s. et demy, selon la coustume de la chastelerie. Et se il avoit dit à son seigneur, Vous m'avez fet faus jugement, et le jugement fust bons et loiaus, il feroit au seigneur 60 sols d'amende, et à tous ceux qui auroient esté au jugement (2), qui seroient gen-

Nul homme coutumier ne peut contredire, ni fausser le jugement de son seigneur; et si, ayant obtenu un bon et loyal jugement, il en demandait amendement et correction, il paierait au seigneur l'amende de sa loi, cinq ou six sous et demi, selon la coutume de la châtellerie. S'il avait dit à son seigneur : Vous m'avez fait un faux jugement, et que cependant il fût trouvé bon et loyal, il paierait 60 sous

---

(1) Il n'en était pas de même du mineur gentilhomme, car, selon le chap. 117, celui qui avait la garde de sa personne, ne devait avoir de sa terre que ce qu'il en fallait pour sa nourriture. V. le chap. 18, du liv. 2, à la fin. (L.)

(2) V. Beaumanoir, chap. 67, p. 338, et chap. 61, p. 312.

Anciennement nul homme coutumier ou vilain ne pouvait faire jugement, car, dans les lieux où la justice se rendait par pairs, il fallait nécessairement

uillons, ou qui auroient fié. Et si feroit à la justice l'amende de sa foy.

d'amende à son seigneur et à tous ceux qui auraient assisté au jugement, qui seraient gentilshommes, ou qui auraient fief, et il serait à la justice l'amende de sa loi.

### 139. *De parties fetes entre enfans coustumiers.*

### 139. *Du partage entre enfans coutumiers.*

Se aucun hons qui avoit muebles, prenoit une fame qui n'avoit riens, et il morust, tout n'eust-il hoir, si auroit la fame la moitié des müebles. Et si une fame bien riche prenoit un hom poure, et ele morust, si auroit-il la moitié des müebles. Et ainsi puet len entendre que li müebles sont commun. Et se il avenoit

Si un homme qui a meubles, épousait une femme qui n'eût rien, et qu'il vint à mourir, encore qu'il n'eût point d'enfant, sa femme aurait la moitié des meubles: de même, si une femme riche épousait un homme sans biens, et qu'elle mourût, il aurait la moitié des meubles,

---

être pair pour être juge, et où elle se rendait par baillis, les coutumiers ne le pouvaient encore être, parce que les baillis ne devaient appeler que des gentilshommes, ou des hommes francs; c.-à-d., des seigneurs de fief, et quelquefois des bourgeois, comme l'on voit dans Beaumanoir, chap. 67, p. 336. Mais dans les lieux où les cottiers étaient jugés par leurs pairs, ce qui est dit ici n'avait pas lieu. V. Laurière, sur Loisel, liv. 4, tit. 3, reg. 14, p. 121.

Le coutumier ou le vilain ne pouvait aussi se pourvoir contre le jugement de son seigneur par amendement, de la manière qu'on l'a expliqué sur le chap. 80, quand même le jugement de son seigneur n'aurait pas été bon, car, comme dit Des Fontaines dans son Conseil, chap. 21, art. 8, « N'a-t-il entre toi Seigneur et ton villain Juge, fors Dieu. » Comme le vilain ne pouvait demander amendement il pouvait encore moins fausser le jugement de son seigneur, quoique mauvais, puisque fausser était plus que demander amendement, comme on l'a fait voir sur le chap. 80, et ainsi quand il avait eu l'audace de dire à son seigneur: Vous m'avez fait faux jugement, si le jugement était bon, il en faisait amende, et aux gentilshommes, et aux hommes de fief qui avaient été au jugement. Mais il y avait des pays où les hommes coutumiers et vilains pouvaient fausser, comme on peut voir dans le chap. 22, du Conseil de Des Fontaines, art. 7, et dans Beaumanoir, chap. 61, p. 312. Quant à l'appellation elle n'était pas anciennement en usage en cour laie, et n'a commencé d'être reçue que dans le temps de ces Établiss., ainsi que nous l'apprenons du chap. 80, ci-dessus, au commencement, et du chap. 15, du liv. 2. De-là vient qu'anciennement le parlement ne tenait qu'environ quatre fois l'an. Mais depuis que les appellations ont été introduites, l'usage en est devenu si fréquent que l'on a été obligé de rendre cette compagnie sédentaire et continuelle, et même d'en créer plusieurs, qui à peine suffisent pour terminer à présent, dit Laurière, toutes les affaires qui y sont portées. (Laur.)

que le riche fame (1) qui auroit eû le poure hom, reprist seigneur, et ils eussent hoir, et il se morust, et la mere et li enfant du premier et du derrenier vousissent partir les muebles qu'ils auroient trouvés en estant, fussent oes, ou bestes, ou busches qui fussent du temps au premier seigneur, il i auroient la moitié tuit seul, et l'autre par la reson de la mere, si seroit partie entre les premiers et les derreniers : et en cette maniere aura li enfés la moitié des muebles, et l'autre partie si sera partie entre les premiers, et les derreniers par la reson de la mere, si come nous avons dit dessus. Més li gaaignages des terres sera comuns, pour ce que ils l'auront gaaigné ensemble, et contera l'en, et autant en aura li uns come li autres (2). Et ensemble seront partis entre les premiers et les derreniers li muebles que la mere avoit con-

parce que les meubles sont communs entre eux; mais s'il arrivait que la femme riche, mariée à un homme sans fortune, se remariât à un autre, et qu'à leur mort, les enfans du premier et du second lit voulussent partager les meubles qui se seront trouvés à la mort du premier mari, les enfans du premier lit auront la moitié, et partageront l'autre moitié avec les enfans du second lit; quant au produit des terres, il sera partagé également entre tous les enfans du premier et du second lit. Il en sera de même des meubles que la mère aurait acquis du vivant de son second mari; ils seront partagés par portion égale entre tous les enfans.

---

(1) Une femme riche épouse un homme qui ne l'est pas, et elle en a un enfant. Cet homme meurt, la femme passe en secondes noces et a plusieurs enfans de son second lit. Les meubles de cette femme ayant été communs entre elle et son premier mari, l'enfant du premier lit en aura la moitié comme héritier de son père, et dans l'autre moitié il aura sa part comme héritier de sa mère, avec ses frères du second lit. Il n'y a là aucune difficulté. (Laur.)

(2) Pendant que cette femme riche était avec son premier mari, ses terres ont été gagnées, c.-à-d., labourées, comme il est bien dit dans le chap. 134, de l'ancienne cout. d'Anjou glosée : A qui appartiendront les gagnages, c.-à-d., les fruits qui étaient en terre, ou pendans par les racines dans le temps du décès du premier mari, ou s'il y a un fermier, à qui appartiendra l'année due à cause de ces fruits. Il semble qu'ils devaient être partagés comme les meubles, et que l'enfant du premier lit devait en avoir une moitié, et la mère l'autre moitié; mais comme ces fruits font partie du fonds, il faut dire qu'ils appartiendront à la mère seule, et que si cette année est encore due à son décès par le fermier, elle sera commune à tous ses enfans et divisée entre eux par têtes, ce qu'il faut entendre, en rendant à l'enfant du premier lit la moitié des labours et semences, comme il est décidé par l'art. 231, de la cout. de Paris. (Laur.)

questé puis la mort au pere, et avec le derrenier seigneur, et tout autant en aura li uns comme li autres (1).

### 140. De frerages de fous enfans.

Se il avient que uns hons coustumier ait enfans, et il i en ait de sages et de bien gaaignans et il i eust un fol, et taverniers, et joueur de dez, qui s'en fust alés par le païs, et li peres se morust, et li fox l'oist dire, et il revenist freragier, il auroit autant és muebles, et en la terre, comme un des autres freres, et en auroit autant par droit, comme cil qui les auroit aidiés à gaaignier (2), et tot aussint une des suers, se ele s'en estoit alée en meschinnage (3), ou en autre leu ailleurs pour soi jouer (4), si

### 140. De la part que doit avoir l'enfant qui se comporte mal.

Si un homme coutumier a des enfans, dont les uns soient sages et bien gagnant leur vie, et un autre libertin, fréquentant les cabarets, jouant aux dés, courant le pays, et que celui-ci ayant appris la mort de son père, vienne réclamer sa part dans sa succession, il partagera, comme ses autres frères, les meubles et la terre; et aura la même part que ceux qui ont aidé leur père à amasser son bien; la même chose

---

(1) Dans la succession de la mère. (Laur.)

(2) V. la note sur le chap. précédent, n. 2. (Laur.)

(3) Dans le chap. 38, de la cout. de Hainaut et dans l'art. 113, de la cout. de Lille, meschine est une servante. Originairement meschin et meschine signifiaient un jeune garçon et une jeune fille. Et comme de vaer qui signifiait un homme, on a fait varlet pour signifier un jeune homme, et ensuite un valet, on a aussi employé meschin et meschine, pour signifier un valet et une servante. Et parce que les servantes ne sont pas toujours de bonnes mœurs et vont souvent de maisons en maisons, les mots meschin et meschine ont été pris quelquefois en mauvaise part. Mais ici aller en meschinage, n'est autre chose que quitter la maison de son père ou de sa mère pour se mettre en service. (Lau.)

(4) Dans l'art. 135, de la cout. d'Anjou glosée, il y a, « pour faire sa volonté. »

Ce qui est décidé dans ce chap. est une suite de la puissance paternelle qui avait lieu à Paris dans le temps de ces Établiss., comme on l'a déjà prouvé par l'auteur du Grand Coutumier, liv. 2, chap. 46. p. 264, 265. Cependant plusieurs commentateurs du droit romain tiennent qu'il y a des cas où le fils de famille bon ménager, ne serait pas obligé de communiquer à ses frères fous et dissipateurs, les profits qu'il aurait faits; ce qui est traité par *Paschalius. De viribus patriæ potestatis*, part. 1re., chap. 3, n. 11, 12 et 13, p. 35. (Laur.)

fierageroit elle par droit avec les autres freres, come li sous.

s'observera à l'égard d'une fille qui aurait abandonné la maison paternelle pour se livrer au libertinage; elle partagera également avec ses frères, et aura la même part que l'enfant libertin.

141. *D'hons qui fet amendement en l'heritage de sa femme.*

141. *D'homme qui améliore le bien de sa femme.*

Se aucuns (1) gentishons, ou coustumier, avoit prise fame, et il eust fet en la terre sa fame bonnes mesons, ou vigne plantées, et sa fame mouroit sans hoir, li amendement que il auroit fet en la terre sa femme remaindroient au lignage à la femme, ne jà li lignage à la fame ne len feroit retour. Itant gaaigne qui met amendement en autrui heritage.

Si un gentilhomme ou coustumier améliorait le bien de sa femme en y bâtissant, y plantant des vignes, et que sa femme vînt à mourir sans enfans, le profit de l'amélioration serait à l'avantage des héritiers de la femme, et ils ne seront pas obligés d'en tenir compte au mari; car celui qui améliore le bien d'autrui n'y gagne rien.

142. *D'age d'home coustumier.*

142. *De la majorité d'homme coutumier.*

Home coustumier si est bien aagé quand il a passé quinze

Homme coutumier est majeur à quinze ans, à cet

---

(1) On a remarqué en plusieurs endroits que, suivant nos usages, les femmes n'ont point de dot, ce qui a été très-bien remarqué par *Curtius*, tom. 1, *conjectur. lib.* 1, *tit.* 39; et par Dargentré, sur l'art. 319 de l'ancienne cout. de Bretagne, glose 112, nombre 2.

Le mari, parmi nous, est bail ou gardien de sa femme, et c'est en cette qualité qu'il fait les fruits siens de tous les fonds qu'elle possède, comme le baillistre ou le gardien fait les fruits siens des immeubles de son mineur. Or, si le gardien s'avisait de bâtir sans nécessité sur le fonds de son mineur, le gardien perdrait les augmentations qu'il aurait faites ainsi, et ne pourrait espérer que de remporter ses matériaux, en rétablissant les lieux; et par conséquent ce chap. a décidé avec quelque raison qu'il en devait être de même à l'égard du

ans d'avoir sa terre (1), et de tenir de service de seigneur (2), et de porter garantise. Més il n'est pas en aage de soy combatre devant que il ait vingt-un an (3), se il ne le voloit (4) de son gré.

### 143. (5) D'hons coustumier qui acquiert fierage.

Se aucuns hons coustumier conqueroit, ou achetoit chose qui feist à mettre homage ou il porchase envers son seingneur comment il le mette en foy, (6) ou en homage en tous ses heritaiges, ou une partie, en tele foy, comme est la chose qui seroit pourchaciée, si auroit au-

âge il peut tenir sa terre, rendre son service à son seigneur, et porter garantie; mais à cet âge il n'est point tenu au service des armes, et ne peut accepter le combat qu'à vingt-un ans.

### 143. D'homme coutumier qui acquiert franchise.

Si un homme coutumier acquérait ou achetait un bien qui dût hommage, et qu'il demandât à son seigneur de lui permettre de tenir de lui, sous la foi convenable, ses biens en tout ou en partie, ses enfans, à sa mort, partageraient également en-

---

mari. *Vide tamen legem* 3 et 8 Dig. *de Impensis in res dotales factis*; et Le Brun, de la Communauté, liv. 3, chap. 2, distinction 7, p. 371. (Laur.)

(1) Tel était l'ancien usage de la France et de l'Angleterre. Fleta, lib. 1, cap. 11, § 7. V. Cowellum, lib. 1. *Instit. juris Anglicani*, tit. 2, in principio.

Des Mares, décision 249; Du Pineau, sur l'article 444 de la cout. d'Anjou. (Laur.)

(2) Ceci doit être entendu du service des terres en roture. Car à l'égard des fiefs, le roturier était comme les nobles qui ne pouvaient tenir leurs terres avant vingt-un ans, comme il est dit au chap. 73 ci-dessus; ce qui est bien expliqué par l'art. 444 de la cout. d'Anjou. V. Loisel dans ses Institut., liv. 1er, tit. 1, règle 34, avec la note de Laurière. (Laur.)

(3) Ainsi celui qui était propriétaire d'un fief qui obligeait au service des armes, ne pouvait le desservir à cet âge, et il n'était pas obligé de combattre quand il était appelé en duel. Dans quelques lieux, il était pourtant admis au combat après quinze ans. V. Beaumanoir, p. 313 et 314. (Laur.)

(4) Savoir, soi combattre en gage de bataille, car il n'était pas en son pouvoir de desservir son fief, ni de sortir de bail avant l'âge. (Laur.)

(5) Dans un manuscrit, il y a mieux « De foi en villenage, » et dans un autre « d'homme coustumier qui acquiert franchise. » (Laur.)

(6) « Pourchassier » est poursuivre, solliciter, traiter. Beaumanoir, chap. 45, p. 263. Littleton, chap. 1, n°. 1.

Quand donc un homme coutumier est nouvellement investi d'un fief, ou parce qu'il l'a acquis de son seigneur, ou parce qu'il a fait convertir sa roture en fief, ce fief se partage également entre ses enfans. (Laur.)

tent li uns comme li autres des enfans, fors li aisné, qui feroit la foi si auroit la moitié (1) selon la grandeur de la chose, et pour faire la foy, et pour garir (2) les autres en parage. Et tout ainsi departira toujours més jusques en la tierce foy, (3) et d'ileques en avant si aura l'aisné les deux parties, (4) et se departira toujours més generaument.

tre eux, excepté l'ainé, qui doit avoir pour lui seul la moitié du fief, à la charge d'en rendre la foi, et de garantir ses frères en parage. Le fief se partagera, en cette matière jusqu'à la tierce-foi, et alors il sera partagé pour toujours, comme entre nobles.

### 144. D'hons coustumier qui trenche chemin qui doit paage, ou qui vend à fausse mesure.

### 144. D'homme coutumier qui refuse de payer le droit de chemin, ou qui a fausse mesure.

Hons coustumier (5) qui trespasse chemin qui doit paage (6), il en paie soixante sols d'amende à celuy à qui est li chemins. Et tout ainsi se l'en trueve fausse mesure (7) de seur lui, se il vend ou achate.

L'homme coutumier qui passe sur un chemin sans en vouloir payer le droit de péage, sera condamné à 60 sous d'amende; il en sera de même de celui qui se sert de fausse mesure soit qu'il vende, soit qu'il achète.

---

(1) Il y a mieux : « si auroit l'avantage. » Et en cela l'ainé roturier était comme la fille ainée noble, qui garantissait ses sœurs sous son hommage. V. ci-dessus, le chap. 10 et les observations. (Laur.)

(2) Garantir. (Laur.)

(3) La raison est qu'à la tierce-foi, les roturiers propriétaires de fiefs étaient considérés comme nobles, ce qu'on a déjà justifié par l'autorité du Poggio, de nobilitate. V. Bouteiller, dans sa Somme, liv. 2, tit. 1, p. 654. (Laur.)

(4) V. la cout. d'Anjou, art. 255, 256 ; et celle du Loudunois, chap. de succession de coutumier, art. 5. (Laur.)

(5) V. le chap. 58. le 95 avec les not. ; et les art. 54 et 55 de la cout. d'Anjou. (Laur.)

(6) V. les art. 50 et 51 de la cout. d'Anjou ; et la cout. du Loudunois, au tit. des péages, art. 1. (Laur.)

(7) V. le chap. 146 et le 50. (Laur.)

### 145. De marchant qui trespasse peage.

Se un marcheant trespasse paage (1) sans paier son paage, et li paagieres le prend, et li dit, vous vous en alés sans paier vostre paage, nous volons que vous nous en fácez droit, et que vous nous en gagiés l'amende. Et cil die en tele maniere, sire, je ne savoie mie que je deusse ici endroit point de paage, et en feré ce que je devré. Et ainsi l'en li puet esgarder que se il ose jurer (2) seur sains, que il ne savoit que il i eust point de paage, il en fera le gage de sa loy, et si rendra le paage, et à itant sera quites. Et se il ne l'ose jurer, il en paiera soixante s. au paageur. Més marcheant qui va par yaue et meine chalant (3), se il s'emble du paage par aucun passage, et l'en le prouvoit, il en perd son chalant, et ce qui est dedens (4).

### 145. Du marchand qui passe sans payer le droit de péage.

Si un marchand passe sans payer le droit de péage, et que ceux qui sont préposés à la recette du droit, le prennent et lui disent: vous vous en allez sans payer le droit de péage; nous voulons en avoir justice, et que vous satisfassiez à l'amende. Si le marchand répond: sire, j'ignorais que je dusse payer ici le droit de passage, et je ferai ce que je devrai. On pourra lui ordonner de jurer qu'il ne savait pas qu'il fût dû un droit de passage, il en fera le gage de sa loi, payera le droit qui est dû, et en sera quitte pour cela: mais s'il n'ose jurer, il payera 60 sous d'amende à celui à qui appartient le chemin; mais un marchand qui, conduisant ses marchandises par eau, ne paye

---

(1) V. ci-dessus le chap. 60 et les remarques. (Laur.)

(2) V. la cout. d'Anjou, art. 50. Les seigneurs qui avaient de tels droits devaient avoir des pancartes affichées, en sorte que personne ne pût ignorer ces sortes de cout. V. l'Ord. de 1560; celle d'Henri III, de 1549, art. 158 et 282, et la Conférence des Ord., liv. 4, tit. 12. (Laur.)

(3) Le chaland est un bateau d'où le pain qui vient sur l'eau a été nommé pain chaland, comme l'a remarqué Du Cange dans ses notes sur Joinville, p. 91, vers la fin. Ceux qui achetaient de ces pains étaient nommés des chalans; les marchands ont donné ensuite ce nom à tous ceux qui leur achetaient. Et de là vient que l'on dit encore une boutique achalandée. (Laur.)

(4) La cout. d'Anjou glosée ajoute: « ou cas toutefois que l'on pourrait arrester le chalant au lieu accoutumé à payer le peage. » V. l'art. 54 de la cout. d'Anjou. (Laur.)

1270.

point les droits qui sont dus, perd de droit son bateau et les marchandises qui sont dedans.

146. *De marcheans qui portent fausses mesures, ou faus dras.*

Marchant qui porte fausses mesures (1) et il en est provés, il en paie soixante s. (2) et qui porte faus dras à vendre (3), et il en est provés par les marcheans drapiers, qui bien auront cognu que li dras seront faus par leur serement, la justice doit faire les dras ardoir à veüe et à seüe d'autres gens, et si paiera cil que les aura apportés soixante s. d'amende à la justice. Et se il estoit prouvé que li meismes eust fet les dras qu'il auroit apportés, il en perdroit le poing par droit (4), pource qu'il auroit ouvré comme faus et comme lierres.

146. *Du marchand qui porte fausse mesure ou faux draps.*

Quand un marchand est convaincu de se servir de fausses mesures, il doit payer 60 sous d'amende; de même celui qui est convaincu de vendre de faux draps, sur le témoignage de marchands drapiers, qui, après les avoir examinés, les déclarent faux par leur serment, sera condamné à 60 sous d'amende, et la justice fera brûler les draps qu'il aura apportés. S'il était prouvé qu'ils fussent de sa façon, on lui couperait le poing, comme faussaire et voleur.

---

(1) Dans le chap. 141 de l'ancienne cout. d'Anjou glosée, il y a, « fausse aulner » V. le ch. 144 ci-dessus. (Laur.)

(2) L'art. 173 de la cout. d'Anjou dit qu'il sera puni d'amende arbitraire. *Lege* 37, D. *de pœnis.* V. Cujac. *lib.* 8, *observationum cap.* 33, *ubi agit de Judiciorum quæ ex delictis nascuntur differentiâ*, *Leg.* Jubemus C. *De Defensoribus civitatum*, *Legem* Modios; God. *De susceptoribus*, *Novellam* 128 *cap.* 3; Chassanæum *in Cons. Burgundiæ*, tit. *De confiscat.* S 1, *gloss.* 1, 2. 56; et la conférence des Ord., liv. 1, tit. 13, de la police générale, art. 31; et l'art. 146 de l'Ord. d'Orléans. (Laur.)

(3) L'art. 137 de la cout. d'Anjou peut servir à faire entendre ce chapitre. Joignez l'ancienne cout. de Tours, au tit. des Droits du seigneur chastellain, art. 8, 9, 10, 11 et 12 qui contiennent plusieurs réglemens touchant les draps, et l'art. 8 de celle du Poitou. (Laur.)

(4) V. *Jacobum de Ardisone parte* 4, *secundæ principalis*, *capite* 153. (Laur.)

## 147. De response de fame.

Nule fame (1) n'a response en cour laie (2), puisque ele a seigneur, se ce n'est du fet de son corps. Més qu'il l'auroit batüe, ou dit folie (3), ou autre deslöianté, en tele maniere elle a response sans son seigneur ou se ele estoit marchande (4), ele auroit bien la response des choses que ele auroit bailliés de sa marchandise et autrement non, selon droit escrit en la digeste vielle, el titre des ruiles de droit, en la l. *Fœminæ à publicis judiciis.* Car fame si est ostée à tous offices.

## 147. De la voix qu'a la femme en justice.

Nulle femme n'a voix en cour laic, parce qu'elle est en puissance de mari, à moins cependant qu'elle ne se plaigne d'une injure personnelle ; car si elle se plaignait qu'on l'eût battue, maltraitée ou injuriée en quelque manière que ce fût, elle aurait voix en justice sans l'autorisation de son mari, il en serait de même si elle était marchande : elle aurait voix dans la contestation qui pourrait s'élever relativement aux marchandises qu'elle aurait vendues, autrement non, suivant le droit écrit au Dig. tit. *de reg. jur.* en la loi *Fœminæ publicis judiciis.*

---

(1) La cout. d'Anjou, à l'art. 510. V. les Inst. coutumières de Loisel, liv. 1, titre 1 avec la note.

La réponse est opposée ordinairement à la voix. Et comme avoir voix en cour est y avoir action, il s'ensuit qu'y avoir réponse est y pouvoir être pour s'y défendre. Mais ici la réponse est la même chose que la voix. (Laur.)

(2) De-là il s'ensuit que la femme pouvait agir en cour ecclésiastique sans l'autorité de son mari, et tel était l'usage du temps de Jean Faure, comme il le remarque dans son commentaire sur la loi première *Cod. de bonis maternis,* num. 3. Mais Du Molin a soutenu que la femme en puissance de mari devait être autorisée dans l'une et l'autre cour, car, sur l'art. de la cout. de Paris qui porte que « Femme ne peut ester en jugement », il a mis pour note : *nec in civili, nec in ecclesiastico foro, quamvis Joannes Faber dixerit contrarium, ad tit. cod. De bonis maternis.* (Laur.)

(3) V. *Legem* 15, *Dig. de Injuriis,* § *Si quis virginis.* Beaumanoir, ch. 30. Des meffects, p. 550, et le chap. 148 ci-après. La femme, dans ce cas, pouvait agir sans autorisation, mais aujourd'hui il faut qu'elle soit autorisée. V. Ri... sur l'art. 135 de la cout. de Paris. (Laur.)

(4) V. l'art. 510 de la cout. d'Anjou et le 135 de celle de Paris avec les commentaires. (Laur.)

148. *D'appeler home ou fame de folie desleal.*

Se aucuns apele un autre faus, ou larron, ou murtrier (1), ou punais (2), ou d'aucune autre folie vilene, ou desloial, et cil qui seroit ainsi apelés s'en pleinsist à la justice, et doit dire en tele maniere, sire, il m'a apelé desleal ou larron, à veüe et seüe de moy et de gens, si vuel que vous m'en facez droit. Et se li autre dit, je m'en deffens, et en feré ce que je devré, si puet l'en esgarder qu'il jüerra seur sains de sa main que il ne li aura pas dit la folie, et à itant s'en passera. Et se il n'ose fere le serement, il en paiera v. s. à la justice d'amende, et v. s. 1. den. au pleintif (3). Et tout ainsi qui apeleroit une femme putain (4), ou larronesse ou d'aucune folie desloial si le s'en plaignoit, si li en feroit l'en le droit, si comme nous avons dit desus. Et se aucuns apeloit un autre de folie desloial, et ne deist pas, que ce fust à veüe et à seüe de luy, ou se il ne trouvoit garand de la querele, ou lequel que ce soit de ces deux choses, il n'en auroit ja response, et seroient li

148. *D'appeler homme ou femme de folie déloyale.*

Si quelqu'un appelle un autre faux, ou voleur, ou meurtrier, ou malsain, ou bien l'accuse d'aucune autre action mauvaise et déloyale, et que l'accusé s'en plaigne à la justice, il fera en ces termes : sire, un tel m'a appelé déloyal et larron en face de moi, et en présence de plusieurs autres personnes, je vous en demande justice. Si l'autre s'en défend et offre de le prouver comme il le devra, on lui enjoindra de jurer sur l'évangile qu'il n'a dit aucune injure, et il en sera quitte pour son serment; mais s'il n'ose faire le serment, il payera 5 sous d'amende à la justice, et 5 sous 1 denier au plaignant. Il en serait de même pour celui qui appellerait une femme débauchée ou voleuse, ou l'accuserait de folie déloyale; si elle s'en plaignait, on observera à son égard ce que nous avons dit ci-dessus. Si quelqu'un

---

(1) La loi salique, dans le chap. 32. a une pareille disposition. (Laur.)

(2) Il y a ainsi dans le manuscrit. V. Ménage dans son dictionnaire étymologique, et De Marca dans son histoire de Béarn, chap. 16, nombre 6. (Laur.)

(3) V. Beaumanoir, chap. 30. (Laur.)

(4) Lex Salica, tit. 32, art. 5; Les lois de Thibaud, comte de Champagne, art. 45. (Laur.)

garant oi tantost, s'il estoient en la cort, et s'il n'i estoient, si seroient nommé et vanroient au terme qui leur seroit nommez. Et se il garantissent que il eussent oïe la folie desloyal, et cil s'en deffendist vers luy, et vers ses garants, adonc porroit len esgarder, qu'il jureroient sor sainz qu'il ne li auroit pas dite la folie, que cil li mettroit sus einsi comme li garant ont garanti, ● par itant sera quittes. Et se il n'ose jurer, il paiera v. s. d'amende à la joustice et v. s. 1. den. au plaintif, si com nous avons dit cy-dessus.

se plaignait qu'un autre l'eût injurié, et qu'il ne pût pas prouver que ce fût en sa présence, ou qu'il ne trouvât pas de garans, sa plainte ne serait pas reçue en justice; mais s'il disait que ce fut en sa présence, et qu'il eût des témoins, on les entendra, s'ils sont présens à la cour, et s'ils n'y sont pas, on les ajournera, et ils comparaîtront au jour qui leur sera prescrit. Si les témoins garantissent qu'il a injurié le plaignant, et que l'accusé s'en défende, on pourra, dans ce cas, lui ordonner de jurer qu'il n'a pas proféré les injures dont on l'accuse, et il en sera quitte pour son serment; mais s'il n'ose jurer, il payera 5 sous d'amende à la justice, et 5 sous 1 denier au plaignant, comme nous avons dit ci-dessus.

149. *D'hons qui met main à son seigneur par mal despit, ou qui bat son serjant.*

149. *D'homme qui porte la main sur son seigneur, ou frappe son sergent.*

Hons coustumiers, qui met main à son seigneur par mal despit (1), pour qu'il soit gen-

Tout homme coutumier qui ose porter la main sur son seigneur, lorsque ce-

___

(1) Dans le chap. 48 il est traité du gentilhomme qui met main à son seigneur par mal dépit, avant que son seigneur l'ait levée sur lui, et, il y est dit que le gentilhomme perd son fief. Ici il est traité de l'homme coutumier, et nous apprenons que quand il levait par mal dépit la main sur son seigneur, il était puni de la perte du poing; si le seigneur ne l'avait pas frappé le premier. (Laur.)

tihons (1), il perd le poing, si ses sires ne l'avoient feru avant, et se il bat le prevost son seigneur, ou son serjant (2) de son ostel qui porte les clés, il en paiera à la justice soixante sols d'amende, et à celuy son dommage à sa prüeve.

lui-ci est gentilhomme, doit être puni de la perte du poing, si cependant son seigneur ne l'a point frappé le premier, s'il bat son prévôt ou le sergent de son hôtel, à qui sont confiés les clés, il sera condamné à 60 sous d'amende envers la justice, et aux dommages envers celui qu'il aura frappé.

150. *De meffet d'hons coustumier dont il paye soixante sols d'amende.*

150. *Pour quel méfait l'homme coutumier doit payer 60 sous d'amende.*

Hons coustumiers si fet soixante sols d'amende, se il brise la sesine son seigneur (3), ou il chasse en ses garennes (4), ou il pesche en ses estans (5), ou en ses defois (6), ou se il a taverne seur son ban (7), ou se il garde nuit bués, ou vaches (8) el bois qui n'ait pas trois ans,

L'homme coutumier paye 60 sous d'amende quand il enfreint la saisie de son seigneur, chasse en ses garennes, pêche en ses étangs ou en lieux défendus, s'il vend du vin durant le ban de son seigneur, s'il laisse au bois pendant la nuit bœufs ou

---

(1) Quand même il n'aurait été gentilhomme que par sa mère. V. l'art. 117 ci-dessus avec la note que l'on y a faite. Mais, dira-t-on, quand le roturier demeurait sur son fief, n'en jouissait-il pas de la franchise ? et ainsi ne devait-il pas à cet égard être traité comme gentilhomme. Il faut répondre que le roturier qui demeurait sur son fief n'en jouissait de la franchise qu'à l'égard des semonces qui lui étaient faites par son seigneur, et autres cas semblables. V. Des Fontaines dans son Conseil, chap. 4, art. 6, et Beaumanoir, chap. 30, p. 152. (Laur.)

(2) V. l'art. 189 de la cout. d'Anjou. (Laur.)

(3) V. le chap. 93 ci-dessus, et Beaumanoir, chap. 30, des meffets, p. 157. (Laur.)

(4) V. Beaumanoir, chap. 30, de plusieurs meffets, p. 163. (Laur.)

(5) V. l'autorité de Beaumanoir qui vient d'être rapportée. (Laur.)

(6) V. l'article 171 de la cout. d'Anjou. (Laur.)

(7) V. l'art. 184 de la cout. d'Anjou. (Laur.)

(8) V. art. 182 de la cout. d'Anjou. (Laur.)

ou se il i met chievres, ou se il fet escousse (1) à son seingnieur, ô à son prevost, il en paye soixante sols.

vaches, ou chèvres, qui n'aient pas trois ans, ou s'il méfait envers son seigneur, ou son prévôt, il paie 60 sous d'amende.

### 151. De sesinne qui n'est mie certaine.

Se aucuns sires (2) disoit à son hons coustumier, je preing ceste chose en ma main, et il n'en prist autrement la sesine, et li hons coustumier otast la chose, ou remuast, il n'en feroit à son seigneur que le gage de sa loy, car tiex sesinne n'est pas certaine, elle n'est que vée, més s'il l'ostast de la sesinne, puisque il l'eust sesie, et mise en sa main, il en payeroit soixante sols d'amende.

### 151. De saisie qui n'est point certaine.

Si un seigneur disait à son homme coutumier : Je prends cette chose en ma main, et qu'il ne s'en saisit pas autrement, et que l'homme coutumier vint à enfreindre la saisie, ou distraire quelque chose, il n'en ferait à son seigneur que le gage de sa loi; car une pareille saisie n'est point certaine, elle n'est qu'indiquée; mais s'il enfreint la saisie après que son seigneur a effectivement mis la chose en sa main, il en payerait 60 sous d'amende.

### 152. De fere eschange de terre.

Se aucunes gens fesoient eschange de terres, les uns as autres, et elles n'estoient pas d'un fié, ne d'une seigneurie, li

### 152. De faire échange de terre.

Si quelqu'un fait avec un autre échange de terre, et les terres échangées relèvent des deux différens fiefs ou

---

(1) V. Beaumanoir, chap. 30, des meffects, p. 158, et le chap. précédent. (Laur.)

(2) Toute saisie est de fait, et un seigneur ne peut mettre la chose de son homme coutumier en sa main par une simple parole. Si donc un seigneur dit à son homme coutumier : « Je prends cette chose en ma main ; » si l'homme coutumier brise une telle saisie, il n'en doit que le gage de la désobéissance, qui est de sept sols six den.; mais si le seigneur met seulement la chose en sa main, et si ensuite l'homme coutumier brise sa saisine ou saisie, il en doit soixante sols d'amende. V. Beaumanoir, chap. 30, p. 157.; Chopin, sur l'art. 3 de la cout. d'Anjou, où il rapporte ce chap., *et Boërium, in consuet. Bituricens.* § 16. (Laur.)

sires feroit les terres prisier par prud'hommes, et de tant comme elles seroient prisiées en auroit li sires ses ventes (1). Més se elles estoient d'une seignorie, il n'en auroit nulles ventes (2), se en une maniere n'estoit, que nous vous dirons, que li uns tenist de deux barons, et qu'il eust home en chacune chastellerie, et li hons chanjassent li uns aus autres leurs terres, leurs ventes seroient rendües par la reson de ce que ce est de deux fiez, tout soit-ce d'un seigneur.

seigneuries, chaque seigneur fera estimer par gens dignes de foi la terre qui relève de son fief, pour en prélever les lods et ventes ; mais si les deux terres se trouvent dans le ressort de la même seigneurie, il n'est dû aucun droit de lods et ventes, à moins qu'un seigneur tînt de deux barons, et qu'il eût dans chacune des deux châtelleries un vassal ; dans le cas où les deux vassaux viendraient à échanger leurs terres, les lods et ventes seraient dus, à cause des deux fiefs, quoique ce soit toujours le même seigneur.

(1) C'a été une grande question de savoir si les lods et ventes étaient dus en cas d'échange et de permutation, et nos cout. ainsi que nos auteurs y ont été partagés. Voyez Franzke dans son traité De Laudimiis, chap. 18, où il cite tous les auteurs qui ont examiné cette difficulté.
Suivant ce chap., si les terres échangées sont de deux différens fiefs ou seigneuries, chaque seigneur peut faire priser l'héritage échangé qui est mouvant de lui et en prendre les lods et ventes; mais si les terres sont dans la même seigneurie ou le même fief, il n'en est rien dû, parce que le seigneur ne change pas d'homme.
Que l'on suppose à présent qu'un même seigneur ait deux fiefs dont l'on relève d'un baron, et l'autre d'un autre baron, et qu'un tenancier résidant dans un fief et une châtellerie, fasse un échange de sa terre avec un autre tenancier dont la terre est dans l'autre fief et l'autre seigneurie. Ces tenanciers qui échangent ainsi devront-ils des lods et ventes au même seigneur ? Et il semble qu'ils n'en devraient pas puisqu'ils ne changent pas de seigneur : cependant cet article décide qu'ils en doivent parce qu'ils sont de deux différens fiefs.
V. Amedeum a Ponte, de Laudimiis, qu. 28; Antonium Fabrum, de erroribus pragmaticorum, decade 99, errore 6; Molin, in consuetudines parisienses, § 33, n. 79; Franzkium, de Laudimiis, cap. 18, ampliatione 3; Dargentreum, de Laudimiis, § 49, etc. (Laur.)
(2) La raison vient d'en être rendue; mais ce droit change en Anjou, comme il se voit par l'article 155 de la nouvelle cout. qui porte que : « En contract d'échange et permutation d'héritages à ventes, supposé que les héritages soient en un même ou divers fiefs, » ce qui a été depuis étendu dans tout le royaume par l'Edit de février 1674. V. les commentateurs, sur l'article de la cout. d'Anjou qui vient d'être rapporté, sur l'art. 173 de celle du Maine; sur les articles 143 et 147 de celle de Touraine. Le Proust, sur la coutume du Loudunois, chapitre 14, art. 13 et 24; et le chap. suivant avec la note.

153. *De retrere terres qui sont vendües par eschange.*

Se aucuns estoit qui achetast à un autre un grand achat de cent livres (1) ou de plus, ou de mains, fussent prez, oû vignes, ou terres ou mesons, et cil qui l'auroit acheté, si en baillast une aune (2) de terre qui ne vausist que dix livres, tout vausist li achas c. livres, si comme nous avons dit dessus, ou plus ou mains, et li lignagés venist avant et li demandast à avoir, et cil deist, je ne vüel pas que vous l'aiez, que c'est eschange, car je en ai donné une grande partie de ma terre en eschange. Ainsi n'auroit pas le lignage ceste maniere d'achat selon l'usage qui cort (3).

153. *Du retrait de terres échangées.*

Si quelqu'un faisait une acquisition considérable, par exemple, de cent livres de rente, plus ou moins, soit en prés, vignes, terres ou maisons, et qu'il eût donné en échange une mesure de terre de dix livres, quoique l'acquisition qu'il eût faite fût de cent livres, comme nous avons dit ci-dessus, ou plus ou moins, et que les parens du vendeur voulant retraire la terre vendue, l'acheteur s'opposât au retrait, sous prétexte qu'il n'a fait qu'un échange, les parens du vendeur seront déboutés de leur demande, suivant l'usage de cour laie.

---

(1) Cent livres de terre sont une quantité de terre qui produit cent livres par an ; ce qui était autrefois un grand revenu, et par conséquent une grande acquisition. Cent livres de terres et cent livrées de terres étaient la même chose. (Laur.)

(2) *Ulnata terræ.* C'était une mesure de terre.
Un homme acquiert cent livres de terres d'une personne à qui elles étaient propres, et, pour ces cent livres de terres, il n'en donne qu'une aune de dix livres. Les parens lignagers de celui qui a aliéné ces cent livres de terres, intentent leur demande en retrait contre l'acquéreur. La question est de savoir si ces lignagers sont bien fondés dans leur demande en retrait. Et il est décidé dans ce chap. qu'ils y sont mal fondés, parce qu'en échange, il n'y a pas de retrait, ce qu'il faut entendre, pourvu qu'il n'y ait pas eu de retour en argent. V. la cout. d'Anjou, art. 353 ; l'art. 143 de la cout. de Paris, et l'auteur du Grand Coutumier, livre 2, p. 229, 230. (Laur.)

(3) Dans la cout. d'Anjou glosée, il y a « suivant l'usage de la cour laye. » V. la note sur le chapitre précédent. (Laur.)

154. D'hons qui demande achat par lignage, comment il le doit avoir.

154. D'homme qui demande rachat pour cause de parenté; comment il le doit avoir.

En tous les achas que l'en achete qui apartiennent à heritage (1), puisque eux le tiennent an et jour (2) sans chalange (3), à veüe et seüe (4) du lignaige de celui de qui il l'auroit achetée, se il venissent aprés que li ans et li jours fussent passés, et il demandast cest achat à avoir, il n'en auroit point par droit (5), pour qu'il fussent en l'eveschié (6). Més se il venoient dedans l'an

Dans tous les achats que le vendeur a eus par succession, qui ont été tenus un an et un jour sans interruption, au vu et au su de la famille du vendeur, si après l'an et jour expirés, un des parens se présentait pour retraire le bien, il ne le pourrait de droit s'il était resté dans l'évêché pendant ce terme ; mais s'il se présentait pendant l'an et jour

---

(1) Anciennement les propres étaient inaliénables sans le consentement de l'héritier présomptif, et si ce n'était par nécessité jurée. V. Glossaire, sur nécessité jurée et sur retrait ; et Laurière sur la cout. de Paris au titre du Retrait lignager. (Laur.)

(2) Après l'an et le jour les acquéreurs avaient acquis saisine avec titre, et ainsi, il n'était plus au pouvoir des lignagers du vendeur de les inquiéter. (Laur.)

(3) Chalange vient de *Calumnia*. On a déjà remarqué que dans la bonne latinité *calumniari* signifiait chicaner. (L.)

(4) *Non clam.* Pour acquérir la saisine, il fallait avoir possédé par an et jour, *non vi*, *non clam*, *non precario*. V. l'auteur du Grand Coutumier, livre 2, chapitre 21, p. 139, et Gloss., sur complainte. (Laur.)

(5) Cela était ainsi quand les lignagers avaient été présens ; car s'ils avaient été absens, la prescription d'an et jour ne courait point contre eux. V. la note qui suit. (Laur.)

(6) Anciennement l'action que les lignagers avaient pour retraire, se prescrivait par an et jour, entre présens, c'est-à-dire, entre ceux qui étaient dans le même évêché ; mais elle ne se prescrivait pas par an et jour contre les absens, ou ceux qui étaient dans un autre évêché. Aujourd'hui ces principes sont changés. L'action qui est donnée aux lignagers ne dure, ou pour ainsi dire, ne vit qu'un an et un jour, et de là vient que cet an et jour courent tant contre les absens que contre les présens, et tant contre les majeurs que contre les mineurs. *Ea quæ tempore ipso jure pereunt, hæc pereunt minori. Et ita dicimus annum petendæ bonorum possessionis currere minori.* Cujac. ad leg. 30, Dig. de minoribus, lib. 3, quæstionum Papiniani. V. le chap. 156. (Laur.)

et le jor, et aucun du lignage demandast l'achat il l'auroit, puisqu'il n'eust esté semons devant justice (1). Més il rendroit à celui les amendemens que il y auroit mis (2) et sés. Et se il avoit esté semons pardevant justice de reprendre, il n'en auroit point part.

pour former sa demande en retrait, il l'aurait, pourvu cependant qu'il n'eût pas été auparavant sommé devant la justice; mais il serait tenu de rembourser à l'acquéreur les frais qu'il y aurait mis, et les réparations qu'il aurait pu y faire; il ne serait pas fondé en sa demande, si le vendeur l'avait auparavant sommé devant la justice de déclarer s'il entendait le prendre ou non.

155. *De mettre amendement en achat qui est demandés.*

155. *Des frais et loyaux coûts auxquels est tenu celui qui retrait un héritage.*

Se il avenoit que aucuns achetast, et un autre du lignage li demandast l'achat, et li offrist les deniers à rendre que li achas li auroit cousté, et deist contez bien tous les coustemens, et je

Si quelqu'un achetait un héritage, et qu'un des parens du vendeur vînt à le retraire, en offrant de lui rendre les deniers qu'il a déboursés, et lui dît : comp-

---

(1) Jure feudorum lib: 2, tit: 3 vel 4, § 1. *Junge legem* cum dubitabatur 3: Cod: *de jure emphyteutico.* Ainsi, suivant ce droit, celui qui voulait vendre, devait offrir la chose à ses proches parens, et les parens avaient droit de la prendre pour le prix dont on était convenu avec l'acheteur. Anciennement, en France, on ne pouvait vendre son propre, comme on l'a déjà dit, que du consentement de son hoir, ou par nécessité jurée, ou pour en employer le prix en autres héritages; et dans l'un et dans l'autre cas celui qui vendait devait offrir la chose vendue à ses parens. Et pour les mieux exclure du retrait, les offres leur étaient faites par semonces, en jugement, suivant ce chap.

Il n'est pas dit ici, quand l'an et le jour donné aux lignagers pour retraire, devaient commencer, et il y a, ce semble, lieu de dire que c'était du jour de la saisine ou de l'ensaisinement du seigneur; mais il faut remarquer que dans ce temps, les ensaisinemens se faisaient si publiquement, que personne ne devait les ignorer, comme il se voit par ce qui suit de l'auteur du Grand Coutumier, liv: 2, chap. 25 et 27, p. 176, 177; joint à l'autorité de Du Molin. *In cons.* Paris., §. 2, gloss. 1, n. 30. (Laur.)

(2) Ce droit a été changé. V. Jean Des Mares dans ses décisions, chap. [...] [...]eur du Grand Coutumier, livre 2, chapitre 34, p. 230, 231, et l'art. [...] [...] la coutume de Paris avec les commentaires. (Laur.)

les vous rendré (1), car vées ci l'argent, et se cil ne voloit prendre les deniers, et i meist amendement aprés (2), ou de vignes planter, ou de mesons fere, ou d'autres amendemens que il i auroit fés, il n'en rendroit rien, ainçois auroit l'achat par les deniers paians que li autres i auroit mis.

tez bien tout ce qu'il vous en a coûté, je vous le rendrai, car voici l'argent. Si l'acquéreur refusait de recevoir les deniers, et fit après d'autres dépenses dans l'héritage, telles que de vignes, ou de maisons, ou autres choses, le retrayant ne rendrait rien pour iceux; mais il aurait l'héritage pour le prix qu'y a mis l'acquéreur.

156. *D'hons qui a demoré hors du païs de demander achat.*

156. *De celui qui forme le retrait après une longue absence hors du pays.*

Se aucuns hons achetoit d'un autre qui eust lignage hors de l'eveschié (3), et cil venist demander aprés ce que li ans et li

Si un homme achetait un héritage de quelqu'un dont les parens fussent hors du diocèse, et que l'un d'eux

---

(1) Ceci doit être entendu des coutemens nécessaires et utiles. Dans le temps que ces Établiss. furent faits, on étudiait en France les lois romaines, et les lois 3 et 8 du tit. du Digeste *De Impensis in res dotales factis* n'étaient point inconnues. V. l'art. 146 de la cout. de Paris. (Laur.)

(2) La raison est que celui qui dans ces circonstances fait des amendemens en la chose retraite, est censé les donner (Laur.)

(3) Suivant les lois romaines, on réglait l'absence en cas de prescription par les provinces; en sorte que ceux qui étaient dans une même province, étaient réputés *présens*, et ceux qui étaient dans deux différentes provinces étaient réputés *absens*. L. alt. Cod. de præscriptione longi temporis.

Dans l'établiss. des archevêchés on suivit la division ou distribution que les Romains avaient faite de provinces, et il semble, par cette raison, qu'on ne devait réputer absens que ceux qui étaient dans différens archevêchés.

Quand les provinces se trouvèrent d'une grande étendue, on y établit des évêchés subordonnés aux archevêchés, et ensuite le gouvernement temporel ayant été réglé sur l'ecclésiastique, on envoya les ducs dans les villes archiépiscopales pour y résider, et les comtes, dans les villes épiscopales, comme il se voit par *Valafridus Strabo, de Rebus Ecclesiasticis*, cap. 31, col. 695.

Les archevêchés et les évêchés ayant été établis, on y réputa étrangers tous ceux qui étaient d'un autre diocèse, comme l'a remarqué de Laubepine, dans ses not. sur Optat.

Des cours ecclésiastiques cet usage passa dans les cours séculières. De-là vient que suivant le chap. 87 ci-dessus, ceux qui étaient d'un diocèse étaient réputés aubains dans un autre diocèse, et de-là vient, suivant le chap. 154 ci-dessus et suivant celui-ci, que l'an du retrait ne courait pas contre les lignagers qui étaient domiciliés dans un autre diocèse. (Laur.)

36*

jors seroit passés, cil qui auroit acheté ne s'en passeroit pas par le terme, ainçois auroit l'achat cil qui demanderoit par les deniers paians, et se li autres i avoit mis amendement, il les auroit (1) à la loy prüe, et si ne rendroit riens de chose qu'il i eust demandé (2). Car droit ne donroit mie que l'en alast semondre hors de l'eveschié (3).

vint après l'an et jour redemander le bien, l'acquéreur ne pourroit le refuser à cause de l'expiration du terme; ainsi le demandeur l'auroit en payant les deniers déboursés pour le prix de l'acquisition; mais si l'acquéreur y avait fait quelques dépenses, on les lui rendra après une juste estimation; mais il ne rendra rien des fruits qu'il aura perçus; car ce n'est pas la coutume de faire sommer quelqu'un qui est hors du diocèse.

157. *D'achat que li sires püet retrére à luy.*

157. *Du retrait féodal.*

Se aucuns achetoit d'un autre qui ne li tenist riens (4), icelui achat adonc i ce mouvroit (5),

Si quelqu'un achetait d'un autre qui ne lui fût pas parent, le seigneur de qui l'hé-

---

(1) V. la not. sur le chap. 155. ( Laur. )

(2) Dans deux manuscrits, il y a beaucoup mieux « de ce qu'il en auroit levé; » c.-à-d., des fruits qu'il en aurait perçus, ce qu'il faut entendre avant que l'action en retrait eût été intentée. V. Reinkinkgium, *de retractu, Quæstione* 8, n. 7, *pag.* 361.

(3) Quand celui qui vouloit vendre son propre l'avoit offert à ses proches parens, avec semonce en justice, s'ils acceptaient les offres, les fruits de l'héritage leur appartenaient, et non au vendeur, ce qui n'avait lieu qu'à l'égard des parens qui étaient présens, c'est-à-dire, dans le même évêché; car comme il est dit ici: « Droit ne donnoit mie que l'on allast semondre hors de l'Eveschie. » V. l'art. 134 de la cout. de Paris, et l'auteur du Grand Coutum., liv. 2, chap. 34, pag. 251. (Laur.)

(4) Dans deux manusc. il y a mieux: « Iceluy achat auroit li sires dont i ce mouvroit. » Le sens de ce chap. est qu'en matière de retrait, le lignager est préféré au seigneur et le seigneur à l'étranger. Laurière a fait voir que le retrait féodal, plus ancien que ces Etabliss., était en usage en France dès l'an 977, ce qu'il a prouvé par la charte du rétablissement de la Réole.

(5) V. la Charte de la commune de Beauvais, de l'an 1182, rapportée par Lousel dans ses Preuves de l'histoire de Beauvoisis. V. Laurière sur le tit. du *Retrait lignager* de la cout. de Paris, son Gloss. du droit français, sur les mots *retrait lignager*, et ses not. sur le chap. précéd. et sur les deux qui suivent.

se il voloit ains que uns es- | ritage releverait, pourrait,
trangés (1). | s'il le vouloit, user du retrait préférablement à tout autre étranger.

158. *De rendre ventes qui sont retraites.* | 158. *Comment celui qui retrait doit rendre les lods et ventes.*

Se aucuns achetoit, et uns autre retressist, qui fust du lignaige, il n'en rendroit nulles ventes au seignieurs, més il les rendroit, à celui dont il l'auroit retrait (2), et les deniers et les rentes que cil auroit rendües au seigneur (3). | Si quelqu'un achetait un héritage, et qu'un parent du vendeur vînt à le retraire, il ne paierait pas les lods et ventes au seigneur; mais il les rendrait à l'acquéreur, ainsi que les deniers et rentes qu'il aurait payés au seigneur.

159. *D'hons qui retret achat à qui l'en demande plus que li achas n'a cousté.* | 159. *De celui qui retrait, et à qui l'on demande plus que le bien n'a coûté.*

Se aucuns hons (4) avoit acheté d'un autre, prés, vignes, | Si quelqu'un, ayant acheté d'un autre prés ou vignes,

---

(1) V. l'art. 347 de la cout. d'Anjou. (Laur.)
(2) L'art. 136 de la cout. de Paris a été pris dans ce chap. V. l'auteur du Grand Cout. liv. 2, chap. 34, p. 228. (Laur.)
(3) Cela devait être ainsi à l'égard des rentes, quand l'action en retrait, avait été intentée de bonne heure, et avant que l'acheteur eût perçu les fruits; mais il n'en était pas ainsi quand elle avait été intentée à la fin de l'année, et après la perception des fruits par l'acheteur, parce que celui qui perçoit les fruits de l'héritage comme propriétaire, en doit payer les charges, par deniers, il faut, ce semble, entendre ici les cens.
(4) Depuis que l'usage des retraits a été admis en France, on a toujours commis des fraudes pour en exclure les lignagers, et l'une des plus ordinaires a été de faire le prix des choses vendues beaucoup plus grand qu'il ne l'avait été effectivement.
Suivant ce chap., lorsque celui qui n'avait acheté un héritage que vingt livres, en avait dit cinquante ou soixante, ce qui était dans le temps de ces Etablis. une très-grosse somme; si le lignager croyait que la chose n'avait été vendue que vingt livres, il fallait en venir au serment. Le lignager ou le retrayant apportait en justice les soixante livres qui lui étaient demandées, et les offrait à l'acheteur ou à l'acquéreur, et l'acquéreur devait jurer sur les Evangiles que la chose lui avait effectivement coûté soixante livres, et, après le serment ainsi fait, les soixante livres lui étaient délivrées.

ou teres ou mesons, ou autres choses qui appartenissent à heritage, et aucuns demandast l'achat à avoir qui fust du lignage, et li autres deist, je vuel bien que vous l'aiez, més que vous me rendez ce qu'il m'a cousté, et li autres li demandast, combien vous a-t-il cousté, et il deist cinquante l. ou soixante ou plus, et deist que tant luy eust-il cousté tout ne lui eust-il cousté que vingt l. et li autres deist, tant il ne vous cousta que vingt l. et tant sui-je prest de paier, et cil die, je n'en prendré mie mains de soixante l. car tant me a-t-il cousté, et bien eu feré ce que je devré, si esgardera l'en par droit, que cil apportera tous les deniers, avant que il die que li achas li aura cousté; et quand les deniers seront apportez devant, la justice si dira, véés ci les deniers, soixante l. tant comme li achas vous a cousté, si comme vous dites: Si conveudra adonc ou maisons, ou autres choses appartenant à l'héritage, trouve un parent du vendeur qui veuille les retraire, et lui dise: j'y consens; mais rendez-moi ce que m'a coûté ce bien. Si l'autre lui demande ce qu'il lui a coûté, et qu'il lui réponde 50 livres ou 60 ou plus, quoiqu'il ne l'ait payé que 20 livres, et que le retrayant lui dise: il ne vous a coûté que 20 livres, et je suis tout prêt de vous les payer. Si l'acquéreur lui répond: je n'en recevrai pas moins de 60 livres; car il m'a coûté autant, et je ferai ce que je devrai. L'on ordonnera au retrayant d'apporter les 60 livres, avant que l'acquéreur prouve qu'il lui a coûté cette somme. Quand les deniers auront été apportés, la justice dira à l'acquéreur: voici les 60 livres que vous dites qu'il

---

Mais s'il n'osait jurer, et s'il avouait de bonne foi que, quoiqu'il eût demandé soixante livres, la vérité était que la chose ne lui en coûtait que vingt, le lignager qui avait droit de se plaindre de la vexation qui lui avait été faite, en le mettant dans la nécessité de chercher une somme si forte, pouvait demander de rentrer pour rien dans la possession de la chose aliénée par son parent, ce que la justice devait lui accorder par droit, pour punir l'acquéreur de la fraude.

V. l'art. 373 de la cout. d'Anjou.

Dans le temps de ces Establiss., quand l'acquéreur avait fait son serment, quoique faux, le lignager n'avait plus rien à dire et devait payer la somme entière; mais aujourd'hui, ce serment n'est point décisif, et si le lignager peut ensuite prouver que l'acquéreur a moins payé qu'il n'a affirmé, il peut, comme on le voit, répéter ce qu'il a payé de trop; et la preuve par témoins est dans ce cas admise, n'ayant pas été jugée exclue par l'art. 54 de l'Ord. de Moulins. V. Du Pineau, sur l'art. de la cout. d'Anjou qui vient d'être rapporté. (Laur.)

que cil jure seur sains de sa main, que tant li aura cousté en leal achat. Et se il ne l'ose jurer, et il die en telle maniere, je n'en prendré que vingt l. car il n'a plus cousté, et li autres die, or ne vous vuel-je rien paier : car je vous offri les vingt l. par-devant la justice, et en lieu et en temps que sere le dûi, et vous ne les vousistes prendre, ains me deistes qu'il vous avoit cousté soixante l. si m'avez fet dommage à pourchasser si grands fés (1) de deniers, et pource que vous deistes devant la justice que il vous avoit tant cousté, et vous ne l'osastes jurer, ne prouver, ainsi comme vous l'avez empris, et pour icele reson je demande l'achat avoir sans deniers et sans maille, se drois est. Adonc esgardera l'en par droit que il aura l'achat sans deniers et sans maille.

vous en a coûté. Alors il lui conviendra jurer qu'il lui en a coûté autant pour son acquisition, s'il n'ose faire le serment, et qu'il dise : Je n'en prendrai que 20 livres, car il ne m'en a pas coûté davantage, et que le retrayant lui réponde : et moi, je ne veux vous rien rendre, je vous ai offert en justice, en temps et lieu, les 20 livres qu'il vous en a coûté, vous les avez refusées, disant qu'il vous en fallait 60, vous m'avez beaucoup gêné en me forçant de trouver cette somme considérable, à présent que vous n'osez faire le serment, que vous vous rétractez devant la justice, et que vous dites que l'acquisition de ce bien ne vous a coûté que 20 livres, je demande, de droit, pour indemnité de l'avoir pour rien. Alors on lui adjugera le bien sans argent ni deniers.

160. *De rendre ventes d'heritage.*

160. *De rendre ventes d'héritages.*

Se aucuns achate, et il ne rend les ventes dedans sept jors et sept nuits (2), et il n'en ait pris respit à la justice, il amendera

Si quelqu'un achète un bien et ne rend les ventes dans l'espace de sept jours et sept nuits, sans avoir obtenu

---

(1) Si grand fardean, si grande somme. (Laur.)
(2) Par l'art. 153 de la nouvelle cout. d'Anjou, « en ventes recelées, trente jours après le contrat passé, il y a amende de loi », qui est de six sols six deniers entre nobles, et de six sols entre roturiers. V. l'art. 2 de la cout. d'Anjou. (Laur.)

le gage de sa loy, et se il passe l'an et le jour que il ne les rende, ou que il n'en preigne respit à la justice, il en paiera soixante sols d'amende (1).

délai de la justice, il amendera le gage de sa loi, et s'il reste un an et un jour sans avoir pareillement obtenu délai de la justice, il paiera 60 sous d'amende.

### 161. *De retrére achats entre freres et suers, et entre cousins germeins.*

### 161. *Du retrait entre frères, sœurs et cousins germains.*

Ainsi gaàignent freres, ou suers, ou cousins germeins leurs achas li uns vers l'autre, comme vers un estrange; car se ils estoient trois freres, et li un vendist à l'autre, et le tiers frere qui n'eust vendu, ne acheté, demandast sa part en cel achat, aprés ce que li ans et li jours seroit passés, il n'en auroit point par droit, pourquoy il eust lessié an et jour passer sans chalenge, se il estoit en l'eveschié (2). Més se il venoit dedans l'an et le jor (3) de l'achat, et

Les frères, sœurs et cousins germains peuvent user du retrait entre eux, comme envers un étranger. S'il arrivait qu'entre trois frères, l'un vendît à l'autre, et que le troisième qui n'a ni vendu ni acheté, demandât sa part en cet achat après l'an et jour, il serait débouté de sa demande pour avoir laissé écouler ce terme sans réclamation, tandis qu'il demeurait dans l'évêché; mais s'il se présentait dans l'an et

---

(1) La cout. d'Anjou retient encore cette disposition dans l'art. 173. (Laur.)

(2) De-là il s'ensuit que celui qui était dans un autre évêché, pouvait exercer le retrait après l'an. Le chap. 154 le décide nettement. Mais celui sur qui le retrait était exercé, ne rendait rien des issues, c.-à-d. des fruits par lui perçus, comme celui dont le vendeur n'avait pas fait semonce de reprendre, et qui avait été ajourné dans l'an par un parent présent, ou qui avait eu son domicile dans l'évêché. V. la not. sur le chap. 154. Ce droit fut changé. V. l'art. 134 de la cout. de Paris. (Laur.)

(3) Le sens de ce chap. est qu'entre frères il y a retrait, quand un des trois frères vend à l'un son héritage, car le troisième peut dans ce cas retraire la moitié de l'héritage acquis par son frère, en lui rendant la moitié des deniers, pourvu néanmoins que le frère qui exerce le retrait vienne dans l'an et jour, s'il a été présent, c.-à-d., s'il demeurait dans le même évêché, comme on l'a expliqué sur les chap. 156, 157, etc.; ci-dessus.; et pourvu qu'il n'ait pas été semons en justice de reprendre l'héritage, au prix convenu avec l'acquéreur ou le frère; et dans ce cas, il ne peut rien demander aux issues, c'est-à-dire aux fruits que son frère a perçus comme on l'a dit.

demandast à la justice l'achat pourquoy il n'en eust onques esté semons du reprendre par la justice, il l'auroit par la moitié des deniers paians : més il n'auroit nules des issues que li autres en auroient levées.

jour et demandât à la justice de retraire sa part du bien vendu, sous prétexte qu'il n'a pas été sommé auparavant, il aurait la moitié du bien acquis en payant la moitié des deniers, mais il n'aurait rien des fruits qu'aurait levés son frère.

162. *De rendre cens et coustumes.*

162. *De rendre cens et coutume.*

Quand hons coustumiers (1) ne rend ses cens et ses coustumes au jor que il les doit au seigneur, il en fet le gage de sa loy d'amende.

Quand l'homme coutumier ne rend pas au seigneur, au terme marqué, les cens et coutumes qu'il lui doit, il paye l'amende du gage de sa loi.

163. *De tenir terres à terrages, où il n'ait point de coustume, fors le terrage.*

163. *De tenir terres qui ne doivent autres droits que celui de terrage.*

Li sires (2) si la püet bien prendre à son gaaingnage, més il ne li püet pas bien oster,

Si quelqu'un tient terre sujette à aucun autre droit que celui de terrage, le sei-

---

Suivant le chap. 155 de l'ancienne cout. d'Anjou glosée, il y avait retrait entre frères quand le père avait vendu à l'un d'eux.

Les choses étaient ainsi alors, parce que le père qui vendait son propre à l'un de ses enfans, devait offrir ce même propre à ses autres enfans, et que le frère qui vendait son propre à un de ses frères devait l'offrir aux autres ; mais aujourd'hui, il n'y a pas lieu au retrait quand le propre vendu n'a pas été mis hors de la famille, si ce n'est en quelques cout., où le parent le plus proche peut retraire sur le parent plus éloigné, comme celle de Troyes, art. 145; de Chaumont, art. 113, etc. (Laur.)

(1) V. la cout. d'Anjou, art. 178; Beaumanoir, chap. 30, p. 152. (Laur.)

(2) Dans l'ancienne cout. d'Anjou glosée, il commence en ces termes : « Si aucuns tient terres, où il n'y ait point de coûtume fors du terrage, etc. »

Voici la preuve que du temps de ces Establiss. il n'y avait point de terre sans seigneur; et par conséquent point de franc aleu à Paris, à Orléans et en Anjou. Le sens de ce chap., qu'il faut joindre avec le 99 ci-dessus, est qu'un seigneur peut mettre en sa main les terres qui sont dans sa mouvance, quand

pour baillier à un autre (1). Et se il i avoit aucunes coustumes accoustumées, chapons, ou autres choses, li sires ne li porroit pas oster (2), sans une maniere non, que cil l'eust lessiée sept ans en frichete (3), adonc la porroit prendre li sires en son demaine (4) tout i eust-il coustume, et encore seroit-il tenu à amender les dommages du terrage de tant comme il l'auroit laissié à gaaignier, tant comme li preudome diroient par leur serement, ne n'en feroient ja autre amende fors que il perdroit sa terre. Et pour ce se doit len garder de lessier terres en friches.

gneur peut la prendre à son profit; mais il ne pourrait pas l'ôter pour la donner à un autre. Si la terre devait quelques redevances, telles que le vol du chapon ou autres, le seigneur ne pourrait s'en emparer à moins que le propriétaire ne l'eût laissée sept années en friche. Dans ce cas, il peut la réunir à ses domaines, et même forcer le propriétaire à amender les dommages que la terre a soufferts par sa négligence, sur l'estimation de personnes de probité, qui les apprécieront sur leur serment, et cette peine lui tiendra lieu d'amende: c'est pourquoi on doit bien se garder de laisser les terres en friche.

---

elles ne lui paient aucunes redevances, quoiqu'elles soient tenues à terrage d'autres personnes, parce que ces terres sont comme des francs aleux à l'égard du seigneur, et que personne, comme on l'a dit, ne peut avoir des francs-aleux sans titre. (Laur.)

(1) La raison est que le seigneur n'est pas propriétaire des terres qu'il met ainsi en sa main; mais dans les lieux où il confisquait les aleux, il pouvait les donner à d'autres, ou à cens ou à terrage seigneurial, comme en Beauvoisis, ainsi qu'il résulte de l'autorité de Beaumanoir, chap. 24, p. 123. (Laur.)

(2) Dans la cout. d'Anjou glosée, il y a : « Et se il y avoit autre redevance outre le terrage, il ne la pourroit oster, etc. » Ce qui est dans les règles. (Laur.)

(3) En Beauvoisis, celui qui possédait des terres à champart ne les perdait que quand il les avait laissées dix années en friche. V. Beaumanoir, chap. 51, pag. 274. V. l'auteur du Grand Coutum., liv. 2. De saisine en fief, pag. 180, avec la note de Charondas. (Laur.)

(4) V. Beaumanoir, chap. 51, pag. 274. (Laur.)

164. *De requerre la cort d'home qui est appellés de murtre.*

164. *De requérir la cour lorsqu'un homme est accusé de meurtre.*

Se aucuns estoit apelés de larrecin, ou de murtre, ou de traison, ou d'autre chose qui appartenist à desleauté, il convient que il se deffende en la chastellenie où il sera apelez (1), et droit si accorde en Code de crieme li demande en la premiere loy en l'authent. qui commence *Quia in provincia*. Li autres sires n'auroit pas la cort, car tiex personnes n'ont point de suite (2), ou se aucuns meffesoit en la court au baron, et la justice le preigne en present, il convient que il se deffende en la court au baron pour la reson du present fait si come est contenu el titre du present fait, en l'usage de France.

Celui qui est accusé de vol ou de meurtre, ou de trahison, ou de quelqu'autre action criminelle, doit se défendre dans la châtellenie où il sera accusé suivant le droit écrit au Code de crieme li demande, en la première loi, en l'authent. qui commence, *Quia in provincia*. Le vassal, dans ce cas, n'aurait pas la cour de son homme, parce qu'il n'y aurait point de suite (comme en matière civile). Si quelqu'un commet un crime dans la cour du baron, et que la justice le prenne sur-le-champ, il convient que son procès s'y instruise, parce qu'il y a été pris sur le fait, suivant qu'il est dit au titre du présent fait, et selon l'usage de France.

---

(1) V. la cout. d'Anjou, art. 71. Le droit romain a une dissertation différente. *Lege* 1, *Cod. ubi de criminibus agi oporteat*, lib. 3, tit 15.

Dans les lieux où il n'y avait pas de prévention, par l'ancien usage de la France, l'aveu emportait l'homme, et l'homme était justiciable de corps et de châtel où il couchait et levait, ce qui fut aboli par l'art. 35 de l'Ord. de Moulins, qui décida que les délits seraient punis où ils auraient été commis. V. les Instit. de Loisel, liv. 1, tit. 1, reg. 19 et 26. V. les chap. 13 et 33 du liv. 2 de ces Établiss. (Laùr.)

(2) Par « li° autres sires » il faut entendre vassal ; et le vassal, dans ces cas, n'aura pas la court de son homme, parce qu'il n'a pas de suite comme il y en aurait en matière civile. V. le chap. 13 et 32 du liv 2. (Laur.)

## 165. De hons qui suit és fuitives (1).

Se aucuns a és, et elles s'enfuient (2), et cil à qui elles seront les en voye aler, et il les suit toûjours à veüe et sans perdre (3), et eles s'assient en aucun lieu, el manoir à aucun preud'hons, et cil en qui porpris elles sont assises, les preigne avant que il viegne, et cil die après, ces és sont moies; et li autres die, je ne vous en croie mie, et cil viegne à la justice en qui terre ce sera, et li die cet hons a recüellis mes és; li sires doit mander l'autre pardevant lui, et cil doit dire, je avoie és, qui s'enfouïrent de mon essein, et je les ai suivies en la terre à ce preud'hons qui les a acueillies et ne les me veut rendre, et je sui prest de fere ce que vostre cort esgardera, que eles sont moies, et que je les ai suivies à veüe d'elles, et sans perdre leur veoir, et li autres die, je vüeil que il en face ce qu'il en doit fere, si li esgardera len que il jüerra seur sains de sa main que elles sont seües, et que elles issirent de son essein à

## 165. D'homme qui réclame des abeilles qui se sont enfuies.

Si un homme a des abeilles, et qu'elles abandonnent ses ruches; et si ne les perdant pas de vue il s'aperçoit qu'elles se retirent dans le jardin d'un autre, qui s'en saisisse et refuse de les rendre à celui à qui elles appartiennent, il pourra se présenter à la justice et demander que ses abeilles lui soient restituées; alors le seigneur ajournera l'une et l'autre parties pardevant lui, et le demandeur doit dire: J'avais des abeilles qui se sont enfuies de mes ruches, je les ai suivies jusqu'à la demeure de cet homme, qui les a recueillies et refuse de les rendre, je suis prêt de prouver, comme la cour me l'ordonnera, qu'elles m'appartiennent, et que je les ai suivies dans leur fuite, sans les perdre de vue. Si le défendeur exige qu'il le prouve, on lui ordonnera de jurer qu'elles lui appartiennent, qu'elles sont en effet sorties de ses

---

(1) Les *és* sont ici des abeilles ou mouches à miel, comme dans la cout. de Cambray, tit. 24, art. dern. Dans plusieurs de nos cout. elles sont nommées *eps.* V. Gloss. sur ce mot. (Laur.)

(2) Dans le chap. 159. de l'ancienne cout. d'Anjou glosée, il y a *achier*, c.-à-d. ruche; ces mots, selon Menage, viennent d'*apiarium*. Dans la loi salique, la ruche est nommée *vas apium*. (Laur.)

(3) *Justin. tit. Institut. de Rer. divis.* § 14. (Laur.

veüe et à seüe de luy, et sans perdre la veüe, jusques au lieu, où il les a cüeillies, et par itant aura les és, et rendra à l'autre la valüe du vaisssel (1), où il les a cüeillies (2).

ruches, qu'il ne les a pas perdues de vue dans leur fuite, jusqu'à l'endroit où elles se sont retirées, alors il aura les abeilles, à la charge de payer au défendeur le vaisseau dans lequel il les a recueillies.

### 166. *De fame qui demande doüere.*

### 166. *De la femme qui réclame son douaire.*

Se aucuns hons vendoit sa terre, fust gentilhons, ou coustumiers, sa fame après sa mort auroit son doüere és choses que il auroit vendües, et après la mort à la fame si retorneroit arriere à celui qui l'auroit achetée : Et ce cil qui l'auroit achetée disoit, je ne l'acheterai pas de vous, se vous ne faites jurer à vostre fame que jamais riens n'i demandera, ne par doüere, ne par autre chose, et vüel que vous lui en facez en autre lieu eschange pour son doüere, et pardessus je vüel avoir les lettres de l'official de l'evesque ou du juge (3) et seellées. Et se elle

Si quelque gentilhomme ou coutumier vend sa terre, à sa mort, sa femme pourra réclamer son douaire sur le bien vendu, et à la mort de la femme, il retournera à l'acquéreur. Si l'acquéreur disait au vendeur : Je ne veux pas acheter de vous, à moins que vous ne fassiez jurer votre femme qu'elle ne répétera rien sur la vente, ni pour son douaire, ni autre chose, et que vous ne lui assigniez son douaire sur un autre bien ; outre cela je veux en avoir lettres de l'official, de l'évêque ou du juge.

---

(1) Parce que celui à qui sont les abeilles, ne peut les emporter qu'avec le vaisseau de celui qui les a accueillies. Dans l'imprimé il y avait mal, «volées.» (Laur.)

(2) V. la cout. d'Anjou glosée. V. le tit. 29 de la loi salique, aux mots *arbor signata*, et l'art. 12 de la cout. d'Anjou. (Laur.)

(3) Il y a plusieurs choses à remarquer dans ce chap.

1.° Que du temps de ces Establiss., le douaire n'était que viager et non propre aux enfans, comme il le fut depuis dans la cout. de Paris. Et comme en Anjou on a suivi ces Establiss., de-là vient que le douaire n'y fut que viager. De ce que le douaire n'était que viager et non propre aux enfans, il s'ensuit que l'héritage qui y était sujet, ou qui en était chargé, et qui avait été vendu par le mari du vivant de sa femme, devait retourner à l'acquéreur après que la femme douairière était décédée, comme il est décidé dans ce chap.

l'avoit ainsi juré (1) de sa volonté sans force, et en eust eschange, et cil qui l'eust achetée eust eu lettres du don, elle n'i pourroit puis rien rapeler, car les lettres du juge ordinaire si sont tenües et creües, et jusqu'à tant que li contreres soit prouvez, selon droit escrit en Decretales el titre des Prüeves, en la decretale qui commence *Post cessionem*, où il est escrit de cette matere. Et ce qui est set

Si la femme fait ce serment sans y être forcée, et de son libre consentement, que son douaire lui soit assigné sur un autre bien, et que l'acquéreur en ait les lettres d'assurance, la femme ne pourra rien répéter ; car les lettres du juge ordinaire doivent faire foi, jusqu'à ce que le contraire soit prouvé, selon le droit écrit aux Décrétales, tit. des Preuves, en la dé-

---

2°. Que celui qui vendait ainsi son héritage pouvait faire jurer à sa femme que jamais elle n'y demanderait de douaire, et que l'usage était alors de prendre des lettres de l'évêque ou du juge, par lesquelles ils certifiaient que la femme avait fait son serment sans force et sans contrainte.

3°. Que le serment que la femme faisait ainsi ne lui préjudiciait pas, à moins que son mari ne lui eût assigné son douaire sur un autre héritage, comme par une espèce d'échange, ce qui paraît par ces mots : « Et se elle l'avoit ainsi juré de sa volonté sans force, et en eust *eschange*, et cil qui l'eust achetée, eust eu lettres du Don, elle n'y pourrait plus rien rappeler. » V. la cout. de Touraine, article 328.

La femme noble, comme il est dit dans le chap. 14 ci-dessus, a le tiers en douaire de la terre de son mari. Que l'on suppose que ce tiers soit de dix mille livres, et que le mari, en vendant sa terre principale du consentement de sa femme, assigne son douaire sur une autre petite terre qui ne vaille que dix mille livres, la femme jouira-t-elle de toute cette petite terre à titre de douaire, au préjudice de ses enfans ? Et il faut dire qu'elle en jouira, à la charge de les nourrir, car le douaire n'est donné aux femmes qu'à cette condition ; et les enfans ne pourront se plaindre, parce que leur père pouvait vendre tous ses biens à leur préjudice.

V. Du Pineau et Le Fèvre, sur l'art. 306 de la cout. d'Anjou. (Laur.)

(1) On voit par-là qu'anciennement en France, l'usage était d'exiger le serment des parties pour l'exécution des contrats, suivant le chap. *Ex rescripto extra De jurejur.*, et l'authent. *Sacramenta puberum Cod. si adversus vendit.*, lib. 2, tit. 28. Ce serment obligeait les mineurs mêmes ; mais ils s'en faisaient relever par l'évêque ou son vicaire, et ils prenaient ensuite des lettres de chancellerie qu'on ne leur refusait jamais. V. *Rebuff. ad constitut. regias, glossa 5. n. 59. et De restitut. l. 2.* Depuis, ces sortes de sermens n'ont eu aucun effet parmi nous, et toute la faveur que les Ultramontains leur ont donnée a été donnée en France aux contrats de mariage. Suivant l'usage qui a subsisté jusqu'à la révolution, une fille mineure pouvait donc renoncer aux successions à venir par son contrat de mariage, et une telle clause avait autant de force que si elle avait été autorisée par le serment en Italie. Mais si une fille renonçait aux successions à venir par un autre contrat, eût-elle juré mille fois, comme dit Antoine Faber, on n'avait aucun égard à son serment, en sorte que, parmi nous, le serment ne fait jamais valoir un acte qui ne vaut rien par lui-même. V. *Anton. Fabr. De erroribus pragmaticorum Decad. 28. errore 6. n. 9, 10 et 11 ;* et Papon, dans son recueil d'arrêts, liv. 9, nomb. 23. ( Laur. )

par force et par poor, la justice ne le doit pas tenir pour estable, ains doivent estre tenües teles convenances pour nulles, selon droit escrit en Code de Transactions, en la loi qui commence *Interpositas*, où il est escrit de cette matere en Code *de his quæ vi metûsve causâ* en la loy, *Si donationis*, et en la loy, *Si per vim*, et en la derreniere loy, et par tout le chapitre, et en la Digeste en cel meismes, titre *Quod metus causa*, en la premiere loy, el commencement.

crétale qui commence, *Post cessionem*, ou il est traité de cette matière : mais si la femme a fait son serment par crainte ou par violence, la justice ne le tiendra pas pour valable, et tout ce qui s'en est ensuivi sera déclaré nul, suivant le droit écrit au Code des Transactions, en la loi qui commence *Interpositas*, ou il est écrit de cette matière, au Code *de his quæ vi metûsve causâ*, en la loi *Si donationis*, et en la loi *Si per vim*, en la dernière, et par tout le chapitre, et même au Digeste, tit. *Quod metus causa*, en la première loi, au commencement.

### 167. De bataille entre freres.

### 167. De batailles entre frères.

Dui freres (1) ne se combattent pas ensemble de fié, de terres, et de müebles (2), se ce n'est de traison, ou de murtre, ou

Deux frères ne peuvent se battre ensemble pour contestation ou de fiefs, ou de terres, ou de meubles, mais

---

(1) *V. Leg. 3. Cod. Qui accusare possunt.* (Laur.)

(2) Quand il était question de meubles ou d'immeubles, et qu'elle ne pouvait être décidée par les voies de droit, on en venait au duel, ce qui n'avait lieu que dans les terres des barons, depuis l'Ord. de saint Louis de 1260, par laquelle il abolit les gages de bataille. Et il était au pouvoir de ceux qui étaient ainsi en procès de combattre par eux-mêmes ou par champions; mais quand ils combattaient par champions, l'usage était de couper le poing au champion vaincu, ce qui fut introduit avec raison, afin que les champions combattissent fidèlement, et ne se laissassent pas corrompre par argent. Beaumanoir, chap. 61, pag. 309 et 315.

Mais comme il ne convenait pas que des frères se battissent pour des contestations civiles, on les forçait à prendre des avoués ou champions; et par la même raison de bienséance, il n'y avait jamais de guerre entre frères. V. Beaumanoir, chap. 59., au commencem., p. 299.

Mais lorsqu'il s'agissait de meurtre ou de trahison, et que deux frères s'en accusaient réciproquement, alors on en venait au duel; ce qui n'avait lieu néanmoins que dans les terres des barons, ainsi qu'on l'a remarqué tant de fois. V. le chap. 2 ci-dessus. (Laur.)

de rat ; et se ils s'entrappelloient de terre, ou de müebles, dont il doit istre bataille, il porroit bien mettre serjans pour aus, ou por autres.

seulement lorsqu'il est question de trahison ou de meurtre, ou de rapt; mais s'ils s'entr'appelaient pour contestation de terre ou de meuble qui ne pourrait être décidée que par le combat, ils pourraient prendre des champions de part et d'autre.

### 168. De bataille de mehaingniés.

Se aucuns hons ou autres qui fussent mehaigniés (1), et eut passé soixante ans (2), et un jour, et un autre qui soit sours, ou lours (3), ou qu'il peust monstrer (4), et li quiex que ce soit, appelast l'autre de murtre, de rat, ou de traison, ou d'aucun autre meffet, dont li uns deust prendre mort, se il estoit vaincus, et li uns se vousist changer de l'autre, et li deffendieres deist, je ne vüel pas que vous vous changiées (5) car vous m'apelés, et de tel meffet dont je prendroie mort si je estoie vaincus (6), droit diroit

### 168. De bataille à l'égard d'un homme estropié.

Si un homme estropié ou âgé de soixante ans et un jour, ou un homme sourd ou borgne, ou attaqué de quelqu'autre infirmité, était accusé de trahison, de meurtre, de rapt, ou de quelque crime pour lequel il perdrait la vie, s'il était vaincu, et que l'accusateur, voulant mettre un champion à sa place, le défendeur lui dit : Je ne veux pas que vous vous fassiez remplacer, parce que vous m'accusez d'un crime dont je perdrais la vie si j'étais vaincu. La justice pourra lui

---

(1) *Mehaigner* n'est pas frapper ou battre, mais *estropier et mutiler*. Ce mot, selon toutes les apparences, vient de *malignare*, qui se trouve pris en ce sens dans le chap. 2 des lois d'Henri I, roi d'Angleterre. V. Beaumanoir, chap. 30, p. 150. Dans le chap. 162 de l'ancienne cout. d'Anjou gl., au lieu de « mehaigniés, il y a malingneux » V. *Legis salicae*, tit. 32. (Lanr.)

(2) Dans trois manuscr., il y a mieux, « ou autre qui ait passé soixante ans et un jour. » V. Beaumanoir, dans le passage rapporté ci-après sur ce chap. (Laur.)

(3) Dans les manuscr., il y a *lorz*. Ce mot vient de *luscus*. De *lours* ou *lorz*, l'on a fait *lorgner*. V. Leg. 10. Dig. de Ædit. edict. et Merilium, lib. 6, observationum, cap. 23. (Laur.)

(4) Les manuscr. ajoutent, « autre mehaing. » (Laur.)

(5) Les manuscr. ajoutent, « et se ne vous appelle pas. » (Laur.)

(6) Des manuscr., il y a mieux, « Droiz diroit qu'il se changeroit et si le lairoit; » car celui qui avait une essoine juste et raisonnable pouvait mettre

qu'il se changeroit au deus, ou il le lerroit.

accorder de se faire remplacer, ou bien le défendeur renoncera à la preuve par le combat.

---

(1) LIVRE II.

CHAPITRE 1ᵉʳ. *De quas de haute justice de droit, et des commandemens de droit, et de la devision de droit.*

1. *Des cas de haute justice de droit, de commandemens de droit et de la division du droit.*

Justice si est une volonté estable qui donne à chascun son droit; et les commandemens de droit si sont tels, honhestement vivre, ne nulle personne ne doit despire, et doit donner à chascun son droit, selonc droit escrit en Institutes (2), el titre de Justice et de droit, où il est traitié el comencement especiaument de cette matiere.

La justice est une volonté stable et permanente, qui rend à chacun son droit; et les commandemens de droit sont de vivre honnêtement, de n'offenser personne, et de rendre à chacun ce qui lui appartient, selon le droit écrit aux Institut., a i tit. de justice et de droit, où il est traité spécialement de cette matière.

2. *De requerre hons qui est pris en present fait.*

2. *De requérir le criminel pris en flagrant délit.*

Se aucune justice prend un hons le Roy, ou aucun justisable, qui au Roy s'avoë, en quelque meschief que ce soit, en present set, en sa justice, ou en

Si quelque justice, dans l'étendue de sa juridiction ou seigneurie, surprend en flagrant délit le justiciable du Roi, ou qui s'avoue du

---

à sa place un avoué ou un champion, soit qu'il fût apealant ou appelé, comme nous l'apprenons de Beaumanoir, chap. 61. Des appeaux, p. 308. (Laur.)

(1) Toute ce livre manque dans l'ancienne cout. d'Anjou glosée. V. le chap. 4 ci-après, à la fin, le chap. 10, à la fin, et les notes sur le c., p. 15. (Laur.)

(2) *Tit. I, lib. 1. V. Leg. 10. Dig. de justiciá et jure.* (Laur.)

sa seignorie, et il noie le present (1), la justice qui le suivra si prouvera le present pardevant la justice le Roy, si en seront en saisine la gent le Roy, avant toute œuvre, et le present prouvé loiaulment, ou connu, l'en le rendroit en la cort de ceux qui le tendroient pour justicier, et se li present n'est prouvés souffisamment, il demoerroit en la cort que il aura avoé pour justicier par la coustume de baronnie.

Roi, et que le coupable nie qu'on l'ait pris sur le fait. La justice alors prouvera pardevant la justice du Roi, qu'elle l'a réellement pris en flagrant délit, et l'accusé, pendant ce temps, restera entre les mains des gens du Roi. Si la justice prouve le délit, la connaissance du crime lui sera rendue. Mais si elle ne peut le prouver, le coupable, en vertu de son aveu, sera renvoyé pardevant la cour dont il s'est avoué, suivant la coutume de baronnie.

3. *De justice qui a à marchir au Roy.*

3. *De la justice dont les limites tiennent à celle du Roi.*

Se aucune justice (2) a à marchir au Roy, de quelque jus-

Lorsqu'une justice est contiguë à celle du Roi, s'il

---

(1) Anciennement, en France, dans les lieux et les cas où il n'y avait pas de prévention, l'aveu emportait l'homme, c.-à-d., que l'homme ou le justiciable poursuivi dans la justice d'un autre seigneur, pouvait demander d'être renvoyé dans la justice du seigneur sous qui il levait et couchait, ce qui ne devait lui être refusé ; et quand l'homme s'avouait du Roi, il était à l'instant en la garde du Roi, jusqu'à ce que le contraire eût été prouvé, ainsi qu'il est dit dans le chap. 31 ci-après, au commencement.

On voit dans ce chapitre-ci une exception à cette règle, qui est, lorsque celui qui avait fait le crime dans une autre justice que celle de son seigneur, y avait été arrêté dans le moment même qu'il le commettait ; car, dans ce cas, quoiqu'il fût justiciable du Roi et qu'il s'en avouât, son procès devait lui être fait dans la justice où il avait été arrêté.

Mais s'il niait qu'il eût été arrêté en flagrant délit, et s'il persistait à demander son renvoi en la cour du Roi, c'était aux officiers de la justice inférieure, où le criminel était prisonnier, à venir à la justice du Roi, et y prouver que le prisonnier avait été arrêté en flagrant délit. Quand ils le prouvaient, la connaissance du crime leur était rendue, sinon le criminel, en vertu de son aveu, était jugé par les officiers du Roi.

Aujourd'hui, dit Laurière, il n'y a plus d'aveu en matière criminelle, et par l'art. 35 de l'Ordonnance de Moulins, les délits doivent être punis où ils ont été commis. Voyez chap. 128, 129 et 164 du liv. 1er. ( Laur. )

(2) V. le chap. 13 et 19 de ce livre. Une justice à emarchir ou à marchier,

tice que ce soit, ou de héritage de seignorie, ou d'autre chose, li Roy pour le debat prendra la chose en sa main (1), et si esgardera droit à luy, et à autruy. Car li roy n'emporte pas sesine (2) de autrui, més len l'emporte de luy, selonc l'usage de cort de baronnie.

s'élève quelque contestation entre le Roi et le seigneur, soit d'héritage de seigneurie ou d'autre chose, le Roi prendra en sa main la chose contestée, et fera droit à soi et aux autres, parce que le Roi ne reçoit pas la saisine de son sujet, mais le sujet la reçoit du roi, selon l'usage de baronnie.

4. *De demander sesine de heritage.*

4. *De demander saisine d'héritage.*

Nus ne püet, ne ne doit demander sesine de heritage, se il n'a avant esté ensesiné (3), ou

Personne ne peut et doit demander saisine d'héritage s'il ne l'a eue auparavant

---

comme il y a dans un manuscrit, est une justice pour laquelle il y a quelque contestation à terminer au sujet des limites.

Que l'on suppose qu'un seigneur ait une justice contiguë à celle du Roi, qu'il y ait entre le Roi et ce seigneur un lieu contentieux, qui est-ce qui aura pendant le procès la saisine de la justice de ce lieu? Il est décidé dans ce chap. que ce sera le Roi, parce que sa main ne nuit à personne, et qu'il est plus juste et plus raisonnable que le sujet reçoive la saisine de son roi, que le roi de son sujet. Ce que dit l'auteur du Grand Coutumier, liv. 2, chap. 21, en traitant des Cas de nouvelleté, p. 150, à la fin, donne quelque jour à ce chap., quoique du temps de ces Establiss., la complainte en cas de saisine et de nouvelleté ne fût pas encore connue. « Quand aucun débat de nouvelleté est meü entre un sujet et le Roi, adonc, dit-il, la chose est mise en la main du Roi, comme souveraine, mais il ne nuit point, car alors un preud'homme est eslü, qui gouverne la chose au nom de l'un et de l'autre. »

Nota. Qu'il semble bien qu'un sujet se puisse complaindre en cas de nouvelleté contre le Roi. Mais il y a au-dessous en note : « Au contraire le sujet contre le Roi, ni le procureur du Roi contre un sujet, n'est recevable en cas de nouvelleté. » Jugé par arrêt du 15 septembre 1534. Voyez Gloss., sur complainte. (Laur.)

(1) V. le chap. 13 ci-après, vers la fin. (Laur.)

(2) V. encore le chap. 13, à la fin, où cela est répété mot pour mot. (Laur.)

(3 Dans le temps de ces Establiss., la complainte en cas de saisine et de nouvelleté n'était pas connue, et il n'y avait que trois complaintes seulement; savoir, celle de force, de nouvelle dessaisine et de nouveau trouble. On appelait nouvelle dessaisine la complainte que celui qui avait possédé un immeuble par an et jour, ou qui en avait été ensesiné par son seigneur, intentait dans l'an contre celui qui l'avait dépossédé. V. Beaumanoir, chap. 32, et Gloss., au mot Complainte. Dans le cas de force et de dessaisine, le complaignant se disait dépossédé; et dans le cas de trouble, il demandait d'être maintenu dans sa possession. (Laur.)

se cil por qui il l'a demandé, n'en a esté sesis, dequoi il est despouillés. Quiconques demande sesine d'heritage, il le doit demander en tele maniere, mon pere, ou mon frere, mon cousin, ou mon parent, morut sesis et vestus, tenans et prenans, ploians et desploians (1) tenant de seigneur, et à itel temps, que il ala de vie à mort et morut en paisible sesine, sans suite de nului, et de tel heritage ( et le doit nommer ), et est assis en tele sesine, et en tel lieu, et en tel fié, et comme je soie le plus prochains hoirs, et de cele part, dont li heritage müet, et cil tienne à tort lesdites choses, dont je requiex à avoir la sesine (2), et bien m'en enlignageray envers luy se il le me nie, en fesant vers vous ce que je devré, comme vers seigneur, ou droit, sçavoir mon, se je le dois avoir ou non. ( Et si doit fere retenüe de plus fere (3), et de plus dire, se mes-

en sa possession, ou si celui pour qui il la demande n'en était en possession lorsqu'il en a été dessaisi ; le demandeur formera ainsi sa demande : Mon père ou mon frère, mon cousin ou mon parent est mort saisi, vêtu, tenant, possédant, exploitant ce bien qu'il tenait de seigneur. Il mourut en possession sans être inquiété de personne. Alors il nommera et désignera l'héritage, le lieu où il est situé, le fief dont il relève : je suis le plus proche parent, et la personne qui s'en est saisi le possède à tort et sans droit ; j'en réclame la saisie sur lui, et s'il la refuse, je m'engage à lui prouver mon droit en votre présence, comme je le dois, en qualité de mon seigneur, afin que vous jugiez s'il m'est dû ou non. Le droit veut que l'héritier soit mis en possession. Il est

---

(1) Dans un manuscr., il y a mieux « tenans et prenans des blez. » ( Laur. )

(2) On voit par ces mots que celui qui intentait la complainte de nouvelle dessaisine, demandait d'être remis ou rétabli dans la possession de sa chose ; en sorte que, dans le temps de ces Establiss., il n'y avait que la complainte de nouveau trouble où le complaignant demandait d'être maintenu dans sa saisine ou sa possession. Dans la suite, on distingua la saisine de la simple possession ; on prétendit que la simple volonté suffisait pour retenir et conserver la saisine ou possession civile, et en conséquence de ce principe, la force et la dessaisine n'ayant été regardées que comme des troubles qui étaient faits à celui qui n'avait pas cessé un moment d'être possesseur civil de la chose, on ne pratiqua plus que la complainte en cas de saisine et de nouvelleté, et les cas de force et de dessaisine furent ainsi hors d'usage ; ce qui fut introduit par Simon de Pacy, ainsi que nous l'apprenons de l'auteur du Grand Coutumier, liv. 21, pag. (L.) V. Henrion de Pansey, Compétence des juges de paix.

(3) Ces mots enfermés de deux parenthèses sont inutiles, et ne se trouvent pas par cette raison dans plusieurs manuscrits, au rapport de Du Cange. ( Laur. )

tiers en est, que retenüe vaille, et est escrit el titre d'appeler homme de murtre et de traïson) droit dit que hoirs doit estre en possession (1). Et est escrit en Code *De edicto divi Adriani tollendo*, en la loy qui commence ainsi, *Quamvis quis se filium defuncti etc.* et li usages de Paris et d'Orliens si est tieux que li mors sesit le vif (2), et que il doit avoir sesine, se autres ne se tret avant qui ait plus grand droit en la chose que cil. Et si doit li sires, devant qui il requiert les choses devant dites, esgarder en sa court par droit, par ses hommes liges, par ceux qui foy li doivent, car les choses qui sont faites en la presence de personnes nobles, et en la cort au prince, tiennent selon droit escrit en Code, des Testamens, et est ordené *In lege omnium testamentorum solemnitatem*, el commencement, par chevaliers, par borjois, par serjans (3). Et se li jugement est dedit la même chose au Code, *De edicto divi Adriani tollendo*, en la loi qui commence ainsi : *Quamvis quis se filium defuncti*, etc., et suivant les coutumes de Paris et d'Orléans, le mort saisit le vif. L'héritier doit avoir possession, à moins qu'il ne se présente quelqu'un qui ait plus de droit à la chose. Le seigneur devant lequel la demande est formée, doit la faire examiner par ses hommes liges, par gens qui lui doivent foi et hommage; car les choses qui sont faites et traitées en présence de personnes nobles et en la cour du prince, sont inviolables selon le droit écrit au Code des testamens; et il est ordonné, *In lege omnium testamentorum solemnitatem*, au commencement, que ce doit être par chevaliers, bourgeois et sergens, si le premier, second et troisième

---

(1) Il n'y a pas dans la loi citée que l'héritier « devoit estre » en possession, c.-à-d., qu'il devait être saisi ; mais il y a, qu'il « devoit estre mis » en possession. Suivant les principes du droit romain, toute possession était de fait, et par cette raison, l'héritier n'avait la possession des biens du défunt que du jour qu'il l'avait prise, comme il se voit dans la loi *Quamvis. C. De Edicto D. Hadriani*, etc. En France, nous avons tenu pour principes, suivant les lois romaines, que l'héritier et le défunt ne devaient être regardés que comme une même personne, et sur ce fondement nous avons établi que le vivant, c.-à-d. l'héritier du sang, serait saisi. (Laur.)

(2) On voit par-là que cette règle est fort ancienne en France ; et quoique Cujas et P. Pithou l'ayent regardée comme un proverbe traîné dans les ruisseaux des Halles, en l'appelant, *vocem de vid collectam*, on l'a trouvée si utile qu'on l'a reçue en Italie et en Flandre, et presque dans toute l'Europe. V. Gloss., et sur la cout. de Paris. (Laur.)

(3) Ce qui est dit ici est vrai, comme on l'a fait voir sur le chap. 138 du liv. 1er., mais il n'est pas en sa place, et doit être joint aux mots, « par ceux qui foi lui doivent, » qui sont un peu au-dessus. (Laur.)

battus et contendus à la premiere journée, et la seconde et la tierce, li sires la püet donner (1) de soy à loyal conseil que il aura eu, se il ne püet acoorder, selonc droit escrit en la Digeste des Choses jugiées, en la loy qui commence *Inter pares*, et se il ne le fesoit, et il en fust en defaute, et la defaute fust prouvée sur luy, la cort en vendroit au souverain, (2) et en perdroit li sires tele droiture comme il i devroit avoir, par la coustume du païs et de la terre ( c'est à sçavoir l'obéissance selon les establissemens le Roy, si comme il est contenu el titre d'Appeller son seigneur de defaute de droit, selon l'usage de Paris et d'Orleans en court laie ).

jour les juges sont partagés, et que le seigneur ne le puisse accorder, il doit donner l'affaire à juger à un autre tribunal qui soit de sa justice, selon droit écrit au Digeste des Choses jugées, en la loi qui commence, *Inter pares*; s'il ne le faisait, et que le défaut fût prouvé contre lui, la cour en appartiendrait au seigneur supérieur, et il en perdrait son droit de justice, suivant la coutume du pays et de la terre, c'est-à-dire l'obéissance que lui doit son vassal, selon ces établissemens, et comme il est dit au tit. d'Appeler son seigneur de deni de justice, suivant l'usage de Paris et d'Orléans en cour laie.

### 5. Comment len doit demander recreance.

Se aucuns demande à avoir recreance (3) d'aucune chose,

### 5. Comment on doit demander récréance.

Si quelqu'un demande récréance d'aucune chose, il

---

(1) Ce qui est dit ici doit s'entendre quand le débat vient de ce que les juges sont partagés. Et c'est le cas de la loi *Inter pares*, 38. *De Re judicata*. ( Laur. )

(2) Anciennement, quand les juges inférieurs étaient partagés dans leurs avis, et qu'ils ne pouvaient s'accorder ou se concilier, le procès était dévolu aux juges supérieurs. ( Laur. )

(3) La récréance, suivant le droit commun, est la possession de la chose contentieuse, qui est donnée, pendant le procès, à celle des parties qui a le droit le plus apparent, et qui prouve qu'elle a joui paisiblement pendant la dernière année.

Celui à qui la récréance était donnée, devait donner caution qu'il ne détériorerait pas la chose, parce qu'il n'en était que gardien; ce qui se pratiquait chez les Romains. *Lis vindiciarum est cum possessio rei controversæ alicui tribuitur à Prætore usque ad finem judicii, et quamdiu incertum est, quis debeat esse possessor et ideò qui rem tenet, satis dat adversario, nihil se in possessione deterius facturum, de quâ jurgium est*, etc. Asconius, in Verrinam 3, pag. 100. V. Gloss. sur récréance, réintégrande et applègement.

il doit mettre pleiges de la recreance : car recreance ne fiet (1) mie sans pleiges, selon l'usage de cort laie : més nus ne doit fere recreance de chose, où il i ait peril de vie (2), ou de membre, ne là où il a point de sanc (3).

doit donner caution auparavant ; car on n'obtient pas récréance sans caution, suivant l'usage de cour laie. Personne ne peut demander récréance quand il y a danger de perdre la vie ou quelque membre ou peine de sang.

6. *Comment len doit demander en la saisine avant que len respondre.*

6. *Comment on doit demander saisine avant de répondre en justice.*

Nus ne doit en nulle cort pleder desesis ; més il doit demander sesine en toute œuvre, ou doit savoir se il la doit avoir (4), et droit dit que il la doit avoir ; et n'est mie tenus de respondre dessesis, ne despoüillés ne le sien tenant, ne ne fere nule connoissance, ne response, ne defaute nule, selon droit escrit en

Nul ne doit plaider dessaisi, en quelque cour que ce soit, mais avant tout il doit demander à être rétabli en possession, et il doit l'obtenir. Il n'est aucunement tenu de répondre en justice dessaisi ou dépouillé, ni de prouver comment le bien lui appartient, de fournir connaissance

---

Touchant l'usage, v. l'Ord. de 1667, au tit. des Complaintes et réintégrandes, et l'art. 16 du tit. 15 de la même ord.

Ici la récréance est, ce semble, une suite des prises, et elle consiste, selon Beaumanoir, « à ravoir che qui fut pris por donner seureté de remettre li en la main dou preneur à chertain jour qui est nommés, ou aucune fois à la semonce dou Seigneur qui fit penre. » V. cet auteur, chap. 53, où il traite au long de ces récréances, et le chap. 19 ci-après. ( Laur. )

(1) Dans un manusc., il y a mieux, « n'afiert. » ( Laur. )

(2) C.-à-d. qu'il n'y a pas lieu à la récréance, en cas de meurtre, de trahison, de rapt, d'encis, d'aguet en chemin, de roberie, de larcin, de trèves enfreintes ou de arson, parce que « les pleiges n'en perdroient ne vie ne membre. » V. le chap. 104 du liv. 1er., le chap. 7 ci-après.
Beaumanoir, chap. 53, p. 281. ( Laur. )

(3) C.-à-d. que la récréance n'a lieu qu'où il n'y a point de sang, et qu'elle n'a pas lieu où il y a sang. V. le chap. 11, au commencement. Dans quelques manusc., il y a plainte au lieu de point, et peut-être peine vaudrait-il mieux. V. les chap. 7 et 20 ci-après. ( Laur. )

(4) Ce chap. ne fait que confirmer la règle du droit civil et canonique, *Spoliatus ante omnia restituendus* ; ce qui est traité à pleines mains par tous les canonistes dans les lieux marqués sur le chap. *Conquerente*, et sur le tit. des Décrétales *De Restitutione spoliatorum*. V. entre autres Germonius et Gironius.

V. ce que Beaumanoir écrit sur ce sujet, chap. 32, p. 171. ( Laur. )

Decreíales, el titre de l'Ordre des connoissances, en les Decretales qui commencent, *Cum dilectus filius, super spoliatione*, et par tout le titre, selon l'usage de court laie.

ou faire réponse ou défaut selon droit écrit aux Décrétales, tit. de l'Ordre des connaissances, et en celle qui commence *Cum dilectus filius, super spoliatione* par tout le tit. et selon l'usage de cour laie.

7. *De quas de haute justice sans rendre et sans recroire.*

7. *Des cas de haute justice où la restitution et la récréance n'ont point lieu.*

Recreance ne siet mie en chose jugiée (1), ne en murtre, ne en traïson, ne en rat, ne en cis, ne en aguet de chemin, ne en roberie, ne en larrecin, ne en trieve frainte, ne en arson, selonc la cort laie : car li pleiges n'en perdroient ne vie ne membres. Et se aucuns est appelés de aucun des quas dessusdits, qui requierrent paine de sanc (2), procurateur pour noient i est establis, selonc droit escrit, en la Digeste, el titre des communs jugemens (3), en la penultiéme loy : car tex maufeteurs sont au séigneur des avoirs, et des cors (4). Des autres quas püet len fere pés et transaction (5), selon droit escrit en Code des Transactions, en la loy qui com-

La récréance n'a point lieu en chose jugée, ni dans tous les cas où il est question de meurtre, de trahison, de rapt, d'encis, de vol de grand chemin, de larcin, de trève enfreinte et d'incendie, selon l'usage de cour laie; car ceux qui se porteraient caution, ne pourraient perdre ni la vie, ni quelque membre. Quand quelqu'un est accusé d'un de ces crimes qui se punissent par l'effusion du sang, il ne peut établir procureur pour lui, selon droit écrit au Digeste, tit. des communs Jugemens, en la pénultième loi : car tels malfaiteurs appartiennent au seigneur haut justicier, eux et leurs

---

(1) V. la not. 3 sur le chap. 5 ci-dessus. (Laur.)
(2) V. le chap. 5 ci-dessus, à la fin, où, au lieu de point de sang, il faut lire, ce semble, comme ici, peine de sang. V. let. D. (Laur.)
(3) C'est la loi pénultième, § 1, *Digestis, De publicis judiciis*. (Laur.)
(4) C... que le seigneur haut justicier qui a confisqué leurs corps, confisque aussi leurs biens. (Laur.)
(5) V. Gerardum Noodt, *ad Diocletianum et Maximinum De Transactione et pactione criminum*.
V. L'art. 19 du tit. 24 de l'Ord. de 1670. (Laur.)

mence *Transigere et pacisci*, où il est escrit de cette matere fors d'avoutire (1).

biens. Mais dans les autres cas, excepté l'adultère, il est permis de transiger, suivant le droit écrit au Code des Transactions, en la loi qui commence *Transigere et pacisci*, où il est traité de cette matière.

8. *De l'office de procurateur* (2).

8. *De l'office du procureur.*

Procurateur est appelés cil qui fet et amenistre à autrui besongne, selon droit escrit en la Dig. el titre des Procureurs en la premiere loy; et sans le commandement au seigneur il n'est mie loyaux, ainçois est desloiaux, selon droit escrit en Code, el titre de Larrecin, en la loy qui commence (3), *Falsus procurator*, où il est escrit de cette matere. Et ce qui est fet par faux procurateur, ne li jugemens, ne la sentence ne vaut riens, selonc droit escrit en Code des Procureurs, en la loy qui commence *Licet*, el commencement. Ne procureur puet fere à son seigneur dommage, se il n'a commandement de ce qu'il fera, selon droit escrit en Code, *de Transact.* en la loy *Transactionis* : ne nus procureur n'a pooir fors que ce dont ses sires li donne commandement, se-

On appelle procureur celui qui gère et administre les affaires d'un autre, selon droit écrit au Digeste, tit. des Procureurs, loi première. Un procureur constitué sans le consentement et l'autorisation du seigneur, n'est point recevable, selon droit écrit au Code, tit. des Larcins, en la loi qui commence, *Falsus procurator*, où il est parlé de cette matière; et tout ce qui se fait par le ministère d'un tel procureur ne peut être valable, soit jugement, soit sentence, suivant qu'il est dit au Code des Procureurs, au commencement de la loi *Licet*. Nul procureur ne peut faire tort à son seigneur, et tout ce qu'il fera ne sera valable qu'autant qu'il aura reçu ordre de le faire, selon droit écrit au

(1) C.-à-d., excepté de l'adultère. V. ce qui vient d'être observé, et *Gerardi Noodt*, *Diocletianum*, cap. 20. (Laur.)

(2) Il y a plusieurs choses à observer sur ce chap., qui est tiré des lois romaines et des chap. des décrétales qui y sont cités. (Laur.)

(3) C'est la loi *Falsus creditor* 43. §. *Falsus Procurator*. (Laur.)

lonc droit escrit en Code des Procureurs, en la loy qui commence, *Si procurator*, et en la lettre de procuration fete au seigneur, en Decretales de l'Office du juge delegué au chapitre qui commence *Cum olim abbas*, en la fin, et selon les droits dessus dis, o les concordances : et procurateur doit garder diligemment les commandemens son seigneur, selon droit escrit en Decretales, el titre *De Rescriptis*, en la decretale, *Dilecta in Christo*, et en la Digeste des Mandemens, en la loy qui commence *Diligenter*, selonc l'usage de cort laie, et de cort de baronie : ne nus procurateurs n'est reçeûs en cort laie, se ce n'est de personne authentique, de evesque, ou de baron, et ou de chapitre (1), ou se ce n'est de cause de commun profit de cité, ou de ville (2), ou d'u-

Code de transact. *l. Transactionis*, nul procureur n'a de pouvoir qu'autant que lui en a donné son seigneur, suivant qu'il est écrit au Code des Procureurs, en la loi qui commence *Si procurator*, et selon la lettre de procuration du seigneur, qu'on lit aux Décrétales de l'office de juge délégué, au chapitre qui commence *Cum olim abbas*, vers la fin, et selon le droit déjà indiqué, avec les concordances. Le procureur doit se renfermer exactement dans les bornes du pouvoir qui lui a été donné, suivant le droit écrit aux Décrétales, titre *De rescriptis*, en celle *Dilecta in Christo*, au digeste des Mandemens, en la loi qui commence *Diligenter*, selon l'usage de cour laie et de cour de baronnie. Nul

---

(1) Par l'ancien droit romain, on ne pouvait agir pour un autre en jugement qu'en trois cas ; savoir, *pro populo*, *pro libertate*, *pro tutela*. Tit. Institut. *Per quos agere possimus in principio*.

Ce droit a été suivi sous la première, la seconde et sous partie de la troisième race de nos rois, comme il se voit par ce chap., et par ce qu'a écrit l'auteur du Grand Coutumier, liv. 3, chap. 1, chap. 9 ; et Beaumanoir, p. 259. *Adde Marculfum*, lib. 1, formul. 21 et 161 ; *D. Bignonium* ; col. 903 ; et *Gregorium Turonens.*, lib. 7, cap. 48.

Nos anciens praticiens ont recherché la raison de cet usage. Et si l'on en croit l'auteur du Grand Coutumier, «la raison pourquoi un demandeur ne plaide par procureur fondé de procuration, sans grâce, si est telle ; car si l'acteur est présent, et il a bonne cause, il est à présumer qu'il est hardi et a bon courage pour ouïr quelques défenses qui seraient proposées au contraire, et s'il a mauvaise cause, il a honte et vergogne d'y être, et pour ce, le Roi lui fait grâce de passer cette honte. Il y a autre raison, car les sieges de justices sont de tant plus honorés, comme il y a plus d'honnestes personnes présens et en personnes; c'est à sçavoir, quand les parties principales y sont, comme comtes, barons et autres grands seigneurs, et ainsi pour leur présence leurs causes peuvent estre plus brievement terminées, etc. » Joignez Beaumanoir, p. 259, vers la fin. (L.)

(2) V. l'auteur du Grand Coutumier, liv. 3, chap. 1er. V. Beaumanoir, chap. 4, p. 28, 29, 30, 31, etc. (Laur.)

niversité (1), ou se ce n'est du consentement des personnes, et doivent envoyer les lettres à leurs adversaires, et vault moult miex à la justice (2), selonc droit escrit en Digeste, des Procureurs, en la loy, *Si procurator*, se ce n'est pour contremans, ou pour essoigner son seigneur, ou pour essoigner l'essoigne (3),

procureur n'est reçu en cour laie, s'il n'a mission de personne authentique, d'évêque, de baron, de chapitre, ou si ce n'est pour la cause d'une ville ou d'une université, ou du consentement des personnes, et il doit envoyer ses lettres à l'adversaire, et encore mieux aux juges, se-

---

(1) Suivant ce chap., nul ne peut poursuivre ou agir par procureur en cour laie, si ce n'est pour personne authentique, comme évêque, baron, chapitre, ou pour commun profit de ville ou d'université. Ainsi, de droit commun, toute université pouvait agir par procureur en cour laie, sans grâce; et peu de temps après, en 1298, Boniface VIII exhorta tous les seigneurs temporels de souffrir que les choses se passassent ainsi dans leurs justices à l'égard des moines, des abbesses et des prieures.

*Cap. unico, § 3. De statu Regularium in sexto.*

En l'année 1208, l'Université de Paris avait demandé au pape Innocent III la grâce de plaider par procureur, et quoique, selon ce pape, ce qu'elle demandait fût de droit commun, il ne laissa pas que de l'accorder pour étendre son pouvoir.

*Cap. 7, extra De Procuratoribus.*

Ce chapitre est difficile et a fait peine, même à ceux de nos commentateurs qui n'ont pas ignoré notre ancien droit. Et en effet, ou l'université plaidait devant des juges ecclésiastiques, ou en cour laie.

Si elle plaidait devant des juges ecclésiastiques, il était inutile de demander grâce de plaider par procureur, puisqu'en cour d'église on plaidait par procureur sans grâce, et qu'on ne demandait cette grâce qu'en cour laie. Comme il est dit dans cet établiss.

Et si elle plaidait en cour laie, ce n'était pas aux papes qu'il fallait demander la grâce, mais au Roi ou aux seigneurs temporels.

D'un autre côté, il n'est pas concevable que l'Université de Paris eût demandé grâce de plaider par procureur, si on ne lui en avait fait difficulté; et comme elle s'adressait au pape pour demander cette grâce, il y a lieu de croire qu'elle plaidait devant des juges que le pape avait délégués. Et c'est peut-être depuis cette décrétale que l'usage s'est introduit en France qu'on plaiderait en cour ecclésiastique sans grâce, et que cette grâce ne serait demandée qu'en cour laie. V. Beaumanoir, chap. 4, p. 31. (Laur.)

(2) Quand le demandeur agissait par procureur, le juge et le défendeur pouvaient rejeter le procureur, et obliger le demandeur de plaider en personne, ce qui devait être fait avant contestation en cause, parce qu'après la contestation, le procureur était *dominus litis*, comme le disent les lois romaines. Et si le défendeur voulait bien plaider contre le procureur du demandeur, il pouvait en donner ses lettres, ou au procureur ou au juge, et encore mieux au juge, afin qu'il ne fit pas de difficulté. (Laur.)

(3) Il y avait anciennement une grande différence entre le contremand et l'essoine.

Le contremand, comme on l'a déjà dit ci-dessus, était une raison proposée, pour remettre ou différer l'assignation.

car prouffis est chose commune de deffendre celui qui n'est present, selon droit escrit en la Digeste du Procureur, en la loy qui commence *Servum quoque*, au paragraphe *Publicè utile est*, et doit venir li contremans à la justice et à la partie adverse; et revocation de procurateur quant li sires le veut faire, si vaut, selon le droit escrit en Decretales, des Procureurs, el chapitre qui commence *Extrà mandatum*, en Digeste en cel mesme loy qui commence *Si procuratorem*; en Code *de satis dando*, en la loy unique où il est escrit de cette matere. Et selon l'usage de court laie, qui ne se deffend par procurateur, len le doit tenir pour deffaillant selon droit escrit en Digeste *de diversis temporalibus præscriptionibus*, en la loy premiere. Et si puet len bien dire contre les contremans, quand il est tardis, ou quand il est plusieurs fois contremandés après monstrée d'heritage : Et se li procurateur essoigne son seigneur, il

lon droit écrit au Digeste des Procureurs, en la loi qui commence *Si procurator*, à moins que ce ne soit pour contremans, ou pour justifier l'exoine de son seigneur; car le premier principe de droit est de défendre celui qui est absent, selon qu'il est écrit au Digeste des Procureurs, loi qui commence *Servum quoque*, au paragraphe *Publicè utile est*, le contreman doit être présenté à la justice et à la partie adverse. Le seigneur est libre, quand il lui plait de révoquer son procureur, selon qu'il est dit aux Décrétales des Procureurs, chapitre *Extrà mandatum*, au Digeste, même loi, *Si procuratorem*, au Code *de satis dando*, où il est traité de cette matière. Suivant l'usage de cour laie, celui qui ne se défend pas par procureur est tenu pour défaillant selon droit écrit au Digeste, *de diversis temporalibus et præscriptionibus*, loi pre-

---

L'essoine était une raison proposée par celui qui ne pouvait comparoir à l'assignation, ou pour maladie, ou à cause de quelque péril imminent.

Et le contremand différait de l'essoine, en ce que celui qui contremandait, remettait l'ajournement à un jour certain, sans être obligé d'affirmer ni d'alléguer aucune autre raison, au lieu qu'en cas d'essoine, il fallait affirmer qu'elle était vraie. Et comme on ne pouvait savoir quand elle cesserait, la remise n'était jamais par cette raison à un jour certain.

V. Beaumanoir, chap. 3, p. 24.

Comme celui qui était dans l'obligation d'user de contremans ou d'essoines ne pouvait les proposer lui-même, il était dans la nécessité d'avoir recours au ministère d'un messager, pour les proposer, s'il ne voulait pas avoir de procureur, et dans ce cas, il ne lui fallait ni grâce ni le consentement de son adversaire. V. Beaumanoir, chap. 3 et l'auteur du Grand Coutumier, liv. 3, chap. 7. (Laur.)

doit nommer l'essoigne (1), ou de la maladie, ou d'autre chose, et se l'essoigne est resnable, li juges le doit oïr. Més li sires doit fere de l'essoigne ce qu'il devra fere selonc droit escrit en Decretales des Procureurs cap. *Querelam*, où il est escrit de cette matere. Et quand il vendra à la journée que il sera ajournés, il doit prouver son essoigne ou son empeschement, car il porroit bien perdre aprés monstrée (2) seisine, ou propriété, ou la querele perdre, se il ne prüeve son essoigne, selonc l'usage de court laic, se il avoit oy la demande, on autres pour luy, et fere monstrée par justice est estable selonc droit escrit en Decretales, *Ut lite non contestata* (3).

mière. La partie adverse peut recuser le contremans de son adversaire s'il dure trop long-temps et s'il s'en est servi plusieurs fois aprés montrée d'héritage. Lorsqu'un procureur est fondé de procuration pour cause d'exoine, il doit nommer la maladie, le genre d'excuse alléguée; et si l'exoine est raisonnable, le juge y aura égard, et prononcera sur la validité de l'exoine comme il le devra, conformément au droit écrit aux Décrétales des Procureurs, cap. *Querelam*. Lorsque le jour marqué pour comparaître sera venu, il doit prouver son exoine, car autrement il pourrait bien perdre sa cause et être débouté de sa demande en saisine et possession, s'il ne pouvait prouver la validité de son empêchement, selon l'usage de cour laic; s'il avait ouï la demande ou par le ministère de son procureur, dans ce cas, ce que la justice ordonnerait serait stable, selon droit écrit aux Décrétales, *Ut lite non contestatá*.

---

(1) V. Beaumanoir, chap. 3, p. 26; et joignez le chap. 102 du liv. 1. (Laur.)

(2) V. Beaumanoir, chap. 3, p. 24; le chap. 119 du livre 1er., et le chap. 10 ci-après. (Laur.)

(3) Cap. *Quoniam*, § 6. (Laur.)

### 9. De veer recreance.

Recreance (1) ne doit mie estre vée (2) en droit fesant, se il n'y a resnables causes, ou se n'est des cas dessus dis (3). Et quand recreance est fete par justice certainement (4) il doit assener jour souffisant aus parties, et mener par droit selon tous erremens, et selon les coustumes du païs et de la terre.

### 10. De demander sesinne au defaillant aprés monstrée de l'heritage.

Se aucuns est defaillant aprés monstrée d'heritaige, si comme nous avons dit dessus (5), li demander et dire en tele maniere comme je demandasse à tel homme pardevant vous tel heritaige assis en tel lieu, et en telle censive, et en tel fié, que il tient à tort, et doit retraire la demande, et ont an et jour de monstrée (6), et jour de conseil,

### 9. De refuser récréance.

On ne peut refuser récréance lorsqu'il n'y a pas de raisons suffisantes pour le faire, ou si ce n'est dans quelques-uns des cas que nous avons indiqués ci-dessus; et quand la justice l'a accordée, on doit assigner un jour convenable aux parties, et juger la contestation selon les erremens et la coutume du pays et de la terre.

### 10. De demander saisine au défaillant, après montrée d'héritage.

Si quelqu'un est en défaut après montrée d'héritage comme nous avons dit ci-dessus, le demandeur doit parler ainsi à la justice: j'avais demandé pardevant vous à un tel homme, tel héritage, situé en tel lieu, en telle censive, dans tel fief, parce qu'il le possède à tort. Alors il doit renou-

---

(1) V. ce que l'on a remarqué sur le chap. 5, de ce liv., et ci-après le chap. 19. (Laur.)

(2) Empêchée. (Laur.)

(3) Au chap. 5, de ce liv., et au chap. 7. Et ces cas sont le meurtre, la trahison, le rapt, l'encis, le guet-à-pens en chemins; le larcin, la trève enfreinte, l'arsin, etc. V. l'autorité de Beaumanoir, rapportée sur le chap. 5 de ce liv. (Laur.).

(4) Dans un man. il y a mieux « entierement. » V. Beaumanoir, chap. 53. (Laur.)

(5) Liv. 1er., chap. 119. (Laur.)

(6) Il y a mieux dans un manusc., « et a eû jour de montrée. » (Laur.)

et jour certain de respondre, et doit nommer le jour et le defaut. Et celle journée nous fusmes attendant, et il fut defaillant de tout en tout, sans fere response, et passa heure, parquoi len perd, don se il cognoist le defaut, je n'ay que prover, si en demant (1) à avoir sesine ou proprieté ou querele gaignée, ou tel gaains, comme la cort esgardera par loyal jugement, que avoir en doie. Et li ait temoignage (2) tel comme il i doit avoir comme aprés monstrée; et se il le nie en la court laie, se les parties ne s'accordent, et octroient, se ce n'est en chose jugée, ou en chose mise à fin en la cort le Roy, ou en assise de baillif, ou prouvée par tesmoins, ou par gage de bataile, se ce est hors de l'obéissance le Roy; et doit nommer et avoir presentement le garant qui le jour vit mettre, et assener aus parties et le defaut fere, et en puet len jugier une bataille; et se les parties aucuns mehains (3), apparissent, et il le meissent avant, et il en eussent mention, ou retenuë, il pourroient bien mettre champions pour eux: et se estoit en l'obéissance le Roy (4), ou en sa seigneurie,

veler sa demande, et comme il a eu jour pour la montrée, jour pour se consulter, et jour certain pour répondre, il nommera le jour et le défaut; et au jour assigné nous l'avons attendu, il n'a point comparu, n'a fait aucune réponse, et a passé l'heure où il devait comparaître. C'est pourquoi il doit perdre sa cause. Il ne peut ignorer son défaut, et moi je n'ai besoin que de le prouver pour demander la saisine de l'héritage en toute propriété, et tel dommage qu'il plaira à la cour m'accorder par un bon et loyal jugement, comme il m'est dû. On lui accordera le dommage que prescrit la coutume aprés la montrée. Si le défendeur proteste contre, le demandeur peut requérir l'enquête juridique par témoins, s'il croit qu'elle puisse lui être accordée; car cette espèce de preuve n'est admise en cour laie que lorsque les parties s'accordent à la demander, et non en chose déjà jugée, ou en affaire terminée à la cour du Roi, ou en l'assise du bailli

---

(1) Joignez le chap. 119 du liv. 1er. (Laur.)

(2) Dans un manusc., il y a mieux : « Et ait tel damage, etc. (Laur.)

(3) V. le chap. 168 du liv. 1er., avec la not. ; et Briton, ou les Instit. d'Edouard, roi d'Angleterre, composées par Briton, évêque d'Hereford, au chap. 25, des Appels de mahems, nombre 94. (Laur.)

(4) V. les chap. 2, 3 et 4 du liv. 1er. ( Laur. )

ou en son demaine, par tesmoins, car le Roy deffend batailles par ses establissemens (1).

ou prouvée par témoins ou gages de bataille, si c'est hors de l'étendue de la justice du Roi. Alors il doit nommer et avoir présent le garant qui a vu indiquer le jour, l'assigner à la partie et prendre le défaut. Dans ce cas ont peut ordonner la bataille; et si les deux parties avaient blessures apparentes et qui les empêchât de combattre par elles-mêmes, elles pourraient mettre champions; mais si l'affaire avait lieu dans les domaines du Roi, on ne pourrait juger la querelle que par témoins, car le Roi défend les batailles par ses établissemens.

## 11. Comment l'en doit appeler de murtre (2).

Se aucuns accuse un autre de murtre, ou de traison, ou des quas qui sont dessus dit (3) où il a point de sanc (4), li encusierres doit fere sa plainte pardevant la justice, et dire en telle maniere, je me plains de Jehan, qu'à tel jour, et à tel lieu, sans tort que je li feisse, et sans droit que je li veasse de-

## 11. Comment on doit accuser de meurtre.

Si quelqu'un accuse un autre de meurtre, de traison, ou de quelqu'un des cas indiqués ci-dessus, où il y a peine de sang, il formera sa plainte de cette manière: Je me plains d'un tel, qui tel jour, et en tel lieu, sans lui avoir fait aucun tort, sans avoir refusé de lui faire

---

(1) V. l'Ord. de 1260, touchant les duels et les gages de batailles, et les art. 2 et 3 du liv. 1er de ces Establis. Il semble par ce qui est dit ici, que cet [...] n'en serait pas partie. V. la note sur le chap. 15 ci-après. (Laur.)

(2) V. le chap. 3 du liv. 1er., les chap. 20 et 38 ci-après. (Laur.)

(3) A[...] chap. 5 et 7 de ce liv. (Laur.)

(4) V. le chap. 5 de ce liv. C'est comme s'il y avait où il y a sang; car le meurtre et les cas spécifiés dans les art. cités ne sont pas sans sang. (Laur.)

vant justice nuit entré et en traison, et en aguet de chemin porpenssé, si il y a esté fet, il le doit en telle maniere metre avant, en sa plainte. Et se il est certain du prouver, et se il i fust attains, il en seroit pugnis, si comme il est dit dessus, el commencement des establissemens (1) le Roi : Sire, il me feri de ses armes esmoulües et me donna coups, et colées, dont cuir creva et sanc en issi, et me fit plaie mortieux, qui bien sont apparissans, dont se il se recognoist, je demande et requiers, qu'il en soit pugnis comme de tel fet, et més domages me soient rendus jusques à la valüe de 10 l. Et se il le nie, je li offre à prouver par enqueste ou par tesmoins (2); car tesmoins si ont aussi grand force comme chartres et instrument du plet, selonc droit escrit en Code *De fide instrum.* en la loy qui commence. *In exercendis*, où il est escrit de cette matere, ou ainsi comme la cour esgardera que fere se doie, et li doit la justice denoncier la peine qui est dite dessus (3), se ce est en l'obéissance le Roy, et se ce est hors de l'obéissance le Roy, gage de bataille (4).

droit en justice, à l'entrée de la nuit, a cherché à me trahir, et m'a guetté sur le chemin, de dessein prémédité. S'il en a reçu quelque mal, il doit le dire dans sa plainte. Si l'accusateur a des preuves certaines, et que l'accusé soit atteint et convaincu, il sera puni, comme nous l'avons dit au commencement de ces établissemens. Le plaignant continuera ainsi : Sire, il m'a frappé de ses armes, m'a donné des coups, m'a fait des blessures mortelles dont je puis montrer les cicatrices, ce dont il ne saurait se défendre. Je demande donc et requiers qu'il en soit puni, et m'indemnise jusqu'à la valeur de dix livres; s'il nie le fait, je m'offre à le prouver par enquête et témoins, car la preuve par témoins a la même force que les Chartes et autres titres de plaidoirie, suivant le droit écrit au Code *De fide Instrum.*, en la loi qui commence *In exercendis*, où il est traité de cette matière, ou comme la cour le jugera convenable. La jus-

---

(1) C'est le chap. 3 du liv. 1. (Laur.)

(2) Cela était ainsi dans les domaines et les justices du Roi, comme il se voit dans le chap. 3 du liv. 1 ; mais dans les justices des seigneurs les parties en venaient au duel, suivant le chap. 10 de ce liv., à la fin, et comme il est dit ci-après à la fin de ce chap. (Laur.)

(3) Savoir celle du talion. V. le chap. 3 du liv. 1. (Laur.)

(4) V. le chap. 3 du Liv. 1, et le chap. 10 de ce liv. Beaumanoir, chap. 61, pag. 309.

tice annoncera au plaignant la peine portée ci-dessus, si c'est dans l'étendue des domaines du Roi, sinon on fera donner les gages de bataille.

### 12. Comment len doit requerre chose emblée (1).

Se aucuns accuse autre personne de larrecin, il doit avoir les prüeves prestes, selon droit escrit en Code, en la loy qui commence, *Qui accusare volunt* (2), et doit nommer le larrecin, se ce est cheval, ou robes, ou gages d'argent, et doit dire en tele maniere : je me plaing de tel homme, et doit mettre quatre den. (3) dessus la chose par devant la justice (4) il m'a emblé tele chose, et puis le larrecin, je l'en ai veü en saisine, car larrecin si est une chose que len ne set pas en apert, et est une chose qui est ostée contre la voulenté au seigneur, et sans son seu, selon droit escrit en Institut. *De obligat. ex delicto*, el paragraphe qui commence *Fur-*

### 12. Comment on doit réclamer chose volée.

Si quelqu'un accuse un autre de vol, il doit avoir ses preuves toutes prêtes, selon droit écrit au Code, en la loi qui commence *Qui accusare volunt*. Il nommera le vol, et dira, si c'est cheval, robe ou argent, et parlera ainsi, après avoir déposé quatre deniers en présence de la justice. Je me plains d'un tel homme, qui m'a volé telle chose; depuis, je l'en ai vu en possession; car le vol est une action que l'on fait en cachette, et une chose est dite volée quand on la possède contre le gré et sans la connaissance de celui à qui elle appartient; selon droit écrit aux Instit. *de obligat.*

---

(1) V. le chap. 17, ci-après, et le 91 du liv. 1, avec la note qu'on y a faite. (Laur.)

(2) C'est la loi 4, au Code *De Edendo*. (Laur.)

(3) Il y a la même chose dans le chap. 17, ci-après, au commencement, où il est dit que c'était alors la cout. Par notre ancien droit, les mariages se contractaient aussi *per denarios 3*, et les manumissions se faisaient *per denarium*. V. *Bignonium, ad Marculfum*, lib. 1, cap. 22; et *Pithæi gloss. ad leges Salicas*, tit. 46. (Laur.)

(4) Ainsi il faut supposer que la chose revendiquée devait être devant le juge. Jure Romano antiquo, *vindicta erat correptio manus in re, atque in loco presenti apud Prætorem*. V. *Jacobum Gothefredum, ad duodecim tabulas*, libro tertio Probationum *De vindiciis, tabulá sextá*. (Laur.)

*tum*, et en Code el titre des larrecins, en la loy, *Si quis servo alieno*, environ le milieu de la loy. Et de cel larrecin comment il cuide dire (1) qu'il l'ait veu en sesine, puis le larcin, et le doit prouver par bons tesmoins; et se il defaut de prüeves, il demourra à la justice à pugnir, si comme nous avons dit dessus (2), se ce est en l'obéissance le Roy (3) se cil ne le cognoist (4), et n'a esté prouvés (5), ne pris en present fet, ne n'a esté trouvé sesis, ne vestus, car cognoissance fete en jugement vaut chose jugiée, selon droit escrit en Code *De confessis*, en la loy unique qui commence *Confessos*.

*ex delicto*. Au paragraphe qui commence, *Furtum*, et au Code au titre des Larcins, loi *Si quis servo alieno*, vers le milieu. Pour accuser quelqu'un de vol, il convient qu'on ait vu le vol et le voleur en possession de la chose volée, et on doit le prouver par bons témoins. Si l'accusateur ne peut convaincre l'accusé de vol, la justice, si c'est dans l'obéissance du roi, le punira comme nous avons dit ci-dessus; c'est-à-dire, si l'accusé ne le connaît pas, s'il n'a pas été pris sur le fait, ni trouvé saisi et vêtu de l'effet volé; car l'aveu fait en jugement vaut chose jugée, selon droit écrit au Code, en la loi unique qui commence *Confessos*.

---

(1) Dans trois manuscr. il y a mieux : « Convient-il que die. » (Laur.)

(2) Liv. 1, chap. 3. (Laur.)

(3) Car en l'obéissance le Roi, c.-à-d. dans sa seigneurie, tout se prouvait par témoins, les gages de bataille y ayant été abolis. V. derechef les chap. 3 et 91 du liv. 1, à la fin. Il semble que, hors l'obéissance le Roi, il y avait lieu aux gages de bataille pour le larcin, ce qui ne pouvait être que par un usage particulier dans quelques endroits, car presque partout, en larcin, il n'y avait point de gages de batailles, parce qu'il était de basse justice, ainsi que l'a remarqué Loisel dans ses Instit. cout., liv. 6, tit. 1, *Des crimes*, règ. 20, sur laquelle il faut voir la note de Laurière, p. 274 et 275. (Laur.)

(4) La preuve par témoins n'est pas nécessaire, quand celui qui a commis le vol en convient, et se trouve saisi de la chose volée. (Laur.)

(5) V. Des Fontaines dans son Conseil, chap. 22, nomb. 21. (Laur.)

### 13. De requerre homme qui est à jor pardevant le Roy.

Se aucuns est appellés pardevant le Roy, ou devant sa gent, par adjornement ou par semonce, il doit venir à la justice le Roy (1), à sçavoir se il est justissable, ou non, ou de s'obéissance, ou de sa saignorie, ou por aleguier son privilege, selon droit escrit en la Dig. el titre des jugemens, en la loy qui commence *Si quis ex aliena*, et selon l'usage de court laie. Et se il n'est à s'obéissance, il doit dire en telle maniere, sire, je ai seigneur, par qui je ne vée nul droit (2), et sui couchant et levant en tel lieu, en telle saignorie, et doit nommer son saignor. Et se la justice le Roy est certaine que li sires ait justice en celuy lieu, du fet dont len le suivra, len le doit renvoyer à son sainguieur, se il le requiert, se il n'i a chose reseuable (3) en present, ou ni, ou cognoissance, ou response : car frans home (4), qui

### 13. De requérir celui qui est ajourné pardevant le Roi.

Si quelqu'un est appelé pour comparaître devant le Roi ou devant sa justice, par ajournemens ou sommations, il doit se présenter, s'il est son justiciable, ou de son obéissance, ou de sa seigneurie, ou pour alléguer son privilége, selon le droit écrit au Digeste, tit. des jugemens, en la Loi qui commence *Si quis ex aliena*; et suivant l'usage de cour laie, s'il n'est pas de l'obéissance du Roi, il dira : Sire, j'appartiens à tel seigneur, que je n'avoue pas pour éloigner le jugement, je suis couchant et levant en tel lieu et telle seigneurie, et il nommera son seigneur. Si la justice du Roi est certaine, que le seigneur dont il se réclame a droit suffisant pour juger le crime dont il est accusé, on le lui ren-

---

(1) V. le chap. 33 de ce liv. (Laur.)
(2) C.-à-d. « Lequel avoüant, je n'empesche pas que droit ne soit fait, » ou pour mieux dire, « que je n'avoüe pas pour éloigner le jugement. » (Laur.)
(3) Dans 2 manusc. il y a mieux : « cause. » (Laur.)
(4) Le franc homme est ici l'homme roturier non serf, ou main-mortable, qui possède un fief. Quand le franc homme était levant et couchant sous un seigneur, il était justiciable de ce même seigneur de meuble ou de chatel, ce que Loisel a très-bien remarqué dans ses Instit. coutum., liv. 1er., tit. 1er., règles 19, 20 et 26.
Suivant ce chap., lorsqu'un franc homme était poursuivi pour crime ou pour meubles, dans une autre justice que celle du seigneur où il levait et couchait, il pouvait former son aveu, c.-à-d., s'avouer de son seigneur, et demander d'être renvoyé dans sa justice, ce qui ne pouvait lui être refusé, pourvu qu'il et de-

fet responfe, ou ni sans avoër justice (1), ne cort, il ne la puet puis decliner aprés plet entamé. Car là où li plés est entamés (2) et commanciés, illuec doit prendre la fin, selon droit escriten la Digeste, *De judiciis, lege ubi*, et en Code *De jurisdictione omnium judicum etc.* en la loy qui commence *Nemo*, où il est escrit de cette matere; car nus ne puet aprés nï, décliner siege ordinaire; et se la justice en doute qu'il ne soit justissable, à celui qu'il aura avoé à son saigneur, il le doit tenir jusques à tant que cil le requiere qu'il aura avoüé à saingnieur : car l'en ne doit pas rendre court par derrieres, ne nus n'est souffisans tesmoins en sa querele et pour ce ne le doit pas, selonc droit escrit en Code *de testibus*, en la loy qui commence *Omnibus*. Ne pour ce ne le doit pas la justice croire (3) ne adjouster foy devant qu'elle soit certaine du mandement au saiverra, pourvu cependant qu'il n'ait pas été pris sur le fait, ou que l'affaire n'ait pas encore été instruite, ou qu'il n'y ait pas de défenses au procès ; car l'homme franc qui fait réponse ou qui nie avant de s'être avoué d'une autre justice ou cour ne peut plus décliner le tribunal après que la cause est entamée : car le procés doit être terminé dans celui où il a été instruit et entamé, selon droit écrit au Digeste, *de judiciis, lege ubi*, et au Code, *de jurisdictione omnium judicum*, etc., en la loi qui commence *nemo*, où il est écrit de cette matière ; car nul ne peut, après avoir fourni défense, décliner le siége ordinaire. Si la justice doute que l'accusé soit justiciable du seigneur dont il s'avoue, elle le retiendra jusqu'à ce que le seigneur l'ait réclamé, parce que l'on

---

mandé son renvoi, ou formé son aveu avant contestation en cause, parce que toute exception déclinatoire ne peut plus être proposée après que la cause a été contestée, et il y a lieu de dire, qu'alors le seigneur même ne pouvait plus revendiquer son homme. V. Bacquet, des Droits de Justice, chap. 9, avec la not. et Remarques de Laurière sur les règles de Loisel qui viennent d'êtrementionnées. Tel était l'usage à l'égard des hommes francs. Quant aux serfs ou main-mortables, ils n'avaient en cas de crime, ou quand il s'agissait de meubles, d'autres juges que leurs seigneurs, ce que nous apprenons de P. Des Fontaines, dans son Conseil, chap. 21, où il fait à cet égard de la différence entre le serf et le vilain, en observant que, selon son usage, il n'y avait cependant entre le seigneur et le vilain, « autre juge fors Dieu. » (Laur.)

(1) Sans avouer son seigneur sous qui il lève et couche. Dans un mss. il y a mieux, « sans veer. » (Laur.)

(2) V. Beaumanoir, chap. 10, p. 55. (Laur.)

(3) Un manus. ajoute : « Car quant aucuns dit qu'il est au roy ou à l'apostoille, etc. » De sorte qu'il y manque beaucoup en cet endroit. (Laur.)

gneur, par certain message, (1), ou par sergens generaument connus, ou par lettres au saignieur, ou par son prevost, ou par son major, selon droit escrit en Code des Mandemens au prince, en la premiere loy, où il est escrit de cette matere; car quand aucun dit qu'il est au Roy, ou à l'apostole (2), len ne le doit pas croire se len ne voit les lettres (3). Et quand li sires les requerra, et sera certains souffisamment la gent le Roy, si comme nous avons dit dessus, len le doit rendre, et se il en doute il le doit recroire, se la recreance i siet, par le commun de la terre, par pleges mettans souffisans, ou soi meismes par sa foy, ou par son serement, se il ne puet pleges trouver por justicier devant lui, ou là où droit le mettra, et doivent les justices aller el lieu, pour enquerre de la justice (4) et de la saignorie, et les parties presantes à certain jour à qui la chose touche et appartient: car len ne fet pas en cort laie jugement d'une parole, que se l'autre partie n'est oïe, et appelée souffisamment, l'en ne puet riens desiner, ne jugier, selon droit escrit en Decretales

ne doit pas juger sans avoir entendu les deux parties, et nul n'est suffisant témoin en sa propre cause, suivant le droit écrit au Code, *de testibus*, en la loi qui commence *Omnibus*; c'est pourquoi la justice ne le doit pas croire ni ajouter foi avant d'en avoir informé le seigneur par message, soit par sergent connu, ou par lettres au seigneur, ou par son prévôt, ou par son major, selon le droit écrit au Code des mandemens du prince, l. 1ere., où il est traité de cette matière; car, si quelqu'un s'avoue du pape ou du Roi, on ne doit pas le croire si l'on ne voit ses lettres; et quand le seigneur le réclamera, et que la justice du Roi en sera certaine, d'après ce que nous avons dit ci-dessus, on doit le rendre; mais si l'on en doute on doit exiger caution, si elle a lieu par la coutume de la terre, et s'il ne peut en trouver en se donnant lui-même pour caution sur sa foi, et son serment de se présenter, et d'être jugé pardevant ceux qui en doivent connaître, la

---

(1) V. Des Fontaines, dans son Conseil, chap. 21, art. 32-33, page 125. (Laur.)

(2) L'Apostole est le pape. (Laur.)

(3) V. Remarques de Lanrière sur le 1er. tit. du livre 1er. des Instit. de Loisel, règ. 20 et 21.

(4) V. le chapitre 3, ci-dessus. (Laur.)

de cause de possession et de propriété en la premiere Decretale vers la fin, et selon droit escrit en Code, *Si adversus dotem*, en la premiere loy, en la fin où il est escrit de cette matere, car li prevos de la province doit cognoistre de la cause, la partie adverse presente selon baronie. Et se il y a debat de la justice entre les parties, le Roy, qui est souverain es choses temporieux, le prent en sa main (1), ne li Rois ne dessesist nului, ains enquiert de son droit loyaument, et de l'autrui esgarde droit à soi et à autrui. Car l'en emporte sesine du Roy, non pas li Rois d'autrui, si comme nous avons dit dessus : car li Rois n'a point de souverain es choses temporieus, ne il ne tient de nului que de Dieu, et de lui (2). Ne de son jugement, l'en ne püet appeler qu'à nostre seigneur de lassus : car cil qui l'en appelleroit, ne trouveroit pas qui droit l'en fist.

justice ira sur les lieux pour faire l'enquête dans l'autre justice et seigneurie, pour ajourner et faire comparaître les personnes intéressées au procès, car la cour laie ne peut prononcer de jugement sans avoir ouï les deux parties; et si elles n'ont été suffisamment appelées, on ne peut rien terminer et juger, selon le droit écrit aux Décrétales de cause de possession et de propriété, vers la fin de la première, et suivant ce qui est dit au Code, *Si adversus dotem*, loi 1, où il est traité de cette matière. Le prévôt de la province doit connaître de la cause, la partie adverse présente, selon l'usage de cour de baronnie. S'il y a débat de justice entre les deux parties, le Roi, qui est juge souverain des choses temporelles, évoquera la cause à lui; car le Roi ne désaisit personne, mais s'enquiert loyalement de son droit et de celui d'autrui, et sait se rendre justice à soi-même et aux autres. Le Roi ne reçoit saisine de personne, mais on la reçoit de lui, comme nous avons dit ci-dessus. Le Roi, dans les

---

(1) Ceci sert à faire entendre le chap. 3me. de ce liv. (Laur.)
(2) V. le chap. 78 du 1er. liv. à la fin, et le chap. 19, ci-après. Charles VII, irrité d'un mauvais jugement qui avait été rendu contre lui, le droit et les lois du royaume, en appela à Dieu son seul maître, et à son épée, ne reconnaissant aucun autre supérieur. V. Remarques de Laurière sur Loisel, dans ses Instit. coutum., livre 1er., tit. 1er., règ. 2. (Laur.)

choses temporelles n'a point de juge au-dessus de lui : il ne tient son pouvoir que de Dieu et de lui-même. On ne peut appeler de son jugement qu'au Roi du ciel, et qui en appellerait sur la terre, ne trouverait personne qui puisse lui faire justice.

## 14. Comment avocas se doit contenir en cause.

Quand aucuns a bonne deffense et loïaux, li avocas et li avantparlier (1) doit mettre avant et proposer en jugement ses deffenses, et ses barres, et toutes les choses qu'ils cüident, qui valoir leur doient, et puissent loyaument. Car ce que li avocas dit, si est aussi estable, comme se les parties le disoient, quand il entendent ce que il dient (2), et il ne le contredient presentement, selon droit escrit en Code, des erreurs des avocas, en la premiere loy; et toutes les resons à destruire la partie adverse, si doit dire courtoisement, sans vilenie (3)

## 14. Comment l'avocat doit se contenir en sa cause.

Lorsque quelqu'un peut produire en justice une bonne et loyale défense, l'avocat qu'il a chargé de sa cause doit mettre en avant et proposer ses moyens, ses exceptions, et tout ce qui y a rapport, de bonne foi et de manière à faire valoir sa cause; car tout ce que dit l'avocat doit être regardé comme dit et avoué des parties, lorsqu'elles y sont présentes, et qu'elles ne le contredisent point, selon le droit écrit au Code des erreurs des avocats, loi premiere. L'avocat adverse,

---

(1) Il y a ainsi dans tous les manus. Dans le chapitre 11 du Conseil de Pierre Des Fontaines, il y a amparliers. « Chi parole des amparliers et des mesdits as amparliers. » De *parabola*, dans la basse latinité, on a fait parole, et de *parabolare* on a fait parler. Et comme les avocats parlent pour les parties qu'ils défendent, ils ont été nommés emparliers et avantparliers, parce qu'ils plaident avant le jugement de la cause, ou, comme il est dit dans ce chap., « parce qu'ils mettent avant et proposent au jugement les raisons des parties. » V. Dialogue des avocats, page 463, et Glossaire du droit françois sur ce mot. Dans l'ancien droit romain, *advocati* étaient ceux qui consultaient, et *patroni* les emparliers ou ceux qui plaidaient. Et dans la moyenne et la basse latinité, *advocati* étaient des avoués ou vidames. (Laur.)

(2) Des Fontaines dans son Conseil, chap. 11 n. 7, (Laur.)

(3) *Lex quisquis Cod. de postulando*. (Laur.)

dire de sa bouche, ne en fet ne en dit ; et si ne doit fere nul marchié à celuy pour qui il plaide (1), plet pendant, car en détruisant les moyens proposés, doit se comporter avec beaucoup d'honnêteté, ne proférant aucune injure,

---

(1) *Lex quisquis. Cod. de postulando. Præterea nullum cum litigatore contractum, quem in propriam recepit fidem ineat advocatus, nullam conferat pactionem.* Où la glose m. t. *Ergo nec emere vel alias contrahere cum clientulo potest. Et est ratio, quia omnia daret propter timorem litis, sicut infirmus, propter timorem mortis, ut Digestis de variis cognitionibus. Lege medicus. Ante vero et post, sic. Dig. de variis cognitionibus leg.*

*v. S. Si cui. Sed quid si ante non convenit de salario ? Respondeo secundum Joannem, quod tunc potest conveniri pendente lite, argumento hujus litteræ : In propriam recepit fidem. Et hoc non puto, licet æquitas me multum moveat in contrarium.*

Beaumanoir, dans ses coutum. du Beauvoisis, chap. 5, p. 33. « Li avocats par nostre constume piient penre de la partie pour qui ils plaident le salaire convenancé, ne més que il ne passent pour une querelle trente livres par l'establissement nostre roy Philippe. Et se il ne font point de marchié à chaus pour qui ils plaident et doivent estre payés par journées selonc che que ils levent et selonc leur estat, et che que la querelle est grant ou petite, car il n'est pas resons que un avocat qui va à un cheval, doie avoir aussi grant journée comme chil qui va à deux chevaux, ou a trois, ou à plus, ne qui chil qui peu fet ait autant comme chil qui fait assez, ne que chil qui plaide pour petite querelle comme chil qui plede pour la grant.

Et quant plet est entre l'avocat et chely pour qui il a pledié, pour che que il ne se pûent accorder dou salaire qui ne fut pas convenancié, estimation doit estre faite par le juge selonc che que il void que resons est, etc. »

On voit, par cette autorité de Beaumanoir que, par l'ancien usage de la France, les avocats avaient action pour être payés de leurs honoraires. Quelques-uns dénient cette action aux avocats, en sorte que, selon eux, un avocat ne peut aujourd'hui honnêtement plaider pour son honoraire, ce qui est avantageux à ceux qui savent exiger de grosses sommes et se les faire payer d'avance, et pernicieux à ceux qui ont de la modestie et de la pudeur. Et il serait à souhaiter qu'à l'imitation du roi Philippe-le-Hardi qui, par son Ord. de 1274, statua que les honoraires des avocats ne pourraient excéder trente livres, on leur donnât, dit Laurière, des bornes raisonnables.

Quelques-uns ont prétendu qu'entre l'avocat et le client, le médecin et le malade il n'y a pas de louage ou de conduction, et que c'est la raison pour laquelle l'avocat ne doit pas avoir d'action pour son salaire ou son honoraire. Mais Jacques Godefroy remarque, dans son traité *De Salario*, cap. 1. n. 6, que le payement appelé *merces* était pour les arts mécaniques, et le salaire pour les arts libéraux. Et dans l'art. 5 du chap. 5, il prouve que le salaire est dû aux avocats, et qu'ainsi ils ont action pour s'en faire payer. *Advocatis, seu togatis honorarium, seu vocis et præsidii pretium, triplici jure debetur, ex provisione hominis, veluti per stipulationem, ex mixtâ ratione hominis et legis, ex pacto nudo, ex merâ provisione legis officioque judicis; nempe etsi nihil conventum, nullum salarium advocato promissum fuerit, nihilominus præstandum est officio judicis,* etc. V. *Legem* 1. S. *In honorariis*. Dig. *De extraordinariis cognitionibus; Speculatorem De salario advocati; Cunum, ad Leg. adversus qu.* 3. Cod. *Mandati; Baldum, ad Legem Properandum* §. *Et illo procul dubio Cod., De Judiciis; Fredericum De senis consilio* 218; *Alexandrum, consilio* 109, n. 2, lib. 6; *Parisium, consilio* 105, n. 10, lib. 4; *Minochium, De arbitrariis,* lib. 2, centuria 6, casu 717, n. 1, 6, 7; *Gutierrez, De sacramento confirmatorio,* p. 1, cap. 64, n. 3;

droit le deffend en Code, *de postulando*, en la loy qui commence *Quisquis vult esse causidicus*, et ce appartient à loyal avocas, si comme la dite loy le dit; et doit dire et requerre à la justice, en souploiant de mes barres et de mes deffenses que je ai dites et proposées en jugement pardevant vous, qui me sont proufitables, si comme je croy, ne me veillé-je mie partir, sans droit et sans loial jugement de vostre cort: car len puet mettre et oster (1) en sa demande jusqu'au jugement, si fais-je bien retenuë (2) de plus fere et de plus dire en lieu et en temps, quand droit m'i amenra, si comme de barres peremptoires, qui ont lieu jusqu'à jugement et jusqu'à sentence, selon droit escrit en Code *Sententiam rescindi non posse*, en la loy qui commence, *Peremptorias exceptiones*, si que je ne chiée mie en tort envers le demandeur, ni à la justice, dont je vous requiers droit, comme à justice, se vous le me devés fere ou non. En soupployant le doit dire et en requerant droit. Et la justice li doit faire esgar- ni en fait, ni en parole. Il convient que l'avocat ne fasse aucun marché avec son client pendant le cours du procès; car le droit le defend au Code *de postulando*, en la loi qui commence *Quisquis vult esse causidicus*, et voilà comme doit se comporter tout honnête et loyal avocat. Il doit se présenter et dire à la justice: des exceptions et des défenses que j'ai proposées en jugement pardevant vous, qui me sont profitables, comme je le pense, je ne me départirai point, sans un bon et loyal jugement de votre cour; car on peut ajouter et retrancher de ses demandes jusqu'à sentence définitive. Je proteste de ne plus rien dire en temps et lieu, quand le droit m'y amenera, à moins que vous n'ayez jugé mes exceptions péremptoires, qui auront lieu jusqu'au jugement et sentence définitive, selon le droit écrit au Code, *Sententiam rescindi non posse*, en la loi qui commence, *Peremptorias exceptiones* : de manière que je

---

*Johan. Costam*, consilio 43, n. 6; *Riccium*, *Decisionum Neapolitan.* c. 85, n. 2; *Magonium*, *Decis. Florent.* 12, n. 4; *Vivium*, in communib. opinionib., 2 p., op. 6; *Caphalum*, qu. 288, n. 8; et *Farinacium*, decision. rotæ, cap. 310. Il y a un traité du salaire des avocats de Lescornay. (Laur.)

(2) V. Beaumanoir, chap. 5, p. 33. (Laur.)

(3) V. le chap. 20, ci-après. (Laur.)

der en la court par droit, et faire jugier ses barres et ses deffenses par cil qui le püeent faire, et doivent par l'usage du païs, et donner loial jugement des choses qui sont jugiées pardevant luy, selon l'usage de la cort, à ses justissables droit faisant, et le doit nommer par droit selonc la coustume de la terre.

ne sois point en tort envers le demandeur, ni envers la justice; et je demande que vous me fassiez justice si vous me la devez ou non. Il doit dire ceci en forme de supplique, et requérir droit; le seigneur en la cour duquel la demande est formée, doit faire juger ses exceptions et défenses par ceux qui le peuvent et le doivent, suivant l'usage du pays, et rendre un bon et loyal jugement, sur les choses qui ont été proposées, selon l'usage de la cour, faisant droit à son justiciable qu'il doit nommer suivant la coutume de la terre.

15. *Comment len doit fere jugement et rendre aux parties, et demander amendement, ou fausser se il n'est loyaux.*

15. *Comment on doit faire et rendre jugement aux parties, comment on peut en demander amendement, ou en appeler quand il n'est pas juste et loyal.*

Quand les parties seront coulées en jugement, li prevost, ou la justice si feront les parties tenser, et appelleront souffisamment gent qui ne seront mie de parties (1), et doit la justice retrerée (2) ce de quoy eus seront mis en jugement pour l'une partie et pour l'autre, et livrer

Quand les parties seront au moment d'être jugées, le prévôt ou la justice les fera retirer, et appellera un nombre suffisant de personnes qui ne seront ni amies ni parentes des parties, les instruira du procès, leur exposera les moyens de défense employés

---

(1) Dans le chap. 105 du liv. 1er., il y a, « qui ne seroit de l'une partie, ne de l'autre. » (Laur.)

(2) V. le chap. 105 du liv. 1er., avec la note qu'on y a faite. (Laur.)

les paroles aux jugeeurs (1), et ils doivent loyaument jugier (2) les fuils des hommes, et ne doivent mie jugier selon la face, ains doivent rendre loyal jugement, et doivent avoir Dieu devant leurs els, car jugement doit estre épouvantable, selonc droit escrit en Code *de judiciis*, en la loy qui commence *Sicuti*, ne ne doivent avoir remembrance d'amor, ne de haine, de don, ne de promesse, quand ce vient au jugement; se il li plaist, et il voie que bien soit, et loyautés, més il doit dire aux parties, que eus fassent pés, et en doit faire son pooir: car il appartient à toute leal justice, et à tout juge de depecier les plés, et les quereles metre à fin loiaument, selon droit escrit en la Digeste, en la loy qui commence *Quidam existimaverunt d. Si certum petatur*, et se il püet accorder de pés (3), la justice si doit appeler les parties presentes à jugement (4), si come il a esté fet, car li juges, si ne doit pas fere le jugement, selon la court laie (5), et ains

de part et d'antre, après quoi, sans faire acception de personnes, ils jugeront l'affaire et rendront un bon et loyal jugement, ayant toujours Dieu devant les yeux; car rien n'est plus terrible que le devoir d'un juge, selon droit écrit au *Code de judiciis*, loi qui commence *Sicuti*; et lorsqu'ils jugent, ils doivent éloigner d'eux tout ressouvenir d'amour ou de haine, de don ni de promesse. Le prévôt ne doit prononcer et juger que conformément à l'équité, engageant, s'il le croit convenable, les parties à faire la paix, y contribuant de tout son pouvoir. Car il est du devoir de tout juge et d'honnête justice d'arrêter les procès, et de mettre fin aux querelles, selon droit écrit au Digeste, en la loi qui commence, *Quidam existimaverunt d. si certum petatur*, si on ne peut les amener à la paix, la justice fera appeler les parties pour

---

(1) V. ce qu'on a remarqué sur le chap. 105 du liv. 1er. (Laur.)

(2) V. le chap. 41 des Lois de Guillaume le Bâtard, et le 28 des Lois d'Henry I, roi d'Angleterre, dans le liv. qui a pour titre: *Archaeologia, seu de priscis Anglorum legibus*, imprimé à Cambridge, in-folio, en 1644. (Laur.)

(3) Dans trois manuscr., il y a mieux, «et se il püet accorder.» (Laur.)

(4) Dans trois manuscr., il y a mieux. « la justice si doit appeler les parties, et donner et rendre, les parties presentes son jugement, si com il a esté dit, etc. » (Laur.)

(5) Ceci est expliqué par Beaumanoir, dans le chap. 1er. de ses cout. du Beauvoisis, p. 1. Dans le premier cas, c'était proprement les juges qui fai

doit dire en telle maniere, comme vous vous fussiez mis en droit, et coulé en jugement, seur toutes demandes, et sur vieux deffenses en requerant droit, ( et les doit retraire), pour ce que vous les avez proposées, et que vous avez respondu, à la demande ne tardés pas ces preudomes qui ci sont, se il vous esgarderont loyaument, et par droit jugement; se ce est de héritage, ou de mueble. Et se ce est de murtre, ou d'autre chose, il doit dire en telle maniere: Nous l'assolons, ou condamnons de la demande qu'il fesoit encontre luy par loyal jugement, que avons fait par droit, liquiex doit estre à eux rendus, et ne doit pas estre vendus, et se aucune des parties se sent du jugement grevée, et que l'en leur ait fet tort, et grief, qui soit apert, il en doit tantost appeler sans demorer (1), au chief seigneur, ou à la cort de celuy, de qui il tiendra de degré en degré, si comme nous avons dit dessus, el titre Comment l'en doit demander en amendement de jugement (2) : et doit appeler sans delay : car les choses jugées être présentes au jugement, comme il a été dit ailleurs, car le juge, suivant la cour laie, ne doit pas prononcer de jugement, sans avoir été aux parties : comme vous vous êtes pourvûs en jugement demandant droit sur telles demandes, et telles défenses ; qu'il rappellera, comme vous nous les avez proposées et débattues, ne souffrez pas que les honnêtes gens qui sont ici venus pour vous juger, perdent plus de temps à vous entendre, car ils vont vous juger dans toute l'équité, et vous rendre justice. Ainsi doit parler le juge lorsqu'il s'agit de contestation d'héritage, ou de meubles, mais lorsqu'il est question de meurtre ou d'autre crime, il doit dire: Nous approuvons ou condamnons la demande d'un tel contre un tel, par un bon et loyal jugement que nous avons rendu dans toute justice; le jugement leur sera notifié ainsi, et non pas vendu à prix d'argent. Si l'une des parties se trouve lésée par le jugement, et que le tort

---

aient le jugement, lesquels étaient nommé « jugeurs » , et dans le second, c'était les « pers. « V. le chap. 105 du liv. 1er. (Laur.)

(1) Quant à l'amendement de jugement, il devait être demandé en suppliant dans le jour. Il semble néanmoins qu'ici ces deux choses soient confondues. V. le chap. 80 du livre 1er., l'art. 12 de l'Ord. de 1667, au tit. de l'exécution des jugemens, *et Cujacium, ad tit. De appellationibus in paratit.* (L.)

(2) Ceci prouve que le second livre fait partie des établiss. de saint Louis. Voyez l'Ord. de Charles VII, de l'an 1453, à Montil-les-Tours, art. 18 (L.G.)

giées en court de baron, desquiex l'en n'appelle pas tantost, sont tenües estables, selon l'usage de la cort laye, et selon droit escrit en Code des avocas, des divers juges (1), en la loy première où il est escrit expressement de cette matere, et doit dire en telle maniere : De ce jugement je demande amendement de jugement. si come nous avons dit dessus el titre de demander amendement de jugement (2), en souploiant: car souplications doit estre faite (3) en court le Roy, et non pas appel : car appel contient felonie, et iniquité selon droit escrit en Code de haut prince les prieres, en la loy qui commence, *Si quis adversus*, et la loy, *Intrumentorum*, et en la loy unique qui commence, *Litigantibus*, el Code *de sententiis præfectorum prætorio* et en la Digeste, *de minoribus*, en la loy *Præfecti*, où il est escrit de cette matere que l'en doit souploier au Roy, que il le jugement voye, ou face voir, et se il n'est contre droit, que il le face tenir, et enteriner (4) par la coutume du païs. Et ce ne puet-il veer (5) aux parties selon les establissemens qu'on lui a fait soit notable et évident, elle doit en appeler sur-le-champ au chef seigneur ou en la cour de celui de qui il tient sa justice de degré en degré, comme nous avons dit ci-dessus au titre : Comment on doit demander amendement de jugement, et il doit appeler sur-le-champ, car tout jugement rendu en la cour du baron et dont on n'appelle pas sur-le-champ, doit être exécuté, suivant l'usage de cour laie, et selon ce qu'est écrit au Code des avocats, des divers juges, en la loi première, où il est traité spécialement de cette matière; et il doit s'exprimer ainsi : Je demande amendement de ce jugement, et il doit le faire par requête, comme nous avons dit ci-dessus, au tit. de demander amendement de jugement; car en la cour du roi on doit le supplier de revoir le jugement, et non pas appeler, car l'appel contient félonie et injustice, selon droit écrit au Code de haut prince les prières, loi unique qui commence, *Si quis adversus*, en

---

(1) Cette citation est fausse. (Laur.)
(2) Liv. 1, chap. 80. (Laur.)
(3) V. le chap. 80 du liv. 1er. (Laur.)
(4) Entérin, en vieux francais, signifie entier. Entériner, c'est déclarer [juge]ment entier, bon et parfait, et ordonner qu'il sera accompli et exécuté. (Laur.)
(5) Empêcher, refuser.

le Roy, si comme il est dit dessus, et se ce est hors de l'obéissance du Roy (1), et il viegne en la cort le Roy par resort, par apel, ou par defaute de droit, ou par faus jugement, ou par recreance née (2), ou par grief, ou par véer le droit de sa cort, il convient, que il die, que le jugement est faus (3), ou autrement il ne seroit pas oïs (selon les establissemens), et selon l'usage de cort laie, s'il appelloit (4) son seigneur des choses dessus dites, li sires en auroit le recort de sa cour, droit fesant, et comment (5) que ce soit prouvé par bons tesmoins, si comme il est dit dessus, et cil qui sera trouvés en son tort l'amendera par la coustume de la terre.

la loi *Instrumentorum*, et en la loi unique qui commence, *Litigantibus*, au Code *De Sententiis præfectorum prætorio*, et au Digeste, *de minoribus*, en la loi *Præfecti*, où il est dit que l'on doit supplier le Roi de revoir le jugement et de le faire examiner, et s'il n'est pas contre le droit, d'en ordonner son exécution selon la coutume du pays; et il ne peut le refuser aux parties suivant les établissemens du Roi, et comme il est dit ci-dessus. Mais si c'est hors de l'obéissance du Roi, et qu'il vienne en sa cour par ressort, appel, défaute de droit, faux jugement, refus de récréance, déni de justice en sa cour, il convient qu'il dise: le jugement est faux, ou autrement

---

(1) En l'obéissance le roi, on pouvait demander amendement de jugement, mais on ne pouvait fausser. V. Le chap. 68 du liv. 1. En cour inférieure, on faussait. Joignez le chap. 138 du liv. 1. (Laur.)

(2) Dans les manusc. il y a mieux, *véer*. V. le chap. 9 de ce liv. avec la note. (Laur.)

(3) V. Des Fontaines, dans son Conseil, chap. 22, et Beaumanoir, chap. 67. (Laur.)

(4) Il faut toujours se souvenir ici qu'il y avait anciennement dans le royaume des lieux où les jugemens se faisaient par pers, et d'autres où ils se faisaient par baillis et jugeurs. Or, dans les lieux où ils se rendaient par baillis et jugeurs, et peut être dans les lieux où ils se rendaient par pers et baillis, on pouvait fausser les jugemens contre les jugeurs ou les pers, sans les fausser contre les seigneurs; et dans ce cas l'appel du faux jugement était porté par-devant le même seigneur, qui devait chercher d'autres jugeurs, ou emprunter des hommes du seigneur supérieur. Beaumanoir, chap. 61, page 313.

Quand le jugement était faussé contre les jugeurs, le seigneur en la cour duquel il avait été rendu en avait la connaissance; mais si le seigneur était lui-même pris à partie, alors l'affaire était portée par-devant le seigneur supérieur. V. Beaumanoir, pag. 312 et 338, et Remarques sur le chap. 105 du liv. 1, et sur les chap. 78, 80, 81 et 138. (Laur.)

(5) Lisez *et convient, comme* il y a dans les manusc. (Laur.)

il ne serait pas écouté, selon les établissemens, et suivant l'usage de cour laie. S'il formait son appel sans détailler aucun des motifs que nous venons d'indiquer, le seigneur pourrait révoquer l'affaire en sa cour, et la faire revoir par gens habiles et expérimentés, comme il est dit ci-dessus, et celui qui sera trouvé en son tort paiera l'amende prescrite par la coutume de la terre.

### 16. Comment l'en doit justicier homme, qui est souspeçonneus (1).

Se aucuns est mauvaisement renommez par cri ou par renommée, la justice le doit prendre (2), et si doit enquerre de son fet, et de sa vie, et là où il demeure : et se il le treuve par enqueste, que il soit coupable de aucun fet, où il ait paine de sanc, il ne le doit mie condamner à mort, quand nus ne l'accuse, ne quand il n'a esté pris en aucun present fet, ne en nule recognoissance (3). Més se il ne se voloit mettre en l'enqueste, lors püet la justice bien fere, et doit forbannir hors de son pooir,

### 16. Comment on doit faire justice d'un homme suspect.

Si quelqu'un mal famé est soupçonné de quelque crime, la justice le doit faire prendre, et l'interroger sur sa vie, ses actions, sa demeure ; et s'il se trouve, par enquête, qu'il soit coupable d'aucun fait pour lequel il y ait peine de mort, la justice cependant ne l'y condamnera pas, si personne ne l'accuse, s'il n'a pas été pris sur le fait, et s'il n'avoue pas son crime. S'il refuse l'enquête, la justice peut l'ordonner ; le bannir hors

---

(1) V. les chap. 26 et 34 du liv. 1. (Laur.)

(2) Il semble qu'alors le ministère public des procureurs du Roi et des seigneurs n'était pas encore en usage. V. Gloss., sur procureur. (Laur.)

(3) V. le chapitre de ce liv., à la fin. (Laur.)

selonc ce que li semblera cour-
pables par le fait, et comme il
le trouvera par l'enqueste qu'il
en aura faite de par son office: car
il appartient à l'office du prevost, et à toute loyal justice de
nettoyer la province, et sa juridiction des mauvés hommes,
et des mauvéses femmes, selon
droit escrit en la Digeste *de receptatoribus*, en la premiere
loy qui commence *Pessimum*,
en la loy *illicitas*, et en
la loy *congruit*, en la digeste
*de off. præsidis*, et si comme
nous avons dit dessus el titre
des souspeçonneus pugnir. Et se
puis le forbauni estoit trouvés el
pays, il seroit pendable selonc
l'usage de la cort laie; et se il se
mettoit en l'enqueste, et l'enqueste trouvast qu'il fust coupable, la justice le devroit condamner à mort, se ce estoit de
ces quas que nous avons dit dessus (1). Et toute justice doit tous
cens enquerre et apprendre,
comment elle porra, et devra pugnir les maufeteurs, ne ne doit
mie remeindre, que il ne soit
pugnis, pour ce que li autres
n'i pregnent exemple de leur
mal fere, et selonc droit escrit
en la Digeste *ad legem aqui-
liam*, en la loy qui commence
*Ita vulneratus*, environ le milieu : car li mauvés lessent à
mal fere pour la poor de la
paine, et li bon pour avoir

de l'étendue de sa juridiction, selon qu'il sera trouvé
coupable par le fait ou par
l'enquête qui en aura été faite
d'office ; car il est du devoir
du prévôt et de toute loyale
justice, de purger sa province et sa juridiction
d'hommes et de femmes de
mauvaise vie, selon droit
écrit au Digeste, *de recepto-
ribus*, loi première, qui
commence *Pessimum*, en la
loi *illicitas*, et en la loi *congruit* ; Digest. *de officio
præsidis*; et comme nous
avons dit ci-dessus, au titre
de punir gens suspects. Si
celui qui a été ainsi banni,
reparaissait dans le pays, il
mériterait d'être pendu, selon l'usage de cour laie. S'il
consentait à l'enquête, et
qu'il fût trouvé coupable
d'aucun des crimes indiqués
ci-dessus, la justice le condamnerait à mort. Tout juge
doit faire une exacte perquisition des malfaiteurs, et
n'en laisser aucun impuni,
afin que personne, à leur
exemple, ne s'autorise à mal
faire, suivant ce qui est écrit
au Digeste, *ad legem aqui-
liam*, vers le milieu ; en la
loi qui commence *Ita vulneratus* car les méchans évitent
le mal par crainte des peines,
et les bons par amour pour

---

(1) Chap. 7 et 8 de celiv. (Laur.)

l'amour de Dieu, selonc droit escrit en la Digeste de justice de droit, en la premiere loy (1) (el premier respons).

17. *De chose emblée* (2), *qui est requise pardevant justice, et que la justice en doit fere.*

Se aucune personne suit aucune chose, qui li a esté emblée, et il la requiert comme emblée, il doit mettre quatre deniers seur la chose (3), si comme nous avons dit dessus par la coustume du païs, et doit dire en telle maniere à la justice, sire, ceste chose, si m'a esté emblée, et sui tout prest de jurer seur sains ( de ma main et de ma bouche ) que je ne fis onques chose de quoi je en deusse perdre la sesinne : Et se cil seur qui la chose est trouvée ; die que il l'a achetée de preudomme, et de loial, si comme il croit, et l'osera bien jurer seur sains : adonc il sera hors de la souspeçon, et du peril, mais il perdra son chastel, quand il ne püet son garent trouver (4), et

Dieu, selon le droit écrit au Digeste, de justice de droit, l. 1. § 1.

17. *De redemander à la justice chose volée, et comment on doit procéder en pareil cas.*

Si quelqu'un poursuit en justice la restitution d'aucune chose qui lui a été volée, après avoir déposé deniers, comme nous avons déjà dit, selon la coutume du pays, il s'exprimera ainsi : Sire, telle chose m'a été volée, et je suis tout prêt à jurer que je n'ai jamais rien fait pour en perdre la saisine. Si celui qui est trouvé saisi de l'effet volé, dit qu'il l'a acheté de quelqu'un d'honnête et loyal, comme il le croit, et qui s'offre à le jurer, il sera hors de soupçon et de danger ; mais il perdra l'effet réclamé s'il ne peut trouver de garant. S'il a garant, on lui donnera jour pour l'amener,

---

(1) *Leg.* 1, § 1. *Dig. De justitia et jure, et ibi Glossa.* (Laur.)
(2) V. le liv. 1 de ces Établiss., chap. 91 ; et liv. 2, chap. 12. (Laur.)
(3) V. le chap. 12 de ce liv. avec la note. (Laur.)
(4) Son châtel, c'est la chose mobilière qui lui appartient, comme son bœuf, son âne, son cheval. La jurisprudence était, à cet égard, différente en Angleterre. *Fleta*, lib. 1, cap. 38, *De Furto*, § 7.
Si celui qui était ainsi poursuivi trouvait son garant et le mettait en cause, il suivait la procédure prescrite dans le chap. 91 du liv. 1. V. Britton, chap. 75. (Laur.)

se il avoit garant, il auroit jour à amener son garant, selon la tenuë de la chose, et à venir au jour convenable. Et se le garant le tesmoigne que la chose li ait venduë, il demorra à la justice. Et se il ne trüeve son garant (1), cil qui sera hors de souspeçon. Et se il n'a trouvé son garand, il juerra ce que nous avons dit dessus, que se il le püet avoir (2), ne sçavoir, ne appercevoir (3), que il le fera prendre, ou que il levera le cry (4), ou fera savoir à la justice. Et si perdra son chastel, quand li demandierres aura fet la chose pour seüe, se li marchands ne l'avoit achetée à la foire de Pasques (5). Et se il li avoit achetée, il n'auroit son argent par la coustume d'Orlenois (6), et seroit hors de la souspeçons, se ce estoit hons qui eust usé, et accoustumé à acheter tiex choses, et qui fust de bonne renommée, selon droit escrit en Code, au commencement el titre des larrons, et du serf corrompu, en la loy qui commence *Incivilem rem*, il sera tenu de l'accompagner, au terme prescrit. Si le garant déclare qu'il lui a vendu l'effet, il demeurera à la justice, et l'autre sera hors de soupçon. S'il n'a trouvé son garant, il jurera que, s'il peut découvrir l'endroit où il est, ou le rencontrer, ou l'avoir, qu'il le fera prendre, qu'il levera cri après lui, ou le fera savoir à la justice. Le demandeur perdra l'effet qu'il réclame, si le marchand prouve qu'il l'a acheté à la foire de Pâques. S'il l'y avait acheté, on lui rendrait son argent, suivant la coutume de Paris et d'Orléans; et si c'était un homme accoutumé à acheter de pareilles choses et qui jouît d'une bonne réputation, il sera hors de soupçon, selon le droit écrit au Code, vers le commencement, au titre des larrons et du serf corrompu, en la loi qui commence, *Incivilem rem*, et la loi qui commence, *Civile*, où il est traité de cette

---

(1) Lisez, « et se il treuve son garant, » ceci est superflu et corrompt le sens. (Laur.)

(2) C.-à-d. celui qui a amené son garant. (Laur.)

(3) C.-à-d. que s'il le peut avoir, savoir et apercevoir, etc. (Laur.)

(4) V. le chap. 91 du liv. 1. Ce cri se faisait pour assembler le monde et faire arrêter le larron ou le meurtrier, comme il se voit par le chap. 48 des Lois Françaises de Guillaume-le-Bâtard. V. les not. de Selden sur Eadmer, pag. 123, à la fin; de St. Anselme, de l'édition de Paris, et l'édition des anciennes lois d'Angleterre, par Wheloc, folio 169. Joignez Gloss. sur les mots *Cri* et *Haro*. (Laur.)

(5) Qui était très-solennelle. (Laur.)

(6) Dans un manusc. il y a : « par la cout- de Paris et d'Orléans, » et cette addition est bonne. (Laur.)

et la loy qui commence *Civile*, où il est escrit de cette matere. Ne il ne doit pas dire, que cil l'ait achetée d'hons qui soit mesconneu, ains doivent sagement marcheander que eus ne chiéent en crime de mauvés souspeçon, si comme ladite loy le dit en la fin, car souspeçon doit estre estrangé à tous preudes hommes.

18. *Comment gentishons doit requerre son saigneur, que il le mete en sa foy, et comment li sires le reçoit à homme.*

Quand aucuns doit tenir de saigneur en foy, il doit requerre son saigneur dans quinze jours (1), et se il ne le fesoit dedans quinze jours, li sires pourroit, et devroit assener à son fié par defautes d'homes (2), et seroient les choses seües que il trouveroit sans retor, et si seroit vers son saigneur, ce que il devroit sere du rachat; quand aucuns veut entrer en foy de saingnieur si le doit requerre, si comme nous avons dit cy-desuss, et doit dire en tele maniere : Sire, je vous requiex comme à mon saigneur, que

matière. Ainsi, personne ne doit dire qu'il ait acheté l'effet redemandé d'un homme inconnu; mais prendre garde qu'il ne tombe en crime de mauvais soupçon; car tout honnête homme doit éloigner de lui le soupçon, comme il est dit en la fin de la loi que nous venons de citer.

18. *Comment le gentilhomme doit demander à son seigneur de le recevoir en sa foi hommage, et comment le seigneur doit le reconnaître pour son homme.*

Celui qui doit rendre foi et hommage aura quinze jours pour demander à son seigneur de le recevoir en sa foi, et s'il ne le faisait dans la quinzaine, le seigneur pourrait et devrait faire saisir son fief, et s'emparer sans retour de ce qu'il y trouverait, et le vassal n'en serait pas moins tenu de lui payer le droit de rachat. Si un vassal désire rendre foi et hommage à son seigneur, il doit le demander ainsi, et dire : Sire, je vous demande, comme à mon

---

(1) Dans un manusc. il y a « quarante jours » comme dans la cout. de Paris. (Laur.)

(2) De sa propre autorité. V. Laurière, sur le tit. de la cout. de Paris, des arrêts et exécutions ; ce qui n'est plus pratiqué. (Laur.)

vous me metés en vostre foy, et en vostre homage de tele chose assise en vostre fié, que j'ay achetée, et li doit dire de tel homme, (et doit cil estre presens, qui est en la foy du seigneur), et se ce est por achat, ou se ce est d'escheoite, ou de descendue, il le doit nommer, et jointes meins, dire, en tele maniere : Sire, je devien vostre homme et vous promet feauté d'orenavant, comme à mon saigneur envers tous hommes (qui puissent vivre ne mourir), en telle redevance, comme li fiés la porte, en fesant vers vous de vostre rachat, comme vers saignieur, et doit dire de quoy de bail (1) ou d'escheoite (2) ou d'heritage (3), ou d'achat. Et li sires doit presentement respondre, et je vous reçois et preing à hons, et vous en bese (4) en nom de foy, et sauf mon droit et l'autruy (selon l'usage de divers pais), et li sires püet prendre large place (5) de la moitié, et des rentes, se il ne fine du rachat,

seigneur de me recevoir en votre foi et hommage pour tel bien que j'ai acheté en votre fief. Il lui nommera la personne de qui il le tient, qui doit être présente, si c'est par achat ; mais si le fief est venu par succession ou héritage, il l'expliquera, et, les mains jointes, il continuera ainsi : Sire, je deviens votre homme et vous promets service dorénavant comme à mon seigneur, envers tous hommes, en telle redevance que comporte le fief, vous payant le rachat en qualité de seigneur. Le seigneur lui répondra : et moi, je vous reçois et vous avoue pour mon homme, vous donne ce baiser en signe de ma foi, sauf mon droit et celui d'autrui, suivant l'usage de divers pays. Le seigneur pourra prendre les revenus et les rentes de l'année, s'il ne lui paie pas le rachat ; mais nul n'est tenu au droit de relief quand il

---

(1) Ou comme mari ou comme gardien. (Laur.)
(2) C.-à-d. de succession collatérale. (Laur.)
(3) C.-à-d. de succession directe. (Laur.)
(4) Ce baiser, qui se faisait toujours à la bouche, n'était accordé qu'aux vassaux nobles, et non aux vilains ou roturiers ; ce que prouve ce passage de Durand, surnommé le Spéculateur, liv. 4, de Feudis. §. Quoniam: Porro in Regno Franciæ facilius se expediunt, nam nobilis homo flexis genibus coram Rege, et immissis manibus junctis intra manus regias sibi fidelitatem jurat et homagium facit, et Rex illum recipit ad osculum. Si vero sit ignobilis, licet habeat nobile feudum, non recipitur ad osculum. V. le roman de la Rose. Joignez Beaumanoir, chap. 48, pag. 265. (Laur.)
(5) Il y a mieux dans un manusc. : « Et li sires püet penre les debleances de l'année, et les rentes se il ne fine vers luy dou rachat. » (Laur.)

et aussi des relevoisons (1). Més nus ne fet relevoisons de bail (2), ne de doüere, ne de frerage, ne jour de monstrée (3), selonc les usages de divers païs, se ce n'est en un quas, car qui relieve de bail, il doit fere seures les parties, que quand li enfans vendront en aage, cil qui a le bois (4) le fera fere à ses dépens, et à ses cousts, et engardera les censiers de dommage bail si est de fié (5), més en vileuage, si n'a point de bail.

tient des biens, soit de tutelle, soit de douaire, soit de partage, selon les usages de divers pays, si ce n'est dans un cas; car celui qui tient des biens sous sa tutelle, ne doit rendre sûres les parties que quand les enfans seront en âge. Le tuteur, dans ce cas, rendra le droit de relief aux frais, coûts et dépens du pupille, et garantira tous les censiers de dommages. Il ne peut y avoir de tutelle qu'en fief noble; car, en roture, la tutelle n'est point d'usage.

19. *Comment len va avant en toutes quereles, qui a à marchir au Roy* (6).

19. *Comment on doit procéder en toutes contestations dont la connaissance appartient à la justice du Roi.*

Se aucune justice prend un hons le Roy (7) ou bourjois,

Si aucune justice arrête un homme qui soit justiciable

---

(1) Ces relevoisons sont un rachat ou relief dû au seigneur censuel, dans la cout. d'Orléans. V. le tit. 3 de cette cout. (Laur.)

(2) C.-à-d. que le droit de relevaisons n'était pas dû, soit pour garde ou bail, ou pour douaire, ou pour frerage, c.-à-d. pour partage; mais peu après ce droit fut changé dans l'Orléanais. V. La Lande, commentateur de la cout. d'Orléans, sur l'art. 126. (Laur.)

(3) Dans un manusc. il y a mieux. « le jour de montrée. » (Laur.)

(4) Lisez, « cil qui a le bail, » ainsi qu'il y a dans deux manusc. Quoique le bailistre ne dût aucunes relevaisons à cause de son bail, il se pouvait faire que le mineur en dût de son chef, et, dans ce cas, le bail devait l'en acquitter, car « qui garde prend, quitte le rend. » Et de-là vient qu'il est dit ici que « le bail doit faire seures les parties quand li enfant seront en âge qu'il le fera faire à ses dépends et à ses cousts, et on acquittera les censiers du domage, etc. » (Laur.)

(5) Et de-là vient qu'il n'y a encore que les fiefs qui tombent en garde, et non les héritages en roture. Ce qui est expliqué au long par Beaumanoir, dans sa cout. de Beauvoisis, chap. 15. (Laur.)

(6) V. les ch. 13 et 31 de ce liv. (Laur.)

(7) Pour crime, car avant l'Ord. de Moulins, dans l'art. 35, qui a ordonné que les crimes seraient punis où ils auraient été commis, l'aveu emportait

ou manant, ou qui au Roy s'avoë en l'obéissance le Roy, la gent le Roy si doivent mander à la justice, en tele maniere, nous vous mandons que vous à tel homme, qui au Roy s'avoë, que vous avez fet prendre, ou detenez à tort (1) (autrement n'auroit-il pas recreance, se il ne disoit à tort, selonc l'usage de baronie), rendés, ou recrées, ou soiés au jour pardevant nous. Et li doit len assener jour, qui soit souffisant, selon ce que la justice le Roy verra que il sera bon à faire, selon la personne qu'il tendra, et selon ce que la justice sera honneste, et selon ce qu'il tendra en baronnie; et au jour il doit envoyer (2) souffisant gent, ou il doit venir, ou dire raison souffisant, parcoi il n'est pas tenus à fere, et se la resons est resonable, que il ait present en autre chose) si comme nous avons dit dessus, et il en müeve juge, il doit estre oïs; et se (il ne dit chose resonable), et il ne le vüelle rendre, ou recroire, la justice le Roy le doit parforcier par la prise de ses

du Roi, ou bourgeois, ou manant, ou qui s'avoue de l'obéissance du Roi, les gens du Roi doivent le redemander ainsi à l'autre justice : Nous vous redemandons un tel homme qui se dit justiciable du Roi, que vous avez fait prendre et retenir à tort ( Ils n'en obtiendraient pas récréance, s'ils ne disaient à tort, selon l'usage de baronnie ). Rendez-le ou venez à tel jour par-devant nous. On doit assigner un terme suffisant, suivant que la justice verra qu'il sera raisonnable, et selon la qualité de la personne détenue, l'étendue de la justice et de la baronnie. Au jour marqué, le seigneur doit envoyer gens suffisans, ou venir en personne, et dire les raisons qui l'empêchent d'obéir; et si elles sont trouvées justes, par exemple, si sa présence est nécessaire dans une autre affaire, comme nous avons dit ci-dessus, et qu'il en soit juge, il doit être ouï; s'il ne

---

l'homme et il était justiciable de corps des seigneurs où il levait et couchait, V. Loisel, dans ses Instit., liv. 1, tit. 1, rég. 26. L'on voit par-là que l'homme du Roi qui était détenu dans une justice, s'avouait non-seulement du Roi, mais qu'il se faisait réclamer ou revendiquer par les juges royaux. (Laur.)

(1) Il fallait nécessairement que les juges royaux dissent ainsi, car, sans cela, ils n'auraient pas eu droit de revendiquer celui qui s'était avoué du Roi, et il n'y aurait pas eu lieu à récréance. (Laur.)

(2) Savoir, le seigneur inférieur en la justice duquel l'homme qui s'avoue du Roi a été pris. (Laur.)

hommes (1), à ce qu'il ayent la sesine de l'home le Roy, et qui au Roy s'avoë, et quand il en seront en sesine, li Rois gardera droit à soy, et à autruy, si comme nous avons dit dessus (2), car li Rois si n'emporte de nului sesinne (3), més len l'emporte de lui. Et si fera amende de la recreance vée (4) aus gens le Roy, car li Roy en est en sesinne et en possession, et qui vée recreance à sa gent, il le tout quite, et fet amender de la recreance vée, selonc l'usage du païs et de la terre. Et si enquierent les gens le Roy de son droit par bonnes gens, et par bonnes prüeves et loiaus, se il les veut amener; et s'il a son droit (5), len li rendra la cort pour justifier (6), selonc ce que cil sera trouvés en tort, si comme il sera prouvés par l'enqueste, qui en aura esté faite loyaument, et ainsi va len avant en toutes querelles qui auront à marchir (7) au Roy, ou de contens d'escheoite, ou de müebles, ou d'heritage, ou d'appartenances à heritage, ou de justices ou de seigneuries; car li Rois ne tient de nului (8) que de Dieu, et de luy, ne de

peut donner de raison valable, et qu'il refuse de rendre ou de restituer le prisonnier, la justice du Roi le contraindra, par la prise de ses hommes, à rendre l'homme du Roi et qui s'avoue de lui; et quand elle s'en sera saisie, le Roi fera rendre justice à soi et à autrui, comme nous avons dit ci-dessus; car le Roi ne reçoit saisine d'aucun de ses sujets; mais ses sujets la reçoivent de lui. Là justice fera payer l'amende de la récréance, refusée aux gens du Roi; car le Roi en est en saisine et possession, et qui refuse récréance à ses hommes les rend quittes envers lui, et doit payer l'amende pour la récréance refusée, suivant l'usage du pays et de la terre. La justice du Roi fera examiner le droit du seigneur par gens de probité, et bonnes et loyales preuves s'il les veut produire, et s'il est dans son droit on lui rendra la cour pour faire subir au prisonnier la peine de son crime, s'il est trouvé cou-

---

(1) Dans un manusc., il y a, plus nettement, « la justice le roi doit porcier par la prise des hommes le roi, et qui au roi s'avoilent. » (Laur.)
(2) Liv. 2, chap. 5, 7 et 9. (Laur.)
(3) V. le chap. 3 de ce liv. et le 13, à la fin. (Laur.)
(4) V. le chap. 9 de ce liv. (Laur.)
(5) Savoir le seigneur inférieur. (Laur.)
(6) Dans un manusc., il y a mieux, « justicier. » (Laur.)
(7) Terminer. (Laur.)
(8) V. le livre 1, chap. 78, à la fin; et le liv. 2, chap. 13, à la fin. (Laur.)

son jugement nus ne püet appeller qu'à Dieu, si comme nous avons dit dessus : Ne nule justice le Roy ne püet pledier de son droit, ne de ses heritaiges, fors en sa cort (1). Et li Roy ne perd pas son feble serjant, més à luy puet bien len perdre, et rien gaaingnier, et li baillis, qui est par de seur les serjans, doit veoir, et les droits fere sçavoir au Roy, selon droit escrit en Code des Avocats de haults princes, en la loy qui commence *Fisci advocatus*, et si se doit garder qu'il ne tolle les droits le Roy, ne les profis au Roy, se ce est d'heritage, ou d'autre grande chose, car nus serjant ne püet fere dommage au Roy, ne chose qui soit contre droit, selonc droit escrit en Code *de imperatori precibus offerendis*, en la loy qui commence *Nec damnosa*; més bien püet fere son profit, et enquerre de son droit selonc l'usage de la court laie, et de l'hostel le Roy que il soit estables, quant à la chose est propriété, ou justice ou seignorie.

pable par l'enquête qui en sera faite. C'est ainsi que l'on procédera dans toutes contestations qui devront se terminer en justice du Roi, soit qu'il s'agisse de succession, de meubles, d'héritages, ou concernant héritages, de justice ou de seigneurie ; car le Roi ne tient son pouvoir que de Dieu et de lui, et l'on ne peut appeler de son jugement qu'à Dieu seul, comme nous avons dit ci-dessus. Nulle justice ne peut juger les contestations qui s'élèvent au sujet de ses droits et de ses domaines qu'en sa cour. Le Roi ne perd rien par la faute de son sergent ; mais avec lui on peut perdre et ne rien gagner. Le bailli qui est au-dessus du sergent, doit examiner et faire connaître les droits du souverain, selon qu'il est écrit au Code des avocats de hauts princes, en la loi qui commence, *Fisci advocatus*, et il doit bien prendre garde que les droits du Roi ne soient violés, ses revenus distraits, surtout s'il s'agit de ses domaines, ou autres choses importantes ; car nul sergent ne peut faire dommage au Roi, ni chose qui soit contre ses intérêts, selon droit

---

(1) V. le chap. 118 du liv. 1. (Laur.)

écrit au Code, *De imperatori precibus offerendis*, en la loi qui commence, *Nec damnosa*; mais il peut les augmenter, et informer de son droit, selon l'usage de cour laie, et de l'hôtel du Roi, de manière qu'il soit inviolable; surtout lorsqu'il s'agit de propriété, de justice ou seigneurie.

### 20. Comment 'len va avant en querelle, quand hons est appellé de quas de haute justice (1).

Se aucuns appelle uns autres de traïson, ou de murtre, ou de cas dessus dit (2) où il i ait peine de sanc ou de peril (3), ou de perdre vie, ou membre, il doit presentement respondre sans demeure, et sans jour de conseil (4) de tel fet, selon l'usage de divers pays. Et se la journée passoit que il ne s'en meist à plus, li deffens (5) li porroit bien porter grand dommage. Et se il estoit d'autre justice, il devroit dire ce que nous avons dit dessus (6), et doit fere retenüe, que len appelle protesta-

### 20. Comment on doit procéder quand quelqu'un est accusé de cas de haute justice.

Si quelqu'un est accusé de trahison, de meurtre, ou d'aucun des cas mentionnés ci-dessus, où il y a peine de sang, ou péril de perdre la vie ou quelque membre, il doit répondre à la plainte sans délai, et sans jour de conseil, selon l'usage de divers pays. Si la journée se passait sans qu'il se mit en peine de se défendre, son défaut pourrait lui devenir très-préjudiciable. S'il est d'une autre justice, il doit protester, comme nous l'a-

---

(1) Accusé. V. le chap. 11 de ce liv., et le 38 ci-après. (Laur.)

(2) Chap. 7 de ce liv. (Laur.)

(3) Dans un manuscr., il y a beaucoup mieux, « peine de sanc, ou de perdre vie ou membre. » En laissant péril, il faudrait lire, ou péril de perdre vie ou membre, etc. (Laur.)

(4) V. le chap. 41. (Laur.)

(5) Dans un manuscr., il y a mieux, « li défauts. » (Laur.)

(6) Chap. 19 de ce liv. (Laur.)

tion (1) (se est que retenüe vaille), selon droit escrit en Code et en Decretales, *de iis, quæ vi, metus ve causâ fiunt*, el premier chapitre qui se commence *Perlatum*, où il est escrit de la noble dame qui fit protestation, qu'elle istroit de religion, quand e' ? i entra, par la force de son seignior, et li valut. Et doit dire en tele maniere : Messires n'avoit pas tel justice, en celuy leu, je l'offre à deffendre, ci où là, où droit m'amerra, si comme je devray. Et doit nommer son seigneur, et doit avoir pour lay qui le requierre (2) en la cour droit faisant, si comme nous avons dit dessus, et ainsi se porroit passer du deffaut. Et doit la justice ces deux parties bien tenir ygaument (3) tant qu'il soit cogneus de la justice et que ses sires le requierre; car se il fesoit fosse avoërie, elle li porroit bien porter dommage, se il n'avoit fet tele retenüe, comme nous avons dit dessus, en la fin el titre de justice de vavasor (5).

vons déjà dit; s'il y a lieu à protestation, selon droit écrit au Code et aux Décrétales, *de iis quæ vi metus ve causâ fiunt*, chap. 1er., qui commence *Perlatum*, où il est parlé de la femme noble qui protesta qu'elle sortirait de religion, parce qu'elle n'y était entrée que contrainte et forcée par son seigneur, et dont la protestation fut déclarée valable. Il parlera ainsi aux juges : Messieurs, vous ne pouvez me juger en votre justice, je m'offre à le prouver comme je le devrai devant celle où le droit m'amènera. Il doit nommer son seigneur, qui, de son côté, doit le réclamer pour lui faire justice en sa cour, comme il a été dit, et, dans ce cas, il n'y aurait pas de défaut. La justice devant laquelle le défendeur a été accusé doit retenir également l'accusateur et l'accusé, jusqu'à ce que l'on soit certain de la justice qui en doit connaître, et que son seigneur l'ait réclamé;

---

(1) Ceci doit faire entendre tous les chap. de ces Établiss. où il est parlé de retenue. V. le chap. 14 de ce liv. (Laur.)
(2) V. ce que j'ai remarqué sur le chap. 19 de ce liv. (Laur.)
(3) V. le chap. 104 du liv. 1er. (Laur.)
(4) V. le chap. 36 du liv. 1er. (Laur.)
(5) Dans quelques rouleaux, qui sont au Trésor des Chartes, touchant Bar-sur-Aube, le vavassor est plus que le simple seigneur du fief, mais, dans un manuscr., qui est une conférence du droit français avec le droit romain, le vavasseur est la même chose que le simple seigneur de fief. Duc est la première dignité, puis comte, puis vicomte, puis baron, puis châtelain, puis vavasseur, puis citoien, et puis villain. V. La Somme rurale de Bouteiller, p. 901. (Laur.)

car s'il s'avouait faussement justiciable d'un autre seigneur, son aveu pourrait lui porter préjudice, s'il n'avait fait la protestation mentionnée ci-dessus, à la fin du titre de la justice du vavasseur.

## 21. De dettes deües au Roy (1).

Nostre sires li Roy est en sesine, et en possession generalement de prendre, et de tenir pour sa dette conneüe, et prouvée, cors, et avoir, et heritages, selon l'usage de la cort laie, ne l'en ne met pas l'home en prison pour dete, se ce n'est pour la seüe (2), selon droit escrit en Decretales des Solutions, el chapitre *Odoardus, cum suis concordantiis*, et en Code, en la tierce loy, *Si adversus fiscum*. Més il doit fere la loy du pays, que il payera au plutost que il porra, ou jüerra seur sains, qu'il n'aura dequoy payer ne tout, ne en partie, et au plustost que il pourra venir en plus grand fortune (3), qu'il payera, et doit jurer, que il vendra son heritage (4) dedans quarante jours, se il l'a, et se il ne le fesoit, li deteur le ven-

## 21. Des dettes dues au Roi.

Le Roi est en saisine et possession généralement de prendre et retenir pour le paiement de ses droits reconnus et prouvés, la personne, les biens et les héritages, selon l'usage de cour laie; il n'est permis de mettre personne en prison pour dettes, si ce n'est pour celles du Roi, suivant ce qui est dit aux Décrétales, des Solutions, au chap. *Odoardus cum suis concordantiis*, et au Code, loi III, *Si adversus fiscum*; mais le débiteur se conformera à l'usage du pays, s'engageant de payer, le plus tôt qu'il pourra, et jurera qu'il n'a pas de quoi payer; mais qu'il le fera, lorsque la fortune le lui permettra. S'il a des biens, il jurera de les vendre dans

---

(1) V. le chap. 128 du liv. 1er. (Laur.)

(2) Saint Louis avait statué la même chose en 1256, par son Ord., que sire de Joinville rapporte pag. 122. (Laur.)

(3) C'est ici que doit tomber la citation du chap. *Odoardus*. (Laur.)

(4) Dans ces temps-là, on ne pouvait vendre son héritage sans une telle raison. V. Gloss., sur nécessité jurée et les Instit. de Loisel, liv. 1er., tit. 2, règ. 15. (Laur.)

## 22. Des commandements au Roy.

Quand li Roy mande aucun baillif, que il face droit à aucun plaintif, il mande seur tele forme, Nous te mandons, que à tel porteur de ces presentes face bon droit et hastif, selon la coustume du pays, et de la terre, selonc droit escrit en Code *de inofficioso testamento*, en la loy, *Si quando talis*, el commencement. Car quand len n'use pas du droit escrit (1), len doit avoir recort à la coustume du païs et de la terre; et coustume passe droit, et est tenüe por droit, selon droit escrit, en la Digeste *de leg. et senatuscons. et long. consuet.* en la loy, *de quibus causis*, où il est escrit de cette matere, et en Code *Quæ sit longa consuetudo*, en la premiere loy, où il est escrit de cette matere, et li baillif (2)

## 22. Des ordres du Roi.

Quand le Roi ordonne à quelque bailli de rendre justice à qui se plaint, il le fait en cette forme : Nous te mandons qu'au porteur de ces présentes tu fasses bonne et prompte justice, selon la coutume du pays et de la terre, suivant ce qui est écrit au Code, *de inofficioso testamento*, en la loi, *Si quando talis*, vers le commencement; car, lorsqu'on n'use pas du droit écrit, l'on doit avoir recours à la coutume du pays et de la terre. La coutume même est préférable au droit écrit, et en tient lieu, suivant ce qui est dit au Digeste, *de leg. et senatuscons. et long. consuet.*, en la loi, *de quibus causis*, où il est traité

---

(1) Sous le règne de saint Louis, il n'y avait pas d'autre droit écrit que celui de Justinien, et les ordonnances de nos rois : mais outre que les Ord. de nos rois étaient en petit nombre, elles entraient peu dans le détail des affaires des particuliers, en sorte que, quand les cas qui se présentaient n'étaient pas décidés par le droit romain, on avait recours à la cout., ce qui nous marque que le droit romain était alors en France comme le droit commun. Et comme l'usage était, dans l'empire romain, d'étendre aux villes des provinces les cout. de l'ancienne et de la nouvelle Rome, comme il est dit dans la loi 1re., *De veteri jure enucleando*, on a voulu, dans ces derniers temps, avec raison, que les cas omis dans les cout. du royaume, fussent suppléés par celle de Paris. (Laur.)

(2) V. le chap. 19 de ce liv. (Laur.)

püet bien enquerre, en apprenant des drois le Roy, tant que il soit certain par bonnes prueves, que aucuns a droiture en la chose, car li Roy donne droit à soy et à autruy, si comme nous avons dit dessus, et selon l'usage de baronie.

de cette matière, et au Code, *Quæ sit longa consuetudo*, loi 1. Le bailli peut examiner les droits du Roi, jusqu'à ce qu'il soit certain, par bonnes et loyales preuves, qu'un autre a droit à la chose; car le Roi donne droit à soi et aux autres, comme nous avons dit ci-dessus, et selon l'usage de baronnie.

### 23. D'home qui bat autre, ou fet sanc, comment la justice en doit ouvrer.

### 23. Comment on doit procéder contre un homme qui bat et blesse un autre.

Se aucuns (1) se plaint d'un autre qu'il li ait fet sanc ou plaie (2) qui soit aparissant, ou monstrée à la justice, cil qui sera trouvés en tort, et aura la colée (3) donnée, et il soit de ce atains par témoins, il paiera soixante sols d'amende à la justice, et quinze sols au plaintif, se il les en veut lever, et amendera au plaintif ses dommages, et la plaie li doit fere guerir : més l'en doit regarder dont le sanc est issus, et se il i a plaie mortele, il fera l'amende qui est dessus dite, selon l'usage de Paris et d'Orleans; car tant li bourjois, et li mauant ne payent

Si aucun se plaint qu'un autre l'ait frappé et blessé jusqu'au sang, et que la plaie soit notable, et prouvée en justice, celui qui sera trouvé en tort, et aura porté les coups, et qui en sera convaincu par témoins, paiera 60 sous d'amende à la justice, et 15 sous au plaignant, s'il les exige, et lui remboursera les frais de la guérison, et autres dommages; mais l'on doit examiner la plaie; et si elle est mortelle, il paiera l'amende prescrite ci-dessus, selon l'usage de Paris et d'Orléans.

---

(1) V. le chap. 11 de ce liv. (Laur.)
(2) V. chap. 33 de ce liv. (Laur.)
(3) De-là vient que, dans le chap. 11 de ce liv., il y a, coups et colées. Comme *colpus*, qui se trouve fréquemment dans les anciennes lois et les capitulaires. *Vide Appendicem Marculphi, cap. 29.* (Laur.)

que soixante sols (1) d'amende de quelque meffet qu'ils facent, se ce n'est de larrecin, ou de rat, ou de traïson, ou se il n'avoit aucun membre tolu, pié, ou poing, ou oreille, selon la forme de la chartre (2), si comme il est dessus dit.

car tout bourgeois et manant ne paie que 60 sous d'amende, quelque méfait qu'il commette, à moins que ce ne soit vol, rapt, ou trahison, ou s'il avait estropié quelqu'un dans aucun de ses membres, d'après l'enquête qui en sera faite, comme il est dit ci-dessus.

### 24. De parole vilaine.

Se aucuns dit parole à autre sans fet, qui soit vilaine, et sans sanc, le plaintif en a cinq sols (3) se il est prouvé, que il ait ainsi dit, et cinq sols à la justice ; més la femme ne paye que demie amende (4) de trois sols.

### 24. Des injures.

Si quelqu'un dit des injures à un autre, ou le frappe sans le blesser, et que le fait soit prouvé, il paiera 5 sous au plaignant et 5 sous à la justice ; mais la femme ne sera tenue qu'à la moitié de l'amende qui est de 3 sous.

### 25. De dons et de partie, que pere et mere font à leurs enfans.

Ce que pere et mere font à leurs enfans devant leur mariage est estable, et se il marie son fiul ou sa fille, si s'en va quittes, o ce que pere et mere li donne, sans retor, se droite eschcoite ne

### 25. Des dons et partage que père et mère font à leurs enfans.

Ce que père et mère donnent à leurs enfans avant leur mariage est stable ; s'ils marient leur fils ou leur fille, le marié conservera ce qu'il aura reçu, sans le rappor-

---

(1) V. les chap. 149 et 150 du liv. 1er. (Laur.)

(2) Il faut lire « de l'enqueste, » comme il paraît par le chap. 11 ci-dessus. V. Beaumanoir, chap. 30, « De meffects », p. 150. (Laur.)

(3) V. Beaumanoir, chap. 30, p. 250. (Laur.)

(4) De-là vient que Loisel, dans ses Instit. coutum., liv. 6, tit. 2. art. 33. dit « que de toutes amendes estant en loy, les femmes n'en devoient que la moitié. » V. l'art. 460 de la cout. d'Orléans, avec le Comment. de la Lande. et gloss. du Droit Français, sur amende de loi. (Laur.)

li donne. Més pere et mere ne püet fere en sa veveté l'une partie plus grande de l'autre, se ce n'est de l'assentement aus enfans, qui soit pas establés, selonc l'usage de divers pays (1).

ter à la succession, à moins que ce qu'il aura reçu ne soit venu à ses père et mère de succession directe : mais le père et la mère ne peuvent, dans leur veuvage, donner à l'un plus qu'à l'autre, si ce n'est du consentement des autres enfans, selon l'usage de divers pays.

26. *De la semonce au prevost, et de fere escouce à son sergent* (2).

26. *De la sommation de comparaître devant le prévôt et de payer les frais à son sergent.*

Se aucuns est semons de la semonce au prevost, et il ne vient à jour, le prevost en a cinq sols d'amende de la defaute, et se cil veut jurer qu'il

Si quelqu'un, sommé de répondre devant le prévôt, ne se présente pas au jour assigné, il paiera, pour son défaut, 5 sous d'amende au

---

(1) Ce chap. est plus difficile qu'il ne le paraît; et, pour l'entendre, il faut savoir que, dans le temps que ces Établiss. furent faits, la puissance paternelle était en usage à Paris, dans l'Orléanais et dans la Touraine. V. Remarques à ce sujet, sur le chap. 128 du liv. 1er. vers la fin, et le tit. 9 de la cout. d'Orléans.

Or, tant que les enfans étaient sous la puissance de père et de mère, le père et la mère ne leur pouvaient rien donner, parce que la chose donnée était acquise de plein droit au père et à la mère donateurs; et ainsi il faut nécessairement entendre ce qui est dit au commencement de ce chapitre, des enfans émancipés. Quant aux enfans mariés par pères et mères, comme ils étaient émancipés de plein droit par le mariage, les donations que les pères et mères leur faisaient étaient bonnes. Mais la question est de savoir si ces émancipés donataires pouvaient revenir à la succession de pères et mères, en rapportant; et l'article 132 du liv. 1er. décide qu'ils y revenaient; et en cela on imita le nouveau droit romain, qui admettait les émancipés à la succession de leur père avec les enfans qui étaient restés en puissance, du chef de l'édit, *Unde liberis*.

Mais à Paris on suivait l'ancien droit romain, et les émancipés qui avaient été avantagés ne revenaient plus à partage, comme il se voit par Jean Des Mares. V. le liv. 1er., chap. 40; et Beaumanoir, chap. 70, p. 253.

Les choses étaient ainsi quand les pères et mères mariaient leurs enfans pendant leur mariage, et peut-être de biens communs, mais quand ils étaient en viduité, ils ne pouvaient avantager un enfant au préjudice de l'autre, sans leur consentement, parce qu'alors tous les enfans étaient également hors de puissance. V. Past. 103 de la cout. de Chartres, etc. (L.)

(2) Ce chap. est facile. V. Beaumanoir, chap. 2, et Des Fontaines, chap. 3. (L.)

se sot, ne n'oit l'ajornement, il s'en passera quites. Et se il resqueut son gage au serjant, il payera soixante sols de la resqueusse, se il en est prouvés. Et se il veut (1) arramir, ou jurer, que il ne fit la resqueusse, il s'en passera quittes envers les serjans selonc l'usage de court laie. Més se il en est prouvés par tesmoin, il en payera soixante sols.

prévôt; et s'il veut jurer qu'il n'a point eu connaissance de l'ajornement, il en sera quitte pour son serment. S'il refuse son gage au sergent et que son refus soit prouvé, il paiera 60 sous d'amende; mais s'il veut jurer qu'il n'a point fait de refus, il sera quitte de l'amende envers le sergent, selon l'usage de cour laie; mais s'il est convaincu par témoins, il en paiera 60 sous.

27. *D'hons qui se plaint en cort le Roy de son saignieur.*

27. *D'homme qui se plaint de son seigneur en la cour du Roi.*

Se aucuns se plaint en la court le Roy de son saignieur de dete, que son saignieur li doie, ou de promesses, ou de convenance que il li ait fetes, li sires n'aura mie la cour : car nus sires ne doit estre juge, ne dire droit en sa propre querele, selonc droit escrit en Code, *Ne quis in suâ causâ judicet*, en la loy unique qui commence *Generali*, el rouge et el noir, où il est escrit de cette matere. Non auroit-il, se il se plaignoit de son home, ou de son fié, ou d'eritage, ou d'autre chose, qui deust estre tenuë de seigneur, il n'en aura pas la cort, ne l'obéissance droit fesant : car à ce jugement faut trois choses, et sont neces-

Si quelqu'un se plaint en cour du Roi, d'argent, promesse ou engagement que son seigneur lui ait fait, le seigneur ne pourra en demander la cour; car personne ne peut être juge en sa propre cause, suivant ce qui est écrit au Code, *Ne quis in suâ causâ judicet*, loi unique, qui commence, *Generali*, où il est traité de cette matière. Il en serait de même, si, entre un vassal et son seigneur, il était question de mouvance, ou de fief, ou d'héritage; car, pour le jugement, trois choses sont nécessaires, des juges, un demandeur et un défen-

---

(1) V. Glossaire, sur ce mot et sur Eramer. (Laur.)

saires juges, demandant, et deffendant, et en ces quas où il auroit deffendant et demandant, li sires seroit querre letres (1), si ne seroit pas la cort ygax, car jugement si ne doit pas ecligier (2), selon l'usage de cort laie.

deur; or, dans ce cas, il y aurait un demandeur et un défendeur; mais si le seigneur était juge, la cour ne serait plus égale; et tout jugement doit être rendu dans les formes, selon l'usage de cour laie.

28. *De donner asseurement, qui est fet en la cort le Roy* (3).

28. *De donner l'assurement demandé en la cour du Roi.*

Se aucuns donne asseurement en la cort le Roy à aucun plain-

Si quelqu'un, après avoir consenti à l'assurement qui

---

(1) Dans un manuscrit, il y a mieux « Se li sires estoit querelleres, si ne seroit pas la Cort égaux. » (Laur.)

(2) Le sens de ce chapitre est qu'un seigneur qui est en contestation avec son vassal, ne peut en être juge, parce que personne ne peut être juge en sa propre cause. Si donc il y a procès entre le seigneur et le vassal, pour dette ou pour promesse et convenance, et que la question ait été portée devant le juge royal, le seigneur qui est partie au procès, ne pourra demander d'être renvoyé en sa cour. Et il en est de même si, entre le seigneur et le vassal, il est question de mouvance ou de fief ou d'héritage; et la raison qui en est rendue est que pour rendre un jugement, il faut trois choses: un juge, un demandeur, un défendeur. Or, dans les cas proposés, il y a bien un demandeur et un défendeur; mais il n'y a pas de juge, puisque le seigneur est lui-même querelleur ou partie. En sorte que la cour ne serait plus égale, ce qui est très-certain. (L.)

(3) Comme l'usage des assuremens était anciennement très-fréquent, il n'y a presque aucun de nos anciens praticiens qui n'en ait parlé; mais Beaumanoir est constamment celui qui en a traité le plus au long dans le chapitre 60 de ses coutumes de Beauvoisis. En l'an 1555, *Petrus Premus*, conseiller de l'électeur de Saxe, en donna un traité qui a été depuis réimprimé à Spire, en l'année 1609.

L'assurement était une sûreté que celui qui craignait d'être opprimé par une personne plus puissante que lui, exigeait; et la personne puissante à qui était demandé devait l'accorder, en promettant qu'il ne ferait aucun mal à celui qui craignait d'être opprimé. Il n'était pas tout-à-fait inconnu aux anciens Romains qui le nommaient *securitatem*. *V. Premum*, p. 10.

Il devait être fait en justice, et la connaissance en appartenait au seigneur haut justicier, comme le remarque Loisel dans ses Instit. coutum., livre 2, titre 2, n. 49.

Que l'on suppose que celui qui craignait d'être ruiné et opprimé, se soit plaint de son ennemi en la justice du Roi, qu'il y ait demandé assurement, que l'assurement y ait été donné par l'ennemi qui couchait et levait sous un même seigneur haut justicier. Si dans la suite l'assurement est enfreint, qui est-ce qui connaîtra de l'infraction? sera-ce le seigneur haut justicier dont le criminel sera homme levant et couchant; ou seront-ce les officiers du Roi

uf, et puis l'asseurement li ait la trive enfrainte, et l'asseurement brisié, et il en soit semons pardevant la gent le Roy, il respondra pardevant aus, tout soit-il levant et couchant en autre seignorie, tout ait li sires telle haute justice en sa terre. Et convendra que il demorre illuec pour justicier, pour la raison de l'asseurement fet en la cort le Roy, ou pardevant sa gent, selon l'usage de baronie, tout ne soit-il pas pris en fet present: car li Rois est souverains, si doit estre sa cort souveraine.

lui a été demandé à la cour du Roi, vient à rompre la trêve et enfreindre l'asseurement, et qu'il en soit appelé à la cour du Roi, il sera tenu d'y répondre, lors même qu'il serait levant et couchant en une autre seigneurie, où il y eût haute justice. Il conviendra qu'il y reste pour se justifier au sujet de l'assurement fait et accordé, en la cour du Roi, ou par devant sa justice, encore qu'il ne fût pas pris sur le fait, selon l'usage de baronnie, car le Roi étant souverain, sa cour doit être souveraine.

29. *D'hons qui desavoüe son seigneur.*

29. *D'homme qui désavoue son seigneur.*

Se aucuns gentishons assene à son fié (1), par defaut d'ome, ou de rachat, ou de roncin de service, ou por autre chose, en usant de son droit, et cil qui est li demaines (2) s'avoë bien à tenir la chose de luy, li sires li rendra la seüe chose, ou requerra, ou l'enmerra par droit (3),

Si un gentilhomme unit à son fief le domaine de son vassal, faute d'en avoir reçu l'hommage et le rachat, ou le cheval de service, ou pour autre motif légitime, et que celui à qui les biens appartiennent le reconnaisse pour son seigneur, le sei-

---

Il faut dire que les officiers royaux en connaîtront, parce que les officiers du Roi doivent connaître de ce qui a été fait en sa cour. (Laur.)

(1) On voit par-là que le fief que le vassal possède est le fief du seigneur. « Assener, » c'est asseoir, saisir et mettre sa main sur une chose. (Laur.)

(2) C.-à-d., le vassal. De sorte que le domaine utile de l'héritage noble est au vassal, et le fief au seigneur dominant. (Laur.)

(3) Anciennement, la foi et l'aveu se faisaient en même temps et par le même acte, et l'aveu se faisait de tout le fief sans aucun détail. Quand alors un seigneur avait assené au fief mouvant de lui par faute d'homme, et en même temps par faute de rachat ou de roussin, s'ils étaient dûs, dès que le vassal

et li assenera souffisant jour dedans les nuis (1), ou dehors les nuis de quinzaine (2) (selonc l'usage d'Orlenois) entre les vavasors, et menra par droit selonc la coustume du (païs) et de la terre. Mes se il desavoë à tenir de luy pardevant justice, et il avoë un autre, il ne püet, ne ne doit assener au fié (3), aincois en aura cil la sesine (4). Més se il a droit el fié, il le püet bien fere (5), et doit, et se il püet monstrer que il ait fet mauvese avoërie, et que li fiés doit estre tenus de luy et de ses devanciers, et que il ait fete nouvelle avoërie : (car li Rois deffent nouvelles avoüeries (6)), cil perdra le demaine se il en estoit atains, et se il est prouvé contre luy, et pour ce si en doivent, li vavassor et li gentilhome garder, que il ne vendent (7) à autre seignieur que à leur droit seignieur : car tiex dommages si en püeent bien venir, comme de perdre le demaine, selonc l'u-

gneur lui rendra et restituera ce qu'il lui a pris, et lui donnera terme suffisant de 15 jours et de 15 nuits, selon l'usage d'Orléans, entre les vavasseurs, et le mandera de droit, suivant la coutume du pays et de la terre ; mais si le vassal le désavoue par devant justice, et s'avoue d'un autre, il ne peut ni ne doit se saisir du bien, et le vassal en conservera la saisine ; mais s'il est vraiment seigneur du fief, il doit le poursuivre, et s'il peut prouver que son vassal l'ait injustement désavoué, et que le fief doive être tenu de lui, comme il l'était par ses devanciers, et qu'en le désavouant, il a fait une nouvelle avouerie (car le Roi défend toutes nouvelles avoueries), le vassal perdra son domaine s'il est atteint et convaincu ; c'est pourquoi tout vavasseur et

---

saisi avait avoué son seigneur, ce qu'il faisait toujours, comme on l'a dit, en portant la foi, le seigneur était obligé de lever sa main et de rendre le fief, ce qui était dans les règles. (Laur.)

(1) On a expliqué ces mots sur le chap. 26 du livre 1er., et dans le Glossaire du droit français. (Laur.)

(2) V. le chap. 18 de ce livre. (Laur.)

(3) Ceci doit s'entendre du seigneur. V. l'article 45 et 48 de la coutume de Paris. (Laur.)

(4) C.-à-d., l'homme qui a fait le désaveu. V. l'art. 45 de la cout. de Paris. (Laur.)

(5) Dans les manuscrits, il y a mieux « il le püet bien suire, » c.-à-d. suivre. (Laur.)

(6) Il paraît par-là qu'il y a eu plusieurs Ord. sur ce sujet, parce qu'au registre Olim ily en a une de 1275. V. le chap. 31, ci-après. (Laur.)

(7) Dans les manuscrits, il y a mieux, « que il n'avouent, ou que il ne s'avouent. » (Laur.)

...age de baronie, et si est grand pechié mortiex, de desavoër son seigneur: car len en perd l'ame et son demaine, et si en puet jugier bataille, se ce est hors de l'obéissance le Roy (1). Car len met bien le fié encontre le demaine (2), selonc l'usage de cort laie (3); et se ce est en l'obéissance le Roy, par enqueste selon les establissemens le Roy.

gentilhomme doit prendre garde de s'avouer d'autre seigneur que du sien propre, car il perdrait son domaine suivant l'usage de baronnie, et c'est une grande faute de désavouer son seigneur, car c'est s'exposer à perdre à la fois son âme et son domaine. Si ce cas arrive hors du ressort de l'obéissance du Roi, on pourra ordonner la bataille, car, suivant l'usage de cour laie, on peut décider un combat entre le fief et le domaine. Dans l'étendue des domaines du Roi, on ne peut juger cette contestation que par enquêtes, suivant ces établissemens.

30. *De aubains et de bastards.*

30. *Des aubains et des bâtards.*

Se ancuns aubains (4) ou bastard müert sans hoïr, ou sans

Si quelque aubain ou bâtardi meurt sans enfans, le

---

(1) V. les chap. 3 et 4 du 1er. volume. (Laur.)

(2) On vient de remarquer sur la note 3 qu'il y a différence entre le fief et le domaine; que le fief, qui consiste au domaine direct appartient au seigneur dominant, et que le domaine utile est au vassal. Et il faut remarquer à présent que le désaveu fait au seigneur dominant emporte la confiscation du domaine utile; mais, dira-t-on, la condition du seigneur et du vassal ne doit-elle pas être égale et réciproque? Et si le seigneur, quand il outrage ou fait injustice à son vassal, ne perd que son fief, pourquoi le vassal qui le désavoue perdra-t-il son domaine, où est la justice de mettre le domaine en parallèle avec le fief? Mais on répond en un mot que le vassal qui désavoue ne peut être puni que par la perte de son domaine, parce qu'il n'a que son domaine à perdre. Ce qui est très-juste. (Laur.)

(3) Parce que la cour d'église ne connaissait pas des matières féodales, au préjudice des seigneurs féodaux. (Laur.)

(4) Ce mot se prend de deux manières, et pour celui qui est né dans un autre diocèse que celui où il est domicilié, duquel il est parlé dans le chap. 85 et 96 du livre 1er. Ici il est pris pour celui qui est né hors du royaume et qui est venu s'y établir. *V. Potgieserum, de conditione servorum, l.b.* 1 ; *cap.* 3,

lignaige, li Roy est hoirs (1), ou li sires sous qui il est, se il müert el cüer del chastel (2). Més bastards, ou aubains ne püet fere autre seigneur que le Roy en son obéissance (3), ne en autre seignorie, ne en son ressort, qui vaille, ne qui soit establé, selon l'usage d'Orlenois, et la Saaloingne.

Roi en héritera ou le seigneur de qui il relève, pourvu qu'il meure en sa terre; mais les bâtards et les aubains ne peuvent avoir d'autre seigneur que le Roi, dans tous les pays de son obéissance, et en toute seigneurie qui ressortit de lui, selon l'usage de Paris et d'Orléans.

### 31. *De demander hors comme son serf.*

### 31. *De réclamer un homme comme son serf.*

Se aucuns s'avoë hons le Roy (4), le Roy le tient en sa garde jusques à tant que contreres soit prouvés, selon droit escrit en Decretales des Presomptions en la derniere decretale, et en la Digeste *de re militari*, en la loy qui commence, *Non omnes, paragrapho, A Barbaris*, se aucuns le suit de servage (5),

Si quelqu'un s'avoue homme du Roi, le Roi le retient en sa garde jusqu'à ce que le contraire soit prouvé, selon ce qui est écrit aux Décrétales des Présomptions, en la dernière, et au Digeste, *De re militari*, loi qui commence, *non omnes, paragrapho à barbaris*. Si

---

page 77, 78, 79; Gloss. sur ce mot, et note sur les Institutes coutumieres de Loisel, livre 1, titre 1, règle 49. (Laur.)

(1) Ainsi du temps de ces établiss., le droit d'aubaine et de bâtardise était royal. (Laur.)

(2) De sorte que le seigneur ne succédait au bâtard ou à l'aubain, que quand l'aubain et le bâtard étaient décédés dans sa terre. Aujourd'hui il ne succède au bâtard, que quand le bâtard y est né, y a été domicilié et y est mort. V. Bacquet, du droit de bâtardise. (Laur.)

(3) Depuis, les seigneurs, en plusieurs lieux, usurpèrent le droit d'aubaine, comme il se voit par les art. 41 de la coutume d'Anjou, et 48 de celle du Maine, avec les notes de Du Molin; mais ces entreprises ont été réprimées. V. Gloss., sur le mot Aubain et Aubenage. (Laur.)

(4) Cet aveu se devait faire dans la justice des seigneurs inférieurs où l'homme du Roi était poursuivi. Et les officiers du Roi à qui il devait notifier son aveu, devaient le revendiquer. Cette procédure est expliquée sur le chapitre 2 de ce livre. (Laur.)

(5) Tout serf, et surtout s'il était serf de corps, était de suite. C.-à-d., que le seigneur pouvait le suivre partout, pour être payé de sa taille et de son droit de mortaille ou de morte-main. V. la note qui suit, le chap. 13 de l'Etablissement fait entre les sires le Roi et les barons, sous Philippe-Auguste. (Laur.)

il doit fere sa demande en tele maniere : Sire, je demant Guill., car il est mes hons de cors (1), et de chief : car mes pere en mourut en sesine, et en possession comme de son serf, et comme son justisable de contens (2), d'escheoites, de muebles et de fet de cors, et de heritage et je aprés la mort mon pere (3) en requier la sesine, comme mon serf, dont se il cognoist ce que je dis, je vous requier que vous le me rendés, comme mon home. Et se il le nie je l'offre à prouver, si comme je devré par l'esgard de la cort : Lors est la demande oïe en jugement. Cil qui est demandés, si doit demander jour de conseil, et le doit avoir selonc l'usaige de baronie, et au jour (4) proposer toutes ses loyaux deffenses, et leur est la justice, et li doit demander la paine des establissemens le Roy. Car se il prueve ce qu'il dit, il l'enmerra comme son serf. Et se il defaut de prüeve, il demoërra en la volonté de la cour pour l'amende, et se doit lier à peine avant toute veüe. Et li deffendierres si doit dire en tele maniere, sire, je suis home le Roy, et bien m'i avoë, et en tieng mes müebles,

quelqu'un le poursuit comme son serf, il doit former ainsi sa demande : Sire, je demande Guill., car il est mon homme de corps et de chef : mon père mourut l'ayant en sa saisine et possession comme son serf et son justiciable, dans toutes contestations, soit de succession, de meubles, de faits de corps et d'héritage ; et moi, après la mort de mon père, j'en requiers la saisine et possession, comme étant mon serf, ce qu'il ne peut ignorer; je vous demande donc que vous me le rendiez comme mon homme; et s'il le nie, je m'offre à le prouver ainsi que votre cour me l'ordonnera. La demande ainsi formée en jugement, celui qui est réclamé doit obtenir jour de conseil, suivant l'usage de cour de baronnie, et, au jour marqué, proposer ses moyens de défense, et alors la justice doit annoncer au demandeur la peine portée par les établissemens du Roi; car s'il prouve que c'est son serf, on le lui rendra; mais s'il ne peut en fournir la

---

(1) C.-à-d., qu'il est homme dont la personne m'est serve. V. l'art. 145 de la coutume de Vitry ; joignez les art. 3, 4 et 5 de la cout. de Troyes. (Laur.)

(2) V. Gloss., sur Catel et Cateux, et le chap. 33, ci-après. (Laur.)

(3) Les manuscrits ajoutent « l'ay justicié comme mon serf, » ce qui était mal omis dans l'imprimé. (Laur.)

(4) Dans un manuscrit, il y a mieux, « au jour de la réponse. » (Laur.)

et mes choses, dont je vous requiex la delivrance de mes choses, en la recreance droit fesant. Il l'en doit avoir, selonc l'usage de la baronie et püet dire en téle maniere, sire, ma mere fut franche fame le Roy, et nus ne perd au Roy de saing de crois, ou de seing seigniés (1), selon l'usage d'Orlenois, dont je vüel que li generaus valle (2), et la coustume, dont je doi suivre la condition de ma mere (3), si droit s'y accorde, et si est en Code *De rei vindicatione*, en la septiéme loy, qui commence *Partum ancillæ*, où il est escrit de cette matere et aprés la mort de ma mere (4), dix ans, ou vingt ans, ou trente ans, et plus, se il est certains en prouver, autrement non à veüe, et à seüe du païs; par laquelle reson nous volons demourer en l'avoërie le Roy, se droit nous i amaine, et droit dit, et li usages de baronie que longue tenüe de vingt ans de serfs contre seigneur, et meismement en franchise, ne puet estre brisiée, selonc droit escrit en la Digeste des Regles de droit, en la loy qui commence *Libertas*, où il est escrit mot à mot de cette preuve, la cour l'amendera, et il doit s'engager à subir la peine avant le jugement; alors le défendeur parlera ainsi : Sire, je suis homme du Roi, et je m'avoue de lui comme en tenant mes biens et mes meubles, dont je vous redemande la délivrance et possession, ou la récréance, et vous me ferez justice. Il doit l'obtenir, selon l'usage de baronnie, il continuera en cette maniere: Sire, ma mère était franche femme du Roi; car nul fief ne suit la loi du partage dans l'étendue des domaines du Roi s'il n'est de Sainte-Croix ou de Saint-Aignan, selon l'usage d'Orléans, dont je veux que la loi générale et la coutume vaillent en ma faveur; c'est pourquoi, je dois suivre la condition de ma mère, le droit y est conforme, comme on le voit au Code, *De rei vindicatione*, L. 7, qui commence, *Partum ancillæ*, où il est traité de cette matière. Après la mort de ma mère, je suis resté dix, vingt, trente ans et plus justiciable du

---

(1) Il n'y a là aucun sens. Dans un manuscrit, il y a mieux, « nul ne partit au Roi, que Sainte-Croix et Saint-Aignan. » V. ce qui sera ci-après observé. (Lapr.)

(2) C.-à-d., «le droit général», les exceptions générales. » (Laur.)

(3) Car, anciennement, en France, le ventre affranchissait. V. ma note sur [...], livre [...] 1, règle 22. (Laur.)

(4) V. Beaumanoir, dans ses cout. du Beauvoisis, chap. 45; des aveux, p. 257, ligne 34. (Laur.)

matere. Et pource messires li Roy deffent generalement les nouvelles avoëries (1) conneües et loyaument provées ne ne sient nului fors les bastards, et les aubains (2) ne nus bastars ne püet fere faute (3). Ne esploits que len face seur bastard à tort, ne püet porter dommage au Roy à ce qu'il en perde l'obéissance ne le droit, qui que il a en son cors (4), selonc l'usage d'Orlenois, et la coustume de Saaloingne, et ce cil qui est apelés püet prouver, que il soit fils de franche fame, il demoërra pardevers le Roy, se il n'est home ou fame de sainte Crois (5), ou de saint Aignien. Et doit avant prendre la seigneurie de par le pere, quand ce vient aux parties fere, selonc l'usaige de la Saaloingue. Et se autre personne les suit, il demourra en l'avoërie le Roy. Car nus ne part au Roy que sainte Crois et saint Aignien, si comme nous avons dit dessus. Et se ainsi estoit que cil qui est apelés de servage fust eu non Roi, comme il m'est facile de le prouver, et qu'il est au su et au vu de tout le pays; c'est pourquoi je demande à être conservé en l'avouerie du Roi, si la justice le trouve bon. Or, le droit dit, et l'usage de baronnie est que vingt années de possession de franchise, peuvent prescrire contre un seigneur; selon droit écrit au Digeste, des règles de droit, loi qui commence, *Libertas*, où il est traité de cette matière. C'est pour cette raison que le Roi défend généralement toutes nouvelles avoueries connues et prouvées. Il n'en est pas de même des bâtards et des aubains qui n'ont d'autre seigneur que le Roi. Quelque demande que l'on fasse au bâtard, elle ne peut porter préjudice au Roi, lui faire perdre l'obéissance que lui doit le bâtard, et le droit qu'il a sur sa personne, selon l'usage d'Orléans et de

---

(1) C.-à-d., que le Roi défend à ceux qui relèvent constamment de certains seigneurs d'en reconnaître d'autres. V. le chapitre 29, ci-dessus. (Laur.)

(2) Le chapitre 30 prouve manifestement que les aubains et les bâtards ne pouvaient avouer autre seigneur que le Roi. (Laur.)

(3) V. l'auteur du Grand Coutumier, livre 2, chapitre 31. (Laur.)

(4) Dans ces temps-là les aubains et les bâtards étaient en plusieurs lieux serfs de corps. V. Gloss. sur aubain et sur bâtard. (Laur.)

(5) Lorsqu'un serf d'un seigneur s'était formarié, et qu'il avait épousé une femme franche, levante et couchante d'un autre seigneur, en plusieurs lieux les enfans se partageaient, en sorte qu'une moitié qui suivait la condition de la mère était franche, et l'autre moitié, qui suivait la condition du père, était serve. Et, dans ce cas, tous les enfans étaient francs en plusieurs lieux, en renonçant à la succession de leur père serf. (Laur.)

aage, il n'en auroit la response devant qu'il fust à droit, en la sesine (1) des biens, et en la possession de quoi ses peres estoit sesis, et vestus, au temps que il ala de vie à mort. Et doit donner bons pleiges de tenir la chose en bon estat, et de retorner vers le seigneur, se il pooit prover, que cil fust ses hons de corps, quand il vendroit en aage, se li sires le voloit appeler comme son serf, selonc droit escrit en Code *De carboniano edicto*, en la premiere loy, où il est escrit mot à mot de cette matere. Et se aucuns est apelés de servage devant aucune justice le Roy (2), ou devant aucun serjant en aucun divers païs, il ne doivent pas pledier de servage pardevant eux, car il ne pueent, ne ne doivent connoistre de tele querele, où il apert heritage (3), Saintonge. Si celui qui est réclamé comme serf peut prouver qu'il soit fils de femme franche, il demeurera sous l'obéissance du Roi, s'il n'est homme ou femme de Sainte-Croix ou de Saint-Aignan; car, dans ce cas, il doit suivre la condition de son père, lorsque les enfans viennent au partage entre eux, selon l'usage de Saintonge. Si quelqu'un vient encore à le poursuivre, il demeurera en la vouerie du Roi; car, dans l'étendue de ses domaines, nul serf ne suit la loi du partage, que Sainte-Croix et Saint-Aignan, comme nous l'avons dit ci-dessus. Si celui qui est réclamé comme serf, n'est point en âge, il ne sera point tenu de répondre en justice avant d'ê-

---

(1) Il y a mieux, dans un manuscrit, « devant qu'il fust en âge. Et tiendra la saisine et la possession des biens dont son père étoit vêtu, etc. » Par l'ancienne coutume de la France, suivant le Capitulaire de l'an 829, les gardiens ou baillistres, et les mineurs de vingt ans, et les non nobles de quatorze ne pouvaient intenter action pétitoire, ni être contraints de défendre à cette action, de ce dont ils étaient saisis comme héritiers; ce qui fut corrigé par l'Ord. de 1330, en pourvoyant à cette fin les mineurs de curateurs. V. Loisel, dans ses Institutes coutumières, livre 1er., titre 4, règle 12, avec la note et remarques de Lauriere sur l'art. 270 de la coutume de Paris. (Laur.)

(2) Il y a, ce semble, faute en cet endroit. Joignez le chap. suivant. (Laur.)

(3) Dans un manusc., il y a bien mieux : « Ou l'en pert heritage et est cause de grant pitié »

On finira les notes sur ce chap., en observant que par la convention qui fut faite sous le règne de Philippe-Auguste, entre le Roi et les barons d'une part, et les clercs d'autre, il fut arrêté, au sujet des serfs, par l'art. 14: *Quod quando clerici aliquem trahunt in causam de servitute, et ille dicit se esse servum alterius, volunt quod ille respondeat, in curiá illorum, quamvis dicat se esse servum alterius, et cogant ipsum ad respondendum coram ipsis per excommunicationem, vel illos excommunicant, qui illum manutenent, ad quod responderunt. Quod ille debet respondere in curiá illius, cujus se servum esse proficitur, etc.*

et est cause de grant pitié, et favorable, qui ne puet estre prisiée qu'est franchise. Ne il ne doivent pas cognoistre, ains en doit cognoistre li provos, ou li baillis, et est escrit en Code, el titre des Juges pedanées, en la seconde loy, qui commence, *Placet nobis*, en la fin, où il est escrit de cette matere. Et de ce sont li homme le Roy, et qui avoent au Roy, en sesinne, et en possession, en la Saaloingne, qui ne sont mie tenus de pledier, ne de respondre pardevant aus (selonc l'usage de cort laie).

tre en possession des biens dont son père est mort saisi et vêtu; néanmoins, il donnera caution de tenir les biens en bon état, et de retourner vers son seigneur, si celui-ci peut prouver qu'il soit son homme de corps, et le réclamer comme son serf, selon ce qui est écrit au Code, *De carboniano edicto*, loi 1, où il en est parlé. Si quelqu'un est réclamé comme serf devant aucune justice du Roi, ou par-devant autre officier, quel que soit le pays, il ne sera pas tenu de répondre devant eux, parce qu'ils ne peuvent connaître de contestation où l'on perd héritage, et où il est question de franchise. Les baillis seuls et les prévôts sont juges compétens de pareilles affaires, comme il est dit au Code, tit. des Juges pédanés, en la seconde loi, qui commence, *Placet nobis*, vers la fin, où il est traité de cette matière. Tout homme du Roi, ou qui s'avoue du Roi, est en saisine et possession dans la Saintouge, de ne point plaider ni répondre par-devant eux suivant l'usage de cour laie.

32. *De semondre les hommes le Roy en autre justice, qu'en la seüe.*

Se aucuns barons, ou aucuns vavasors (1), qui ait justice en sa terre, semont, ou fet semondre l'hons le Roy, li hons le Roy, n'est pas tenus à aler par-devant aus, ne à leur ajournement. Et se il ne sont couchant et levant el cüer de son chastel, ou se il ne tient d'aus, ou du fet de leur cors, il ne se justiceront mie par aus, ne il n'ont prise ne justice, ne seignorie en l'hons le Roy, se il n'est pris en present (2) la gent le Roy, ou en non cognoissance, ou la sesine, si comme nous avons dit dessus el titre des Maufeteurs en present fet (3), ou il est escrit de cette matere selonc l'usaige de cort laie, et de cort de baronie.

32. *D'ajourner le sujet du Roi de comparaître en d'autre justice que la sienne.*

Si aucun baron ou vavasseur, qui ait justice en sa terre, assigne ou fait assigner un homme du Roi en sa cour, celui-ci ne sera pas tenu de répondre à la sommation, et s'il n'est levant et couchant sur les terres du baron ou du vavasseur, s'il n'est assigné par eux pour cause d'héritage ou de fait de son corps, il ne sera pas tenu de se présenter devant eux. Nulle justice ni seigneurie n'a droit sur l'homme du Roi, que dans le cas où il serait pris sur le fait, et s'il le nie, la connaissance en appartiendra à la justice du Roi, comme nous avons dit ci-dessus au chap. des Malfaiteurs pris en flagrant délit, où il en est parlé, suivant l'usage de cour laie et de baronnie.

---

(1) V. les chap. 31, 38, 39, 40 du liv. 1, et les chap. 20 et 29 du liv. 2. (Laur.)

(2) Il faut joindre à ce chap. le 13me. de ce liv. Quand un homme levant et couchant sous un baron ou un vavasseur, était semond ou ajourné en la justice le Roi, il devait y comparoir, pour savoir s'il en était justiciable ou non; et s'il n'était pas justiciable du Roi, il devait s'avouer de son seigneur et demander son renvoi avant contestation de cause, parce que le Roi est le souverain justicier de son royaume. Mais si l'homme le Roi, ou le levant et couchant sous le Roi, était semond en la justice d'un baron ou d'un vavasseur, suivant ce chap. il n'était pas dans l'obligation d'y comparoir, à moins qu'il ne fût question d'héritages, situés en la justice du vavasseur ou du baron, ou pour fait de son corps, comme lorsqu'il était pris en présent méfait; et encore s'il niait qu'il eût été pris en présent méfait, la connaissance en appartenait au Roi, suivant le chap. 2 de ce liv. V. le chap. qui suit. (Laur.)

(3) V. le chap. 2 de ce liv., avec la not. (Laur.)

## 33. De requerre son justisable en la cort le Roy.

Se aucuns hons (1) se plaint d'un autre en la court le Roy, ou devant sa gent de fons d'heritage, ou de fié, ou de censive (2), et les parties soient mises en response sans avoir autre justice, ne autre cort (3), et il soient justisable à aucun baron, ou à aucun vavasor, et li sires viegne avant, et requiert sa cort, et ce soit d'heritage, qui doie estre tenus de luy, pour ce ne perdra-t-il pas l'obéissance de la cort, ains li rendra len la cort en celuy point, quand la justice le Roy sera certaine qu'il en doie avoir la cort, comme il trouvera la partie deffendant en la cort le Roy, et selon les erremens dessus faits et dits. Et se la gent trouvoient aucune partie deffendant en la cour au baron, ou en la court de celuy qui eust justice en sa terre, il en auroit le recort, se ce estoit chose dont il deust avoir la cognoissance, (4) tout

## 33. De réquérir son justiciable en la cour du Roi.

Si quelqu'un poursuit un autre à la cour du Roi devant sa justice, pour cause d'héritage, ou de fief, ou de censive, et que les parties aient été reçues à se défendre avant qu'on ait examiné si l'affaire doit être soumise à une autre justice ou à une autre cour, et qu'elles soient justiciables de quelqu'autre baron ou vavasseur qui en réclame la cour; s'il s'agit de biens qu'on tienne de lui, il en aura la cour, quand la justice du Roi aura vérifié si elle lui est due, et, dans ce cas, il sera tenu de continuer l'affaire dans le même état où elle aura été commencée à la cour du Roi; mais si la justice du Roi redemandait son justiciable qui eût été appelé devant la cour d'un baron ou d'un autre seigneur qui eût jus-

---

(1) Ce chap. doit être joint avec le 13me. de ce liv., et avec Bouteillier, dans sa Somme, p. 64, à la fin. (Laur.)

(2) Il faut entendre ceci de fond d'héritage, de fief ou de censives situés dans la justice d'un baron ou d'un vavasseur, car, dans ce cas, le procès devait être porté dans la justice du baron ou du vavasseur, comme Loisel l'a remarqué dans ses Instit. coutum., liv. 1, tit. 1, règ. 20. (Laur.)

(3) Si les parties sont mises en réponse, et si, avant que la réponse soit faite, l'homme du vavasseur ou du baron s'avoue d'eux et s'ils le font revendiquer, il sera renvoyé; mais après sa réponse il ne le sera plus, car, comme il y a dans le chap. 3 : « Franc homme, si fait response ou ni, sans avoüer justice ne cort, il ne le püet plus decliner après plet entamé. » V. Des Fontaines, chap. 25, « comment plet est entamé. (Laur.)

(4) Ce qui est dit ici est fort remarquable. Quand l'homme sans, levant et couchant d'un seigneur, avait été semons en la cour du Roi, s'il y avait fourni des défenses, ou s'il y avait fait ni, il ne pouvait plus ensuite avouer son sei-

se fussent mises les parties en ni et en deffense. Et li esploit et li erremens du plet (1) set en la cort au baron ne seroient mie tenus en la cort le Roy, ainçois seroient nouvellement deffenses, et les merroit len par droit, selonc l'usage de la terre, et la coustume du païs. Car il n'est mie avenant que le set du justisable soit tenu en la cort au souverain, et ainsi est-il tenu selon l'usage de baronie en cort laie. Més se ce est de müebles ou de heritages qui appartiennent à müebles (2), ou de deffaut (3) de son corps, et se ils s'estoient mis en response, et en ni en la cort le Roy, li sires n'auroit mie le recort (4) de sa cort, ainçois demoërroit illuec, pour justicier, quand il n'ont avoé autre seigneur avant la responce. Car frans hons (5) püet fere juge en ceil cas de qui que il veut, quand il sçait qu'il a justice en sa terre. Et frans hons püet bien renoncier à ce que il set pour luy, selon droit escrit en Code, des Jugemens, el tiers livre, en la loy qui commence *Servus in judicio*, où il escrit de cette matere especiaument.

tice en sa terre, on lui rendrait la cour, s'il s'agissait d'une affaire dont la connaissance lui appartint, lors même que les défenses auraient été produites de part et d'autre. Mais les erremens commencés en la cour du baron ne seraient point suivis à la cour du Roi, et l'affaire serait entièrement recommencée et jugée selon les lois et coutume du pays; car il ne convient pas qu'une procédure commencée dans une justice inférieure soit suivie à la cour du souverain, et c'est l'usage constant de baronnie en cour laie; cependant s'il s'agit de meubles ou de choses mobilières, ou de fait de corps, et que le défendeur ait produit ses moyens à la cour du Roi, le seigneur ne pourra en revendiquer la cour, et l'affaire restera à la cour du Roi pour être jugée, le parties ne s'étant pas avouées de leur seigneur; car l'homme libre peut, en ce cas, choisir quel juge il lui plaît, pour-

---

gneur, ni demander d'être renvoyé dans sa justice, comme il est expliqué dans le chap. 13 de ce liv.; mais si l'homme du Roi, ajourné dans la justice d'un baron, ne s'y était pas avoué du Roi et y avait contesté la cause volontairement, les gens du Roi le pouvaient revendiquer, et toutes les procédures qui avaient été faites en cour inférieure, ne servaient de rien dans la justice du Roi; en sorte qu'il fallait recommencer. (Laur.)

(1) Gloss. sur ce mot et sur *Eramne*. (Laur.)
(2) ...tes d'héritages qui appartiennent à meubles, étaient les Catœu...
... sur le chap. 31, et Gloss. sur *Catœux*. (Laur.)
(3) ... tous les manusc., il y a, « ou de set de son corps. » (Laur.)
(4) ... chap. 13 ci-dessus. (Laur.)
(5) ... chap. 13 de ce liv. (Laur.)

1270.

vu qu'il ait justice en sa terre; et l'homme franc peut aussi renoncer à son droit, selon qu'il est écrit au Code des jugemens, loi qui commence, *Servus in judicio*, où il est traité spécialement de cette matière.

## 34. De franchir hons.

Nus vavasor, ne gentishons ne püet franchir son hons (1) de cors en nulle maniere sans l'assentement au baron, ou du chief seigneur, selon l'usage de la cort laie.

## 34. De l'affranchissement.

Nul vavasseur ni gentilhomme ne peut affranchir son homme de corps sans le consentement du baron ou du chef-seigneur, selon l'usage de cour laie.

---

(1) V. le chap. 29 de ce liv.

Suivant le droit romain et notre ancien droit français, les serfs, appelés par les Romains *Adscriptitii et Coloni*, et par nos anciens Français, *Mortaillables*, *Mainmortables*, et gens de morte-main, faisaient partie des fonds, en sorte que, quand ces fonds étaient vendus, ils l'étaient aussi; et quand en France on baillait aveu des fiefs, on y comprenait ces sortes de personnes, comme on le voit encore par l'art. 145 de la cout de Vitry.

Il faut à présent observer que, suivant l'ancien droit de la France, nul vassal ne pouvait diminuer et abréger son fief au préjudice de son seigneur; et s'il le faisait, la partie du fief abrégée ou diminuée était dévolue au seigneur, dans le même état qu'elle était avant l'abrégement.

Or, comme les hommes de corps faisaient partie des fiefs, il est évident que celui qui affranchissait son homme de corps, éteignait et abrégeait, par cet affranchissement, une partie de son fief, et ainsi, ce serf affranchi, retournait ou était dévolu au seigneur supérieur dans le même état et la même condition qu'il était avant l'affranchissement; et de-là vient que l'affranchissement du serf ne se pouvait faire, comme il est dit dans ce chap. « sans l'assentement au baron ou du chief du seigneur. » Ce qui est très-bien expliqué par Beaumanoir, dans le ch. 45 de ses cout. du Beauvoisis. V. la Dissertation de Laurière sur l'origine du droit d'amortissement.

Quand le seigneur suzerain avait donné son consentement à l'affranchissement, il avait aussi diminué son fief, et ainsi ce serf affranchi était dévolu successivement de seigneur en seigneur jusqu'au Roi; et de-là vient qu'il n'y avait que le Roi seul qui pouvait amortir ou affranchir les personnes et les terres. V. la Dissertation sur l'origine du droit d'amortissement. (Laur.)

## 35. *De relaschier larron.*

Nus vavasor (1) ne püet relaschier larron (2) sans l'assentement du baron, ainçois appartient au baron la cognoissance, ne il ne püet fere enqueste qui appartiegne à si grand justice (3), ne il ne puet lever justice ne forches, se li fés n'i avoient esté jugiés. Et se les forches chieent par quas d'aventure, il ne les püet relever (4), ne ne doit sans l'assentement du baron, ou chief seignieur. Ne ne puet à homme fere forjurer sa chastellerie (5), ne fere forban, et se il le fet, il perd sa justice, car ce n'est pas justice de vavasor. Justice de vavasor, si est en l'usage d'Orlenois, el titre d'appeler homme de murtre (6), et de traïson, et de fere retenuë, en la fin selonc l'usage de cort laïe.

## 35. *De mettre un voleur en liberté.*

Nul vavasseur ne peut mettre un voleur en liberté sans le consentement du baron, à qui en appartient la connaissance; il ne peut usurper aucun des droits de haute justice, ni faire élever des fourches dans sa terre, à moins que le criminel n'y ait été jugé. Si les fourches viennent à tomber, il ne peut les relever sans l'agrément du baron ou du chef-seigneur; il ne peut non plus bannir personne de sa châtellerie, et, s'il le faisait, il en perdrait sa justice, car ce cas n'appartient point au vavasseur. La coutume d'Orléans traite des droits de justice du vavasseur; au titre d'appeler homme de meurtre, de trahison, et de faire retenue, vers la fin, suivant l'usage de cour laie.

---

(1) V. la not. sur les chap. 31 et 38 du liv. 1. (Laur.)

(2) Mais, quoique les vavasseurs ne puissent relâcher le larron, ils ne laissent pas que de le faire pendre. V. le chap. 38 du liv. 1, le 41 et le 59. (Laur.)

(3) De-là il résulte que les vavasseurs ou les seigneurs qui avaient voirie, avaient des fourches, quand le larron avait été exécuté en leur terre. V. la cout. du Loudunois, au tit. de Haute justice, art. 3. (Laur.)

(4) V. Bacquet, des Droits de haute justice, chap. 9, n. 10 et 11. (Laur.)

(5) V. le chap. 31 du liv. 1, avec la note. (Laur.)

(6) V. les chap. 38, 41 et 59 du liv. 1 de ces Établiss. (Laur.)

## 36. De gentillesse de baron.

Nus ne tient de baronie (1), ne il ne part de baronie par partie, ou par frerage, ou se il n'a le don dou Roy, sans riens retenir fors le resort. Et qui a à marchir (2), chastellerie (3), ou paage et lige ostage (4), il tient en baronie, adroitement parler. Et porte bien le droit recort en choses jugiées (5), et en choses mises (6) à fin et en autres plusieurs choses, selonc l'usaige de la cort laie. Et doivent estre semons souffisamment comme par certain serjant (7) par la raison de baronie. Autrement il ne seroit tenu de respondre, se il ne leur plesoit (selonc l'usaige de divers païs).

## 36. De la noblesse du baron.

Nul n'est baron s'il n'est en possession de baronnie par partage ou par don du Roi, lorsqu'il ne retient d'autre droit que le ressort. Celui-là est encore baron qui a marché, châtellerie, péage, et lige-estage. Le droit de recours en chose jugée et terminée, et en plusieurs autres cas, lui appartient, suivant l'usage de cour laie. En qualité de baron, il ne peut être valablement sommé que par un sergent convenable, à raison de sa baronnie, autrement il lui serait libre de ne pas répondre, selon l'usage de divers pays.

---

(1) Dans un manuscrit il y a mieux : « Généralement nul ne tient en baronie se il n'est départis de baronie. » Le sens est que nul ne peut avoir portion de baronie que par frèrage, ou partage, ou par don, c.-à-d. permission du Roi; et comme celui qui a une portion de baronie par frèrage la tient aussi noblement que son aîné, à la charge néanmoins du ressort, il en est de même de celui qui y a part par permission du Roi. V. les chap. 24 et 25 du liv. 1. (Laur.)

(2) Dans 3 manuscrits il y a mieux : « et qui a marchié. » V. l'art. 2 de la cout. du Loudunois, au tit. de Baronie, l'art. 49 de la cout. d'Anjou, et l'Ord. du 17 août 1579. (Laur.)

(3) V. la cout. d'Anjou, art. 47. (Laur.)

(4) Dans deux manusc. il y a mieux : « lige estage. » V. le chap. 53 du liv. 1, avec la note, et Gloss. sur Lige Estage. (Laur.)

(5) Dans trois manusc. il y a mieux : « Et penroit bien leur cort, ressort en chose jugiée. » Ce qui est dit ici ne signifie autre chose; sinon que, « en baronie, la justice du parageau ressortit en la justice de son chief parageur. » V. la cout. du Loudunois, au tit. de Baronie, art. 4. (Laur.)

(6) V. le chap. 18 du Conseil de Des Fontaines. (Laur.)

(7) V. Remarques sur la règle de Loisel : « Sergent à Roi est pair à comte » liv. 1, tit. 1. (Laur.)

37. Comment jugement doit estre establis, quand prüeves sont igaux d'une part et d'autre.

37. Comment on doit asseoir un jugement quand les preuves sont égales de part et d'autre.

Se aucuns est appellé de servage (1) comme il est dit dessus, ou de murtre (2), ou d'aucun autre meffet, dont il doie perdre vie ou membre, et prëeves soient traites contre lui, et il soit avis à la justice, que li fet soit loialment prouvés, et souffisament, et li deffendieres ait proposé en jugement sa deffense, que il ait fet le fet (3), seur luy deffendant, et cele chose soit prouvée souffisamment, et les prüeves d'une part et d'autre soient par igaus, ou cil qui est appelés de servage, ait prouvé que il soit en estat de franchise, ou en autres presomptions, qui li doivent aidier, si comme il est dit dessus, et prüeves soient igaus d'une part, et d'autre, droit dit que sentence et jugement doit estre plustost donnés pour celuy escuser (4) et apeler de servage, que pour l'autre, selon droit oscrit en Decretales, el titre des Prüeves, en la Decretale, qui commence *Ex litteris tuis* (5), où il es-

Si quelqu'un est réclamé comme serf, ou accusé de meurtre ou d'aucun autre crime pour lequel il doive perdre la vie ou quelque membre, que les preuves soient contre lui, que le délit paraisse suffisamment prouvé à la justice; et qu'il résulte des moyens de défense proposés par le défendeur, qu'il n'est pas coupable, et que les preuves soient égales de part et d'autre, par exemple, que celui qui est réclamé comme serf ait prouvé son état de franchise, ou qu'il ait allégué en sa faveur d'autres présomptions bien fondées, le jugement et la sentence seront plus à l'avantage de l'accusé qu'à celui de l'accusateur, suivant le droit écrit aux Décrétales, titre des Preuves, en celle qui commence, *Ex litteris tuis*, où il est dit que, lorsque les preuves sont égales de part

---

(1) V. le chap. 31 de ce liv. (Laur.)
(2) V. les chap. 11 et 20 de ce liv. (Laur.)
(3) Dans un manusc. il y a mieux : « que il n'ait fet le fet. » (Laur.)
(4) Dans un manusc. il y a mieux : « Pour celuy qui est accusé et appellé de servage que pour l'autre, et aussi pour celuy qui est appellé de murtre. » (Laur.)
(5) *Adde Legem Inter pares*, 38. D. *De Re judicatá*, *Legem Si pars*, De

crit de cette matere, que quand prieves sont igax d'une part et d'autre, et sentence doit estre donnée pour franchise, et plus, pour celuy qui est accusés, que pour l'autre : car droit est plus près à asoudre, que à condamner à mort, si comme il est escrit en ladite Decretale mot à mot, et usage du païs si accorde. Et ainsi doit fere jugier toute leal justice : car len doit les fiuls des homes, se cil qui sont accusé, ou qui accusent, et prometent veent justice (1) livrée l'enqueste, ou les prueves aus jugeurs. Et droit le dit en Decretales, el titre aus Juges delegat, en la bonne Decretale, qui commence *Prudentiam*, el second respons, où il est escrit de cette matere, que jugemens soit enterins (2), qui est confermés par plusors sentences, et coustumes du païs esprouvée, et usaiges si accorde.

et d'autre, la sentence doit être rendue en faveur de la liberté, et plus en faveur de l'accusé que pour l'accusateur ; car la justice est plus prête à absoudre qu'à condamner, suivant ce qui est écrit en ladite Décrétale, et l'usage du pays y est conforme. Ainsi doit juger toute bonne et loyale justice, lorsque les preuves sont égales, c'est à elle de livrer à l'examen de ceux qui doivent juger et les preuves et l'enquête, conformément aux Décrétales, titre des Juges délégués, au second répons, où il est dit que tout jugement doit être exécuté, lorsqu'il est confirmé par plusieurs sentences, et que les coutumes et usages du pays s'y accordent.

---

*inofficioso testamento et Legem* Arrianus, *De obligationibus et actionibus* ; J. Gothofredum et P. Fabrum, *ad Legem* Favorabiliores 125, *De Regulis juris*. (Laur.)

(1) Cet endroit est très-corrompu. Dans un manusc. il y a mieux : « Car les doit loialment jugier les fils des hommes, se cil qui sont accusé, ou qui accusent ne prend neaut, et justice livre l'enqueste et les preuves aux jugeurs. »

Au lieu de « prent neant », il semble qu'il faudrait d'ailleurs ne « prouvent neant », comme Du Cange assure qu'il y a dans quelques manusc. ; et la décrétale *Prudentiam*, indique assez qu'il faut lire ainsi. (Laur.)

(2) Dans un manusc. il y a mieux : « soit enteriné. » (Laur.)

## 38. Comment len doit appeler de murtre.

Quand aucuns apele aucune personne de murtre (1), ou de larrecin, ou de cas qui sont dessus dis de haute justice, el titre d'apeler hons de murtre et de traïson, il doit dire dont vient la traïson, ou se ce est de trieve enfrainte, il doit monstrer sanc ou plaie, ou descireure, ou chaple (2) : car traïson n'est mie de parole (3), ainçois i convient fet apparissant monstrer à justice, et en puet len jugier bataille selon les paroles (4), et convient que len mete en murtre le veoir, et le savoir. Et se aucuns apele un autres de traïson devant justice, il doit dire en telle mauiere : Come je fusse tel jour en tel lieu, sans tort que je fisse à nului, sans droit que je veasse, et sans ce que je eusse regard de nului, Guill. vint à moy envers qui je estoie en trieve, et en

## 38. Comment on doit accuser quelqu'un de meurtre.

Lorsque quelqu'un accuse un autre de meurtre ou de vol, ou de cas de haute justice, dont nous avons fait mention au chapitre d'accuser quelqu'un de meurtre ou de trahison, il doit dire d'où vient la trahison, et s'il se plaint de trêve enfreinte, il doit montrer à la justice le sang, la blessure ou la plaie; car trahison n'est point de parole, il convient qu'il y ait un fait qu'on puisse montrer à la justice ; on ne peut décider, dans ce cas, le combat sur des paroles: mais sur un fait constant et réel. Si donc quelqu'un accuse un autre de trahison, il doit se plaindre ainsi: Comme je me trouvais tel jour en tel lieu, sans aucune mauvaise intention, Guill. avec qui j'étais en trêve et

---

(1) V. les chap. 3, 4 et 162 du liv. 1, et les 11 et 20 du liv. 2. (Laur.)

(2) La descireure est une déchirure ou une plaie. Du participe *scindo* ou *discindo* ou a fait *discireure* ou *descireure*. De sorte que Menage s'est, ce semble, trompé en faisant venir *Deschirer* de *dilacerare*. Quant au mot *chaple*, il vient de *capillare*, qui signifiait la même chose que *scindere*, selon Jean de Gennes et Papias. Et de-là vient que l'on dit encore du *pain chapelé* ou *chapellé*. (Laur.)

(3) Non-seulement la trêve n'était pas enfreinte par paroles, mais elle ne l'était pas même par les coups et les blessures, quand les blessures et les coups n'étaient pas une suite de la première querelle qui avait donné lieu à la trêve. Beaumanoir, chap. 61, p. 306, 307. (Laur.)

(4) Si quelqu'un se plaignait de trêves enfreintes, s'il le prouvait par ses blessures, et si celui qu'il accusait le niait, au défaut de preuves, il fallait en venir au duel, hors des domaines du Roi. (Laur.)

asseurement fet par la justice, et cel jour me feri, dont cuir creva, et sanc en issit, come traitres, dont se il le me connoist, je requiers que il soit punis, comme de ce fet, et me fit sanc et plaie, ( car le sanc si est li garand de l'hons (1), selonc l'usage de la cort laie ) et fust monstrée à la justice. Et se il le nie, je l'offre à monstrer, et à voir en champ de bataille (2), ainsi comme la cort esgardera, que fere le doie, comme hons qui a son essoine aparissant. Il convient que bataille en soit cors à cors, selonc l'usage du pays. Et convient que il face encontre la demande presentement tel ni, et tele deffense comme il doit, si come nous avons dit dessus (3), el titre d'appeler hons de murtre, et de traison. Li Rois deffent les batailles en son demaine par ses establissemens.

asseurement, sous l'autorité de la justice, vint à moi, me frappa et me blessa, de manière que le sang en sortit; je viens vous demander qu'il soit puni comme traitre; car l'effusion de sang, prouvée à la justice, devient le garant de l'accusateur. S'il le nie, je m'offre à le prouver en champ clos, suivant que la cour me l'ordonnera, et que je dois le faire, comme homme qui a sa preuve toute prête. Il convient qu'ils se battent corps à corps, selon l'usage du pays où la bataille a lieu; mais dans l'étendue des domaines du Roi, on procédera par la voie judiciaire; car le Roi défend les batailles dans ses domaines.

39. *Des müebles, et des heritages de larrons, et des murtriers, comment ils demeurent as seigneurs.*

39. *Comment les biens des voleurs et des meurtriers restent aux seigneurs.*

Se aucuns hons fet murtre, ou larrecin, ou autre meffet, parquoy il doie perdre le cors, et il ait heritage, ou müeble, en

Si aucun meurtrier ou voleur, ou coupable d'un crime pour lequel on perd la vie, possède meubles et hé-

---

(1) Dans deux manusc., ces deux mots manquent avec raison. (Laur.)
(2) Cela était ainsi dans les domaines ou dans l'obéissance du Roi, comme on vient de le dire et comme il est dit à la fin de ce chap. et du chap. 11 de ce liv. Joignez le chap. 27 et le 118 du liv. 1er., à la fin. (Laur.)
(3) Chap. 11. (Laur.)

aucune chastellerie, et li sires ait justice en sa terre, haute et basse, et li murtriers ait heritage en autre chastellerie, ou en autre justice, li sires si aura les muebles et les heritages (1) qui sont sous luy, tot ne soit-il couchant, ne levant en sa justice, par la reson du murtre, et de l'amende. Generaument tout seigneur, qui ont la haute justice en leur terre, auront les choses que il trouveront en leur justice, et en leur seignorie; car murtrier et homicide n'ont point de suite, selonc l'usaige de la cort laie (2). Et est en la volenté des seigneurs à tenir comme leur propre demaine, et de fere revaigier; c'est à savoir les vignes fere estreper (3), selonc l'usage de divers païs. Et tele justice, et tel usage si apartient à gentilhons et à baron selonc l'usage de la cour laie. Et tel justice doit len fere de murtrier, et de robeeurs de gens par chemins, et d'homecides ou de robeors d'yglises, et des ardeeurs de me-

ritages, en quelque châtellenie où le seigneur ait haute et basse justice et autres biens dans un autre châtellerie ou justice; le seigneur aura, pour cause de meurtre, et à raison de l'amende, les meubles et les biens situés dans sa terre, quoique le criminel ne soit ni levant ni couchant en sa justice. Tous les seigneurs hauts justiciers en leur terre, auront les biens qui se trouveront en leur justice et seigneurie; car on ne reconnaît point d'héritiers aux meurtriers et homicides, selon l'usage de cour laie; et les seigneurs peuvent ou réunir leurs biens en un domaine, ou les faire ravager, c'est-à-dire, abattre les maisons, couper les arbres, arracher les vignes, suivant l'usage de divers pays. Cette sorte de justice n'appartient qu'aux gentilshommes et aux barons, selon l'usage de

(1) Cela s'est pratiqué ainsi depuis, en sorte qu'en cas de crime et de confiscation les meubles ne suivent pas le corps. V. Bacquet, Des droits de Justice, chap. 13. (Laur.)

(2) Cela était vrai quant aux biens, mais il n'en était pas ainsi quant à la personne, car, par l'ancien droit, « l'homme vilain estoit justiciable de corps et de chastel où il levoit et conchoit », ce qui est expliqué fort au long par Bouteiller, dans sa Somme, liv. 1, tit. 34, p. 225; mais par l'art. 35 de l'ord. de Moulins cet ancien droit a été changé, et il a été statué suivant l'authentique Qud in provincid, que « les délicts seroient punis où ils auroient esté commis. » V. remarques sur les Instit. de Loisel, liv. 1, règl. 19, 26; liv. 19, 20 et 26. (Laur.)

(3) V. le chap. 26 et 28 du liv. 1er. de ces établiss. L'usage était anciennement de raser les maisons, et d'estreper ou d'arracher les vignes, et de couper les arbres des criminels condamnés. On en trouve des exemples dans les chartes de communes, et entr'autres dans celles de la commune de Roye et de la commune d'Amiens. (Laur.)

sons, et de faussoniers de monoyes, et de plusieurs autres quas, si comme nous avons dit des cas de haute justice (1), où il est escrit de cette matere.

courlaie. Telle est la manière dont on doit en user envers tous meurtriers, voleurs de grand chemin, homicides, voleurs d'église, incendiaires, faux monnayeurs, comme nous avons dit aux cas de haute justice.

40. *De dete conneüe et prouvée, comment l'en doit le deteur porforcier, quand il ne veut fere payement.*

40. *Comment on doit poursuivre le débiteur qui refuse paiement, quand la dette est connue et prouvée.*

Quand aucuns est cognoissans en droit que il doit aucune somme d'argent à aucune personne, et seur ladite cognoissance li detierres en ait données lettres de prevost, ou d'aucune autre justice ordinaire, et il soit defaillans du payement au terme nommé, et cil viegne à la justice plaintif, pour enteriner sa lettre en fesant payement, la justice doit mander à celi que il paie, et le doit pourforcier par la prise de ses choses à paiement fere. Et ce appartient à justice de prevost, et à toute justice de pourforcier selon droit escrit des Executions de choses jugiées en la seconde loy, en la fin, et el Code en autre lieu des Transactions, en la loy, *Si causâ cognitâ*, et en la Digeste de chose jugiée, en la loy qui commence *A divo pio*. Se il ne veut monstrer paiement, ou

Lorsque quelqu'un a reconnu en justice devoir à un autre une somme d'argent, et que le prévôt ou autre juge ordinaire a donné au créancier lettre de ladite reconnaissance, si le débiteur vient à manquer au paiement, et que le créancier se présente à la justice pour demander l'effet des lettres qu'il a obtenues, la justice doit condamner le débiteur, et le forcer à payer par la saisie de ses meubles; car il est du devoir du prévôt et de toute justice de contraindre le débiteur, selon le droit écrit, des Exécutions des choses jugées, loi seconde, vers la fin; et au Code des Transactions, en la loi, *Si causâ cognitâ*, et au Digeste des choses jugées, loi à

---

(1) V. le chap. 25 et 29 du liv. 1er., et le 7 de ce liv. (L. aur.)

quittance, ou aloignement de terme, lors doit estre oïs de la justice, et li doit l'en mettre jour souffisant, selon l'usage de la court laie, à prouver s'entencion, et se il defaut de prüeve, la justice le doit parforcier par la prise de ses choses, si comme il est dit dessus. Et se aucuns estoit en tel estat, que il n'eust ne müebles ne chastel (1), parquoi il peust paier la chose connëue et jugiée, si jüerroit seur sains que il n'auroit de quoy payer, ne tout, ne en partie, et que au plutost que il vendroit en plus grande fortune, que il paieroit, et doit abandonner ses biens (2) par son serement, et droit si accorde en Decretales des solutions, et en la Decretale *Odoardus clericus*; si comme nous avons dit dessus (3) el titre du Droit au Roy où il est parlé de cette matere.

*divo pio*; mais si le débiteur veut présenter à la justice la quittance du paiement, ou justifier des délais qui lui ont été accordés, il doit être écouté, et on doit lui prescrire un terme convenable pour prouver ses moyens de défense; s'il ne peut apporter preuves convenables, la justice doit le forcer au paiement par la saisie de ses meubles. S'il n'avait ni meubles ni maison pour répondre de sa dette, il jurerait qu'il n'a pas de quoi payer, ni eu tout, ni en partie; mais qu'il paiera sitôt qu'il le pourra; et il doit faire cession de ses biens, suivant ce qui est dit aux Décrétales des solutions, et en la décrétale *Odoardus clericus*, comme nous l'avons dit ci-dessus, au tit. du droit du seigneur.

## 41. De chevauchiée fere à armes.

Quand aucuns est plaintif en jugement d'aucune personne, qui est venus à son droit, et à son fié, ou à sa seignorie à force et à tort d'armes, et en lieu où il

## 41. De faire l'irruption avec armes dans la terre d'un autre.

Si quelqu'un se plaint en justice d'une personne qui soit venue à tort et avec armes dans son fief ou sa seigneurie, et dans un lieu où il ne te-

---

(1) V. Gloss., sur catel et cateux. (Laur.)
(2) C'est ce qu'on appelle faire cession de biens, dont il est traité au long dans l'Ord. du commerce de mars 1673, tit. 10, de cette matière. (Laur.)
(3) Chap. 21. (Laur.)

n'avoit riens à tenir de luy, ne en fié, ne en demeine, où il n'a ne prise ne seignorie, ne vengement du Roy (1) mi ami ensemble, ou mes autres fiés, dont je sui en la foy et en la seignorie le Roy, et en sui ses homes liges à portez, ou fet porter mes müebles (et les doit nommer), dont je requier que li siens en soient saisis entierinement (2), et mes dommages amender jusques la monstrance de cent livres (3), et doit nommer en sa plainte le jour de sa chevauchiée. Et se il connoist, que il soit venus ainsi come il doit (4), je vous requier come à souverain, que vous le me feisés amender. Et se il le nie, je l'offre à prouver par enqueste, ou par tesmoins, si comme la cort esgardera, que fere le doie selon les establissemens le Roy (5), et le demant en jugement (6). Li deffendieres doit fere encontre la demande de celui presentement tel ni, et tele deffense, comme il doit: car nus

nait rien d'elle à raison de fief et de domaine, où elle n'avait aucun droit à exercer, ni pour venger les droits du Roi, sous la foi duquel il est lui et son fief, et qu'elle ait fait ravager ses terres, emporter ses meubles, dont il donnera le détail, requérant restitution et amendement jusqu'à la valeur de cent livres; il nommera le jour que l'irruption et la violence ont été faites. Si l'accusé avoue qu'il soit venu comme il a été dit, le plaignant demandera au Roi de le faire amender; s'il le nie, il s'offrira à le prouver par enquête ou par témoins, comme la cour l'ordonnera, et qu'il est tenu de faire selon les établissemens du Roi, et sa demande lui sera accordée; le defendeur, de son côté, produira sur-le-champ ses moyens de défense comme il est tenu; car personne

---

(1) Dans un manuscr., il y a plus nettement, « ne vangement, ne justice, lequel fié, et laquelle seignorie je tiens du Roy, ensemble més austres fiéss, dont je suis en la foy et en l'homage le Roy, et en sui ses hommes liges, et en ai apporté et fet apporter mes meubles, etc. » Joignez le chap. 50 et 63 du liv. 1er., vers la fin, et Beaumanoir, chap. 32. (Laur.)

(2) Entièrement. (Laur.)

(3) Au lieu de montrance, il faut lire montance. (Laur.)

(4) Dans deux manuscr., il y a mieux, « se il connoist qu'il soit venus ainsi comme je dis, c.-à-d., à force ouverte et à main armée. » (Laur.)

(5) V. les chap. 3, 4 et 5 du liv. 1er. (Laur.)

(6) Dans un manuscr., il y a mieux, « et la demande oïe en jugement. » (Laur.)

n'a jour de conseil, de force, de chevauchiée, ne d'armes, ne de fet de son cors, selon les establissemens le Roy, qui sont cy-dessus (1) commencement. De dons ou franchise, ne Roy ne li doüe (2), ou coustume de pays et se il est à cort (3) ainsi venus, come j'ay dit el leu qui est avoé du Roy, il fera sa demande par la coustume du païs, et de la terre, et fera l'amende de soixante sols (4) se il est bers, ou chevaliers, ou gentishons. Ne nous n'en est garantis, selon l'usage de divers païs, tout soit-il bers, ou tiegne en baronie.

n'a jour de conseil, quand il s'agit de violence, d'attaque, de fait d'armes et de corps, selon les établissemens du Roi, à moins que le Roi ou la coutume ne le lui accorde. Si l'accusé est venu à tort faire irruption chez l'homme du Roi, le plaignant formera sa demande, suivant la coutume du pays et de la terre, et l'accusé payera 60 sous d'amende, s'il est baron, ou chevalier, ou gentilhomme, car personne n'est exempt de cette amende, pas même le baron, ni celui qui tient en baronnie.

### 42. *De desavoër son fié de son droit seigneur* (5).

Se aucuns desavoë mauvésement le fié de son saingnor lige, et il en soit atains, il perdra son fié, si come nous avons dit dessus, el titre De desavoër

### 42. *De nier tenir son fief du véritable seigneur.*

Si quelqu'un désavoue tenir son fief de son véritable seigneur-lige, et qu'il en puisse être convaincu, il perdra son fief, comme nous

---

(1) V. le chap. 20 de ce livre. (Laur.)

(2) Dans un manuscr., il y a bien mieux, « si don ou franchise ne ly donne. » (Laur.)

(3) Dans les manuscr., il y a mieux, « et se il est à tort. » (Laur.)

(4) Dans les manuscr., il y a soixante livres, comme dans Beaumanoir. V. cet auteur pour l'intelligence de ce chap. (chap. 32, p. 171.) V. les chap. 147, 148 et 149 du liv. 1er. C'est ce chap., et le chap. 63 du liv. 1er., que Beaumanoir appelle le « Nouvel establissement le Roy, que l'on a mal confondu avec l'arrêt de 1277, rapporté par Chopin, *De moribus Parisiorum, lib. 3, tit. 1, n. 2*, ce qui paraît manifestement, par Guy Pape, dans sa décision 552, n. 2; mais cet auteur se trompe en partie: ce fut saint Louis qui fit le règlement sur les dessaisines, comme il paraît par le chap. 63 du liv. 1er. de ces établiss., et par celui-ci; et ce fut sous Philippe-le-Hardi que la cour rendit cet arrêt, par lequel elle ordonna que les baillis connaîtraient ainsi des dessaisines. (Laur.)

(5) Ce chap. n'est qu'une répétition du 29me. de ce liv., où il suffit de renvoyer le lecteur. (Laur.)

| | |
|---|---|
| son saingneur, où il est escrit de cette matere mot à mot. Et usaiges et coustumes de païs generaux esprouvée si accorde. Nostre sires li Roy deffent les armes et les chevauchiées en ses establissemens (1). | avons dit ci-dessus, au tit. *de Désavouer son seigneur*, où il est traité de cette matière ; tous les usages et coutumes y sont conformes. Le Roi défend les armes et toutes voies de fait par ses établissemens. |
| *Cy finissent les establissemens le Roy de France, selon l'usage de Paris et d'Orléans, et de cort de baronie, si a deux cens treize chapitres* (2). | *Ici finissent les Etablissemens du Roi de France, selon l'usage de Paris et d'Orléans, et de cour de baronnie.* |

## Remarques sur ce règne.

Saint Louis défendit par une loi de reprocher aux apostats rentrés dans la foi leurs précédentes erreurs (de Tillemont, 582).

Par un mandement, il contraignit les Juifs d'ouïr un prêcheur chrétien. (Hén. Abr. Chr.)

Institution des maîtres des requêtes. Ils n'étaient d'abord qu'au nombre de trois ; ce nombre augmenta successivement, et par l'édit de 1752, il fut fixé à 80. (Joinville.)

Institution de l'ordre militaire et de chevalerie, du navire et du croissant. (Hén., Abr. Chr.) Velly (VI, 246—249), prétend que cet ordre n'a pas existé ; que saint Louis n'a jamais institué d'ordre militaire.

Nous n'avons pas trouvé jusqu'à présent le texte de ces ordonnances.

---

(1) V. le chap. précédent. (Laur.)
(2) La traduction placée en regard des établissemens est l'ouvrage de l'abbé de St.-Martin ; quoique nous n'entendions garantir en aucune manière l'exactitude de ce travail, nous avons cru devoir le publier, pour faciliter l'intelligence du texte.

## PHILIPPE III (LE HARDI) (1).

Succède à son père le 25 août 1270; sacré à Reims le 30 août 1271 (2). — Mort à Perpignan le 30 octobre 1285.

N°. 234. — LETTRES *ou testament du Roi sur la régence*, (3) *où la majorité du Roi est fixée à 14 ans* (4).

Au camp, près de Carthage, le jeudi après la Saint-Remy, 2 octobre 1270. (C. L. I, 295.)

*Philippus*, Dei gratiâ Francorum Rex, universis præsentes literas inspecturis salutem in Domino (5).

Notum facimus, quòd nos mentis compotes, et in bonâ sanitate (6), de regno nostro ordinavimus in hunc modum.

Videlicet, quod si nos morte contigerit preveniri, antequam Ludovicus primogenitus noster, vel alter liberorum nostrorum quartum decimum (7) annum compleverit, disponimus et volumus, quod Petrus carissimus frater noster custodiat regnum nostrum, et ipsum principalem tutorem, defensorem, et custodem constituimus super regnum prædictum et pertinentia ad illud, quousque unus liberorum nostrorum quartumdecimum annum compleverit, ut dictum est. Tradentes eidem, et constituentes secum ad consilium suum, pro negociis regni faciendis venerabiles viros, *Odonem* archiepiscopum rothomagensem, *Stephanum* parisiensem, *Odonem* bajocensem, *Phil. Ebroi-*

---

(1) Il fut surnommé le Hardi, parce qu'on prétend qu'il ne fut point étonné de se voir exposé aux armes des barbares, après la mort de son père; mais il ne fit rien depuis qui pût lui mériter ce titre. (Hén., Abr. Chr.)
(2) Il n'y eut à ce sacre que deux Pairs laïcs. (Velly, XI, 277.)
(3) Nouv. Rép. v°. Régence, *Dupuy*, Traité de la Majorité.
(4) V. l'Ord. d'août 1374.
(5) Elles furent sans effet, parce que le Roi vécut jusques à la majorité de son fils aîné Philippe-le-Bel. V. du Tillet, Recueil des Rois, titre des Régences, p. 276, où il remarque qu'en décembre 1272, il y eut de pareilles lettres qui furent aussi sans effet, par la raison qui vient d'être rapportée. (Laur.)
(6) V. les lettres de Philippe-Auguste de 1190, et les lettres de saint Louis de 1248.
(7) Avant ces lettres, la majorité de nos Rois était comme celle des nobles à 21 ans, en sorte que par ces lettres, nos Rois devinrent majeurs comme les non nobles à 14 ans. Charles V, par son Ordonn. d'août 1374, statua ensuite qu'il suffirait aux Rois ses successeurs, pour être majeurs, d'entrer dans leur 14e. année. V. les Institutes coutumières de Loisel, livre 1er., titre 1, règ. 34. (Laur.)

*ensem*, episcopos, *Mathœum*, abbatem Sancti Dionysii in *Franciâ*, *Simonem* dominum Nigellæ, *Erardum de Valieraco*, *Petrum*, cambellanum, *Julianum de Perond* milites : Magistrum *Henricum de Vezeliaco*, et magistrum *Joannem de Trecis*, Archidiaconos in ecclesiâ bajocensi, *Nicolaum de Altolio*, et *Joannem sarraceni*, propter seacarios, et propter compotos templi et alios compotos regni nostri faciendos. Volumus etiam quod dictus *Petrus* frater noster ad consilium suum, et ad prædicta negotia facienda advocet *Petrum de Brocid*, cambellanum nostrum et etiam alios quos ad prædicta facienda viderit necessarios, per consilium prædictorum similiter advocet ad consilium suum quando viderit expedire. Volumus autem, quod dictus *Petrus* expensas et missiones suas, quas ipse faciet pro negociis regni nostri, capiat de bonis regni prædicti, et residuum deponatur (1) Parisius, apud templum, ad custodiendum et tradendum mandato primogeniti nostri. In cujus rei testimonium, ad robur et firmitatem prædictorum, præsentes literas fecimus sigilli nostri impressione muniri.

Actum in castris, juxta Cartaginem, die Jovis, post festum sancti Remigii, anno Domini 1270.

N° 235. — LETTRES *portant que nul ne peut être chevalier s'il n'est gentilhomme de parage, et qu'en cas d'infraction, le Roi ou le baron aura le droit de lui couper ses éperons* (2).

1270. (Arch. C. imp. I.)

N° 236. LETTRES *d'annoblissement en faveur de Raoul, l'orfèvre* (3).

1270. (Hén., Abr. chr.)

---

(1) V. les Institutes de Loisel, livre 1er., titre 4, règle 11, et du Tillet, les Régences, p. 275 et 120, aux annotations. (Laur.)

(2) Ceux des chevaliers devaient être d'or, et ceux des écuyers argentés.

(3) Ce sont les premières lettres d'annoblissement qu'on connaisse. Cette introduction nouvelle, par laquelle on rapprochait les roturiers des nobles, et qui fut appelée annoblissement, ne faisait que rétablir les choses dans le premier état ; les citoyens de la France, même depuis Clovis, sous la première et long-temps sous la deuxième race, étaient tous d'une condition égale, soit Francs, soit Gaulois, et cette égalité, qui dura tant que les Rois furent absolus, ne fut troublée que par la révolte et la violence de ceux qui usurpèrent les seigneuries ; ce n'est pas qu'il n'y eût sous les deux premières races des hommes plus puissans que d'autres, et en effet on a peine à comprendre comment des Gaulois ou des Francs revêtus de grandes dignités, auraient été du même ordre que les autres citoyens ; mais cela vient de ce que l'on confond l'autorité

N°. 237. — TRAITÉ entre la France et le Roi de Tunis. 1270. (Velly, hist. de France, VI, 265. Gest.) du Roi Philippe, 521, 522.

Les conditions étaient que le port de Tunis serait franc à l'avenir, sans que les marchands fussent obligés à ces impôts immenses dont ils avaient été surchargés par le passé; on prenait la dixième partie des marchandises qu'ils apportaient: tous les chrétiens qu'on avait arrêtés à l'approche de l'armée française, seraient mis en liberté; ils auraient l'exercice libre de leur religion; ils pourraient faire bâtir des églises; on ne ferait aucun obstacle à la conversion des Mahométans; le Roi de Tunis jurerait de payer tous les ans le tribut ordinaire au roi de Sicile; il rembourserait au monarque et aux barons français toutes les dépenses qu'ils avaient faites depuis le commencement de la guerre, ce qui montait à 200 dix mille onces d'or, dont la moitié serait payée comptant, et l'autre dans deux ans.

N°. 238. — ORDONNANCE (1) portant que la monnaie du Roi aura seule cours dans ses domaines, et qu'elle sera reçue dans ceux des barons, concurremment avec celle marquée à leur coin.

Au parlement de la Toussaint, 1271. (C. L. XI, 340.)

N°. 239. — ORDONNANCE sur la régence et la tutelle du fils du Roi.

Décembre 1271. (C. L. XI, 349.) (2)

PHILIPPES, par la grace de Dieu, Roys de France, à tous ceux qui ces présentes lettres verront : salut.

Nous fesons à sçavoir que nous, par la grâce de Dieu, sains

---

avec l'état des personnes. On ne saurait nier qu'il n'y eût des hommes plus considérables les uns que les autres; mais cela ne faisait pas que les distinctions dont ils jouissaient les rendissent d'une autre nature, pour ainsi dire, que leurs concitoyens; ils en étaient les premiers, mais ils n'en étaient pas séparés; et les charges de l'état étaient également portées par les uns et par les autres, à la différence des temps postérieurs, où la noblesse obtint, à cet égard, de grands avantages sur la roture. (Hénault, Abr. Chr.)

Suit une réfutation de l'opinion contraire soutenue par Montesquieu.

Ces lettres ne prouvent pas qu'il n'existait pas d'anoblissement sous les règnes précédens. (Mably, Obs. sur l'Hist. de Fr. II, 102.)

(1) V. celle de la Pentecôte, 1273.

(2) Nouv. Rép. v°. Régence, § 1er.

e betiez de corps, avons ordené de nostre royaume en ceste maniere; ce est à sçavoir, que se il avenoit que nous trespassissions de cest siecle, anceis que li ainsnez de nos enfans eust accomply le quatorziéme an de son aâge, nous voulons et ordenons :

Que nostre très-cher frere et nostre feel *Pierre Cuens d'Alençon*, gart nostre royaume lequel nostre frere *Pierre* nous establissons principal tuteur, defendeur e garde d'iceluy royaume, e des apartenances, e de nos devant dis enfans, jusques à tant que li ainsnez d'iceux nos enfans ait acomply le quatorziéme an de son aâge, si comme il est dessus dit :

Voulons et ordenons, que il ait à son conseil au besoignes dou royaume, nostre amé et nostre feel *Jean Cuens de Blois*, e les autres qui sont desous nommez, en tele maniere que se il avenoit que li devant dit *Pierres* nostre frere trespassast de cest siecle, anceis que li devant dit ainsnez de nos enfans fust venus au devant dit aâge.

Nous voulons et ordenons que li devant dit *Jean Cuens* de *Blois*, se il seurvit iceluy nostre frere, soit nostre principau guarde e tuteur e defendeur dou devant dit royaume e de noz devant dis enfans, si comme il est dessus dit :

E ceus que nous voulons qui soient especiaument dou conseil es besoignes dou royaume, sont ceus qui sont ci nommés : ce est à sçavoir nos amez et nos feeus *Gui*, evesque de Lengres; *Ode*, evesque de Baieux; *Maci*, abbé de S. Denis; mestre *Pierre de Barbes*, archediacre de Dunois, en l'église de Chartres; mestre *Henri de Verdelais*, e mestre *Jean* de *Troies*; nos clercs, archediacres en l'église de Bayeux; nostre amé cousin *Jean d'Acre*, bouteillier de France; *Erart*, sires de *Valeri*, chambrier de France e connoistable de Champaigne; nostre amé cousins *Ymbert de Biaugieu*, connoistable de France; *Simon*, sire de *Neelle*; *Julien de Peronne*, e *Gufroi de Vilerte*, chevaliers; *Jean Sarrazin* e *Pierre* de la *Broce*, nos serjans : et les autres que li devant dits nostre frere voudra apeler aveques ces, se mestier en est.

De rechief nous voulons especiaument que iceux devant dis *Jean Sarrazin* e *Pierre* de la *Broce*, gardent nos enfans, oveque ceus que li devant dit nostre fréres *Pierres*, ou li *Cuens* de *Blois*, se il le seurvit, establira à ce, jusques à tant que li ainsnez d'iceux nos enfans, ait accompli le quatorziéme an de son aâge.

E si voulons e ordenons que iceus nos enfans ne soient ostés de la devant dite garde, jusques a tant que li aisnez ait accompli icelui aâge, se n'estoit par le commun conseil de tous ceus qui sont desus nommez.

De rechief nous voulons que nostre devant dit frere *Pierres* ou li devant dit *Cuens de Blois*, se il seurvit, si comme il est desus dit; ce est à sçavoir, cil qui gardera le devant dit royaume face ses despens pour les besoignes dou royaume, des biens de celui meisme royaume, e li demourans soit mis en garde à Paris au Temple, à baillier e à délivrer au commandement dou devant dit aisné de nos enfans, quand il vendra audevant dit aâge, se il ne le convenoit despendre se mestiers en estoit, pour la défense dou devant dit royaume.

Ou tesmoinz de la quelle chose, nous avons fet metre nostre séel à ces presentes letres.

Ce fut fet à Paris, en l'an de l'Incarnation nostre Seigneur, mil deux cens e septante ostez e un, ou mois de décembre.

---

N°. 240. — (1) RÉGLEMENS *sur les droits des chambellans* (2).

Nogent-le-Remberg.—Mercredi après la decollation de Saint-Jean-Baptiste, 31 août 1272. (C. L. I, 296.)

En l'an de l'Incarnation nostre Seigneur 1272, le mercredi emprés la decolation saint Jean Baptiste à Nogent le Rembert.

Fut ordené pardevant le Roy, presens M. l'abbé de Saint-Denis; M. Jean d'Acre bouteillier de France, M. Herart chambrier (3) de France; M. Mahieu de Mailli chamberlenc (4) de France et plusieurs autres, que quiconque feroit, ou auroit fet

---

(1) Nouv. Rép. v°. Chambellans.
(2) V. Glossaire de Du Cange et *Cambellanus*, Du Tillet, Traité des rois, du grand Chambellan, p. 416. (Laur.)
(3) Selon Du Tillet (Recueil des Rois, p. 410), celui qui était pourvu de cet office était anciennement nommé le Comte de la Chambre du Roi, et cet office comme tous les autres grands offices était un fief à vie, tenu à foi et hommage de S. M. François I, en 1527, en pourvut Monsieur, Charles de France, duc d'Orléans, son fils puiné, après le décès duquel (en 1545 il fut supprimé). (Laur.)
(4) Cet officier était sous le chambrier. Ses fonctions sont rapportées par du Tillet (Recueil des Rois, p. 415.) Une des principales était d'être présent, quand le Roi recevait les hommages, et de parler pour S. M. en disant au vassal « vous devenez homme du Roi de tel fief et seigneurie, que vous connoissez tenir de luy, et après que le vassal avoit répondu ouy, il disoit qu'il le recevoit, ce que ledit seigneur avoüoit. » (Laur.)

hommage au Roy Philipes qui ores est, dont il ne fust mie en hommage au Roy Loys son pere, que li plus poures hons payeroit vingt sols de parisis au mestre chamberlenc chevalier et à tous les autres chamberlens, et li autres hons de cent livres de terre, de qui que il les tiengne, payeront cinquante sols parisis, et chil de cinq cens livres de rente, de qui que il les tiengnent, paieront cent sols de parisis, et li baron et li evesque et li archevesque paieront dix livres de parisis as dits chambellens.

N°. 241. — ORDONNANCE *qui supprime les nouvelles avoueries et défend d'en établir à l'avenir* (1).

Au parlement de l'octave de la Toussaint 1272. (C. L. I, 297.)

Precepit dominus Rex et voluit in pleno parlamento, quod (2) nove avoerie seu garde quas baillivi et servientes domini Regis ceperunt de hominibus aliorum dominorum, à duodecim vel decem annis citra revocentur, et quassentur omnino, et pro nullis habeantur, nec nove de cetero recipiantur.

N°. 242. — ORDONNANCE *touchant les monnaies.*

Au parlement de la Pentecôte, 1273, (C. L. I, 297.)

PHILIPPES, etc., à tous ses amez et feaux, et à tous ceux qui ces presentes letres verront, et orront, salut et amour.

Nous faisons à sçavoir que c'est l'ordonance des monoyes, laquelle nous voulons et commandons qu'elle soit tenüe et gardée par tout nostre royaume.

Premierement, nous voulons et commandons que nulle monoye ne coure en nostre royaume, fors que les nostres propres, lesquelles y ont accoustumé d'y courre.

(2) *Item*, nous voulons et commandons qu'en la terre de noz barons, qui ont monoye, ne se forge nulle monoye fors que les leurs, qu'ils tiennent de nous et les nostres propres.

(3) *Item* nous voulons et commandons qu'en la terre à noz barons, qui n'ont monoye, ne courre nulle monoye fors que les nostres propres, ou celles que d'ancienneté par droict y ont esté accoustumement à courre.

(4) Derechef, nous voulons et defendons sur peine de corps et d'avoir, à tous ceux qui font monoyes, qu'ils ne les fon-

---

(1) Henrion de Pansey. autor jud., p. 54.
(2) V. le 1e. livre des Etablissemens, chap. 29 et 31. (Laur.)

dent, ni ne facent foudre, ni n'acheptent billon de monoyes à nos barons, tant comme leurs monoyes demeurent en leur droit cours et qu'elles ne soient abatues. Et outre si que (1) nul ne les tresbuche (2).

---

N°. 243. — ORDONNANCE *concernant l'arrestation en certains cas y désignés.*

Parlement de l'Assomption, 1273. (C. L. XI, 350.)

Ordinatum fuit per dominum Regem et ejus consiliarios, quod quotiescumque melleia, vel domorum fractio, raptus mulierum, vel aliud consimile maleficium Parisiis accideret, omnes vicini et alii qui hoc sciverint, statim exeant ad impediendum malum pro posse suo, et ad arrestandum et capiendum malefactores, quos si arrestare vel capere non potuerint, levent clamorem ad quem omnes qui illum audierint currere teneantur et hoc proclamabitur ad bannum, et transgresso-

---

(1) Il y a dans le Chartulaire de Narbonne que chaque ville où l'on bat monnaie doit avoir sa marque. (LAUR.)

(2) Voici le mandement qui fut alors joint à cette Ordonnance.

» A toi Baillif nous te mandons et commandons, que tu estroitement, et diligemment faces garder cette Ordonnance en la forme et la manière qu'il est contenu en ces presentes letres. Et si tu tronvois aucun qui la trespasse, ou en soit rebelle ou contraire, puny le asprement, qu'il ne s'y accoustume pas une autrefois. Especialement nous te mandons et commandous que chacun mes une foi, fay venir une fois en ta presence des gens de Villes de ta Baillie : c'est à scavoir ceux qui plus prennent et mettent de monoye, et leur demande par leur serment s'ils ont, puisqu'ils sceurent la defence que nous avons faicte des monoyes, prins ne mis nulle autre monoye, fors que la nostre. Et s'ils le cognoissent, qu'ils en ayent puis pris ne mis, demande leur combien autresi par leur serment, de tant comme tu trouveras qu'il sera raisonnable. Et si te trouvois aucun qui se parjurast de ces choses, puny le si asprement comme l'on doit faire tel malfaicteur. Toutes voyes à ces choses faire, et quand l'on le fera à scavoir et dire au peuple, et aux sermens prendre de cette Ordonnance garder, et aux amendes lever quand besoin sera, appelle avec toy deux ou trois preud'hommes de ta baillie, que tu verras couvenables à ce : qui oyent et facent ces choses, et qui te puissent porter tesmoin; que tu les ayes faites si diligemment comme nous le te mandons et commandons.

Et ces letres faits à scavoir au plus communement que tu pourras, que nuls ne se puissent excuser, qu'ils ne scachent que nous voulons que ceste Ordonnance soit tenüe et gardée.

Et s'il y a aucun qui veüille avoir escrit de ces letres, si leur faits bailler. Et si te mandons que tu faces envoyer le transcrit de ces letres à tous noz barons de ta baillie, et à tous ceux qui ont justice en leurs terres. Et leur mande que cette Ordonnance, si comme elle est dite ci-dessus, facent garder et tenir, si qu'il n'en conviegne pas que tu y mettes la main par defaute d'iceux. (LAUR.)

res et inobedientes pariter puniantur. Inter judicia, consilia et arresta expedita anno Domini 1273, in parlamento Assomptionis beatæ Mariæ.

---

N° 244. — Concile général tenu à Lyon (1), sous la présidence du pape, composé de 15 cardinaux, 500 évêques, 70 abbés, de plus de 1000 prélats.

7 mai—1274. (Nouv. Edit. des Conciles, IV, 398.)

On y lève une dîme d'un 10e. pour la terre sainte. Pour empêcher que le saint siége demeurât long-temps vacant, les cardinaux, aussitôt la mort du pape, se réuniront dans une seule chambre en conclave; ils ne pourront communiquer au dehors, ni se séparer sans perdre voix délibérative; si au bout de trois jours ils n'ont pas fait l'élection, on ne leur donnera plus que du pain, du vin et de l'eau.

On y fit des réglemens sur la résidence des bénéficiers, sur les élections, les provisions, les concilières canoniques, les ordinations, les absolutions des censures, les interdits; puis, un statut sur les avocats et les procureurs, dont on fixe le salaire, dont on exige le serment qu'ils ne se chargeront pas de procès iniques.

Voyez à ce sujet l'ordonnance insérée dans Laurière, C. L. I. 300.

---

N° 245. — Statut ou mandement (2) pour l'expulsion des Lombards Caorcins, et autres usuriers tant des terres du Roi que de celles des barons.

Paris, au parlement de l'Assomption, 1274. (C. L. I, 298.)

---

N° 246. — Mandement qui, en conséquence d'un arrêt de la cour du Roi, fixe l'amende encourue par les nobles qui n'ont pas répondu à la convocation.

Au parlement de l'Assomption, 1274. (C. L. XI, 35.)

---

(1) Célèbre par les matières qui y furent traitées, et entr'autres, la procession du Saint-Esprit, principal objet du schisme des Grecs. (Hén., Abr. chr.)
(2) Nouv. Rép. vo. usure.

N°. 247. — ORDONNANCE *sur les fonctions et honoraires des avocats* (1).

23 octobre 1274. (C. L. I, 300.)

**SOMMAIRES.**

(1) Les avocats, tant du parlement que des baillages et autres justices royales jureront sur les saints évangiles qu'ils ne se chargeront que de causes justes, et qu'ils les défendront diligemment et fidèlement; et qu'ils les abandonneront dès qu'ils connaîtront qu'elles ne sont point justes. Et les avocats qui ne voudront point faire ce serment seront interdits jusques à ce qu'ils l'ayent fait.

(2) Les salaires seront proportionnés au procès et au mérite de l'avocat, sans pouvoir néanmoins excéder la somme de trente livres.

(3) Les avocats jureront encore qu'au-delà de cette somme ils ne prendront rien directement ou indirectement. Ceux qui auront violé ce serment seront notés de parjure d'infamie, et exclus de plein droit de la fonction d'avocats, sauf aux juges à les punir suivant la qualité du méfait.

(4) Les avocats feront ce serment tous les ans. Et cette ordonnance sera lue tous les ans aux assises.

---

(2) *Philippus*, Dei gratià, Francorum Rex, senesc. Carc. salutem.

Nostrorum zelantes prospicere commodum subjectorum, ut coram vobis et in curiis baillivorum, senescallorum, prepositorum, et aliorum judicum, seu allocatorum nostrorum, jus suum in causis et negotiis facilius et liberius prosequantur, eos que, qui circà causas, et judicia suum exhibent ministerium, à maliciosis litium protractionibus, et immoderatis salariis artem (3) proponentes.

---

(1) Nouv. Rép. addit., v°., Avocat à la cour de Cassation. v°. Honor., §1.

(2) On peut conjecturer que les ordonnances rendues dans cette forme avaient été rendues par les Rois de leur propre mouvement, et seulement de l'avis de quelques personnes graves qui n'étaient point de leur conseil; que celles portant *datum in parlamento*, avaient été délibérées par le parlement le Roi y séant; Enfin que la formule donnée par le Roi et son conseil indique les Lois faites dans le conseil et dans l'intervalle d'un parlement à un autre.

Les lois, ainsi données de l'avis du conseil, étaient adressées au parlement le plus prochain qui les faisait transcrire dans ses registres. Cette formalité était indispensable, puisque le parlement était obligé de juger en conformité de ces lois, il fallait bien qu'il les connût. ( Heurion, Autor jud. 55. )

V. Sur les avocats Ord. de Charles V du 16 septembre 1364. (Laur.)

(3) Il y a mieux dans l'Ord. imprimée, *arcere*. (Laur.)

(1) Ordinavimus et statuimus ut omnes et singuli, tam in vestrâ quam baillivorum et aliorum predictorum nostrorum officialium, seu judicum curiis, advocationis officium exercentes, prestent super sacro-sanctis evangeliis juramentum, quod in omnibus causis in dictis curiis pertractendis, officium quod in eis assumpserint vel assument, bonâ fide deligenter ac fideliter exercebunt, quamdiu eas crediderint esse justas. In nullâ causâ, in dictis curiis patrocinium seu consilium, nisi eam justam esse crediderint, impensuri, quodque in quacumque parte judicii eis innotuerit injustam, seu improbam fore causam, ampliùs non patrocinabuntur eidem, sed a patrocinio et consilio dicte cause penitus abstinebunt. Avocati autem qui juxta eam formam jurare noluerint, hujusmodi voluntate durante, advocationis officium in dictis curiis sibi noverint interdictum.

(2) Circà advocatorum verò salaria (1) duximus statuendum quod pro modo litis et advocatorum peritiâ competens salarium recipiatur, ita tamen quod pro quacumque causâ movendâ, de cetero coram nobis seu coram vobis, seu coram nostris justiciariis ante dictis pro totâ causâ summam triginta librarum turonensium unius advocati salarium non excedat.

(3) Jurabunt etiam advocati quod nec pensionis, servitii, muneris aut gratie cujuscumque nomine, vel pretextu per se vel per alium quacumque arte, vel ingenio quocumque colore excogitato, seu excogitando sine fraude aliquâ nihil ultra summam recipiet pretaxatam. Si quis verò ordinationes et statuta hujusmodi, nec non et juramentum prestitum violare presumpserit, postquàm constiterit ita esse in predictis curiis, is nota perjurii et infamie, nullâ aliâ expectatâ sententiâ, ab advocationis officio perpetuò sit exclusus alias nihilominùs prout nobis seu aliis nostris judicibus in quorum curiis deliquerit videbitur puniendus.

(4) Ordinavimus etiam juramentum predictum ab advocatis quomodolibet annis singulis innovari : et hanc ordinationem nostram per baillivos, senescallos, et alios justiciarios nostros, ter in anno in suis assisiis precipimus publicari.

Vobis igitur districtè precipiendo mandamus, quatenùs

---

(1) V. ce qui a été remarqué sur l'article 14 du 2e. livre des Etablissemens. (Laur.)

statutum nostrum hujusmodi in potestate vestrâ diligenter facientes observari, et in assisiis et curiis quàm citiùs ad vos pervenerint, publicari, et hanc publicationem quolibet anno ter repeti, transgressores ejus puniatis juxtà formam superiùs annotatam. Actum Parisius, die Martis ante festum beatorum apostolorum Simonis et Jude. Anno Domini millesimo ducentesimo septuagesimo quarto.

N°. 248. — ARRÊT du parlement, qui prouve l'existence du droit de joyeux avénement (1).

Parlement de la Chandeleur, 1274. (Hén., Abr. chr.)

N°. 249. — LETTRES par lesquelles le Roi résout quelques doutes qui lui avaient été proposés sur différentes matières.

Paris, mercredi vigile de Saint-André, 1274. (C. L. I, 801.)

SOMMAIRES.

(1) L'ordonnance de S. Louis, touchant les contraintes prescrites contre ceux qui seraient restés dans l'excommunication pendant un an et un jour, sera exécutée.

(2) Les dîmes seront payées selon la loi divine et les coutumes des lieux.

(3) Lorsqu'il s'agira de savoir à qui la connaissance du meurtre commis par un clerc dans la justice du Roi, doit appartenir, on suivra le droit écrit au défaut de la coutume.

(4) Touchant les clercs mariés ou non mariés qui exercent quelques justices, il faut suivre les décisions canoniques.

(5) Les biens des clercs qui auront commis quelque homicide ne seront confisqués que quand ils auront été condamnés.

(6) L'évêque ne pourra faire saisir les biens immeubles des clercs condamnés en actions personnelles.

(7) Si un clerc poursuit un laïque en cour laie, le procès y doit être jugé, et il en doit être de même, si un laïque agit contre un clerc pour des biens immeubles.

(8) Les clercs non mariés ne

(1) Cette preuve est confirmée sous tous les règnes suivans; ce qui réfute pleinement les auteurs qui ont écrit que ce droit était inconnu en France, avant le règne de Henri III. (Hén., Abr. chr.)

contribuent pas aux tailles avec les laïques, à moins qu'elles ne soient réelles, ou des charges des fonds.

(9) S'il y a procès pour le prix d'une dime entre deux laïques, quoiqu'elle ait été vendue par un clerc, le juge d'église n'en connaîtra pas.

---

*Philippus*, Dei gratiâ, Francorum Rex, dilectis et fidelibus clericis magistris *Falconi de Lauduno* archidiacono Pontivi, in ecclesiâ Ambianensi, et *Thomæ* de parte canonico rotomagensi, salutem, et dilectionem. Super singulis ad nos missis articulis, de quibus curiam nostram consulere voluistis, sic duximus respondendum.

(1) Et primo super excommunicatis compellendis, qui sustinuerunt excommunicationem per annum : scire volumus quod constitutionem domini et genitoris nostri probamus et nolumus in aliquo contraire. Si tamen ante et post constitutionem eamdem non fuerint dolose excommunicati compulsi, rem novam nolumus inchoari.

(2) Nec displicet nobis quod decimæ præstentur, quæ lege divinâ præstantur (1), seu debentur, vel per loci consuetudinem approbatam, cum usus longissimus, per quem non præstantibus acquiri potest jus, in talibus observetur.

(3) Ex quo clerici interficientes homines in jurisdictione nostrâ, cui committi debeant, nobis videlicet, an episcopo recurri volumus ad jus scriptum, nisi quid agi debeat consuetudo declaret.

(4) Hæc videntur sentire canones, quod clerici moneantur ne artificia diversa exerceant : sed clericos non conjugatos canon moneri præcipit, ex quo gaudere volunt privilegio clericali, ut sæcularibus negotiis, aut turpibus quæstibus se non immisceant, seu non debeant immiscere. Sed quoniam uxorati etiam deferentes tonsuram, qui sæcularibus negotiis et turpibus quæstibus se immiscent, dum his se implicant, privilegio clericali gaudere non possunt. Et in talibus non est aliqua monitio expectanda.

(5) De homicidis clericis, priusquam fuerint de crimine condemnati, non videtur quod eorum bona debeant confiscari : sed injuriam facit episcopus, si in præjudicium juris nostri à talium condemnatione cesset, in fraudem.

---

(1) Saint-Thomas, dans sa Somme, et les nouveaux canonistes ont été d'un autre avis. V. Covarruvias, *lib. 1, Var. Resolutionum*, cap. 17, *et ibi Ybannes de Furia*. (Laur.)

(6) Quod episcopus faciat missionem in bona immobilia clerici condemnati in personali actione, auctoritate suâ, postquam res immobiles non sunt de jurisdictione suâ episcopali, non videtur rationem habere.

(7) Est etiam contra jura scripta, si clericus agat contra laïcum, quod relinqui non debeat laïcus foro suo : et propterea ille qui habet jurisdictionem temporalem in territorio ubi clericus suas habet possessiones, hujusmodi devenerunt, nisi de præscriptâ consuetudine in partibus illis, hactenus pacifice fuerit aliud observatum.

(8) Clerici verò, si conjugati non sunt, in Franciâ non contribuunt taliis cum laïcis, sed onera rerum duntaxat agnoscunt. Unde consules tolosani satis possunt abstinere a contributione quam petunt a clericis in talliis, nisi tales existant taliæ quæ possessiones oneraverunt ab antiquo.

(9) Super ultimo articulo, nobis non videtur rationem habere si laïcus clerico vendiderit decimas quamvis emptas a clerico, quod quæstio quæ vertitur de pretio solvendo inter laïcum et laïcum, propter hoc debeat relinqui foro judicis ecclesiastici: quæstio enim de pretio sic oritur ex contractu. Salvis in his casibus in quibus episcopus est in possessione, vel quasi, expletandi, vel exercendi, ea quæ præmisimus supra. Non est bonum quod a suâ possessione, causâ non cognitâ, dejiciatur episcopus; sed est bonum quod eo vocato jus nostrum modo debito retinere curetis.

Volumus etiam quod omnia quæ vobis incumbunt, sine præcipitatione cum maturitate debitâ peragatis.

Datum Parisiis, die Mercurii, in vigilia beati Andreæ apostoli, anno Domini 1274.

---

N°. 250. — LETTRES *portant abandon du comtat venaissin au pape Grégoire X.*

(Lyon, 1274; Bouches hist. de Provence, T. II, 253.)

N° 251. — ORDONNANCE (1) *sur les amortissemens, extinction et abrégement de fief.*

Au parlement de la Toussaint ou de Noël, 1275. (C. L. I, 303 ; Hén., Abr. chr.)

SOMMAIRES.

(1) Les baillis, les prévôts, les vicomtes et autres officiers ne molesteront pas les églises, au sujet des acquisitions qu'elles ont faites, dans les terres des barons, qui de tout temps ont été en possession d'amortir.

(2) Ils ne molesteront pas encore les églises, au sujet de leurs acquisitions, quand elles auront été amorties par trois seigneurs médiats, sans compter celui qui aura donné, ou vendu aux églises.

(3) Quant aux immeubles que les églises auront eus par aumône, et qu'elles posséderont sans la permission du Roi, dans ses fiefs et ses arrière-fiefs, à compter depuis 29 années, elles ne seront pas contraintes de les mettre hors de leurs mains, en payant en argent la valeur des fruits des deux années.

(4) Elles ne seront pas tenues pareillement de mettre hors de leurs mains les immeubles qu'elles auront acquis, à quelque titre que ce soit, en payant au Roi en argent la valeur des trois années.

(5) Si elles ont fait des acquisitions dans les alleus situés dans les fiefs et les arrière-fiefs du Roi, elles en seront quittes, pour celles qui leur auront été aumônées en donnant l'estimation des fruits d'une année, et pour celles qu'elles auront à titre non gratuit, en donnant les fruits de deux années, à moins qu'elles ne veuillent mettre ces acquisitions hors de leurs mains.

(6) Les non nobles qui auront acquis des fiefs à la charge de les desservir, ne seront pas inquiétés.

(7) Au cas que hors des terres des barons, ils aient fait de telles acquisitions, si entre le Roi et celui qui a fait l'aliénation, il ne se trouve pas trois seigneurs, et s'ils possèdent les fiefs acquis avec abrègement de services, ils seront contraints de les mettre hors de leurs mains, ou de payer la valeur des fruits de deux années.

(8) Et si la féodalité a été muée, ou changée en cens, les choses seront remises en leur premier état, à moins que les possesseurs ne veuillent payer l'estimation des fruits de quatre années.

(9) Cette ordonnance n'aura lieu que pour le passé, et ne pourra être étendue aux acquisitions qui seraient si préjudiciables au Roi, qu'elles ne pourraient être tolérées.

___

(1) V. Ord. de Philippe IV, 1291 ; celle-ci est la première qui ait réglé les extinctions et abrègemens de fiefs, en taxant les églises et les non nobles pour leurs acquisitions à une certaine finance. ( Nouv. Rép. v° Franc fief, § 1.)

Ecclesiarum utilitati, et subjectorum quieti (1) providere volentes, deliberatione providâ precedente, in forma que sequitur duximus ordinandum.

(1) Videlicet quod senescalli, baillivi, prepositi, vicecomites et alii justiciarii nostri cessent, et abstineant molestare ecclesias super acquisitionibus, quas hactenus fecerunt in terris baronum nostrorum, qui et quorum predecessores, nostris, et predecessorum nostrorum temporibus, per longam patientiam usi fuisse noscuntur publice, et patienter dare et eleemosynare ecclesiis, et concedere quod ecclesie licitè acquisita tenerent, consensu nostro minime requisito, absque ullâ reclamatione per nos, vel predecessores nostros factâ, dictis baronibus, vel predecessoribus eorumdem.

(2) Insuper precipimus quod ubi ecclesie acquisierint possessiones, quas habent amortisatas a tribus dominis (2), non computatâ personâ que in ecclesiam transtulit possessiones easdem, nulla eis per justiciarios nostros molestia inferatur.

(3) Rursum pro rebus et possessionibus aliis quas acquisierunt ecclesie in terris, feodis, vel retrofeodis nostris, sine

---

(1) Par l'ancien usage de la France, nul seigneur de fief ne pouvait l'abréger, le diminuer ou éteindre ou amortir la moindre partie, sans le consentement de son seigneur suzerain et la peine de l'abrégement ou de l'amortissement était que la partie amortie ou abrégée était dévolue au seigneur supérieur au même état qu'elle était avant l'amortissement ou l'abrégement.

Lorsqu'un seigneur permettait à des gens de main-morte de posséder des terres dans son fief, il le diminuait et l'abrégeait, ou il en éteignait ou amortissait une partie, parce que les gens de main-morte ne mourant et n'aliénant pas, il se privait à l'avenir des lods et ventes qui lui seraient échus, si ces héritages ainsi tombés en main-morte, avaient été possédés par des laïques et des séculiers.

Et lorsqu'un seigneur permettait à un non noble de posséder un fief mouvant de lui, il abrégeait encore son fief et en éteignait une partie, parce que le non noble ne desservait pas ordinairement son fief, et qu'ainsi les services en étaient perdus.

De sorte que dans l'un et l'autre cas, les héritages et le fief étaient dévolus au seigneur supérieur immédiat, au même état qu'ils étaient avant l'amortissement ou l'abrégement.

Et comme le seigneur supérieur immédiat diminuait aussi son fief, quand il approuvait ce qui avait été fait par son vassal, ce fief et ces héritages étaient dévolus à l'autre seigneur supérieur, et ainsi de seigneur supérieur en seigneur supérieur jusqu'au Roi. Pour obtenir un amortissement parfait, il fallait payer finance au seigneur immédiat, et à tous les seigneurs médiats de degré en degré jusqu'au Roi.

Philippe III abolit cet ancien droit pour l'utilité de l'église et le repos de ses sujets, en les affranchissant de la vexation des seigneurs médiats dont le nombre fut réduit à trois, ainsi qu'il est expliqué ci-après. (Laur.)

(2) Avant cette Ord., tous les seigneurs médiats vexaient les églises en exigeant d'elles finance. (Laur.)

nostro, vel predecessorum nostrorum assensu a 29 (1) annis citra, hanc gratiam fieri volumus ecclesiis, videlicet quod res et possessiones taliter acquisitas extra manum suam pro nobis, aut nomine nostro, ponere non cogantur, dummodo pro possessionibus eleemosynatis eisdem, nobis prestent in pecuniâ, quantum valere possent, fructus duorum annorum rerum, sic acquisitarum, legitime estimati.

(4) Ad alias vero possessiones per quemcumque contractum non gratuitum acquisitas ab ecclesiis, ad ponendum extra manus, volumus illas ecclesias non compelli pro nobis aut nostro nomine, quæ nobis solvere voluerint in pecuniâ, quantum valere possent fructus trium annorum legitime estimati.

(5) Quod si ecclesie acquisiverint in allodiis in terris, feodis, et retrofeodis nostris, volumus quod in eleemosynatis, vel donatis, fructuum unius anni nobis prestetur estimatio. In acquisitis non gratuito titulo fructuum duorum annorum nobis estimatio persolvatur, si res taliter acquisitas retinere maluerint, quam ponere extra manum.

(6) Preterea in personis innobilibus, que res feodales acquisierint et tenent per homagium, ad servitium competens, precipimus justiciariis nostris quod hujusmodi personas innobiles non molestent, sed eis in pace dimittant res taliter acquisitas.

(7) Quod si persone innobiles acquisierint in feodis, vel in retrofeodis nostris, extra terras predictorum baronum nostrorum, et ita sit quod inter nos et personam que alienavit res ipsas, non sint tres, vel plures intermedii domini (2), precipimus quod si teneant ad servitium minus competens, vel aliter appareat feodi facta deterior conditio; cogantur tales possessores rem feodalem ponere extra manum, nisi maluerint prestare nobis estimationem fructuum duorum annorum rerum taliter acquisitarum.

(8) Et si res feodalis facta fuerit censualis prestabitur nobis quatuor annorum fructuum estimatio vel fiat per justiciarios nostros, quod res in statum pristinum reducatur.

(9) Hanc autem ordinationem facimus pro casibus illis, qui temporibus preteritis præcesserunt, provisionem ipsam nolentes extendi ad casus qui provenient in futurum, immo in his

---

(1) Dans quelques ms., il y a *a triginta*. (Laur.)
(2) Depuis, en quelques lieux, l'ancien droit fut suivi. (Coutume ancienne de Bourges, article 28. (Laur.)

qui de novo emerserint, novo provisionis remedio consulatur, nolentes insuper eamdem ordinationem ad alienationes extendi, de quibus sine dilatione sciri poterit manifestè ipsas nobis adeò esse damnosas et graves, quod meritò non debeant aliquatenus tolerari.

Premissa ordinatio facta Parisiis, in parlamento Omnium Sanctorum, post Nativitatem Domini, anno 1275.

---

N°. 252. — ASSEMBLÉE (1) *solennelle à Montpellier, où tous les princes chrétiens convinrent par eux ou leurs ambassadeurs, que le domaine de leur couronne serait inaliénable, et que les choses qui en auraient été démembrées y seraient réunies.*

Vers 1275. (Hén., Abr. chr.)

---

N°. 253. — ORDONNANCE *portant révocation du ban par lequel il était interdit de mettre le bétail aux champs avant 3 jours après la coupe des blés, et de charier les gerbes avant le soleil levé et après le soleil couché.*

1276. Reg. Olim, v. 2. (C. L. I, 312, Observation.)

A pluribus ad dominum Regem delata querimonia,

Quod occasione cujusdam banni, in partibus *Ambianensibus* et *Viromandensibus*, de novo introducti, de portis et animalibus, donec post tres dies, post secatas segetes, et ablatas, in stipulis non ponendis et de garbis ante solis ortum, et post solis occasum non chareandis.

Homines illorum partium tam domini, quam subditi in justiciâ suâ et in emendis multipliciter gravabantur, et inquietabantur.

---

(1) Cette assemblée est douteuse. Voici ce qu'en dit le président Hénault : «Suivant un jurisconsulte anglais qui composa sous le règne d'Edouard 1er. une Pratique du droit anglais sous le titre de *Fleta*, cette assemblée eut lieu Cet auteur anglais a été contredit par Selden dans une savante dissertation sur le *Fleta* qui prétend que cette assemblée n'a pas eu lieu : Selden a été suivi par Lanrière dans le recueil des Ord. ; et par Dom Vaissette dans son Histoire du Languedoc ; mais tout cela ne fait qu'une seule autorité. Et qui sait si Selden n'avait pas des raisons politiques pour nier de fait sans l'autoriser d'aucune preuve, de même qu'il en eût eu sûrement quand il écrivit son *Mare clausum* pour attribuer l'empire de la mer à l'Angleterre? J'ajouterai que vers le même temps où j'indique cette assemblée de Montpellier, plusieurs princes de l'Europe s'étaient comme donné le mot pour reconnaître que leur domaine était inaliénable.»(Hén., Abr. chr. V. les remarques particulières qui terminent son ouvrage.)

Intellecto et domino Regi relato, quod hujusmodi bannum à quindecim annis citra fuerat introductum.

Placuit domino Regi, quod hujusmodi bannum cadat, et quod in partibus in quibus non fuit diutiùs observatum, de cetero non servetur.

---

N°. 254. — ORDONNANCE *faisant défense aux marchands d'exporter des laines, vins et grains.*

Paris, mercredi après Pâques, 31 mars, 1277. ( C. L. XI, 353. )

---

N°. 255. — ARRÊT *du Parlement portant défense aux avocats d'invoquer le droit écrit là où coutume a lieu.*

Parlement de la Toussaint, 1277. Reg. *Vivat Rex*, f° 68. ( C. L. I, 313, Observation.)

---

N°. 256. — CONSTITUTION *sur l'instruction des procès* (1).

Au parlement, 7 janvier 1277. ( C. L. XI, 354. )

Ce sont les constitutions nostre Seignor le Roi de France, faicte en parlement à Paris, en l'an de grace 1277, le lendemain de la tifanie.

1°. Il est à garder por les abrégemens des parlemens, que nules causes ne soient retenues en parlement, qui puissent ou doient estre de meneis devant bailliz.

2°. Venant le terme de chaque baillie, li plaideeur au temps estably se présenteront en la maniere qu'il a esté autrefois ordené.

3°. Puis que parties se seront présentées durant les jors de leur baillie, il s'entre attendront en la sale, appareillé d'entrer en la chambre des plez, quant il seront appellé par lor despechement.

4°. Le clerc des arrest nommera les parties auant causes, et seront appellées les parties par l'huissier que les mestres commanderont, à entrer en la chambre des plez; ne n'i entrera plus autres personnes qui ne soit nécessaire en la cause.

5°. Les parties qui entreront, le demandeur brievement proposera son fet; et sans dilation, aussi brèement respondra le defendeur.

6°. Le fet proposé des parties et nié, sera tantost ordené

---

(1) Henrion de Pansey, autor jud., page 58.

par advis des mestres, et sera mis en escrit pour oster le descort qui de ce sçut estre entre les parties.

7°. Le fet ainsinc escrit, sera envoyé aux auditeurs de la cort, donez ès parties, dont les parties soient en telle maniere que la cort puisse avoir avant main les auditeurs qu'elle voudra establir; et baillera chacun des bailliz les noms en escrit jusques à dix personnes, au clerc des arrests, lesquiex personnes soient souffisables à faire ce que l'en leur commandera en droit; et en chacune besongne souffriront deux auditeurs.

8°. Les parties qui auront à plaidier enterront en la chambre des plez par l'uis jouxte la sale, et s'en istront par devers l'uis du vergier, quant il auront plaidié.

9°. Li advocats ne soient si hardis d'eus mesler d'aleguer droict escrit, là où coustumes aient leu; mais usent de coustumes.

10°. Nuls ne soit oïz en la cort le Roy pour plaidier par autre, se n'est tel personne qui puisse estre justicié par justice seculière, s'il est repris, en son meffect; se n'est par avanture aucun clerc qui plaide pour soi ou por s'eglize, ou por personnes qui lui soient conjoinctes par affinité, ou par consanguinité, ou por li seignor de cui héritage il tienne son fié, et que il le tiegne ainsi cete constitution faicte; et ce même est à entendre des procurateurs et des contremandeurs.

11°. Nuls advocats n'ose recorder au recommencier ce que son compaignon, à qui il aidera, aura dict; mais il puet bien aucune chose adjouster de nouvel, s'il y avoit à adjouster.

12°. Es causes à oïr, parlera tout seulement le bailly dezrain, se il n'avient que à lui devoyant, soit nécessaire amendement de son recort.

13°. Cil du conseil qui là seront, mettent à cuer et à euvre d'estude, de retenir ce que devant eux sera proposé.

14°. Nules du conseil n'ose contredire ou contrealer aus parties pleidans, mes chacun des plaidans paisiblement escoute, se n'est par avanture que à aucune chose de cleirier, soit nécessaire aucune demande.

15°. Chacun jor soient despechiez les arres de ce jor, ou landemain au plustart.

16°. Les requestes soient oïes par aucuns des maistres en la sale, et soient reportées aux auditeurs, qui contendront grace; de autres, soit commandé aux bailliz ce que commandé en sera.

17°. Cil de la terre qui est gouverné de droict escrit, soient

1277.    363

es par certains auditeurs de la cort, si comme il a été autrefois ordené.

18°. Les regardeurs des enquestes, les enquestes recevront de aucunes personnes de la cort à ce ordenées, et par iceux, ensemble les enquesteurs soient jugiés, se ne sont par avanture aucunes qui soient de grieves choses, ou entre grans personnes, ou telles qui à force soient à recorder au commun conseil par la force d'eles.

19°. A prendre les conseils, l'un demande, et li conseiller tantost respondent, et à celui qui parlera, nulz n'aille contre la de parole; ne nuls ne recorde ce que son compaignon aura dit; mès autres parolles respongnent aux choses ottroyer ou à desottroyer, et li soit tant seulement souffert au respondeur au secont dit à ajouster nouvelle reson.

20°. Nulz de nulle baillie ne sera oïz devant que l'autre sera despechée par ordre.

21°. Après le terme de sa baillie, ne sera nuls oïz ne fesant requestes, se ainsi n'estoit que il fist requeste de besoigne après apparissant.

22°. Puisque la demande sera faicte, et la partie adverse die soy vouloir avoir conseil ou ait tantost conseil, ou s'il lui convient jusqu'à landemain tant seulement, sera attendu, et lendemain viengnent les parties si matin qu'ils puissent estre despechiez devant tous autres.

23°. Nulz des terres qui sont gouvernées de droict escrit, soit en la chambre des pléz, mais aille aux auditeurs à ce destinez.

24°. Nulz baillis ne mette querele en parlement, sans especiau commandement du Roy, ou des mestres céans en la chambre des pléz.

25°. En la chambre des pléz soit toz jours un clerc por faire les lettres desang, et por autres lettres, un autre clerc.

26°. Se aucun chiée enqueste, mene sos questier de defaut de droict, ou appellation interposée de faus et de mauvais jugement, s'il chiée, il sera puni de moult grief peine.

27°. Li chevalier et le clerc qui sont du conseil, soient ententif à despecher les besongnes du parlement, ne nuz ne defaille: tuit viengnent matin et devant heure ne s'en aillent.

28°. Les querelles de nouvelle desesine ne viengnent pas en parlement; mes chacun bailli en sa baillie, appellées avec soy bonnes gens, aille au leu et segrement sache se c'est nouvelle desesine ou trouble ou empeschement, et se ainsi est, face tantot resesir le leu, et praigne la chose en la main le Roy, et face droict aux parties.

29°. Se aucun se complaint de prevost ou de sergent par devant le bailly ne plaide pas le baillif pour eux devant soi, ne les soustiegne, mais face bon droict et hastif aux parties, en tel maniere qu'il ne conviegne pas avoir recours à la court.

30°. Chacun baillif en qui court l'eu juge par hommes, contreigne les hommes au plus tost qu'il pourra à jugier les choses demenées pardevant eux, si que par le maline, ou par le contremandement des hommes au dommaige d'aucun des parties, le jugement ne soit retardez.

---

N°. 257. — ORDONNANCE (1) *du conseil, portant que les pairs ecclésiastiques ne pourront amortir que leurs arrières-fiefs, et interdisant aux évêques qui ne sont pas pairs la faculté d'amortir.*

Au parlement de l'Epiphanie, 1277. (C. L. I, 305.)

---

N°. 258. — ORDONNANCE *du Roi et du conseil, portant qu'en cas de dissentiment entre les juges et les chevaliers asseneurs* (miles), *le jugement sera remis à la première assise.*

1277. (C. L. I, 305.)

Ordinatum fuit per dominum Regem et ejus consilium.

Quod si in judiciis in Turoniâ faciendis unus miles vel duo (2), cum aliis qui judicium facient, non concordent, non remanebit propter hoc quin transeat judicium, si videatur ballivo bonum;

Et si plures sint discordes, judicium prorogabitur usque ad aliam assisiam, in eodem statu, et tunc judicabitur ex propositis, si fieri poterit bono modo.

Et fiet judicium super illis que fuerint proposita a partibus. Quando primo se supponent judicio, nec in verbis illis super quibus fuerit litigatum, et super quibus partes se supposuerint judicio poterit a partibus aliquid immutari.

---

N°. 259. RÈGLEMENT (3) *sur les appellations en matière criminelle.*

1277. Reg. des Enquêtes D. (C. L. I, 313; Observation.)

---

(1) Nouv. Rép. v°. Franc-fief, S 1er.
(2) V. note sur ce chapitre 105 du 1er. livre des Etablissemens, et sur le chapitre 15, livre 2. (Laur.)
(3) On ne sait pas si ce Règlement émane du Roi.

N° 260. — LETTRES *par lesquelles, en confirmant et interprétant la charte de commune accordée par Philippe-Auguste aux habitans de Rouen, le Roi se réserve la connaissance des cas de meurtres, méhaing et gages de bataille.*

Paris, mai 1278. (C. L. I, 306.)

---

N° 261. — ORDONNANCE *du Roi et du conseil sur le retrait lignager en Normandie; portant que celui qui voudra l'exercer sera tenu de payer le prix du retrait comptant, et que le plus proche parent sera préféré s'il se présente dans l'an et jour.*

29 septembre, 1278. (C. L. I, 309.)

---

N° 262. — LETTRES *qui instituent* (1) *une commission judiciaire pour les sénéchaussées de Toulouse, de Carcassonne, Périgueux, Rodez, Cahors et Beaucaire.*

Vincennes, 18 janvier 1279. (C. L. XII, 325.)

Philippus, Dei graciâ, Francorum rex, universis, etc., notum facimus quod nos subditorum nostrorum, senescalliarum *Tolosæ*, et *Carcassonæ*, *Petragoricensis*, *Ruthenensis*, *Caturcensis* et *Bellicadri*, laboribus et expensis parcere cupientes, viros providos et discretos de consilio nostro; videlicet, magistros P. archidiaconum *Xanctonensem*, *Theobaldum Bajocensem*, et P. S. *Martini Turonensis* decanos, ad partes mittimus tolosanas, ut in octabis Paschæ proximæ personaliter ibi intersint, pro querelis, querimoniis, petitionibus et supplicationibus ipsorum subditorum, pro quibus nostram adirent præsentiam, audiendis, expediendis, terminandis, secundum quod jus et æquitas suadebunt, nec non quod curam et diligentiam, sollicitam adhibeant in omnibus aliis quæ nostrum commodum tangere viderint et honorem propterea damus tenore præsentium omnibus in mandatis, ut in præmissis, et in iis quæ ad præmissa pertinent, eisdem vel duobus ex ipsis pareant et intendant.

---

(1) C'est-là, dit-on, l'origine du parlement de Toulouse. On lit dans l'intitulé des arrêts rendus par cette commission : *Arresta* Senescaliæ Carcass., et *indita* in Parlamento, per *venerabiles viros* N... tenentes dictum parlamentum apud Tolosam, inceptum die mercurii post octabas Paschæ Domini, anno 1280, *Vaissette*, Histoire du Languedoc, IV, 71 ; mais ce parlement ne fut définitivement institué que par Ord. du 20 mars 1419.

Actum apud Vicennas, die Jovis, in cathedrâ S.-Petri, anno Domini 1279.

N°. 263. — LETTRES *rendues sur la requête présentée par le Roi d'Angleterre, duc d'Aquitaine, à la cour du Roi, portant abolition en Gascogne, d'une coutume par laquelle l'accusé qui n'avait pas été pris, en flagrant délit ou dans la suite, qui n'avait pas avoué son crime, ou qui n'en avait pas été convaincu par témoins ou par le duel, était admis à se purger par serment prêté sur le corps d'un saint.*

Paris, juillet 1280. ( C. L. I, 310. )

N°. 264. — ORDONNANCE (1) *sur le droit d'usage, dans les forêts du Roi.* (2)

Paris, au parlement de la Toussaint 1280. ( C. L. XI, 356. )

Cùm nos ordinaverimus quod ad capiendum usagium quod tales habent in forestis nostris talis loci, fiant sibi livreiæ in locis sibi utilibus, ita quòd si in dictis livreis merena et ligna sibi necessaria inveniri non possent, et extra livreias in dictis forestis per nostros forestarios liberentur eisdem : nolumus per hoc, talibus, vel eorum monasterio, aut cartis et privilegiis eorumdem, in futurum aliquod prejudicium generari.

In parlamento omnium sanctorum, anno Domini 1280.

N°. 265. — ORDONNANCE (3) *qui défend aux chrétiens de se mettre en service chez les juifs, et à ceux-ci de les recevoir.*

1280. Reg. Olim. fo. 50. ( C. L. I, 313. )

N°. 266. — ORDONNANCE (4) *qui proroge les défenses des joutes et des tournois.*

1280. ( C. L. I, 313. )

N°. 267. — ARRÊT *du parlement, portant que le comte de Flandre ne peut ni ne doit faire un noble d'un Vilain, sans l'autorité du Roi* (5).

1280. (Loiseau, des Ordres de la Noblesse.)

---

(1) Cette Ordonnance est tirée du Trésor des Chartes, reg. 33. f°. 39 v°. pièce 47. — On la trouve aussi au folio 133, r° du vol. 532 des Mss. de Dupuy.

(2) Nouv. Rép. v. Usage, § 6 et v°. communaux § 4 ; Henrion de l'Aubey. Dissert. féodales, § 17.

(3) Nouv. Rép. v°. Juifs, section 4 ; renouv. par arrêt de règlement du conseil souverain de Colmar, 29 juillet 1717 ; modifié par un 2°. du 25 janvier 1766.

(4) V. Ordonnance, 5 octobre 1314.

(5) Nouvelle preuve de l'origine des annoblissemens ; sous ce règne ils avaient lieu moyennant finance.

N°. 268.—LETTRES *par lesquelles le Roi renonce, en faveur du roi d'Angleterre, duc d'Aquitaine, à l'amende encourue en cas d'appel, à la cour du Roi.*

Paris, juillet 1283. (C. L. I, 311.)

---

N°. 269. — ARRÊT *du parlement* (1), *rendu contre Charles, roi de Sicile, oncle paternel de Philippe-le-Hardi, qui adjuge à ce dernier le comté de Poitiers et la terre d'Auvergne* (2).

Parlement de la Toussaint, 1283. ( Brussel. XLIX.)

Notum sit omnibus, quòd cum dudum sanctæ memoriæ Ludovico quondam Francorum rege præ defuncto bonæ memo-

---

(1) L'apanage, tel que nous le concevons aujourd'hui, ne commença à être dans toute sa force que sous Philippe-le-Bel, et avait eu auparavant bien des variations. Sous les deux premières races, les enfans des Rois partageaient également la couronne entre eux. Sous le commencement de la troisième, l'inconvénient de ces partages fit prendre le parti de démembrer quelques portions de terres dont le fils puiné aurait la propriété.

Mais, à mesure que les principes de la vraie politique se perfectionnèrent, l'inconvénient du démembrement d'une partie du domaine de la couronne s'étant fait sentir davantage, les partages ou apanages dont l'apanagé pouvait auparavant disposer comme de son bien, devinrent une espèce de majorat ou de substitution, et furent enfin chargés de retour à la couronne à défaut d'hoirs. C'est là véritablement où commencent les apanages dont le nom représentait une sorte de concession, qui, sans morceler le domaine de la couronne, en suspendait seulement la jouissance pour quelque temps et pour quelque portion, mais sans toucher à la propriété.

Cette loi se trouve établie par l'arrêt rendu au sujet du comté de Poitiers; Charles prétendait à ce comté comme plus proche héritier d'Alphonse, dernier décédé, lequel était son frere, au lieu que Philippe n'était que son neveu; mais l'arrêt prononça en faveur de Philippe sur ce principe, que toutes les fois que le Roi faisait don à un de ses puinés de quelque héritage, et que le donataire ou apanagiste mourait sans héritiers, l'héritage retournait au donateur roi, ou à son héritier à la couronne, sans que le frere de l'apanagiste y pût rien prétendre.

Ainsi voilà les apanages restreints aux hoirs de l'apanagé; mais, dans ces hoirs, les femelles ainsi que les mâles étaient comprises, ce qui était dangereux, parce que les portions des apanages pouvaient passer à des étrangers par mariage : Philippe-le-Bel remédia à ce dernier inconvénient. Ce fut lui, dit Du Tillet, qui ordonna par son Codicile ou par ses lettres patentes, suivant Dupuis, que le comté de Poitou, par lui baillé en apanage à son fils puiné, Monsieur, Philippe de France, qui fut Roi depuis sous le nom de Philippe-le-Long, retournerait à la couronne, défaillant les *hoirs mâles*, par où il excluait les filles. Tel est le dernier état de cette jurisprudence. ( Hénault, Abr. chr.)

(2) Après les signatures des archevêques de Reims, Bourges, Narbonne; des évêques de Langres, Amiens, Dol; de l'évêque élu de Beauvais et de l'abbé de Saint-Denis, on trouve celles du doyen de Saint-Martin de Tours; de plusieurs archidiacres et chanoines, etc.—Ainsi, dans le même parlement, où, sous

riæ *Alfoncius* quondam comes Pictaviæ post modum decessisset, illustrissimo domino rege *Philippo* possidente et tenente comitatum Pictaviæ et terram Arverniæ, procurator serenissimi principis *Caroli* regis Siciliæ, fratris dicti *A.* quondam comitis Pictaviæ, et patrui dicti domini Philippi regis Franciæ, in curia dicti domini regis Franciæ dictum comitatum Pictaviæ et terram Arverniæ petiit deliberari et reddi à dicto domino Philippo rege, regi Siciliæ Carolo supradicto, cum dictus Carolus frater dicti *A.* comitis quondam, esset proximior quàm dominus rex Philippus qui dicti *Alfonsii* tantùmmodo nepos erat; allegans insuper procurator, et consuetudinem regni generalem, et specialem locorum ubi bona consistebant prædicta, dicto domino Carolo suffragari, præmissa petens idem procurator, cum idem *A.* comes dictum comitatum Pictaviæ et terram Arverniæ, ut partem terræ ab avo dicti domini Philippi regis Franciæ habuisset, ut dicebat procurator præfatus.

Verùm parte domini Philippi regis in contrarium proponente, quod de generali consuetudine hactenus à multis generationibus regum pleniùs observatâ, cum donatio quæcunque hereditagii procedit à domino rege uni de fratribus suis, donatario ipso sine herede proprii corporis viam universæ carnis ingresso, donationes ipsæ ad ipsum donatorem aut ejus heredem succedentem in regno revertuntur pleno jure; et in hoc casu nepos patruum excludit, cum idem nepos, suo jure, et generali consuetudine, in omnibus personam patris donatoris repræsentet. Adjiciens pars domini regis Philippi, quòd defuncto rege, filioque regis primogenito succedente in regno, ejusdem regis fratres portionem certam bonorum patris, tertiam, quartam, vel quintam, seu quotam, non possunt petere, sed nec petentes audirentur; sed primogenitus, quantùm vult et quando vult, eis confert. His autem non contenta pars regis, proposuit consuetudines speciales locorum ubi bona petita sita sunt, tales esse quod in talibus baroniis tales donationes, decedentibus donatariis sine herede proprii corporis, non ad fratrem donatarii,

---

le règne de Louis VIII, on avait contesté au chancelier, au bouteiller, au connétable et au chambellan du Roi, le droit d'y prendre séance et d'opiner dans les procès des pairs, il fallait admettre, sous celui de Philippe-le-Hardi, des hommes qui n'avaient d'autre titre que de savoir lire et écrire, et que la routine des tribunaux ecclésiastiques mettait en état de conduire, selon de certaines formalités, la procédure qui s'établissait dans les tribunaux laïcs au parlement de 1304 ou 1305: on trouve encore dans la liste des officiers qui le composaient, plusieurs prélats, plusieurs barons et des chevaliers, etc. (Mably, Obs. sur l'histoire de France, livre 4, ch. 2; Preuves.)

sed ad filium donatoris succedentem in regno, mortuo donatore, revertuntur pleno jure.

Itaque pluribus aliis rationibus et persuasionibus propositis hinc indè, ac negatis hinc indè factis, propositis et consuetudinibus quatenus contrariabantur ad invicem; de consuetudinibus hinc indè propositis, prout decuit, a testibus juratis diligentiùs inquisitis; visis et attentis, et testamento quodam, et literis et depositionibus testium super dictis consuetudinibus auditorum, et die certâ assignatâ ad audiendum judicium, anno Domini 1283 feriâ quartâ, post invocavit me : dietâ die, videlicet, domino rege *Philippo* ex unâ parte, et domino rege Siciliæ ex alterâ, præsentibus, per jus pronunciatum fuit, dictum dominum regem Siciliæ non habuisse, nec habere jus petendi comitatum Pictaviæ et terram Arverniæ, ac ipsum dominum Philippum regem absolvit curia ab impetitione regis *Karoli* prænotati.

Huic judicio præsentes fuerunt, etc.

Pronunciatum in parlamento incepto in crastino festi omnium sanctorum, anno Domini, 1283.

---

N°. 270. — ORDONNANCE *sur le luxe*.
1283. ( C. L. I, 310. )

---

N°. 271. — LETTRES *portant concession d'une foire à une ville.*

Paris, août 1284. ( C. L. XI, 358. )

---

N°. 272. — LETTRES *par lesquelles le Roi permet à une ville de conserver et d'augmenter ses fortifications, moyennant finances.*

Pontoise, mercredi avant la Nativité de la Vierge. — 6 septembre 1284 (C. L. XI, 358.)

---

N°. 273. — RÉSOLUTION *de l'assemblée de la noblesse et du clergé, sur la bulle du pape, qui défère le royaume d'Arragon, au fils du Roi, le comte de Valois.*

21 février 1284. ( Rymer, I, 229. )

Le clergé et la noblesse furent convoqués et délibérèrent séparément.

N°. 274. — LETTRES PATENTES (1), *des lieutenans du roi de France, pendant son absence.*

Paris, juillet 1285. ( *Dupuy*, preuves de la majorité, etc. )

*Matthæus* miseratione divinâ ecclesiæ B. Dionys. in Franc., abbas humilis, et *Simon* dominus Nigellæ, locum tenentes domini regis Francor., etc.

Inclytæ recordationis dominum *Philippum* proavum domini regis, et bonæ memoriæ *Guillelmum* episcopum quondam et capitulum parisiense olim facta plenius continetur, ac idem dominus rex propter quædam ardua negotia ipsum ac regnum suum tangentia, a civibus pacis subsidia petivisset, ac pro sic concessis subsidiis impositæ fuissent talliæ hominibus dictæ terræ, dilectus et fidelis domini regis *Ranulphus* Paris. episcopus se opposuit dicens quòd pro prædictis non poterant dictorum locorum homines sine assensu ipsius episcopi talliari, cum se non obtulisset nec offerret aliquis de casibus expressis in compositione jam dictâ. Tandem licet secundum formam dictæ compositionis ipsius terræ homines non debuerint nec debeant pro præmissis sine assensu domini episcopi talliari, idem tamen episcopus obtentu domini regis, ac negotii arragonensis, valenciensis que regnorum, quod ad præsens idem dominus rex prosequitur, ad preces nostras impositioni et exactioni dictarum talliarum suum assensum præbuit de gratiâ speciali. Nos autem ex auctoritate et vice ipsius domini regis nobis commissâ, nomine ipsius domini regis, et pro ipso volumus et concedimus, ut pro hoc ipsi episcopo terræ prædictæ, ac successoribus ejus, et compositioni prædictæ nullum in posterum præpedicium generetur, et bonâ fide curabimus et procurabimus quod dominus rex præsentem concessionem dicto episcopo suis patentibus litteris confirmabit.

In cujus rei testimonium præsentes litteras sigillo regio quo utimur fecimus sigillari.

Actum Parisius, mense julio, anno Domini 1285.

*Scellé d'un grand sceau de cire blanche, auquel est gravée une couronne entourée de huit rosettes, avec cette inscription autour.* S. Philippi « Dei gratiâ Francorum regis, et habentium regimen regni. » *Et au contrescel un petit écu avec trois fleurs de lys.*

---

(1) Elles ont été confirmées par Philippe-le-Bel, à Paris, déc. 1271.

1285.

N°. 275. — ORDONNANCE *sur la maison du Roi et celle de la Reine.*

Vincennes, janvier 1285. (Du Cange, sur Joinville, P. 66, éd. 1819.)

N°. 276. — MANDEMENT *sur les guerres privées et infractions de la paix par les barons, les personnes privées, les agresseurs sur les grands chemins, indiquant les cas où il doit en être rendu compte au parlement par les sénéchaux.*

Paris, mercredi avant la fête de Saint-Luc (année inconnue). (C. L. I, 344, à la note.)

N°. 277. — LETTRES *par lesquelles le Roi déclare l'église de la Sainte-Chapelle exempte de la juridiction du métropolitain* (1).

Sans date. (Hén., Abr. chr.)

REMARQUES SUR CE RÈGNE.

Fondation de l'Université de Montpellier.

Le roi d'Angleterre, qui ne datait les chartes de la Guyenne que de l'année de son règne, est contraint à les dater du règne du Roi, attendu la qualité d'Édouard, qui était son vassal pour le duché d'Aquitaine. (Hén. Abr. chr.)

---

(1) Le Roi fit célébrer son mariage avec Marie dans la Sainte Chapelle, par l'archevêque de Rheims. L'archevêque de Sens lui fit des remontrances. Le Roi n'y eut point égard, et fit les lettres ci-dessus.

## PHILIPPE IV (LE BEL) (1).

Succède à son père le 5 octobre 1285. — Sacré à Reims le 6 janvier 1286. — Mort à Fontainebleau le 29 novembre 1314.

### N°. 278. — ARRÊT *du parlement en faveur des justices du duc d'Aquitaine.*

Parlement de la Pentecôte, 1286. (Mably, Obs. sur l'Hist. de Fr., liv. 4, c. 1, aux preuves.)

(EXTRAIT.)

Mandabitur senescallo regis Franciæ, quod gentibus regis Angliæ reddat curiam de subditis suis, in casibus non pertinentibus ad regem Franciæ (2).

### N°. 279. — CHARTE *portant concession aux habitans de Breteuil, de se gouverner par deux prud'honunes, élus et renouvelés chaque année.*

Paris, février 1286. (Coll. L. VIII, 24.)

### N°. 280. — SACRE *du Roi à 17 ans* (3).

1286. (Spicilège, tom. III, 49; Velly, VII, 3.)

### N°. 281. — LETTRES *enjoignant au sénéchal de Carcassonne d'empêcher les arrestations faites à la requête de l'inquisiteur pour cause d'hérésie, à moins qu'elle ne soit prouvée par l'aveu de l'inculpé, ou la clameur publique, appuyée du témoignage de personnes dignes de foi.*

Paris, 27 avril 1287. (Coll. L. XII, 326.)

*Philippus*, Dei gratiâ, Francorum rex, senescallo Carcassonæ, salutem :

---

(1) Il fut appelé faux monnayeur, parce qu'il est le premier de nos Rois qui ait altéré la monnaie. Le marc d'argent, qui, au commencement de ce règne, était à cinquante-cinq sous six deniers tournois, était à huit livres dix sous en 1305. Ce qui fut fait par le conseil de deux Florentins nommés Musichati et Bichi. (Hén. Abr. chr.)

(2) Cet arrêt prouve combien la nouvelle doctrine des *cas royaux* avait déjà fait de progrès. Il est évident que c'est la prérogative qu'affectèrent les barons, de connaître de certains délits privilégiés, dans les terres de leurs vassaux, qui fit imaginer, par les baillis du Roi, des *cas royaux*. (Mably. Obs. Hist. de Fr. p. du liv. 4. chap. 1.)

(3) Il n'y eut pas de régence.

Certiorati per aliquos fide dignos nuper in præsentiâ nostrâ constitutos, quod *inquisitores* Carcassonæ malè processerunt in officio inquisitionis eis commisso, eo quod innocentes puniant, incarcerent, et multa gravamina eis inferant et per quædam tormenta de novo exquisita, multas falsitates de personis legitimis vivis et mortuis fide dignis extorqueant, undè non modicum tota terra vestræ senescalliæ turbatur, scandalisatur et dissipatur, et interdum gravis infamia jactura maculatur; præsentibus vobis distinctè mandamus quatenus amodò aliquam personam ad requisitionem prædictorum inquisitorum non capiatis, nec capi faciatis, nisi esset hæreticus vel hæretica, et talem confiteretur se, vel esset fama publica quæ talis esset, approbata tamen per aliquas personas fide dignas, quorum consilio in captione talis vel talium procedere deberetis, habeat litteram cùm per inquisitores supradictos requisiti fueritis pro captione alicujus faciendâ mandatis et eis, aliter quàm vobis mandamus, minimè obediatis.

Datum Parisius, dominicâ tertiâ post Pascham, anno Domini 1287.

---

### N°. 282. — ORDONNANCE *sur les bourgeoisies* (1).

Au parlement de la Pentecôte, 1287; Pontoise, 1293; approuvée au parlement en 1295. (Coll. L. I, 314.)

#### SOMMAIRES.

(1) *Comment la bourgeoisie d'un lieu doit être demandée, et à qui il faut s'adresser pour la requérir.*

---

(1) Préface des Ord. du Louv., tom. XII; nouv. Rep., v°. *Bourgeois*, S 1. Elle se trouve en latin ensuite de la grande Ord. de 1302.

L'obligation imposée par cette Ord., de résider une partie de l'année dans le lieu de la bourgeoisie fit illusion aux seigneurs. Telle fut leur imprévoyance, qu'ils ne virent pas combien l'ord. elle-même renfermait de moyens d'éluder son exécution, et leur irritation se calma. C'est tout ce que voulait Philippe-le-Bel. Bientôt les abus reparurent, et la France se couvrit de bourgeois du Roi, et par conséquent d'hommes justiciables des seuls officiers royaux, *de corps et de meubles*; c.-à-d., pour crimes et en matières personnelles. (Henrion de Pansey, Aut. Jud., v. 40. V. aussi la p. 38.)

Six ans après, Philippe-le-Bel fit examiner ce règlement par son conseil, ordonna qu'il aurait force de loi dans tout le royaume, et fit apposer au bas la formule suivante : « *Dominus Rex, anno 1293, apud Pontisarum, cum majori et saniori parte sui consilii voluit et præcepit quod dicta ordinatio per totum regnum observetur.* »

« Il manquait à cette ord. la formalité de l'enregist. 2 ans après, cette formalité fut remplie dans les termes qui suivent : *Anno 1295, præsentibus duce Burgundiæ comite sancti Pauli, constabulario, episcopis, Trecensi et Dolensi, fuit recitata prædicta ordinatio et approbata in par-*

# PHILIPPE IV.

(2) *Nul ne sera reputé bourgeois, à moins que les choses ici prescrites n'aient été observées, et que l'aveu de bourgeoisie n'ait été notifié au seigneur du lieu que l'on quitte.*

(3) *Le bourgeois ainsi reçu et avoué, s'il a femme il doit, ou sa femme, demeurer continuellement en la bourgeoisie, depuis la veille de la Saint-Jean jusques à la Toussaint, s'il n'y a maladie, etc.*

(4) *Chaque bourgeois et sa femme peuvent aller ensemble où il leur plait pour leur moisson, fenaison, et leurs vendanges, etc., depuis la Saint-Jean jusques à la Toussaint.*

(5) *Celui qui n'a point de femme, ou celle qui n'a pas de mari, doit avoir des domestiques qui résident en la bourgeoisie, depuis la veille de la Toussaint jusques à la veille de la Saint-Jean.*

(6) *Celui qui se retirera de la bourgeoisie payera la taille à laquelle il y aura été imposé.*

(7) *Le bourgeois et la bourgeoise seront justiciables de corps et de meubles du seigneur auquel ils auront fait nouvel aveu.*

(8) *Quant aux héritages, les bourgeois et les bourgeoises seront justiciables des seigneurs où les héritages sont situés.*

(9) *Cette ordonnance ne donnera aucune atteinte aux chartes accordées par les Rois, et n'empêchera pas que les seigneurs ne puissent suivre leurs serfs dans les lieux de franchise.*

(10) *La présente ordonnance sera lue et publiée en la première assise, en la manière accoutumée.*

---

C'est l'ordonance faite par la cour de nostre seigneur le Roy et de son commandement, seur la maniere de faire et tenir les bourgeoisies de son reaume, pour oster les fraudes et les malices, qui se faisoient par achoison (1) d'icelles bourgeoisies, dont si subgiet estoient durement grevé, et durement plaignant.

*Premièrement*, il est ordonné que se aucun veut entrer en aucune bourgeoisie, il doit aller au lieu dont il requiert estre bourgeois, et doit venir au prevot del lieu, ou à son lieutenant, ou al majeur des lieux qui reçoivent bourgeoisies sans

---

» *lamento omnium sanctorum, præsente toto parlamento.* ( M. Henrion, Ant. Jud. 58. )

*Approbata*: suppose une délibération et par conséquent le droit de faire des remontrances sur les dispositions de la loi. ( Henrion, Ant. Jud., p. 57.)

(1) Occasion. (Laur.)

prevost, et dire en tele maniere. Sires je vous requiert la bourgeoisie de cette ville et sui apparellez de faire ce que j'en doi faire. Adonc li prevost, ou le maires, si come dessus est devisé, ou leur lieutenanz en la presence de deux, ou de trois bourgeois de la ville recevra seurté de l'entrée de la bourgeoisie, et qu'il fera ou achetera, pour raison de la bourgeoisie, maison dedenz an et jour, de la value de soixante sols parisis au moins. Et ce fait et registré, li prevost, ou li maires li doit baillier un serjant pour aler o li (1) au seigneur dessoubs cui il iert partiz, ou à son lieutenanz pour faire li à savoir, qu'il est entré en la bourgeoisie de tel vile, à tel jour, et en tel an, si comme il est contenu en la lettre de la bourgeoisie, en laquelle seent contenu le nom des bourgeois qui furent present, quand il entra en la bourgeoisie desus dite.

(2) Et est ordené que il ne sera tenuz ne deffenduz comme bourgeois, devant ce que les choses dessus dites, seent faites, et seurté donnée de accomplir, si comme il est dessus devisé, et avoez comme bourgeois devant le seigneur dessous cui il sera partiz.

(3) *Item.* Il est ordené que chascun bourgeois ensi receuz et avoez comme dessus est dit, en quelquonques tans que ce soit, devant la saint Jehan, ou aprés, ou devant la Toussainz ou aprés, il doit continuer sa bourgeoisie en cette fourme; c'est à savoir, que se il a femme espousé, il, ou sa femme doit continuelment tenir leur bourgeoisie au lieu, de la veille de la Toussainz jusques à la veille de la saint Jean, se ce n'estoit par cas de maladie apperte de lour corps, ou de sa feme, ou de ses amis charnex prochains, ou de mariage, ou de pelerinage, ou de cas semblanz, sans fraude, par ensi encor qu'il ne demoureit, aprés le departement del lieu de sa bourgeoisie, outre trois jours, ou quatre au plus, l'empeschement cessant sans fraude.

(4) Mais il est à savoir que chascuns bourgeois et sa femme peent aller ensemble ou par partie, là où leur plaist pour leurs moissons, fenoisons, vendanges, et pour leurs autres besoignes faire, dés la veille de la saint Jehan, jusques à la veille de la Toussaint sans plus. Et toutesvoés li maris et la femme doivent estre au lieu de leur borgeoisie amedeux (2) ensemble, à toutes les feites annex, se il sont ou païs.

---

(1) Avec lui. (Laur.)
(2) Pour ambedeux, c'est-à-dire, l'un et l'autre. (Laur.)

(5) *Item.* Il est à savoir que cil qui n'a femme, ou celle qui n'a mari, qui voudra entrer en bourgeoisie en la maniere dessus dite, doit avoir continuelement au lieu de sa bourgeoisie propre vallet, ou baissel le (1) demorant au lieu, dès la veille de la Toussainz, jusques a la veille de la saint Jehan, et ensi faisant il pourra aller toute l'anné, là où il li plaira pour ses besoignes faire, en maniere toutesvoes qu'il soit en propre personne au lieu de sa bourgeoisie à toutes les festes annex, se il sont ou païs.

(6) *Item.* Il est ordené que se aucuns, ou aucune receus à la bourgeoisie, ou à recevoir en la fourme dessus dite, s'estoit partis, ou partoit de cy en avant, d'aucun lieu, ou d'aucune commune, il payera les tailles, les frez de la ville, de tant come il fut tailliez, ou gité sus li, avant ce qu'il fut reçuz et avoez comme bourgeois à l'autre ville, dont il aura requis la bourgeoisie, ou la partie de duite, pour yssüe de ville, et d'autre part il payera aussi toutes les tailles, les jurées, et les frais de la ville, où il sera reçûs bourgeois, ou a esté, dès le jour en avant qu'il fut, ou aura esté reçuz à la bourgeoisie, jusques à tant qu'il se departe publiquement de la bourgeoisie. Et est ordené que nuls bourgeois, ne nul bourgeoise ne sera reçuz à nulle bourgeoisie, ou gardez ne deffenduz, tandis comme la premiere à laquelle, il aura esté reçuz et avoez duira.

(7) *Item.* Il est ordené que sires desous cui tele maniere de bourgeois, ou de bourgeoises se partiront pour entrer en bourgeoisie, si com dessus est dit, aura la connoissance et l'execution de toutes les querelles mües contre luy, et pour achoison de li; et de tous les meffaits avenus trois mois avant ce qu'il fut reçuz comme bourgeois, et avoez, si com dessus est dit; c'est à sçavoir des querelles ou meffaiz qui seront notoires, ou connus, ou que li sires pourra prover par tesmoins souffisans devant la justice de la bourgeoisie dedens trois mois aprés ce qu'il sera reçeuz et avoez comme bourgeois, ou bourgeoise.

(8) *Item.* Il est ordonné que nuls bourgeois, ne nulle bourgeoise ne sera deffenduz, ne soustenuz contre ce qu'il ne facent droit de lours heritages, et prengnent droit par les segneurs sous cui il ont leurs heritages, et le moismes des detes que leur subgiet doivent ou deveront à des bourgeois et bourgeoises.

---

(1) C'est la famille et les domestiques. (Laur.)

(9) *Item.* Il est à sçavoir que par c'est ordenement, li Rois nostre sire, ne son conseil, n'entendent de riens à changier, ne müer les privileges, ne les poins des chartres que il et si ancesseur ont donné, dont l'en a bonnement usé sanz malice et sans fraude. Ne n'est aussi sa intentions que si subgiet ne puissent poursuivre à retraire de bourgeoisie leur homes de cors, ou d'autre condition en la maniere que len accoustumé.

(10) Et sera publiée cette ordenance en chacune baillie en la premiere assise qui sera, et sera dit en tel maniere que ceux qui voudront jouïr desdites bourgeoisies viegnent dedens un mois du temps puis ce publiement, pour renouveller leurs bourgeoisies, en la maniere qui est dessus dite, et se il ne viennent dedens ce terme, il ne seront pas deffendu de cette bourgeoisie.

Et entend la cour que cete ordenance soit tenüe non contraitant, saisine ne usaige contraire se il ne sont par point de chartre, ou privilege, dont il ayent bien usé.

Cette ordenance fut faite au parlement de la Pentecoste l'an 1287.

*Après cette ordonnance, on lit ce qui suit dans le Trésor des chartes:*

Verum cum pro modo placuisset D. Regi, quod aliquibus de causis, hujusmodi ordinatio de burgesiis, in villis sitis in marchiis, sive in finibus regni sui, à parte imperii Allemanni, minime servaretur.

Demum dominus Rex, anno Domini 1293, circa Ascensionem Domini, apud Pontisaram, cum majori et saniore parte sui consilii, voluit et precepit, quod dicta ordinatio de burgesiis per totum regnum suum, tam in finibus, quàm alibi generaliter observaretur.

Item, Anno 1295, presentibus duce Burgundie, comite sancti Pauli constabulario; episcopis Tornacensis, Dolensi, et P..... Flote...... recitata fuit predicta ordinatio et approbata. Et fuit additum quod nulla fieret r...... in Campania. In parlamento omnium sanctorum, præsente toto parlamento.

N°. 283. — ORDONNANCE (1) *du conseil, portant que les justices temporelles seront exercées par des laïcs.*

Au parlement de la Toussaint, 1287. ( Coll. L. I, 316.)

Ordinatum fuit, per consilium domini Regis.

(1) Quod duces, comites, barones, archiepiscopi, et episcopi, abbates, capitula, collegia, milites, et generaliter omnes, in regno Franciæ temporalem jurisdictionem habentes, ad exercendam dictam temporalem jurisdictionem ballivium, præpositum, et servientes laïcos, et nullatenus clericos instituant, ut, si ibi delinquant, superiores sui possint animadvertere in eosdem.

Et si aliqui clerici sint in prædictis officiis, amoveantur.

(2) Item, ordinatum fuit quod omnes causam habentes, et habituri, post præsens parlamentum in curiâ domini Regis, et coram secularibus judicibus regni Franciæ constituant procuratores laïcos.

Capitula tamen poterunt facere procuratores de suis concanonicis, et similiter abbates et conventus, de suis (2) monachis. Hæc ordinatio registrata est inter judicia, consilia, et arresta (3) expedita in parlamento omnium sanctorum, anno Domini 1287.

---

(1) C'est mal à propos qu'on a regardé cette ord., comme la loi de création des baillis. Il n'y eut point de loi qui ordonna de créer des baillis, ce ne fut pas par une loi qu'ils eurent le droit de juger ; ce ne fut pas non plus une loi qui défendit aux seigneurs de tenir eux-mêmes leur cour ; ce ne fut point une loi qui abolit les fonctions que leurs pairs y avaient. Tout cela se fit peu à peu et par la force de la chose. La connaissance du droit romain, des arrêts des cours, des corps de coutumes nouvellement écrites, demandaient une étude dont les nobles et le peuple sans lettres n'étaient point capables.

Il ne faut donc voir dans cette ord., que ce qu'elle dit:

De plus, elle fixe ce qu'elle prescrit par les raisons qu'elle en donne : « C'est afin, est-il dit que les baillis puissent être punis de leurs prévarications qu'il faut qu'ils soient pris dans l'ordre des laïcs ». On sait les priviléges des ecclésiastiques dans ces temps-là.

Il ne faut pas croire que les droits dont les seigneurs jouissaient autrefois, et dont ils ne jouissent plus aujourd'hui, leur aient été ôtés comme des usurpations: plusieurs de ces droits ont été perdus par négligence, et d'autres ont été abandonnés parce que divers changemens s'étant introduits dans le cours de plusieurs siècles, ils ne pouvaient subsister avec ces changemens. ( Esprit des lois XXVIII, 45. )

(2) Il fut ensuite jugé que les clercs ne pourraient être ni maires, ni échevins. (Reg. Olim 6, 1828, p. 79.)

(3) « On appelait *arresta*, arrêts, les jugemens rendus par la grande chambre sur les plaidoiries des avocats. Leur formule était : *Quibus rationibus utriusque partis hinc indè auditis, dictum fuit per arrestum curiæ*, etc. On appelait jugemens, *judicia*, ceux qui étaient rendus sur

N°. 284. — LETTRES *portant qu'à Paris, les propriétaires de maisons grevées de cens et de rentes, qui, après sommation, n'en auront pas payé les arrérages, ou mis les maisons en tel état que les arrérages puissent y être perçus, en seront dépossédés au profit du créancier, après un laps de trois années.*

Paris, mars 1287. ( Coll. L. I, 387; XII, 327. )

*Philippus*, Dei gratiâ, Francorum rex :
Noverint universi presentes pariter et futuri, quod cùm cives nostri parisienses supplicassent nobis, quòd nos ordinaremus et statueremus certum terminum, infra quem illi quibus debentur incrementa censuum vel redditus, possint assignare ad domos et possessiones ac eorum pertinentias suas Parisiis vel ejus pertinenciis, de quibus eisdem civibus debentur incrementa censuum et redditus de eisdem, quando domus vel possessiones hujus modi sunt vacuæ, et ad hoc redactæ quod non possunt ipsi cives ibi percipere census vel redditus suos, aut possessores earumdem domorum, vel possessionum sunt deficientes in solvendo census et redditus earumdem, dicendo quod plures domus corruerant, et ruina deterioratæ erant in villa Parisiensi et ejus pertinenciis, et loca remanserant vacua, et plures possessiones inaues erant et vacuæ, quod non essent, si illi quibus census vel redditus de eisdem debentur, possent ad domos vel possessiones proprias assignare : nos ipsorum civium indemnitati, et totius villæ Parisiensis, quæ ex hoc deformabatur immundiciis et ruinis, commoditati providere volentes, pensatâ etiam circà hoc publicâ utilitate.

*Ordinamus et statuimus* quod illi, seu aliquis eorum, qui-

---

les procès par écrit, et sur les enquêtes faites par l'un des juges, commis à cet effet, qui en faisait son rapport à la chambre. Leur formule était : *Visâ, inquestâ et diligenter inspectâ*, etc., pronuntiatum fuit per curiæ judicum. On nommait *concilia* les jugemens par lesquels on donnait aux parties des délais pour instruire les procès et consulter leurs avocats. Leur formule était : *Dies consilii assignata est tali, super tali lite, ad alium parlamentum proximum*. Enfin, il y avait une quatrième espèce de jugemens, par lesquels la cour enjoignait aux baillis, sénéchaux, et autres juges inférieurs de faire telle enquête, de se conformer aux ordonnances, et en général aux ordres qui leur étaient adressés, ces jugemens s'appelaient *mandata*. Leur formule était : *Injunctum est baillivo tali*, etc. Les arrêts de réglemens que les cours de parlement étaient en usage de faire sous le bon plaisir du Roi avaient pris leur origine dans ces jugemens appelés *mandata*, et ceux nommés *concilia* avaient donné naissance à la formule des appointemens au conseil à écrire et produire. » ( M. Henrion, Aut. Jud. 56. ) V. Du Cange sur Joinv., p. 64 et 65, édit. 1819.

bus census vel redditus hujus modi debentur per tres annos continuos, et quolibet illorum trium annorum ter in anno, scilicet in crastino omnium sanctorum, in octavis Nativitatis Domini, et in octavis Pentecostes, citabuntur, vel ad judicium vocabuntur, ad locum et in loco ubi census vel redditus debebuntur, in cujuscunque dominio vel treffundo existant illi vel illæ qui domos vel possessiones hujus modi possidebunt, coram præposito nostro parisiensi, et in præsentia fide dignorum, et in castelleto; et ibi monebunt eosdem quòd solvant arreragia, vel ponant illas domos seu possessiones in tali statu quod illi quibus census debentur vel redditus possint ibi capere pro censu suo et redditu et pro arreragiis; et fient citationes per quadraginta dies ante diem litis, et erit citatio sufficiens quæ fiet ad locum, vel in loco ubi census vel redditus debebuntur, et in castelleto; et si citati non veniant, vel mittant sufficienter, quamquam sint absentes, vel extra patriam, noster præpositus parisiensis reputabit ipsos contumaces, et super contumaciâ illâ vel contumaciis aut super monitione, vel monitionibus, dabit litteram suam sigillo præpositurae parisiensis sigillatam, in quâ continebitur major pars illorum qui erant presentes in monitione prædictâ et nocebit eis contumacia vel contumaciæ, eo modo quo noceret monitio si facta esset coram præposito nostro parisiensi, et in præsentiâ eorumdem. et monitionibus sic factis, vel contumaciis habitis modo prædicto, si possessores vel proprietarii dictarum domorum, et possessionum aut dictorum locorum non solverint arreragia dictorum censuum et redditum, vel posuerint easdem domos vel possessiones in tali statu quod censuarii possint ibidem capere pro arreragiis censuum et redditum prædictorum incontinenti prædictis tribus annis elapsis amittent sibi totum jus competens ibidem aut competiturum; nec ex tunc poterunt ibidem, ratione præteritorum, jus aliquod reclamare, et nihilominus illi quibus census debebuntur vel redditus, poterunt exigere et petere ab illis qui fuerunt proprietarii, arreragia suorum reddituum et censuum, eo modo quo exigere alias consueverunt.

*Item*, prædictis tribus annis elapsis modo prædicto, si prædictæ domus et possessiones oneratæ sint pluribus censibus et redditibus, et diversis personis, et ille qui habebit ultimum censum vel redditum, non assignet ibi infra unum annum sequendo finem tertii anni ultimi, et ponat domum in statu quod censuarii possint ibi capere pro censu vel redditu suo. Ipse amitet totum jus quod habebit, et tunc poterit secundus censuarius ad dictam domum vel possessionem, sicut ad suam assignare, nec ex tunc ultimus censuarius poterit aliquid ibi reclamare. Et si secundus censuarius non posuerit ipsam domum vel possessionem infra annum sequentem in tali statu quod alii censuarii possint ibi capere censum et redditum eorumdem modo prædicto, amittet totum jus quod ibi habebit: et sic de omnibus aliis per ordinem; et nihilominùs censuarii poterunt sequi unus alterum ut proprietarium, eo modo quo aliàs est facere consuetum.

Quæ ut robur perpetuæ stabilitatis obtineant, præsentem pagiam sigilli nostri munimine, salvo in aliis jure nostro, et jure quolibet alieno fecimus roborari.

Actum Parisius, A. D. 1287, mense martio.

---

N°. 285. — CONCILE *de Vursbourg, qui ordonne aux ecclésiastiques de garder de la modestie dans leurs habits, leur défend de fréquenter les cabarets, de jouter aux tournois, et d'entretenir publiquement des concubines.*

1287. ( Conc. tom. XI, p. 1319, 1332, 1426. )

---

N°. 286. — ORDONNANCE *portant défense d'incarcérer les juifs sur la réquisition d'aucun religieux sans information du sénéchal ou du bailli.*

Au parlement de la Pentecôte, 1288. ( Coll. L. I, 3:7. )

Extrait du Valesiana. ( Bibl. Univ., tom. 25, p. 523, 524. )

---

N°. 287. — ORDONNANCE *touchant les monnaies.*

Paris, août, 1289. ( Coll. L. XI, 365. )

( EXTRAIT. )

Nous voullons et commandons que vous mettez et establissiez en chacune bonne ville, deux ou trois prudes homes qui se preignent garde des amendes et des monnoyes forfaites, et que les ordenances soient bien tenues et gardées, et qui il soient par leur serment establiz; et nous commandons et mandons que vous contrainguiez les barons et les prélats de vos seneschaucies et de vos baillies qui ont justice de monnoyes en leurs terres, à ce tenir et garder fermement par la prise de leurs choses, se ainsi estoit qu'ils en fussent négligens ou désobéissans; et vous mandons et commandons sur poine de vos cors et de vos avoirs et de perdre vos offices, et de rendre et de paier tous les couts et les domages que nous i pourrions avoir par vos négligences, ou par vos défautes, que vous les d. ordenances, et toutes les choses dessus dites faciez tenir, et garder fermement et entérinement en vos seneschauciez, baillies et prevostés, et autres joustices, sans enfreindre et sans nulle corruption en la fourme et en la maniere dessus dite.

N°. 288. — ORDONNANCE *portant entr'autres choses, que les officiers nommés* Poursuivant-le-Roi (1), *seront logés et nourris aux dépens du Roi.*

1289. ( Ducange, sur Joinv.. p. 66, éd. 1819. )

N°. 289. — TRAITÉ *par lequel, de l'avis de gens de bien et seigneurs,* Philippe-le-Bel, *cède diverses terres et droits au Roi d'Angleterre, comme duc d'Aquitaine, et lui accorde le privilège d'exemption de confiscation, par jugement injuste, faux, mauvais, ou par deni de justice, et autres droits.*

1289. ( Rymer III, 14 et 15. )

(1) C'étaient deux officiers à la suite de la cour, pris dans la chambre des requêtes. L'un d'eux était clerc, l'autre lay; ils étaient obligés de se trouver et de seoir chacun jour, aux heures accoutumées, en un lieu commun, pour ouïr les requêtes, qui leur étaient adressées. Ils faisaient serment de ne passer aucunes lettres qui fussent contraires aux ordonnances, et de ne délivrer ni passer aucunes des requêtes, dont la connaissance devait appartenir au parlement, à la chambre des comptes, ou au trésor; mais de les renvoyer à ces justices, suivant la nature et le sujet de ces requêtes. Ils étaient encore obligés de donner avis au Roi des requêtes d'importance avant que de les juger, comme de récompenses de service, de restitutions, de dommages, de grâces, et de dire contre arrêts rendus en parlement. (Ducange, sur Joinv. p. 66, éd. 1819.)

N°. 290. — ORDONNANCE *portant désignation des places fortes, dont les commandans seront appointés par le Roi.*

Senlis, le jour de l'Assomption, (15 août), 1290. (Coll. L. I. 366.)

N°. 291. — ORDONNANCE *qui expulse les Juifs venus d'Angleterre et de Gascogne.*

Au Parlement de la Chandeleur, 1290. (C. L. I., 317.)

N°. 292. — LETTRES *sur les priviléges et la juridiction ecclésiastiques.*

1290. (Coll. L. I, 318.)

### SOMMAIRES.

(1) Les colléges et les ecclésiastiques pourront plaider par procureurs, tant en demandant qu'en défendant, pourvu qu'ils comparaissent en personne au commencement des causes, où leur présence sera nécessaire, etc.

(2) Les biens meubles des personnes ecclésiastiques vivant cléricalement ne seront pas justiciables des cours séculières.

(3) Les causes ordinaires des prélats ne seront portées qu'au parlement, et ils ne seront pas contraints de plaider dans les autres juridictions royales. Les appellations des jugemens rendus dans leurs cours séculières, seront portées devant le Roi. Et les baillis et sénéchaux ne pourront interposer leur autorité que dans les cas de violence, et où le retardement serait préjudiciable à une des parties.

(4) Les meubles des personnes ecclésiastiques ne pourront être saisis, ou arrêtés sans un mandement exprès du Roi, ou à moins que le cas requierre célérité.

(5) Lorsque les meubles des personnes ecclésiastiques, savoir, des archevêques et des évêques, auront été saisis dans les cas marqués ci-dessus, ils ne pourront être détruits ou dissipés. Et s'il y a quelque dommage, le Roi le fera réparer à leur affirmation, ou lorsqu'ils le prouveront légitimement.

(6) Lorsque les biens des ecclésiastiques seront saisis, on n'établira pour commissaire dans chaque château, ou chaque manoir qu'un seul sergent qui vivra à ses dépens, etc.

(7) Les prélats empêcheront que les clercs vivant cléricalement ne soient imposés à la taille. Quant aux clercs qui feront négoce, ils la paieront, et y seront contraints par les officiers du Roi.

(8) Les prélats pourront connaître des testamens, des legs pieux et des douaires.

(9) Les prélats pourront arrêter les personnes ecclésiastiques, qui commettront quelque délit dans leur diocèse, et arrêter aussi leurs biens immeubles.

(10) Les prélats et les personnes ecclésiastiques ne payeront aucune finance pour les biens qu'ils ont acquis au nom de leurs églises, et ils ne seront pas contraints de les mettre hors de leurs mains.

(11) Les nouvelles avoueries faites au Roi par les vassaux, et les tenanciers des églises seront mises au néant.

(12) Les baillis et les sergens royaux ne pourront demeurer dans les terres des prélats et des églises, pour y exercer leurs offices, etc.

(13) Les juges forains, nommés vicomtes d'échiquier, seront supprimés, et il n'y en aura plus à l'avenir, etc.

(14) Les juges des lieux ne connaîtront pas des dîmes non inféodées, soit au pétitoire, ou au possessoire, et particulièrement entre des personnes ecclésiastiques, etc.

(15) Les personnes ecclésiastiques, quand même elles seraient obligées par lettres passées pardevant les juges royaux ne pourront être contraints de plaider en cour séculière.

---

*Philippus*, Dei gratiâ, Francorum Rex, universis præsentes literas inspecturis, salutem.

(1) Notum facimus quod prælatorum regni nostri supplicationibus annuentes, eisdem, ac etiam suis collegiis et personis ecclesiasticis duximus concedendum, ut in causis, tam agendo (1) quam defendendo per procuratorem admittantur, dum tamen in principio causæ eorum præsentiam requirentis, existant in arduis vero causis personaliter litigabunt, sicut existit consuetum.

(2) *Item*, quod bona mobilia personarum ecclesiasticarum et clericorum clericaliter viventium, capi, vel justiciari non possent in aliquo casu per justitiam secularem.

(3) *Item*, quod causæ ordinariæ prælatorum in parlamentis tantummodo agitentur, nec in aliis curiis, nostris litigare cogantur inviti. Nec ab eorum curiis secularibus ad seneschallos, aut baillivos nostros, nec nisi ad nos tantummodo liceat appellare. In violentiis siquidem et in casibus quibus dilatio nobis et parti periculosa existeret, seneschalli intromittere se poterunt ac baillivi.

(4) *Item*, quod bona eorum mobilia sine nostro speciali

---

(1) Ceci est pris en partie des anciennes lois romaines, suivant lesquelles on ne pouvait agir par procureur qu'en trois cas. *Pro populo*, *pro libertate*, *pro tutela*. (Laur.)

mandato, capi vel arrestari non possint, nisi casus, absque periculo dilationem expectare non possint.

(5) *Item*, quod in casu ubi licite bona ipsorum capi contingeret, ea consumi, vel destrui non liceat, aut expendi. Quod si fiat, id ante omnia faciemus emendari. Jurabunt tamen de scientiâ damni excepti, vel debiti (1) probatione probabunt, prælatos si quidem, archiepiscopos et episcopos intelligimus.

(6) *Item*. Quod in casu, ubi bona personarum ecclesiasticarum licite saisientur, vel capientur, unus tantummodo serviens in castro uno, vel manerio, sive loco, ponatur, qui de stipendiis suis vivet. Serviens autem eques pro victu duobus dantaxat solidis monetæ currentis, et serviens pedes duodecim denariis dictæ similiter monetæ tantummodo sint contenti.

(7) *Item*. Quod dicti prælati clericos viventes (2) clericaliter non impediantur a talliis. Clerici vero mercatores et mechanici consuetas solvent tallias, et per nos ad hoc compellentur.

(8) *Item*. Quod non impediantur dicti prælati de testamentis, legatis vel fidei-commissis, dotibus aut dotalitiis cognoscere. Verumtamen in quantum testamentum, legatum vel fidei-commissum, realem tangat actionem, vel hereditatis petitionem, vel si dos aut dotalitium ad personale servitium teneatur, cognitio hujus ad secularem dominum pertinebit.

(9) *Item*. Quod non impediantur dicti prælati, personas ecclesiasticas et eorum bona mobilia, cum armis moderate, vel sine armis capere delinquentes in civitatibus et diocesibus eorumdem.

(10) *Item*. De gratiâ speciali concedimus dictis prælatis et ecclesiis suis, collegiis et personis ecclesiasticis, quod de acquisitis suis factis nomine ecclesiarum, temporibus retroactis, præstare financias, vel extra manum suam ponere nullatenus compellantur.

(11) *Item*. Quod annotationes (3) et recognitiones novæ, quæ ab ecclesiarum subditis nobis fiunt, nullatenus admittantur, et jam de novo factæ revocentur omnino.

(12) *Item*. Quod servientes et baillivi nostri non maneant in jurisdictionibus prælatorum, officium exercendo, nec in

---

(1) Lisez *debitâ*. (Laur.)
(2) Il manque ensuite quelques mots. (Laur.)
(3) Lisez *advocationes*. V. l'Ord. de 1272, sur les nouvelles avoueries. (L.)

terris ecclesiarum teneantur assisiæ, nisi ab antiquo fuerit consuetum.

(13) *Item.* Quod judices foranei, qui vocantur vicecomites scacariorum, amoveantur, nec deinceps ponantur ibidem. Et quod prætextu alicujus gardæ nostræ antiquæ, in personis ecclesiasticis non impediatur aliqua jurisdictio prælatorum.

(14) *Item.* Quod de cognitione decimarum non feodalium in petitorio, vel possessorio, præsertim inter personas ecclesiasticas ministri loci se nullatenus intromittant. Et si tamen, cum duæ partes ecclesiasticæ contendunt se quamlibet earum possidere, fructus ponantur in manu nostrâ, ne partes ad arma venire contingat, hujusmodi possessionem in manu ordinarii loci ponant, qui jus faciat inter partes, dummodo sequestratio hujusmodi de partium litigantium consensu et voluntate procedat.

(15) *Item.* Quod ecclesiasticæ personæ non compellantur in foro seculari, super actionibus personalibus litigare quamquam per nostras, aut ministrorum. Literas fuerint obligatæ.

In cujus rei testimonium, etc.

---

N°. 293. — ORDONNANCE *rendue en parlement portant que les templiers hospitaliers, et autres religieux qui n'auront pas l'habit, et ne se rendront pas aux règles de l'ordre, ne jouiront pas des privilèges y attachés.*

Paris, 1290. ( Coll. L. I, 541. )

---

N°. 294. — RÈGLEMENT *pour l'échiquier* (1).

1290. ( Hén. Abr. chr. )

---

N°. 295. — ORDONNANCE *sur le parlement* (2).

Paris, au parlement d'après la Toussaint, 1291. ( Coll. L. I, 240. )

SOMMAIRES.

(1) *Il y aura chaque jour pendant le parlement, trois personnes du conseil du Roi pour entendre les requêtes, lesquelles*

---

(1) Ancienne juridiction des ducs de Normandie. Depuis la réunion de cette province à la couronne, le Roi y envoyait des gens du parlement, qui finirent par juger sans appel. ( Hén, Abr. chr. )

(2) Sur le parlement, considéré dans ses rapports avec l'administration publique, et comme cour des pairs. V. Le président Henrion, Autor., Jud.; 68 et

personnes ne seront pas du nombre des baillis, etc.

(2) Il y aura toutes les semaines, le vendredi, le samedi et le dimanche, et autres jours, s'il est à propos, quatre ou cinq personnes du conseil, pour expédier les requêtes et les causes des pays de droit écrit.

(3) Pour entendre et décider les requêtes, il y aura quatre personnes du conseil, qui ne seront pas baillis, lesquelles s'assembleront chaque semaine, le lundi et le mardi, et d'autres aussi au nombre de quatre, le mercredi et le jeudi. Et s'il y en a qui ne puissent venir, il suffira qu'il y en ait deux, ou trois.

(4) Ceux qui seront commis pour voir les enquêtes les liront exactement chez eux, et les rapporteront fidèlement, et ils ne viendront en la chambre des plaits que quand ils y seront mandés.

(5) S'il y a quelqu'un du conseil qui soit parent de l'une des parties qui plaident, ou son pensionnaire, ou son vassal, il sera obligé de se retirer dès que l'on parlera de l'affaire, sous peine de parjure.

(6) Les sénéchaux, les baillis, les vicomtes, les prévôts et leurs clercs, se retireront lorsque l'on jugera, à moins qu'ils ne soient du conseil. Et quand ils seraient du conseil, s'il y a plainte contre quelqu'un d'eux, après qu'il aura répondu à la plainte, il se retirera.

(7) Les sénéchaux, les baillis seront payés de leurs gages, à raison des journées qu'ils auront employées à aller et venir dans leurs baillies, aux comptes, et à aller et venir aux parlemens, où ils resteront tant que le temps de leur baillie durera, ou tant qu'ils y seront retenus.

(8) Les sénéchaux et les baillis feront serment à leur arrivée, et toutes les fois qu'ils seront envoyés d'un baillage en un autre, suivant l'ordonnance de S. Louis.

(9) Les prévôts et les vicomtes feront serment entre les mains des baillis, et les maîtres des forêts, les gruyers et les forestiers entre les mains de leurs supérieurs.

(10) Les sénéchaux, les baillis et tous les officiers royaux à qui les lettres du Roi seront adressées, les exécuteront ponctuellement. Et s'ils ont des raisons pour ne les pas exécuter, ils les donneront par écrit à l'impétrant, etc.

(11) Les avocats feront le serment prescrit par l'ordonnance de Philippe-le-Hardi, et ils le renouvelleront tous les ans. Ils ne diront pas dans leurs plaidoiries des choses inutiles, ni des injures aux parties adverses, etc.

---

suiv.; nouv. rep., v°. plaidoyer et v°. enquêtes; Ducange sur Joinv., p. 72, éd. 1819.)

Cette ordonnance prouve que, dans son origine, le parlement fut un démembrement du conseil d'état; telle était l'opinion de Bodin. répub. IX. 4; de Pasquier, II. 6, et de Loiseau, des Off. I, 3, n. 86 et 87; de M. Henrion, Ant. Jud. 59.)

(1) Pro celeri et utili parlamentorum nostrorum Paris. expeditione, sic duximus ordinandum;

Videlicet per totum parlamentum pro requestis audiendis quâlibet die sedeant tres persone de consilio nostro, non baillivi, et ad hoc deputamus ad presens magistros *Joannem Dentis*, *Guillelmum de Karitate*, et *Stephanum* de pedagio militem, et ad istud officium deputamus notarium magistrum *Richerium*.

(2) *Item*. Pro causis et requestis senescalliarum et earum partium, que jure scripto reguntur audiendis et expediendis, sedeant diebus Veneris, sabbati et dominicâ et aliis diebus quibus viderint expedire quâlibet septimanâ, quatuor vel quinque persone de consilio, et ad istud officium deputamus ad presens cantorem baiocensem, magistros *Joannem de feritate*, *Egidium Camelini* et magistrum *Gauffridum* de villâ Braini, et ad hoc deputamus in notarium decanum de *Gerberie*.

(3) *Item*. Pro audiendis et decidendis inquestis, sedeant quatuor persone de consilio, non bailivi, videlicet qualibet septimanâ diebus Lune et Martis, decanus turonensis, archidiaconus xantonensis, castellanus Nigelle et *Robertus de Resignies* miles. Diebus vero Mercurii et Jovis in eisdem inquestis sedeant decanus senonensis, archidiaconus aurelianensis, *Anselmus* dominus de *Hellecourt*, et *Matheus de Triâ* milites. Quod si omnes predicti forsitan propter impedimentum aliquotiens in predictis interesse non possent, secundum quod de ipsis supra ordinavimus, duo vel tres ex eis secundum ordinationem predictam sufficient, pro expediendis premissis.

(4) *Item*. Precipimus quod omnes inspectores inquestarum diligenter inspiciant in domibus suis inquestas sibi traditas a curiâ, et eas diligenter et fideliter referant, et ad cameram placitorum non veniant, nisi mandetur pro eis, ut amplius et curiosius vacent in videndis inquestis.

(5) *Item*. Si sit de consilio presens aliquis sanguineus, germanus, vel propinquior, aut affinis alterius partis litigantium, in gradu supradicto, vel pensionarius, aut vestes ejus recipiens, vel tenens feodum ad vitam, seu redditum ab alterutraque parte litigante, de dono suo irrequisitus recedat statim, cum tractabitur de eorum judicio faciendo, advertens sub penâ perjurii ne ipse circa hoc aliquam fraudem committat (pro remanendo in judiciis talium faciendis, contra tenorem et intentionem ordinationis predicte).

(6) *Item.* Senescalli et baillivi, prepositi, vicecomites et eorum clerici in arrestis et judiciis faciendis, non remaneant, sed irrequisiti recedant, nisi sint de consilio. Quin etiam si de consilio fuerint et deferatur querela de ipsis, audita responsione illius de quo defertur, querimonia, ipse statim, cum tractabitur de arresto super hoc faciendo, irrequisitus recedat, et quamquam sit de consilio, non intersit in ejusmodi arresto faciendo.

(7) *Item.* Senescalli et baillivi recipiant vadia sua per dietas (1), quibus ipsi erunt in bailliviis suis, eundo et redeundo ad compotos, et ad parlamenta, et ibidem remaneant quamdiu dies baillivie sue durabunt, vel quatenus per magistros curie retinebuntur.

(8) *Item.* Omnes senescalli, et baillivi in novitate sua, et quotiens mutabuntur de baillivia in bailliviam, prestent juramentum. Secundum ordinationem bone memorie regis Ludovici (2), specialiter, et articulatim, et non solum Regi, vel alii de consilio pro Rege prestent et juramentum predictum, sed etiam in primis assisiis suis prestent et innovent palam et patenter hujus modi juramentum.

(9) Prepositi etiam et vicecomites prestent juramentum, secundum ordinationem Regis memorati, in manibus ballivorum, magistri forestarum et aquarum, gruerii et forestarii in manibus suorum superiorum prestent juramentum secundum formam constitutionis prelibate.

(10) Omnes senescalli et baillivi ceterique justiciarii regni nostri quibus nostrae literae dirigentur, literas et mandata nostra diligenter, secundum eorum tenorem, exequantur, vel si causam habeant, quare ad exequendum non teneantur, eam dicant impetranti mandatum, vel literas, et ei offerant tradere literas suas super hoc, et tradant, si recipere voluerint sub sigillis suis, excusationem suam super hoc, ut eam referat impetrator nobis vel curie nostre. Quod si eam causam, seu excusationem in scriptis recipere noluerit impetrator, et ille qui mandatum recepit, causam rationabilem habeat, quare id quod mandatur exequi non teneatur, expectet secundum mandatum in quo contineatur quod causam rescribat, et isto secundo mandato recepto, tunc exequatur, vel causam rescribat per suum proprium nuntium, etiamsi pars rescriptionem suam referre noluerit.

---

(1) *Dieta* est le chemin d'un jour. (Ducange.)
(2) V. l'Ord. de 1254. (Laur.)

(11) Advocati insuper juramenta prestent et innovent quolibet anno, secundùm formam traditam in constitutione edita à preclare memorie D. Philippo progenitore nostro (1). Caveant etiam sub pena perjurii, ne in causis quarum patrocinium assumpserunt, harengis seu prefationibus, aut verbis rixosis seu contumeliosis utantur, sed factum proponant plane et simpliciter, et rationes suas, verba sua curie dirigendo. Dilationem frustratoriam non petant, debitam et petitam non denegent, falsum factum, vel quid aliud falsum scienter non proponant. Caveant etiam ne circa processus curie, et consuetudines mendaces reperiantur, aliàs penam perjurii merito poterunt formidare, et circa receptionem salarii fraudem non committant, occasione alicujus negotii magni et ardui majus et pinguius salarium pro aliis causis priùs recipiendo, vel pensionem petendo, vel recipiendo pro illo magno negotio, ut taxatio salarii evitetur, vel alio quoquomodo fraudem in hujus modi non committant. Advertant etiam clientuli quod advocatos suos promptos habeant, quia in aliquo auditorio dilatio non dabitur pretextu absentie patroni, sed quotiens à curià vocabuntur litigantes, in causa procedant, propter quod precipimus quod advocati sint presentes in palatio quamdiu magistri erunt in camera, ut parati sint intrare quoties vocabuntur.

Caveant etiam clientuli et advocati ne fugiant seu dilationem querant pro absentià alicujus de consilio, nisi ipsius absentis presentia sit adeò necessaria, quod in illa causa securè procedi non possit ipso absente.

Actum Paris. in parlamento quod incepit in tribus ebdomadis post festum omnium sanctorum. Anno Domini 1291.

---

N°. 296. — ORDONNANCE *touchant les amortissemens.*

Au parlement de la Toussaint, 1291. ( Coll. L. I, 322. )

( EXTRAIT. )

Art. 10. Volumus quod missi a nobis pro financiis faciendis meliores financias faciant pro nobis quod supra dictum est, si possit, deteriores autem non recipient ullo modo. (2).

---

(1) C'est l'Ord. d'octobre 1274. V. l'Ord. de Charles V, 16 sept. 1364, et le chap. 14 du 20. livre des établiss.

(2) Mably, ( Obs. sur l'Hist. de Fr. ) cite cet art., d'une ord. antérieure à la grande opération des monnaies, pour faire connaître quelle avait toujours été la politique de Philippe-le-Bel, qui lui devint plus nécessaire, quand il n'osa plus altérer les espèces.

V. le même ch. 4, liv. 4.

N°. 297. — ORDONNANCE (1) OU ETABLISSEMENT *portant que l'institution des tabellions n'appartient qu'au Roi, et que foi ne sera ajoutée qu'aux actes scellés.*

Paris, 9 novembre, 1291.) Coll. L. XI, 371.)

*Philippus*, Dei gratiâ, Francorum Rex, senescallo Carcassonæ: salutem:

Noveritis nos hiis diebus, pro nostrorum utilitate subditorum, statuisse et ordinasse quod in terris senescalliarum vestrarum de cætero non ponantur nec instituantur alicui tabelliones, per aliquos seneseallos, vel jucticiarios nostros, aut temporales dominos subditos nostros, sed per nos solum, prout et quomodo viderimus faciendum, cum istud ad nostram regiam dignitatem solummodo pertinere noscatur.

Quod instrumentis tabellionum institutorum et etiam instituendorum per nos de cætero faciendis, fides non adhibeatur, nisi sigillum autenticum in eis sit appensum, unde mandamus vobis, quatenus dictam ordinationem diligenter servantes, non permittatis contra eam aliquid attemptare.

Actum Parisius, die Jovis post hiemale festum beati Martini, anno Domini 1291.

---

N°. 298. — MANDEMENT *portant défense de fournir aux envoyés de la cour de Rome, aucuns deniers, sous prétexte des affaires de la Terre-Sainte.*

Vincennes, Fête de St.-Etienne, 1292. ( Coll. L. XI, 372.)

---

N°. 299. — ORDONNANCE (2) *sur la police de la pêche* (3).

1292. (Coll. L. I, 541; Fontanon II, 251.)

*Philippe*, par la grace de Dieu, roy de France et de Navarre, aux maîtres des eaux et forests.

Sachez que par nostre grand conseil, et par noz barons, nous avons fait certaines ordonances sur les pescheurs, et sur la maniere de pescher en toutes rivieres grandes, et petites, en la maniere qui s'ensuit.

(1) Premierement, que l'on ne pesche, ne puisse pescher

---

(1) Par des lettres du 20 mars, il a été dit que les seigneurs et autres barons n'en continueront pas moins de nommer leurs tabellions.
(2) Laurière n'a pu retrouver de copie authentique.
(3) V. Nouv. Rep. v°. *bois*.

d'engin de filé, de quoy la maille ne soit de moule d'un gros tournois d'argent, fors la rois adible, et le marchepied.

(2) Et deffendons bac en toutes rivieres, et que l'on prenne brochereux, qui ne vallent deux deniers, la vandoise, et le chenevel, s'ils n'ont cinq pouces de long, le barbel dont les deux ne vallent un denier tournois, les tanches dont les deux ne vallent un denier tournois, le carpel dont les deux ne vallent un denier, les anguilles, dont les quatre ne vallent un denier tournois.

(3) Nous deffendons la blanche rosse, si elle n'a cinq pouces de long, et qu'on ne la puisse prendre avant demy avril, jusques à demy may.

(4) Nous deffendons la nasse à mener la nef, si elle n'a la maille dessusdite.

(5) Le marchepied sera mené de jour et non de nuit.

(6) Nous deffendons qu'on n'ait mare à fossez qui boivent en riviere, ne chantepleure.

(7) Nous deffendons que marchant de poissons n'acheve poissons, qui ne soit de l'ordonance dessus dite. Et s'ils estoient repris soustraians, ou vendans, ils payeront autant comme ceux qui l'ont pesché.

(8) Nous voulons que les poissons avec deffenses soient donnez pour Dieu.

(9) Nous voulons que les engins qui seront prins non suffisans soient ars.

(10) Nous voulons que si aucuns pescheurs controuvent engins, qui ne soient suffisans, qu'iceux engins soient ars selon nostre ordonance, et les pescheurs justiciez.

---

N°. 300. ORDONNANCE ( *Præceptum* ) *contre les blasphemateurs* (1).

Paris, le lundi après les Brandons, 8 mars, 1293. ( Coll. L. XII, 328.)

*Philippus*, Dei gratiâ, Francorum rex, omnibus senescallis, ballivis, prepositis et aliis justiciariis suis quibuscumque, ad quos presentes littere pervenerint salutem :

Cùm publice utilitatis intersit ne crimina remaneant impunita, et per impunitatis audaciam fiant plerumque qui nequam fuerant, nequiores : illorum tamen extirpatione criminum de-

---

(1) V. l'Ord. de St. Louis, 1268; de Philippe-de-Valois, 1347; de Charles VI, 1357; du Dauphin, 1420. (Laur.)

bent Christi fidelibus presidentes intendere, que in blasphemiarum ejusdem Christi, qui pro humani generis abluendis criminibus de summis celorum ad ima descendere, et mortem corporalem sibi injuste à blasphemis illatam suâ misericordi pietate voluit sustinere. Sanè nuper, non sine cordis amaritudine, audivimus quod in tantum est erecta modernis temporibus audacia perversorum, quod in depressionem divine magestatis, in juramentis suis nonnulli verba proferunt, contumeliam Christi, ac piissime matris ejus, ceterorumque sanctorum adèo expressè continencia, quod inde non solum aures proborum de regno nostro Francie pre horrore tinniunt, sed et alienigene materiam assumunt ejusdem regni nostri Francie indigenis detrahendi. Nos igitur qui omnipotentis Dei miseratione, regie dignitatis suscepimus gubernacula, nolentes illius qui probra nostra delevit, dissimulare opprobria, quin potius vestigia sancte memorie predecessorum nostrorum zelum divine legis habentium insequi cupientes.

Vobis omnibus et singulis, sub juramento quo estis nostre fidelitati astricti, precipimus:

Quatenus omnes quoscumque de cetero inveneritis jurantes de Deo et beatâ Virgine, et sanctis ejus, horribilia juramenta, implicancia in Deum et beatam Virginem peccatum et blasphemiam manifestam, secundum statutum sancte recordationis Ludovici regis avi nostri, acriter puniatis; ponendo eos in scalâ publicâ, cum scripto suo blasphemiam continente, et in carcere ad panem et aquam per duos dies, vel tres, vel plures, secundum suorum exigenciam meritorum, taliter adacturi, quòd ceteri, metu pene, a similibus arceantur.

Datum Parisius, die lune post brandones, anno Domini 1293.

---

N°. 301. — CITATION (1) *donnée au Roi d'Angleterre, comme duc d'Aquitaine, pour venir répondre devant la cour de France, relativement aux excès commis dans la terre de Gascogne* (2).

1293. (Rymer, III, 122, 123.)

Après l'exposé du grief, l'acte se termine ainsi:

« Voilà, Roi d'Angleterre, voilà les excès que vos gens ont

---

(1) L'ajournement fut fait par les évêques de Beauvais et de Noyon: dans la suite ce ne fut plus que des chevaliers qui furent chargés de ces sortes d'ajournemens, qui se firent enfin par des greffiers de la cour. (Hén. Abr. chr.)
(2) Edouard ne comparut point; il fut condamné par contumace, et, cité au

commis, et ne cessent de commettre : excès qui n'ont pas échappé à votre connaissance : vous les avez ou tolérés, ou permis, c'est pourquoi nous vous ordonnons et commandons, sous les peines de droit, que vous ayez à vous présenter à notre cour le 20°. jour après la fête de Noël prochain, pour y répondre sur tous ces griefs, entendre ce que l'équité lui dictera, et vous soumettre à ses arrêts. »

N°. 302. — ARRÊT *de la cour du Roi, qui ordonne le duel entre les comtes de Foix et d'Armagnac, qui se disputaient la succession de Gaston de Moncade, vicomte de Béarn.*

1293. (Spicil. tom. III. p. 49.)

N°. 303. — LETTRES *portant que la reine sera régente et tutrice de ses enfans, dans le cas où le Roi mourrait avant la majorité de l'aîné de ses fils* (1).

Vincennes, octobre, 1294. (Coll. L. XI, 375.)

*Philippus*, Dei gratiâ, Francorum rex, universis presentes litteras inspecturis, salutem :

Commissi nobis divinitus sollicitudo regiminis pulsat assiduè mentis nostrae praecordia, et suscepta dignitatis officium curas nostras multipliciter interpellat circa felix regimen, statum prosperum, et salutem regni ac populi, quorum, disponente Domino, moderamini praesidemus solerter intendere, et non solùm imminentibus, verùm etiam quae possunt successu temporis fortuitis casibus evenire periculis, congruit providere remediis et cautelis.

Ea propter diligenti deliberatione praehabita, statuimus, *ordinamus* et volumus auctoritate regia decernentes, ut,

Si antequàm primogenitus filius noster nobis in regni praedicti moderamine successurus legitimam complexisset aetatem, volente Altissimo, qui, prout et quando vult ad se revocat creaturas, contingeret nos ab hac luce migrare, carrissima

---

seconde fois, puis condamné avec confiscation de la Guyenne, tom. III. 49. (Laur.)

(1) Nouv. Rep. v°. *Régence*, S 1er., *et enregis. des lois*; et Dupnis, Traité de la majorité. V. le Testament de Philipp.-Aug. 1190. Testament de Louis VIII, Ord. et Lettres 1226, Ord. de St.-Louis, 1248 *id.* 1269, Ord. de Philippe-le-Hardi, 1270, et déc. 1271. Lettres de 1316 et 1344, Ord. de Charles V, 1374, Charles VI, nov. 1380, et janv. 1392. Lett. de 1403, 1407, 1409, 1417.

consors nostra *Joanna* regina Franciæ, ipsius regni regimen administrationem et curam, nec non præfati et primogeniti nostri tutelam habeat, moderetur, et exerceat, et tandiu per eam regimen, administratio, et cura hujusmodi, nec non et ipsius primogeniti tutela, quas sibi ex nunc prout ex nunc præsentium tenore committimus, eadem auctoritate geratur, donec primogenitum ipsum ætatem contigerit legitimam peregisse : nisi forsan eadem regina medio tempore ad secunda vota transiret.

Ad regimen autem, curam, administrationem et tutelam hujusmodi, reginæ committendum eidem, causæ nos multiplices induxerunt : nam et si matre legatur tutrix nulla fidelior, ipsius etiam reginæ nota fides, experta fidelitas, et miratæ quodammodo affectionis zelus, quem ad regnum et regnicolas gerere sentimus eamdem, ac etiam naturalis ac sincerus affectus quo prolem materna diligere consuevit affectio, nos ad hoc specialiter invitarunt.

Nec id indecens aut absonum reputamus, nec à progenitorum nostrorum vestigiis quæ libenter insequimur alienum, ex quorum provisionibus in hac parte sinistrum nunquam, vel raro, describitur aut contrarium accidisse.

Idem quoque de secundo vel tertio, seu aliis filiis nostris, natis, aut etiam nascituris ; qui nobis recto succedent ordine regalis officio dignitatis, si primogenitum antequam regnandi foret adeptus honorem; decedere forte contingeret, sub conditione præmissa statuimus, ordinamus et volumus observari.

Dantes exnunc universis fidelibus et subditis nostris, sub fidelitatis vinculo quo nobis tenentur astricti earumdem tenore præsentium in mandatis, ut eidem reginæ, in casibus et sub conditione prædictis, diligenter et efficaciter pareant et intendant.

In quorum testimonium, præsentibus litteris nostrum fecimus apponi sigillum.

Actum apud Vincennas, juxta *Parisius*, mense octobri, anno Domini 1294.

N°. 304. — MANDEMENT *pour empêcher que des bourgeois ne soient mis en cause, devant les juges d'église, pour affaires temporelles.*

Paris, dimanche après la Chandeleur, 7 février 1294. (Coll. L. XI, 376.)

N°. 305. — ORDONNANCE *portant convocation des nobles, et feudataires, à cause de la nouvelle guerre.*

Paris, février 1294. (Coll. L. XI, 376.)

---

N°. 306. — ORDONNANCE *portant concession aux marchands ultramontains, moyennant un droit sur leurs marchandises, de faire le commerce aux foires de Champagne, avec stipulation que les difficultés qui pourront y survenir, seront vidées par les officiers desdites foires.*

Paris, lundi après le dimanche *Oculi*, 7 mars 1294. (C. L. XI, 377.)

La reine Jeanne, comtesse de Champagne et de Brie, y donne son assentiment, et y appose son scel après celui du Roi.

---

N°. 307. — ORDONNANCE *portant défenses à ceux qui n'ont pas 6,000 livres tournois de rente, d'avoir de la vaisselle d'or et d'argent, et qui enjoint à ceux qui en ont d'en porter le tiers à la monnaie.*

Mercredi avant Pâques fleuries, 1294. (C. L. I, 324.)

*Philippes*, par la grace de Dieu roys de France, à tous seneschauls, baillis, prevost, vicomtes, majeurs, eschevins, et tous autres justiciers de nostre royaume à qui ces présentes lettres vendront, salut.

Nous vous mandons et commandons que vous, ces lettres veües, hastivement, et sans deloy, faciez crier de par nous, par toutes vos senechaussées, baillies, prevostez et autres lieux de justice, que toute manieres de genz quiez que il soient, privez, ou estrangers en nostre roiaume qui n'ont six mille livres de rentes à tournois, n'usent, ne ne puissent user en leur hostiex ne hors, de vesselement d'or ne d'argent, pour boire ne pour mengier, ne pour autre usaige puis huit jours en avant que ceste criée sera faite, et dedens, les huit jours d'après ceste criée, tuit cil qui auront argent en vesselement, ou en autre maniere apportent, ou facent apporter en noz monoies, ez bonnes villes, et ez lieux certains ou noz gens seront establiz de par nous la tierce partie de l'argent, ou le tout que il auront en quelque maniere que ce soit, ou de coupe, ou de hanas à pié, ou sans pié dorez et non dorez, ou soit argent en plate, ou quelque maniere que il l'aient, se il

... en sanctuaires, ou en autres choses qui soient en usage ... Et que nuls sur paine de corps et d'avoir n'y face ... Et les deux pars qui remaindront tiegnent et gardent ... enbz jusques à tant qu'il aient autre commandement de nous; et l'argent dessusdit nous voulons pour faire nos monoies pour le commun profit de nostre roiaume : et nous avons ordené prix certains sus chascun marc combien chascun en aura, et se il avenoit que aucun rebelles feust contre cette ordenance, nous voulons que il perdent la moitié de ce que l'en pourra trouver qu'il ara retenu par lui ou par autre après nostre commandement. Et commandons à tous, souz paine de cors et d'avoir, que nul ne porte, ne ne face porter or, ne argent, ne billon hors dou roiaume, et que nuls ne achate or, ne argent, ne billon d'ores en avant, fors ceux qui seront establi de par nous.

Ce fut fait à Paris le mercredi de avant Pasques flories de l'an 1294.

Et commandons suz la paine devant dite, que tous preignent la monoie que nous faisons fere nouvelement.

---

N°. 308. — TRAITÉ secret (1) entre Philippe et le Roi d'Angleterre, au sujet de la satisfaction prétendue par suite de l'arrêt de la cour de France, portant confiscation de la Guyenne.

1294. (Rymer, tom. I, part. 3, p. 123—124.)

---

N°. 309. — ETABLISSEMENT (2) sur le luxe des habits, repas, etc.

Paris, 1294. (C. L. I, 541. Archiv. du Royaume, Ier. Carton.)

(1) Premierement. Nulle bourgeoise n'aura char.
(2) Item. Nul bourgois, ne bourgoise, ne portera vair, ne

---

(1) L'existence de ce Traité, que Philippe ne voulut point reconnaître, ... qu'il resta scellé, est niée par Velly (Hist. VII, 79), mais affirmée par les historiens anglais : Pacte rapporté par Rymer n'est ni daté, ni scellé, ni ...

(2) Ordonnance curieuse par les détails où le Roi entre sur chaque condition, et par la connaissance que l'on y trouve des mœurs et des usages. (Ms. Abr. Chr.)
L'original n'a pu être retrouvé par Laurière, qui l'a donné d'après La Thaumassière. (Notes sur Beaumanoir, p. 371.) — Elle serait tirée du reg. ... du Châtelet de Paris, ou d'un petit reg. de la Chambre des Comptes. V. Delamarre, Traité de la Police, III, tit. Ier., p. 386—387.

gris, ne ermines, et se delivreront de ceux que ils ont, de Pâques prochaines en un an. Il ne porteront, ne pourront porter or, ne pierres precieuses, ne couronnes d'or, ne d'argent.

(3) *Item*. Nul clerc, se il n'est prelat, ou establis en personage, ou en dignité, ne pourra porter vair, ne gris, et ermines, fors en leurs chapperons tant seulement.

(4) *Item*. Li duc, li comte, li baron de six mille livres de terre, ou de plus, pourront faire quatre robes par an, et non plus, et les femmes autant.

(5) *Item*. Nuls chevaliers ne donra à nuls de ses compagnons, que deux paires de robes par an.

(6) *Item*. Tous prélats auront tant seulement deux paires de robes par an.

(7) *Item*. Tous chevaliers n'auront que deux paires de robes tant seulement, ne par don, ne par achat, ne par autre maniere.

(8) *Item*. Chevaliers qui aura trois mille livres de terre, ou plus, ou li bannereus pourra avoir trois paires de robes par an, et non plus, et sera l'une de ces trois robes pour esté.

(9) Nuls prelats ne donra à ses compaignons, que une paire de robe l'an, et deux chappes.

(10) Nuls escuiers n'aura que deux paires de robes, par don, ne par achat, ne en nulle autre maniere.

(11) Garçons n'auront qu'une paire de robe l'an.

(12) Nulle damoiselle, si elle n'est chastellaine, ou dame de deux mille livres de terre, n'aura qu'une paire de robe par an.

(13) Nuls bourgois ne bourgoise, ne escuier, ne clerc, se il n'est en prelation, ou en personaige, ou en greigneur estat, n'aura torche de cire.

(14) Nuls ne donra au grand mangier, que deux més, et un potage au lard, sans fraude. Et au petit mengier un més et un entremés. Et se il est jeûne, il pourra donner deux potages aux harens, et deux més, ou trois més, et un potage. Et ne mettra en une escuelle que une maniere de char, une piece tant seulement, ou une maniere de poisson, ne ne sera autre fraude. Et sera comptée toute grosse char pour més. Et n'entendons pas que fromage soit més, se il n'est en paste, ou cuit en yaue.

(15) Il est ordoné pour déclarer ce que dessus est dit des robes, que nuls prelats, ou barons tant soient grans, ne puisse avoir

... pour son corps de plus de vingt et cinq sols tournois l'aune de Paris.

(16) Les femmes aux barons à ce feur.

(17) Li comte et li baron ne pourront donner robes à leurs compaignons, de plus de dix-huit sols l'aune de Paris.

(18) Li bannerets et li chastelain, ne pourront avoir robes pour leur corps de plus de dix-huit sols tournois l'aune de Paris, et leurs femmes à ce feur. Et pour leurs compaignons de quinze sols l'aune de Paris.

(19) Les escuiers, fils des barons, banerets, et chastelains ne pourront avoir robes de plus grand pris de quinze sols tournois de Paris.

(20) Prelats, comtes, barons, banerets et chastelains ne daront robes à leurs escuiers de plus de sept sols, ou de six sols l'aune de Paris.

(21) Les autres escuiers qui ne sont de mesnage, et se vestent de leur propre, ne pourront faire robe de plus de dix sols tournois l'aune.

(22) Clercs qui sont en dignitez, ou en personaige, ne pourront faire robes, pour leur corps, de plus de seize sols tournois, l'aune de Paris, et pour leurs compagnons de douze sols tournois l'aune.

(23) Clercs qui ne sont en dignitez, ne personnages, fils de comtes, barons, banerets ou chastelains, ne pourront faire robe de leur corps, de plus de seize sols l'aune, et pour leurs compagnons, ou pour leurs maistres de dix ou douze sols tournois tout au plus l'aune.

(24) Les autres clercs qui font robe du leur, ne pourront faire robe pour leur corps, de plus de douze sols six deniers l'aune. Et s'il est chanoine d'eglise cathedrale, il pourra faire robe de quinze sols tournois l'aune, et non plus.

(25) Bourgois qui auront la valüe de deux mille livres tournois, et au-dessus, ne pourront faire robe de plus de douze sols six deniers tournois l'aune de Paris, et leur femme de seize sols et non plus.

(26) Les bourgois de moins de valüe, ne pourront faire robe de plus de dix sols tournois l'aune, et pour leurs femmes de douze sols au plus.

Et sont ces ordonnances commandées à garder, aux ducs, aux comtes, aux barons, aux prelats, aux clercs, et à toutes manieres de gens du royaume, qui sont en la foy, sur celle foy qu'ils sont tenus. En telle maniere que li ducs, li comtes, li bers, li prelats, qui sera contre ceste ordonance, paiera cent livres tournois pour paine. Et sont tenus à faire garder cest establissement à leurs sujets, en quelque estat qu'ils soient, et en telle maniere que si aucun banneret fait encontre il payera 50 livres tournois, et li chevaliers, ou vavasseur 25 livres tournois, et les doyens, et les arcediacres, les prieurs, et les autres clercs qui ont dignité, ou personaige 25 livres tournois. Des autres lays qui contre ce feront, en quelque estat qu'ils soient, se il a vaillant mille livres Parisis, payera 25 livres, et se il a moins vaillant, il payera cent sols, et des autres clers qui sont sans dignité, ou personaige, soient de siecle, soient de religion, quiconque sera encontre, il payera cent sols, aussi comme l'autre; et les amendes de toute maniere de gens lays, qui pour cette achoison de cest establissement seront levées, seront aux seigneurs, en qui terre, ou en qui seigneurie li sourfait seront fait, soient li seigneur cler, ou lay, et les amendes des clers, en quelque estat que il soient seront à leurs prelats, ou à leur souverain.

Et en telle maniere que cil, par qui li sourfait vendra à la connoissance du seigneur, aura le tiers de l'amende.

Et se il avenoit qu'aucun clers, ou lais, de quelque condition que il fust, accusez que il eust fait contre cette ordonance, et il s'en vouloit purgier par son serment, en la maniere que chascun a accoustumé à juger, il en seront creus, et seront quittes de la peine.

Et se purgera chascun, soit clers, ou lays, qui de cest chose se voudra purgier.

Ce fut fait et ordonné à Paris l'an de grace 1294.

N°. 310. — LETTRES portant permission à la ville de Lyon de lever un impôt sur les marchandises y vendues, pour faire face à ses nécessités.

*Amiens, mercredi après Pâques, (6 avril) 1295. ( C. L. XII, 330.)*

N°. 311. — LETTRES par lesquelles le Roi s'engage pour lui, la Reine et ses successeurs, et sur ses biens, et revenus, de tenir compte, à ceux qui prendront sa nouvelle monnaie, de la différence du poids ou loy (1).

*Paris, mai 1295. ( C. L. I, 325.)*

(1) Inséré est un acte des mêmes lieu et date, par lequel Jeanne, par la grâce de Dieu, reine de France et de Navarre, ratifie cet engagement, et appose son scel avec celui du Roi son maître.

1295.

N°. 312. — LETTRES par lesquelles le Roi et la Reine accordent aux Lombards la faculté de faire le commerce des marchandises dans les lieux qui leur sont assignés, moyennant redevance, selon l'usage des foires de Champagne.

Compiègne, à la Toussaint, 1295. ( C. L. I, 326. )

___

N°. 313. — ORDONNANCE (1) OU ETABLISSEMENT, ( dit quinquagésime ), pour la levée du 50° de la valeur des biens, pour la défense du royaume, sur les clercs et les laïcs, à l'exception des possesseurs de fiefs nobles, lesquels doivent servir en personne et à leurs frais.

Paris, samedi après l'Épiphanie, (13 janvier) 1295. ( C. L. XII, 333.)

___

N°. 314. — LETTRES portant que le comte de Flandre ne pourra lever d'impôt contre la volonté des bourgeois et échevins, et sans la permission du Roi.

Paris, juin 1296. ( C. L. XI, 38.. )

___

N°. 315. — LETTRES qui défendent aux habitans de plusieurs villes de prendre du service militaire à l'étranger sans l'autorisation du Roi.

Paris, juin 1296. ( C. L. XI, 386. )

___

N°. 316. — BULLE du pape, qui décide qu'aucun prince séculier n'a autorité sur le clergé ; que le Saint-Siége est juge des démêlés entre le Roi de France et le duc de Guyenne, et le comte de Bourgogne.

Anagni, 2 des kalendes d'octobre 1295. (Preuves des Démêlés, p. 15.)

___

N°. 317. — ORDONNANCE qui rétablit les appellations dans le Laonois.

Parlement de la Toussaint, 1296. ( C. L. I, 328.)

___

(1) Cette Ordonnance a été rendue après convocation de plusieurs prélats, barons et fidèles. — La levée doit se faire par trois personnes élues dans chaque lieu. ( Art. 9. )

**N°. 318.** — **Ordonnance** (1) *qui défend les guerres privées, les gages de batailles, les joutes et les tournois, la saisie des chevaux, etc., tant que la guerre durera.*

Parlement de la Toussaint, 1296. (C. L. I, 328.)

Dominus rex, pro communi utilitate et necessitate regni sui, statuit quod durante guerrâ suâ (1).

(1.) Nulla alia guerra (2) fiat in regno, et si forte inter aliquos jam mota sit guerra, quod datis treugis, vel assecuramentis, secundum consuetudines locorum duraturis per annum, et anno finito, iterum continuentur. Et omnes aliæ guerræ cessent, donec guerra Regis fuerit finita.

(2) Item. Quod durante guerrâ Regis, inter aliquos gagia duelli nullatenus admittantur, sed quilibet in curiis Regis, et subditorum suorum jus suum viâ ordinariâ prosequatur.

(3) Item. Quod equi armorum, vel arma pro aliquo debito non arrestentur.

(4) Item. Quod durante guerrâ Regis torneamenta (3), ustæ, vel equitationes non fiant.

---

**N°. 319.** — **Bulle** (4) *ou Décrétale de Boniface VIII, qui défend, sous peine d'interdit et de déposition, aux corps ecclésiastiques et prélats, de payer aucuns subsides aux puissances laïques, sans la permission du Saint-Siége; et défend aux Rois et à leurs officiers sous peine d'anathème, d'en ordonner la levée* (5).

Rome, janvier 1296, deuxième année du pontificat. (Preuves de l'Hist. du Différ., in-folio, 1655, p. 14.)

*Bonifacius*, episcopus: Servus servorum Dei.

Clericis laicos infestos oppidò tradit antiquitas : quod e

---

(1) V. M. Henrion, Aut. Jud., p. 45. — Mably, Obs. sur l'Hist. de France, liv. 4, chap. 8; Preuves.

(2) L'Ordon. de saint Louis, de 1245, n'avait pas été bien observée, même dans les domaines du Roi. V. la 29me. Dissertation de Du Cange sur Joinville, p. 344. (Laur.)

(3) V. la 7me. Dissertat. de Du Cange sur Joinville, et *tractatum de ludis equestribus G. Scubarti.* (Laur.)

(4) Cette bulle est surnommée *Clericis laicos*, à cause du commencement. (Laur.)

(5) Le Roi riposta par les deux Ordonnances, qui défendent l'exportation des matières d'or et d'argent sans une permission de sa main, et qui interdisent à tous les étrangers de venir faire ce commerce en France. (Velly, VII, 114.)

...entium experimenta temporum manifeste declarant, dum ... finibus non contenti, nituntur in vetitum, ad illicita fraena relaxant, nec prudenter attendunt, quam sit eis in clericos ecclesiasticas-ve personas, et bona interdicta potestas; ecclesiarum prælatis, ecclesiis, ecclesiasticisque personis regularibus et secularibus imponunt onera gravia, ipsosque talliarum dimidiam, decimam, seu vicesimam, vel quamvis aliam portionem aut quotam exigunt, et extorquent, eosque moliuntur multifariè subjicere servituti, suæque submittere dicioni : et ( quod dolenter referimus ) non nulli ecclesiarum prælati, ecclesiasticæ personæ, trepidantes ubi trepidandum non est, transitoriam pacem quærentes, plus timentes majestatem temporalem offendere, quam æternam, talium abusibus non tam temerariè, quam improvidè acquiescunt, sedis apostolicæ auctoritate seu licentia non obtenta : nos igitur talibus iniquis actibus obviare volentes, de fratrum nostrorum consilio apostolica auctoritate statuimus, quòd quicunque prælati, ecclesiasticæque personæ, religiosæ, vel seculares, quorumcunque ordinum, conditionis, seu status, collectas vel tallias, decimam, vicesimam, seu centesimam suorum et ecclesiarum proventuum, vel bonorum, laicis solverint, vel promiserint, vel se soluturos consenserint aut quamvis aliam quantitatem, portionem, aut quotam ipsorum proventuum, vel bonorum, æstimationis vel valoris ipsorum sub adjutorii, mutui, subventionis, subsidii, vel doni nomine, seu quovis alio titulo, modo, vel quæsito colore absque autoritate sedis ejusdem : nec non imperatores, reges seu principes, duces, comites, vel barones, potestates, capitanei, vel officiales, vel rectores quocunque nomine censeantur, civitatum, castrorum, seu quorumcunque locorum, constitutorum ubilibet et quivis alii, cujuscunque præ eminentiæ, conditionis, et status qui talia imposuerint, exegerint, vel receperint, aut apud ædes sacras deposita ecclesiarum, vel ecclesiasticarum personarum, ubilibet arrestaverint, saisiverint, seu occupare præsumpserint; vel arrestari, saisiri, aut occupari mandaverint; aut occupata, saisita, seu arrestata receperint : nec non omnes qui scienter dederint in prædictis auxilium, consilium, vel favorem, publicè, vel occultè, eo ipso sententiam excommunicationis incurrant. Universitates quoque, quæ in his culpabiles fuerint, ecclesiastico supponimus interdicto. Prælatis et personis ecclesiasticis supradictis, in virtute obedientiæ, et sub depositionis pœna districtè mandantes, ut talibus absque expressa, licentia dictæ sedis nulla tenus acquiescant, quodque prætextu cujuscumque obligationis, promissionis et confessionis, factarum hactenus, vel faciendarum inantea, priusquam hujusmodi constitutio, prohibitio, seu præceptum ad notitiam ipsorum pervenerint, nihil solvant : nec supradicti seculares quoquomodo recipiant. Et si solverint, vel prædicti receperint, in excommunicationis sententiam et incidant ipso facto. A supradictis autem excommunicationum et interdicti sententiis, nullus absolvi valeat, præterquam in mortis articulo, absque sedis apostolicæ auctoritate et licentia speciali : cum nostræ intentionis existat, tam horrendum secularium potestatum abusum nulla tenus sub quibuscunque tenoribus, formis, seu modis, aut verborum conceptione concessis imperatoribus, regibus, et aliis supradictis, quæ contra premissa in nullo volumus alicui, vel aliquibus suffragari. Nulli ergo omnino hominum liceat hanc paginam nostræ constitutionis, prohibitionis seu præcepti infringere, seu ausu temerario contraire : si quis autem hoc attentare præsumpserit, indignationem omnipotentis Dei, et bb. Petri et Pauli apostolorum ejus se noverit incursurum.

Datum Romæ, apud. S. Petrum, pontif. nostri anno 2.

N°. 320. — MANDEMENT *portant défense d'imposer à la taille les clercs nommés cléricalement.*

Paris, le samedi de la fête de la Chandeleur, 1296 ou 1297. ( C. L. I, 329.)

N°. 321. — LETTRES *portant que le duc de Bretagne et ses successeurs ne pourront être ajournés* (1) *devant le Roi ou ses gens, qu'en cas d'appel de défaute de droit ou défaux et mauvais jugemens, ou autres cas dépendans de la souveraineté.*

Février 1296. ( C. L. I, 329. )

N°. 32.. — LETTRES *en forme d'acte de notoriété, constatant que c'est une coutume à Tournay de tenir ses débiteurs en charte privée, en leur fournissant des alimens.*

Paris, février 1296. (C. L. XI, 389).

Philippus, Dei gratiâ, Franciæ rex, universis præsentes litteras inspecturis, salutem :

Notum facimus quod cum præpositi et jurati *Tornacenses,*

---

(1) V. le Traité de 1231.

in nostra curia proposuissent contra *Jacobum le Boucher*, quod consuetudo est in villa *Tornacensi*, quod quando debitores pro debitis capiantur, tradantur creditoribus custodiendi, usque ad plenam satisfactionem dictorum debitorum, nec propter cessionem bonorum suorum liberantur; tamen creditores tenentur providere dictis debitoribus de alimentis et aliis, secundum consuetudinem dicti loci, si dicti debitores non habent, unde sibi possent providere :

Visa inquesta super hoc facta, probatum inventum fuit dictam consuetudinem sufficienter esse probatam.

In cujus rei testimonium, præsentibus litteris nostrum sedius apponi sigillum.

Actum Parisius, anno Domini 1296, mense februario.

---

N°. 323. — BULLE *qui permet aux souverains pontifes de se démettre de la papauté.*

1296. ( Bolland, tom. XV, p. 440. )

---

N°. 324. — PROTESTATION (1) *du Roi contre les entreprises de la cour de Rome, remise en mains du légat du pape.*

1296. ( Differ. preuv. 28. )

Regimen temporalitatis regni sui ad ipsum Regem solum et neminem alium, pertinere, seque in eo neminem superiorem recognoscere, nec habere, nec se intendere supponere vel subjicere modo quocunque viventi alicui, super rebus pertinentibus ad temporale regimen regni. Sed potiùs se intendere feoda sua justitiare, regnum suum defendere continuè, usque regni per omnia prosequi cum subditis suis, amicis, et valitoribus, prout hæc Dominus ministrabit. Maximè cùm dictarum treugarum indictionis virtus, vel indicentis intentio, ipsum regem aliquatenus non impediat in præmissis, vel aliquo eorumdem, ut dicebat, nec aliquem obicem contrarietatis opponat ; sed dicti regis regnique sui turbatores et æmulos arctius deprimat, illorum compescat audaciam, ausus frenet, ac excommunicationis sententias, si contra tenorem treugarum ipsarum venire præsumpserint: ipso rege, dictoque regno suo, remanentibus non legatis, juxta declarationem per dictum dominum papam factam litteris suis pa-

---

(1) Les légats lui donnent acte de la protestation, et l'insèrent dans les lettres circulaires qu'ils adressent au clergé et aux fidèles.

tentibus, ipsi regi directis : à quibus declaratione et protestationibus, verbo vel facto, nunc, vel in futurum, idem Rex non intendit recedere, ut dicebat. Quatenus autem ipsius Regis tangit animam, et ad spiritualitatem attinet, idem Rex, praedecessorum suorum sequens vestigia, paratus est monitionibus, et praeceptis sedis apostolicae devote ac humiliter obedire, in quantum tenetur, et debet, et tanquam verus et devotus filius, sedis ipsius, et sanctae matris ecclesiae reverentiam observare.

N°. 325. — MANIFESTE *du Roi en réponse à la bulle du pape.* 1296. ( Preuv. du Différ. 21. )

Antequam essent clerici, Rex Franciae habebat custodiam regni sui et poterat statuta facere, quibus ab inimicorum insidiis et nocumentis sibi et regno praecaveret, et per quae inimicis subtraheret omnimodo subsidia, quibus ipsum et regnum possent graviùs impugnare, hac de causa dominus Rex, qui nunc est, equos, arma, pecunias, et similia generali edicto prohibuit extrahi de regno suo, ne forsitan talia per malignorum fraudulentiam ad manus inimicorum in domini Regis et regni praejudicium devenirent : nec hoc simpliciter prohibuit, sed adjecit hoc non debere fieri absque ejus licentia speciali super hoc habens rectam intentionem, quòd quando sibi constaret pro certo, quòd talia, sic ab ipso prohibita, essent bona clericorum, et quod extrahi de regno, sibi et regno non obessent, nec inimicis prodessent, nulli sic petenti, et praemissa probanti, licentiam denegaret. Et videtur satis mirabile, quod carissimus filius papae, non solùm clericorum bona, sed etiam personas detinet violenter, nec propter hoc dominus papa ipsum denunciat sententiam excommunicationis incurrisse. Sancta mater Ecclesia, sponsa Christi, non solum est ex clericis, sed etiam ex laicis : imo sacra testante scriptura, sicut est unus dominus, una fides, unum baptisma, sicut à primo justo usque ad ultimum ex omnibus Christi fidelibus, una est ecclesia, ipsi Christo, coelesti sponso, annulo fidei desponsata, quam ipse à servitute peccati, et jugo veteris legis, ac dominio hostis antiqui per mortem suam misericorditer liberavit; qua libertate gaudere voluit omnes illos tam laicos quam clericos, quibus dedit potestatem filios Dei fieri, iis videlicet qui credunt in nomen ejus, et susceperunt christianae fidei sacramenta. Numquid est personarum acceptio

Dominum, ut solùm clerici in hoc mundo gratiam, et in gloriam consequi, clerici in ecclesia, ut patet per delictum, et merito, et numero potiores, non debent, nec ......, nisi forsitan per abusum sibi appropriare, quasi alios ......endo, ecclesiasticam libertatem loquendo de libertate, ...Christus nos sua gratia liberavit. Multæ verò sunt libertates ......lares; non universalis ecclesiæ, sponsæ Christi, sed so... ejus ministrorum qui cultui divino ad ædificationem po... sunt, vel esse debent spiritualius deputati; quæ quidem ......tates per statuta romanorum pontificum, de benignitate, ... saltem permissione principum sæcularium sunt concessæ; ...quidem libertates sic concessæ vel permissæ ipsis regibus ......orum suorum gubernationem, ac defensionem auferre ... possunt; nec ea quæ dictæ gubernationi ac defensioni ......ssaria, seu expedientia, deliberato bonorum ac pruden... consilio judicantur, dicente domino pontificibus templi, ...ddite ergo quæ sunt Cæsaris Cæsari et quæ sunt Dei Deo, ...quia turpis est pars, quæ suo non congruit universo et mem...... inutile, et quasi paralyticum, quod corpori suo subsi...... ferre recusat, quicunque, sive clerici, sive laici, sive ......iles, sive ignobiles, qui capiti suo, vel corpori, hoc est ......ino regi et regno, imò etiam subimet, auxilium ferre re...... semet ipsas partes incongruas et membra inutilia et ...... paralytica esse demonstrant: unde si a talibus pro rata ... subventionum auxilia. Requiruntur, non exactiones, vel ......ctiones, vel gravamina dici debent: sed potius capiti et ...rpori, et membris debita subsidia; sed pro defensoribus et ......libus ipsorum, quibus non licet, vel qui non possunt, ......are per seipsos, stipendia preparata. Nemo si quidem te...... pro aliis propriis stipendiis militare: et quod, si inimi......orum rabies invalesceret contra regnum, constat quod bona ......icorum penitus dissiparentur; quare multo plus aliis, in......nt ab hostili impugnatione defendi: ideoque in naturalis ......is injuriam esse videtur, prohibere cuicunque servo vel ......re contra hostilem gladium, aut stipendia solvere defensori. ...... meritò Deus tales tradidit in reprobum sensum, qui ... naturale et antiquum nituntur subvertere pro suæ libito ......untatis? et quis sapiens et intelligens hæc, non incidit in ......ementem stuporem, audiens vicarium Jesu-Christi pro......bentem tributum dari Cæsari, et sub anathemate fulminan......, ne clerici, contra iniquæ et injustæ persecutionis incur......, domino regi et regno, imò sibimetipsis, pro rata sua manum porrigant adjutricem? Dare vero histrionibus, et amicis carnalibus, et neglectis pauperibus, expensas facere superfluas in robis, equitativis, comitativis, commissionibus, et aliis pompis sæcularibus, permittitur eisdem, imò conceditur, ad perniciosæ imitationis exemplum. Hoc enim natura et ratio, jus divinum et humanum, pariter detestantur, ad illi mentis judicaret licitum et honestum, sub anathemate cohibere, pro modulo suo eisdem principibus assistant, contra ingruentes injustarum persecutionum adversitates, quocunque colore excogitato, doni, vel mutui, vel subventionis, pro seipsis, pro Rege, et regno pugnantibus, et resistentibus inimicis vi armorum, alimenta præbendo, vel stipendia persolvendo? Non enim prudenter attendunt qui talia prohibent, vel renuunt, quòd hoc nihil aliud est, quàm inimicos juvare, et crimen læsæ majestatis incurrere, et quasi velle prodere ipsum reipublicæ defensorem: ad quod crimen puniendum intendimus plus solito, volente Deo oculos aperire. Deum si quidem fide et devotione colimus, et ecclesiam catholicam, ac ministros ejus multipliciter veneramur in terris, sicut omnes patres nostri: sed hominum minas, minus rationabiles, et injustas, minimè reformidamus: nam coram Deo, favente ejus clementia, super justitia invenietur in nobis. Nonne Rex Angliæ quondam homo noster ligius vocatus ad judicium coram nobis, cum omni solennitate quâ decuit, ad imperium Domini sui venire contempsit? Quare necesse habuimus terras, quas à nobis tenebat ad manum nostram trahere, judicio et justitia mediante, cujus occasione dictus Rex Angliæ homagio et fidelitati, quibus nobis adstringebatur ratione terrarum, quas à nobis tenebat in feudum, renunciavit expressè et postea contra nos insurgens crudeliter, prædictas terras nisus est sibi adquirere, non tam vi armorum, quam dolo, via justitiæ, rationis, et consuetudinis approbatæ, penitus prætermissa; quis Rex, quisve princeps, terras feodabiles sic à vassallo suo dimissas, et tam multipliciter fore factas, ad se non traheret, et non defenderet tanquam suas? Nec super hoc debetur ab aliquo increpari, sed potius de contrario reprehendi. Et regi Theutoniæ quid potuit, vel debuit, plus offerri, quod esset rationis et pacis, quàm quòd quatuor viri eligerentur, idonei, duo pro nobis, et duo pro ipso, qui de limitibus regni et imperii cognoscerent, et tractarent, et quicquid super hoc ordinarent, ambo reges in perpetuum observarent: et si prædicti quatuor discordarent, ipsi possint eligere quintum, qui

discordiam ad concordiam revocaret? Et si dictus
Theutoniæ de comitatu Burgundiæ conqueratur, sua quæ
nullâ ratione fulcitur. Nam notorium est omnibus,
quòd post guerram apertam, et diffidationem superbam, à
dicto Rege nobis factam, dictum comitatum nobis duximus
acquirendum. Nam in diffidatione sua contra nos graviora facere minabatur, et jam forsitan fecisset, si ad hæc sibi se
obtulisset facultas. Nonne sanctæ matris ecclesiæ nos, et ante-
cessores nostri multa grata servitia ab antiquo, et immensa
beneficia contulimus, quibus ministri ejusdem multo pinguius
et gloriosiùs, quam in aliis regnis temporalibus exaltantur? super
quo velit Deus, quòd ingratitudinis vitium non incurrant: non
enim debent debitas subventiones negare, sub ultro quicquid
habent offerre, præsertim cum videant manifestè, quòd prædicti Reges injustè, et sine causâ rationabili, nos impugnant:
quare modo non fuissemus ab ecclesiâ amplioribus injuriis
provocandi, sed potius ab eâ, tanquam à piâ matre favendi
et placandi, et à malis imminentibus efficaciter consolandi.
Hactenus in regio.

---

N°. 326. — LETTRES *par lesquelles le Roi abolit dans le Languedoc la servitude de corps qu'il change en un cens annuel.*

1296. ( Hén., Abr. Ch. )

---

N°. 327. — JUGEMENT *du Roi dans un conseil privé.*

1296. (Registre Olim; Henr. de Pansey, Autorité Judiciaire, p. 58.)

Nous, de notre souveraineté et de notre plein pouvoir,
ordonnons et voulons que cette présente notre ordonnance ait
force de jugement; nous voulons que toutes conventions qui
ont été faites, et toutes obligations quelles qu'elles soient
entre les seigneurs D h. et de L., pour raison desdits contents,
soient nulles, et que toutes lesdettres sur ce faites, d'une part et
d'autre, nous soient livrées et rendues.

---

N°. 328. — LET. *par lesquelles le Roi donne un juif à son frère.*

1296. (Nouv. Rép. vo. Esclave, § 2.)

---

N°. 329. — LETTRES *par lesquelles le Roi achète un juif 300 fr.*

1296. (Nouv. Rép., vo. Esclave, S .)

N°. 330. — Lettres (1) d'érection de l'Anjou en pairie. Courtrai, septembre 1297. Trésor des Chartes, Layette d'Anjou 279. (Preuves du Mémoire des Pairs, par *Lancelot*, 1720. p. 116.)

*Philippus*, etc.

Ad honorem cedit et gloriam regnantium et regnorum, si ad regiæ potestatis dirigenda negotia insignibus viri conspicui præficiantur officiis et inclytis præclaræ personæ dignitatibus præferantur, ut et ipsi sua gaudeant nomina honoribus intitulata magnificis, et cura regiminis talibus decorata lateribus, a solicitudinibus relevetur pacisque ac justiciæ robora, quæ regnorum omnium fundamenta consistunt, conservari commodius valeant, et efficacius ministrari. Ex hoc etiam gratiam credimus extolli regnantium, et vigorem crescere fidei et devotionis in subditis, si viri præclari virtutibus, et nitore conspicui, meritis et congruis efferantur honoribus, et fidelium obsequiosa devotio condignis præmiorum retributionibus prosequatur; ut et ipsi pro suæ merito probitatis sibi honoris titulos accrevisse congaudeant, et alii eorum exemplo ad similia ferventius animentur. Notum igitur facimus universis præsentibus et futuris, quod nos attendentes devotionis, fidei, et fidelitatis probatæ constantiam, nec non prudentiam, et providam circumspectionis industriam carissimi germani et fidelis nostri Caroli comitis Andegaviæ, grataque et accepta servitia quæ nobis in nostris et regni nostri negotiis probatis affectibus impendit diutius, et exhibet incessanter, ac laboris etiam et expensarum onera quæ ad nostrum et ipsius regni honorem subiisse dignoscitur: considerantes etiam quod duodecim parium qui in prædicto regno nostro antiquitus esse solebant, est adeo numerus diminutus, quod antiquus ejusdem regni status ex diminutione ejusmodi deformatus multipliciter videbatur: sicque volentes eumdem comitem hujusmodi suæ probitatis et præcellentium meritorum obtentu honoribus promovere præcipuis, et non minus regni nostri solium veterum dignitatum ornatibus reformare, comitem ipsum de gratiæ nostræ abundantia et plenitudine regiæ potestatis, præfati regni nostri creamus et promovemus in Parem, et Paritatis hujusmodi dignitatem Andegaviæ comitatui annexantes, præsentium tenore statuimus, ut tam in se quam successoribus ejusdem comitis andegavensis, qui pro tempore fuerint, Par ejusdem regni per-

---

(1) Il y en a de semblables pour l'Artois et pour la Bretagne, ibid p. 117 et 118.

...temporibus habeatur, omniumque Paritatis ejusdem, quemadmodum diligens, et fidelis dux Burgundiæ compar ..., jure et prærogativa lætetur : pro quali quidem Paritate nobis homagium præstitit idem comes, ac successores sui Andegavenses comites nobis et successoribus nostris Franciæ regibus præstare perpetuo tenebuntur.

N°. 331. — BULLE (1) *du pape, dans laquelle il déclare que la décrétale*, Clericis laïcos, *ne regarde point la France.*

Velletri, 11 des Kalendes d'août ( 21 juillet ) 1297, 3e. année du Pontificat.
( Preuv. du Differ. p. 39. )

*Bonifacius* episcopus, servus servorum Dei venerabilibus fratribus archiepiscopis, episcopis, ac dilectis filiis, electis abbatibus, prioribus, præpositis, decanis, archidiaconis, capitulis, et aliis personis, necnon et nobilibus viris, ducibus, comitibus, baronibus, militibus, et cæteris per regnum Francorum constitutis, ad perpetuam rei memoriam.

Et si de statu regni cujuslibet in quo catholicæ fidei cultus viget, paternæ sollicitudinis studio cogitemus, ad statum tamen christianissimi regni Franciæ, in quo semper antactis temporibus erga romanam ecclesiam matrem viguit devotionis integritas, reverentiæ plenitudo resplenduit, servuit obedientiæ promptitudo, tanto solertius aciem considerationis extendimus, et circà illud cogitationis nostræ versatur instantia, quantò ipsum uberiori favore prosequimur, et sincerius gerimus in visceribus caritatis dudum si quidem pastoralis officii debitum exequentes in favorem ecclesiarum, et ecclesiasticæ libertatis autoritate apostolica duximus statuendum, ne prælati, et personæ ecclesiasticæ cujuscumque dignitatis status, aut conditionis existant, sub adjutorii, mutui, vel doni nomine, imperatoribus, regibus, principibus, aut præsidentibus cæteris, præstent absque apostolicæ sedis auctoritate subsidia, quocumque nomine censeantur, neve imperatores, reges, principes, aut aliter præsidentes ea imponere, exigere, vel recipere ab ejsdem præ-

---

(1) Cette pièce ne se trouve pas au grand bullaire romain dont un exemplaire existe dans la bibliothèque de la cour de cassation. L'historien du Différent, l'a tirée d'un *vidimus* de l'officialité de Paris, daté de 1303.
Cette bulle, notifiée au clergé français, et vérifiée dans la *Cour de Paris*, *in Curiâ parisiensi*, a été lue dans une assemblée de tous les prélats de l'empire français.

latis et personis ecclesiasticis gaudeant, certis pœnis adjectis nihilominus in hac parte, verum non nulli nostræ intentionis ignari, suæque prudentiæ initentes, hujus modi constitutionem nostram non rationabili aut æquitati consonæ, sed voluntariæ interpretationi subjicere moliuntur, non attendentes, quod ad eum qui condidit interpretatio noscitur pertinere. Nos igitur huic morbo congruam intendentes adhibere medelam, et ut cujuslibet ambiguitatis scrupulus in hac parte tollatur, et veritatis puritas elucescat, auctoritate præsentium declaramus, quod constitutio ipsa, vel ejus prohibitio, ad donaria vel mutua, seu quævis alia voluntaria prælatorum et personarum ecclesiasticarum ejusdem regni, cujuscumque status ordinis, vel conditionis existant, omni prorsus tractatione, aut exactione cessante, se aliquatenus non extendat, licet ad id forsitan carissimi in Christo filii nostri Philippi Francorum regis illustris, vel successorum suorum qui pro tempore fuerint, aut officialium eorumdem, seu ducum, baronum, nobilium, vel aliorum dominorum temporalium de regno prædicto, requisitio curialis et amica præcedat, quodque feudalia, censualia, sive jura quælibet in rerum ecclesiasticarum datione retenta, vel alia servitia, consueta regni ejusque successoribus, ducibus, comitibus, baronibus, nobilibus et aliis temporalibus dominis supra dictis, tam de jure quam de consuetudine à personis ecclesiasticis debita præfata constitutio non includat, vel aliquatenus comprehendat, et quod personæ ecclesiasticæ pro ecclesiarum suarum utilitatibus, compositionis, aut transactionis titulo, vel alio quovis modo, seu pro libertatibus acquirendis cum rege, suisque successoribus, ducibus, comitibus, baronibus, nobilibus, et aliis dominis temporalibus prælibatis pro ut conscientiis eorum videbitur, et ante constitutionem eamdem poterant, liberè valeant convenire, nec illas per ipsius constitutionis vigorem in iis contingat aliquatenus impediri, quodque constitutio eadem clericos clericaliter non viventes, sese mercationibus, et mercimoniis præsertim inhonestis et vilibus, vel sævis imminentes actibus non defendat. Adjicimus insuper hujus modi declarationi nostræ, quod si præfatis Regi et successoribus suis pro universali, vel particulari ejusdem regni defensione periculosa necessitas immineret, ad hujus modi necessitatis casum se nequaquam extendat constitutio memorata; quin potius idem Rex, ac successores ipsius possint à prælatis, et personis ecclesiasticis dicti regni petere, ac recipere pro hujus mo-

...sione subsidium, vel contributionem, illadque ad il-
... prælati et personæ prædicti, præfato Regi, suisque successoribus, inconsulto etiam romano pontifice teneantur et valeant,
...quotæ nomine, aut aliàs etiam imperari non obstantibus cons-
...tione prædicta, seu quovis exemptionis, vel alio quolibet
privilegio sub quacumque verborum forma confecto, a sede
apostolica impetrato: quodque necessitatis declaratio supradictæ
ipsius Regis, et successorum suorum conscientiis, dummodo
successores ipsi vicesimum ætatis annum exegerint, relinquatur, super quo dictorum Regis, et successorum conscientias onerari, eisque innotescere volumus, quòd quicquid
recipi ultra ipsius defensionis casum contigit, in suarum recipient periculum animarum, sub quo nisi salubriter providere
ac attendere potuerunt, in quo periculo remanerent. Si verò
defensionis prædictæ tempore hujus modi ætatis annum præfati non excesserint successores, declaratio necessitatis ejusdem
prælatorum, clericorum, et laicorum, qui de ipsorum successorum stricto consilio, seu majoris partis ipsorum fuerint,
conscientiis relinquatur, quorum similiter conscientias onerari volumus, eisque plenius aperiri, quòd si quid ultra
casum defensionis reciperetur ejusdem, in dispendium salutis
consiliariorum reciperetur ipsorum, illudque restituere teneantur: quodque præterea non existit intentionis nostræ, non existit
...existit per constitutionem prædictam seu declarationem
...entem, jura, libertates, franchisias, seu consuetudines quæ
præfatis Regi et regno, ducibus, comitibus, baronibus, nobilibus, et quibusvis aliis temporalibus dominis editionis
præfatæ constitutionis tempore ac etiam ante illud compe-
tere noscebantur, tollere, diminuere, vel quovis modo mu-
tare, aut eis in aliquo derogare, seu novas servitutes, vel
submissiones imponere, sed jura, libertates, franchisias, et
consuetudines supra dictas, prætactis Regi, et aliis illæsa et
integra conservare. Nulli ergo omnino hominum liceat hanc
paginam nostræ declarationis infringere, vel ei ausu temerario contraire. Si quis autem hoc attemptare præsumpserit, indignationem omnipotentis Dei, et beatorum apostolorum Petri
et Pauli ejus se noverit incursurum. Datum apud urbem ve-
...rem 11 Kal. Augusti. Pontificatus nostri anno tertio, in cujus
...testimonium sigillum curiæ parisiensis præsentibus litteris
...mus apponendum.

Datum anno et die prædictis.

N° 332. — **Bulle** du pape Boniface *VIII*, qui canonise Louis *IX*, roi des Français, et institue sa fête au 25 août de chaque année.

(11 des d'août 1297, troisième année du pontificat. (*Codex canon.*, par J. Fontanius, archevêque d'Ancyre, Rome, 1729, p. 109.)

Bonifacius episcopus, servus servorum Dei, venerabilibus fratribus, universis archiepiscopis et episcopis, exemptis et non exemptis, per regnum Franciæ constitutis, salutem et apostolicam benedictionem.

Gloria, laus et honor patri luminum ( a quo est omne datum optimum et perfectum ) a cunctis fidei orthodoxæ cultoribus, quorum spes tendit ad superos, summis et sedulis devotionis et reverentiæ studiis referantur; ipse namque in misericordia copiosus, liberalis in gratiis, et in retributione munificus, de supremis cœlorum ad ima mundi, oculos suæ majestatis inflectens et benigna consideratione discutiens, beati Ludovici, quondam regis Franciæ inclyti, suique gloriosissimi confessoris merita grandia, operaque mirifica; quibus ipse constitutus in sæculo ceu lucerna luminosa, resplenduit : eaque veluti justus judex, et retributor laudabilis dignanter intendens condignis recompensare muneribus, eum, tanquam emeritum, et retributione dignissimum, post vitæ præsentis ærumnosum et laboriosa mundi certamina ( quæ fervens in divinis obsequiis potenter et patienter exercuit ) æthereis sedibus collocavit, ut sedeat cum principibus, et solium gloriæ teneat; felicitatis æternæ dulcoribus potituras. Exultet igitur mater ecclesia, ac solemnia festiva concelebret gaudiorum, quod datum et talem filium genuit, produxit natum, educavit alumnum jam inter regum cælestium gloriosa agmina sotulustat. Lætetur inquam et jubilet, ac in laudes altissimi voces promat, quod sobolis tam præcelsæ, tam celebris illustrata fulgoribus, insignis decorata conspicitur : quæ sonoris attollenda præconiis, summæque venerationis exhibitione colenda; enucleatius aperit, evidentius explicat; illos ad perennis beatitudinis gaudia, et hæreditatis æternæ participationem admittendos : qui prædictam ecclesiam, matrem fidelium, sponsam Christi claris fidei et operis testimoniis profitentur, nullosque in supernæ patriæ gloriam, nisi per ejus ut pote cœlorum clavigeræ, ministerium virtuosum ostiis reseratis altissimi introire. Gaudeant incolarum turbæ celestium de tam sublimis, tam lucidi habitatoris adventu, quod ipsis expertus,

...que fidei christianæ colonus, cultorque precipuus [ag]gregatur. Personet lætitiæ jubilum, civium gloriosa nobilitas supernorum, quod tanti, talisque concivis suscepisse [de]poscitur adjectivum, ac venerabilis sanctorum cœtus gaudio et exultatione refloreat de nova dignissimi adhibitione con[sor]tii. Exurge itaque concio numerosa fidelium, exurgite fidei [cul]tores, et una cum eadem ecclesiâ laudis, uberis hymnum [con]cinite. Perfundantur imbre copioso lætitiæ vestra precordia, et fœcundo rore dulcedinis arcana pectoris repleantur de tantâ, [tam] potentis et egregii principis exaltatione terreni, spei tu[æ]que plenitudine præconcepta, quod nobis de indigenâ ter[ren]orum compatriota, cælestium jam effecto, apud æterni [pa]tris filium efficax patronus accrevit, qui pro salutis nostræ [pro]fectibus jam in ejus præsentia positus, solertis exercet of[fic]ium oratoris.

Porro quis posset amplo famine præpotens, quis disertus [quan]tum libet, aut eloquii nitore coruscans sufficienter ex[pri]mere præcelsa sanctitatis insignia, et multiplicium excel[len]tiam meritorum, quibus beatus Ludovicus prædictus in [ter]ris constitutus effulsit? cum ea plura de ipsius laudabilibus [oper]ibus referenda se offerant, quo plura calamus exprimit, [de]dunt labia, lingua pangit. Sed ne ipsorum actuum claritas [su]b nubilo lateat, tenebris obducatur; dignum duximus, ut [de his] aliqua sermo noster aperiat, et deducat in publicam [noti]onem. Hic profecto clarissimus genere, sublimis potentiâ, [facul]tatibus opulentus, præcelsus virtutibus, moribus elegans, [cons]picuus extitit honestate, inhonestis et turpibus à se pe[nit]us relegatis. Nam sic pudicitiæ adhæsit operibus, sic car[nis s]tuduit evitare contagia; quod, sicut habet certa credulitas [pluri]morum, nisi ei nocens accessisset uxorius, candore vir[gin]eo rutilasset. Longi quippe spatio temporis prædicti regni re[gim]ini præfuit, ejusque gubernacula plena curis provida cir[cu]mspectione direxit: nulli noxius, non injuriosus alicui, [nem]ini violentus. Justitiæ limites summopere servavit et coluit, [æqui]tatis tramitem non relinquens: perversorum conatus ne[fand]os pœnæ debitæ mucrone compescuit, malorum molimina [conter]ens, pravorum illicitos ausus frænans, pacis zelator [egregi]us, fervidus amator concordiæ, promotor sollicitus ex[opta]tæ unitatis, dissidia fugiens, vitans scandala, dissentiones [abh]orrens. Propter quod sui felicis regiminis tempore, se[dat]is undique fluctibus, seductis noxiis, turbinibus profugatis, regni ejusdem incola aurora dulcissimæ tranquillitatis illuxit, lætaque serenitas votivæ prosperitatis arrisit (*suit le récit abrégé de sa vie.*)

Verum cum vitæ hujus functus curriculis, verius viveret, quam vixisset, noluit altissimi filius, quem idem tota mentis affectione dilexerat, tam devoti principis, tantique propugnatoris fidei orthodoxæ mundo supprimi sanctitatem, ut quemadmodum meritorum pluralitate præfulserat, sic miraculorum diversitate claresceret, et qui eum plenissimâ devotione coluerat, jam secum in cœlesti palatio collocatus venerabiliter coletetur; nam contractis, artuum extensione subvenit; curvis, terram ferme tangentibus facie, plenam restituit, eorum sursum erectis vultibus, sanitatem: strumosis beneficium liberationis impendit; mulierem quamdam, cujus brachium aridum, et omnino impotens existebat, ab infirmitate hujus modi liberavit; quidam quoque, cujus, velut emortuum pendebat brachium per ejus sancti virtutem, gratiam curati obtinuit; compluribus paralytico morbo percussis et aliis, qui diversis languoribus tenebantur, plenâ redditâ sospitate, cæcisque visu, surdis auditu, clausis gressu, illius invocato nomine restitutis, his et compluribus aliis sanctus ipse coruscavit miraculis gloriosus, quorum seriem præsentibus non duximus inferendum.

Gaudeat itaque domus inclyta Franciæ, quæ talem ac tantum principem genuit, per cujus merita sublimiter illustratur. Lætetur devotissimus Franciæ populus, quod tam electum, tam virtuosum dominum meruit obtinere. Exultent prælatorum et cleri præcordia, quod præfatum regnum tam claris miraculorum ipsius regis insigniis propensus decoratur. Jucundentur et procerum, magnatum, nobilium, et militum pectora, quod per sanctissima opera dicti regis, ejusdem regni status honoris multiplicis prærogativa sustollitur, et quasi solis radiis elucescit.

Ceterum, quia quos superni Regis clementia corona gloriæ in cælo magnificat, devote a fidelibus in hac terrestri patriâ convenit venerari, nos de sanctitate vitæ, ac miraculorum veritate ipsius beatissimi Ludovici curiosæ ac solemnis inquisitionis diligentiâ et districti examinis discussione præmissa, plenariam certitudinem obtinentes, ipsum de communi fratrum nostrorum et prælatorum omnium, tunc apud sedem apostolicam existentium, consilio et assensu, die do-

... tertio idus Augusti *sanctorum catalogo duximus adscribendum*; ideoque, universitatem vestram monemus et hortamur attente, vobis per apostolica scripta mandantes, quatenus in crastino beati Bartholomei apostoli, cum felix ipsius anima, tunc de carnis eruta vinculis, astra petens, cœlestem aulam adiverit, æternis gaudiis potitura, festum ipsius sancti devote ac solemniter celebretis et faciatis per vestras civitates et diœceses a Christi fidelibus veneratione congruâ celebrari, ut ejus intervenientibus precibus et hic ab imminentibus possitis liberari periculis, et in futuro salutis perpetuæ præmium obtinere.

Ut autem ad venerabile sepulchrum ipsius ferventius et copiosius fidelium confluat multitudo, ac celebrius ejusdem solemnitas peragatur, omnibus vere penitentibus et confessis, qui reverenter illuc in eodem festo annuatim accesserint ejus suffragia petituri, de omnipotentis Dei misericordiâ, et beatorum Petri et Pauli apostolorum ejus auctoritate confisi, unum annum et quadraginta dies, accedentibus vero annis singulis ad prædictum sepulchrum infra ejusdem festi octavas, quadraginta dies de injunctis eis pœnitentiis misericorditer relaxamus.

Datum apud urbem veterem, tertio idus Augusti, pontificatûs nostri anno tertio.

---

N°. 333. — LETTRES (1) *d'érection de la Bretagne en pairie* (2).

Courtray, septembre 1297. — Le P. Anselme, Hist. gén. de France.

---

N°. 334. — ACTE *par lequel le pape déclare qu'il ne jugera le différend, entre les Rois de France et d'Angleterre, que comme personne privée et comme arbitre, et qu'il ne procédera pas à la sentence sans le consentement préalable du Roi de France, manifesté par ses lettres patentes.*

Rome, 5 Non. de juillet 1298. (Preuv. du Différ. 41.)

---

(1) Le Roi voulait apparemment remplacer la pairie du comté de Champagne, qu'il avait réunie à la couronne par son mariage avec Jeanne, qui en était l'héritière. (Hén. Abr. Chr.)

(2) C'est la première. L'Anjou et l'Artois datent du même jour leur érection en comtés-pairies. (Velly, VII, 97.)

**N°. 335.** — ORDONNANCE *interdisant l'appel aux hérétiques condamnés par les évêques et les inquisiteurs.*

Septembre, dans l'octave de la Nativité, 1298. (C. L. I, 330.)

*Philippus*, etc. Universis suis fidelibus in toto regno Francie constitutis salutem et dilectionem.

Ut inquisitionis negotium contra hereticam pravitatem, ad Dei gloriam, et augmentum fidei, nostris temporibus prosperetur, progenitorum nostrorum vestigiis inherentes, universis regni nostri ducibus, comitibus, baronibus, nec non et universis senescallis, baillivis, præpositis ceterisque justitiariis injungimus et mandamus.

Ut sicut reputari cupiunt et haberi fideles, ita pro defensione fidei, diocesanis episcopis (1), et inquisitoribus heretice pravitatis à sede apostolicâ deputatis, aut in posterum deputandis pareant, et intendant, in hereticorum credentium, fautorum, receptatorum et defensorum ipsorum, investigatione, captione, ac custodiâ diligenti, cum ab iis fuerint requisiti, et ut prefatas personas pestiferas in potestatem, seu carcerem episcoporum, ac inquisitorum predictorum, vel ad locum de quo ipsi, vel aliqui ex eis mandaverint, infra tamen districtum illius, qui super hoc requiretur, ducant, vel duci faciant sine mora, ubi per viros catholicos a prefatis episcopis, seu inquisitoribus, vel eorum aliquo deputatos, sub artâ, et diligenti custodiâ teneantur, donec eorum negotium, per ecclesiæ judicium terminetur, utque de heresi a diocesano episcopo, vel inquisitore, seu inquisitoribus condempnatos sibi relictos, statim recipiant, indilate animadversione debitâ puniendos, non obstantibus appellationibus, seu proclamationibus prædictorum nequitie filiorum, cum omne appellationis et proclamationis beneficium expresse sit hæreticis, et credentibus, ac eorum receptatoribus, fautoribus, et defensoribus interdictum.

Datum anno Domini 1298, in octavis Nativitatis Beatæ Mariæ virginis, presentibus ad hoc archiepiscopo Narbonensi, Altissiodorensi, Constantiensi et Carcassonensi episcopis.

---

(1) Cette Ordonnance prise presque mot pour mot du chap. *Ut inquisitionis* 13. *De hæreticis, in Sexto* (de Boniface VIII). (Laur.)

1299.                                                          719

N°. 336. — SENTENCE arbitrale (1) en forme de bulle sur les démêlés entre la France et l'Angleterre, par laquelle le pape, sortant des termes de l'arbitrage, se réserve la décision des difficultés qui pourront s'élever par la suite, et la répression des abus qui pourront survenir; il veut que les places soient mises en séquestre en ses mains; déclare qu'il emploiera toute l'autorité que lui donne sa qualité de vicaire de Jésus-Christ, pour forcer les parties à l'exécution; et ordonne au Roi de France de se croiser contre les infidèles.

1298. (Rymer, p. 200.)

---

N°. 337. — MANDEMENT sur la saisie du temporel des ecclésiastiques, l'absolution des excommuniés, etc.

Angleur, le jeudi après Pâques, 23 avril 1299. (C. L. I, 331.)

### SOMMAIRES.

(1) S'il est ordonné de saisir le temporel de quelque prélat, les baillis ne pourront mettre en la main du Roi qu'un seul manoir, ou une petite partie d'un autre manoir, et ils ne pourront saisir tout le temporel, s'il ne leur est expressément ordonné par les lettres qui leur seront envoyées, etc.

(2) Ils en useront de même à l'égard du temporel des autres personnes ecclésiastiques, et ils n'établiront à ces saisies que des gardiens, ou commissaires sages et fidèles.

(3) Ils n'empêcheront pas que les sujets du Roi ne poursuivent leurs adversaires en cour d'église dans les cas dont elle doit connaître. Et ils ne pourront contraindre personne par prise de corps, ou saisie de ses biens, à obtenir l'absolution par ses adversaires.

(4) Ils ne maltraiteront pas les porteurs des censures ecclésiastiques, ils ne permettront pas aux excommuniés d'agir en jugement, ni d'avocasser, et ils contraindront les excommuniés qui ne voudront pas demander l'absolution, de se faire absoudre.

(5) Ils ne permettront pas que l'on exige des péages insolites des personnes ecclésiastiques, pour les fruits de leurs bénéfices.

(6) Défenses sont faites aux gardiens des régales de commettre aucuns excès, et de faire aucunes usurpations.

---

(1) Elle fut prononcée en un consistoire public, dans la grande salle du Palais, en présence du sacré collége au Vatican. Dans la lecture qui en fut faite au conseil du Roi, le comte d'Artois l'arracha des mains du légat, la déchira avec ses dents, et la jeta au feu, jurant que jamais Roi de France ne se soumettra à des conditions si honteuses, ni ne recevra la loi de personne. Le Roi décide qu'il ne souffrira pas qu'on porte atteinte aux maximes fondamentales du gouvernement, et qu'il continuera la guerre. (Velly, VII, 141.)

*Philippus*, Dei gratiâ, Francorum rex, Turonensi et Cenomanensi bailliviis, vel eorum loca tenentibus, salutem.

Ex dilectorum nostrorum archiepiscopi Turonensis ejusque suffraganeorum, gravi querimoniâ ad nostrum pervenit auditum, quòd vos et alii justitiarii, ministri et officiales nostri, in nostris constituti bailliviis, ipsos, ecclesias, et personas ecclesiasticas provinciæ Turonensis, molestationibus et oppressionibus variis contra immunitatem ecclesiasticæ libertatis incessanter opprimitis et diversis jugiter injuriis et gravaminibus molestatis. Nos autem qui in eorum quiete quiescimus, ipsos à prædictis gravaminibus preservari, et libertatem hujusmodi regiminis nostri, temporibus illibatam servari, plenis desideriis affectantes,

(1) Mandamus vobis, quatinus, si temporalitas prælati, per curiam nostram sesiri, ex causâ mandetur, sitis à principio, sesinâ unius manerii vel alterius paucæ partis, contenti, nisi ad majorem forsitan partem successivè postmodum sesinam extendi indurata contumacia, vel protervitas inobedientis exposcat, non tamen ad sesiendum totam temporalitatem, procedentes, nisi in nostris litteris de totâ contineatur expressè, vel nisi facti atrocitas hoc requirat. Quòd si custodes in talibus sesinis poni contingat, uno sitis contenti à principio, nisi magna rebellio aliud requirat, vel de pluribus in literis nostris expressa mentio habeatur.

(2) Ab his et similibus processibus, et gravaminibus abstineri, in sesinis temporalitatis aliarum personarum ecclesiasticarum prædictæ provinciæ facientes, attentiùs provisuri, ut in sesinis hujus servientes ponatis, ita providos et fideles, ne de ipsorum administrationibus atque gestis à vobis ratio exigatur, vel super hoc alias possitis redargui, vel puniri.

(3) Subditis quoque nostris, non inhibeatis, quin, in casibus ad jurisdictionem ecclesiæ de jure, vel consuetudine spectantibus, suos adversarios coram ecclesiasticis ordinariis locorum conveniant, nec aliquos per captiones corporum, vel bonorum, ad impetrandum pro adversariis suis absolutiones compellatis, nec compelli etiam permittatis.

(4) Neque literas ecclesiasticorum judiciorum deferentes incarceretis, nec verberetis propter portationem ipsarum, nec literas ipsas auferatis eisdem. Quòd si aperta litera et indubitata ordinariorum ecclesiasticorum judiciorum, majorem excommunicationem continens, vobis ostendatur præ manibus, et non fuerit appellatum, excommunicatos ad agen-

dam, vel patrocinandum non recipiatis, ubi consuetum est hoc servari, et excommunicatos, siquidem obstinatos, ad petendum absolutionem, ad requisitionem ordinariorum compellatis (1) sicut ab antiquo fuerit consuetum.

(5) Personas insuper ecclesiasticas ad nova pedagia, vel inconsueta ( solvi, à personis ecclesiasticis ), de fructibus beneficiorum suorum ecclesiasticorum, solvenda, compelli minimè permittatis.

(6) Custodes autem regalium per nos positos, vel ponendos, excessus, vel usurpationes facere prohibemus.

Hujusmodi ergo mandatum nostrum sic diligenter et fideliter exequi procuretis, quòd tam ipsi prælati, quàm ecclesiæ, et ecclesiasticæ personæ supradictæ, injuriarum et molestationum quarumlibet turbinibus relegatis, pacis actori, cujus mancipantur obsequiis, eo devotius, quo tranquilliùs debitum impendere valeant famulatum. Nosque ipsorum in hac parte cessantibus querimoniis et querelis, quarum revera iterata delatio nostrum turbaret acerbiùs et offenderet animum, obedientiam et sollicitudinem vestram proinde meritò commendare possimus, præsentes literas prædictis prælatis, vel eorum mandato reddentes.

Actum apud Angleur, die Jovis post festum Resurrectionis Dominicæ, anno Domini 1299.

---

N°. 338. — LETTRES *sur les priviléges des évêques, la juris- diction laïque et ecclésiastique, la passation des contrats, devant les juges ecclésiastiques, etc.*

Longchamp, 10 mars 1299. ( C. L. I, 334.)

### SOMMAIRES.

(1) *Les baillis, les vicomtes et les sergens ne pourront mettre en la main du Roi les biens temporels des prélats, sans le consentement de Sa Majesté.*

(2) *S'il y a nécessité de mettre en la main du Roi une partie du temporel des évêques, ce qui sera saisi n'excédera pas la quantité de la dette, etc.*

(3) *On ne pourra saisir leurs fermes, leurs provisions et leurs meubles malgré eux, s'il n'y a de leur part excès ou contumace.*

(4) *Les juges laïques ne pourront contraindre les personnes ecclésiastiques de plaider devant eux en action personnelle.*

---

(1) V. l'Ord. de 1278, art. 7. ( Laur. )

(5) Les bénéfices dont le Roi aura le revenu d'une année, à chaque vacance, ou mutation, seront desservis par des personnes sages, qui seront nourries sur les fruits qu'elles percevront.

(6) Il ne sera rien levé au profit du Roi, quand la vacance des bénéfices arrivera par permutation.

(7) Les lettres des prélats et de leurs juges ordinaires feront foi en la cour laie, et les obligations passées pardevant eux auront l'ordre de leurs hypothèques.

(8) Chaque bailli de Normandie supprimera dans son territoire les vicomtes forains et les sergens inutiles, ou il en diminuera le nombre, afin qu'ils ne soient pas à charge aux prélats.

(9) Les baillis de Normandie exécuteront ces présentes et les feront exécuter par les officiers inférieurs.

---

*Philippus*, Dei gratiâ, Francorum rex, universis presentes literas inspecturis salutem.

Decens reputamus et congruum, ut illos qui, secundum status sui decenciam, nobis devotos et nostris affectibus indeficienter exhibent se paratos, condignis muniamus favoribus, et ne injuriosis quorumcumque molestiis pregraventur, regie protectionis munimine foveamus.

Nuper siquidem nobis in Christo carissimi rothomagensis provincie prelati ad nostram presentiam pro quibusdam regni nostri statum contengentibus evocati, nobis non nulla gravamina, molestias, oppressiones, et injurias, que per baillivos, vicecomites, servientes, et ministros nostros eisdem pervenerant, porrexerunt, supplicantes tranquillitati sue, per nos super hoc opportuno remedio provideri.

Eorum, in quibus sincere devotionis, et prompte de nostris desideriis affectionis gratitudinem invenimus, supplicationibus inclinati, super premissis gravaminibus, molestiis, oppressionibus, et injuriis sic duximus providendum.

(1) Videlicet quod nullus baillivorum, vicecomitum, servientum et ministrorum nostrorum, aut eorum locatenencium temporalitatem ipsorum prelatorum universitatis (1), ad manum nostram ponat assensu nostro nomine (2) requisito, et obtento.

---

(1) Il faut, ce semble, *Universorum*. (Laur.)
(2) Dans quelques manusc., il y a mieux, *minime*. (Laur.)

(2) Si vero pro quocumque debito, contumaciâ, vel delicto eorumdem prelatorum partem temporalitatis sue ad manum nostram poni oporteat, volumus quod pars illa modum, seu qualitatem debiti, contumacie, vel delicti non exedat.

(3) Concedimus etiam ut nullus maneria, garnisiones, et mobilia prelatorum, eisdem invitis, assumat, nisi eorundem excessus vel contumacia id exposcat.

(4) Concedimus preterea ut nullus secularis judex clericos et personas ecclesiasticas coram se super personalibus actionibus respondere compellat.

(5) Concedimus insuper quod beneficia, in quibus per eorum vacationem, annalia (1) debemus percipere, bonis et honestis deserviendis committantur personis, et pro sufficienti sustentatione deservientum, quibus hoc faciendum fuerit, de fructibus ab ipsis percipiendis annualium ministretur.

(6) Inhibemus etiam ne quis ad ipsa levanda annalia deputatus, de beneficiis ex causâ pure permutationis et non fraudulenter, vacantibus, vel vacaturis annale exigat, sive levet.

(7) Concedimus siquidem quod literis prelatorum et suorum ordinariorum judicum, in seculari foro, adhibeatur fides, prout hactenus extitit consuetum, et quod obligationes coram ipsis facte, vel faciende, ceteris posterioribus obligationibus preferantur, ut de jure et locorum consuetudinibus est agendum.

(8) Concedimus etiam quod baillivi nostri ducatus Normannie, (2) quibus videlicet in bailliviâ suâ vicecomites foraneos, et servientes inutiles amoveat, et eorumdem numerum restringat, sic quod ipsi prelati pro nimiâ vicecomitum vel servientum multitudine non graventur.

(9) Damus igitur baillivis nostris ducatus Normannie presentibus in mandatis, quatenus ipsi et eorum quilibet in sibi commissis bailliviis hujusmodi provisionem nostram teneant et ab omnibus justiciariis et subditis nostris teneri faciant et ad integrum effectum perduci, quos hujus ordinationis nostre transgressores invenerint, puniendo.

Actum in abbatiâ Longi Campi, die jovis post Brandones, anno Domini 1299.

---

(1) En 1196, les chanoines de Rouen obtinrent du pape Célestin, que ces espèces de *Reliefs* et d'*Annates* seraient employés en usages pieux. (Lau.)
(2) Lisez *quilibet*. (Lau.)

N°. 339. — Ordonnance (1) *contre les voleurs de gibier et de poisson.*

1299. (C. L. I, 335.)

Il sera crié par toutes les chastelleries, au jour de marchié de huit jours, en huit jours, par trois marchiez contigues, que tuit cil qui ont paniaus à conniz, ou à lièvres, qui ayent garennés, ou non, les apporteront au chastel, en qui chastellerie il sout, au jour de marchié qui sera crié, et seront ars devant le peuple et banni. Et se après ce bannissement paniaus estoient trouvez seur qui que ce fust, il paieront 60 livres de Parisis d'amende, ou la volenté li Roy, ou de celuy en qui justice il sera trouvé. Et cil qui le voudra accuser à joustice, aura le tiers en l'amende.

*Item.* En chascune chastellerie seront establi deux preudeshomes pour enquerre de soupçonneus et des conseneurs et des recepteurs de ces devans dit larrons, et des larrons des ayves aussi (2). Et obéiront les justices à ces deux preudeshommes de ceus que il auront trouvé souspeçonneus, conseteurs, et recepteurs de prendre et de tenir ceus qui leur nommeront, et les baillis des lieux les puniront bien et aprement, selon leurs meffaiz, et si comme raison donra. Et tous ceux qui ont haute justice en leur terre feront cette ordenance tenir.

*Item.* Que nuls ne puist tenir fuiron ne reiseüs (3), se il n'est gentishoms, ou s'il n'a garenne, et seur la paine dessusdite.

*Item.* Que nuls ne face paniaus. Et cil qui les fera seront puniz ainsi comme li dessus dit.

---

(1) Dans le reg. *Olim*, folio 28, cette Ordon. a le préambule qui suit:
» C'est l'Ordonance faite par nostre Seigneur le Roi et par son Conseil, pour le commun profit du royaume, et pour oster et eschiver moult de larrecins, murtres et meffaiz, que larrons de conins sont ou royaume de France. »
Elle n'a pas de date; on la place en 1299 parce qu'elle se trouve de cette année dans quelques copies. (Laur.)

(2) C.-à-d. eaux. Ainsi cette Ordon. est aussi contre les larrons de poisson. (Laur.)

(3) C.-à-d. furet, ni réseaux ou filets. (Laur.)

N°. 340. — CONCILE de Rouen, qui défend aux curés et aux bénéficiers de paraître en public avec des habits courts et l'épée au côté, de retirer chez eux des femmes suspectes, d'exercer des charges dans les justices séculières, de prêter à usure, de vivre dans la débauche, etc.

1299. (Rec. des Conciles, tom. XI, p. 1319, 1332, 1426.)

---

N°. 341. — LETTRES patentes, portant qu'en cas de mort de la Reine avant la majorité de son fils, la régence appartiendra au comte d'Anjou, frère du Roi (1).

Mardi avant la Toussaint, 1300. (S. Nouv. Répert. v°. Régence, S 1er.)

---

N°. 342. — LETTRES qui réduisent à 60 le nombre des notaires du châtelet de Paris.

Paris, le mardi après le dimanche où on chante *Judica me*, 1300. (C. L. I, 336.)

---

N°. 343. — FRAGMENT d'une ordonnance, portant que les clercs absous en cour d'église peuvent être punis par la justice temporelle, et leurs biens confisqués, si le crime est notoire.

Paris, 1300. (C. L. I, 543.)

De homicidiis et malefactoribus notoriis, qui per officiales episcopales liberantur. Et postmodum monent gentes nostras, ut bona nobis devinta, propter delicta clericorum manifesta, et de quibus ad plenum constat curiæ seculari, talibus clericis restituant et eos in terrâ nostrâ faciant secure manere, unde laici scandalizantur, videntes famosos interfectores clericos, contra Deum et justitiam liberari, et laicos ipsos rigide puniri, cum eos in similibus delinquere contigerit. Si facta sint notoria, aliquo de tribus modis à jure statuto, licet manus episcopi quoquomodo evaserint, bona immobilia talium clericorum saisiantur, et teneantur, nec talibus in terrâ nostrâ commorantibus securitas aliqua præstetur. Et si propter hoc processum fecerint contra gentes nostros, per bonorum temporalium captiones desistere compellantur.

---

(1) V. l'Ordon. d'octobre 1294.

N°. 344. — *Lettres portant que les dépositions des témoins seront écrites par les notaires du châtelet.*

Paris, mercredi après la Saint-Marc, 1300. (C. L. I, 331.)

N°. 345. — Bulle *qui institue le jubilé* (2).

A Saint-Pierre de Rome, 8 des kalend. de mars 1300, sixième année du pontificat. (*Bullarium Romanum*, Rome, in-folio, 1740.)

Bonifacius, etc. Antiquorum habet fide relatio quod accedentibus ad honorabilem basilicam principis apostolorum de urbe, concessæ sunt magnæ remissiones, et indulgentiæ peccatorum.

(1<sup>er</sup>.) Nos igitur qui juxta officii nostri debitum salutem appetimus, et procuramus libentius singulorum, hujusmodi remissiones et indulgentias omnes et singulas, ratas et gratas habentes, ipsas auctoritate apostolica confirmamus et approbamus et etiam innovamus, et præsentis scripti patrocinio communimus.

(2) Ut autem B. B. Petrus et Paulus apostoli, eo amplius honorentur, quo eorum basilicæ, devotius fuerint à fidelibus frequentatæ, et fideles ipsi spiritualium largitione numerum, ex hujusmodi frequentatione, magis senserint se refectos, nos de omnipotentis Dei misericordia et eorumdem apostolorum ejus meritis et auctoritate confisi, de fratrum nostrorum consilio et apostolicæ plenitudine potestatis, omnibus in præsenti anno 1300, à festo Nativitatis Domini nostri J. C. præterito proximè inchoato et in quolibet anno centesimo secuturo, ad basilicas ipsas accedentibus reverenter; verè pœnitentibus et confessis, vel, qui verè pœnitebunt, et confitebuntur, in hujusmodi præsenti, et quolibet centesimo secuturo annis, non solum plenam et largiorem, imo plenissimam omnium suorum concedemus et concedimus veniam peccatorum.

(3) Statuentes ut qui voluerint hujusmodi indulgentiæ à

---

(2) Ce jubilé devait se célébrer tous les cent ans; le Pape Clément VI le rapprocha à cinquante, et le Pape Paul II à vingt-cinq. On a cru que le jubilé chrétien avait été établi sur le modèle de celui des Juifs, qui se célébrait tous les cinquante ans, mais le P. Pagi pense que les Chrétiens imitèrent en quelque façon les jeux séculaires des anciens, en les sanctifiant par un autre usage, pour ramener ainsi plus facilement les payens, en se rapprochant d'eux dans une chose indifférente. On a dit la même chose de Moïse, et que l'esprit des cérémonies qu'il eut ordre de Dieu d'établir, était de faire oublier aux Israélites les cérémonies Egyptiennes. (Hén. Abr. Chr.)

...bis concessas fieri participes, si fuerint Romani, ad minus 3o diebus, sen interpolatis, et saltem semel in die, si vero peregrini fuerint aut forenses, simili modo diebus 15, ad basilicas easdem accedant. Unusquisque tamen plus merebitur et indulgentiam efficacius consequetur, qui basilicas ipsas amplius et devotius frequentabit. Nulli ergo, etc.

Datum Romæ, etc.

---

N°. 346. — LETTRES *portant que les monnaies étrangères n'auront pas cours dans le royaume.*

Paris, 2 juillet 1301. (C. L. XII, 251.)

---

N°. 347. — ORDONNANCE *faite par le parlement, et confirmée par le Roi, sur les bâtardises et les aubaines* (1).

Mardi avant la Saint-Grégoire, 1301. (C. L. I, 338.)

SOMMAIRES.

(1) Les collecteurs n'exploiteront pas les successions des bâtards et des aubains, décédés dans les terres des seigneurs qui y ont toute justice, à moins qu'il ne soit constant que le Roi soit en possession de percevoir ces sortes de biens.

(2) Pendant que l'on fera l'enquête à cet effet l'on procédera à l'inventaire.

(3) L'inventaire étant fait, le tout sera mis en la main du Roi et sous la garde d'une personne fidèle.

(4) Ces sortes d'enquêtes seront faites par la cour.

(5) Les collecteurs ne feront aucunes sociétés pour le Roi, sans son consentement.

(6) S'il est question entre deux personnes des biens délaissés par un serf de corps, s'il n'y a personne qui les réclame pour le Roi, les collecteurs renverront la cause au seigneur qui en doit connaître.

(7) S'il s'agit de la succession d'une personne que les gens du Roi prétendent avoir été serve de sa majesté, et que les héritiers soutiennent avoir été libre, ou franche, les biens délaissés par le défunt seront mis en la main du Roi, et l'on en fera l'inventaire, les parties appelées, avec le seigneur du lieu, etc.

(8) Pour procéder à l'inventaire des biens, dans lesquels les collecteurs diront avoir quelque droit pour le Roi, ils y appelleront tous ceux qui y auront intérêt, avec le seigneur du lieu où les biens seront, et on leur donnera des copies de l'inventaire.

---

Philippus, etc., universis presentes literas inspecturis, salutem.

---

(1) Nouv. Répert. V°. Aubaine et bâtard.

## PHILIPPE IV.

Graves clamores et multiplices frequenter tam ad nos, quàm gentes nostras perveniunt, contra collectores per nos deputatos, in negotiis manuum mortuarum, aubenarum et bastardorum, super inordinatis et abusivis processibus, et usurpationibus pluribus, qui per eos fiunt, ut dicitur, in grave subditorum nostrorum dampnum et dispendium, ac etiam in diminutionem eorum, quæ ad nos debent pertinere in bonis eorumdem, cum ipsorum bonorum quantitates magnæ fuisse et esse dicantur, et dicti collectores de modicis quantitatibus dumtaxat reddiderint, et reddant nostris gentibus rationem. Tandem deliberatione super hoc habita diligenti per curiam nostram extitit ordinatum.

(1) Quod bastardorum et aubenarum in terris baronum et aliorum subditorum nostrorum in quibus ipsos constiterit omnimodam habere justitiam, decedentium, bona ipsi collectores non expleteant, nisi prius, per aliquem idoneum virum, quem ad hoc specialiter deputaverimus, vocatis partibus ac dictis collectoribus, et domino loci (1), constiterit, quod nos simus in bonâ saisinâ percipiendi et habendi bona talium bastardorum et aubenarum, decedentium in terris prædictis.

(2) Quâ inquestâ pendente statim de bonis hujusmodi, vocatis predictis, certum fiet inventarium.

(3) Quo facto bona predicta in manu nostrâ tamquam superioris, ponentur, et interim salva custodientur ibidem, penes aliquem probum virum non suspectum.

(4) Et inqueste hujusmodi per nostram curiam expedientur.

(5) Item. Ordinatum fuit quod dicti collectores novas associationes de cetero pro nobis non recipient, absque nostro speciali mandato.

(6) Item. Ordinatum fuit, quod, si inter aliquos subditos nostros, sit questio de bonis habendis alicujus, qui in statu decesserit servientis, utraque parte dicente, defunctum hujusmodi hominem suum de corpore fuisse, et ex parte alicujus non proponatur bona hujusmodi ad nos pertinere vel ratione associationis antique, dicti collectores, cognitionem questionis hujusmodi sibi non assumant, sed super hoc domino loci cognitionem dimittant.

---

(1) Les seigneurs jouissaient alors en plusieurs lieux du droit d'aubaine et de bâtardise, par usurpation. Depuis, le droit d'aubaine leur a été ôté; et ils n'ont plus joui du droit de bâtardise que dans ces trois cas: quand le bâtard était né dans leurs terres, lorsqu'il y était domicilié, et qu'il y était mort. (Bacquet, du Droit de justice, chap. 22 et 23.)

(7) *Item.* Ordinatum est quod si collectores predicti bona alicujus defuncti ratione manus mortue petant pro nobis, dicentes defunctum hujusmodi hominem nostrum de corpore fuisse, et e contra ipsius defuncti heredes dicant ipsum fuisse liberum et in saisinâ libertatis decessisse, statim bonis hujusmodi ad manum nostram tamquam superioris positis, fiat, vocatis partibus ac Domino loci, certum inventarium de bonis predictis, cujus copiam utraque pars habebit et interim ibidem dicta bona per aliquem probum virum non suspectum in manu nostrâ servabuntur et de causis hujusmodi bailli vus noster illius loci cognoscet, nisi virum aliquem alium forsitan duxerimus specialiter committendum, et dicti collectores coram dicto baillivo nostro vel deputato a nobis jus nostrum in hujusmodi prosequtione defendent.

(8) *Item.* Ordinatum est, quod in faciendis inventariis bonorum quorumlibet defunctorum, in quibus ipsi collectores reclamaverint nos jus habere, ipsi vocabunt omnes illos quos tangit negotium, et etiam dominum in cujus terrâ et justitiâ bona hujusmodi consistunt, et fiet utrique partium copia inventariorum eorumdem, et in omnibus quibuslibet casibus qui de cetero evenient, servabitur ordinatio predicta.

In cujus rei testimonium presentibus literis nostrum fecimus apponi sigillum (1).

Actum Parisius die martis post festum beati Gregorii, anno Domini 1301.

---

N°. 348. — BULLE du pape (*Boniface VIII*) sur le pouvoir du Saint Siège envers les Rois.

Latran, Nones de décembre 1301. (Preuv du Differ., 48.)

*Bonifacius*, episcopus, servus servorum Dei, carissimo in Christo filio regi Francorum illustri, salutem et apostolicam benedictionem. Ausculta, fili carissime, præcepta patris, et ad doctrinam magistri qui gerit illius vices in terris, qui solus est magister et dominus, aurem tui cordis inclina, viscerosæ sanctæ matris ecclesiæ ammonitionem libenter excipe, et cura efficaciter adimplere (ut in corde contrito ad Deum reverenter redeas, à quo per desidiam, vel depravatus consilio noscerls recessisse, ac ejus et nostris bene placitis te devotè conformes). Ad te igitur sermo noster dirigitur, tibi paternus amor exprimitur, et dulcia matris ubera exponuntur. Cam-

---

(1) V. l'Ordon. des Bourgeoisies. (Laur.)

pum siquidem militiæ humanæ mortalitatis ingressus, renatus sacri fonte baptismatis, renuncians diabolo et pompis ejus, non quasi hospes et advena, sed jam domesticus fidei, et civis sanctorum effectus, ovile dominicum intrasti, colluctaturus non solùm contra carnem et sanguinem, sed etiam contra aëreas potestates mundique rectores præsentium tenebrarum, sic veri Noë es arcam ingressus, extra quam nemo salvatur, catholicam scilicet ecclesiam, veram columbam, immaculatam unici Christi sponsam, in quâ Christi vicarius, Petrique successor primatum noscitur obtinere, qui si collatis clavibus regni cœlorum judex à Deo vivorum et mortuorum constitutus agnoscitur, ad quem sedentem in solio judicii dissipare pertinet suo intuitu omne malum. Hujus profectò sponsæ quæ de cœlo descendit, à Deo parata sicut sponsa ornata viro suo, romanus pontifex caput existit. Nec habet plura capita monstruosa, cum sit sine macula, sine ruga, nec habens aliquod inhonestum.

Sane, fili, cur ista dixerimus imminente necessitate, ac urgente conscientiâ expressius aperimus : constituit enim nos Deus licet insufficientibus meritis super reges, et regna imposito nobis jugo apostolicæ servitutis, ad evellendum, destruendum, disperdendum, dissipandum, ædificandum atque plantandum sub ejus nomine et doctrinâ, et ut gregem pascentes dominicum, consolidemus infirma, sanemus ægrota, alligemus fracta, et reducamus abjecta, vinumque infundamus et oleum vulneribus sauciatis. Quare, fili carissime, nemo tibi suadeat quod superiorem non habes, et non subsis summo hierarchæ ecclesiasticæ hierarchiæ; nam desipit qui sic sapit, et pertinaciter hæc affirmans convincitur infidelis, nec est intra boni pastoris ovile : et licet de singulis regibus et principibus sub fide militantibus christianâ, pro eorum salute sollicitè cogitemus; erga te tamen officii nostri debitum eo amplius eoque carius et attentius dirigere debemus et exequi, quo majori personam tuam paternâ et maternâ caritate amplectimur, et non solum te, sed et progenitores, domum, et regna tua, in diversis nostris statibus plena et pura sumus benevolentiâ prosecuti. Nec possumus cum non debeamus præterire silentio, quin ea, per quæ oculos divinæ majestatis offendis, nos perturbas, gravas subditos, ecclesias et ecclesiasticas seculares ve personas opprimis et affligis, nec non pares, comites et barones, aliosque nobiles, et universitates ac populum dicti regni, multosque diversis angustiis scanda-

suas, tibi apertius exprimamus. Profecto erga te hactenus servasse nos novimus ordinem caritatis, interdum præsentialiter per nos ipsos, dum nos minor status haberet, ac postquam nos dominus provexit ad apicem apostolicæ dignitatis per multiplicatas nostras litteras, solemnes nostros, et tuos nuncios, prælatos et comites, alios domesticos nostros, et tuos, te opportunis studiis, et temporibus inducendo, ut errata corrigeres, emendares excessus, regnum tuum in pacis dulcedine ac tranquillitate disponeres, ac cleri et populi gravaminibus abstineres, tuoque jure contentus, in aliorum injuriam occupatrices non extenderes manus tuas. Sed quod te correxeris, et in te salutis semina sata, ut vellemus fructificaverint, non videmus quin imo delinquendi licentiam, et multiplicandi peccata videris, proh dolor! in consuetudinem deduxisse: et ut aliqua explicabiliter inferamus, ecce quod licet pateat manifeste, ac explorati juris existat, quod in ecclesiasticis dignitatibus, personatibus et beneficiis, canonicatibus et præbendis vacantibus in curia vel extra curiam romanus pontifex summam, et potiorem obtinet potestatem: ad te tamen hujus modi ecclesiarum, dignitatum, personatuum et beneficiorum canonicatuum collatio non potest quomodolibet pertinere, nec pertinet, nec per tuam collationem in ipsis, vel eorum aliquo potest alicui jus adquiri, sine auctoritate, vel consensu apostolicæ sedis, tacitis vel expressis, quos qui acceperit, et se denegat accepisse, eis per ingratitudinem est privandus, et etiam ille qui permissa vel concessa abutitur potestate, et qui contrarium tibi suadet, est contrarius veritati. Nihilominus tu metas et terminos tibi positos irreverenter excedens, ac factus impatiens super hoc injuriose obvias ipsi sedi, ejusque collationes canonice factas executioni mandari non sustines, sed impugnas quatenus tuas qualitercumque factas præcedere dignoscuntur: et cum in judicio esse debeat distincto personarum, tu tamen in propriis causis jus tibi dicere, et non in communi, sed in proprio judicio partes actoris, et judicis sortiaris, et si quemquam injuriari tibi reputas, contemnis de ipso conqueri coram competenti judice, seu etiam coram nobis, quantumcumque injurians sit persona ecclesiastica, vel mundana de regno tuo, vel extra, et de illatis per te vel tuos injuriis atque damnis, ac de tuis et tuorum excessibus recusas per aliquem judicari, et ad saisienda, et occupanda ecclesiastica bona et jura pro libito voluntatis occupatrices manus extendis in casibus tibi non concessis ab homine vel à jure. Prælatos insuper, et alias personas ecclesiasticas tam religiosos quam sæculares regni tui etiam super persoualibus actionibus, juribus, et immobilibus bonis, quæ à te non tenentur in feudum, ad tuum judicium pertrahis et coarctas, et inquestas fieri facis, et decimas tales, licet in clericos et personas ecclesiasticas nulla sit laicis attributa potestas: præterea contra injuriatores, et molestatores prælatorum, et personarum ecclesiasticarum eos uti spirituali gladio qui eis competit libere non permittis, nec jurisdictionem eis competentem in monasteriis, seu locis ecclesiasticis quorum recipis guardiam, vel custodiam, vel à prædecessoribus tuis receptam proponis, pateris exercere; quin potius sententias, seu processus per dictos prælatos, ac personas ecclesiasticas licitos, promulgatos, et latos, si tibi non placeant, directe vel indirecte revocare compellis. Et quod tacere nolumus, lugdunensem ecclesiam, tam nobilem, tam famosam, tam charam in prædictæ sedis pectore constitutam, quæ in spiritualibus et temporalibus hactenus reflorebat, tu et tui injuriosis gravaminibus et excessibus ad tantam inopiam, et oppressionis angustiam deduxistis quod vix adjicere poterit, ut resurgat, quam constat non esse, infra limites regni tui, nosque qui quandoque canonicus fuimus in eadem ecclesiâ, ejusque libertatum, privilegiorum, et jurium notitiam plenam habemus, non revocamus in dubium, quod injuriose nimis tractas eamdem. Vacantium regni tui ecclesiarum cathedralium redditus, et proventus, quos tui, et tu appellas *regalia* per abusum, tu et ipsi tui non moderate percipitis, sed immoderate consumitis: sic fit ut quorum custodia fuit ab initio regibus pro conservatione commissa, nunc ad consumptionis noxam criminose deveniant, et discriminosis abusibus exponantur. Quod enim custodiendum est, rapitur, et quod conservandum illicite devoratur, et custodes sunt lupi rapaces effecti, et sub prætextu custodiæ status ecclesiarum, et personarum ecclesiasticarum dispendia perfert, damna sustinet, et miserabilis sortitur eventus, primævæ conservationis spe utique defraudatur. E quidem prælati et ecclesiasticæ personæ, nedum iis quos regni tui continet incolatus, sed per illud alienigenæ etiam transeuntes bona propria mobilia de regno ipso nequaquam extrahere permittuntur, ex quo diversa patiuntur incommoda, et qui super hoc libero uti debent arbitrio, servitutis quasi jugo premuntur. Sicut de mutatione monetæ, aliisque gravamibus, et injuriosis processibus per te ac tuos magnis ac parvis regni ejusdem incolis irrogatis, et habitis contra eos, qui processu temporis explicari poterunt, taceamus ad praesens, qualiter in praemissis, et aliis libertas ecclesiastica, et immunitas tuis sunt enervatae temporibus, qualiter tu a sacris et piis, providis et maturis progenitorum tuorum vestigiis, quae per universa mundi climata enitebant illustrissimos radios claritatum, degenerare noscaris. Nempe multorum ad nos insinuatio clamosa perducit, ac nedum in regno ipso, sed in diversis mundi partibus innotescit, et ecclesiae dicti regni quae solebant hactenus libertatibus, et quiete vigere, nunc factae sunt sub tributo, sicut luctuosus clamor earum sub intolerabili persecutione testatur. Nec ignoras quod super iis, et consimilibus de te ad Deum, nec non ad te saepius, nedum saepe clamavimus, et exaltavimus vocem nostram, annuntiavimus scelera, delicta deteximus, sperantes te ad poenitentiam salubriter revocare, et adeo desudavimus inclamando, quod raucae factae sunt fauces nostrae: sed tu, velut aspis surda obturasti aures tuas, et nostra salubria monita non audisti, nec recepisti ea velut medicamenta curantis. Verum licet ex praemissis contra te sumere arma, pharetram atque arcum non indigne, non injuste possemus, ut te a tanto revocaremus invio ad semitam reducendo salutis; adhuc nihilominus dum filialiter metuas, haec tibi praesignificare decrevimus, ut saniori ductus consilio a facie arcus inflexibilis sententiae potius, imo prorsus effugias, quam expectes debitae judicium ultionis, cum tutius dignoscatur ante casum occurrere, quam remedium quaerere post ruinam. Cum autem nos debitum pastoralis officii urgeat, et publicae utilitatis intersit, ut qui nec Deum timent, nec deferunt ecclesiae, neque censuram canonum reverentur, et quasi descendentes in profundum malorum contendunt, quamvis eis displiceat, ad salutem etiam trahamus invitos. Nos nolentes ne ex dissimulatione tam longa, nos tua culpa reddat obnoxios, ne si nos, vel te, quod absit, incorreptum Deus de hac vita subtraheret, anima tua de nostris manibus requiratur, neve tui custodia, quam suscepimus in commisso nobis officio apostolicae servitutis in nostrum cedat periculum, et discrimen ac perditionem multorum, dissimulando talia, et diutius tolerando ea: amore paterno commoti, qui omnem vincit affectum, ex affluentia maternae sollicitudinis excitati ad providendum ne perdat Deus cum impiis animam tuam, neve tua, et tam amati regni caritas malibus actibus, et detestandis insolentiis denigretur: deliberatione cum fratribus nostris super hoc habita pleniori, venerabiles patres nostros archiepiscopos, episcopos, ac dilectos filios electos; et Cistercien., Cluniacen., Premonstraten., nec non S. Dionysii in Franciâ parisiens. diocesis, et majoris monasterii turonen. ordinis S. Benedicti monasteriorum abbates et capitula ecclesiarum cathedralium regni tui, ac magistros in theologiâ, et in jure canonico, et civili, et nonnullas alias personas ecclesiasticas oriundas de regno prædicto, per alias nostras patentes literas certo modo ad nostram præsentiam evocamus, mandantes eisdem, quod in Kalend. novembris futuris proxime, quas eis pro peremptorio termino assignamus, nostræ se conspectui representent, ut apud te ac alios sublata repentina exceptione consilii, quin imo maturiori cautelâ servatâ, et frustratoriis objectibus amputatis, super premissis, et aliis deliberate consulamus eosdem, cum quibus sicut cum personis apud te suspicione carentibus, quin potius acceptis, et gratis, ac diligentibus nomen tuum, et affectantibus statum prosperum regni tui, tractare consultius et ordinare salubrius valeamus quæ ad præmissorum emendationem, quam directionem, quietem atque salutem, ac bonum et prosperum regimen ipsius regni, videbimus expedire. Si tuam itaque rem agi putaveris, eodem tempore per te, vel per fideles viros, et providos tuæ conscios voluntatis, ac diligenter instructos, de quibus plene valeas habere fiduciam, iis poteris interesse, alioquin tuam vel ipsorum absentiam divinâ replente præsentiâ in præmissis, et ea contingentibus, ac aliis, prout nobis, supernâ ministraverit gratiâ, et expedire videbitur, procedemus. Tu autem audies quid loquetur in nobis dominus Deus noster, in quibus tamen sine offensâ Dei, scandalo, et periculo ecclesiæ, offensione justiciæ ac utilitatis publicæ læsione, et honoris tui poterimus minorationis vitare dispendia, deferre tibi disponimus, et tui etiam culminis salubria commoda promovere, si te correxeris, et habilitaveris ad gratiam promerendam. Cæterum licet super præmissis, et similibus ad excusandas excusationes in peccatis, te aliqui excusare nitantur, non tantum ea tibi, quantum et tuis pravis consiliariis imputando, in hoc tamen tu inexcusabilis comprobaris quod tales consiliarios honoris tui utique destructores, tuæque salutis, et famæ falsos, et impios consumptores, assumis et retines, eisque regium præbes assensum, qui ad tam enormia, et detestabilia te inducunt: hi sunt quasi falsi prophetæ suadentes tibi falsa et stulta, quia non viderunt a Domino visionem. Ergo fraudulentis detractionibus et subversionibus talium, sub adulationis et falsi consilii utique velamento confictis, minime quæsumus acquiescas, quia in vastitate quadam hostili, decorant incolas regni tui, et non tibi, sed eis mellificarunt apes, isti sunt secretiora illa hostilia, per quæ ministri Bel sacrificia quæ super ponebantur, a rege clanculo asportabant, ii sunt qui sub umbra, tui longa manu, tua et aliorum bona diripiunt, et sub obtentu justiciæ palliati subditos opprimunt, ecclesias gravant, et redditus alienos, violenter invadunt, pupillo et viduæ non intendunt, sed impinguantur lacrymis pauperum, et divitum oppressione discordias suscitant ac fovent, guerras nutriunt, ac pacem de regno tollere, pravis operationibus non verentur. Verumtamen cadit in hæc illa prava dissimulatio judeorum, qui dum linguis crucifigentes Dominum, dicentes tamen eis non licere interficere quemquam, tradebant eum occcidendum militibus, ut ab eis culpa in alios transferretur. Tantam namque prudentiam Deus tibi ministrat ex alto, tantam vides et audis in aliis quorum potes exemplo doceri, totque tibi meminimus salubria consilia destinasse, quod si tua studia convertere soleres ad bonum, talium te curares consiliorum juvamine communire, qui te in stultum finem nequaquam impengerent, sed ad incrementa salutis et utilitatis publicæ prudentius animarent: sed timemus ne apud te (cujus interiores oculi putantur illicitis excecati) vilescat sermo dominicus, et verba ædificativæ vitæ, productiva salutis, amoris defectui ascribantur.

Ad hæc ne terræ sanctæ negotium, quod nostris, et tuis, ac aliorum fidelium debet arctius insidere præcordiis, nos putes oblivioni dedisse; memorare fili, et discute quod primogenitores tui christianissimi principes, quorum debes laudanda vestigia solerti studio, et claris operibus imitari, exposuerunt olim personas, et bona in subsidium dictæ terræ: sed Saracenorum invalescente perfidià, et christianorum (ac maxime tua), et aliorum regum, et principum devotione solità tepescente, terra eadem tuis utique temporibus heu perdita noscitur et prostrata. Quis itaque canticum Domini cantat in ea, quis assurgit in ejus subsidium, et recuperationis opportunæ juvamen adversus impios Saracenos magnificantes, et operantes iniquitatem debachantes in illà. Ad ejus quippe succursum arma bellica periisse videntur, et abiecti sunt clypei fortium qui contra hostes fidei dimicare solebant. Enses et gladii evaginentur in domesticos fidei, et sæviunt in effusionem sanguinis christiani, et nisi a populo Dei domesticæ insolentiæ succidantur et pax ei perveniat salutaris, terra illa fœdata actibus malignorum, a periculo desolationis, et miseriæ per ejusdem populi ministerium non resurget. Si hæc et similia iis benevola mente recolas, invenies quod obscuratum est aurum, et color optimus est mutatu annon ignominia et confusio magna tibi, et aliis regibus, et principibus christianis adesse dignoscitur, quod versa est ad alienos hæreditas Jesu-Christi, et sepulchrum ipsius ad extraneos devolutum? qualem ergo retributionis gratiam merebuntur apud Deum reges et principes, et cæteri christiani, in quibus terra quærit respirare prædicta, si non est qui sustentet eam ex omnibus filiis quos Deus ipse genuit, nec est qui supponat manum, ex omnibus quos nutrivit. Clamat enim ad Dei filios civitas Hierusalem, et suas exponit angustias, et in remedium doloris ejus filiorum Dei implorat affectus. Si ergo filius Dei es, dolores ejus recipias, tristare, et dole cum ipsâ, si diligis bonum ejus. Tartari quidem pagani et alii infideles eidem terræ succurrunt, et ei non subveniunt in ea Christi sanguine prætioso redempti, nec est qui consoletur eam ex omnibus charis ejus. Hoc a dissidiis privatis obvenit, dum utilitas publica cupiditatis ardores consumitur, nonnullis quæ sunt sua quærentibus, non que Christi, quorum peccata Deus ultionum Dominus non solum in ipsis vindicat, sed etiam in progenies eorumdem. Tremenda sunt itaque Dei judicia et timenda, quibus non parentes justitiâ damnabuntur, justus autem de angustiâ liberabitur, et cadet impius in laqueum quem extendit. Tu vero, fili, communiens in tribus temporibus vitam tuam ordinando præsentia, rememorando præterita et prævidendo futura, sic te præpares in præmissis ( et aliis sic reformes, quod ad judicium Dei, et nostrum ab illo dependens, non damnandus accedas) sed in præsenti divinam gratiam, et in futuro salvationis, ac retributionis æternæ gloriam merearis.

Datum Laterani, non. decembris, pontificatus nostri anno 7.

---

N°. 349. — BULLE *du pape, qui convoque un concile du clergé de France à Rome, pour connaitre les désordres du gouvernement du Roi.*

Latran, Nones de décembre 1301.—Preuv. du Differ., SS. Spicil., tom. III p. 224.

*Bonifacius*, episcopus, servus servorum Dei, venerabilibus fratribus archiepiscopis et episcopis, ac dilectis filiis electis, et capitulis ecclesiarum cathedralium regni Franciæ, ac doctoribus in theologiâ, et magistris in decretis, et jure canonico et civili, de regno natis eodem, salutem et apostolicam benedictionem.

## 1301.

Ante promotionem nostram ad summi apostolatûs officium, dum adhuc nos minor status haberet, et post usque impœrsentiarum, multa sunt nostro apostolatui reserata fide digna, assertione multorum, quorum nonnulla etiam ad contingentia regna, et populos in mali exempli perniciem sunt diffusa: et ex multis ex vobis credimus non latere, super excessibus, culpis, insolentiis, injuriis atque damnis, quæ prælatis, ecclesiis et ecclesiasticis personis, regularibus, et sæcularibus in regno Franciæ constitutis, et alibi, per carissimum in Christo filium nostrum Philippum regem Francorum illustrem, et officiales suos, seu baillivos multipliciter inferuntur, ac etiam paribus, comitibus, baronibus, aliisque mobilibus, universitatibus, et populo dicti regni, prout hæc et alia in aliis nostris litteris quas eidem regi dirigimus seriosius continentur. Unde super hoc cum fratribus nostris deliberatione habitâ pleniori, de fratrum ipsorum consilio ad nostram præsentiam vos duximus evocandos quocirca universitatem vestram monemus, rogamus, et hortamur attente per apostolica scripta, vobis in virtute obedientiæ districtius immungentes, quatenus in kalendis novembris proximo futuris, quas vobis pro peremptorio termino assignamus, instructi et informati super præmissis, et aliis super quibus instructionem, et informationem vestram videritis opportunam, vos fratres archiepiscopi et episcopi, nec non electi, doctores, et magistri personaliter, vos vero capitula per procuratores idoneos cum sufficienti mandato, et informatos plenius, nostro vos conspectui præsentetis, ut supra præmissis, et ea contingentibus vestra possimus habere consilia, qui apud eundem regem suspicione caretis, et sibi et regno accepti estis, et grati, et diligitis ipsum regem; nec non tractare, dirigere, statuere, procedere, facere et ordinare, quæ ad honorem Dei et apostolicæ sedis, augmentum catholicæ fidei, conservationem ecclesiasticæ libertatis, et reformationem regni, et Regis correctionem præteritorum excessuum, et bonum regimen regni ejusdem viderimus expedire. Nos enim ipsi regi per nostras alias significamus litteras, ut si rem suam agi putaverit in præmissis, suaque crediderit interesse, per se vel per fideles viros, et providos suæ conscios voluntatis, ac diligenter instructos cum sufficienti mandato coram nobis possit, si velit, eodem termino comparare. Alioquin suam vel illorum, aut etiam vestram absentiam divinâ replente gratiâ in præmissis, et ea contingentibus, et aliis prout nobis fuerit ministratum à Do-

tés, les sénéchaux ne les mettront pas dans leurs prisons.

(4) Les sénéchaux n'empêcheront pas que les prélats, suivant les usages des lieux, ne puissent avoir des personnes armées pour arrêter dans leurs diocèses les clercs délinquans.

(5) Les clercs non mariés vivant cléricalement, ne seront pas contraints de contribuer aux tailles personnelles, à raison de leurs meubles.

(6) Les sénéchaux ne pourront empêcher que les prélats ou leurs officiaux ne procèdent contre leurs justiciables dans les cas qui sont de leur compétence.

(7) Les sénéchaux n'empêcheront pas les recteurs ou curés de poursuivre leurs paroissiens pour le paiement de leurs dîmes non inféodées, pardevant les officiaux.

(8) Si les personnes ecclésiastiques donnent leurs dîmes à rente, ou à ferme à des laïques, la connaissance en appartiendra aux juges d'église.

(9) Les prélats, ou leurs officiaux auront la connaissance des legs pieux, des dots, et des augmens de dot, dans les lieux où ils sont en possession d'en connaître.

(10) Les juifs qui sont nés et domiciliés dans les terres où les prélats ont toute justice, et qui sont taillables haut et bas et à volonté, ne contribueront pas aux tailles imposées sur les juifs du Roi.

(11) Les clercs en actions personnelles ne seront pas contraints de plaider pardevant les sénéchaux, quand même ce serait pardevant les sénéchaux qu'ils se seraient obligés, etc.

(12) Le temporel des prélats ne pourra être saisi, pour les excommunications qu'ils auront décernées, dans les cas qui sont de leur compétence, et ils ne pourront être contraints de révoquer leurs sentences.

(13) Les juges d'église ne pourront être contraints par saisie de leur temporel, de se désister de la connaissance des cas qui leur appartiennent par droit, ou par coutume.

(14) Si quelqu'un s'est obligé par lettres sous le scel des cours royales, et s'il y a action intentée contre lui en cour de chrétienté, au sujet des usures, les sénéchaux ne pourront faire révoquer ce qui aura été jugé à cet égard. Et cependant les lettres seront mises à exécution, si elles ne font pas mention de l'usure.

(15) Si quelque personne ecclésiastique est en possession de quelque justice, ou de quelques autres biens, elle n'en pourra être dessaisie sans connaissance de cause, ni par fraude devenir demanderesse au lieu de défenderesse, etc.

(16) Les meubles des personnes d'église ne seront pas mis en la main du Roi, sans juste cause, et s'ils sont saisis injustement, il n'en sera rien payé aux sergens, etc.

(17) Si les vassaux qui sont dans la mouvance et dans le ressort des prélats, ont été avertis par les sénéchaux, ou leurs officiers de faire quelque chose qui concerne la justice, et s'ils ont été négligens d'y satisfaire,

les officiers des sénéchaux ne pourront néanmoins rien faire qu'après en avoir requis les prélats et à leur défaut.

(18) Les sénéchaux ne souffriront pas que leurs officiers inférieurs achètent dans leurs territoires des rentes et des terres, ou fassent des négoces illicites, ainsi qu'il est statué par l'ordonnance de S. Louis.

(19) L'ordonnance de S. Louis touchant la paix enfreinte, sera exécutée sans fraude.

(20) Les sénéchaux n'empêcheront pas que les officiers des prélats ne portent des armes ordinaires pour la défense de leurs bois, de leurs pacages, et pour l'exécution de leur justice, et sous ce prétexte, ces officiers ne pourront être arrêtés.

(21) Les sénéchaux ne pourront empêcher les officiers des prélats qui ont toute justice, de faire le procès à ceux qui y débiteront de la fausse monnaie.

(22) S'il est nécessaire de mettre en la main du Roi les terres de quelques personnes ecclésiastiques, on ne mettra en chaque terre, ou en chaque château qu'un seul sergent pour gardien.

(23) Les sénéchaux ne recevront aucunes nouvelles avoueries, au préjudice des personnes ecclésiastiques.

(24) Les officiers du Roi ne pourront demeurer dans les terres où les prélats ont toute justice, pour y exercer celle du Roi.

(25) La juridiction des prélats ne sera pas empêchée, sous prétexte que leurs églises seront en la garde ou l'avouerie du Roi.

(26) Les sénéchaux n'empêcheront pas que, dans les lieux où le serment est en usage dans les contrats, les notaires en fassent mention.

(27) Ceux qui se seront réfugiés dans les lieux d'asile, n'en seront pas tirés, si ce n'est dans les cas permis.

(28) Si des abbés, des prêtres, ou des clercs ont été outragés, les sénéchaux en feront prompte justice.

(29) Si des sergens, ou autres officiers ont été excommuniés, les sénéchaux ne souffriront pas que le service divin soit arrêté, en souffrant qu'ils soient dans l'église.

---

*Philippus*, Dei gratià Francorum rex, Tholosæ, Carcassonæ et Bellicadri senescallis, vel eorum loca tenentibus salutem.

Regi regum per quem vivimus et regnamus gratias et obsequium impendere procul dubio arbitramur, cum ejus ministris et his præcipuè qui pontificali sunt præditi dignitate, opportunis assistimus auxiliis, et venerandas Dei ecclesias quorumcumque malignorum oppressas incursibus, opportunæ subventionis auxilio consolamur, scientes pro facto, quod ad hoc omnipotens dominus Regum et principum in terris statuit dominationem, ut per eorum potentiam, perversi a reprobis cohibeantur moribus, et vim patientes de talium manibus eruantur.

Hâc igitur consideratione inducti gravaminibus, molestiis, injuriis, et variis oppressionibus, in quibus per vos, bajulos, officiarios, servientes, et ministros nostros senescalliarum vestrarum prælati, et aliæ personæ ecclesiasticæ provinciæ Narbonensis asserunt se et suos multipliciter prægravatos, deliberatione præhabitâ diligenti, obviare volentes.

(1) Mandamus vobis et vestrum singulis, quatenus si in maleficiis et facinoribus flagrantibus (1), vel aliàs absque speciali licentiâ prælatorum prædictorum ceperitis per vos, vel servientes vestros, clericos quoscumque in possessione clericatus repertos, vel extra habitum clericalem, postquam de clericatu constiterit, seu quod communiter et probabiliter pro clericis habebantur tempore captionis, absque qualibet difficultate, et absque redemptione emendæ cujuscumque pro maleficiis supradictis, ipsis prælatis vel eorum officialibus ipsos requirentibus, restituatis, eosdem ipsis casus, pro quibus capti fuerint, exprimentes et declarantes, ut ipsos puniant, prout fuerit rationis, non capientes, nec capi permittentes a custodibus carcerum vestrorum carceragia ab illis clericis, qui indebitè et absque causâ rationabili in ipsis carceribus positi fuerint, sed expensis moderatis, quas ipsi clerici inhibi fecerint ipsos custodes carcerum faciatis manere contentos. Et dum ex parte ipsorum prælatorum, vel officialium suorum requisiti fueritis, super adjutorio eisdem impendendo, ad clericos malefactores ipsis delatos capiendos et coercendos, eisdem auxilium impendatis sufficienter, servientes tradentes ad stipendia ad hæc sufficientia prælatorum eorumdem.

(2) Quod si contingat ipsos sic captos anteà, ex causâ in vestris poni carceribus, absque difficultate quacumque, et emendâ, ut supra dictum est ipsis prælatis, vel suis officialibus requirentibus statim restituatis eosdem.

(3) Et si commode (2), absque positione in vestris carceribus, in prælatorum carceribus poni possint, ipsos sic ad eorum requisitionem captos, in vestris carceribus non ponatis.

---
(1) V. l'Établ. de Philippe-Auguste, des clercs et des barons, art. 6. et les lettres du même prince, touchant le privilège des clercs en matière criminelle. (Laur.)

(2) Au Registre du Trésor, il y a *Amodo*. (Laur.)

) *Item.* Illorum prælatorum, qui nuncios (1) arma ab
quo in suis diœcesibus portantes habere consueverunt, ad
icos delinquentes capiendos, arma portare pro hiis non
ediatis nuncios eosdem.

5) *Item.* Clericos non conjugatos viventes clericaliter, ad
tribuendum cum laïcis in talliis (2), vel collectis perso-
ibus, vel ratione mobilium suorum nullatenus compellatis
per vestros justitiarios compelli, nec ob hoc eorum bona
, seu domos claudi, permittatis, caventes ne in fraudem
er eorum immobilia, imponantur collectæ, vel talliæ in
ibus in quibus non fuerint imponendæ.

(6) *Item.* Si ipsos prælatos, vel eorum officiales contra suos
bditos, in casibus ad eos spectantibus, procedere contingat,
os subditos contra ipsos prælatos non deffendatis, jurisdic-
nem ipsorum prælatorum impediendo.

(7) *Item.* Quod non impediatis rectores, et alios curatos
clesiarum, parrochianos suos, super decimis non feudali-
s (3), coram ipsorum prælatorum officialibus convenire, nec
hoc bona ipsarum personarum ecclesiasticarum saisiri, vel
os in eisdem impediri permittatis.

(8) Quod, si de ipsis decimis personas ecclesiasticas ar-
ndationes facere contingat, seu eas ad firmas tradere laïcis,
opter hoc, ad instantiam ipsorum laïcorum, ipsas personas
clesiasticas, licet firmas non servantes, ad respondendum
ram vobis non compellatis, cum hoc nostram jurisdictio-
em non contingat.

(9) *Item.* Super cognitione legatorum (4) ad pias causas
ctorum, dotium, et propter nuptias donationum, de quibus
overitis ipsos, et predecessores suos cognitionem, ab anti-
uo habuisse, non impediatis eosdem, nec ipsis super hoc
feratis, nec permittatis inferri indebitas novitates.

(10) *Item.* Judæos originarios eorumdem prælatorum, in
erris, in quibus omnimodam jurisdictionem habent commo-
antes, et pro ipsorum libito talliabiles cum nostris judæis in

---

(1) V. les lettres de Philippe-le-Bel, de 1290, art. 9. (Laur.)
(2) V. les lettres de Philippe-le-Bel, de 1290, art. 7, et de Philippe III, de
270, art. 8. (Laur.)
(3) V. les lettres de Philippe III, de 1274, art. 2 et 9; les lettres de Philippe-
-Bel, de 1290, art. 14. (Laur.)
(4) Au Registre du Trésor, il y a *Causarum.* V. le chap. 18 du 1er. livre
s établiss.; les lettres de 1290, art. 8. (Laur.)

talliis et collectis super judæos nostros impositis, tantùm contribuere nullatenùs compellatis.

(11) *Item.* Pro factis personalibus, clericos clericaliter viventes, et etiam personas ecclesiasticas, coram vobis litigare non compellatis, licet coram vobis super ipsis factis (1) se obligaverint, nec permittatis compelli, nec pro debitis (2) ab ipsis commissis condemnationes, vel executiones aliquas faciatis.

(12) *Item.* Si judices ecclesiastici, in casibus ad ipsos spectantibus, aliquem excommunicent, vel excommunicatum faciant nuntiari, jurisdictionem nostram temporalem propter hoc non impedientes, temporalitatem eorumdem prælatorum ob hoc nullatenùs capiatis, nec capi permittatis, nec ad hujusmodi excommunicationum sententias revocandas compellatis eosdem, aut permittatis compelli.

(13) *Item.* In casibus in quibus (3) de jure, vel consuetudine antiquâ et approbatâ ad ipsos spectat cognitio, eos ab ipsâ cognitione desistere, per captionem bonorum, vel amicorum suorum non compellatis.

(14) *Item.* Si quis per literas sigilli curiarum nostrarum sigillatas, se obligaverit, et illæ obligationes in curiâ ecclesiasticâ conquerantur de illo, qui se obligavit super usuris cognitionem ecclesiæ super iis nolumus impediri, aut quemquam compelli ad acta in curiâ ecclesiasticâ super his habita revocanda. Nihilominùs literæ nostræ non exprimentes usurariam pravitatem, executioni debitæ mandabuntur.

(15) *Item.* Si aliquæ personæ ecclesiasticæ sint, et fuerint in possessione pacificâ justitiarum, vel rerum aliarum ab ipsis sine causæ cognitione ipsas nolumus dissaisiri, nec per fraudem, de possessoribus fieri petitores, nec malitiose, quando coram vobis, vel vestris ministris causæ agitate fuerint, sententias ferre; pro quibus ferendæ fuerint, differatis, nec differri permittatis.

(16) *Item.* Sine causâ justâ, in bonis mobilibus personarum ecclesiasticarum per vos, vel per aliquem ministrorum nostrorum manum nostram non ponatis, etsi contingat bona ipsarum prælatorum, vel personarum ecclesiasticarum ad manum

---

(1) Le Registre du Trésor ajoute *personalibus*. V. lettres de Philippe I de 1274, art. 7; et celles de Philippe-le-Bel de 1290, art. 2 et 4. (Laur.)

(2) Il semble que *delictis* vaudrait mieux. (Laur.)

(3) Le Registre du Trésor ajoute *ad ipsos*. (Laur.)

stram capi, vel saisiri, si reperiatur injustè, vel sine causâ
tionabili ea capta fuisse, non compellatis ipsos, nec permittatis compelli servientibus salaria reddere, vel expensas.
Si tamen ad instantiam aliorum hoc fortè factum fuerit, ab illis
qui hoc injustè procuraverint fieri, prædicta salaria et expen-
sæ exigi poterunt et levari.

(17) *Item.* Si aliqui vassalli, tenentes à prælatis in feudum,
in locis in quibus ressortum ad ipsos prælatos spectat, per
vos, vel ministros vestros moniti super aliquo facto justitiæ
exequendo (et) non faciant, vel negligentes existant, non ob hoc
per vestros ministros hoc fieri faciatis in dictis locis, nisi
prælatus requisitus in negligentiâ fuerit; vel defectu, aut nisi in
locis ipsis aliud de approbatâ consuetudine habeatur.

(18) *Item.* Bajulos et curiales vestros (1), contrà ordinationem beati Ludovici (2) emptiones reddituum, vel terrarum, aut negociationes illicitas per se, vel per alios, in ter-
ritoriis sibi subditis, exercere nullatenùs permittatis.

(19) *Item.* Super ordinatione (3) factâ a beato Ludovico
de articulo fractionis pacis, fraudem committi nolumus, nec
contrà aliorum jurisdictiones sub palliatione hujusmodi contrà
ipsius ordinationis mentem aliquid attentari.

(20) *Item.* Si servientes vel ministri, aut subditi dictorum
prælatorum, ad mandatum ipsorum, arma consueta portent, pro defensione et custodiâ nemorum, pascuorum, vel
pro executione justitiæ suæ, in locis in quibus hoc consueve-
rint, ob hoc non capiatis, nec capi permittatis eosdem, nisi
casum committant excessuum, in quo ad vos punitio pertinere noscatur.

(21) *Item.* Si aliqui falsam monetam expendant in terris,
in quibus ipsi prælati omnimodam altam et bassam justitiam
habere noscuntur, non impediatis ipsos prælatos, quominus
debitam justitiam faciant de eisdem.

(22) *Item.* Si in casu debito castra vel terras personarum
ecclesiasticarum ad manum nostram capi, vel saisiri contingat, uno serviente (4) in loco uno ponendo, contentos vos

---

(1) V. l'Ord. de St. Louis de 1254, art. 8 et 13. (Laur.)
(2) V. l'Ord. de 1254, art. 1 et 2. (Laur.)
(3) V. l'Ord. de St. Louis de 1257, et l'Ord. ci-après, touchant les guerres privées. (Laur.)
(4) V. les lettres de 1290, art. 6; celles accordées à l'archevêque de Tours et ses suffragans en 1299, art. 1, 2; et celles accordées aux évêques de Normandie en 1299, art. 18. (Laur.)

esse volumus, nisi contumacia, vel protervitas plures requirat. Et servientes hujusmodi moderatis, non excessivis stipendiis faciatis manere contentos.

(23) *Item.* Advocationes et recognitiones in terris et justiciis (1) dictarum personarum ecclesiasticarum de novo, in earum prejudicium, non admittatis, nec a vestris ministris admitti permittatis, et si quæ de novo factæ fuerint, eas ad statum debitum reducatis.

(24) *Item.* Servientes et bajuli (2), aut aliqui ministri nostri in terris, in quibus ipsi prælati omnimodam habent justitiam, officium exercendo mansiones non habeant, nec assisias teneant, nisi ubi fuerit consuetum.

(25) *Item.* Pretextu alicujus gardiæ nostræ antiquæ in personis ecclesiasticis, non impediatis, nec impediri permittatis jurisdictionem ecclesiasticam prælatorum. In his tamen quæ ad ipsam gardiam (3) nostram spectant, jus nostrum et illorum qui sunt de nostrâ antiquâ gardiâ, conservetis.

(26) *Item.* In locis in quibus consuetum est in instrumentis juramenta, vel fidem poni a notariis senescalliarum, ad requisitionem contrahentium, non inhibeatis apponi fidem, et hujusmodi juramenta.

(27) *Item.* Confugientes ad ecclesias (4) non extrahatis ab eis, nec extrahi permittatis, nisi in casibus a jure permissis.

(28) *Item.* Si abbates, aut presbyteros, vel alios clericos capi, vel verberari, seu eis insidiari ab aliquibus vestris subditis contingat, de talibus factis ad laudem Dei, prout ad vos spectat, justitiam facere non tardetis, et defendatis eosdem ubi defensio requiretur, prout ad vos noveritis pertinere.

(29) *Item.* Si aliqui de vestris ministris, vel servientibus sint excommunicati denuntiati, appellatione ipsam excommunicationem non precedente, non permittatis impediri per eos divina officia, in ecclesiis remanendo, contra prohibitionem sacerdotum.

Actum Parisius, die mercurii post Inventionem sanctæ Crucis, anno Domini 1302.

---

(1) V. l'Ord. de Philippe III, de 1272, et les Lettres de Philippe-le-Bel, de 1290, art. 11. (Laur.)

(2) V. les Lettres de Philippe-le-Bel, de 1290, art. 12. (Laur.)

(3) V. Beaumanoir, Cout. du Beauvoisis, chap. 46; Chopin, du Domaine, lib. 1, tit. 6, n. 1. (Laur.)

(4) Ces asiles ont été abolis par l'Ord. de 1539, art. 66. (Laur.)

N°. 354. — ORDONNANCE *qui spécifie les cas où la connais-. sance des infractions à la paix appartient au Roi.*

Paris, dimanche après la fête de S.-Nicolas d'été (9 mai), 1302. (C. L. I, 344.)

---

N°. 355. — MANDEMENT, *qui exempte du service militaire, pour la campagne de Flandre, ceux qui ont moins de cent livres en meubles et de deux cents livres en meubles et immeubles.*

Vincennes, jeudi après la Trinité (12 juin), 1302. (C. L. I, 346.)

---

N°. 356. — INSTRUCTIONS *secrètes* (1) *données aux commissaires royaux, pour la levée d'une subvention à l'occasion de la guerre de Flandre.*

Paris, dimanche après la fête de saint Martin d'été, 1302. (C. L. I, 350. — A la note.)

---

N°. 357. — LETTRES *du Roi au bailli d'Orléans, pour la saisie du temporel des ecclésiastiques sortis du royaume* (2), *malgré la défense qu'il en avait faite.*

Paris, dimanche après la fête de saint Jean l'Evangéliste, 1302. (Preuv. du Différ., 84.)

---

N°. 358. — MANDEMENT *portant défenses aux inquisiteurs de la foi d'excéder leur compétence en s'attribuant la connaissance des usures, sortilèges et autres délits des juifs, et défenses aux sénéchaux, baillis et autres de les arrêter à la réquisition desdits inquisiteurs.*

Vincennes, samedi après la fête des Apôtres saint Pierre et saint Paul (29 juin), 1302. (C. L. I, 346.)

---

N°. 359. — LETTRE (3) *des cardinaux aux maires, échevins, jurats et consuls : aux universités, communes et communautés des villes et cités du royaume de France, au sujet des démêlés avec le pape.*

Anagni, 6 des calendes de juillet 1302. (Preuv. du Différ., p. 72.)

---

(1) Il y en a d'à peu près semblables sous la date du 6 août 1314, tom. XI, 429.
(2) Il y avait quatre archevêques, trente-cinq évêques et six abbés. Reg. 36 du Trésor, lettre 34.
(3) Cette lettre mentionne la réponse séparée, faite au Roi, aux prélats et aux barons.

48*

N°. 360. — MANDEMENT *portant injonction de remettre à la monnaie la moitié de la vaisselle d'argent, dont le prix sera payé incontinent.*

Paris, jeudi avant la fête de saint Louis (25 août), 1302. (C. L. I, 347.)

---

N°. 361. — ETABLISSEMENT, *qui maintient les clercs et autres ecclésiastiques de Normandie dans le privilége de n'être jugés en matière criminelle, que par la juridiction ecclésiastique.*

Paris, jeudi après la fête de saint Louis, 1302. (C. L. I, 348.)

---

N°. 362. — MANDEMENT (1) *pour le séquestre des biens des prélats, docteurs et autres qui sortent du royaume.*

Paris, après la saint Luc, 18 octobre 1302. (C. L. I, 349.)

*Philippus*, etc., baillivo aurelianensi, vel ejus locum tenenti, salutem.

Cum nos regni nostri hiis diebus utilitate pensatâ, deliberationeque super hoc presutâ diligenti, sub certis semel et iterùm formis districte duxerimus prohibendum, ne quis de incolis regni nostri, certis rationibus et causis in ipsâ prohibitione contentis, ab eodem regno, absque nostrâ speciali licentiâ exire presumeret quoquomodo : nonnulli nihilominus prelati, abbates, priores, magistri in theologiâ, doctoresque juris canonici et civilis, ac aliæ quædam ecclesiasticæ et seculares personæ, prout ad nostrum nuper venit auditum, inhibitione hujus modi nostrâ spretâ, ab eodem regno egredi, quod molestum gerimus præsumpserunt.

Nolentes igitur ob ipsarum absentiam personarum bona earum temporalia dissipari, et potius ea cupientes proinde conservari, mandamus tibi quatenus bona omnia temporalia personarum quarumlibet bailliviæ tuæ, quæ prohibitionem nostram prædictam transgresserunt, ad manum nostram causâ custodiæ ponere non obmittas, eaque diligenter custodiri facias, donec de certis eorum custodibus duxerimus providendum.

De nominibus verò ipsorum, et quantitate bonorum immo-

---

(1) Édit de Louis XIV, août 1669; Déclar. 16 juin 1685.

lium singulorum te diligenter informes, informationem quam inde feceris, nobis quàm citius relaturus, vel sub sigillo tuo interclusam missurus.

Actum, Parisius dominicà post festum beati Lucæ, evangelistæ, anno Domini 1302.

---

N°. 363. — MANDEMENT *pour la levée d'une subvention pour cause de guerre, qui sera supportée par les nobles ayant 40 liv. et plus de revenus, et par les non nobles possesseurs de 300 liv. en meubles ou de 500 liv. en meubles et immeubles, au moyen de quoi il ne pourra être exigé des non nobles aucun impôt par leur seigneur.*

Paris, vendredi après les octaves de la Toussaint, 1302. (C. L. I, 350.)

---

N°. 364. — LETTRE *portant défenses d'exporter le blé, vin, et autres comestibles.*

Chailly, après la Toussaint, 1302. (C. L. I, 351.)

---

N°. 365. — ORDONNANCE *du Roi et du conseil sur les officiers du Châtelet.*

Paris, en la quinzaine de la fête de la Toussaint, novembre 1302. (C. L. I, 352.)

*Philippe*, par la grace de Dieu Roys de France, à nostre prevost de Paris, salut.

Nous t'envoyons l'ordenance faite par nous et par nostre conseil sur la prouveance des offices de nostre chastelet de Paris et des besongnes qui y appartiennent. Si te mandons que tu la fasse publier oudit chastelet, et tenir et garder deoresenavant, sans enfraindre sur ton serement en la maniere que il s'en suit.

*Premierement*, il aura oudit chastelet quatre-vingts sergens à cheval et non plus, et donra chascun plege de lealment et bien sergenter jusques à la value de cent livres, et devra avoir armeures souffisans, et à les veoir et prouver sera le prevost et Regnaut Barbou, ou Jehan de Montigny.

(2) *Item*. Il aura quatre-vingts sergens à pied, et les douze de la douzaine, et non plus, et donra chascun plege de vingt livres. Et si aura chascun armeures souffisans pour lui a voir (1) par ceus qui sont dessus nommez.

---

(1) Dans le Reg. du Trésor; il y a mieux, « à veoir. » (Laur.)

(3) *Item.* Li certain auditeur des tesmoins, que nous avions mis oudit chastelet seront doutout ostez. Et li prevos selon la qualité des querelles, donra auditeurs bons et loyauls et non souppeçonneus en la besongne, en la presence des parties, si comme il estoit accoustumé anciennement.

(4) *Item.* En querelles de chatiex (1) montans à vingt livres, ou moins, l'en ne fera nul procés par escript, ainçois seront li tesmoins juré en la presence des parties, et oy en commun en l'absence des parties, et terminera l'en tantost la querelle, et autel sera fait en villenies (2) dites entre petites personnes, en bateures legieres, et en petites querelles.

(5) *Item.* Li auditeurs de chastelet ne pourront cognoistre de nostre heritage, ne en possession, ne en propriété, ne ne termineront nul gros meffait, ainçois le rapporteront au prevost, ne ne pourra nulle amende estre taxé en chastelet sans la presence dou prevost, meisme le prevost ne porra en proprieté de nos choses, ne de nos droitures cognoistre sans commandement especial.

(6) *Item.* Nul auditeur, ne autre official, ne procureur nostre en la prevosté de Paris, ne sera pensionnaire en la vicomté de Paris à nulles personnes, et se nulles en y a, il la lessera, se il vieult demourer en nostre service.

(7) *Item.* Li prevost n'ara point de lieutenant certain resident, més se il est absent por necessité, il porra lessier un preud'homme pour luy, tant que il retournera, où que sa necessité sera (3).

(8) *Item.* Li sergent de la douzaine seront osté à present, et le prevost senon ce que il verra que nechessité sera, fera garder la ville quant à ores jusques à tant que il en soit autrement ordené.

(9) *Item.* L'office de ceus qui sont establi pour le guet cuillir, sera souppendu et autres. Ils seront mis au temps, et saura l'en comment il se sont contenu.

(10) *Item.* Celuy qui escript les deffaus ne les lievra pas, mais les baillera chacun jour aus receveurs de chastelet pour exploitier.

(11) *Item.* Les sergens de chastelet qui font les semonces à Paris, ne püent pretendre que deux deniers pour la

---

(1) Meuble. V. Glossaire de Laurière, v°. sur Cateux. (Laur.)
(2) Injures. (Laur.)
(3) Aux registres du Trésor, il y a, « cessera. » (Laur.)

emonce de la ville, et dedens la banliüe douze deniers tournois, et cil à cheval trois souls tournois.

(12) *Item.* Le collecteur de mortes-mains, ou autre certain commissaire de nous en la vicomté de Paris, se il ont mestier de sergens à cheval, ou à pied, requerront desdis sergens, ou à prevost, ou à son lieutenant, qui les leur baillera pour nous, et sçaura pourquoi et quant il devront retourner.

(13) *Item.* Des sergens du guet sera sçeu lesquiex sont bons et profitables, et lesquiex non et lesquiex demourront. Et cil qui demourront iront au guet chascune nuit, se il n'ont loyal esoine.

(14) *Item.* Li notaire de chastelet qui escriront les chartres, les sentences ou autres procés, ou mandement de justice, ne pourra prendre pour l'escripture, for que le salaire establi pour l'ordenance faite sus ce, laquelle est contenüe en nos autres letres scellées de nostre seel que nous vous envoyons.

(15) *Item.* Li prevost à escrire les besongnes appartenans à son pur office n'ara que un clerc, liquiex ne porra faire nulle delivrance des personnes tenües, ains sera fait ce par le prevost, se il est en la ville, ou par son lieutenant quant il n'i sera.

Ce fut fait à Paris en la quinzaine de feste de Touss-saints, en l'an de grace mil trois cens deux.

---

N°. 366. — LETTRES *de convocation des prélats, barons et autres habitans du royaume, pour qu'ils se rendent sans délai à Paris pour délibérer sur les circonstances de la convocation faite par le pape Boniface VIII.*

Marché-Neuf, le lendemain de la saint André (1er. décembre), 1302. (Preuv. des libertés, 85.)

---

N°. 367. — BULLE (1) *du pape sur les droits de la cour de Rome.*

Latran, Nones de décembre 1302. ( Preuv. du Differ., 44. )

*Boniface, évêque, serviteur des serviteurs de Dieu; à Philippe, roi des Français.*

---

(1) On trouve au Trésor des Chartes, reg. C., p. 1, une consultation de Me. Pierre Dubois, avocat du Roi, à consulter sur cette Bulle, dont la so-

Deum time, et mandata ejus observa.

Scire te volumus, quod in spiritualibus et temporalibus nobis subes. Beneficiorum et præbendarum ad te collatio nulla spectat : et si aliquorum vacantium custodiam habeas, fructus eorum successoribus reserves : et si quæ contulisti, collationem hujusmodi irritam decernimus, et quantum de facto processerit, revocamus, aliud autem credentes hereticos reputemus.

Datum Laterani, non. decembr., pontificatus nostri anno 7.

---

### N°. 368. — RÉPONSE du Roi à la bulle du pape.

Paris, 1302. (Manusc. du Vatican, numéro 1913, in-folio, par de Saint-Palaye. V. Dupuy et Baillet. Preuv. du Differ., 44.)

Philippe, par la grace de Dieu, Roi des Français, à Boniface, prétendu pape, peu ou point de salut.

Sciat tua maxima fatuitas in temporalibus nos alicui non subesse. Ecclesiarum ac præbendarum vacantium collationem ad nos jure regio pertinere, fructus earum nostros facere : collationes à nobis factas, et faciendas fore validas in præteritum et futurum, et earum possessores contra omnes viriliter nos tueri : secus autem credentes, fatuos et dementes reputamus.

Datum Parisiis, etc.

---

### N°. 369. — DÉCRÉTALE (1) du pape (Boniface VIII) sur la prééminence de la puissance spirituelle sur la puissance temporelle.

Latran, 14 des calendes de décembre, 1302. (Preuv. du Differ., p. 54.)

Bonifacius, etc. Unam sanctam ecclesiam catholicam, et ipsam apostolicam, urgente fide credere cogimur et tenere nosque hanc firmiter credimus, et simpliciter confitemur, extra quam nec salus est, nec remissio peccatorum, sponso in canticis proclamante, una est columba mea, perfecta mea, una est matri suæ, electa genitrici suæ : quæ unum corpus mysticum representat, cujus caput Christus ; Christi vero Deus : In qua

---

lution est que le Pape doit être réputé hérétique, s'il n'en fait satisfaction, parce qu'il veut ravir au Roi la plus belle prérogative de sa couronne, qui est et a toujours été depuis plus de mille ans, de n'être soumis à personne, et de commander à tout son royaume, sans crainte d'aucune correction humaine.

(1) Elle a été révoquée par Clément V, le 1er. février 1306.

...us Dominus, una fides, unum baptisma. Una nempe fuit diluvii tempore arca Noë unam ecclesiam præfigurans, quæ in uno cubito consummata, unum ( Noë videlicet ) gubernatorem habuit et rectorem, extra quam omnia subsistentia super terram legimus fuisse delata. Hanc autem veneramur, et unicam: dicente Domino in propheta : erue a framea Deus animam meam, et de manu canis unicam meam : pro anima enim, id est, pro seipso capite simul oravit, et corpore : quod corpus unicam scilicet ecclesiam nominavit, propter sponsi fidei sacramentorum, et caritatis ecclesiæ unitatem. Hæc est unica illa Domini inconsutilis quæ scissa non fuit, sed sorte provenit. Igitur ecclesiæ unius et unicæ unum corpus, unum caput, non duo capita, quasi monstrum, Christus videlicet, et Christi vicarius Petrus, Petrique successor : dicente Domino ipsi Petro : Pasce oves meas : meas inquit, et generaliter, non singulariter has vel illas : per quod commisisse sibi intelligitur universas. Sive ergo Græci, sive alii, se dicant Petro, ejusque successoribus non esse commissos, fateantur necesse se de ovibus Christi non esse, dicente Domino in Joanne unum ovile et unicum esse pastorem : in hac ejusque potestate duos esse gladios, spiritualem videlicet, et temporalem, evangelicis dictis instruimur. Nam dicentibus apostolis, ecce gladii duo hic, in ecclesia scilicet, cum apostoli loquerentur, non respondit Dominus nimis esse, sed satis. Certe qui in potestate Petri temporalem gladium esse negat, male verbum attendit Domini proferentis, converte gladium tuum in vaginam. Uterque ergo est in potestate ecclesiæ, spiritualis scilicet gladius, et materialis. Sed is quidem pro ecclesia, ille vero ab ecclesia exercendus, ille sacerdotis, is manu regum et militum, sed ad nutum et patientiam sacerdotis. Opportet autem gladium esse sub gladio, et temporalem auctoritatem spirituali subjici potestati, nam cum dicat apostolus, non est potestas nisi à Deo ; quæ autem sunt, à Deo ordinata sunt : non autem ordinata essent, nisi gladius esset sub gladio, et tanquam inferior reduceretur per alium in suprema. Nam secundum beatum Dionysium, lex divinitatis est, infima per media in suprema reduci. Non ergo secundum ordinem universi omnia æque ac immediate, sed infima per media, et inferiora per superiora ad ordinem reducuntur. Spiritualem autem, et dignitate, et nobilitate, terrenam quamlibet præcellere potestatem, opportet tanto clarius nos fateri, quanto spiritualia temporalia antecellunt. Quod etiam ex decimarum datione, et benedictione, et sanctificatione, ex ipsius potestatis acceptione, ex ipsarum rerum gubernatione claris oculis intuemur. Nam veritate testante, spiritualis potestas terrenam potestatem instituere habet, et judicare, si bona non fuerit : sic de ecclesiâ et ecclesiasticâ potestate verificatur vaticinium Hieremiæ : ecce constitui te hodie super gentes et regna, et cætera quæ sequuntur. Ergo si deviat terrena potestas, judicabitur à potestate spirituali : sed si deviat spiritualis, minor à suo superiori : si vero suprema, à solo Deo, non ab homine poterit indicari : testante apostolo, spiritualis homo judicat omnia, ipse autem a nemine judicatur. Est autem hæc auctoritas (et si data sit homini, et exerceatur per hominem) non humana, sed potius divina, ore divino Petro data, sibique, suisque successoribus, in ipso, quem confessus fuit, petra firmata : dicente Domino ipsi Petro : quodcunque ligaveris, etc. Quicunque igitur huic potestati a Deo sic ordinatæ resistit, Dei ordinationi resistit, nisi duo (sicut Manichæus) fingat esse principia : quod falsum et hæreticum judicamus : quia testante Moyse, non in principiis, sed in principio coelum Deus creavit et terram. Porro subesse Romano pontifici omnem humanam creaturam declaramus, dicimus, diffinimus et pronuntiamus omnino esse de necessitate salutis.

Datum Lateran., pontificatus nostri anno octavo, 14 Kalend decembris.

---

N°. 370. — LETTRE *de l'assemblée du clergé au pape Boniface, sur ses démêlés avec le Roi.*

Paris, mardi 7 mars 1302. (Preuv. du Différ., 67.)

Sanctissimo patri ac Domino suo carissimo, domino Bonifacio divina Providentia sacrosanctæ romanæ, ac universalis ecclesiæ summo pontifici, sui humiles ac devoti archiepiscopi, episcopi, abbates, priores conventuales, decani, præpositi, capitula conventus, atque collegia ecclesiarum cathedralium, collegiatarum, regularium, et secularium totius regni Franciæ Parisius congregati, devota pedum oscula beatorum.

Non absque cordium dolore, et amaritudine lacrimarum, beatitudini vestræ significare compellimur, quia seneressimus princeps Dominus noster christianissimus Philippus Dei gratia Francorum rex illustris, auditis quæ per venerabilem virum archidiaconum Narbonensem notarium et nuncium vestrum, nuper sibi ex parte vestrâ relata fuerunt, ac inspectis apos-

...is literis clausis, ei per eundem archidiaconum præsen-
..., et quibusdam, licet paucis, baronibus suis, tunc sibi
...sistentibus, earum communicato tenore; ex his, tam dominus
...ex, quam barones ipsi, ingenti admiratione, et vehementi
...batione commoti, statim idem dominus Rex de baronum
...orum consilio, barones cæteros tunc absentes, ac nos, vi-
...icet archiepiscopos et episcopos, abbates, priores conven-
...ales, decanos, præpositos, capitula, conventus, atque col-
...gia ecclesiarum, tam cathedralium, quam collegiatarum,
...gularium, ac secularium, nec non universitates et comuni-
...tates villarum regni, ad suam mandavit præsentiam evocari,
...prælati, barones, decani, præpositi, ac duo de peritioribus
...niuscujusque cathedralis, vel collegiatæ ecclesiæ personaliter,
...teri vero per œconomos, syndicos, et procuratores ido-
...eos, cum plenis et sufficientibus mandatis comparere statuto
...oco et termino curaremus. Porro nobis cæterisque personis
...ecclesiasticis supra dictis, nec non et baronibus, œconomis,
...yndicis, et procuratoribus communitatum, et villarum, et
...liis, sic vocatis, ex præmissæ vocationis formâ, ad manda-
...um regium hac die martis 10, præsentis mensis aprilis, in
...ecclesiâ beatæ Mariæ Parisius in præfati Regis præsentiâ cons-
...itutis, idem dominus Rex proponi fecit cunctis audientibus
...palam et publice, sibi ex parte vestrâ fuisse inter alia per
...prædictos archidiaconum et literas intimatum, quod de reg-
...no suo, quod a Deo solo ipse et predecessores sui tenere hac-
...tenus recogniti sunt, temporaliter vobis subesse, illudque a
...vobis tenere deberet; nec contenti verbis hujusmodi, sic
...mirabilibus, sicque novis et inauditis a sæculo apud incolas
...dicti regni, sed ea producere satagentes executionis in actum,
...prælatos omnes sui regni, ac magistros in theologiâ, et professores
...utriusque juris, oriundos de regno prædicto, pro corrigendis ex-
...cessibus, nec non et pro culpis, insolentiis, injuriis, atque damnis
...quæ prælatis, ecclesiis et personis ecclesiasticis, regularibus et
...secularibus, in regno constitutis eodem, et alibi, per ipsum
...dominum Regem, et officiarios, seu baillivos suos, ac etiam
...paribus, comitibus, baronibus, aliisque nobilibus, universi-
...tatibus, et populo sui regni, inferri prætenditis, emendan-
...dam, ad vestram præsentiam evocastis, ut sic regnum præ-
...fatum pretiosis jocalibus incomparabilibusque thesauris, cly-
...peis fortium præferendis, sapientiâ videlicet prælatorum, et
...sapientium etiam aliorum quorum fideli maturitate consilii;
...et providentiâ circumspectâ, Regi habet et dirigi regnum ip-

sam, firmari fides, sacramenta ecclesiastica exhiberi, et minis trari justitia, et per eos facultatibus et divitiis vacuatum penitus et exhaustum dubii casus eventibus, miserabilis ruinæ periculis, et desolationis extremæ dispendiis exponatur: in quibus, et aliis diversis gravaminibus, quæ per vos, et romanam ecclesiam, sibi, regno, et ecclesiæ gallicanæ, tam in reservationibus, quam ordinationibus voluntariis archiepiscopatuum, episcopatuum, et collationibus beneficiorum insignium dicti regni, personis extraneis et ignotis, et nonnunquam suspectis, nullo tempore residentibus in ecclesiasticis beneficiis supradictis, ex quibus divini cultus diminutio sequitur, piæ fundantium, seu donantium, voluntates, propulso pietatis officio, defraudantur, pauperibus dicti regni eleemosynarum largitio consueta subtrahitur, regni depauperatio provenit, et ecclesiæ jacturam deformationis incurrunt, dum stipendiorum perceptione subtracta, obsequiis destitutæ remanent servitorum, earum proventibus extraneorum commoditatibus deputatis: et prælati, dum non habent, quid pro meritis tribuant, imo retribuant, nobilibus, quorum progenitores ecclesias fundaverunt, et aliis literatis personis, non inveniunt servitores, ac hujusmodi ex causis devotione tepescente fidelium, non est hodie qui ad ecclesias manum liberalitatis extendat, ut alias ex præmissis edictis præbetur exemplum: nec non pensionibus novis et censibus ecclesiis de novo impositis, immoderatis servitiis, aliisque exactionibus et extorsionibus variis, præjudicialibus signis et damnosis novitatibus, ex quibus generalis status ecclesiæ immutatur, prælatis superioribus dandi coadjutores suffraganeis episcopis, et alias tam ipsis quam suffraganeis, ea quæ ad suum spectant officium exequendi facultas adimitur, ut pro his ad apostolicam sedem cum muneribus recurratur, aliisque diversis casibus, et nonnullis articulis, a longe retrolapsis, et vestris præsertim temporibus, illata fuisse, et continue inferri conqueritur, suam, et successorum suorum, et regni exheredationem tam enormem et gravem, tamque manifestum sui, et regni honoris dispendium, et evidens detrimentum non intendens, sicut non poterat, diutius tolerare: et se certum asserens, quod superiorem in temporalibus, sicut nec sui progenitores habuerunt, prout est toti mundo notarium, non habebat; ac saniorum in presenti negotio, sicut doctorum in theologiâ et magistrorum in utroque jure de regno suo oriendorum, et alii, qui inter doctores aliàs et peritos orbis peritiores et sa

iores habentur, relatione concordi, habuerat justam causa: nos universos et singulos tam prælatos, quam barones
alios requisivit instantius, præcepit ut dominus, et rogavit
precibus instilit ut amicus, ut cum ad conservationem libertatis antiquæ, honorum, et status regni prædicti, ac incolarum ipsius, et relevationem gravaminum prædictorum,
reformationem regni et ecclesiæ gallicanæ, de nostro, et baronum ipsorum consilio, ad laudem divini nominis, exaltatio-
nem catholicæ fidei, honorem universalis ecclesiæ, et divini
cultus augmentum, salutaria disponat inire consilia, et effica-
cem operam adhibere, præsertim circa gravamina per officiales suos, et alios de regno prædicto, si quæ sunt ecclesiis, et
ecclesiasticis personis, illata: super quibus debitæ correctionis
remedium, ante adventum præfati archidiaconi, ordinaverat
adhibere, quòd jam duxisset in executionis effectum, nisi
quòd id ex metu, vel ad mandatum vestrum fecisse forsan
aliquibus videretur, id quod vobis adscribere non possetis:
ad hæc non solum omnia, quæ in bonis forent ipsius, sed et
etiam personam, et liberos, si casus exigeret, exponendo,
sibi in his, in quibus singulariter omnium, et generaliter singulorum, res agi dignoscitur, causa provehitur, et proprium
uniuscujusque tangitur interesse, prout ex debito fidelitatis
astringimur, curaremus adesse consiliis, et auxilis opportunis
petens sibi statim super his ab universis, et singulis, præcise
et finaliter responderi. Barones simul cùm syndicis et procuratoribus supradictis, secedentes in partem, ac demum deliberato consilio redeuntes, præfato domino Regi, de hujusmodi suo laudabili proposito et beneplacita voluntate, ad
multa laudum præconia, et gratiarum actiones exuberes,
assurgentes, unanimiter responderunt, se ad ea paratos, nedum exponere res et bona quæ exstant, sed ad hæc totaliter
offerebant, se, et suas personas, usque ad mortis supplicium,
tormentorum quorumlibet gravamina non vitando: adjicientes
expressius unâ voce, quòd si præfatus dominus Rex præmissa,
quod absit, eligeret tolerare, vel sub dissimulatione transire,
ea ipsi nullatenus sustinerent. Itaque a nobis subsequenter
responsione petitâ, licet longiores deliberationis inducias pos-
tulantes, ipsum dominum Regem, et majores ex baronibus
memoratis ( quod non eâ intentione ad eundem dominum
Regem apostolicæ literæ processissent, ut vestræ voluntatis
existeret in regni prædicti libertatem impingere, vel quidquam
honori regio contrarium in hac parte quomodo libet innovare,

multa lenitate verborum, persuasionibus studiosis, et multiplicatis excusationum præsidiis ) nisi fuimus informare, ac ipsum ad servandum vinculum unionis, quod inter sanctam romanam ecclesiam, et predecessores suos, et ipsum, usque ad hæc tempora viguisse dignoscitûr, multiplici inductione; ulteriori tamen dilatione negatâ, ac prædicto patenter et publice universis, quod si quis voluntatis contrariæ appareret, ex tunc pro inimico Regis, et regni, notorie habebatur, consultius attendentes, et conspicientes apertius, quod nisi dominus Rex, et barones prædicti, ex nostrâ forent responsione contenti, præter alia pericula, et gravia scandala, quorum non esset numerus, neque finis, tam romanæ, quam gallicanæ ecclesiæ devotio et obedientia omnimoda laicorum, et totius populi, quæ ex tunc irrecuperabiliter tollebatur, non sine multæ perplexitatis angustiâ, sic duximus respondendum: quod ipsi domino nostro Regi in conservatione personæ suæ, suorumque, et honorum, ac libertatis, et jurium dicti regni, proùt quidam nostrum, qui ducatus, comitatus, baronias, feoda, et alia membra nobilia dicti regni tenemus ex forma juramenti, et cæteri, qui omnis debito sibi sumus fidelitatis astricti, adessemus eidem debitis consiliis, et auxiliis opportunis: eidem domino nsotro Regi humiliter supplicantes, ut cum apostolicæ sanctitati ad obedientiam teneamur, ad beatitudinis vestræ pedes, justa præmissæ vocationis vestræ tenorem, permitteret nos transferre. Ex parte cujus, et baronum, est secuta responsio; quòd nos nullomodo abire permitterent: regnum sic periculosè, sic deformiter, sic irreparabiliter vacuari, quin potius exhauriri totaliter, nullatenus sustinerent. Considerantes igitur tam vehementem commotionem, et turbationem tam periculósam, et gravem, imo gravissimam, Regis, baronum et aliorum laicorum regni prædicti, et jam cognoscentes apertius, quod antiqui hostis, pacis æmuli, zizaniæque satoris, qui a suæ ruinæ principio conatur, ut ecclesiæ unitatem pacis turbatione rescindat, caritatem vulneret, sanctorum dulcedinem operum insidiæ veneno fellis inficiat, humanumque genus evertat modis omnibus, et perturbet, faciente nequitia, amabilis fœderis unitatis, et amicitiæ singularis, quæ inter sæpe dictam romanam ecclesiam, ac præfatum dominum nostrum Regem, ac predecessores ejus, et regnum, ad laudem Altissimi, in fidei christianæ profectum, et tam ecclesiæ quam Regis, et regni, exaltationis monimenta felicia, hactenus viguerunt, dissolutioni et separationi lugubri et flebili, proh dolor! porta, patet, et insurgunt undique frementia scandala, excrescunt angustiæ, ecclesiis, ecclesiasticisque personis, expositionis, ac rerum et bonorum direptionis, pericula intentantur, cum jam abhorreant laici, et prorsus effugiant consortia clericorum, eos à suis omnino consiliis et allocutionibus abdicando, ac si contra eos proditoriæ factionis conscii, vel participes extitissent, et ad contemnendam ecclesiasticam censuram, et processus, si quavis auctoritate forsan fierent contra eos, jam se parant et muniunt, in grave periculum animarum, et alia varia et diversa pericula, quæ nec lingua referre sufficeret, nec posset scriptura disserere: hinc in promptu ad sanctitatis vestræ providentiam circumspectam in hoc summæ necessitatis articulo duximus recurrendum, flebilibus vocibus, et lacrimosis singultibus, paternam clementiam implorantes, ac supplicantes humiliter, quod salubre remedium in præmissis, per quod firmata tam longi decursio temporis inter ecclesiam, regem et regnum, fructuosæ unionis, et mutuæ dilectionis integritas, in antiquæ caritatis dulcedine conservetur: status ecclesiæ gallicanæ in pulcritudine pacis, et quietis optatæ remaneat prospiciatur nobis, nostrisque statibus, revocando vestræ vocationis edictum, ac prædictis periculis et scandalis obvietur, apostolicæ providentiæ studio, ac paternæ officio pietatis, dignemini providere.

Conservet Altissimus B. V. ecclesiæ suæ sanctæ per tempora longiora.

Datum Parisius, die martis prædicta.

---

N°. 371. — ORDONNANCE *sur la réformation du royaume* (1).

Paris, lundi après la Mi-Carême (23 mars), 1302. (C. L. T, 354.)

SOMMAIRES.

(1) *L'intention du Roi est que les églises, les monastères, les prélats et toutes les personnes ecclésiastiques soient sous sa protection royale, etc.*

(2) *Les églises jouiront des libertés, des franchises et des immunités qu'elles avaient sous le règne de S. Louis, aïeul du Roi. Et défenses sont faites aux*

---

(1) Nouv. Répert. v°. Chambre du plaidoyer, enquête, enregistrement des lois, greffier, n. 1, et incompatibilité. (Pasquier, Recher. sur la France. M. Henrion de Pansey, p. 61, 86, 92, 364.)

officiers royaux de les y troubler, ainsi que dans l'exercice de leur juridiction spirituelle, ou temporelle, etc.

(3) S'il y avait ordre de la part du Roi de saisir, ou de confisquer les biens des églises, ou des personnes ecclésiastiques, le bailli auquel un tel ordre sera adressé ne les mettra à exécution, qu'après s'être informé si ce qui a été mandé au Roi est véritable, ou à moins que la cause exprimée dans le mandement ne soit notoire.

(4) Cette disposition d'ordonnance aura son exécution dans les terres des ducs, des comtes et des barons. Et le Roi enverra des personnes sages et habiles dans les sénéchaussées et les bailliages du royaume pour s'informer des anciennes coutumes, et pour savoir comment on les pratiquait du temps de S. Louis, afin de rétablir les bonnes, et supprimer les mauvaises.

(5) Si le Roi ordonnait de saisir les biens de quelque prélat, ou d'autre personne ecclésiastique, on ne pourra, en exécution du premier mandement, mettre leurs meubles en la main du Roi, ni découvrir, ou détruire leurs maisons, et l'on ne saisira de leurs biens que jusques à concurrence de l'amende qu'ils devront.

(6) Quand les prélats et les autres personnes ecclésiastiques seront obligés de venir au parlement, leurs affaires y seront promptement expédiées, aux jours de leurs bailliages, ou sénéchaussées. Ils seront traités avec honnêteté, et expédiés promptement, à raison de leur rang, et de l'importance de leurs affaires, ce qui sera observé pareillement à l'égard des barons.

(7) Si les prélats ou les barons, ne peuvent être expédiés à cause de la multitude des affaires, la cour leur donnera un jour certain, auquel ils seront entendus.

(8) Le Roi n'acquerra rien à l'avenir dans leurs fiefs, ni leurs arrière-fiefs, sans leur consentement. Il ne recevra point de nouvelles avoueries à leur préjudice, et toutes celles qui lui ont été faites, ou à ses prédécesseurs sont révoquées à moins qu'il n'y ait prescription.

(9) S'il arrive que, par forfaiture, quelques biens soient acquis au Roi dans les terres des prélats et des barons, Sa Majesté les mettra hors de ses mains dans l'an, et les remettra à des personnes qui pourront s'acquitter des devoirs féodaux, ou elle en indemnisera les seigneurs.

(10) Les commissaires, ou gardiens, veilleront à la conservation des biens en régale. Ils en percevront les fruits sans dégât, ils n'abattront pas les bois de haute futaie: ils ne couperont pas les bois taillis avant le temps, et ils ne détruiront pas les étangs ni les viviers, etc.

(11) Les gardiens des Régales qui ont été commis au temps passé, seront condamnés sommairement à payer tous les dommages qu'ils ont faits, et seront punis selon la qualité du délit.

(12) Les arrêts rendus par la Cour seront exécutés sans appel, et s'il y a quelque ambiguité ou erreur, la correction en appartiendra au Roi, ou à la Cour, etc.

(13) Les enquêtes portées en la Cour, seront du moins expédiées et jugées dans deux années.

(14) Les baillis, les sénéchaux et autres officiers royaux, les juges et gardes des foires de Champagne, les maîtres et gardes des eaux et forêts seront élus et institués par le grand conseil du Roi, etc.

(15) Les officiers et les procureurs du Roi feront le serment qui suit, dans les assises, qui seront tenues immédiatement après la publication de cette Ordonnance.

(16) Les sénéchaux et les baillis ne pourront être du conseil du Roi, tant qu'ils seront sénéchaux et baillis; et s'ils ont été du conseil auparavant, ils s'abstiendront d'y aller, tant que leur office durera.

(17) Aucun conseiller du Roi ne pourra recevoir pension d'aucune personne ecclésiastique et séculière, ni d'aucune ville, ou communauté, etc.

(18) Nul sénéchal, ni bailli ne pourra avoir pour prévôt, lieutenant ou juge, aucun qui lui soit parent, ou avec qui il ait affinité, ou en liaison par la nourriture, de crainte qu'ils soient hors d'état de rendre des jugemens justes, dans les appellations interjetées de ces sortes de personnes.

(19) Les prévôtés du Roi ne seront vendues, ou données à ferme, qu'à des personnes fidèles, capables, de bonne renommée, non clercs ni usuriers, etc. Les prévôts à ferme ne pourront juger ni taxer les amendes. Et dans chaque prévôté il n'y aura qu'un seul prévôt, ou deux au plus.

(20) Lorsque les procureurs du Roi poursuivront quelques causes, ils feront comme les autres, le serment appelé en droit calumniæ, et ils n'occuperont pas pour des particuliers, à moins qu'ils ne leur soient parens.

(21) Les baillis, les sénéchaux, les prévôts, etc., exécuteront les mandemens du Roi, à moins qu'ils n'aient de justes raisons pour ne le pas faire, qu'ils expliqueront au Roi par leurs lettres scellées de leurs sceaux, etc.

(22) Les sénéchaux, les baillis, les viguiers, les vicomtes, les juges et autres officiers de justice exerceront leurs offices en personne, et ne pourront commettre en leur place des substituts, ou des lieutenans qu'en cas de nécessité. Et s'ils sont obligés de s'absenter, ils ne mettront pour substituts, que des personnes du pays, sages et éclairées, qui ne seront pas avocats ou surchargés d'affaires. Et ces substituts jureront qu'ils feront leur devoir.

(23) Les prévôts n'exigeront rien de leurs justiciables, et quand même leurs justiciables leur offriraient quelque chose ils ne pourront la prendre. Ils ne vexeront pas les églises, sous le prétexte de subventions et d'aides; ils n'exigeront pas des

personnes d'église des repas et des gîtes, et ne traiteront pas avec elles de leurs amendes.

(24) L'ordonnance faite par le Roi touchant les bourgeoisies sera exécutée et exactement observée. S'il y a contestation pour quelque bourgeois entre les officiers du Roi et les seigneurs, la récréance en sera faite par celui qui y sera obligé, et après qu'on aura enquis de la vérité, l'affaire sera terminée suivant le droit et les Coutumes.

(25) Les officiers royaux n'attireront pas à eux les causes mues entre les justiciables des prélats et des barons, au préjudice de leurs justices, et ils ne connaîtront de ces causes qu'en cas de ressort.

(26) Les sénéchaux et les baillis tiendront leurs assises dans le circuit de leur territoire, de deux mois en deux mois, au moins. A la fin de chaque assise ils indiqueront le commencement de la suivante, et ils ne pourront en tenir aucune dans les terres des prélats et des barons, etc.

(27) Aucun ne sera sénéchal, bailli, prévôt, juge, ou viguier, dans le lieu de sa naissance.

(28) Les sergens ne feront aucuns ajournemens, que par l'ordre des sénéchaux et des baillis, etc. Et si le prévôt faisait faire quelque ajournement, injuste ou faux, il en dédommagerait la partie.

(29) Les sergens royaux ne pourront exercer leurs offices dans les terres, où les prélats et les barons ont toute justice, si ce n'est en cas de ressort, etc.

(30) Les sergens royaux ne pourront demeurer dans les terres, où les prélats et les barons ont toute justice, à moins qu'ils n'y soient nés ou mariés, et dans ces deux cas ils n'y pourront faire aucune fonction de leurs offices, même en cas de ressort.

(31) Les sergens qui demeureront en ces deux cas dans les terres des seigneurs, seront soumis à leur juridiction, tant spirituelle que temporelle, excepté en ce qui concernera la fonction de leurs offices.

(32) L'Ordonnance touchant la réduction du nombre excessif de sergens sera exécutée.

(33) Les sergens qui seront élus, et réservés, donneront de bonnes et suffisantes cautions qui seront reçues par les sénéchaux, les baillis, etc.

(34) Les sergens à cheval ne prendront que trois sous par jour, et les sergens à pied dix huit deniers de monnaie courante, quand ils sortiront des villes, quelques ajournemens qu'ils fassent pour différentes affaires et pour des personnes différentes. Et où la Coutume sera de donner moins, elle sera suivie.

(35) S'il y a contestation pour des terres, et si les officiers du Roi les saisissent et en accordent la possession à l'une des parties les fruits intermédiaires lui seront restitués.

(36) Les sénéchaux, les baillis et autres officiers de justice ne pourront créer et instituer des notaires, le Roi s'en réservant le droit et à ses successeurs sans préjudicier aux droits des seigneurs, qui sont en possession d'en créer dans leurs terres.

(37) Les notaires auront de salaire, pour trois lignes, un denier, depuis quatre lignes jusques à six deux deniers de monnaie courante, et si leurs écritures excèdent six lignes, ils n'auront qu'un denier pour trois lignes, etc.

(38) Les sénéchaux, les baillis, les viguiers, etc., jureront qu'ils feront justice aux grands et aux petits, et à toutes personnes de quelque condition qu'elles soient, sans acceptation.

(39) Qu'ils conserveront les droits du Roi, sans faire préjudice à personne.

(40) Qu'ils ne recevront, or, ni argent, ni aucun autre don quel qu'il soit, si ce n'est de choses à manger, ou à boire.

(41) Qu'ils ne souffriront pas que l'on fasse aucun présent à leurs femmes, leurs enfans, leurs frères, leurs neveux, leurs nièces, ni qu'on leur donne aucun bénéfice.

(42) S'ils reçoivent du vin en présent, ce ne sera qu'en barils, ou bouteilles.

(43) Ils ne pourront rien recevoir à titre de prêt, des personnes de leurs bailliages, ni de ceux qui auront, ou seront sur le point d'avoir des causes devant eux.

(44) Ils jureront qu'ils ne feront aucun présent à ceux qui seront du conseil du Roi, à leurs femmes ni à leurs enfans, etc.

(45) Qu'ils n'auront pas de part dans les ventes des bailliages, des prévôtés, des revenus du Roi, ni dans les monnaies.

(46) Qu'ils ne soutiendront pas les fautes, les injures, les exactions, les usures et les vices des officiers qui leur seront soumis, mais qu'ils les puniront.

(47) Les prévôts, les viguiers, les baillis et les officiers qui leur seront soumis, jureront qu'ils ne donneront rien à leurs supérieurs, à leurs femmes, leurs enfans, leurs domestiques, leurs parens, leurs amis, ni qu'ils ne seront pas à leur service.

(48) Les sénéchaux et les baillis jureront qu'ils ne recevront des baillis inférieurs, des vicomtes, etc., aucuns gîtes, ni aucuns repas, etc.

(49) Qu'ils ne recevront aucun présent des personnes religieuses, qui seront domiciliées dans le lieu de leur administration, pas même des choses à boire ou à manger, si ce n'est des personnes riches, et une fois, ou deux l'année, au plus.

(50) Qu'ils ne feront aucune acquisition d'immeubles dans leurs bailliages, tant que leur office durera.

(51) Qu'ils ne contracteront pas mariage dans le lieu de leur administration, et qu'ils ne permettront pas que leurs enfans, leurs sœurs, leurs nièces, leurs neveux, etc., s'y marient.

(52) Qu'ils ne mettront, ou ne tiendront aucun en prison pour dettes, à moins qu'il ne se soit obligé par corps, par lettres passées sous le scel royal.

(53) Qu'ils ne confieront, ou ne donneront à ferme les prévôtés du Roi, ses autres offices et revenus, qu'à des personnes capables.

(54) Il en sera de même des écritures des sergenteries et des vigueries, etc.

(55) Qu'ils ne feront rien en

fraude de tout ce qui a été marqué ci-dessus.

(56) Les sceaux des sénéchaussées, des bailliages et des prévôtés, etc., ne seront plus donnés à ferme, qu'à des personnes de bonne renommée, etc.

(57) Les lettres expédiées pour crimes, ne passeront pas au grand sceau, si elles ne sont auparavant approuvées et signées de deux personnes du conseil du Roi ou d'une seule personne que le Roi commettra à cet effet.

(58) Les prélats et les barons qui ont haute justice, auront la connaissance de l'exécution des lettres que leurs justiciables auront passées sous le scel royal.

(59) Si des personnes domiciliées dans les provinces qui sont régies par le Droit commun, ont des causes qui doivent être décidées par le droit civil, c'est par le droit civil qu'elles seront jugées.

(60) Aucun sénéchal, bailli, prévôt, viguier, vicomte, etc., ne pourra tirer un homme d'une châtellenie, d'un bailliage, ou d'une prévôté, pour le faire plaider dans une autre châtellenie, une autre prévôté, ou un autre bailliage.

(61) Les sujets des prélats et des barons se pourvoiront par appel, pardevant les barons et les prélats, suivant l'ancien usage.

(62) Pour l'expédition des causes, l'on tiendra tous les ans deux parlemens à Paris, deux échiquiers à Rouen, et deux fois l'an les jours de Troye. Et il y aura un parlement à Toulouse, si les gens de cette province consentent qu'il n'y ait point d'appel des présidens de ce parlement.

---

Nos *Philippus*, Dei gratiâ, Francorum Rex,
Notum facimus universis, quod pro reformatione regni nostri quod retroactis temporibus gravatum extitit adversitatibus temporum, et guerrarum, ac pluribus aliis contrariosis eventibus, ex deliberatione providâ (1) fecimus aliquas ordinationes patentes et statuta utilia et salubria, pro gubernatione et bono statu regni predicti, pro pace etiam et tranquillitate subjectorum nostrorum, sicut inferius continetur. Ut autem Deo propitio reformationem predictam facilius impetremus, et circà eam auxilium et gratias omnipotentis Dei misericorditer habeamus, cujus solius ditioni, manui et protectioni predictum regnum nostrum subjectum semper extitit, et nunc esse volumus, et a quo nobis omnia bona proveniunt, Primò volumus et intentionis nostre est sacrosanctas ecclesias, monasteria, prelatos, et quascumque personas ecclesias-

---

(1) Il est certain que les premiers états-généraux ont été assemblés sous Philippe-le-Bel, en 1302.

icas, cujuscumque status, aut conditionis existant, et quibuscumque nominibus censeantur, ob Dei reverentiam et amorem tenere, custodire et conservare in favore et gratiâ, et auxilio condecenti, quibus predecessores nostri (1) retroactis temporibus tenuerunt, foverunt, et etiam servaverunt.

(2) Volumus autem quod privilegia, libertates, franchisie, consuetudines, (2) seu immunitates dictarum ecclesiarum, monasteriorum, et personarum ecclesiasticarum integre, et illese serventur, teneantur, et custodiantur eisdem, sicut temporibus felicis recordationis beati Ludovici avi nostri inviolabiliter servate fuerunt, inhibentes districtius omnibus justiciariis, officiariis, ministris, fidelibus et subditis nostris, et quibuscumque aliis personis, ne predictas immunitates, privilegia, aut libertates eisdem ecclesiis, seu personis ecclesiasticis infringere, aut violare quoquomodo presumant, nec impediant, aut molestent eas in eorum jurisdictionibus spiritualibus et temporalibus, quas de jure, vel de antiquâ et approbatâ consuetudine obtinere noscuntur, nec in aliis juribus earum, quecumque sint, impedimentum prestent, nec jura, seu jurisdictiones dictarum ecclesiarum, seu personarum ecclesiasticarum, fraude, vel dolo occupent, vel usurpent. Et si aliqua de predictis occupata, vel usurpata per ipsos fuerint indebitè et injustè, volumus quod sine dilatione aliquâ secundum justitiam, ad statum debitum reducantur, et qui sic fecerint, graviter puniantur. Si verò de cetero per aliquem vel aliquos contra predicta, fuerit attemptatum, ut dictum est, graviter punietur, attemptata, damnaque restaurabuntur, si que fieri contigerit minùs justè, ad esgardum consilii nostri. Et ista mandabuntur executioni debite breviter et de plano, sine strepitu judicii, et per istum modum facient hoc fieri et executioni mandari senescalli et baillivi per prepositos, servientes et alios justiciarios sibi subjectos.

(3) Et si contingeret quod nos mandaremus bona aliquarum ecclesiarum, seu personarum ecclesiasticarum aliquibus causis, vel rationibus saisiri, seu etiam confiscari, sub conditione videlicet, si que nobis significata sunt, veritate nitantur; volumus quod senescallus, vel baillivus, cui tale mandatum ex parte nostrâ dirigetur, non procedat ad saisiendum,

---

(1) V. la Pragmatique de saint Louis, de 1268, art. 1 et 2. (Laur.)
(2) V. la Pragmatique de saint Louis, art. 2 et 3. Le Testament de Philippe-Auguste, de 1190, art. 9. (Laur.)

vel confiscandum predicta bona, donec super hiis que nobis significata fuerint (nisi aliàs notoria fuerint), plenè fuerit informatus, vocatis priùs omnibus qui de jure fuerint evocandi.

(4) Et istud, seu istam ordinationem, quantum ad duces, comites, barones (1), et alios quosvis subditos nostros volumus observari. Et mittemus personas bonas et sufficientes, per senescallias, et baillivias regni nostri, ad sciendum de consuetudinibus antiquis regni nostri, et quomodo tempore beati Ludovici utebatur eisdem, volentes quod si a dicto tempore citrà, aliquas bonas et approbatas consuetudines abolitas invenerint et aliquas iniquas invenerint introductas, eas revocabunt et facient revocari, et ad predictum antiquum statum, et ad summam memoriam registrari.

(5) Item. Volumus quod si nos mandaverimus, vel preceperimus bona alicujus prelati, seu alterius persone ecclesiastice, vel clerici clericaliter viventis, capi seu ad manum nostram poni, quod virtute primi mandati, seu precepti nostri, bona eorum rectè mobilia non capiantur, saisiantur, seu ad manum nostram ponantur, neque domus eorum discooperiantur, et seu etiam destruantur. Nec volumus quod in casu isto gentes nostre de bonis ipsorum capiant, saisiant, vel arrestent ultra quantitatem emende, pro quâ dicta bona mandabimus capi, saisiri, vel aliter arrestari.

(6) Item. Volumus ad hoc ut prelati, alieque ecclesiastice persone melius et libentiùs possint vacare divinis obsequiis, quibus sunt specialiter deputati, quod quandocumque eos contigerit venire ad curiam nostram (2), seu parlamentum, celeriter audiantur, et eorum negocia ordinatè tractentur, secundùm dies senescallorum et baillivorum suorum, sine prorogatione, nisi aliquâ justâ de causâ, de speciali mandato nostro circà id negocium faceremus prorogationem fieri condecentem. Et volumus quod in parlamento et extrà per curiales nostros tractentur condecenter et honestè, et ut celeriùs fieri possit, juxtà qualitatem negocii et conditionis personarum, eos volumus expediri. Et hoc idem volumus et statuimus fieri et teneri de nostris baronibus et subjectis.

(7) Si verò contigerit quod aliquis prelatus, vel baro propter magna onera negociorum, non posset celeriter expediri, certa

---

(1) V. l'Ordon. de Philippe-Auguste, du 1er. mai 1209, et le Maudement de 1215. (Laur.)

(2) V. l'Ordon. de 1290, art. 3. (Laur.)

1302.

...es assignetur eidem, quâ audietur et expedietur, et tunc ...diatur et expediatur, de die in diem celerius quam curia ...erit.

(8) Item. In eorum feudis nihil de cetero acquiremus, nisi ...eorum procedat assensu, nisi in casu pertinente ad jus ...rum regium : nec accipiemus novas advocationes (1) vas-...lorum, seu hominum ecclesiarum, nec non et nostris baro-...bus subjectorum, et eas quas recepimus revocamus, nisi ...tanto tempore tenuerimus pacificè quod de consuetudine ...ric nobis fuerint acquisite.

(9) Si verò contingat quod in terris ipsorum, aut aliorum ...bditorum nostrorum alique forefacture nobis obveniant, ...re nostro regio, infrà annum et diem extra manum nostram ...onemus, et ponemus in manu sufficientis hominis ad desser-...iendum feudis, vel dominis feudorum, recompensationes ...ufficientes (2) et rationabiles faciemus.

(10) Item. Quantum ad regalias, quas nos et predecessores ...ostri consuevimus percipere et habere in aliquibus ecclesiis ...egni nostri, quando eas vacare contingit de quibus plures ad ...os querimonie devenerunt, eo quod gardiatores, seu regalia ...ores amputabant (3), et secabant nemora dictarum ecclesia-...um, et antequam tempus amputationis seu sectionis eorum, ...t debite venditionis advenisset, et evacuabant stagna et vi-...varia ad dictas ecclesias pertinentia, pluraque alia faciebant ...committebant, que in gravia dictarum ecclesiarum dispen-...a et prejudicia redundabant ; nos circa ea cautius precavere ...olentes debito temperamento et opportuno remedio inter-...jecto, Volumus et precipimus et etiam ordinamus quod res, ...ona, maneria et jura dictarum regaliarum manu-teneantur,

---

(1) V. l'art. 11 de l'Ordon. de 1290, avec les notes, et l'Ordon. de 1272 avec les notes. (Laur.)

(2) Lorsque le Roi avait dédommagé ou payé indemnité aux seigneurs, ses ...ciers faisaient hommage pour lui, comme il se voit par l'acte qui suit.
« Pour ce qu'il est venu à la connoissance de nos seigneurs des comptes, que le seigneur de Marly, qui maintient la terre et seigneurie de Challeau, près Paris, pour estre tenue de luy, l'a fait mettre en sa main par faute d'homme. Ils ont ordonné que pour homme luy sera baillé Me. Pierre de Quatre-Livres, procureur en son Chastelet de Paris, qui lui en fera la foy et hommage, sans garder les solemnitez qui se gardent par les autres vassaux te-nans de luy. C'est à sçavoir de s'agenouiller et de baiser, etc. » Reg. de la Chambre des comptes, lundi 23 juillet 1492. V. Chopin., *de moribus Pari-siorum*, lib. 1, tit. 2, n. 9, p. 46. (Laur.)

(3) V. es Lettres touchant le Régale de Laon, de 1158. (Laur.)

custodiantur, et explectentur, absque aliquo detrimento et devastatione, ac si propria nostra essent; inhibentes ne de cetero nemora dictarum regaliarum ante tempus debite sibi resecationis amputentur, neque arbores que ab antiquo servate et forte fuerunt propter decorem et amenitatem maneriorum, nemora etiam quæ exponuntur sectioni, non devastentur aut vendantur, nisi pro modo et tempore consuetis. Vivaria insuper, stagna, et piscarie, nisi piscium nutrimento et fomentatione servatis, pro captura piscium non graventur, precipientes insuper quod omnibus istis casibus, et circa predicta et singula premissorum, caveatur ab omni vastatione, abusu, destructione et excessu, et quod circa predicta talis moderatio adhibeatur, talis equitas et tale temperamentum, qualia consueverunt à quolibet legitimo administratore, et provido dispensatore, circà talia ratione previà adhiberi. Et quia tantò meliùs singula premissa servabuntur, quantò meliores et fideliores executores in eis et circa ea ponentur, quasdam personas de quarum fidelitate gerimus fiduciam pleniorem eligemus, per quas predicta cum advenerint servabuntur.

(11) Volumusque quod custodes, seu gardiatores regaliarum predictarum et ecclesiarum vacantium, qui fuerunt temporibus retroactis, compellantur ex nunc summarie et de plano, ad restituenda, seu resarcienda damna, et gravamina que eos fecisse constiterit, propter excessum, vel abusum, fraudem, aut dolum in predictis adhibitos et circà predicta, ecclesiis quas sic gravaverunt indebitè et injustè et cum hoc etiam puniantur, secundùm quod ratio suadebit. Hoc idem quantùm ad barones et alios subditos nostros volumus observari, quando terras suas propter defectus hominum, aut alias ad nos devenire contingct in questu.

(12) Item. Volumus, sancimus et etiam ordinamus quod judicata, arresta et sententie, que de nostrâ curiâ, seu nostro communi consilio processerint, teneantur, et sine appellatione aliquâ executioni mandentur. Et si aliquid ambiguitatis, vel erroris continere viderentur, ex quibus meritò suspicio indiceretur, correctio, interpretatio, revocatio, vel declaratio eorumdem ad nos, vel nostrum commune consilium spectare noscantur, vel ad majorem partem consilii nostri, vel providam deliberationem specialis mandati nostri, et de nostrâ licentiâ speciali super omnia antea requisita servetur.

(13) Et volumus quod inqueste (1) et probationes, postquam fuerint transmisse ad curiam, judicentur infrà biennium ad tardius, postquàm, ut premittitur, fuerint ad curiam reportate.

(14) Item. Quia ad reformationem predictam, opus est quod per sapientes et fideles personas, senescallos, baillivos, et nostros alios officiarios communes in regno nostro, justitia nostris temporibus servetur illesa, volumus et ordinamus quod nostri senescalli, baillivi, judices et custodes nundinarum campanie, magistri et custodes forestarum et aquarum de cetero eligantur, et instituantur ex deliberatione nostri magni consilii. Et si aliquis ante hoc salubre statutum electus fuerit ad aliquam prefecturam, vel administrationem nostram, qui minùs sufficiens, aut imperitus existat, regie majestati significetur apertè, ita quod circà hoc salubre valeamus remedium adhibere.

(15) Volumus insuper quod ipsi, et procuratores nostri jurent secundum formam infrà scriptam (2). Et ut predictum juramentum validiùs et firmiùs teneatur, volumus quod in qualibet assisià dictorum senescallorum et baillivorum nostrorumque primò tenebitur, post publicationem hujus saluberrimi statuti, apertè et in communi coram clericis et laïcis predictum faciant juramentum, quamvis aliàs in nostrà presentià fecerint illud idem, ut si Dei timor a malo eos revocare non posset, saltem indignationis nostre formidine et temporalis confusione ruboris, a malis agendis in suis administrationibus arcerentur.

(16) Item. Nolumus quod senescallus aliquis, vel baillivus de nostro sit consilio (3), quandiù sue preerit prefecture. Et si anteà receptus fuerit de nostro consilio, nolumus quod suo durante officio se de eo aliquatenùs intromittat.

(17) Item nolumus quod aliquis consiliarius noster de cetero recipiat, vel habeat pensionem ab aliquâ personâ ecclesiasticâ (vel seculari, nec ab aliquâ etiam) villâ, vel communitate, et si aliqui habeant, volumus ut ex nunc dimittant (4) easdem.

---

(1) V. l'Ordon. de 1291, art. 4. (Laur.)
(2) V. l'Ordon. de saint Louis, de 1254, au commencement. (Laur.)
(3) V. l'Ordon. de 1291, art. 5. (Laur.)
(4) Cette sage disposition a été renouvelée par Charles VI, Charles VII, Louis XII et leurs successeurs, mais sans succès, l'avidité du gain l'ayant emporté sur le devoir. V. sur ce sujet le Dialogue des avocats. (Laur.)

(18) Item. Volumus et ordinamus quod nullus senescallus, baillivus, aut aliquis judex quicumque sub se habeat prepositum, vicarium, seu judicem, qui eidem consanguinitatis, affinitatis, vel nutriture vinculo teneatur, ne persone predicte in causis, que ad ipsas per appellationes perveniunt, minus fideliter debeant judicare. Et si sint aliqui, volumus eos à dictis officiis amoveri.

(19) Volumus etiam quod si contingat quod aliqua de prepositis nostris vendatur, aut tradatur ad firmam, quod talibus commendetur personis, que fideles et idonee reputentur et bone fame, et quod sint bene solvendo, non clerici (1), non usurarii, non infames, nec suspecti circa oppressiones subjectorum. Nec volumus quod prefate persone ad dictas preposituras nostras, seu administrationes, quantumcumque plus aliis offerant admittantur, inhibentes de cetero ne prepositi ad firmam preposituras tenentes taxare, vel judicare presumant emendas, sed tantummodò senescalli et baillivi, homines, aut scabini dumtaxat, secundùm quod locorum consuetudines suadebunt: Injungentes quod in unâ præpositurâ ponatur unus prepositus, aut duo tantummodò et non plures, et quod uni persone non tradatur nisi unica baillivia, senescallia, vel præpositura vicaria seu judicatura, et tales jurabunt sicut senescalli et baillivi.

(20) Ceterùm volumus quod procuratores nostri, in causis quas nostro nomine ducent contra quascumque personas, jurent de calumniâ (2), sicut predicte persone. Et si contingat ipsos facere substitutos, ipsis substitutis satisfaciant, et non partes adverse; nolentes, immo prohibentes expressè ne dicti procuratores nostri de causis alienis se intromittere, aut litteras impetrare presumant, nisi pro personis conjunctis ipsos contingeret facere predicta.

(21) Item. Precipimus quod omnes senescalli, baillivi, prepositi, et quicumque alii justiciarii in regno nostro constituti, mandata regia cum reverentiâ suscipiant, et diligenter executioni debite demandent, nisi aliqua vera, et justa causa, et legitima obsistat, quominùs juxtà juramentum suum, ea facere aut exequi minimè teneantur, quàm nobis referant et rescribant et nobis mittant per literas apertas, eorum sigillis sigillatas per illos qui mandata perpetrabunt supradicta, cau-

---

(1) V. l'Ordon. de Philippe IV, de 1287 ou 1288. (Laur.)
(2) V. titulum Institutionum, De pœna temere litigantium, § 1. (Laur.)

propter quas dicta mandata non tenentur executioni de-
dare, reddantque literas impetratoribus earumdem, aut
inscripta earum sub sigillis propriis nobis clausa remittant.
Scientes quod si circa predicta negligentes extiterint vel re-
missi, aut maliciam seu deffectum aliquem commisisse noscantur, damna, gravamina, et expensas eorum impetratoribus reddere compellantur, si quas, vel que dictos impetra-
tores fecisse contigerit ob defectum, negligentiam, fraudem,
vel predictorum maliciam, et quod alias prout jus fuerit, puniantur.

(22) Item. Et hâc irrefragabili constitutione sancimus, quod
omnes nostri senescalli, baillivi, vigerii, vicecomites, judices,
aliique justiciarii nostri, quibuscumque nominibus censeantur, et ubicumque in dicto regno nostro fuerint constituti,
officia sibi commissa per se ipsos, et personaliter exerceant,
nec sibi substitutos, aut locum tenentes facere presumant nisi
in casu necessitatis, ut pote valetudinis, vel consilii, in quo,
cessante causâ necessitatis, ad commissa sibi redeant officia
exequenda, sub debito juramenti, et sine fraude. Cum autem
eos contigerit in predicto casu absentari, ponant pro se, et
substituant aliquem virum idoneum et honestum, de patriâ,
seu provinciâ cui præesse noscuntur, usque ad suum reditum,
quem cito accelerent, qui quidem substitutus non sit advocatus, nec aliis arduis negociis impeditus, nec amicorum multitudine oneratus, caventes sibi sic substituentes, quod pro
administratione, pacto, gestione substitutorum suorum, si
quid in eis commiserint, tenebuntur, prout de jure fuerit,
respondere, et jurabunt predicti substituti, quod quamdiù
preerunt officio supradicto, illud benè et fideliter exequentur;
inhibentes districtius ne predicti senescalli, baillivi, officiarii
commissarii nostri, quicumque sint, sub penâ amissionis officii sibi commissi, recipiant aliquid pro sigillis suis, nec recipi
faciant, aut patientiam prestent pecuniam, argentum, servitium, vel utilitatem aliquam, quecumque sit, illa vel illud
pro eis exigatur.

(23) Item. Quod prefati prepositi nostri, nihil penitùs exigant à subjectis, aut si offeratur, non recipiant ab eisdem, nec
ecclesias gravare presumant ratione subventionis (1), aut
auxilii eisdem impendendi, nec ad easdem accedere debent

_____

(1) V. le Mandement d'avril 1299 et les Lettres du 10 mars 1299. (Lautr.)

pro comedendo, aut jacendo (1) ibidem, sine magnâ causâ, nec cum personis dictarum ecclesiarum, aut aliis quibuscumque subjectis suis conventiones, pacta, seu mercata faciant de dandâ certâ summâ pecunie, pro omnibus emendis quas incurrerint seu incurrere possint, in toto tempore quo eorum officium perduraret, quia per hunc modum daretur predictis subditis et aliis personis occasio delinquendi. Contra hoc autem salubre statutum venientes volumus animadversione condignâ puniri.

(24) Item. Volumus quod ordinatio burgesie (2) per nos et nostrum consilium ⬛eta, diù est, super burgenses, custodiatur et firmiter teneatur; et si contingeret quod emergeret questio, quod si gentes nostre requirant aliquem tamquam burgensem nostrum, quem aliquis prelatus, aut baro, aut quivis alius nobis subjectus, dicerent esse hominem, aut justiciabilem suum, aut quid in eorum jurisdictione commisisset, negantes ipsum esse burgensem nostrum, recredentia fiat de illo per illum qui eum tenet, si ita sit quod in casu recredentie teneatur. Et inquisitâ veritate super negotio, vocatis qui fuerint evocandi, negocium executioni demandetur, secundùm quod jus et bona consuetudo patrie postulabunt, servatâ tamen ordinatione burgensium per consilium nostrum editâ, de quâ copiam habebit, qui eam voluerit legere et habere, et ita observari volumus de novis bastidis (3).

(25) Item. Hoc perpetuò prohibemus edicto, ne subditi, seu justiciabiles prelatorum, aut baronum, aut aliorum subjectorum nostrorum trahantur in causam, coram nostris officialibus, nec eorum cause, nisi in casu ressorti in nostris curiis audiantur, vel in casu alio ad nos pertinenti, nec volumus quod eis litere nostre concedantur preterquam in casibus memoratis.

(26) Item. Precipimus quod senescalli et baillivi nostri teneant assisias suas in circuitu senescalliarum et bailliviarum suarum, de duobus mensibus in duos menses ad minus. Et quod in fine cujuslibet assisie significari faciant diem alterius assisie: inhibentes ne predictas assisias teneant in terris,

---

(1) V. l'Ordon. de saint Louis, pour la réformation du royaume; art. 15. (Laur.)

(2) 1287. (Laur.)

(3) Les nouvelles bastilles étaient des châteaux nouvellement fortifiés. (Laur.)

llis, aut locis prelatorum, baronum, vassallorum aut aliorum quorumlibet subjectorum nostrorum, aut in quibus nos habemus justitiam, dominium, aut gardiam, nisi sit in locis in quibus alias dicte assisie consueverunt teneri a triginta annis citra: nec teneant eas in locis in quibus non est villa, nec habitatio gentium populosa. Et si à quocumque in contrarium contingeret attemptari, nolumus quod redundet, quantum ad possessionem, vel proprietatem in eorum prejudicium, ad quos dicta possessio, vel proprietas pertinere noscatur.

(27) Item. Nolumus quod aliquis preficiatur in senescallum, ballivum, vel prepositum, judicem, vel vicarium, aut bajulum in loco unde oriundus dicitur.

(28) Item. Inhibemus ne servientes faciant adjornamenta, seu citationes sine precepto (1) senescalli, baillivi, prepositi, vicarii, vicecomitis, aut judicis: et si prepositus fortè faceret, ea fieri preciperet falsum, aut injuriosum adjornamentum, damna, gravamina parti, quam sic gravavit, resarciret, et cum hoc penâ decente cognosceret quod graviter deliquisset.

(29) Interdicimus servientibus nostris ne justicient, aut officium suum exerceant in terris (2) prelatorum, baronum, et aliorum vassallorum, seu subditorum nostrorum in quibus habent justitiam altam et bassam, seu merum et mixtum imperium, nisi in casu ressorti, aut alio ad nos de jure spectanti, neque tunc nisi de precepto senescalli, vicecomitis, vicarii, sive judicis. Et continebit tunc mandatum, sive preceptum ipsorum casum ad nos, ut premittitur, pertinentem.

(30) Inhibemus insuper ne morentur seu larem (3) foveant in dictis terris et locis, vel in locis vicinis in fraudem absque voluntate dominorum, nisi sint oriundi de loco, aut ibidem matrimonium contraxerint; in hiis duobus casibus non poterunt servientes officium exercere in locis illis. Et si casus ressorti, aut alius ad nos spectans in eisdem terris advenerit, volumus quod de illis se nullatenus intromittant, immò casus executioni mandabitur per alios servientes.

(31) Prelati verò, barones, et alii fideles nostri poterunt

---

(1) V. l'Ordon. de 1667, au titre des Ajournemens, art. 10. (Laur.)
(2) V. les lettres de 1290, art. 12, et Louet, dans son Recueil d'Arrêts, titre (n), sommaire 10. (Laur.)
(3) V. les Lettres de 1290, art. 12, et Brodeau, dans ses notes sur Louet, titre (n), sommaire 10, nombre 9. (Laur.)

predictos servientes nostros justiciare, et contra eos uti jurisdictione suâ spirituali, et temporali, prout justum fuerit sine fraude, contra alias privatas personas, in hiis que ad eorum officium non spectabunt, poteruntque eos punire de excessibus et commissis que fecerint, non tamen nostrum regium officium exequendo.

(32) Item. Volumus quod ordinatio facta (1), diu est, per nos super removenda superfluitate servientium, et de reducendo eos ad certum numerum servetur, compleatur, et etiam firmiter executioni demandetur, videlicet quod ubi consuetum erat haberi viginti servientes, remotis omnibus, quatuor tantum restent: Et sic per consequens de majori numero major substrahatur, et de minori minor. Volentes quod servientes illi, qui nostras antea habebant literas, et qui sufficientes alias extiterint, inter remanentes alios deputentur, servato numero supradicto, et illi qui taliter remanebunt, obedient senescallis et baillivis nostris, qui poterunt predictos servientes corrigere et punire, pro suis excessibus et commissis, et si eorum excessus exegerint, de officio eorum, quamvis nostras litteras super hoc habuerint, totaliter amovere.

(33) Item. Precipimus quod tales qui in servientes eliguntur, prestent idoneas cautiones (2), in manibus predictorum senescallorum et baillivorum nostrorum, ut bene et fideliter faciant et exequantur officia sibi commissa, et quod debeant respondere, aut juri stare super hiis, et in omnibus que ab iisdem poterunt peti ratione dicti officii executi. Et si contingat aliquem predictorum servientium mori, vel officium sponte vel suis excessibus dimittere, senescalli et baillivi poterunt loco eorum alios sufficientes, suo tamen periculo, subrogare et habebunt respondere de hiis que gesserint suum officium exercendo, nec poterunt dictorum servientium numerum augmentare.

(34) Item. Volumus quod dicti servientes nostri moderatum salarium suscipiant (3), videlicet servientes equites tres solidos in die, et pedites octodecim denarios monete currentis quando exibunt villam, et plus non accipiant in die pro s

---

(1) Philippe-le-Bel fit sur ce sujet plusieurs Ordon. V. entre autres celle 1302, (quinzaine de la Toussaint), et les lettres de 1299, art. 8. (Laur.)

(2) V. l'Ordon. de nov. 1302. (Laur.)

(3) V. l'Ordon. de novembre 1302, touchant les Officiers du Châtelet.

..., quotcumque adjornamenta, executiones, aut processus alios ad eorum officium pertinentes faciant, pro pluribus negociis pluribusve personis. Et si sit consuetum in aliquibus locis quod minùs debeant habere, illa consuetudo servetur.

(35) Item. Statuimus, quod si aliqui de officialibus nostris miserint aliquas terras, vel possessiones pro debato partium, dictis terris, vel possessionibus, alteri parti cognitione judiciariâ premissâ, adjudicatis, fructus etiam medio tempore percepti eidem parti fideliter et plenarie reddantur, deductis missionibus et expensis.

(36) Inhibemus præterea et interdicimus omnibus senescallis, baillivis, justiciariis, fidelibus et subjectis nostris quibuscumque, potestatem faciendi, seu instituendi notarium seu notarios (1), publicum vel publicos, auctoritate nostrâ regiâ, quoniam intelleximus quod retroactis temporibus inordinata, seu effrenata multitudo notariorum multa intulit dispendia et prejudicia nostris fidelibus et subjectis, quam siquidem potestatem nobis et successoribus nostris Francie regibus specialiter et perpetuò reservamus: et ex nunc pro utilitate publicâ de consilio et deliberatione providâ consilii nostri in eos intendimus, qui cum inordinatâ multitudine notariorum publicorum sunt creati, circa eos proponentes apponere remedium opportunum, nolumus tamen quod prelatis, baronibus et omnibus aliis subditis nostris, qui de antiquâ consuetudine in terris suis possunt notarios facere, per hoc prejudicium generetur.

(37) Item. Volumus quod prefati notarii, seu clerici nostri, vel clerici seu notarii senescallorum, baillivorum et prepositorum predictorum, et alii notarii, seu scriptores in nostris officiis constituti accipiant salarium moderatum, videlicet de tribus lineis unum denarium, et de quatuor lineis usque ad sex, duos denarios qualis monete, et non amplius. Et si scripta excedant se.... neas, recipient pro tribus unum denarium, sicut dictum est. Et debet esse linea in longitudine unius palmé, et continere septuaginta literas ad minus, et si plus protendatur linea plus poterit notarius recipere, secundùm longitudinem carte vel instrumenti venditionem, aut

---

(1) V. l'Ordon. de 1256, art. 16. Loyseau, des Offices, liv. 2, chap. 5. Des Greffiers et Tabellions, nombre 47 et 48. (Laur.)

alios contractus perpetuos continentis, videlicet de duabus lineis unum denarium. Hoc idem servari et teneri volumus in instrumentis publicorum tabellionum: Et si in aliquibus locis predicte scripture minori pretio olim taxate fuerint, nolumus quod per hanc constitutionem nostram in eis aliquid inmutetur, immò illi taxationi stetur, nostrâ noviter editâ non obstante.

Sequitur forma juramenti, per quam debent jurare senescalli, baillivi, judices, vigerii, vicecomites, prepositi et alii officiarii nostri jurisdictionem habentes.

(38) Jurabunt enim imprimis, quod quamdiu erunt in officio, seu administratione eis commissâ facient justum judicium omnibus personis magnis et parvis, extraneis et privatis, cujuscumque conditionis existant, et subjectis quibuslibet, sine acceptione personarum et nationum, servando et custodiendo diligenter usagia locorum et consuetudines approbatas.

(39) Item. Jurabunt bonâ fide custodire, et servare jus nostrum, sine diminutione, impeditione, sine juris prejudicio alieni.

(40) Item. Jurabunt quod per se, nec per alios recipient, seu recipi facient aurum, argentum, vel aliquod aliud donum mobile, vel immobile, nomine servicii, obsequii, sive doni, aut beneficium aliquod perpetuum, vel etiam personale, exceptis esculento, vel etiam poculento, et aliis ad comedendum et bibendum ordinatis. Et de talibus, cùm moderamine inculpato, secundùm conditionem cujuslibet, et in tali quantitate ea recipient, quod infrà unam diem possint absque devastatione illicitâ consumi.

(41) Item. Ut suprà jurabunt quod ipsi non procurabunt, quod dona, munera, servicia, aut beneficia ecclesiastica dentur, seu conferantur eorum uxoribus, natis, fratribus, nepotibus, neptibus, consanguineis; auxiliariis, aut privatis suis, immò diligentiam quam poterunt adhibebunt, quod uxores, aut persone predicte non recipiant talia dona, vel munera superiùs nominata; quod si contrarium fecerint, contradicent et compellent personas predictas ad reddendum sic per sordem accepta, quam citò ad eorum notitiam devenerint.

(42) Item. Non poterunt recipere vinum (1), nisi in ba-

---

(1) V. l'Ordon. de saint Louis, de 1256, art. 3, et celle de 1254, art. 4. (*N. for.*)

…, seu bouteillis vel potis, sive fraude et sorde qualibet, et quod supererit vendere non debebunt.

(43) Item. Interdicimus eis quod ab hominibus suarum bailliviarum, aut administrationum suarum, aut ab aliis coram eis causam habentibus, vel ab eis quos sciverint proximè habituros non recepiant mutuum (1) per seipsos, nec per alias interpositas personas, parvum aut magnum, ab aliis verò qui causam non habent, nec speratur quod habeant proximò coram ipsis non recipient mutuum quod excedat quinquaginta libras turonenses, quas infrà duos menses a tempore receptionis dicti mutui reddere tenebuntur, licet creditores eos per amplius spatium credere vellent eis, nec aliud mutuum recipere poterunt, quousque fuerit prioribus creditoribus satisfactum.

(44) Item. Jurabunt, ut suprà, quod non dabunt, aut mittent munus (2), vel servitium illis qui sunt de consilio nostro, nec eorum uxoribus, liberis, aut privatis suis, nec illis qui missi fuerint ex parte nostrâ, ad visitandum, seu inquirendum de factis, et super commissis eorum, exceptis, ut superius est expressum, esculento et potulento, in tali quantitate, quae infrà unum diem consumi possint.

(45) Item. Quod non habebunt partem in venditionibus bailliviarum (3), prepositurarum, aut aliorum reddituum ad jus regium spectantium, vel etiam in monetâ.

(46) Item non sustinebunt in errore suo prepositos (4) et officiarios alios qui suberunt eis, qui erunt injuriosi, exactores suspecti, usurarii, aut aliter vitam inhonestam ducentes aperte, immò corrigent eos de eorum excessibus, prout justum fuerit bonâ fide.

(47) Item. Jurabunt prepositi, vicarii, baillivi, bajuli, vicecomites, majores villarum, et forestarum custodes, et alii qui sunt sub eis in officiis, quod non dabunt (5), aut servient in aliquo, majoribus suis nec eorum uxoribus, familiaribus, liberis, aut propinquis privatis.

---

(1) V. l'Ordon. de saint Louis, de 1251, art. 5, et celle de 1255, art. 4. (Laur.)
(2) V. l'Ordon. de saint Louis, de 1254, art. 6, et celle de 1256, art. 4. (Laur.)
(3) V. l'Ordon. de saint Louis, de 1256, art. 5, et celle de 1254, art. 7. (Laur.)
(4) V. l'Ordon. de 1254, art. 9, et celle de 1256, art. 6. (Laur.)
(5) V. l'Ordon. de 1254, art. 9. (Laur.)

(48) Item. Jurabunt senescalli et baillivi, quod à bajulis, vicecomitibus, prepositis, aut ab aliis subditis officiariis suis, sive sint in firmâ (1), sive in bailliviâ, non recipient gistum, pastum, procurationem, aut aliquod aliud donum, quodcumque sit illud.

(49) Item. Quod a religiosis (2) personis sue administrationis, non recipient ea que superioribus articulis sunt expressa, nec recipient esculentum, vel potulentum, ut supra dictum est, nisi ab illis qui in divitiis sufficienter abundant, semel in anno vel bis et non amplius, cum magnâ instancia requisiti, videlicet à militibus, domicellis, burgensibus, divitibus, aut aliis magnis viris.

(50) Item. Non ement (3) in bailliviâ suâ, seu administratione, quocumque et quantumcumque duret, nec in aliâ, possessiones aliquas dolosâ vel fraudulentâ impressione; quod si fecerint, contractus eo ipso reputabitur nullus, et possessiones applicabuntur nobis in dominio nostro, et prelatis, baronibus, et aliis subditis nostris applicabuntur, si predicti senescalli, baillivi, aut alii predictos contractus faciant in terris suis, contra nostram inhibitionem predictam, nisi de nostrâ processerit voluntate.

(51) Item. Jurabunt quod durante administratione suâ, contra prohibitionem predictam, nisi de nostrâ processerit voluntate, non contrahent in personis suis, nec contrahi, quantumcumque in eis erit, permittent filiis, aut filiabus suis, fratribus, sororibus, nepotibus, neptibus, aut consanguineis suis, matrimonium (4) cum aliquo vel aliquâ, sub administratione suâ, predictâ, administratione durante, nec ponent in monasteriis religiosorum, seu religiosarum aliquas de personis predictis, nec acquirent eis beneficia ecclesiastica, seu possessiones, nisi de nostrâ processerit gratiâ, seu licentiâ speciali, personis duntaxat exceptis, que habent officia, seu administrationes in locis unde traxerint originem, vel in quibus mansionem habent, seu larem fovent, quibus licet matrimonium contrahere, parentes, seu amicos in religione ponere, et possessiones emere, dum tamen id sine fraude et

---

(1) Ainsi, tenir un office en baillie, était alors autre chose que le tenir à fermé. (Laur.)
(2) V. l'Ordon. de 1254, art. 15. (Laur.)
(3) V. Part. 13 de l'Ordon. de 1254. (Laur.)
(4) V. Part. 14 de l'Ordon. de 1254. (Laur.)

cupiditate aliquâ faciant, jure regio in omnibus et per omnia observato penitùs et illeso.

(52) Item. Quod non ponent, nec tenebunt, aliquem in prisione seu carcere pro debito (1), nisi per literas nostras regias ad hoc fuerit specialiter obligatus.

(53) Item. Jurabunt, secundùm quod consuetum est, concedere ad firmam, vel committere prepositutras, et alia officia, redditus, et proventus nostros personis sufficientibus et non aliis.

(54) Item. Idem de scripturis, sigillis, sergentariis, vicariis aliisque sub eis officiis censemus esse tenendum.

(55) Item. Jurabunt quod per se, vel alios dolo, vel fraude contra predicta, vel aliquod de predictis non venient, seu venire facient vel permittent.

(56) Item. Volumus, et presentium tenore sancimus quod sigilla senescalliarum, bailliviarum, prepositurarum, vicariarum et judicaturarum regni nostri, de cetero non vendantur ad firmam, seu custodiam tradantur, nisi personis legalibus, ac etiam bone fame. Hoc idem de officiis recognitionum recipiendis volumus observari. Ceterùm quia multe novitates contra approbatas et antiquas consuetudines nundinarum Campanie et appellationum Lauduni in nostrum prejudicium subjectorum introducte dicuntur, proponimus et ordinamus personas mittere idoneas ad inquirendum de antiquis consuetudinibus nundinarum et appellationum ipsarum, et predictas antiquas et approbatas consuetudines facient observari; et si quas invenerint infractas vel abolitas, facient eas ad antiquum statum reduci; quia vero multe magne cause in nostro parlamento inter notabiles personas et magnas aguntur, ordinamus et volumus quod duo prelati, et due alie bone et sufficientes persone laice de nostro consilio (2), vel saltem unus prelatus et una persona laica causâ audiendi et deliberandi dictas causas continue, in nostris parlamentis existant.

(57) Item. Volumus quod litere super factis criminalibus confecte ad nostrum magnum sigillum nullatenùs recipiantur, donec correcte et signate fuerint per duos fideles homines nostri consilii, vel saltem per unum quem ad hoc duxerimus deputandum.

---

(1) V. l'art. 19 de l'Ordon. de 1254. (Laur.)
(2) De-là vient peut-être que quelques personnes du conseil avaient encore séance au parlement. (Laur.)

(58) Si vero contingat aliquos de subjectis prelatorum, baronum vel aliorum subjectorum nostrorum altam justitiam habentium, per nostras literas obligari, dicti prelati et barones habebunt executionem literarum ipsarum.

(59) Ordinamus etiam quod si alique persone provinciarum, que jure communi (1) reguntur in parlamento nostro causas habeant, que jure scripto debeant terminari, sententia diffinitiva ipsarum secundùm jus scriptum feratur.

(60) Volentes insuper et etiam ordinantes quod nullus senescallus, baillivus, prepositus, vicarius, vicecomes, vel judex hominem unius castelanie, baillivie, prepositure vicarie, vel judicature ad aliam valeat trahere, aut etiam ordinare.

(61) Item. Volumus quod subditi prelatorum, baronum et aliorum altam justitiam habentium de cetero appellent ad ipsos secundum quod (2) ab antiquo consueverunt appellare ad ipsos.

(62) Prætereà propter commodum subjectorum nostrorum et expeditionem causarum, proponimus ordinare quod duo parlamenta Parisius, et duo scacaria Rothomagi, et dies trecenses bis tenebuntur in anno. Et quod parlamentum apud Tholosam tenebitur, si gentes terre predicte consentiant, quod non appelletur a presidentibus in parlamento predicto.

N°. 372. — MANDEMENT *portant défense d'entraver l'exercice de la juridiction du duc de Bretagne, sous prétexte d'appel au parlement, sur les objets qui sont hors de l'appel.*

Paris, le mardi avant l'Annonciation, (25 mars) 1302. (C. L. I, 369.)

---

(1) Il semble que le droit commun soit ici opposé au droit écrit, et qu'ainsi l'on conclut mal de ces mots, que le droit écrit est le droit commun de la France. V. cependant les lettres-patentes de Philippe-le-Bel, pour l'établissement de l'Université d'Orléans. (Laur.)

(2) V. chap. 15 du 2e. liv. des Etabliss. et chap. 80 du liv. 1.
V. l'Ord. de 1287.

N°. 373. — ORDONNANCE *pour la levée dans l'Agenois, le pays de Rhodez, etc., à cause de la guerre de Flandre, de la subvention arrêtée du consentement des prélats, barons et autres conseillers.*

Paris, samedi après l'Annonciation, 1302. (C. L. I, 370.)

---

N°. 374. — INSTRUCTIONS *sur cette Ordonnance* (1).

A l'information de ceux qui sont envoyez par les seneschaussées et par les baillies du reaume pour les finances de l'ost de Flandres de cette saison, selon la commission faite sur ce à chascun est à entendre.

*Premierement* len doit appeler des plus souffisanz d'une ville, ou de pluseurs ensemble, selonc le pays et leur faire diligeaument entendre l'ordenance selonc la letre, comment elle est piteable, especialment pour le menu peuple, et courtoise à ceus qui payeront : car il seront deportez, et quittes de l'ost de ceste saison, et des sergens que l'on avoit ostroiez, et de toute autre subvention pour ceste année, et du retour de la monoye pour tant comme il auront payé, lesquelles choses leur peussent estre assez plus grieves, si comme chascun le poreit savoir et veoir, pourquoi il doient plus tost, et plus volentiers et plus largement estimer ses biens, à paier selonc ce. C'est assavoir que qui aura cent livres tournois d'yssues et terres, ou en rente par an, baillera vingt livres tournois pour les cent et de plus selonc la afferme.

(2) *Item.* Qui aura cinq cens livres en muebles quelque il soit, payera vingt-cinq livres, et aussint de plus plus.

(3) *Item.* En la maniere de ce faire, et lever len s'enfourmera par loial gent qui plus doivent savoir l'estimation des heritages et des biens de chascun, et ainsinc ensuivre resonablement la renommée de sa richece, par la déposition devant dite, et passer moiennement sans faire grief.

(4) *Item.* Quar ladite ordenance est faite par les prelaz et barons a ce presens faire, entendu en icelle mesme condition clers mariez et marchanz.

(5) *Item.* Clercs mariez jaçoit ce que il ne soient pas marchans....

---

(2) Nouv. Répert. v°. Roi, § 1er. *in fine.*

(6) *Item.* Clers marchans non mariez, et clers qui, hors de benefice, ont en terre de heritage la value de cent livres par an, ou plus.

(7) *Item.* Femmes veuves qui aient meubles, ou heritages en la value dessusdite et ainsinc de ceste ordenance sont franc, et exceptés tant seulement nobles personnes, sans fraude, puissans de servir en armes et en chevaux à nostre semonse par eux ou par autres, et pupilles pour faveur du petit aage.

*C'est l'instruction et la fourme que ceus qui sont deputés a finance de cest present tendront.*

Premierement les nobles qui ont cinquante livres de terre a tout, ou plus par an, qui voudront estre deportez d'aler audit ost paieront la moitié de la valüe de leur terres par un an.

De ceux qui auront cinq cens livres de terre, ou plus, et voudront finir pour estre deportez dudit ost, receue la finance, c'est assavoir le quint, et se vous ne povez bonnement, si le pourrez vous aucun pour amenuisier.

(2) *Item.* Les personnes nobles veuves ou non puissans, qui ont cinquante livres de terre, ou plus, qui voudront estre quites de servir oudit ost, et seront chargiez de debtes, ou d'enfans payeront le quart de la valüe de leur terre par an, une fois sans plus; et cil qui ne le feront, paieront la moitié. Et se vous voiez aucun amenuisement a faire, si le povez vous faire, se vous ne povez bonnement avoir la moitié.

(3) *Item.* Les non nobles qui vondront estre deportez dudit ost, et ont vingt livres de terre par an, ou plus, jusqu'à cent livres paieront pour finance le dixieme de la valüe de leur terre par an.

(4) *Item.* Cil qui ont cinquante livres de meubles ou plus, jusqu'a cinq cens livres, et voudront estre deportes dudit ost, paieront le cinquantiesme dudit meuble.

C'est assavoir que vous devez estre avisez de parler au pueple par douces paroles, et demoustrer les grans desobeissances, rebellions et domages que nos subjes de Flandres ont fait a nous et a nostre roiaume, a la fin de atrere les a nostre entencion; et ensement devez vous ces levées et finances au maindre esclande que vous pourrez et commocion de menu pueple. Et soiés avisez de mettre serjans debonneres et trai-

tables, pour faire vos executions, si que ils n'aient cause de
eus doloir.

(5) *Item*. En toutes manieres leur monstrez comment par cette voye de finer, ils sont hors de peril de leur cors, des grans cous des chevaux et de leurs despens, et pourront entendre à leur marchandies, et leur biens de leur terres administrer.

Et contre la volenté des barons ne faites pas ces finances en leur terres.

Et cette ordenance tenez secrée, mesmement l'article de la terre des barons, quar il nous seroit trop grand domage, se ils le savoient. Et en toutes les bonnes manieres que vous pourrez, les menez a ce que ils le veuillent suffrir, et les nons de ceus que vous y trouverez contraires nous rescrivez hastivement, a ce que nous metions conseil de les ramener, et les menez et traitiez par belles paroles, et si courtoisement que esclande n'en puisse venir.

---

N°. 375. — LETTRE (1) *des barons de France aux membres du sacré collége, au sujet de l'appel interjeté par le Roi de France, contre le Pape, au futur concile* (2).

Paris, 10 avril 1302. (Preuv. du Diff. 60.)

A honorables peres, lors chiers et anciens amis, tout le colliege, et à chascun des cardinaux de la saincte eglise de Rome, li duc, li comte, li baron et li noble, tuit du royaume de France, salut, et continuel accroissement de charité, d'amour, et de toutes bonnes aventures à leur desir :

Seignours, vos espiciaulment sçavez, et soait chascun qui a sain entendement, comment l'eglise de Rome, et li royaume de France, li rois, li baron, li clergié, et li peuples d'iceluy royaume, ont d'ancienneté et continuellement de coustume esté conjoints ensemble par ferme et vraye amour, et charité, et les grans miseres, les peines et des travaux que nos antecessours, et li plusieurs de nous et des nostres, ont souf-

---

(1) Les états généraux furent assemblés cette année et délibérèrent séparément. La présente lettre fait mention de la convocation du clergé et des procureurs des villes et communautés.

(2) Les cardinaux répondirent à cette lettre, mais en défendant la conduite du pape.

fert, souffrent et souffreront tousiours en l'honneur de celuy qui pour nous souffrit passion et mort, pour soustenir et essaucier la loy, et la foy chrétienne, et saincte eglise, pour la quelle plusieurs d'eux ont maintefois souffert moult de griefves peines et travaux, et estés pris et navrés à mort, et les grans cures que la divine eglise a mises pour le bon estat du royaume. Et pour ce que trop griefve chose seroit à nous, se celle vraye unité qui si longuement a duré entre nous se demenuisoit et defailloit maintenant par la male voulenté, et par l'ennemitié longuement nourrie soubs l'ombre d'amitié, et par les tercionnières et desrenables entreprises de celuy, qui en present est ou siège du gouvernement de l'église, nous vous certifions par la teneur de ces lettres aucunes mauvaises et outrageuses nouvelletez, que il a de nouvel entreprises à faire à nostre très chier et redouté seigneur, Phelippe par la grace de Dieu, roy de France, et à tout le royaume: lesquelles, nostre sire li roy fit exposer entendiblement par devant nous, et tous les prélats, les abbés, les priours, les doyens, les prevosts, les procureurs des chapitres et des couvents, des colléges, des universitez et des communautez des villes de son royaume, présens devant luy, pour les quiels se ils par sa desordenée volunté estoient poursuivies, l'unitez et l'amitiez devant dites, se deferoient et desioinderoient entre la dite église, et le roy, et le royaume, et nous; car nous ne le pourrions, ne ne voudrions souffrir en nulle maniere, pour peine, perte, ne meschief que souffrir en deussions, en personnes, en enfans, en héritages, ne en autres biens. Premiers entre les autres choses que au dit roy nostre sire furent envoyées par messages, et par lettres, il est contenu, que du royaume de France, que nostre sire li roy, et li habitans du royaume, ont toujours dit estre soubget en temporalité de Dieu, tant seulement, si comme c'est chose notoire à tout le monde; il en devroit estre subjet à lui temporellement, et de luy, le devoit et doit tenir: et plus que il encores avec ce a fait appeller les prelats, les docteurs en divinité, les maistres en canon et en lois dudit royaume de France, pour amander et corriger les excés, les griefs, les oppressions, et les dommages, que il dit par sa volenté, estre faits par nostre sire le roy, par ses menistres, et par ses baillifs, as prelas, as églises, as personnes des églises, à nous, aux universitez, et au peuple dudit royaume, jaçoit ce que nous, ne les universitez, ne li peuple dudit royaume ne requirons, ne ne voulions avoir, correction, ne amende sur les choses devant dites par luy, par s'authorité, ne par son pouvoir, ne par autre, fors que ledit nostre sire le roy : et ja avoit pourveu ly rois nostre à mettre remede à griefs, s'aucun en yeust, mais pour a retardé, puisque ces nouvelles sont venues à luy : que ne veult mie que il apere, que il le face par cremeur, ou commandement, ou par correction de luy, ou d'autruy. Par laquelle convocation ainsi faite, ly royaume demourroit en grand peril, et en grand desconfort, se il se vuidoit de si precieux joyaux et trésors, ausquels nuls ne se comperent, et que len doit mettre avant toutes forces, et avant toutes armes, c'est à sçavoir, le sens des prélas et des autres saiges, par qui conseil, par qui sens, et par qui pourveance, le gouvernement du royaume est adreciez et maintenus, la foi est crue et essauciée en fermeté, li sacremens de saincte eglise sont amenistrez et tenus, et justice faicte et gardée en celuy royaume, pour lesquiez choses, et pour autres, lesquelles trop longs chose seroit à escripre. Et pour ce espéciaulment que cil qui à présent siet ou siege du gouvernement de l'église, a faict et faict encores chacun jour par ces ordenances de vocables confirmations et les collations des archevesques et des evesques, et des autres nobles beneficcs du royaume devant dit, et y a mises par grandes quantitez et sommes d'argent, par quoy il les a grevées et chargées, si que, il convient que li menus peuples, qui leur est soubgez, soient grevéz et rançonnez : car autrement ne pourroient payer les exactions qui leur a faictes par personnes mescogneües, et aucunes souspeçonneuses, et telles, et plus'eurs, si comme enfans et pluseurs autres, qui de nul benefice d'église tenir ne sont dignes, et qui nul résidence ne font ès églises, où ils ont les benefices, ne ja ni entrerent; et ainsi les églises sont défraudées de leur service, et les volontez de ceux qui les églises fondérent sont anienties, par quoy les aumosnes sont laissiées, pitié arrière mise, et les bienfaits soubstraits qui aux églises fouloient estre faits, et les églises en sont si abáissiées et decheües, que à peine y a nuls qui les desservent; ne li prelas ne poent donner leurs benefices aux nobles clercs, et autres bien nez, et bien lettrez, de leurs diocèses, de qui antecessours les églises sont fondées, par quoy malvais exemple est donnez communément à tout le peuple, et pour les pensions nouvelles et les services outragos et desaccoustumez, et les exactions et extorsions diverses, et les dommageuses nouvelletez, li generaux estats de l'église est du tout muez, et ostez à souverains prélas, li pooirs de faire ce qui à eux de leur office appartient, et est accoustumez de faire, et encore ne lui souffist ce mie, mais les collacions des benefices, que nostre sire li roys et nos antecessours ont fondez, et à li et à nous appartiennent, et ont de tout temps appartenu, à li et à nos devanciers, et est accoustumé à appartenir, il nous empesche et les veut adjouster et traire devers li par grand couvoitise, pour plus grans exactions, et plus grans services à traire à luy, et lesquelles choses nous ne pourrions ne vourions souffrir des ores en avant en nulle maniere pour meschief nul qui nous puisse avenir, et se ainsi estoit que nous ou ancuns de nous le voussissions souffrir, ne les souffreroit mie li dicts nostre sire li roys, ne li commun peuples dudit royaume : et à grand douleur, et à grand meschief, nous vous faisons à sçavoir par la teneur de ces lettres que ce ne sont choses qui plaisient à Dieu, ne ne doivent plaire à nul homme de bonne voulenté, ne onques mes telles choses ne descendirent en cuer d'homme, ne ores ne furent, ne attendues advenir, fors avecques Antechrist : et jaçoit ce que il die en ses lettres, que ce a-il faict du conseil de ses freres, si sçavons nous certainement, ne autre chose ne voulons, ne ne pourrions croire, que ce ne vous desplaise, et que a telles nouvelletez si grans errours, et si folles entreprises vous donnissiez vostre assentement, ne vos consens, ne ne voulsissiez que ceste unitez, que si longuement et si fermement a duré, à le honneur de Dieu, et à l'essaucement de la foy chrestienne, au grand bien et au proffit, et au bon estat de l'église et du royaume, par la perverse volenté ou par la folle enevhie d'un tel homme, se deffist et desioinsist. Pour quoi nous vous prions et requerons tant affectueusement, comme nous pouvons, que comme vous soyez establis et appellez eu partie ou gouvernement de l'église, et chacun de vous, en ceste besoigne veilliez tel conseil mettre, et tel remede, que ce qui est par si legier et par si desordenné mouvement commancié, soit mis à bon point, et à bon estat, si que l'amour, et li unitez qui a tousiours duré entre l'église et le royaume, puisse demourer et accroistre ; et que li griefs esclandes, qui pour ce est meus et est appareillez d'estre si grans et si cruels, que la generalle eglise et toute chrestienté s'en pourroit douloir à tousiours, puissent par vostre vertu, bon conseil et par vostre amendement cessier : et que l'en puisse entendre

1302.

...blement au sainct voyage de oultre mer, et as autres ...es œuvres, que li bons chrestiens du royaume ont accoustumé à faire, et à poursuir, et moustrer tel semblant, que li ...lices, qui est esmeus; soit arrière mis et anientis; et que ces excés qu'il a accoustumé à faire, il soit chastiez en telle ...niere que li estas de la chretienté soit et demeure en son bon ...int, et en son bon estat: et de ces choses nous faites à sçavoir ... le porteur de ses lettres vostre volenté et vostre entention: car ...ce nous l'envoyons especiaument à vous, et bien voulons que ...s soyez certain que ne pour vie, ne pour mort, no usne de... ...tirons, ne ne veons à departir de ce procés, et feust ores, ...i que li roys nostre sire le voulust bien. Et pour ce que ...p longue chose, et chargeans seroit, se chacun de nous ...tteroit seel en ces présentes lettres, faites de nostre commun ...sentement, nos Loys filsle roy de France; Cuens de Eureux; ...bert Cuens d'Artois; Robert dux de Bourgoigne; Jean dux ...e Bretaine; Ferry dux de Lorraine; Jean Cuens de Hainaut et de Hollande; Henry Cuens de Luxembourg; Guis Cuens ...e S. Pol; Jean Cuens de Dreux; Hugues Cuens de Luxem-...ourg; Guis Cuens de S. Pol; Jean Cuens de Dreux; Hugues ...uens de la Marche; Robert Cuens de Bouloigne; Loys ...uens de Nivers et de Retel; Jean Cuens d'Eu; Bernard ...uens de Comminges; Jean Cuens d'Aubemarle; Jean Cuens de Fores; Valeran Cuens de Périgord; Jean Cuens de Joigny; Jean Cuens d'Auxerre; Ceymars de Poitiers; ...uens de Valentinois; Estienne Cuens de Sancerre; Renault ...uens de Montbeliart; Enjourrant sire de Coucy; Godefroy de Breban, Raoul de Clermont, connestable de France; Jean sire de Chastiauvilain; Jourdain sire de Lille; Jean de Chalon sire d'Arlay; Guillaume de Chaveigny sire de Chastiau-Raoul; Richars sire de Beaujeu, et Amaurry vicuens de Narbonne, avons mis à la requeste, et en nom de nous et pour tous les autres, nos seaus en ces présentes lettres.

Donné à Paris, le 10e. jour d'avril, l'an de grace 1302.

---

N° 376. — BULLE *du Pape qui enjoint aux évêques absens, qui n'ont pas répondu à sa citation, de se rendre auprès de lui, dans un délai fixé; sous peine de perdre leurs dignités.*

Latran, aux ides d'avril 1302. (Preuv. du Différ. 88.)

N°. 377. — Edit ou Constitution (1), *portant défense, sous peine de corps et d'avoir* (2), *à tous autres qu'aux marchands, de sortir du royaume.*

1302. ( C. L. XI, 395. )

*Seneschallo Tholose*, salutem. Ad protervam rebellium edomandam superbiam, et reprimendas impugnationes hostiles, que contra nos et regnum cujus moderamini disponente Domino, presidemus, [ ex inopinato (3) . . . . . . ] cogitantes assidue consilia et cautelas, ac vias exquirentes et modos utiles et salubres; quia ex conspirationibus variis que contra statum nostrum et regni ejusdem alienigenis et remotis, evidentibus conjecturis perpendimus intentari, non tam evidentia pericula, quam suspecta verentur: necessaria *Ordinatione* providimus qualiter regnum ipsum sapientum affluat libertate, quorum providentia circumscripta et fidelis maturitate consilii dirigantur agenda salubriter, et utilitas publice rei geratur, ac bellatorum strenuitate pervigeat, et incolarum popularitate fecundet, quorum defensetur clypeis regnum ipsum, et quod incolas reficit alimentis, eorum protectionis solide potentia tueatur: et patrie defensionis negotium, quod generaliter singulos et singulariter universos tangere noscitur, ab omnibus et singulis assumatur, ut qui in fructu percipiant, communicent in labore.

Ea propter baronum nostrorum consilio, presentis constitutionis EDICTO, sub penâ corporum et bonorum omnium temporalium, autoritate regia districtius prohibemus ne quis de fidelibus aut subditis nostris, seu indigenis dicti regni, aut cujuscumque dignitatis, status, nationis aut conditionis existat, mercatoribus dumtaxat, alienigenis, aut nunciis mercatorum exceptis, de regni predicti limitibus, absque speciali licentia per nostras *patentes-literas* obtinenda, pedes vel eques, per mare vel per terram exire presumat, aut in via ponere, vel iter arripere exeundi, nec equos, nec mulos magnos, cum tam bellicis actibus, quam pro exemptionibus et aliis negotiis, rei publice ipsius regni necessarii dinoscuntur,

---

(1) Cet édit est sans date au Trésor des Chartes. — de Villevaut le croit identique avec le mandement du 18 octobre 1302. Mais le texte n'est pas le même; les peines sont plus sévères. Ce qui annonce que cet édit est postérieur au mandement.

(2) V. les notes sur le Mandement du 18 octobre 1302, ci-dessus.

(3) Il y a ici lacune au Trésor des Chartes. (Laur.)

extrahere per se vel per alium, de finibus dicti regni, nec in
eo ponere extrahendi.

Si quis autem constitutionis hujusmodi violator temerarius
extiterit, preter penam corporis, bonis omnibus temporalibus
que in regno predicto obtinet, sit eo ipso privatus, que fisci
nostri commodis applicentur.

Dignum est enim et competens, ut defensionis patrie deser-
tores, bonorum habitatione priventur, et excludantur a fructu,
qui onera recusant debita supportare. Et nihilominus transgres-
sor hujusmodi extra gratiam nostram positus, et indignationem, illa prorsus se nostrum, et regni noverit inimicum.

Si quis etiam de predictis cujuscumque circa mercatores
autem, et nuncios supradictos constitutionem pridem a nobis
editam, de auro et argento pecunia et aliis certis rebus de regno nostro nullatenus extrahendis, firmiter volumus et inviolabiliter observari.

Quocirca vobis districtè precipiendo mandamus, quatenus
constitutionem et prohibitionem hujus modi, omnibus et singulis vestre senescallic paribus, comitibus, baronibus, vexil-
lariis primatibus, archiepiscopis, episcopis, prelatis, abbatibus prioribus et personis aliis quibus expedire videritis et
specialiter intimantes. Ea in locis sollicitudini vestre commissis publicetis solemniter, ac publice divulgari teneri et
observari firmiter faciatis.

Si qui verò terras habeant extra limites dicti regni, ad eas
visitandas licite valeant egredi, regnum ipsum è vestigio
versuri, etc., sive fuerit par, sive baro, comes, vexillarius,
miles, armiger, nobilis, vel ignobilis, primas, archiepiscopus, episcopus, prelatus, abbas, prior, prepositus, decanus,
presbiter vel clericus, aut alterius, etc.

---

**F. 378.** — ORDONNANCE *portant que l'inquisiteur ne fera
arrêter personne sans en avoir délibéré avec l'évêque, sauf,
en cas de dissentiment, à en référer à d'autres ecclésiastiques d'une probité reconnue; sinon que l'exécution sera
refusée par les officiers du Roi.*

1302. ( Trésor des Chartes, Toulouse sac. 4, n. 9. Velly, VII, 189. )

---

(1) « Nous ne saurions souffrir, dit ce monarque, que la vie et la mort de
nos sujets dépendent du caprice et de la fantaisie d'une seule personne quelquefois peu instruite, souvent aveuglée par la passion. » — Il y a une parole semblable de *Malesherbes*.

Nº. 379. — ORDONNANCE (1) *concernant le Parlement, l'Echiquier de Normandie, et les jours de Troyes* (2). 1302. (C. L. XII, 353.)

---

C'est l'ordenance du Parlement du royaume, et de l'Eschiquier, et des jours de *Troyes*, et des autres choses qui sont accessoires à ces 3 articles.

(1) Il est ordené que en tens de guerre le Roi fera un parlement en l'an, et commancera aus octaves de Touz-Sainz.

(2) Il tendra deux parlemens en l'an en tens de paix, desquiez si uns sera aus vuitiénes de Touz-Sainz, et li autres aus trois semaines de Pâques.

---

(1) Suivant quelques-uns, le Parlement ne commença à être sédentaire que quelques années plus tard. *Ce fut l'institution des Parlemens*, dit Loyseau, *qui nous sauva d'être cantonnés et démembrés comme en Italie et en Allemagne, et qui maintint le royaume en son entier.* Il y a diverses opinions sur l'origine des Parlemens; ce que l'on peut affirmer, c'est que les Parlemens, tels qu'ils subsistent aujourd'hui, existaient dès l'an 1294, comme il paraît par une ord. de cette année, dont Bude fait mention dans son Commentaire sur les Pandectes, qui existaient encore de son temps (il est mort en 1540), et que M. Gibert a retrouvée dans un volume du Trésor des Chartes, par laquelle il est dit, contre le principe sagement établi, que l'on ne comptera point les voix, mais qu'elles seront pesées par les juges qui jugeront dans le tribunal majeur, *in maximo tribunali*; et que les présidens de la cour, *principes aut præsides curiæ*, prononceront suivant l'avis de ceux qu'ils croiront plus capables et mieux instruits, *ex censentium gravitate et meritis* (Budæus in *Pandectas*.) Le Roi, en rendant le Parlement de Paris sédentaire, jugea qu'il ne pouvait plus suffire à l'étendue de son ressort, et créa, vers ce temps, le Parlement de Toulouse; cependant il faut remarquer que Philippe-le-Hardi avait établi, dès l'an 1279, un Parlement à Toulouse, mais qui ne dura que la quinzaine de Pâques: et il ne faut pas omettre que, dès le temps d'Alphonse, comte de Toulouse, ce prince avait à sa suite son parlement, dont les séances se tenaient tantôt à sa cour, tantôt à Vincennes, à Long-Pont, etc. (Hist. de Languedoc). Ce que je viens de dire ne regarde que la troisième race. Par rapport aux deux premières, nous voyons que le comte du Palais présidait à la cour ordinaire qui se tenait dans le palais de nos rois. Là se terminaient toutes les affaires contentieuses, et se réformaient les jugemens des tribunaux inférieurs. Cette cour était composée des seigneurs appelés *Proceres* et des lettrés, *doctores legum*, qui tous jugeaient également. Les jugemens étaient intitulés, *En l'audience tenue dans notre palais, pour entendre et juger les causes de tous nos sujets*, ce qu'il est important de remarquer, parce que cet intitulé distingue plus sensiblement, dans les anciens monumens de notre histoire, la cour de justice de nos rois, des assemblées du champ de mars, et écarte l'idée que les parlemens d'aujourd'hui fussent une émanation de ces grandes assemblées, par la ressemblance du mot de Parlement. Les Parlemens ou cours de justice sous les trois races furent toujours l'ouvrage de nos rois, et dans leur disposition. (Hén. Abr. Chr.; V. aussi M. Henrion, Aut. Jud. p. 60 et suiv.)

(2) Elle paraît avoir été faite en exécution de l'art. 62 de l'Ord. du mois de mars 1302. (Nouv. Rép. v°. Rôle.)

(3) Il tenra deux Eschaquiers en l'an en *Normandie*, esquiez li un commancera aus vuictiènes de la St.-Michel, li autres aux vuictiènes de Pâques.

(4) Tous les ans, le jour de la St.-Michel et landemain de Pâques, tuit li président, et li resident du Parlement, assembleront à *Paris*, et d'illec li uns iront à l'Eschaquier, li autres entendront à veoir les enquestes et à accorder les jugemens desdites enquestes, dusqu'au commancement du Parlement, et ordeneront entre aus la manière dou veoir et dou jugier, selon la quantité des personnes, et la qualité des enquestes; et en la fin de chascun parlement, li president ordeneront que ou tens maien de déux Parlements, l'eu rubriche et examine des enquestes ce que l'en pourra rubricher et examiner.

(5) Li jour de *Troyes*, vers la fin de chascun Parlement, seront assené ordenéement, en tele maniere que de la fin de chascun Parlement, cil qui devront aler au jour de *Troyes*, et qui i seront deputé par commun accord des Presidens, puissent avoir suffisant tens.

(6) Li premiers termes des jours de *Troyes*, sera assenez au landemain des Brandons, et li second landemain de l'Assumption Nostre-Dame, se ils n'estoient changié pour évident cause.

(7) Il est ordené que en tens de Parlement, seront en la chambre des Plez, li souverain ou président, certain baron et certain prelat; c'est à savoir des barons, le *Dux de Bourgoingne*, le *Conestable*, le *Conte de St. Pol*. *Item*. Des prelats, l'*Arcevesque de Narbonne*, l'*Eveque de Paris*, l'*Evesque de Taroenne*, et li prelat des contes quant il i pourront atendre; et seront tenus a estre au Parlement continüement au moins un des prelats et un des barons; et departiront leu tens, si que se il ni puent tuit estre, au moins en i ait deux personnes touzjours au Parlement; c'est à sçavoir un prelat et un baron, et li un deporteront les autres, si comme il ordoneront entre eus mesmes.

(8) Il est ordené que il soient residens au Parlement continuement, especialement en la chambre des Plez, li chevalier et li laïs qui s'ensuivent (au nombre de 19).

(9) Il est ordené que il soient resident au Parlement continuement, especialement en la chambre des Plez, li clercs qui s'ensuivent (au nombre de 17).

Comme M*e*. Guillaume de Crepi eut prié le Roy que il

descharjât du fès du séel pour les très-grants besoingnes du royaume qui chascun jour se montoploient, lesquelles lui estoient moult greveuses à porter, si comme il disait, il est accordé qu'il sera deschargéez du séel, mais il demorra devers le Roy quant il le porra, et sera des residenz ou Parlement, et sera aux contes quand il porra entendre.. Et M*. *Robert de Pontoise* sera devers le Roy, quant il plaira au Roy.

(10) Il est ordené que le diz *Renaut Barbou*, se il est presens, ou en s'absence lidiz *Jehans de Montigni*, parleront et rendront les arrests : et se endui estoient absent, li President ordeneroient qui feroit l'office de ces en leus absence.

(11) Il est ordené que li autres qui sont du conseil, clerc ou lay, ne seront au jugement de la chambre, se ne sont ou prelat ou baron, qui soient dou conseil, ou ce ne sont cil dou conseil, qui sont establi d'aler avec le Roy, ou ce ne sont cil qui seront establi par les presidenz a oïr la langue qui se gouverne par droit escript, ou ce ne sont cil dou conseil qui orront les requestes par l'ordonnance dez presidenz, ou se n'estoient li abbez de *Citeaux*, de *St. Germain*, de *Compigne*, de *Monstier la Celle*, ou li *tresorier de St. Martin de Tours*, ou li prevost de *l'Isle*; ou li prevost de *Normandie*; car tuit cil porront, quant il leur plaira, estre en la chambre des plez, et au pledier, et quant l'en aura conseil sus les arrez, et à rendre les arrez, et leur conseil en sera requis comme des autres.

(12) Il est ordené que nus seneschal, ne nus baillif ne juge de seneschal ne demeure es arrès, se n'i sont appelle especiaument par les presidents.

(13) Il est ordené que li souverain ou li président du parlement, c'est à sçavoir, li prelat ou li baron qui seront présent, ordeneront des residenz au parlement, quiex office il auront, les uns retenant en la chambre, et les autres envoyent au droit escrit des autres clercs et layz qui sont dou conseil li Roys, et lidit president s'aideront es besoignes qui avendront au reaume quant il verront que bon sera.

(14) En la chambre aura notaires en souffisant nombre, selonc ce que li president verront qu'il sera mestiers; ne ne penront rien ne leur mesnie, et deliverront hastivement les lettres par leur serment, et demourront en la pourveance du Roy, et jurront qu'il tenront et garderont le secret de la chambre.

(15) Se cil de la chambre ne sont tuit d'un accort au

jugemenz, li souverain ou li presidenz, c'est-à-dire, li barons et li prelaz qui seront presenz, tenront la plus grant partie, selonc ce qui leur semblera, ou la meilleur, selonc la condition des personnes, et la qualité de la besoigne.

(16) Li parlement sera ordenez por les jours des baillies et des seneschaucies, ne ne entremeslera : on les causes d'une baillie en l'autre ; et sera si loing une journée de l'autre, que une baillie n'empêche l'autre, se au moins non que l'en porra, et les causes de chacune baillie oïes, chascon baillif et chascun seneschal s'en retournera en sa baillie au plustost que il porra, se n'est pour faire son compte, dou quel il se delivrera plustôt que il porra.

(17) Li chancellier, ce qui sera ordené en la chambre sera tenu à seeler ; et ni pourra riens changier ne muer ; et seront un saint tuit li president, duquel il seigneront ce que il deliverront, lequel tenra cil que li president ordonneront.

(18) Il assembleront bien matin, et tenront leur consistoire dusques à midi, senz faire particuliers consauz.

(19) Quiconques ne venra au jour de la baillie ou de la seneschaucie dont il est, il sera mis en defaut.

(20) Il est ordené que si tost come la cause sera oie, que li arrez soit renduz se il puet estre en bonne maniere ; et se il ne puet estre, au moins landemain avant toutes choses.

(21) La maniere de entrer les parties et les avocats en la chambre, sera ordenée par les presidenz ; et des avocats comment ils plaident briement, sustencieusement et honestement.

(22) Se cil qui sont les presidenz ou des residenz ou parlement, ont causes ou parlement, il plaideront aussi comme uns estranges ; et ne demourra nus des residens es arrez en cause d'home de son linage dedens le tiers degré, ne hons en la cause son seigneur, ne clers en la cause de ses eglises ; et generaument pourverront li president que nus ne demeurt es arrez qui soit souspeçonneus en sa cause.

(23) Sus grief paine nus ne prendra riens, fors selon la costume de l'ancian serment.

(24) Nus ne peura riens de ses gages ou de son salaire, le jour que il n'entendra aus besoignes.

(25) Chascun par son serment sera tenuz à venir au parlement chascun jour, se il n'a essoine, et se il a essoine, il s'escusera au premier jour que il venra.

(26) De deux ans en deux ans au plus tart, on fera enquestes sur ceux qui tenront le parlement.

(27) A oïr la langue qui se gouverne par droit escrit, trois seront eslu par les presidents : c'est à sçavoir, deux clercs très bien letrré et un lay lettré, especiaument pour les causes de sanc; et auront deux notaires et un seing par lequel il seigneront les choses que il deliverront. Et sera tenu li chancelliers à séeller sans muer et sanz changier; et sera baillié li sains à celuy à qui li president ordeneront. Li notaire ne recevront rien par leur serment, ne leur mesnie; il auront un serjant et une chambre ou *palés*; et deliverront ce qu'il pourront, et les querelles douteuses il raporteront aux presidenz de la chambre.

(28) A oïr les requestes seront deux clers et deux lais et deux notaires qui neant ne recevront par leur serment, et auront un seing, si comme il est dessus dit, et deliverront ce qu'il pourront par aux, et ce qu'il deliverront li chancelliers sera tenu à séeller si comme il est dessus dit; et ce qu'il ne pourront délivrer, il rapporteront à ceux de la chambre.

(29) La chambre ordenera de envoier ceux qui feront les enquestes; et se li president envoyent, ou establissent aucun qui ne soit pas du conseil à faire enqueste, il jurra en la presence des parties qu'il la fera loiaument, et li notaire qu'il escriront loiaument; et tuit jurront qu'il tenront tout segré, ne ne recevront rien fors leurs depens attemprez ou presens petits que l'en pourroit dépendre le jour honestement, fors les escriveins qui ne seront point notaires le roi, qui pourront prenre droiturier salaire de leur escripture au taxement des auditeurs.

(30) A examiner les enquestes deux clers seront eslu, très bien lettré, qui ensemble les rubricheront, et ès grand enquestes examiner, sera li uns de ceus de la chambre au moins, et seront verifiées les rubriches au regard de ceux qui les jugeront; et cil de la chambre qui n'iront à l'eschiquier ne au jour de Troyes ou tens que li autre entendront à ces deux choses, si assembleront à Paris, avant le parlement, si comme dessus est dit, pour concorder les jugemens des enquestes; et les jugemens qu'il accorderont, il recorderont devant les autres de la chambre qui n'i auront mie esté, et les accorderont avant qu'il soient publié aux parties, et se la chose estoit grant, il la verront et debatront

mais elle ne sera accordée fors qu'en plain parlement en la presence de tous.

(31) Nulle enqueste ne sera jugiée si l'en n'a premierement conclu en la cause.

(32) Li jugement des enquestes seront publiés aux parties es termes de chascune baillie et de chascune seneschaucie, si que chascune baillie et seneschaucie s'en voist delivré de touz poinz.

(33) Quatre de ceux de la chambre seront envoyé à l'eschiquier, desquiex uns sera prelats et l'autre barons, et li autres de ceux qui rendront l'arrez, et un des autres du conseil.

(34) Autant envoiera l'en au jour de *Troyes*; et si li rois est present, cil i seront envoyé que li rois voudra, et se il n'est present, li president de la chambre en ordonneront en chascun parlement qui sera devant l'eschiquier et devant les jours de Troyes.

(35) Nus sergent n'entrera pour joüsticier en autruy terre ne en autruy seigneurie, qui ait haute justice, se ce n'est en cas de ressort, ou en cas qui appartient au roy par sa souveraineté; et en celuy cas, il i entreront par especial commandement dou bailli, et sera en la lettre du bailly expresse la cause.

(36) Nus bailli ne nus seneschal ne sera mis en sa terre, ne mages juges; et est à entendre sa terre, là ou il a grant partie de son héritage ou de ses amis charniex.

---

N°. 380. — ORDONNANCE *portant création de notaires dans les domaines du Roi, avec défense aux juges de se servir de leurs clercs et greffiers.*

1302. ( Nouv. Rép. v°. Notaire, § 1er. )

---

N°. 381. — LETTRES *portant que l'hommage à rendre par le Roi sera converti en indemnité.*

1302 ( Hén., Abr. Chr. )

N°. 382. — LETTRES *par lesquelles Philippe-le-Bel adjuge le comté d'Artois, vacant par la mort de Robert II, à Mahand sa fille, par préférence à Robert III, petit-fils de Robert II, par Philippe son fils, mort avant lui, et neveu de Mahand, fondé sur ce que la représentation n'avait pas lieu dans le comté d'Artois* (1).

1302. (Hén., Abr. Chr.)

---

N°. 383. — ORDONNANCE *pour la recherche des malversations des officiers royaux.*

Paris, lundi après la huitaine de Pâques, 1303. (Coll. L I, 5;;.)

*Philippe*, par la grace de Dieu, Roys de France, à nos inquisiteurs envoiez de par nous en la baillie d'Auvergne, sus nos officiers salut.

Nous vous mandons, que tant pour le desir que nous avons, que les forfaiz de nos mauvés officiers soient punis et adreciez, et à nostre pueples les griés et les extorsions qu'il leur ont faiz renduz et amendez, comme pour la mauvese renommée que nous en avons oïe, dequoi nous sommes à grand malése de cuer de ce que si longuement ont regné, en ce fesont, et que plutost ne avons esté avisez, avons ordené ceste voie qui s'ensuit, laquelle nous vous ajoustons coment vous doiez aler avant sur eus, laquelle nous vous mandons d'estroitement a tenir sur vos seremens.

*Premierement.* Nous voulons que tous noz officiers, baillis, ou seneschaux, ou de quelque condition que il soient, qui en nostre service ont esté, que vous les faciez venir pardevant vous, et les faites jurer, seur saintes evangiles, et seur poine d'estre atains d'avoir forfait les cors, et les avoirs, que il vous cognoistront, et diront verité de toutes les restitucions, et apaisemenz qu'il auront fait, ou fait faire, de fait ou de promesse, ou qu'il sauront qui aura esté fait pour eus, par eus, ou par autre depuis le terme de la Touzsaints, a quiex personnes que ce soient, et après le serement donnez termes de huitaines tant seulement a chascun de vous recognoistre la verité sus la poine dessus dite.

---

(1) Robert d'Artois, devenu majeur, voulait revenir contre ce jugement mais il fut obligé de le ratifier en 1309, et demeura dans le silence tout le reste de ce règne, et durant le règne de Louis Hutin. (Hén., Abr. Chr.)

(2) *Item.* Nous vous mandons que vous faciez crier sollempnellement par touz les lieux de vostre baillie, que chascun, sus quantque il se puet meffaire, seur cors seur avoir qui aura reçeu, ou eu de nul de noz officiaus dessus diz, restitution, ou promesse, par lui, ne par autre, puis le terme de la Touzsains, que il le viegne dire ou recognoistre pardevant vous, sus poine d'avoir forfait cors et avoir, et de ce les asseurez qui n'aient pas paour de dire la verité sus nos mauvés officiaus, pour doute qu'ils raient leur service arriere, car soient-il certain que ceus que nous trouverons mauvés, ne coupables, ils ne raront jamés nostre service, ne illeques, ne ailleurs, ains les punirons, si que les autres mauvés i prendront essample.

(3) *Item.* Nous voulons que vous faciez crier, que se nul doutoit a venir dire qu'il aient riens donné ausdiz officiers, pour aucun cas qui nous deust appartenir, celer, ou souffrir que il ne le lessent pas a dire, pour doute que nous les en querelons, car nous ne nous en prendrions pas a eus, més à ceus qui auront fait la mauvése souffrance, et de ce les asseurez hardiement.

(4) *Item.* Nous vous mandons, que vous ne souffrez a nus de noz officiers dessus diz, que il aient advocat, ne conseil a respondre pour eus (1), és cas dessus diz, fors de nier, ou de connoistre la verité, ne en nul autre cas qui touche leur fait.

Donné à Paris le lundy aprés les huitives de Pasques, l'an de grace mil trois cens et trois.

---

N°. 384. — Bref *pour la notification de l'excommunication du Roi de France.*

Latran, aux ides d'avril, 1303. ( Preuv. du Diff. 98. )

Bonifacius Episcopus, servus servorum Dei, dilecto filio Joanni tit. SS. Marcellini et Petri presb. card. salutem et apostolicam benedictionem.

Per processus nostros diversis præteritis diebus solemnibus secundum morem laudabilem S. R. ecclesiæ publice factos, et presente copiosa fidelium multitudine solemniter publicato inter alia anathematis, et excommunicationis sententias cor

---

(1) Arrêt de la Cour de cassation, affaire Madier de Montjau, 1820.

nentes, qui in archivis ejusdem ecclesiæ conservantur, non revocamus in dubium, sicut non potest, nec debet aliquatenus revocari, quin magnificus princeps Philippus Francorum rex dictis anathematis, et excommunicationis sententiis sit ligatus, quantumvis regali præfulgeat dignitate, non obstantibus quibuscumque privilegiis, et indulgentiis, et sub quavis formâ, vel tenore concessis, quod interdici, suspendi, vel excommunicari non possit, quæ omnia duximus revocanda ad hoc quod contra hujusmodi nostras sententias, et processus per ea nequeat se tueri, quominus includatur in eis, ex eo quod ad sedem apostolicam venientes, et redeuntes ab ea fecit, mandavit, ordinavit, et statuit multipliciter impediri, et specialiter nonnullos ecclesiarum prælatos, et personas ecclesiasticas regni seu ad nostram præsentiam venire prohibuit, sub gravibus pœnis et bannis, quos pro reformatione dicti regni, utilitate populi, augmento catholicæ fidei, conservatione ecclesiasticæ libertatis, correctione dictorum excessuum, subsidio terræ sanctæ, et ex aliis rationabilibus causis moti feceramus ad nostram præsentiam evocari, sicut penè totus orbis ad eamdem sedem, et beatorum Petri et Pauli apostolorum limina confluens affirmavit, et nonnulli archiepiscopi, episcopi regni præfati hæc et iis similia per suas nobis litteras intimarunt, et per procuratores suos ad eorum excusationem proponi fecerunt, quasi ex hoc legitimam causam haberent non comparendi in præfixo eis termino coram nobis, quamvis nonnulli archiepiscopi et episcopi, et aliæ personæ ecclesiasticæ propter hoc comparere non obmiserint coram nobis quasi obedientiæ filii, et zelo devotionis accensi ad nos, et dictam ecclesiam matrem suam: quas quidem excusationes per procuratores ipsos propositas tanquam frivolas non admisimus, sed repulimus publicè, ac repellimus, ut debemus. Undè ipsum regem sic ligatum a communione fidelium, et sacramentorum perceptione nunciamus exclusum, et per te, vel alium, seu alios præcipimus nunciari. Nam cui romanus pontifex vicarius Jesu-Christi, Petrique successor non communicat, nullus communicare debet, aut illi sacramenta ecclesiastica ministrare. Eos vero, cujuscunque fuerint præeminentiæ, dignitatis, ordinis, conditionis, aut status, etiam in archiepiscopali, vel episcopali dignitate præfulgeant, qui ejusmodi sacramenta, vel ipsorum aliqua dicto regi ligato taliter ministrare præsumpserint, aut coram eo missam celebrare publicè, vel privatè, excommunicationis sententiâ innodamus, ipsisque interdicimus lectionis, prædicationis, administrationis sacramentorum, audiendi confessiones officium, prædicentes apertè nos gravius contra eos spiritualiter, et temporaliter processuros, prout expedire viderimus; præsertim cum rex ipse oblatum per te impendendum sibi absolutionis beneficium juxta formam ecclesiæ, auctoritate nostra recipere contempserit; ex quo videtur ( quod dolentes referimus ) in suâ malitiâ induratus. Quare sibi eadem auctoritate præcipias et injungas, ut quicquid fecit, mandavit, ordinavit et statuit ad impedimentum adeuntium ad dominicam sedem, vel redeuntium ab eadem, revocare procuret, et efficaciter corrigat, et emendet. Præsentium autem literarum nostrarum tenorem deducas ad præfati regis notitiam, et in locis de quibus expedire videris, seu provinciis facias solemniter publicari, ne quis per ignorantiam de contentis in ipsis litteris se valeat excusare, quod ad ejus notitiam pervenerit, quod tam solemniter fuerit publicatum.

Cæterum patri Nicolao ordinis prædicatorum olim confessori regis ejusdem ex parte nostrâ districte præcipias, ut infra trium mensium spatium hujusmodi præceptum immediate sequentium, quod sibi pro peremptorio termino studeas assignare, personaliter nostro se conspectui representet, recepturus pro meritis, aut suam si poterit innocentiam ostensurus, ac pariturus nostris beneplacitis, ac mandatis; alioquin contra eum spiritualiter, et temporaliter, prout expedire viderimus procedemus.

Datum Laterani id. aprilis, pontificatus nostri anno nono.

---

N°. 385. — MANDEMENT *pour la levée d'une subvention sur les personnes ignobles, pour l'ost de Flandre.*

Paris, samedi après l'Ascension, 1303. ( C. L. I, 54(.) )

---

N°. 386. — MANDEMENT *portant défense, sous peine de corps et d'avoir, d'exporter l'argent et le billon, ( avec attribution du 5°. au dénonciateur ), et de fondre les monnaies.*

Paris, samedi veille de Pentecôte, 1303. ( C. L. I; 372. )

Nº. 387. — LETTRES par lesquelles le Roi, dans une assemblée des prélats, barons, et autres, sur les faits articulés contre le pape Boniface, par G. Duplessis, autorise et recommande la formation d'un concile général, pour y informer au sujet de la condamnation de ce pape comme hérétique.

Paris, au Louvre, 13 juin, 1303. (Preuv. du Différ. 101.)

Nº. 388. — LETTRES par lesquelles le Roi, la Reine, et ses fils, prennent sous leur protection les prélats et barons, qui avaient, avec eux, interjeté appel au futur concile, contre le pape Boniface VIII, et s'engagent à ne point faire de soumission, en cas d'excommunication.

Paris, 15 juin 1303: (C. L. I, 374.)

Nº. 389. — LETTRES par lesquelles le Roi défend expressément, sous peine de mort et de confiscation, à aucuns ecclésiastiques de sortir du royaume.

Vincennes, dimanche après la Ste-Magdelaine, 1303. (Preuv. du Différ. 131.)

Nº. 390. — LETTRES qui renouvellent les défenses d'exporter des matières d'or et d'argent et des monnaies, et de sortir du royaume, qui prescrivent des peines contre les infracteurs, et ordonnent que les lettres venant de l'étranger soient portées au Roi.

Vincennes, dimanche après la Magdelaine (28 juillet), 1303. (C. L. I, 379.)

SOMMAIRES.

(1) On ne doit laisser sortir aucune personne du royaume sans l'exprès congé du Roi, à la réserve des marchands, et de leurs facteurs. On arrêtera toutes les lettres ouvertes, ou clauses écrites à quelque personne que ce soit. On les surprendra aux ports et passages, soit qu'on veuille les faire passer hors du royaume, ou qu'on veuille les y faire entrer. On enverra directement ces lettres au Roi et non à autres, sans les avoir décachetées et lues auparavant. Et on mettra en la main du Roi les biens de ceux qui seront sortis sans congé, et ces biens seront confisqués à son profit.

(2) Si, nonobstant ces défenses, quelqu'un sort du royaume, fût-il archevêque ou évêque, il sera

*ennemi de l'état. Et ceux officiers préposés pour la garde des passages qui auront favorisé leur sortie, ou qui y auront connivé, seront déclarés traîtres.*

---

*Philippus*, Dei gratiâ Francorum Rex, senescallis, baillivis, prepositis, ceteris nostris, ac custodibus portuum, et passagiorum, finium regni nostri ubilibet deputatis salutem.

Turbamur non modicum, et movemur, quod cum olim pro defensione necessaria regni nostri, ad cujus impugnationem hostilis iniquitas conatus sue malignitatis exercet. Aliisque ceteris et legitimis causis inducti, constitutiones et inhibitiones, ne quis de fidelibus, vel subditis nostris, vel incolis regni nostri cujuscumque conditionis seu status existeret, exiret limites regni ejusdem, vel in viâ se poneret exeundi, et de auro, argento, pecuniâ et aliis certis rebus non extrahendis de regno ipso, absque nostrâ licentiâ speciali, sub diversarum penarum objectione duximus promulgandas. Vobis ad conservationem constitutionum, et inhibitionum ipsarum, ex speciali confidentiâ executoribus, ac portuum et passagiorum ac finium dicti regni custodibus deputatis, ex constitutionibus, et inhibitionibus hujusmodi nullus est hactenus secutus effectus, cum per desidentiam, negligentiam, et defectum quorumdam ex vobis, ac fraudem et malitiam aliquorum, post editionem, contra tenorem et formam constitutionum ipsarum, persone nobis et regno suspecte ingresse fuerint, ac de die in diem quedam propriis, et alie mutatis habitibus passim, et indifferenter, ingrediantur, et quidam egrediantur terminos dicti regni, et de ipso regno hujusmodi res prohibite absque nostrâ licentiâ extrahantur.

Cum igitur presentis conditio temporis, regni status, et ingruentium exigat qualitas agendorum, ut constitutiones, et inhibitiones predicte, solito strictius, et firmius observentur, presertim cum Flandrensium rebellium predictorum abhorrenda rebellio, detestanda sævitia, ferina rabies, magis ac magis de die in diem invalescat et periculosa succrescat, adeò quod ipsi mala malis, et excessus excessibus cumulantes, ad subventionem et destructionem omnimodam, et finale excidium dicti regni, et ecclesiarum, totis conatibus satagentes, nuper ad civitatem Morinensem, et alias villas diversas et loca morinensis, attrebatensis et tornacensis diocesium, collectâ multitudine satellitum hostiliter accedentes, beate Marie Morinensis et aliorum locorum predictorum ecclesias ipsius Virginis, et aliorum sanctorum imagines existentes in eis, eorum reverentia penitus retrojecta, et divino amore postposito, nefandis ausibus, et temeritate sacrilegâ, ignis incendio concremarunt, ac villas et loca predicta per cedis, depopulationis et devastationis voraginem, depositâ omni humanitatis mansuetudine, et horribili crudelitate totaliter destruxerunt. Nec Deo, nec homini, nec persone, nec dignitati aliquatenus deferentes, nec sexui, nec etati parcentes, et alios diversos, enormes et detestabiles commiserunt excessus, qui humanis sensibus horrorem ingerunt, et stuporem.

(1) Vobis et vestrum singulis, sub capitali et amissionis omnium bonorum poenis, firmiter injungimus, et districte precipiendo mandamus, quatenus ad conservationem constitutionum et inhibitionum, solito diligentius, et efficacius intendentes, provideatis, attentius, ne persona quecumque ecclesiastica, vel secularis, cujuscumque dignitatis, ordinis, status, vel conditionis existat, etiam si archiepiscopus, episcopus ve existat, proprio vel mutato habitu (mercatoribus et nunciis mercatorum dumtaxat exceptis), exeat dictum regnum, ne ve litere aperte, vel clause quibuscumque personis transmissis, etiamsi ad aliquos de affinibus, consiliariis, vel familiaribus nostris hujusmodi forsitan litere, vel ab ipsis ad alios dirigantur, afferantur in regnum, vel extrahantur de ipso hujusmodi litere, aut alie res prohibite in constitutionibus, et inhibitionibus supradictis, nisi de egressu, missione, vel extractione predictis, patentes literas nostras recipere contingat omnes literas, quas ad manus vestras devenire contigerit, quibuscumque absque personarum acceptione directas, nobis et non aliis clausas et integras, sine apertione vel inspectione mittentes, bona omnia illorum, si quos forsan exire contingeret, absque nostrâ licentiâ speciali, capientes ad manum nostram, et tamquam confiscata, nostris commodis applicantes.

(2) Ad premissa omnia et singula diligenter et fideliter exequenda, sic indignationem nostram perpetuam, et corporum ac bonorum vestrorum pericula capitis, evitare totis viribus, totisque conatibus intendentes, cum nos proculdubio gravius offendere non possetis, quam si in negligentiâ, vel defectu, dolo, fraude, vel malitiâ, vos, quod absit, contingeret inveniri. Nos enim non solum, omnes illos cujuscumque status, dignitatis, vel conditionis existerent, etiamsi archiepiscopali,

episcopali dignitate fulgerent, qui nos et regnum in presentis necessitatis articulo deserendo, contra nostre formam prohibitionis exirent; sed et vos, si exiret, in casum negligentie, fraudis, malitie, vel defectus, nostros, et regni nostri reputaremus, non immerito, proditores.

Datum apud Vicennas dominica post festum Magdalene, anno Domini 1303.

---

N°. 391. — Accord (1) *entre les prélats et les barons pour la levée d'une aide et subvention d'hommes, à cause de la guerre de Flandre.*

Château-Thierry, samedi après la St. Remy, 1303. (C. L. I, 408, note *b*.)

### SOMMAIRES.

(1) *Tous archevêques, évêques, abbés et autres prélats, doyens, et toutes personnes d'église, les ducs, les comtes, les barons, les dames, demoiselles et autres nobles, etc.; feront aide au Roi pendant les mois de juin, juillet, août et septembre, par chacune cinq cent livres de terre, d'un gentilhomme bien armé, et monté à cheval; de cinquante livres tournois, etc.*

(2) *Les non nobles fourniront six sergens de pied par chaque cent feux, armés de pourpoins, d'auberjons, de gamboisons, de bacinets et de lances, desquels six sergens il y aura deux arbalétriers.*

(3) *Au moyen de la présente aide, le Roi fera faire, de la Toussaint prochaine en un an, de bons petits tournois et des Parisis de la loi, et de la valeur de ceux qui avaient cours du temps de S. Louis, etc.*

(4) *Du jour de la date des présentes, jusques à la Toussaint suivante, le Roi fera baisser peu à peu les monnaies fabriquées, pour subvenir à la défense du royaume, etc.*

---

Philippes par la grace de Dieu Roy de France, à tous ceux qui ces presentes letres verront, salut,

Nous faisons à sçavoir que nous conciderans et regardans les grandes charges et les griefs que nos feaux et sougiez ont par long-temps soutenu pour nos guerres, et especiaument

---

(1) Ces lettres sont plus amples que celles imprimées sous la date du lundi avant la St. Denis. 1302.

pour la guerre de Flandres ... eus pour ce à compassion et à pitié envers eux, et querens voyes et manieres, par lesquelles nous puissions à l'aide de nostre seigneur, abregier, et mettre à fin ladite guerre, oster les charges et les griés, et pourchacier paes et tranquillité à nos feaux et sougiez, et à tout nostre royaume, eû sur ce deliberation et conseil, avec nos amez et feaux (1) Gilles archevêque de Narbonne, P. d'Auxeurre, Jean de Meaux evêque, Charles et Leois nos trechers freres, Robert de Bourgogne, H. le Brun comte de la Marche, Gauchier de Chasteillon connestable de France, Jean de Dampierre seigneur de saint Disier, Berault seigneur de Marcueil, Jean de Chalon seigneur d'Arlai, et plusieurs autres nos barons et feaux, desquex les noms sont cy-dessous escrits, pour ce que nous ne pouvions pas avoir à cest conseil et à cette deliberation, nos autres prelats et barons du royaume (2), sitost comme la necessité le requeroit et requiert, entre plusieurs autres voyes traitées et pourparlées de la maniere de nous faire subvention et aide pour la poursuite de ladite guerre, nous avec nosdits prelats, barons et autres feaux presens, avons accordé et ordené la voye qui s'en suit cy-dessous escrite, pour la plus convenable et profitable à la besoigne, et qui puet estre aux mains de griefs des sougiez et du pueple.

C'est à sçavoir que tous archevêques, evêques, abbez et autres prelats, doyens, chapitres, convents, colleges et toutes autres manieres de personnes d'eglise, religieux et seculiers exempts, et non exempts, dux, comtes, barons, dames, damoiselles, et autres nobles de nostre royaume, de quelque condition ou estat qu'ils soient, nous aident au leur en la poursuite de ladite guerre, par quatre mois; c'est à sçavoir juin, juignet, aoust et septembre prochains à venir, de chacune cinq cens livres de terre que ils ont ou royaume, d'un gentilhomme bien armé et monté à cheval (3), de cinquante livres tournois, et couvert de couverture de fer, ou de couverture pourpointée. Et de tant comme il passera cinq cens

---

(1) V. Nouv. Rep., v°. Enregistrement des lois.
(2) Les états généraux assemblés pour la 1re. fois, en 1302.
(3) Anciennement, les gentilshommes servaient à la guerre à cheval. Les roturiers, ou villains, servaient à pied. Et de là vient que, quand le duel ou le gage de bataille était ordonné entre un gentilhomme appelé, et un roturier qui appelait, le gentilhomme combattait à cheval, et le roturier à pied. Beaumanoir, p. 308. (Laur.)

...rées de terre, combien que ce soit jusques à nul, de deux ...mies d'armes montez et appareillez, si comme dessus est ...t, et en cette mesmes manieres de chacune cinq cent li-...nées de terre, un homme d'armes, du plus plus, et du mains ...mains, selon la fourme dessusdite. Quant as non nobles, cha-...cuns cent feux nous fassent six sergens de pied, desquex il y ...it deux arbalestriers des plus souffisans et des meillours que ...on pourra trouver, és parroisses ou ailleurs, se és paroisses on ...e trovoit suffisans, et seront armez de pourpoints et de ...haubergeons, ou de gambesons, de bacinets, et de lances et ...d'arbalestres les arbalestriers. Et cette aide nous recevrons ...ans ce que il court prejudice, ne ancien droit amenuisié, ne ...nouvel acquis à nous ne à autre : et pourceque nosdits feaux ...et sougiez nous fassent plus volontiers, plus prestement et ...plus gracieusement l'aide dessusdite, nous qui reguardons les ...griefs, les dommages, et les pertes que ils ont longuement ...eu et soustenu, et ont et souffrent de jour en jour pour le ...muement de nos monoyes, à la requeste et priere de nos ...dits prélats et barons presens, octroyons et promettons par ...ces presentes letres, que cette aide nous faisant en la ma-...niere dessus escrite, nous dedans la feste de la Toussaincts ...prochains à venir en un an, ferons monnoyer et faire bonne ...et loyale monnoye de petits tournois, et parisis de poids, ...de la loy, et de la valüe dequoy estoient ceux qui couroient ...au tems de saint Loys nostre ayeul. Et celle bonne monnoye ...nous ferons courre communément dedans la Pasques pro-...chainement ensuivant, et dedans ladite feste de Toussaincts ...nous ferons les monnoyes que nous faisons faire à present ...pour la necessité de nostre royaume, à baissier petit et petit, ...si que la bonne monnoye pourra avoir son cours au tems des-...susdit. En tesmoin desquelles choses nous avons fait sceller ...ces presentes de nostre scel. Et nous Charles et Louis, nous ...dux, et nous comtes de la Marche et Porcien, nos seigneurs ...de sainct Disier d'Arlay, et Marcüeils dessus nommez, nous ...Guis Cuens de sainct Pol, boutheiller de France, et nous ...Mahault comtesse d'Arthois et de Bourgogne, pource que la-...dite ordenance nous semble convenable et profitable à la be-...soigne, et si peu greveuse selonc le cens et la besoigne, que ...nus ne la doit refuser, nous y consentons : et en tesmoin de ...ce avons fait mettre nos seaux à ces presentes letres.

Données à Chastel-Thierry, le samedi aprés la feste sainct Remy, l'an de grace 1303. Scellé du sceau du Roy, et de neuf autres sceaux.

N°. 392. — LETTRES *par lesquelles le Roi attribue une indemnité à ceux qui se trouvent privés de leurs biens par la guerre de Flandre.*

Corbeil, dimanche après la St. Luc ( 20 octob.), 1303. ( C. L. I, 385.)

---

N°. 393. — ETABLISSEMENT, *pour la résidence des officiers de justice.*

Paris, mercredi après la Toussaint, 1303. ( C. L. I, 386.)

(1) *Philippus*, Dei gratiâ Francorum Rex, præposito nostro parisiensi, salutem.

Quoniam nostræ intentionis est in hiis maxime que nostrorum utilitatem respiciunt subditorum providere negotiis potius quam personis, statuimus.

(1) Ut senescalli, baillivi, præpositi, judices, ministri, officiales, et servientes nostri, quocumque nomine censeantur, officia et servitia sibi commissa personaliter exequantur, et ut ipsi infra quindecim dies, a tempore publicationis hujus statuti, ad officia propter hoc redeant supradicta deservituri eisdem continue et absque quolibet intervallo. Quod nisi fecerint, ipsos ex tunc dictis officiis et servitiis privamus omnino, et de officiis et servitiis hujusmodi, elapso dicto tempore, nisi ipsi, ut dictum est, redierint, per vos in vestrâ præpositurâ, aliis personis idoneis volumus provideri, ordinatione à nobis super hoc editâ in suo robore duraturâ.

(2) Mandantes vobis et in virtute juramenti quo nobis tenemini districtius injungentes, quatenus statutum hujusmodi publicari, et servientibus, officialibus, et ministris vestris in vestrâ præpositurâ faciatis quam citius intimari, ipsumque statutum observetis et faciatis juxta sui continentiam firmiter observari, licet preces à nostris gentibus cujuscumque status, aut conditionis existant, aut a nobis mandatum forsitan de contrario recipere vos contingat, si mandatum ipsum de statuto hujusmodi plenam et expressam non faciat mentionem.

Actum Parisius, die Mercurii, post festum omnium sanctorum, anno Domini 1303.

---

N°. 394. — ORDONNANCE *portant qu'à Paris les propriétaires de maisons grévées de cens et sur cens, qui n'en auront pas payé les arrérages, en seront dépossédés, après une année révolue.*

Paris, novembre 1303. ( C. L. I, 387.)

N°. 395. — ETABLISSEMENT *portant défense des guerres privées et des gages de bataille pendant la guerre* (1).

Toulouse, samedi après l'octave de l'Epiphanie (9 janvier), 1303. (C. L. I, 390.)

*Philippus*, Dei gratiâ Francorum Rex, senescallo Tolosæ, salutem.

Ad statum prosperum regni nostri, sicut regiæ dignitatis decet officium, totis studiis, totisque conatibus intendentes, ac cupientes gravibus obviare periculis commissarum a Deo nobis personarum, et rerum scandalis, expendiis variis quæ ex guerrarum et bellorum criminosis eventibus sequi possent, ac proinde attendentes, quod ad hoc sunt jura in medio constituta, et ad eorum defensionem et executionem justitiæ reges et principes orbis terræ divinitus deputati, ut nemo sibi jus dicere, aut vindictam assumere audeat, sed unicuique sufficiat vigor justitiæ quam regimus, nostris temporibus expeditam singulis volumus ministrari.

Ad instar sancti Ludovici (2) eximii confessoris quondam regis Francorum, cum nonnullis probatis et baronibus nostris pleniori habitâ deliberatione consilii, hoc generali statuto expresse intendimus et districtius inhibemus guerras, bella, homicidia, villarum vel domorum incendia, aggressiones vel invasiones agricolarum vel aratorum fieri, vel committi de cætero quo ad fideles et subditos nostros, cujuscumque status vel conditionis existant, in quibuscumque locis, vel partibus regni.

Provocationes etiam ad duellum et gagia duellorum recipi, vel admitti, ipsaque duella fieri vel iniri durantibus guerris nostris expressius inhibemus.

Quæstiones autem, dissentiones et causas, propter quas, et seu quarum occasione hujusmodi guerræ et duella fieri solebant hactenus et iniri, per semitas æquitatis, rationis et juris, sortiri volumus debitum (3) institui complementum.

Statuta verò et inhibitiones hujusmodi, quo ad guerras

---

(1) V. Ord. de 1296, 1306, 1314. V. Mably, obs. sur l'hist. de France, liv. 4, ch. 3.

(2) V. l'Ord. de St. Louis. oct. 1245, et octave de la Chandeleur 1260. En 1312, le Roi défendit même les tournois, et il réitéra ces défenses par son Ord. donnée à St. Ouen. 1314.

(3) Il doit y avoir, *justitiæ complementum*.

prædictas, temerarios transgressores, tamquam turbatores pacis decernimus puniendos, nonobstante contrariâ consuetudine, quin potius corruptelâ quæ haberi dicitur in aliquibus partibus dicti regni, quam contra bonos mores, et utilitatem et bonum statum, et salubre regimen prædictarum personarum ad impedimentum et perturbationem justitiæ ratione introductâ, de prælatorum et baronum consilio et certâ scientiâ et auctoritate, et de plenitudine regiæ potestatis omnino tollimus, annullamus, cassamus, irritamus et penitus abolemus; nullam, cassam et irritam pronuntiamus et decernimus.

Quocirca mandamus vobis quatenus statutum, ordinationem et prohibitionem hujusmodi in locis vestris, de quibus expedire videritis, publicari et teneri firmiter faciatis et inviolabiliter observari. Illicitamque, vel prohibitam dilationem armorum, non intelligentes in hoc casu, si qui pro exsecutione justitiæ, vel defensione licitâ, cum moderamine debito in locis et casibus ad eos spectantibus arma portent.

Datum Tolosæ, sabbato post octavam Epiphaniæ, anno Domini 1303.

---

N°. 396. — STATUT *pour l'administration de la justice à Toulouse.*

Toulouse, janvier 1303. (C. L. I, 394.)

L'art. 1er. porte qu'il n'y aura pas de procès pour moins de vingt sous tournois.

6. L'appel est interdit avant la sentence définitive.

7. Les juges ne peuvent accorder au débiteur, terme et répit de 5 années, à ceux qui peuvent payer, s'ils ne donnent caution.

8. La demande mal libellée, sera accueillie par le juge, si la concession est juste.

Le texte de l'art. 11, est transcrit, sous l'art. 11 de l'Ordon. ci-après.

---

N°. 397. — ORDONNANCE *sur l'administration de la justice dans la sénéchaussée de Toulouse.*

Beziers, vendredi avant les cendres, 1303. (C. L. I, 399.)

SOMMAIRES.

(1) Le sénéchal de Toulouse et d'Alby tiendra ses assises dans les lieux les meilleurs et les plus remarquables de sa sénéchaus-

..., lorsqu'il le jugera le plus à propos.

(2) Le sénéchal, à ses risques et périls, choisira de bons sergens et autres officiers, qui exerceront leurs offices en personne.

(3) Il fera tenir les assises par les juges en personne, comme il le jugera à propos pour le bien de la province.

(4) Il n'y aura en chaque lieu qu'un nombre certain de sergens. Ceux qui ne seront pas capables seront rejetés, et ceux qui resteront donneront caution.

(5) Les prothocolles des notaires décédés qui n'ont pas été rédigés en forme publique seront confiés à un autre notaire suffisant et fidèle, pour en faire la rédaction.

(6) Les notaires ne feront enquête contre personne sans ordonnance du sénéchal ou du juge royal des lieux, laquelle ne sera expédiée que dans les cas où il y aurait péril dans le retardement.

(7) Le nom des dénonciateurs sera écrit, et s'ils sont trouvés calomniateurs, ils seront punis par le sénéchal, ou le juge.

(8) Si quelqu'un fait mettre un autre en prison injustement, il sera tenu de ses dommages et intérêts.

(9) Les sentences rendues ou à rendre par les consuls, dans les causes dont la connaissance leur appartient, seront mises à exécution par les baillis et officiers du Roi, etc.

(10) Le sénéchal, ou les juges ne renverront pas ailleurs les causes dont ils doivent connaitre de droit, ou par coutume, à moins qu'il n'y en ait de justes raisons.

(11) Si quelqu'un renonce dans une obligation au privilége d'ost, de croix, de bastide nouvelle, et de quinquenelles ou de repit de cinq ans, il ne pourra plus s'en aider.

(12) On ne mettra pas garnison chez les débiteurs, et on ne les arretera pas pour dettes particulières, mais on exposera leurs biens en vente, pour payer leurs créanciers, à moins qu'il n'y ait quelques conventions contraires de la part des débiteurs.

(13) Lorsqu'en action personnelle il sera question d'une somme qui n'excédera pas quarante livres tournois, la cause sera jugée sommairement.

(14) En toutes actions personnelles, réelles, civiles et criminelles, les juifs de la sénéchaussée de Toulouse et d'Alby plaideront en défendant pardevant les juges ordinaires de leur demeure, et les chrétiens pareillement s'ils sont poursuivis par des juifs, et les uns et les autres seront jugés suivant les lois romaines.

(15) Lorsqu'il y aura clameur, ou arrêt pour raison d'une dette, si elle est contestée, il y aura délai de quinzaine, et la quinzaine passée, la clameur ne sera pas levée, à moins que le débiteur ne paye.

(16) Les mandemens du viguier ne pourront être mis à exécution hors de la viguerie, si ce n'est dans les cas qui concernent le sceau du Roi, ou de l'ordonnance du sénéchal.

(17) Dans les causes civiles, ou criminelles, les personnes ne seront pas renvoyées hors des cours où la cause aura été contestée, ou dans le territoire desquelles les crimes auront été com-

mis, si ce n'est dans les cas de droit, où par la coutume le renvoi doit être fait.

(18) Les notaires, les sergens royaux et autres qui possèdent des biens à raison desquels l'usage est de contribuer aux charges de l'état, y contribueront à l'égard de ces biens, et y seront contraints par saisie de ces biens, et il n'y aura d'exceptés de cette loi que le sénéchal, les juges, les viguiers et les procureurs du Roi.

(19) Les juges, les notaires et autres officiers royaux qui auront été condamnés pour leurs exactions, pour leur mauvaise administration, etc., ne seront plus admis aux charges publiques.

(20) Quant aux fiefs qui ont été possédés par des nobles, des personnes religieuses, des bourgeois ou autres, et pour lesquels les possesseurs contribuaient, les seigneurs supérieurs à qui ces fiefs seront dévolus seront pareillement tenus de contribuer.

(21) Les juges ordinaires ne prendront rien pour les commissions qui leur seront décernées par leurs supérieurs dans leurs jurisdictions, et ils se contenteront des gages ou salaires qu'ils reçoivent du Roi.

(22) Les commissaires des juges, ou les notaires ne prendront rien pour l'audience, mais seulement pour leurs écritures.

(23) Les juges, ou les notaires ne prendront rien à leur profit particulier pour l'interposition des décrets, mais les notaires auront cependant un salaire modéré pour leurs écritures.

(24) Le sénéchal, les juges, les baillis et les notaires des baillies, ne prendront rien pour le scel.

(25) Le sénéchal, ou le juge défendront aux notaires, aux sergens et autres officiers, qu'ils ne commettent aucunes extorsions, et s'ils contreviennent aux défenses qui leur auront été faites, ils seront condamnés en une amende envers le Roi, et à restituer ce qu'ils auront pris indûment, et ils seront de plus privés de leurs offices.

(26) Aucuns des officiers du Roi ne pourront rien prendre pour la réception des cautions présentées par ceux qui ne se sont pas trouvés coupables, ou pour ceux qui se le sont trouvés, si ce n'est pour leur peine.

(27) On ne tiendra pas en arrêt, ni on n'arrêtera pas ceux qui pourront donner caution, si ce n'est pour homicide, pour vol, crime de lèse-majesté, d'hérésie, de rapt, etc.

(28) Ceux qui lèvent les péages et les aides, ne les exigeront que dans les lieux où ils sont dus suivant la coutume.

(29) Le sénéchal, à la réquisition des consuls, les défendra, ainsi que les communautés et les particuliers, contre les prélats et les personnes ecclésiastiques qui voudraient leur faire de nouvelles impositions, ou renouveler celles qui auraient été supprimées.

(30) S'il arrive que les biens de quelqu'un soient confisqués, on commencera par payer dessus la dot de sa femme, et ses créanciers, selon l'ordre de leurs hypothèques.

(31) Si l'on envoie des sergens pour procéder par voie d'exécution contre plusieurs débiteurs, ils

n'auront pas plus, que si on les avait envoyés contre un seul.

(32) Les baillis, après le temps expiré de leur administration, demeureront pendant cinquante jours continuels dans leur baillie pour répondre à ceux qui se plaindront d'eux.

(33) Pour la confection des actes, tant au sujet des tutelles, des assignats de dot, qu'autres, où la connaissance du juge est requise, les notaires n'exigeront rien au de-là de ce qui est fixé par les ordonnances.

(34) Pour les lettres d'ajournement ou d'exécution et autres semblables, les sénéchaux, les baillis et autres officiers ne prendront que deux deniers tournois.

(35) Si le juge a connaissance que les baillis, ou leurs lieutenans ayent pris des gages qui soient à restituer, à moins qu'ils n'en fassent la restitutution à la première assise, il les condannera en cinquante sols d'amende envers le Roi.

---

*Philippus*, Dei gratia Francorum Rex, universis presentes literas inspecturis, salutem.

Notum facimus quod nos dilectorum nostrorum, universitatum, communitatum et incholarum senescallie Tolose devotis supplicationibus annuentes, ad eorum utilitatem et bonum publicum, ordinationes edidimus infrà scriptas.

(1) In primis ordinamus. Quod senescallus noster Tholose et albiensis assisias suas (1) teneat in locis insignibus et melioribus ipsius senescallie, cum sibi visum fuerit expedire.

(2) *Item*. Ordinamus quod senescallus predictus, sub periculo suo eligat bonos servientes, et officiales alios, qui in personis propriis regant et exerceant officia eisdem commissa.

(3) *Item*. Quod idem senescallus faciat teneri assisias per judices in personâ suâ propriâ, prout utilitati patrie viderit expedire.

(4) *Item*. Quod certus numerus servientum instituatur in quolibet loco, quodque instituti non sufficientes amoveantur, et remanentes idonee, caveant, prout in ordinatione nostrâ (2) factà super hoc continetur.

(5) *Item*. Quod liberi, seu prothocolla notariorum mortuorum qui non fuerunt in publicam formam redacta, alii notario sufficienti et fideli loci ejusdem per dictum senescallum vel judicem loci tradantur in publicam formam redi-

---

(1) V. l'Ord. de 1302, art. 26. (Laur.)
(2) V. l'art. 11. de l'Ord. de nov., 1302. (Laur.)

genda. Ita tamen quod hujusmodi prothocolla de dicto loco non extrahant, nec pro confectione instrumenti plus recipiant quàm notarius defunctus esset, si viveret, recepturus.

(6) *Item.* Quod notarii non faciant inquisitionem contra aliquem, sine mandato senescalli vel judicis nostri, loci (1) petetur in casibus in quibus mora expectandi esset dampnosa.

(7) *Item.* Ordinamus quod si aliquis accusator vel denunciator appareat, et voluerit prosequi contra aliquem, quod nomen ejus (2) in preventione ponatur, et si reperiatur calumniator ad cognitionem senescalli vel judicis puniatur (3).

(8) *Item.* Quod si aliquis aliquem fecerit in carcere detineri injustè, puniatur in expensis reddendis capto, seu detento, et pro eo solvere prisonagium teneatur.

(9) *Item.* Quod sententie late et ferende per consules senescallie predicte de causis de quibus constiterit senescallo quod ad ipsos cognitio pertineat, per bajulos et officiales nostros executioni debite demandentur, nisi per appellationem partium suspendantur, vel alia legitima causa subsit.

(10) *Item.* Quod senescallus vel judices causas judicaturarum suarum de foro suo ubi audiri debent de jure, vel de consuetudine approbata, non tradant alibi in subditorum prejudicium, nisi hoc fecerint, justâ de causâ.

(11) *Item.* Ordinamus quod si aliquis expressè et ex certâ scientiâ renunciaverit privilegio exercitus, crucis, nove bastide, seu quinquennalium induciarum in instrumento debiti, vel alterius contractus expressi non possit ex tunc se juvare dicto privilegio, vel excipere de eodem.

(12) *Item.* Quod garnisiones in bonis alicujus debitoris non ponantur, nec obligatorum persone arrestentur pro debitis privatorum, sed eorum bona venalia exponantur, de quibus satisfiat creditoribus, nisi hoc ex conventione processerit debitoris.

---

(1) Il faut, ce semble, ensuite, *Quod.* (Laur.)

(2) V. *L. 2. Cod. De exhibendis reis. L. 3, §. item subscribere, et L. 1, in principio, et §. Dig. De accusationibus*; l'Ord. de 1304, celle d'Orléans de 1560, art. 73; et l'Ord. criminelle de l'an 1670, Titre des plaintes et dénonciations, art. 6 et 7. (Laur.)

(3) L'art. 12 des statuts de Toulouse, est ainsi conçu : *Quod denunciator vel instructor, resarciat denunciato, damna et expensas, nisi de illo, debito, denunciatus, fuit diffamatus, vel ad minus per unum testem convictus, vel alias appareret probabilis suspicio contra eum, ad cognitionem curiæ et judicum, ita tamen quod super predictis denunciator vel instructor in testem minimè admittatur.* Nouv. Rép. v°. Réparation civile, §. 2; et Témoin judiciaire §. 1er. p. 410.

(13) *Item.* Quod si aliquis conqueratur de aliquo, cum publico ministro in personali actione, quod debitor teneatur respondere, rejecto libello, et quod causa audiatur de plano, et absque strepitu judiciario, dùm tamen sit adeò modica quod summam quadraginta solidorum turonensium non excedat.

(14) Ordinamus etiam quod judei senescallie Tolose et Albiensis coram judice ordinario sub quo morantur, conveniantur per christianos, et christiani per eos, in personalibus, realibus, civilibus et criminalibus actionibus, et super hiis jure civili regantur.

(15) *Item.* Quod quandò clamores fient de debitis, et debita erunt contestata, eis detur quindena, ut moris est, in majori parte senescallie, quodque transactà quindenà, clamor (1) non levetur per bajulum, priusquàm satisfiat de debito creditoris.

(16) *Item.* Quod literis vicarii Tolose continentibus mandatum extra vicariam, nisi contineant requisitionem debitam, non pareatur, nec servientibus latoribus earumdem, nec dicti servientes possint autoritate dicti mandati facere executionem, nisi in casu pertinente ad sigillum nostrum, vel nisi hoc faceret de mandato senescalli. Et hoc idem servetur de alio quocumque officiali.

(17) *Item.* Quod in causâ civili, vel criminali, nulla fiat persone remissio per gentes nostras extra loca et castra bajuliarum nostrarum ubi causa fuerit, vel delictum commissum, præter in casibus in quibus de jure, vel de consuetudine patrie remissio fuerit facienda.

(18) *Item.* Quod officiales nostri, notarii, servientes, et alii quicumque possidentes bona, pro quibus est contribui consuetum, compellantur contribuere pro dictis bonis, sicut veteres possessores consueverunt, et contribuant in locis ubi sita sunt dicta bona, et ad hoc per captionem bonorum compellantur, senescallo, judicibus, vicariis, et procuratoribus nostris stipendia nostra recipientibus duntaxat exceptis.

(19) *Item.* Quod judices, notarii, et officiales nostri super exactionibus, vel suâ malâ administratione condempnati ex dolo vel malitià ad publica officia ex tunc non admittantur.

---

(1) V. l'Ord. de François Ier. (1525), pour la justice en Provence, chap. 10. des sommations. (Laur.)

(20) *Item.* Quod pro feodis que teneri consueverunt à nobilibus vel religiosis personis, burgensibus vel aliis, licet aliquomodo vel jure devoluta sint ad dominos, à quibus tenebantur in emphiteosim, pro quibus feodis possessores eorum contribuere consueverunt domini possidentes ea, aut quicumque alii in realibus contribuere compellantur, prout hactenùs extitit contribui consuetum, per eorum veteres possessores.

(21) *Item.* Quod judices ordinarii pretextu commissionum sibi factarum infrà judicaturas suas per superiores, nullum salarium recipiant a partibus, seu etiam levare presumant, sed salario quod a nobis recipient, sint contenti.

(22) *Item.* Commissarii judicum, sive notarii, nullum pro auditorio salarium levent seu exigant, nisi scripturam suam, seu pro scriptura ita par sicut levaret (1) judex, si presens esset, sed suo scripture salario sint contenti.

(23) *Item.* Quod judices, seu notarii nihil ad bursam suam levent a gentibus, seu exigant pro interpositione decreti, tamen notarii moderate recipiant pro scripturâ.

(24) *Item.* Ordinamus quod senescallus, judices, bajuli, et notarii bajuliarum nihil de sigillo suo recipiant, nec fraudem aliquam faciant super hoc, prout in ordinatione nostra continetur.

(25) *Item.* Quod senescallus, vel judices non permittant fieri per bajulos, notarios, servientes, vel alios officiales, aliquas indebitas extorsiones, sed quod hoc expressè eis exhibeant (2), et si contra eorum inhibitionem fecerint, in certa pecunie summâ nobis solvendâ, ad senescalli arbitrium, puniantur, et nihilominus indebitè exacta restituant, et ab officiis expellantur, et aliàs juxta qualitatem excessuum puniantur.

(26) *Item.* Quod aliqui officiarii nostri aliquid non recipiant pro cautionibus ab eis qui culpabiles reperti non fuerint, nec etiam a culpabilibus, nisi pro labore, prout in ordinatione nostrâ continetur.

(27) *Item.* Quod nullus teneatur arrestatus, nec arrestetur per bajulos et alios officiales nostros, aut aliorum dominorum, qui possint idoneè fidejubere, nisi hoc esset in casu homi-

---

(1) Il y a faute en cet endroit dans les deux registres manuscrits. (Laur.)
(2) *Inhibeant.* (Laur.)

cidii, furti, criminis lese-majestatis, heresis, raptus mulieris, et aliorum de jure expressorum.

(28) *Item.* Ordinamus quod pedagiarii seu leudarii nova pedagia, bautagia, seu leudas non exigant seu levent in locis ubi non est sic consuetum, sed solùm juxta locorum consuetudines approbatas.

(29) *Item.* Quod senescallus ad requisitionem consulum locorum quorumlibet, defendat ipsos consules et universitates, et singulos à novà impositione (1) servitur faciendà per prælatos, seu alias ecclesiasticas personas, et à novà exactione (2) passatà, prout de jure fuerit, et est hactenùs fieri consuetum.

(30) *Item.* Quod si contingat bona alicujus venire in commissum ratione alicujus maleficii, statim satisfiat uxori de dote et aliis quæ sibi debebuntur, et suis creditoribus, si quos habet, prout fuerint priores tempore, prout videbitur senescallo justius et celerius, et sine offensione justitie.

(31) *Item.* Quod si servientes mittantur contrà plures pro executionibus faciendis, non recipiant pro salario suo, nisi quantum reciperent, si contrà unum tantùm mitterentur, prout in ordinatione nostrà continetur.

(32) *Item.* Quod bajuli, facto tempore eorum regiminis, morentur et remaneant in locis bajuliarum suarum, per quinquaginta dies continuè parati respondere omnibus de se conquerentibus.

(33) *Item.* Quod notarii pro conficiendis instrumentis, vel actis super tutelis, curis, assignationibus dotium mulierum, sententiis (3) et aliis in quibus cause cognitio requiritur et decretum, plus debito non exigant, secundùm ordinationem nostram super hoc editam (quam) legitimè teneant et observent.

(34) *Item.* Quod notarii non recipiant pro literà citationis vel executionis aut similium, senescalli, judicum bajuli, aut alterius officialis, nisi duos denarios turonenses tantùm, vel sicut reciperent de aliâ simplici scripturâ, juxtà ordinationem nostram super hoc factam.

(35) *Item.* Ordinamus quod si judex cognoverit aliqua

---

(1) Il faut, *in suurum facitendâ*. (Laur.)
(2) Il faut, *à novâ exactione passatâ*, scilicet impositionis. (Laur.)
(3) On a mis ainsi par conjecture, car ce mot est en abrégé dans le registre, et si mal écrit qu'on ne le peut lire. (Laur.)

pignora capta per bajulos, vel eorum loca-tenentes, aut servientes fore restituenda, (quod) nisi infrà prinlam sequentem assisiam dicti bajuli, seu eorum loca tenentes, aut servientes dicta pignora restituerint, (quod) in quinquaginta solidos nobis solvendos puniantur.

In quorum omnium testimonium presentibus literis nostrum fecimus apponi sigillum.

Actum Biterris, die Veneris ante Cineres, anno Domini 1303.

---

N°. 398. — LETTRES portant que les sénéchaux de Carcassonne et de Béziers, et les autres officiers du Roi, jureront aux premières assises d'observer les Etablissemens (Statuta) de St. Louis, et ceux du Roi (l'Ord. de 1302).

Béziers, le jour des Cendres, 1303. (Coll. L. I, 402.)

---

N°. 399. — LETTRES (1) portant concession de privilèges aux ecclésiastiques de la province de Narbonne, en 19 articles.

Nimes, février, 1303. (C. L. I, 402.)

L'article 12 autorise les dépossessions des terrains limitrophes par cause de nécessité de l'église, moyennant un *juste prix*.

Anc. style du Parlement, part. 3, tit. 45, S 47. Nouv. rép. v°. Retrait d'utilité publique.

---

N°. 400. — BULLE du Pape (*Benedict. XI*) par laquelle il relève le roi de France, et ses conseillers, des interdits portés contre eux par Boniface.

Perouse, 3 des ides de mai, 1304. (Preuv. du Différ. 230.)

---

(1) Il y a des lettres à peu près semblables, pour ceux du diocèse de Reims, sous la date du 1er. ou 3 mai 1303.

N°. 401. — LETTRES *en faveur des Barons d'Auvergne, par lesquelles le Roi reconnait* (art. 7) *que la subvention qui lui a été faite a été de pure grace et ne tirera pas à conséquence* (1) *et permet* (art. 8) *à ceux qui ont haute justice, de porter des armes même sur les terres d'autrui, pour justicier leurs terres et leurs fiefs.*

Pontoise, mai 1304. (C. L. I, 410.)

N°. 402. — MANDEMENT *au sujet de la subvention accordée pour la guerre de Flandres* (2).

Paris, 9 juillet 1304. (C. L. I, 412.)

( EXTRAIT. )

Comme en conseil et en traitié d'arcevesques, evesques, abbés, et autres prelaz, doiens, chapitres, convent, colleges, et plusieurs autres personnes d'eglise, seculiers et religieux, exempts et non exempts, dux, comtes, barons et autres nobles de nostre royaume, nous soit octroié de grace, que les nobles personnes, clers ou lay, tenanz layement, nous aident en la persecution de notre guerre, pour quatre mois, c'est à savoir juin, juignet, aoust et septembre prochains à venir, de chascunes cinq cents livres de terre, qu'il ont en nostre royaume, d'un gentilhomme bien armé et monté et cheval de cinquante livres de tournois, et couvert de couverture de fer ou de couverture pourpointe, et de tout comme il passera cinq cens livres de terres, un home d'arme, du plus plus, et du moins moins. Et quant aus non nobles francs, que cent francs nous facent aide de six sergens de pié armez convenablement, et les prelaz et autres personnes de sainte eglise, d'ouvrir subvention suffisanz des biens des eglises.

---

(1) V. Mably, Obs. sur l'Hist. de Fr. liv. 4, ch. 3. Les communes qui craignaient toujours qu'on ne voulut exiger d'elles des contributions plus considérables que celles dont elles étaient convenues, en traitant de leur liberté, n'accordaient rien par-delà les taxes réglées par leurs Chartes, sans faire reconnaitre que c'était un *don gratuit*.

(2) V. Mably, Obs. sur l'Hist. de Fr. liv. 4, ch. 3, aux Preuves.

N°. 403. — LETTRES en faveur des marchands du Brabant, qui leur permettent d'entrer en France et d'exporter des marchandises, à certaines conditions. Ils pourront être contraints par corps, pour dettes contractées aux fosses de Champagne. (Art. 7.)

Arras, 25 juillet, 1304. (C. L. I, 414.)

---

N°. 404. — ORDONNANCE (1) sur les tabellions et notaires.

Amiens, juillet, 1304. (C. L. I, 416.)

SOMMAIRES.

(1) Lorsque les notaires, ou les tabellions auront reçu des contrats dans les lieux de leurs demeures, et où ils ont leurs chartulaires, ils seront obligés de les insérer dans leurs protocolles, de les lire ensuite aux parties et de corriger leur minute s'il est à propos, etc.

(2) Les notaires ne rédigeront les minutes des contrats, et ne les transcriront dans leurs protocolles, que lorsqu'ils auront entièrement entendu les parties, et que les contrats seront parfaits. Et s'ils sont requis de recevoir un contrat dont ils ignorent la nature, et qu'ils ne puissent rédiger, ils renverront les parties à un notaire plus habile, ou ils le consulteront avant que de mettre le contrat en grosse.

(3) Ils écriront nettement les minutes et sans abréviations, et ils n'y mettront pas de clauses obscures et inintelligibles.

(4) Leurs chartulaires, ou protocolles seront de bon papier. Ils laisseront un espace raisonnable aux marges. Il n'y en aura que de très-petits dans le corps du contrat, en sorte qu'on ne puisse écrire entre les lignes, et il n'y en aura aucun entre la fin d'un acte et le commencement d'un autre.

(5) Au commencement de chaque chartulaire, ou protocolle, et à chaque instrument ils mettront l'an, le jour, le nom du Roi, celui des témoins, le leur, le lieu où le contrat aura été passé, les noms des contractans, etc.

(6) Ils recevront les contrats dans des lieux et en des heures ou des temps non suspects, et par-devant des témoins connus et dignes de foi.

(7) Ils ne recevront que des contrats licites. Après les avoir reçus, ils les grossoieront, les rendront aux parties sans délai, et se contenteront d'un salaire médiocre.

(8) Ils ne recevront pas les contrats lorsqu'ils sauront qu'il y aura violence, crainte et usure, et s'ils ont à ce sujet quelque

---

(1) V. Nouv. Rép., v°. Notaire, et v°. Signature.

doute, ils consulteront les juges des lieux, ou des personnes d'expérience.

(9) Ils ne donneront pas à la même partie plusieurs grosses d'un même contrat, s'il n'y en a convention expresse, ou quelqu'autre cause légitime, avec la permission du juge.

(10) Lorsqu'ils auront délivré la grosse à la partie, ils bâtonneront, ou barreront le projet, ou brouillon, ou ils mettront au bas que la grosse a été délivrée, et qu'ils auront reçu leur salaire.

(11) Ils ne recevront aucun contrat, à moins qu'ils n'en ayent été requis par les parties publiquement.

(12) Ils garderont avec soin leurs chartulaires, ou protocolles. Et s'ils changeaient de domicile, ils ne pourraient les transporter sans la permission de leurs supérieurs, en sorte que les protocolles resteront au lieu de leur première résidence.

(13) Les notaires des cours ne transcriront pas dans leurs registres, ou protocolles les procès, mais ils les mettront dans les registres des cours, et quand leur exercice sera fini, ils mettront ces registres entre les mains des juges.

(14) Lorsqu'ils seront commis pour entendre des témoins, ils les examineront promptement et fidèlement, tant sur le fait que sur les circonstances, et s'ils trouvent que quelque témoin soit suspect, ou vacillant, ils en informeront le juge.

(15) Ils tiendront les dépositions des témoins secrètes avant la publication, et après qu'elle aura été faite, ils en donneront copie aux parties, quand ils en seront requis.

(16) Lorsque des femmes voudront renoncer au bénéfice du veilleien ou à la Loi Julia fundi dotalis, on en fera mention expresse, et il en sera de même de tous les termes de droit, que l'on aura soin d'expliquer à ceux qui n'entendent pas les affaires.

(17) On n'admettra à l'office de tabellion et de notaire, que des personnes de bonnes mœurs et habiles.

(18) Les noms et les signatures des tabellions et des notaires seront registrés dans chaque cour royale, et les registres où ils seront mis, seront gardés soigneusement dans les sénéchaussées.

(19) Le Roi aura soin de commettre un personne qui aura attention à l'exécution de ce qui a été ordonné ci-dessus et qui aura pouvoir de la part de Sa Majesté de créer de nouveau des tabellions et des notaires.

(20) Ceux qui seront ainsi institués ou confirmés pourront exercer l'office de tabellion et de notaire. Et quant à leurs salaires ils seront réglés par le président, ou la personne dont il a été parlé ci-dessus, selon les usages différens des lieux.

(21) Ceux qui ont été créés notaires et tabellions dans les lieux dont le Roi est seul seigneur, ou seigneur en partie, ou dans lesquels il est à présent aux droits des anciens seigneurs, ils y exerceront leurs offices comme auparavant, pourvu néanmoins qu'ils soient notaires royaux.

(22) Les notaires et les tabellions résideront dans de certains lieux, où ils exerceront leurs of-

fices, et s'ils passent par hasard dans d'autres lieux, ils pourront y recevoir des contrats, s'ils en sont requis, et ces contrats feront foi par tout le royaume.

(23) Si le président trouve que les fils de notaires et de tabellions soient habiles et veuillent succéder à leurs pères, il les préférera à d'autres. Et si ces enfans ne veulent pas être tabellions ni notaires, les registres, ou les protocolles des pères seront mis entre les mains de quelques notaires de bonne renommée et fidèles, qui auront la moitié de l'émolument, et rendront l'autre moitié aux enfans, etc.

(24) Dans les lieux, où le Roi est seul seigneur, les notaires qui ne seront pas institués par le Roi, ne pourront exercer leurs offices sous peine de faux.

(25) Les notaires et les tabellions ne pourront être bouchers ni barbiers, et s'ils font de tels métiers, ils pourront être privés de leurs offices, après avoir été duement avertis.

(26) Selon l'usage établi en de certains lieux, les notaires pourront recevoir les contrats en personnes, les transcrire ensuite dans leurs chartulaires, ou protocolles, et les en tirer à leurs risques et périls, par leurs substituts, pour les mettre en grosse, etc.

(27) Ce qui vient d'être expliqué aura effet pareillement dans les lieux où l'usage est contraire, ce qui ne durera néanmoins que tant que le Roi le jugera à propos.

(28) Quant aux sermens à apposer dans les contrats, soit dans les contrats de mariage à recevoir par les notaires sous l'autorité du Roi, ou quant aux actes de lods et ventes, on suivra les coutumes usitées dans les différens lieux.

---

*Philippus*, Dei gratiâ Francorum Rex, omnibus præsentes literas inspecturis, salutem.

(1) In primis ordinamus et statuimus, autoritate regiâ decernentes, quod cum notarii, seu tabelliones publici contractus in loco in quo morari, et tenere cartularia sua consueverunt, dictos contractus receperint, in ipsis cartularibus (1), seu protocollis substantialiter et seriatim in continenti ponant et inserant, et in cartulariis redacta, contrahentibus præsentibus legant et exponant, et si opus fuerit, notam suam (2)

---

(1) Ce sont les registres où les notaires et tabellions doivent transcrire, ou mettre au net les contrats qu'ils ont rédigés par écrit. Chez les Romains et les Grecs le protocolle était la marque du papier, où l'on avait soin de mettre l'année qu'il avait été fait, ce qui est expliqué au Glossaire de *Laurière*, v°. *Notaire*. (Laur.)

(2) C'est le brouillon, ou le projet. Et comme on le corrigeait souvent, il s'ensuit que ce qui était transcrit dans le *protocolle* devait être signé des parties. (Laur.)

corrigant in præsentiâ contrahentium prædictorum. Si verò ibi receperint, in scriptis statim redigant, et quam citiùs poterint, redigant in cartulariis antedictis.

(2) *Item.* Quod tunc de contractibus recipiant notas, vel faciant instrumenta ad ipsos contractus, cum usque ad completionem audiverint, et à partibus fuerint absoluti, perfecti, et totaliter consumati.

Si verò de recipiendo contractum fuerint requisiti, cujus naturam ignorent penitùs, vel per exercitium non habeant notitiam, vel peritiam, instrumenta super contractu hujusmodi ordinandi, remittant contrahentes ad alium, vel peritiores consulant, saltem antequàm de protocollo instrumenta extrahant, sive grossent.

(3) *Item.* Quòd notas suas faciant, et scribant intelligibiliter, et non apponant abbreviationes, obligationes, renunciationes consimiles, non intelligibiles, maximè ubi esset propter abreviationes de facili periculum.

(4) *Item.* Quod cartularia sua faciant in bonâ papiro, et in marginibus debitum spatium dimittant, et inter singulas notas modicum spatium, ita quod nihil valeat subterscribi. Inter finem et principium cujuslibet spatium prorsùs nullum.

(5) *Item.* In principio cujuslibet cartularii seu registri, et in singulis instrumentis et capitulis, apponant annum et diem, nomen regium, nomina testium, nomen suum, locus contractus, signa sua, nomina contrahentium, et substantiam contractus, nil addendo, minuendo, vel aliàs corrigendo, aut mutando, quod substantiam..... vel naturam contractus, (qui) inter partes haberi posset quoquomodo perverteret, seu etiam immutaret.

(6) *Item.* Dictos contractus recipiant in locis et horis non suspectis, coram testibus notis, ac etiam fide dignis.

(7) *Item.* Quod recipiant contractus licitos, et receptos grossabunt, et partibus seu contrahentibus instrumenta reddant, mediante justo salario, absque morosâ dilatione, cum super hoc fuerint requisiti.

(8) *Item.* Quod de contractibus in quibus noverint interesse vim, vel metum, vel usurariam pravitatem, aut alias (res) de jure aut consuetudine improbatas, aut de præmissis probabiliter, vel verisimiliter suspectos, instrumenta non faciant, et si eos probabiliter dubitare contigerit, judicem locorum, vel peritiores consulant antequàm de præmissis reddant contrahentibus instrumenta.

(9) *Item.* Quod de eodem contractu uni parti pluries instrumenta non reddant, nisi hoc actum fuerit expressè, vel aliàs ex causa legitimâ, de superioris licentiâ, vel mandato.

(10) *Item.* Cum redditum alteri parti fuerit instrumentum, cancellabunt notam, vel signabunt in fine, redditum fuisse utrique parti, vel alteri, et sibi satisfactum fuisse, prout veritas se habebit.

(11) *Item.* Quod tunc demùm de contractu nobis (1) negotio recipient, vel conficient instrumentum, cum de eo palam fuerint requisiti, nec clam recipient instrumenta.

(12) *Item.* Quod diligenter custodient cartularia sua. Et si eos ad remotas partes se transferre contigerit, ea alibi non transferent, absque superioris mandato, auctoritate vel licentiâ speciali, sed predicta cartularia et registra in loco residentiæ suæ tutè et securè dimittent, et in ultimâ voluntate sua mandabunt, pro securitate reipublicæ tutè et fideliter custodiri, ac senescallo, vel vicario, seu judici loci pro majori custodiâ volumus consignari.

(13) *Item.* Notarii curiarum, processus (2) curiæ, vel præcepta in suis propriis cartulariis non ponant, sed in registris curiæ redigent integrè et diligenter, ac fideliter conservabunt, et judicibus locorum integrè reddent, regiminis sibi commissi transito tempore, vel finito.

(14) *Item.* Testes quorum examinatio eis commissa fuerit, diligenter et fideliter examinabunt inquirendo diligenter, tam super principali quàm de circumstantiis aliis de quibus fuerit inquirendum, et si de falsitate testes verisimiliter suspectos habuerint, seu eos viderint vaxillantes, hoc senescallo, vel judici significare curabunt.

(15) *Item.* Attestationes secretas et clausas ante publicationem (3) tenebunt, et eis legitimè publicatis, partibus copiam facient, cum super hoc legitimè fuerint requisiti, quando, (et) in casibus in quibus fuerit copia facienda.

(16) *Item.* Mulieribus volentibus renunciare velleiano, vel legi juliæ fundi dotalis, in vulgari quod dicitur vel significatur per nomem exponent, et idem de rusticis et aliis juris ignaris, cum apponi continget in instrumentis aliqua verba

---

(1) Ce mot est inutile, et il faut *sive* ou *seu*. (Laur.)
(2) V. l'Ord. de François Ier. de 1525, chap. 3. *Des Greffiers*. art. 8. (L.)
(3) V. les Etablissemens, liv. 1er., chap. 3, et l'Ord. de 1260. art. 4. (Laur.)

ministerium juris importantia, vel in quibus propter ignorantiam juris de facili decipi valerent.

(17) *Item.* Ad prædictum officium tabellionatus, seu publici notariatus exercendum, non instituantur aliqui nisi qui vitâ et moribus legitimè comprobati, per reformationem reperti fuerint habiles et idonei, in scripturâ et scientiâ, scilicet quam ipsius officii cura requirit.

(18) *Item.* Omnium tabellionum, seu notariorum nomina et signa in curiâ nostrâ volumus registrari, et registra fideliter custodiri, et etiam in qualibet senescalliâ, apud curiam ipsius senescalliæ notariorum nomina et signa ibi registrata teneri, ne de ipsis, vel earum autoritate possit dubitatio suboriri.

(19) *Item.* Ordinabimus de certâ idoneâ personâ quæ... prædicto præerit, et ad probandum, confirmandum, et de novo creandum tabelliones, seu notarios publicos auctoritate regiâ, habebit liberam potestatem.

(20) *Item.* Tabelliones, seu notarii publici, auctoritate regiâ confirmati, vel de novo creati a dicto præsidente, auctoritatem et potestatem habebunt tabellionatus, seu publici notariatus officium more debito exercendum, et super eorum salariis taxandis, et ab ipsis notariis exigendis et recipiendis providebitur, per præsidentem præfatum, secundum consuetudinem singulorum locorum, prout expediens visum fuerit.

(21) *Item.* Creati in locis ad nos in solidum pertinentibus, vel in parte, in locis dominorum, in quorum loca successimus, et sumus ad præsens, in dictis locis remanebunt, et sua officia in eis exercebunt, quando in eisdem officiis legitimè se habuerint, dùm tamen auctoritate nostrâ creati fuerint, seu etiam confirmati.

(22) *Item.* Dicti notarii in locis certis, villis, seu castris residebunt, et in eisdem locis suum officium exercebunt, transeuntes verò per alia loca regni nostri, vel a non proposito, sed à casu in locis aliis existentes, super contractibus, vel quasi, de quibus rogati fuerint, seu legitimè requisiti, instrumenta recipere poterunt, habitura fidem ubilibet, et perpetuam roboris firmitatem, dummodò ibidem sedem non teneant, vel etiam stationem.

(23) *Item.* Gratificari volumus tabellionibus, seu notariis publicis prædictis per præsidentem præfatum, ut si filios notariorum prædictorum habiles, et sufficientes reperient, ad exercendum officium supradictum, ipsos loco parentum

in dicto officio et in cartulariis, aliis præferre debeat, prout, et quando, consideratis circumstantiis debitis, viderit expedire. Si vero dicti filii noluerint esse notarii, vel reperti non fuerint idonei, vel habiles ad executionem officii memorati, volumus quod dicta cartularia, alicui probo et fideli notario committantur, seu tradantur, qui quantùm ad hoc subrogatus habebit medietatem emolumenti, seu lucri cartulariorum prædictorum, et de aliâ medietate dictis filiis et hæredibus integrè tenebitur fideliter respondere, nisi dicti parentes de dictâ medietate, inter vivos, vel ultimâ voluntate aliter duxerint ordinandum.

Registri verò, seu cartularia post mortem notariorum, antequàm notarii alii assignentur, per senescallum vel judicem examinari, cum sollicitâ diligentiâ, volumus, et videri, ne sint ibi aliqua intermixta suspecta, vel possint quomodolibet misceri.

(24) *Item.* Prohibemus insuper, et per senescallum et alios officiarios nostros districtiùs prohiberi et servari volumus et mandamus, quod in locis nostris, seu ad nos in solidum spectantibus, notarii, qui per nos, seu autoritate nostrâ electi non fuerint, seu etiam confirmati, sub pœnâ falsi, tabellionarii, seu notarii publici officio non utantur.

(25) *Item.* Tabelliones, seu notarii publici, autoritate nostrâ, nullo vili officio, vel ministerio se immisceant, vel utantur, nec carnifices, vel barbitonsores existant, quod si fecerint ipsos post monitionem legitimam privari volumus officio supradicto.

(26) *Item.* Statuimus, quod in locis in quibus est ab antiquo hactenus consuetum, quod dicti notarii, seu tabelliones per substitutos possint de suis cartulariis notas extrahere et grossare, quod notarii prædicti per se, vel in propriis personis contractus recipiant, et per se in cartulariis suis redigant, et redacta per se in cartulariis prædictis, possint per substitutos idoneos, approbatos, fideles et juratos extrahere et grossare, ipsius notarii periculo, postquàm per dictos substitutos extracta, ut præmittitur, fuerint et grossata, collationem facient substitutus et notarius, seu tabellio diligenter, quâ factâ, dictus tabellio, seu notarius, qui instrumentum recepit, subscribet more solito, et signabit.

(27) In locis verò in quibus hoc non est hactenùs consuetum, hoc modo prædicta fieri concedimus, quamdiù nostræ placuerit voluntati, ut si fortè processu temporis id in abusum

vel noxam vergere sentiremus, possimus super hoc, prout nobis expediens visum fuerit, providere.

(28) Cæterum super juramentis licitis in instrumentis publicis apponendis.

*Item.* Super instrumentis nuptialibus, per tabelliones, seu notarios publicos autoritate regiâ recipiendis, ac conficiendis.

*Item.* Super instrumentis laudimiorum, per dictos notarios nostros recipiendis, de quibuscumque dominis possessiones venditæ teneantur, antiquas et approbatas consuetudines singulorum locorum observari volumus et mandamus.

In cujus rei testimonium præsentibus literis nostrum fecimus apponi sigillum.

Actum Ambiani, mense julio, anno Domini 1304.

---

N°. 405. — MANDEMENT *pour l'arrestation des nobles qui, pendant la guerre, se rendent aux tournois, avec séquestre de leurs biens; défense de les recevoir et héberger, de leur vendre des armes et chevaux.*

Paris, dimanche après la Thyphaine, 1304. (C. L. I, 421.)

---

N°. 406. — ORDONNANCE *portant qu'il sera fait perquisition des blés, et que l'excédant sera porté sur les marchés, avec défense de faire de la bière.*

Paris, dimanche, après la Chandeleur, 1304. (C. L. I, 425.)

---

N°. 407. — MANDEMENT *pour la fixation de leur prix, avec confiscation de ceux qui ne seront pas déclarés.*

Vers le mois de mars, 1304. (C. L. I, 426.)

---

N°. 408. — ORDONNANCE *portant révocation du précédent mandement, avec nouvelle injonction à ceux qui ont des grains, de les porter au marché, sous peine de confiscation.*

Paris, Pâques fleuries, 1304. (C. L. I, 426.)

N°. 409. — MANDEMENT *portant défense de faire des tournois* (1).

Parcent, le mardi après Pâques fleuries, (13 avril) 1304. (C. L. I, 426.)

*Philippe*, par la grace de Dieu Roys de France, au baillif de Sens, salut.

Vous savez que nos avons expressement deffendu, et fait deffendre tournoiemens, et les armes par nostre reaume, à la quele defense nous entendons que plusieurs gentizhommes de vostre baillie, et du ressort ont esté, et sont desobéissant et rebelles. Si vous mandons et commandons que vous enquerez si diligeaument comme vous pourrez, des noms d'iceus qui sont alez contre ladite defense, et ceus faites prendre et emprisonner, et leurs terres et leurs biens saisir, et tenir en nostre main sanz rendre et sanz recroire, sans nostre especial commandement. Et faites tantost ladite defense en toutes les bonnes villes de vostre baillie renouveller par cri si efforciement comme vous pourrez, et la garder et tenir sanz aler encontre. Et se il avenoit que aucuns se vousissent efforcier de tournoier en icelle baillie contre nostredite defense, ce ne le souffrez mie, et se il ne vouloient obéir feissiez que par force il obéissent en tele maniere, que il ne eussent point de pouair d'aler encontre. Et de ce soiez si diligent, et si curieus que il n'i ait defaut par vostre colpe dont vous doiez estre puniz.

---

(1) Il y eut anciennement en France trois différens désordres, que nos rois eurent peine à abolir, savoir les guerres privées, les duels ou gages de batailles, et les tournois.

En l'année 1245, St. Louis tâcha d'arrêter le cours des guerres privées par son Ordonnance du mois d'octobre 1245, en introduisant une treve de 40 jours, à compter du fait qui donnerait lieu à la guerre. Ce qui se nomme la Quarantaine le Roi. V. ci-dessus, page 247.

En 1260, au Parlement de la Chandeleur, il défendit les duels et les gages de batailles dans ses domaines, et il introduisit en la place, la preuve par témoins. V. ci-dessus, page 283 et suiv.

En l'année 1304, au mois de janvier, Philippe-le-Bel défendit les tournois, par des mandemens envoyés aux baillis et sénéchaux, et de temps en temps il fit de pareils réglemens.

Les rois ses enfans firent de semblables défenses, et les papes ayant joint l'autorité spirituelle à la temporelle, les tournois, ainsi que les guerres privées, et les duels ont été enfin abolis, avec beaucoup de peines.

V. les décrétales de Grégoire IX, liv. 5, tit. 13. Les extravagantes de Jean XXII, tit. 9. *Anastasium Germonium*; *Innocentium Cironium, in Parabolis*, ad titulum Decretalium de *Torneamentis*; *Schubarium de ludis equestribus*; *Summam S. Raymundi*, lib. 2 et tit. 3. Le Père de Ste-Marie, dans ses Dissertations, liv. 1, Dissertation 8, et M. Ducange, dans ses Dissertations sur Sire de Joinville, chap. 6 et 7. (Laur.)

1304.

Donné à Parcent, le mardi après Pasques flouries, en l'an de grace mil trois cens et quatre.

---

N°. 410. — RÉGLEMENT (1) *pour l'exécution de l'art. 62 de l'édit de 1302 fait pour le bien du royaume.*

1304 ou 1305. ( C. L. I, 547. )

Il y aura deux parlemens, li un desquiex commencera à l'octave de Pasques, et li autre à l'octave de la Toussaints, et ne durera chacun que deux mois.

Il y aura aux parlemens deux prelats. C'est à sçavoir l'archevesque de Narbonne, et l'evesque de Rennes, et deux lais, c'est à sçavoir, le comte de Dreux et le comte de Bourgogne.

Il ara treize clers et treize lais sans eux, et seront li treize clers Messire Guillaume de Nogaret, le doyen de Tours, etc.

Li treize lais du Parlement seront li connestable Messire Guillaume de Plaisance.

Aux enquestes seront l'evesque de Coustance, l'evesque de Soissons, le chantre Ris, et autres jusques à cinq.

Il est à entendre qu'ils ne delivreront toutes les enquestes, qui ne toucheront l'honneur du corps, ou heritages, mesme prendront-ils bien leur conseil, et leur avis ensemble, mais aincois qu'ils les delivrent ils en auront le conseil de ceux qui tendront le parlement.

Aux enquestes de la langue d'oc, seront le prieur de St. Martin des Champs, et jusques à cinq.

Aux enquestes de la langue françoise, seront maistre Raoul de Meilleur, et jusques à cinq.

Aux echiquiers iront l'evesque de Narbonne et jusques à dix, entre les quiex est le comte de St. Pol.

Aux jours de Troyes, qui seront à la quinzaine de la St. Jean, seront l'evesque d'Orléans, l'evesque de Soissons, le chantre d'Orliens, et jusques à huit.

Or est nostre entente, que cil qui portera nostre grand Seel,

---

(1) Pasquier (Recherch., liv. 2, ch. 3) prétend que ce fut par ce réglement qu'il appelle une ordonnance, que le parlement fut rendu sédentaire. Mais il est évident que ce n'est pas là une loi. Ce fut par l'art. 62 de l'édit de 1302. Donc ce réglement n'est que l'exécution qu'il fut arrêté que le Parlement serait sédentaire. (Laur.)

ordonne de bailler, ou envoyer aux enquestes de la langue d'oc, et de la langue françoise des notaires, tant comme il voira que il sera à faire, pour les besoingnes depecher.

---

N°. 411. — RÉGLEMENT *pour les boulangers de Paris.*

Parcent, mercredi après l'octave de Pâques, 1305. ( C. L. I, 427.)

### SOMMAIRES.

(1) *Si les talemeliers de Paris ne font pas leur pain suffisant, toute leur fournée sera forfaite, et ils seront encore punis par le prévôt de Paris.*

(2) *Toute personne de Paris, ou demeurant à Paris, peut faire du pain en sa maison, et le vendre en payant les droits accoutumés.*

(3) *Tous les jours de la semaine chacun pourra librement apporter son pain, son blé, et des vivres à Paris pour les y vendre.*

(4) *Les talemeliers et autres qui vendent du pain seront obligés de le faire suffisant, de juste poids, et de prix proportionné à la valeur du blé, à quoi le prévôt de Paris aura attention.*

(5) *Les vivres et les denrées seront amenés aux marchés, et vendus dans les marchés, et personne ne pourra acheter des blés, ni autres grains pour les revendre.*

(6) *Lorsque les marchandises voiturées à Paris auront été apportées, les particuliers pourront en prendre, comme les marchands, en gros.*

---

Philippe, par la grace de Dieu Roy de France, au prevost de Paris, salut.

Nous avons oÿ les requestes de la communaulté des genz de Paris, sur lesquelles nous avons ordené et repondu pour le commun prouffit, si comme cy-dessoubz est contenu.

Premierement que comme les talemeliers (1) de Paris maintenissent que pour pain moins souffisant fait, ilz sont quites pour six deniers paiant de l'amende, en quoy ils en pouvoient, ou devoient estre. Nous avons ordené et ordenons quant à ores, tant comme il nous plaira, que non contretant leur privilege, se nul en ont sur ce, quiconque fera pain moins souffisant, et sera prouvé contre luy, toute la fournée sera forfaite, et sera encore punis à l'esgart de nostre prevost de Paris.

---

(1) Ce sont les boulangers. On ne sait pas l'origine de ce mot. (Laur.)

(2) *Item.* Nous ordenons et voulons que chacun de Paris, ou à Paris demourans puisse pain faire et fournier en sa maison, et vendre à ses voisins, en faisant pain souffisant et raisonnables, et en paiant les droitures accoustumées.

(3) *Item.* Nous ordenons et voulons que tous les jours de la sepmaine quiconque vouldra, puisse à Paris apporter pain et blé, et toutes autres victailles, et vivres à vendre seurement et paisiblement.

(4) *Item.* Nous voulons et ordenons que par nostre prevost de Paris, les talemeliers, et tous autres qui pain voudront faire, soient contraints de faire pain souffisant et de valüe convenable à juste poiz (1), selon le pris et l'estimation que blé vauldra, et que à ce ledit prevost se prengne garde et establisse, et mete le poiz, et establisse certaines personnes à regarder que la chose soit faite bien et loyalment, et tout par le conseil de noz gens de Paris.

(5) *Item.* Nous commandons et ordenons que toutes denrées soient vendües et amenées en plain marchié, et deffendons estroitement que nulz ne soit si hardis que il achete ne vende denrées, vivres, ne vitailles ailleurs que en plain marchié, et que nul n'achete blé, ne grain autre pour revendre (2) le jour du mesme marchié.

(6) *Item.* Nous voulons et ordenons que de toutes denrées venans à Paris, puisqu'elles seront afforées (3), tout le commun en puisse avoir pour tel pris, comme li grossier (4) les acheteront.

Si te mandons et commandons que tu ceste ordenance faces crier à Paris communement, et la faces estroitement et justement garder et tenir. Et se tu trenves et sai aucun qui voit encontre, ne face. Nous te commandons que tu en lieves si grosses amendes, et les en punisses par telle maniere, que li autres y prengnent example.

Donné à Parcent de les Beaumont, le mercredy après les octaves de Pasques, l'an mil trois cens et cinq.

---

(1) V. les Ord. de la ville, titre des Boulangers, et le Traité de la police de Delamarre, liv. 4, tit. 4. (Laur.)
(2) V. les lettres de Louis VII, de 1168. (Laur.)
(3) C'est-à-dire, appréciées. Ce mot vient de *Forum*. (Laur.)
(4) Ce sont ceux qui achètent en gros pour revendre en détail. (Laur.)

N°. 412. — MANDEMENT *portant défense de s'assembler, même de jour, plus de cinq personnes.*

Paris, mercredi après la Quasimodo, 1305. (C. L. I, 4:8.)

Philippus, Dei gratiâ Francorum rex, præposito parisiensi, salutem.

Mandamus tibi, et præcipimus districte, quatenus per villam nostram Parisiensem publice preconisari et districte inhiberi, ex parte nostrâ facias.

Ne aliqui cujuscumque sint conditionis, vel ministerii, aut status in villâ nostrâ predictâ, ultra quinque insimul, per diem vel noctem, palam, vel occulte congregationes aliquas, sub quibuscumque formâ, modo vel simulatione, post preconisationem predictam de cetero facere presumant.

Quod si secus facere et obedire contempserint, quoscumque congregationes ipsas facere, et contra preconisationem nostram fecisse noveris, et qui eos congregatos, ultra numerum predictum viderint, et relevare pretermiserint, capi facias, et in castelleto nostro Parisiensi intrusos teneas absque liberatione, vel recredentia; donec a nobis super hoc aliud receperis in mandatis.

Actum Parisius, die Mercurii post Quasimodo, anno Domini 1305.

---

N°. 413. — LETTRES *qui sont défenses aux prélats et barons, de faire frapper des monnaies à moindre prix et loi que d'ancienneté, et qui portent que ces monnaies n'auront cours que dans leurs terres.*

Paris, 19 mai 1305. (C. L. I, 429.)

---

N°. 414. — MANDEMENT *portant défenses de vendre le pain, le vin, vivres et autres denrées, à prix exorbitant, et d'en élever le prix à l'occasion des nouvelles monnaies, sous peine de confiscation.*

Cachant, près Paris, 25 mai 1305. (C. L. I, 431.)

N°. 415. — LETTRES *par lesquelles le Roi accorde à un bâtard la faculté de disposer de ses biens.*

Athies, juin, 1305. (C. L. I, 189, à la note.)

*Philippus*, Dei gratiâ Francorum Rex.

Notum facimus universis tam præsentibus quam futuris quod nos pietatis intuitu *Petro Treguier* nato Ancelini quondam dicti *Treguier* de Ecodelano Laudunensis Diocesis humiliter supplicanti, quod ipse *Petrus*, non obstante defectu natalium, quem pati dicitur, de bonis suis tam mobilibus quam immobilibus quæ impræsentiarum possidet, vel in futurum possidebit, justo quocumque titulo, pro voluntate suâ ultimâ, et aliàs quomodolibet disponere possit, quodque heredes sui legitimi sibi succedere valeant in eisdem, ex certâ scientiâ, tenore præsentium concedimus de gratiâ speciali, ipsum ad premissa, et ad omnes alios actus legitimos idoneum et habilem quantum in nobis est reddentes. Salvo in aliis jure nostro et in omnibus jure quolibet alieno. Quod ut firmum et stabile permaneat in futurum, præsentibus litteris nostrum fecimus apponi sigillum.

Actum apud Athies super Orgiam, mense Junio, anno Domini 1305.

---

N°. 416. — ORDONNANCE *pour l'établissement de 14 changes royaux, avec droit exclusif de changer les monnaies et les matières d'or et d'argent non monnayées, et attribution du 5°. aux dénonciateurs.*

Marcin, lundi avant la Magdelaine (22 juillet), 1305. (C. L. I, 432.)

---

N°. 417. — ORDONNANCE *sur les duels et gages de bataille, suivie d'un règlement sur le même sujet.* (1).

Paris, mercredi après la Trinité, 1306. (C. L. I, 435.)

*Phelippe*, par la grace de Dieu roy de France, à tous ceux qui ces presentes lettres verront, salut.

---

(1) On voit par les anciens monumens de notre jurisprudence, que, jusqu'à la fin du quatorzième siècle, lorsqu'une affaire criminelle se présentait dans les quatre circonstances prévues par l'Ordonnance de 1306, on suppléait à l'insuffisance des preuves par le duel judiciaire. *Joannes Gallus* (Jean le Coq), dans son recueil des arrêts rendus pendant le quatorzième siècle, en rapporte un du

Sçavoir faisons, que comme ença en arriere, pour le commun prouffit de nostre royaume, nous eussions deffendu generalement à tous nos subjets, toutes manieres de guerre, et tous gaiges de bataille, dont plusieurs malfaicteurs se sont advancez par la force de leurs corps, et faux engins, à faire homicides, trahisons, et tous autres malefices, griefs et excés, pour ce que quand ils les avoient faits couvertement et en repost, ils ne pouvoient estre convaincus par tesmoins, dont par ainsi le malefice demeuroit impuni, et ce que en avons fait, est pour le commun prouffit et salut de nostre royaulme; mais pour oster aux mauvais dessusdits toute cause de malfaire, nous avons nostre dessusdite deffense attemperée par ainsi, que là où il aperra évidemment homicide, trahison, ou autre griefs violences, ou malefices, excepté larrecin, parcoy peine de mort s'en deust ensuivir, secretement ou en repos, si que celuy qui l'auroit fait, ne peust estre convaincus par témoins, ou autre maniere suffisante.

Nous voulons que, en deffaut d'autre poinct, celuy, ou ceux qui par indices, ou presomptions semblables à verité pour avoir ce fait, soient de tels faits suspicionnez, appellez et citez à gaiges de bataille, et souffrons quant à ce cas les gaiges de bataille avoir lieu, et pour ce que à celle justice tant seulement nous atrempons nostre deffense dessusdite és lieux et és termes, esquels les gaiges de bataille n'avoient lieu devant nostredite deffense, car ce n'estoit mie nostre intention, que

---

parlement de Paris, qui ordonna le duel judiciaire sur une accusation d'adultère intentée contre Jacques Legris, par Jean de Carouge, son voisin, tous deux habitans de Paris. Le combat eut lieu le jour de St. Thomas de l'année 1386, près l'abbaye St. Martin-des-Champs; Jacques Legris fut tué. Joannes Gallus, conseil de l'un des accusés, qui fut témoin du combat, et dont les ouvrages qui sont parvenus jusqu'à nous, annoncent un homme de beaucoup de sens, croyait cependant que Dieu intervenait dans ces combats pour la manifestation de la vérité. En effet, après avoir rendu compte de la manière dont Jacques Legris fut tué, il ajoute; *Habeo scrupulum quod fuerit Dei vindictâ, et sic pluribus visum fuit qui duellum viderunt.*

En Angleterre, l'abus du duel judiciaire a subsisté beaucoup plus long-temps. En 1571, un combat judiciaire fut ordonné sous l'inspection des juges du tribunal des plaids communs; mais le combat n'eut pas lieu, parce que la reine Elisabeth, interposant dans cette affaire son autorité, ordonna aux parties de terminer à l'amiable leur différent. Cependant, afin de conserver leur honneur, la lice fut fixée et ouverte, et on observa avec beaucoup de cérémonies toutes les formalités préliminaires d'un combat. (*Spelmanni gloss.* Voc. *Campus*, p. 103.) En 1631, on ordonna un combat judiciaire, sous l'autorité du grand connétable et du grand maréchal d'Angleterre, entre Donald, lord Rea et David Ramsay; mais cette querelle se termina aussi sans faire verser de sang, par la médiation de Charles Ier. (M. Henrion, Aut. Jud., p. 46.)

cette deffense fust rappelée ne attemperée à nuls cas passez, devant, ne après la date de nos presentes lettres, desquelles les condempnations et absolutions, ou enquestes soient faites, afin que on le peust juger, absoudre, ou condamner, ainsi que le cas le requiert, et évidemment apparoistra.

En tesmoing de ce, nous avons ces lettres fait sceller de nostre grand scel.

Donné à Paris le mercredi après la Trinité, l'an de grace mil trois cens et six.

*Les quatre choses appartenant à gaige de bataille, auparavant qu'il puisse estre adjugé.*

*Premièrement*, nous voulons et ordonnons, qu'il soit chose notoire, certaine et évidente, que le malefice soit advenu. Et ce signifie l'acte, où il aperra évidemment homicide, trahison, ou autre vray-semblable malefice, par évidente suspicion.

*Secondement*, que le cas soit tel que mort naturelle en deust ensuivir, excepté cas de larrecin, auquel gaige de bataille ne chiet point. Et ce signifie la clause parcoy peine de mort s'en deust ensuivir.

*Tiercement*, qu'ils ne puissent estre punis autrement que par voye de gaige. Et ce signifie la cause en trahison reposte, si que celuy qui l'auroit fait ne se pourroit deffendre que par son corps.

*Quartement*, que celuy que on veut appeller soit diffamé du fait, par indices, ou presomptions semblables à verité. Et ce signifie la cause des indices.

*Comment le deffendeur se vient presenter devant le juge sans estre adjourné.*

(1) En gaige de bataille, tout homme qui se dit vray, et sans coulpe est tenu de soi rendre sans ajournement, s'il sçait estre accusé, mais on luy doit donner bon delay, pour avoir ses amis.

(2) *Item.* Voulons et ordonnons, selon le texte de nos dites letres, que jaçoit ce que en larrecin chiet peine de mort, toutes voyes il n'y chiet point gage de bataille, si comme il est contenu en la cause de larrecin excepté.

(3) *Item.* Voulons et ordenons que quand on propose aucun cas de gaige de bataille, duquel peine de mort, s'en deust

ensuivir, excepté larrecin, comme dit est, il suffit que l'appellant die que l'appellé a fait, ou fait faire le cas par luy, ou par autre, supposé que l'appellant ne nomme point par qui.

(4) *Item.* Si le cas est proposé en generaux termes, comme de dire, je te dis, et veux dire, maintenir et soustenir, que tel N. a traistreusement tüé, ou fait tüer tel N. Nous voulons et ordonnons, que telle proposition soit non suffisante, et indigne d'y répondre, selon le stile de nostre court de France: mais luy convient dire le lieu ou le malefice a esté fait, le temps et le jour que sera mort la personne, ou que la trahison aura esté faite; toutes voyes en telle condition pourroit estre l'information du malefice, qu'il ne seroit ja besoin de dire l'heure, ne le jour, qui pourroit estre occult de sçavoir.

(5) *Item.* Voulons et ordonnons, que si le juge ordonne gaige ou combat contre les coûtumes contenües en nos dites lettres, de tout ce qui sera fait au contraire pourra estre appellé.

(6) *Item.* Voulons et ordenons que se l'une des parties se departoit de nostre court, après les gaiges jettez et receus, sans nostre congié; iceluy departant ainsi, voulons et ordonnons qu'il soit tenu, et prononcié convaincu.

(7) *Item.* Voulons et ordonons, que le demandeur, ou appellant, doive dire, ou faire dire par un advocat son propos devant nous, ou son juge competent, contre sa partie adverse, luy present, et se doivent garder de dire chose ou chée vilenie, qui ne serve à sa querelle seulement, et doit conclure et requerir que si l'appellé, ou deffendant confesse les choses par luy proposées estre vrayes, qu'il soit condamné avoir forfait, et confisqué corps et biens à nous, ou estre puni de telle peine, comme droit, coustume, et la matiere le requierent, et se ledit appellé, ou deffendant le nie, adonc ledit appelant doit dire qu'il ne pourroit prouver par témoins, ne autrement que par son corps, contre le sien, ou par son advoüé en champ clos, comme gentilhomme et preud'homme doit faire, en ma presence, comme juge et prince souverain. Et alors doit jetter son gaige de bataille, et puis faire sa retenuë de conseil, d'armes, de chevaux, et de toutes autres choses necessaires et convenables à gaige de bataille, et que en tel cas, selon la noblesse et condition de luy appartient, avec toutes les protestations qui s'ensuivent; lesquelles protestations, voulons et ordonnons qu'elles soient registrées, pour sçavoir s'il y aura gaigé, ou non.

(8) *Item*. Et premier dira, tres haut, tres excellent, et tres puissant prince et nostre souverain seigneur, ou s'il n'est ou sont du royaume de France, au lieu de dire souverain seigneur, diront nostre juge competant, pour donner plus brieve fin aux choses que j'ay dites, je proteste et retiens que par leale exoine de mon corps, je puisse avoir un gentilhomme pour celuy jour mon advoüé, qui en ma presence, si je puis, ou en mon absence à l'aide de Dieu et de Nostre-Dame fera son devoir, à mes perils, cousts et dépens, comme raison est, toutes et quantes fois qu'il vous plaira. Et semblablement de conseil, d'armes, et de chevaux, comme pour ma propre personne, et ainsi comme en tel cas appartient.

(9) *Item*. Voulons et ordonnons, que le deffendeur, s'il voudra sur ses perils, dire au contraire, et requerir que les injures dites par l'appelant soient amendées de telle amende et peine qu'il debvroit porter, s'il avoit fait les choses dessusdites, et que l'appellant, sauve l'honneur de nostre maistre, ou de son juge competant, a faulsement et mauvaisement menti, et comme faux et mauvais qu'il est de dire ce qu'il dit, et s'en deffendra ledit deffendeur à l'aide de Dieu, et de Nostre-Dame, par son corps, ou par son advoüé, cessant toute leale exoine, s'il est dit et jugé que gaige de bataille y soit, au lieu, jour et place que par le Roy, comme leur souverain juge, sera dit et ordonné.

Et lors doit lever et prendre le gaige de terre, et puis faire ses protestations dessusdites, et requerir son advoüé en cas de leale exoine, demander et faire retenüe de conseil, d'armes et de chevaux, et de toutes autres choses nécessaires et convenables à gaige de bataille, selon la noblesse et condition de luy, et le surplus ainsi que dit est, lesquelles paroles et deffenses, voulons et ordonnons, que soient semblablement escrites et registrées, pour sçavoir s'il y aura gaige ou non, et pour l'amender l'un envers l'autre, selon que justice le requerra. Et pour ce chacun d'eux jurera et promettra, et se obligera de comparoir aux jours, heure et place à iceux assignez, tant à la journée, à sçavoir, se gaige y sera, comme à celle de la bataille, si bataille y chiet, selon l'information et le propos, lequel sera bien veu, et sainement regardé par notables et preud'hommes clercs, chevaliers, et escuyers, sans faveur de nully, lequel gaige ou non, sera devant eux adjugé au jour et place, comme dit est, sur la peine d'estre reputé comme recreant, ou convaincu celuy à qui la faute sera.

Et oultre voulons et ordonnons, qu'ils soient arrestez, se ils ne donnent bons et suffisans gaiges, ou plaiges de non partir sans nostre congié et licence.

(10) *Item.* Et pour ce que il est de coûtume que l'appellant et le deffendant entrent au champ, portants avec eux toutes leurs armes, desquelles ils entendent offendre l'un l'autre, et eux deffendre, partans de leurs hostels à cheval, eux et leurs chevaux houssez et teniclez, avec paremens de leurs armes, les visieres baissées, les escus au col, les glaives au poing, les épées et dagues chaintes, et en tous estats et manieres qu'ils entendront eux combatre, soit à pied ou à cheval; car ce ils fesoient porter leursdites armes par aucuns autres, et portassent leurs visieres levées, sans nostre congié, ou de leur juge, ce leur porteroit telle prejudice, qu'ils seroient contraints de combattre en tel estat qu'ils seroient entrez au champ, selon la coustume de present, et du droit d'armes.

Et parce que cette coûtume nous semble pour le combateur aucunement ennuyeuse. Par nosdites lettres et chapitres de present, voulons et ordonnons que lesdits combateurs puissent partir aux heures assignées, montez et armez comme dit est, entrans au champ, leurs visieres levées, faisant porter devant eux leurs escus, leurs glaives, et toutes les autres armures raisonnables de combattre en tel cas.

Et tant plus pour donner à connoissance qu'ils sont vrais chrestiens; partans de leurs hostels, se seigneront de leurs mains droites, et porteront le crucifix, ou bannieres, ou seront portraits Nostre Seigneur, Nostre-Dame, ou les anges ou sains, ou saintes, où ils auront leurs devotions, desquelles enseignes ou bannieres se seigneront toûjours, jusques à ce qu'ils soient descendus dedans leurs pavillons et tentes.

(11) *Item.* Et par les anciennes coûtumes de nostre royaulme de France, l'appellant se doit presenter au champ premier, et devant l'heure de midy, et le deffendant devant l'heure de none, et quiconque deffaut de l'heure, il est tenu et jugié pour convaincu, se la grace et mercy du juge ne s'y estend, lesquelles constitutions, nous voulons et approuvons qu'elles tiennent et valent: neantmoins pour aucunes bonnes raisons à ce nous mouvans, lesdites ordonances atrempons, et consentons, que nous, ou le juge puissions avanchier, ou tarder le jour ou l'heure, selon la disposition du temps, ainsi qu'à tous juges plaira, et les prendre à nos mains pour les accorder, et ordonner à l'honneur et bien de tous deux

qui pourra, ou pour donner autre jour et heure, tant avant la bataille commenchiée, comme en combattant, pour parfaire leur bataille, et en les remettant au mesme et semblable point et party, comme l'on les aura prins, sans ce que nul d'eux se puist jamais excuser, complaindre, deffendre, ne protester contre leurs juges competans.

*S'en suit le premier des trois cris, et les cinq deffenses, que le Roy d'armes, ou herault doit faire à tous gaiges de bataille.*

*Premierement*, ledit roy d'armes, ou herault doit venir à cheval à la porte des lices, et là doit une fois crier que l'appellant viegne.

*Secondement*, une autre fois crier que l'appellé viegne, quand l'appellant et l'appellé, ou deffendant seront entrez, et auront fait au juge leurs protestations, et seront descendus en leurs pavillons.

*Et tiercement*, quand ils seront retournez de faire leurs derniers seremens, les rois et heraults d'armes par la maniere qui s'en suit, crieront à haute voix, or oez, or oez, seigneurs, chevaliers, escuyers, et toutes manieres de gens que nostre souverain seigneur par la grace de Dieu Roy de France vous commande et deffend sur peine de perdre corps et avoir, que nul ne soit armé, ne porte espées, ne autres harnois quelconques, se ce ne sont les gardes du champ, et ceux qui de par ledit Roy nostre sire en auront congié. Ainçois le Roy nostre souverain seigneur vous defend et commande, que nul de quelconque condition qu'il soit, durant la bataille ne soit à cheval, et ce aux gentilshommes sur peine de perdre le cheval, et aux serviteurs et roturiers, sur peine de perdre l'oreille: et ceux qui convoyeront les combatans, eux descendus devant la porte du champ, seront tenus de incontinent renvoyer leurs chevaux, sur la peine que dit est; ainçois le Roy nostre sire vous commande et deffend, que nulle personne de quelconque condition qu'il soit, ne entre au champ, sinon ceux qui seront deputez, ne ne soient sur les lices, sur peine de perdre corps et biens; ainçois le Roy nostre sire commande et defend à toutes personnes de quelconques conditions qu'ils soient, qu'ils se assient sur banc, ou sur terre, afin que chacun puisse voir les parties combatre, et ce sur peine du poing. Ainçois le Roy nostre sire vous commande et defend, que nul ne parle, ne signe, ne tousse, ne crache, ne crie, ne fasse aucun semblant quel qu'il soit, sur peine de perdre corps et avoir.

*S'en suivent les requestes et protestations que les deux champions doivent faire à l'entrée du champ.*

(1) Les protestations que les deux champions doivent faire à l'entrée du champ sur la porte des lices, soit au connestable que le Roy y a commis, et aux mareschaux, ou mareschal du champ qui là se trouvera, ausquels l'appellant dira, ou fera dire par son advocat, les paroles qui s'ensuivent, qui est pour plusieurs raisons le meilleur; et puis celles qu'il dira ou fera dire semblablement au juge, quand il sera tout à cheval entré dedans, et premierement celles de l'heure du champ : Nostre très honoré seigneur, monseigneur le connestable, ou le mareschal du champ, je suis tel N. de, ou voicy tel N. lequel pardevant vous comme celuy qui a cy esté ordonné de par nostre sire le Roy, se vient presenter armé et monté comme gentilhomme, qui doit entrer en champ, pour combatre contre tel N. sur telle querelle qu'il m'a faite comme faux, mauvais, traistre, meurtrier qu'il est, et de ce il prend Nostre Seigneur, Nostre-Dame, et monsieur saint George le bon chevalier à tesmoing à cette journée, à nous par le Roy nostre souverain seigneur assignée, et pour ce faire et accomplir s'est venu presenter pour faire son vray devoir, et vous requiers que luy livriez et departiez sa portion du champ, du vent, et du soleil, et de tout ce qui luy est necessaire, proufitable et convenable en tel cas. Et ce fait il fera son devoir à l'aide de Dieu, de Nostre-Dame, et de monsieur saint George le bon chevalier, comme dit est. Et proteste qu'il puist combattre à cheval et à pied, ainsi comme mieux luy semblera, et de soy armer, ou desarmer de ses armes, et porter telles qu'il voudra tant pour offendre, que pour deffendre à son plaisir, avant combattre, ou en combattant, se Dieu luy donne loisir de ce faire.

(2) *Item.* Que se tel N. son adversaire portoit autres armures en champ qu'il ne devroit par la coûtume de France, que icelles luy seroient ostées, et qu'en leur lieu n'en eust nulles autres, ne puist avoir.

(3) *Item.* Se son ennemy avoit armes par mauvais arts forgées, comme par briefs, charmes, forts, ou invocations des ennemis, parquoy il fust venu et conneu manifestement

que son bon droit luy fust empeschié avant la bataille, ou en combatant, ou après que son bon droit peuist estre moindre, ains soit le faux et le mauvais pugny comme ennemi de Dieu, traître et meurtrier, selon la condition du cas, et doit requerir que sur ce il doive specialement jurer.

(4) *Item*, doit requerir et protester que se le deplaisir de Dieu ne fust que au soleil couchant, il n'eust deconfit, et oultré son ennemy (laquelle chose il entend à faire se Dieu plaist), neantmoins peut requerir qu'il luy soit donné du jour, autant comme il en seroit passé en faisant les ceremonies, selon les droits et anciennes coûtumes, ou autrement peut protester, s'il n'a l'espace d'un jour tout du long, lequel nous luy devons consentir et octroier.

(5) Et que se tel N. son adversaire, ne soit venu dedans l'heure dite de par le Roy nostre sire, qu'il ne soit plus reçeu: mais soit tenu pour reprouvé et convaincu, laquelle requeste est et sera à nostre liberté; neantmoins que s'il tardoit sans nostre volonté, qu'il soit fait comme dit est.

(6) *Item*, doit demander, et tres expressement protester de porter avec luy, pain, vin, et autre viande pour mangier et boire l'espace d'un jour, si besoin lui estoit, et toutes autres choses à luy convenables et necessaires en tel cas, tant pour luy que pour son cheval, desquelles protestations et requestes, tant en general qu'en especial, il doit demander acte et instrument, lesquelles protestations et requestes, voulons et ordonnons que l'appellant et deffendant puissent également et semblablement faire. Et par la forme que dit est, voulons et ordonnons qu'ils puissent combatre à cheval ou à pied, armez chacun à sa volonté de tous bastons et harnois, excepté le mauvais engein, charmes, charrois, et invocations d'ennemis, et toutes autres semblables choses deffendües selon Dieu et sainte eglise à tous bons chrestiens.

*Comment les eschafaux, et les lices du champ doivent estre, le siege de la croix et du Te igitur, avec les pavillons des champions.*

(1) *Item*, voulons et ordonnons que toutes lices de gaige de bataille ayent six vingt pas de tour, c'est à sçavoir, quarante pas de large, et quatre-vingt de long, lesquelles tous juges seront tenu de faire, et les retenir pour les autres s'il en venoit.

(2) *Item*, voulons et ordonnons, que le siege et pavillon

de l'appellant quel qu'il soit, sera à nostre main dextre, ou de son juge, et celuy du deffendant à la senestre.

(3) *Item*, quand chacun aura dit, ou fait dire par son avocat les choses dessusdites, avant qu'ils entrent au champ, doivent baisser leurs visieres, et y entrer leurs visieres baissées, faisant le signe de la croix, tout ainsi que dit est; et en celuy estat doivent venir devant l'echaffaut où leur juge sera, qui leur fera lever leurs visieres. Et se le Roy estoit present ils doivent dire. Tres excellent et tres puissant prince, et nostre souverain seigneur, je suis tel N. qui à vostre presence comme à nostre droiturier juge competant, suis venu à jour et l'heure par vous à moy assignée, pour faire mon devoir comme tel N. à cause du meurtre et trahison qu'il a fait, et de ce j'en prend Dieu de mon costé, qui me sera aujourd'huy en ayde. Et quand il aura dit au plus près qu'il pourra par ses conseillers, luy sera baillé un écrit, qui contiendra les paroles dessusdites, lesquelles de sa propre main il baillera au mareschal du champ qui les recevra, et de fait nous luy donnerons congié d'aller descendre en son pavillon. Et se ainsi estoit que les paroles dessusdites escrites, il ne sceust dire, voulons et ordonnons qu'elles puissent estre dites par un advocat.

(4) *Item*, aprés tout ce, le roy d'armes, ou herault doit monter sur la porte des lices, et illec doit faire son second cry, et les cinq deffenses par la forme et maniere que dit est.

*S'en suivent les trois sermens, que doivent faire ceux qui sont tenus combatre en champ par gaige de bataille.*

*Premierement*, vient l'appelant la visiere hauchée, tout à pied, partant de son pavillon avec ses gardes et consel, armé de toutes ses armes, comme il est dit dessus, et quand il sera dessous l'échaffaut où le juge est, il se mettra à genoux devant un siege richement paré, le mieux que on pourra, ou sçaura, où sera la figure de nostre redempteur Jesus-Christ en croix couchié dessus un *Te igitur*, et à sa dextre sera un prestre, ou religieux, qui luy dira par la maniere qui s'ensuit. Sire, chevalier, escuyer, ou seigneur de tel lieu, N. qui estes icy appellant, veez icy la remembrance de Nostre Seigneur et redempteur Jesus-Christ, laquelle est tres vaye, qui voulut livrer son tres precieux corps à mort pour nous sauver. Or luy requerez mercy, et priez le que à ce jour, vous veuille der, se bon droit avez, car il est le souverain juge. Souviegné vous des sermens que vous ferez, ou autrement vostre ame, vostre honneur et vous estes en peril. Alors ces paroles finies, le mareschal prend l'appelant par ses deux mains à tout les gantelets, et met la droite sur celle croix, et la fenestre sur le *Te igitur*, et puis luy dit. Vous tel N. dictes comme moy, et il le dit, s'il a bon droit, ou s'il se veut parjurer. Et lors le mareschal dit, je tel N. appelant jure sur la remembrance de la passion de nostre benoist sauveur et redempteur Jesus-Christ, et sur les saints evangiles qui icy sont, et la foy de vray chrestien, et du saint baptesme que je tiens de Dieu, que j'ay certainement juste et bonne querelle, et bon droit d'avoir en ce gaige de bataille appellé tel N. comme faux et mauvais, traistre, meurtrier, ou dire selon le cas qu'il veut soustenir, qu'il est, lequel a tres fausse et mauvaise querelle de soy en deffendre, et ce luy montreray aujourd'huy par mon corps, contre le sien, à l'aide de Dieu, de Nostre-Dame, et de monsieur saint George le bon chevalier, lequel serment fait, ledit appellant se lieve, et se retourne à son pavillon, avec ceux qui l'ont conduit.

(2) *Item*, après ce les gardes vont au pavillon du deffendant, lequel il menent pour faire le serment à la susdite forme, avec les conseillers, armé de toutes ses armes, et le surplus comme dit est.

(3) *Item*. Et quand le prestre l'a bien admonesté, le mareschal après tout ce, prent ses deux mains à tout les gantelets, et les met ainsi qu'il a fait celles de l'appellant, et puis luy dit, je tel N. en deffendant, jure sur cette remembrance de la passion de nostre Seigneur Jesus-Christ, et sur les saints evangiles qui cy sont, et sur la foy de vray chrestien et du saint baptesme, que je tiens de Dieu que j'ay, et cuide avoir fermement bonne, juste et sainte querelle, et bon droit de moy deffendre par gaige de bataille, contre tel N. qui faulsement et mauvaisement m'a accusé, comme faux et mauvais qu'il est, de moy avoir appellé, et de ce luy montreray aujourd'huy par mon corps, contre le sien, à l'ayde de Dieu, de Nostre-Dame, et de monsieur saint George le bon chevalier. Ledit serment fait, le dit deffendant se lieve, et s'en retourne à son pavillon, comme a fait l'appellant.

(4) *Item*, au second serment, viendront les deux parties, un après l'autre, semblablement comme dessus, et pour abregier, jureront comme dessus il a esté devisé.

(5) *Item*, au tiers serment, les gardes se departiront autant de l'un costé comme de l'autre, et viendront aux deux parties, et les meneront accompagnées de leurs conseillers, ainsi comme dit est, lesquels viendront pas à pas, de part à part, et quand ils seront agenoüillez devant la croix, et le *Te igitur*, le mareschal prendra leurs mains droites, et leur ostera leurs gantelets, lesquels il mettra sur la croix. Alors doit estre le prestre present, pour leur ramentevoir la vraye passion de nostre seigneur Jesus-Christ, la perdition de celuy qui aura tort, en ame et en corps, aux grands sermens qu'ils ont faits, et seront jugez par la sentence de Dieu, qui est de ayder à bon droit les confortant de se mettre plustost à la mercy du prince, que à la mercy, ou justice de Dieu, et pouvoir de l'ennemy.

Nous ordonnons que ce serment soit le dernier des trois, pour la mortelle haine qui est entre eux, especialment quand ils se entreverront, et se entretiendront par les mains, adonc le mareschal leur demande, et premier à l'appelant. Vous tel N. comme appellant, voulez-vous jurer. Et s'il se repent et fait conscience comme chrestien, nous le recevrons à nostre mercy, ou de son juge avant qu'il ait combatu, pour luy donner penitence, ou autrement ordonner à nostre bon plaisir.

Dont se ainsi est, nous ordonnons qu'ils soient menez en leurs pavillons, et de là ne partent jusques à nostre commandement, ou du juge devant qui ils seront venus.

Et s'il veut jurer et dire que ouy, alors le mareschal demandera semblablement au deffendant, et puis retournera à l'appellant, et dira qu'il die comme luy, je tel N. appellant, jure sur cette vraye figure de la passion de nostre vraye redempteur Jesus-Christ, et sur cestes evangiles qui cy sont, sur la foy de baptesme comme chrestien, que je tiens de Dieu, sur les tres souveraines joyes du paradis, ausquelles je renonce pour les tres angoissantes peines d'enfer, sur mon ame, sur ma vie, et sur mon honneur, que j'ay bonne, sainte, et juste querelle à combatre cetuy faux et mauvais, traistre, meurtrier, parjeure, menteur tel N. que je vois cy present devant moy, et de ce j'en appelle Dieu mon vray juge, Nostre-Dame, et monsieur saint George le bon chevalier a tesmoins, et pour ce leaument faire par les sermens que j'ay faits, je n'ay, ne entens porter sur moy, ne sur mon cheval, paroles, pierres, herbes, charmes, charrois, conjuremens, ne invocations d'ennemis, ne nulles autres choses ou j'aye esperance d'avoir ayde, ne à luy nuire, ne ay recours fors que en Dieu, en mon bon droit, par mon corps et mon cheval, et par mes armes; et sur ce je baise cette vraye croix, et les saints evangiles et me tais. Aprés les sermens faits ledit mareschal se trait vers ledit deffendant, et pour abregier l'un et l'autre, dient ainsi comme dit est. Et quand le deffendant a sur ses perils baisé la croix, et le *Te igitur*, pour plus clarifier droit a celuy qui l'a, le mareschal les prend par les mains droites et les fait entretenir. Lors il dit à l'appellant, qu'il die aprés luy, en parlant à son ennemy. O! tu tel, N. que je tiens par la main droite, par les sermens que j'ay faits, la cause pourquoy je t'appelle est vraye, et ay bonne cause de toy appeller, et à ce jour t'en combatray, tu a mauvaise cause, et nulles raisons de toy encombatre et deffendre contre moy; et tu le sçays, dont j'en appelle Dieu, Nostre-Dame, et monsieur saint George le bon chevalier a tesmoin, comme faux, traistre, meurtrier et foy mentie. Aprés ce le mareschal dit au deffendeur qu'il die comme luy en parlant à l'appellant. O! tu tel N. que je tiens par la main droite, par les sermens que j'ay faits, à cause que tu m'a appellé faux et mauvais, parquoy j'ay bonne et leale cause de m'en deffendre et combattre contre toy à ce jour, et tu as mauvaise cause, et fausse querelle de me avoir appellé et combattre contre moy, comme tu le sçais, dont de ce j'en appelle Dieu, et monsieur saint George le bon chevalier à tesmoin, comme faux et mauvais que tu est. Et aprés tous les sermens faits et paroles dites, ils doivent rebaiser le crucifix, et puis chascun ensemble per à per se lever, et leur retourner en leurs pavillons pour faire leur devoir. Et le prestre prend alors sa croix, son *Te igitur*, et le siege sur quoy ils estoient, et les boutte hors, et s'en va.

*Le dernier des trois cris, que le Roy d'armes, ou herault, doit crier à haute voix au milieu des lices.*

Or aprés ce que le roy d'armes aura crié, et que chacun sera assis, et ordonné sans dire mot, et que les parties seront toutes prestes, et en point de faire leur devoir. Alors par le commandement du mareschal, viendra le roy d'armes, ou herault au milieu des lices par trois fois crier. Faites vos devoirs, faites vos devoirs, faites vos devoirs. Et aprés ces paroles les deux champions souldront de leur pavillons sur les escabeaux qui seront là tout prests, et leurs bâtons à l'entour de eux, de quoy ils se doivent ayder, environnez de leurs conseilliers. Adonc subitement leurs pavillons seront par dessus les lices jettez hors.

Et quand tout sera en point, lors le mareschal partant, en criant par trois fois. Laissez-les aller, laissez-les aller, laissez-les aller, et ces paroles dites, jette le gand, et alors qui veut se monte prestement à cheval, et qui ne veut en gaige de querelle soit à bon plaisir. Alors les conseillers sans plus attendre s'en partent, et laissent là à chacun sa bouteillette pleine de vin, et un pain, lié en une touaillette, et fasse chacun le mieux qu'il pourra.

*Par quantes manieres le gaige de bataille est dit oultre.*

(1) *Item.* Voulons et ordonnons, que gaige de bataille ne soit point oultré, fors par deux manieres, c'est à sçavoir quand l'une des parties confesse sa coulpe, et est rendu, et l'autre qui est la seconde, quand l'un met l'autre hors des lices vif ou mort, dont mort ou vif, comme sera le corps, il sera du juge livré au mareschal, pour de luy faire justice tout à nostre bon plaisir. Et lors s'il est vif, ordonnons qu'il soit en estant levé, et par les roys d'armes et herauts desarmé, et les éguillettes coupées, et tout son harnois, çà et là par les lices jettez, et puis à terre couchié, et s'il est mort soit ainsi desarmé et laissé jusques à nostre ordonnance, qui sera de pardonner, ou d'en faire justice, tout ainsi que bon nous semblera: mais les pleiges seront arrestez jusques à la satisfaction de partie, et le surplus de ses biens à son prince confisquez.

(2) *Item.* Voulons et ordonnons, que le vainqueur se parte des lices honorablement à cheval, par la forme qu'il y est entré, s'il n'a essoine de son corps, portant le baston duquel il aura déconfit son adversaire, en sa dextre main, et luy seront ses pleiges, et hostaiges delivrez. Et que de cette querelle pour quelque information du contraire, il ne soit tenu d'y respondre, ne nuls juges ne l'en puissent plus contraindre, s'il ne veult.

*Quia transivit in rem judicatam, et judicatum inviolabiliter observari debet, etc.*

*Item*, voulons et ordonnons, que le cheval, comme dit est, du vaincu, et generalement toutes les autres choses que le vaincu aura apporté au champ, soient et appartiennent de droit au connestable, mareschaux ou mareschal du champ, qui pour ce jour en auront conclusion eû la charge et la garde.

### CONCLUSION.

Or faisons à Dieu priere qu'il garde le droit à qui l'ha, et que chascun bon chrestien se garde d'encherir en tel peril, car entre tous les perils qui sont, c'est celuy que l'on doit plus craindre et redouter, dont maint noble, s'en est trouvé deçeu, ayant bon droit, ou non, par trop se confier en leurs engins, et en leurs forces, ou aveuglez, par ire et outrecuidance : et aucunes fois par la honte du monde, donnent, ou refusent paix, ou convenables partis, dont maintefois ont depuis porté de vieux pechéz nouvelles penitences, en meprisant et nonchalant le jugement de Dieu. Mais qui se plaint, et justice ne trouve, la doit-il de Dieu requerir : que si pour interest sans orgüeil et mal talent, ains seulement pour son bon droit, il requierre bataille, ja ne doit redouter engin, ne force : car Dieu nostre Seigneur Jesus-Christ, le vray juge sera pour luy.

---

N°. 418. — LETTRES *portant que nul ne prenne ni ne mette à cours dans le royaume, les monnaies étrangères d'or ou d'argent.*

Paris, lundi après la St. Jean Baptiste, 1306. (C. L. I, 442.)

N°. 419. — MANDEMENT *sur la vente des biens des Juifs, portant que s'il s'y trouve des trésors, ils seront restitués au Roi.*

Paris, 27 août 1306. (C. L. I, 443.)

*Philippus*, Dei gratiâ Francorum Rex, superindentibus in negocio Judæorum in seneschal. tholosanâ et bigorrâ, et senescallo dicti loci salutem.

Mandamus vobis et vestrum singulis quatenus omnes terras, domos, vineas, et possessiones alias, quas Judæi dictæ senescaliæ, tanquam suas proprias habebant, tempore captionis ipsorum, sufficientibus proclamationibus, et subhastationibus factis, vendi et distrahi, pro justis pretiis nobis applicandis, quam citius commode poteritis faciatis.

Emptoribus tamen rerum et possessionum ipsarum injungentes expresse, quod si in prædictis domibus, terris, vineis louis et possessionibus thesaurum, vel pecuniam, nunc, vel imposterum contigerit inveniri, nobis et gentibus nostris revelent, sub pœna, pro thesauris in regno nostro inventis, et nobis recelatis statuta quam ipsorum thesaurorum et pecuniarum inventores incurrere volumus, nisi eos, ut dictum est, nobis, vel gentibus nostris revelaverint, sine mora, quod proclamari per dictam senescalliam publice faciatis.

Actum Parisiis XXVII die Augusti, anno Domini millesimo trecentesimo sexto.

---

N°. 420. — ORDONNANCE *sur le cours des monnaies et les payemens.*

Messy, 4 octobre 1306. ( C. L. I, 443. )

SOMMAIRES.

(1) Toutes rentes ainsi qu'il a été crié, seront payées à la bonne monnaie, tous contrats et toutes denrées pareillement.

(2) Tous marchés et toutes convenances faites pour une certaine quantité, et pour une somme certaine, avec terme de plusieurs années, seront payés suivant la valeur que la monnaie avait cours au temps du marché, ou du contrat, eu égard à ce que valait alors le marc d'argent.

(3) Si les contrats ont été faits pour une quantité et une somme payable à diverses années, le payement de chaque année sera fait à la monnaie courante.

(4) Si les contrats et les marchés ont été faits pour diverses quantités, et diverses sommes à payer à diverses années, chaque payement sera fait à la monnaie courante.

(5) Si quelqu'un a pris quelque lien à loyer payable en plusieurs termes, ces termes seront payés à la bonne monnaie courante. Mais si le loyer était si fort que le locataire en fût grevé, il sera payé à la monnaie qui avait cours au temps du bail.

(6) Quant aux subventions dues au Roi, pour raison des guerres passées, si elles sont à accorder, elles seront payées à la monnaie qui aura cours au temps qu'elles seront accordées. Si elles ont été accordées il y a quelque temps, et si le payement n'en a pas été fait à cause du Roi, il le recevra à la monnaie qui avait cours alors, et à la monnaie courante, s'il n'a pas été fait par la faute de ceux qui le devaient.

(7) Ce qui sera dû des rentes ou des revenus annuels vendus au dernier dix, sera payé à la monnaie courante, et s'ils ont été vendus à un plus haut prix, ce qui en sera dû sera payé à la

monnaie qui couroit au temps du contrat, ou de la vente, ce qui n'aura pas lieu dans le cas d'emprunt.

(8) Celui qui aura fait quelque marché à la monnaie foible, et qui n'aura pas payé dans les deux années, à compter du jour que la bonne monnaie a eu cours, payera en bonne monnaie, ce qui n'aura lieu dans le cas d'emprunt.

---

Philippes, par la grace de Dieu Roy de France, au prevost de Paris, salut.

Comme nous ayons pieça ordené et fait crier par nostre royaume, que nostre monnoie du poiz et de la loy du temps nostre ayeul Monsieur St. Loys jadis Roys de France, courre et soit prise, et tuit marchié fait à icelle, de la Nostre-Dame en septembre darcinement passée en avant, par nostredit royaume. Et aucuns de nos subgiez soient doubteux à quelle monnoye les payemens et les ventes qui sont, et estoient à payer de la dernière Nostre-Dame et en ça, seront et doivent estre payés, sçavoir te faisons que nous avons ordené par nostre grant conseil sur le cours des monnoyes, et sur le payement des rentes, et des autres choses qui sont à faire par nostre royaume, en la manière qui s'ensuit.

Premièrement, toutes rentes seront payées à la bonne monnoye, et tuit marchiez, tuit contract et toutes convenances y seront faites, et toutes denrées vendables tailliées, laquelle chose à ja pieça à esté ordenée, et commendée, et criée.

(2) Item. Tuit marchié, toutes convenances qui sont faites souz une somme, souz une quantité, aussi comme l'on vent pour mil livres, ou pour plus, ou pour moins, se c'est à payer souz terme de plusieurs années, seront payés à la value que monnoie valoit ou temps que li marchiez, ou la convenance furent faiz, et saura len la value, par le pris que valoit marz d'argent à icel temps.

(3) Se il sont faiz souz une somme, souz une quantité à payer, à diverses années, aussit comme l'en vent bois et autres choses pour cinq mil livres, ou pour plus, ou pour moins à paier à dix ans, chacun an mil livres, ou plus, ou moins, des années, len payera tel'e monnoye comme il courra selonc nostre ordenance, au temps que li payement de chascune année charra.

(4) Item. Se li marchiez, ou la convenance ont esté faiz souz diverses sommes, souz diverses quantités à payer par diverses et plusieurs années, ainsi comme len afferme, ou len acence

sa rente à rendre, ou à payer chacun an, ou plus, ou moins, soit à perpetuité ou à temps, de quatre, ou de six, ou de dix ans, ou de moins ou de plus des années, len payera tele monnoie comme il courra, selonc nostre ordenance au temps que li payemenz de chascune année charra.

(5) *Item.* Se len a marchandé (1) à cette année, qui commença à la St. Jehan mil trois cens et six, aussi comme len a prises, maisons, estaus, ou autres choses, jusques à la St. Jehan ensuivant, pour certain prix, à payer à divers termes, de deux l'année, aussi comme len prent une maison, ou autres choses pour le fuer de trante livres à payer, dix livres à la Touzainz, dix livres à Noël, et dix livres à la St. Jehan, len payera tel monnoye, comme il courra au temps que li termes desditz poyemens charront, car chascun pouvoit sçavoir au temps qu'il fit tel marchié, par le cri qui avoit esté fait, que la bonne monnoye devoit courre dez la septembresche en ça, se ainsi n'estoit que len l'eust prisié à si grand feur, que len en fust grandement, et oustrageusement grevez, se l'on payoit à la bonne monnoye, ou quel cas l'en payera seulement à la value de la monnoye qui couroit ou temps que la prise, ou li marchiez fut fait.

(6) *Item.* Les subventions que len nous doit faire pour raisons de noz guerres passées, soient dizièmes, ou autres aides se elles sont à accorder et à payer, seront payées à la monnoye qui courra au temps que elles seront accordées, et païées. Se elles sont accordées pieça, mais ne sont encore payées, se li paiemenz est demouré pour cause de nous, len paiera à la monnoie qui courroit ou temps que li accors fu faiz, se il est demouré par ceus qui devoient payer, l'on paiera à la monnoie qui courra ou temps du poiement.

(7) *Item.* Ce que len doit des annuex qui ont esté venduz selonc la taxation du diziéme, sera paié à la monnoie qui courra ou temps du paiement (2). Se il avoient esté venduz grandement outre la taxation du disiesme, cest assavoir le double ou plus, len se pourra tenir à paiez de la value de la monnoie qui couroit au temps de la vente. Et est assavoir que

---

(1) V. *Ant. Fabrum, de variis nummariorum debitorum solutionibus*, cap. 10, n. 14. (Laur.)

(2) Pour obvier à ces inconveniens, on a arrêté dans la suite, que tous les marchés et les ventes seraient faits en livres tournois, ou parisis qui sont immuables. (Laur.)

les ordenances dessusdites et chacunes d'icelles sont à entendre es marchiez, et ez cotrats, ou l'en n'avoit expressement dit et convenancié quel maniere l'en devroit paier, ou dit que l'en paieroit à la monnoie qui courroit ou temps que li paiemenz se devroit faire, mes ez marchiez et ez contratz que l'en avoit dit, et convenancié quel monnoie l'en deveroit paier, seroient gardé li accors et la convenance, exepté seulement les empruns ausquiex pour ce que toute usure y puisse cessier, l'en ait dit, et convenancié entre les parties, que l'en ne paiera fors que la valüe de la monnoie que l'en aura empruntée avec loial et cler intérest, combien que li prez soient faiz sanz termes, ou a paier a un, ou a plusieurs termes, ou a diverses années.

(8) *Item.* Il est ordené que qui aura marchandé ou temps de la feuble monnoie, se il ne paie dedenz deux ans, a compter des ce que la bonne monnoie a pris son cours, et a li termes du paiement sera cheuz la valüe de la monnoie qui courroit ou temps qu'il marcheanda, il sera tenuz de paier autans de bonne monnoie, exceptez les emprunts ausquiex li cours de deus ans ne portera point de préjudice, pour les raisons dessusdites, et pour autres que li emprunteurs ne s'acquittent que de la valleur de la monnoie que il empruntent avec loial et cler interest.

Si te mandons que tu noz dessusdites ordenances faites diligement et sagement par toute la prevosté et par les ressors d'icelle enteriner, tenir et garder de tes soubgiez fermement sanz corrumpre.

Donné à Messy le quart jour d'octobre, l'an de grace mil trois cens et six.

---

N°. 421. — Décrétale de *Clément V, qui révoque la décrétale*, Clericis laïcos, *de Boniface VIII.*

---

N°. 422. — Autre *par laquelle il révoque la décrétale,* Unam sanctam.

Lyon, Calendes de février 1306. (Preuv. du Différ. 287 et 288.)

N°. 423. — ORDONNANCE *sur le payement des fermage*

Paris, 16 février 1306. (C. L. I, 446.)

---

N°. 424. — ARRÊT *qui prouve que les réparations civiles, portaient le nom d'amende, comme les réparations adjugées au Roi.*

1306. (Imbert, pratique, et Nouv. Rép. v°. Réparation.)

---

N°. 425. — MANDEMENT *portant que dans les cas y désignés le duel judiciaire ne pourra être ordonné que par le parlement.*

Poitiers, 1er. mai 1307. (C. L. XII, 367.)

*Philippus*, Dei gratiâ Francorum Rex, senescallo tolosano, salutem.

Cùm non sit intentionis nostræ, si inter barones senescalliæ vestræ moveantur seu moveri videantur causæ in quibus debeat seu videatur vadium duelli incidere, quòd vos causas hujusmodi debeatis in assisiis vestris aut coram vobis qualicumque modo audire, seu qualitercumque tractare :

Nos subditorum nostrorum quietem et pacem totis desideriis affectantes, et in eorum tranquillitate lætantes, MANDAMUS vobis, et ex causâ, quatenus quandoque tales causæ movebuntur seu moveri incipient coram vobis, in eis nullatenus procedatis, nec aliquem coram vobis processum in causis hujusmodi, etiam ab nuncio, fieri permittatis ; sed in hujusmodi casibus et similibus, nullo coram vobis habito super eis processu, partes et examen nostræ curiæ *Parisiis* remittatis.

*Datum* Pictaviæ, die lunæ ante ascensionem Domini, anno ejusdem 1307.

---

(1) La même ordonnance est en langage languedocien, sous la date du lundi avant *Pasques fleuries*, p. 447.

N°. 426. — TRAITÉ (1) *entre le Roi, l'Evêque de Viviers et son chapitre, contenant diverses dispositions sur les droits de la souveraineté et ceux des seigneurs.*

2 janvier, 1307. (C. L. VII. 7.)

SOMMAIRES.

(1) La cité de Viviers, l'église et le chapitre, les terres qui leur appartiennent dans le Rhône et au-delà de ce fleuve, et celles qui relèvent d'eux dans les mêmes endroits, sont sujets, quant au temporel, au Roi et à sa couronne.

(2) Les évêques de Viviers preteront serment de fidélité au Roi par rapport à leurs personnes, et par rapport à leurs terres, quoiqu'ils les tiennent en franc-alleu.

(3) L'évêque et le chapitre auront dans les terres qui leur appartiennent en commun ou en particulier, la connaissance du port d'armes, de la fausse monnaie, et de tous les autres crimes; et le Roi n'y pourra exercer de juridiction que dans les cas qui seront spécifiés dans les articles suivans. L'évêque et le chapitre connaîtront des crimes anciennement commis, si les officiers royaux n'ont pas encore commencé à faire le procès aux criminels. Si les procès sont commencés, ces juges seront obligés de les achever dans un an, à compter du jour du traité fait entre le Roi, et l'évêque Adalbert; et, si ces procès ne sont point achevés dans ce terme, la connaissance de ces crimes appartiendra à l'évêque et au chapitre.

(4) L'évêque aura un juge des appellations, devant lequel seront portés les appels du connétable, du bailli, et des autres juges de ses terres. L'appel des sentences de ce juge sera porté devant le sénéchal de Beaucaire. Si l'on porte devant lui l'appel des premiers juges de l'évêque, l'appel aura lieu, mais le sénéchal sera obligé de le renvoyer au juge des appellations. Le chapitre aura aussi un juge des appellations par rapport aux terres dans lesquelles il a justice; à l'exception de celles qui ressortissent à la justice de l'évêque.

_____

(1) Traité curieux et important à connaître. Le préambule fait voir combien les officiers du Roi chicanaient les seigneurs qui possédaient leurs terres en alleu. On leur contestait toutes leurs prétentions; ou, si on convenait de leurs droits, on ne les attaquait pas avec moins d'opiniâtreté. L'évêque de Viviers consentit à tenir son alleu en fief, pour être tranquille chez lui. (Mably, Obs. sur l'Hist. de Fr., liv. 4. ch. 2, Preuves.)

On voit que les successeurs de St. Louis accordèrent leur protection à leur clergé, dont ils tirèrent des secours assez abondans, et qu'en conséquence les églises de France furent plus ménagées par les papes que celles des autres états qui en envaient le sort. J'en tire la preuve du traité fait avec l'évêque de Viviers dont j'ai déjà eu occasion de parler. (Mably, Obs. sur l'Hist. de France, liv. 2. ch. 2.)

(5) L'évêque aura le ressort immédiat des juges de ses vassaux et de ses sujets, si l'on interjette appel des sentences de leurs juges (ordinaires) ou de leurs juges des premières appellations, en cas qu'ils aient droit d'en avoir un. L'appel sera porté devant les juges ordinaires de l'évêque, qui cependant pourra leur donner des commissaires. L'appel de ces juges ou de ces commissaires sera porté devant le sénéchal de Beaucaire, et non devant le juge des appellations de l'évêque. Cet article doit s'entendre de ses vassaux et sujets qui reconnaissent tenir leurs justices de lui, ou qui dans leurs aveux et dénombrement n'ont pas marqué expressément qu'ils ne la tenaient pas de lui.

(6) L'évêque et le chapitre puniront leurs notaires et autres officiers subalternes, soit qu'ils aient délinqué dans l'exercice de leurs offices, ou qu'ils aient commis quelques délits qui ne regardent point leurs fonctions. A l'égard de leurs juges, de leur connétable et de leur bailli général, ils pourront les punir pour les délits par eux commis comme particuliers; mais la punition de ceux qu'ils auront commis dans l'exercice de leurs charges, appartiendra au sénéchal de Beaucaire.

(7) Les sujets de l'évêque et du chapitre ne pourront se soustraire de la juridiction de leurs juges, par une simple plainte faite contre eux, et le sénéchal de Beaucaire ne pourra connaître de leurs affaires, que par la voie de l'appel. Si les parties ont une juste cause de regarder leurs juges comme suspects, l'évêque et le chapitre pourront leur en donner d'autres, ou associer un honnête homme aux juges qui seront suspects.

(8) Le Roi ne pourra garder plus d'un an et un jour entre ses mains, les immeubles situés dans les terres de l'évêque et du chapitre, qui lui auront été adjugés par confiscation ou autrement, s'il ne les met pas hors ses mains dans ce terme, ils appartiendront à l'évêque et au chapitre qui pourront s'en mettre en possession. Le Roi ne pourra, sans leur consentement, faire des acquisitions dans leurs terres, ni y recevoir des avoueries nouvelles, ni des péages nouveaux; et les avoueries et les péages qu'il aura reçus avant ce traité, seront annulés.

(9) Quelque temps qu'il se soit passé sans que les juges de l'évêque et du chapitre aient fait le procès à des criminels, le sénéchal de Beaucaire ne pourra procéder contre ceux-ci dans le cas où il y aura un dénonciateur ou un accusateur, qu'en conséquence d'un appel fondé sur ce que ces juges différent de rendre leur jugement, et dans le cas où il n'y aurait point de dénonciateur ou d'accusateur, qu'après trois monitions à eux faites consécutivement de mois en mois, de punir ces criminels.

(10) Les sujets et les vassaux de l'évêque et du chapitre, ne seront point obligés de payer de subsides au Roi.

(11) L'évêque et le chapitre pourront, pour faire exécuter leurs jugemens, porter des armes dans l'étendue de leur juridiction, et même en passant

sur des terres qui n'y sont point soumises.

(12) Les terres de l'évêque et du chapitre, et celles qui relèvent d'eux, seront soumises à la juridiction du sénéchal de Beaucaire, dans les cas qui appartiennent au Roi, et ne pourront dans aucun cas être soumises à celle du bailli de Velay, du juge du Vivarais, ni à celle de Viguier, d'Usez et de Bagnols.

(13) L'évêque, ni le chapitre et les chanoines, si ce n'est dans les affaires dont l'évêque doit être juge, ne seront point obligés, par rapport au bien de leur église, de plaider devant les officiers du Roi, mais seulement devant lui ou la cour de France.

(14) La monnaie que l'évêque fera frapper dans ses terres, aura un libre cours dans son évêché : et hors de son évêché, elle aura le cours qu'ont celles des autres barons du royaume hors de leurs terres.

(15) Les officiers du Roi n'empêcheront point l'évêque et sa cour ecclésiastique de juger les affaires dont la connaissance leur appartient par le droit et par la coutume.

(16) L'évêque mettra les armes du Roi dans ses étendards et dans ses sceaux. Il sera de son conseil, et lorsqu'il lui prêtera serment de fidélité, il le prêtera spécialement en qualité de son conseiller, comme font les autres évêques qui sont du conseil du Roi.

(17) L'évêque et le chapitre, ni leurs sujets, ne seront obligés de suivre le Roi dans ses guerres, que lorsque les habitans de la sénéchaussée de Beaucaire seront convoqués et marcheront, et alors ils recevront la solde ordinaire, et une plus grande s'il est à propos de l'augmenter.

(18) Pendant la vacance du siège de Viviers, les officiers du Roi n'empêcheront point le chapitre d'avoir la garde des terres et des bénéfices qui en dépendent, telle qu'elle leur appartient par le droit et par la coutume.

(19) L'évêque pourra faire sortir du royaume des vivres et des armes pour la munition des châteaux qu'il a au-delà du Rhône, nonobstant toutes défenses faites ou à faire, pourvu qu'il le fasse sans fraude.

Lorsque l'évêque et le chapitre feront une guerre (privée) hors du royaume, les officiers du Roi n'empêcheront pas leurs vassaux et leurs sujets d'en sortir pour les suivre dans leurs expéditions militaires.

(20) Les officiers du Roi ne pourront avoir de domicile dans les terres dépendantes de l'évêque et du chapitre.

(21) Si, à l'occasion de ce traité, les sujets de l'évêque et du chapitre, sont troublés dans les franchises et immunités dont ils jouissent hors du royaume, le sénéchal de Beaucaire prendra les mesures nécessaires pour les y conserver.

(22) L'évêque, le chapitre et les chanoines, leurs sujets et leurs biens seront sous la sauvegarde du Roi.

(23) Lorsque le sénéchal, le juge majeur et les procureurs du

Roi de la sénéchaussée de Beaucaire, entreront en charge, ils seront obligés, en étant requis par l'évêque, ou le chapitre, le siège vacant, de jurer l'observation de tout ce qui est contenu dans ce traité. L'évêque et le chapitre ne seront point tenus de les reconnaître pour officiers royaux jusqu'à ce qu'ils l'aient fait.

(24) Tout ce qui pourra être fait contre les dispositions de ce traité par les officiers du Roi, et par l'évêque, le chapitre et leurs sujets, sera réputé nul, quand même la contravention aurait subsisté pendant un très-long temps, et ne pourra porter aucun préjudice aux parties contractantes.

(25) Le Roi donne à l'évêque de Viviers, tout ce qu'il a acquis dans la ville de St.-Just, qui est de son diocèse.

(26) Le Roi emploiera ses bons offices auprès du pape, pour obtenir de lui que les églises du diocèse de Viviers ne payent les décimes, que lorsqu'on en lèvera sur l'église gallicane, et qu'à l'égard des collectes et contributions qui se payent aux papes, elles soient traitées comme les autres églises de France.

(27) Ce traité, qui a été fait uniquement pour terminer toutes les contestations qui étaient entre le Roi d'une part, et l'évêque et le chapitre de l'autre, ne pourra donner aucun nouveau droit à l'évêque ni au chapitre, ni porter préjudice aux conventions qui ont été passées entre eux ou leurs prédécesseurs.

*Philippus*, Dei gracia Francorum Rex.

Notum facimus universis presentibus et futuris, quod cum olim composicio, convencio et transaccio tractata, concordata et facta fuerit inter gentes nostras, nomine nostro, et Aldebertum quondam vivariensem episcopum, et capitulum ecclesiæ vivariensis, seu procuratores eorum super questionibus dudum vertendis inter gentes nostras, nomine nostro, et episcopum et capitulum prædictos, super eo quod gentes nostre dicebant et asserebant nos in civitate vivariensi et terris dictorum episcopi et capituli et subditorum suorum, in Rodano et citra Rodanum existentibus, habere juridicionem temporalem, ressortum et portacionem armorum et cohercionem eorum regalia, superioritatem, et alia quæ ad jus pertinent principatus, et nos esse et fuisse longo et longissimo tempore in possessione justiciandi in locis prædictis: dictis episcopo et capitulo et eorum gentibus dicentibus ex adverso, ipsos episcopum et capitulum habere et habere consuevisse ab antiquo in civitate et aliis locis suis prædictis, et subditorum suorum, in Rodano et citra Rodanum existentibus, jurisdicionem altam et bassam, superioritatem, regalia, et alia jura prædicta : quæ quidem composicio, transaccio et convencio nondum fuerat in omnibus executa. Tandem dilectus et fidelis noster Ludovicus vivariensis episcopus, de Gorcia archidiaconus, Petrus de Sampzone, sacrista, et Arnaudus Ernaudi, vicarius, pro se, et procuratorio nomine dicti capituli, nostre magestatis presenciam adeuntes, visa et diligenter pensata dicta composicione et transaccione, cognoscentes, de ea certiorati, eam fore utilem et necessariam utilitati, quieti et securitati dicte ecclesiæ, eam laudaverunt et approbaverunt, ratificaverunt et innovaverunt, et eciam nobiscum ipsam composicionem, de novo inhierunt et nobiscum convenerunt et composuerunt, et eciam in modum qui sequitur, transegerunt.

In primis ; videlicet, quod dicti Albertus quondam episcopus et capitulum, seu eorum procurator, ex causa presentis composicionis, transaccionis et concordie, confessi fuerunt, et nunc dicti Ludovicus episcopus, archidiaconus, sacrista, vicarius, pro se, et nomine procuratorio dicti capituli, ex causa ejusdem composicionis, convencionis seu transaccionis, fatentur et recognoscant se et capitulum, dictam ecclesiam, civitatem vivariensem, terram et totam temporalitatem eorumdem episcopi et capituli et subditorum suorum, in Rodano et citra Rodanum existentes, esse nobis nec non et regno nostro subjectos quos ad superioritatem attinet temporalem, et in terrâ quam ipsi et eorum subditi et vassali habent citra Rodanum et in Rodano temporaliter nos habere ressortum et superioritatem, prout inferius continetur.

(2) Dictus enim episcopus et successores sui vivarienses episcopi qui pro tempore fuerint, jurare debebunt se esse fideles de personis et terris suis nobis et successoribus nostris regibus Francie ; licet terram suam a nemine tenere, sed eam habere allodialem noscantur.

(3) In terrâ suâ in quâ ipsi episcopus et capitulum communiter vel divisim habent altam et bassam justiciam, habebunt deinceps imperpetuum cognicionem et execucionem portacionis armorum, falsæ monete cusse et cudende, expense et expendende, et cujuscumque alterius criminis publici vel privati, ordinarii vel extraordinarii : ita quod nos in dicta terrâ et in feudis et retrofeudis eorum, nichil perdicionis expletare possimus, nisi officiales nostri sua officia exercentes, in casibus juxta formam presentis convencionis ad nos pertinen-

tibus, offenderentur ibidem; et nisi in defectu episcopi et capituli, in casu ressorti, prout inferius moderatur, que omnia eciam ad jam commissa crimina, de quibus in curia nostra non pendebat inquisicio referentur. Pendentes vero Inquiciones de jam commissis, curia nostra infra annum post dictam composicionem nostram factam seu tractatam et concordatam cum dicto Aldeberto, quondam episcopo et capitulo, seu eorum procuratoribus, judicare omni modo tenebitur; alioquin transacto anno predicto, cognicio et punicio ipsorum commissorum et committendorum, ad eos seu eorum alterum debeat pertinere.

(4) Judicem appellacionum in terra sua in qua episcopus omnimodam habet justiciam, habebit et habere poterit, ad quem immediate appellabitur a sentenciis, cognicionibus et defectibus, connestabili, baillivi, judicis, et aliorum officialium suorum ordinariorum; et si a dicto judice appellacionum appellari contingat, illa appellacio immediate devolvetur ad senescallum nostrum Bellicadri, nomine nostro; et si a dictis primis officialibus ordinariis de facto primo ad nos vel ad dictum senescallum appellari contingeret, tenebit appellacio; sed curia nostra vel noster senescallus vel alii officiales nostri, non poterunt nec debebunt deipsa cognoscere; ymo eciam irrequisiti, tenebuntur remittere eam ad examen judicis appellacionum dicti episcopi; et eciam dictum capitulum in terra in qua omnimodam habet justiciam, et de qua appellaciones non debent ad dictum episcopum pervenire, judicem appellacionis habebit, prout supra de dicto episcopo est expressum.

(5) Appellaciones que interponentur a judicibus vassalorum vel eorum officialibus, seu aliorum subditorum dicti episcopi, immediate ad eum venient, sive interponentur a judicibus vassalorum suorum ordinatis vel aliorum subditorum suorum, vel a judicibus appellacionum, si qui sunt ex eisdem vassalis vel subditis, qui de jure vel consuetudine judicem primarum appellacionum habeant; et de dictis appellacionibus dictus episcopus cognoscere poterit, vel cognicionem alii mandare vel committere, si ei videbitur faciendum; et si ab eo vel commissariis suis appellari contingat, in casu illo ad senescallum nostrum immediate appellabitur, et non ad judicem dicti episcoci appellacionum, et in terris vassalorum et aliorum subditorum, et in personis eorum, primum ressortum et primam immediatem superioritatem habebit dictus episcopus; exceptis casibus supra et infra exceptis. Et hoc intelli-

gendum est de vassallis qui tenent juridictionem quam habent a dicto episcopo, vel de vassallis jurisdictionem habentibus, qui in recognicionibus suis non excipiunt jurisdictionem.

(6) Punicio et correccio bajulorum et notariorum, scriptorum, servientum, bedellorum, et aliorum officialium ipsius episcopi et dicti capituli, ad eos et quemlibet eorum pertinebit, et prout quemlibet eorum tangit, in locis in quibus habent, seu alter eorum habet altam et bassam justiciam: licet dicti officiales delinquerent, sua officia exercendo, sive ut privati; exceptis judicibus, connestabulo et baillivo generali, qui personas dictorum episcopi et capituli presentare noscuntur, qui si in suis delinquant officiis, per senescallum nostrum Bellicadri, nostro nomine, punientur. Si vero ut privati delinquerint, ad dictum episcopum et capitulum, secundum quod quemlibet eorum tangit, ut supra de aliis eorum subditis dictum est, coreccio et punicio pertinebit.

(7) Per querelam simplicem subditi justiciabiles dicti episcopi et capituli, vel eorum alterius, non poterunt recedere a cognicione eorum seu ministrorum suorum, nec per querelam simplicem ipsorum subditorum, senescallus Bellicadri, vel alius pro nobis, in terrâ et jurisdictione ipsorum vel cujuslibet eorumdem, poterit aliquid explectare, nisi in casibus supra et infra exceptis, et nisi per viam appellationis ab iniquo judicio vel iniquâ sentenciâ interposite, vel a defectu juris, contingeret per appellacionem, cognicionem, ad ipsum senescallum devolvi; eciam si ministri ipsorum, vel alterius eorum, reputarentur suspecti; quo casu, si causa expressa esset probabilis et vera, dictus episcopus et capitulum, et quilibet eorum, prout ad eos pertinuerint, dabunt alium judicem non suspectum, vel probum virum non suspectum, quem associare tenebuntur suis judicibus vel ministris qui reputareutur suspecti.

(8) Si nobis aliqua immobilia bona adjudicari contingeret, vel nobis publicarentur vel confiscarentur propter casus nobis per presentem composicionem reservatos, vel aliqua quacunque causâ probabili vel justâ, infra juridictionem dicti episcopi et capituli aut vassalorum suorum, de hiis que ab eis vel ab altero eorumdem tenerentur in feudum mediatum vel immediatum, nos tenebimur infra annum et diem illa bona extra manum nostram ponere, nec ulterius illa bona poterimus retinere; quod si non fecerimus, ex tunc ad dictum episcopum vel capitulum debeant pertinere, et ea possunt, prout

quemlibet eorum tangit, auctoritate propriâ occupare; nec poterimus deinceps aliquid de novo in terrâ dicti episcopi vel capituli, in quâ omnimodam habent justiciam, acquirere: nec in feudis vel in retrofeudis eorum, sine consensu episcopi et capituli, nec advocaciones novas vel nova quiedagia recipere; retro vero recepta, revocari debeant juxta formam et tenorem statutorum nostrorum super hoc editorum.

(9) In delictis et criminibus in quibus puniendis curie senescallie Bellicadri procedunt ex officio, ex solo cursu temporis non reputabuntur episcopus vel capitulum, vel eorum ministri in defectu, nisi appellaretur ab eis vel ministris suis pro defectu, ubi esset denunciator vel accusator, vel nisi senescallus predictus trina monicione premissâ, cum intervallo cujuslibet monicionis unius mensis continui, eos vel ministros suos constitueret in defectu.

(10) Non tenebuntur episcopus et capitulum predicti, vel homines sui immediate eis vel eorum cuilibet subditi; aliique incole terre quam immediate tenent, cujuscumque condicionis vel status existant, in casu aliquo nobis prestare subsidium vel collectam.

(11) Arma portare infra terram et juridicionem suam mediatam vel immediatam, poterunt dicti episcopus et capitulum, et quilibet eorum, eciam transeundo per loca eis non subdita, sine cujusquam injuria vel offensa, pro executione justicie in terra sua vel vassallorum suorum seu ipsorum alterius facienda.

(12) Terre episcopi et capituli et subditorum suorum, que tenentur in feudum ab eis vel aliquo eorum, erunt libere et exempte a potestate, juridicione et coherzione baillivi, judicis, vicarii, et aliorum officialium nostrorum Vallavie, Vivaresii, Usetici, et Balneolarum, et inmediate erunt subditi senescallo Bellicadri, qui est, et qui pro tempore fuerit, in casibus tantummodo ad nos secundum formam presentis composicionis pertinentibus; nec tenebuntur in aliquo obedire predictis baillivo, judici, vicario, et aliis officialibus, vel eorum alteri; nec nos nec senescallus, poterimus deinceps exercicium superioritatis vel ressorti generaliter in terra ipsorum episcopi et capituli vel eorum cujuslibet, mediata vel immediata, committere dictis baillivo, judici, vicario vel aliis officialibus, vel alii cuicumque, in realibus accionibus.

(13) Pro bonis ecclesie, episcopus, et capitulum et canonici dicte ecclesie vel aliqui eorum, de hiis de quibus non tenentur capitulum et canonici vel aliqui ex eis, coram dicto

episcopo respondere, non tenebuntur coram aliquo officiali nostro litigare vel respondere; nisi tantummodo coram nobis vel nostrâ curiâ Franciæ.

(14) Nos non impediemus directe vel indirecte, quominus moneta dicti episcopi, quam ipse episcopus cudi faciet in terra sua, cudatur, et cursum habeat in civitate Vivarii et toto episcopatu Vivariensi : extra vero episcopatum predictum, moneta ipsa libertatem habebit illam quam monete aliorum baronum regni nostri habebunt extra terras eorum.

(15) Gentes nostre non impedient quominus episcopus predictus et curia sua spiritualis, possit cognoscere de eis de quibus de jure vel de consuetudine cognicio noscitur ad eos pertinere.

(16) Portare debebit episcopus arma nostra regia, et eis uti in vaxillis et sigillis; et erunt tam ipse quam successores ejus episcopi Vivarienses, de consilio nostro regio et successorum nostrorum; et cum sacramentum fidelitatis prestabunt, nobis jurabunt eciam consilium nostrum, prout moris est alios prelatos de consilio nostro jurare.

(17) Non tenebuntur dicti episcopus et capitulum, et gentes sue ac vassalorum suorum, nos sequi pro guerris nostris, nisi cum generaliter vocabuntur et ibunt illi de senescallia Bellicadri; et tunc tenebuntur ad stipendia nostra consueta, vel majora, si ea contingeret augmentari.

(18) Vacante sede Vivariensi, non impedient gentes nostre quominus custodiam terre et beneficiorum episcopi, habeat capitulum, prout ad ipsos de jure vel consuetudine noscitur pertinere.

(19) Pro custodia, et municione castrorum que episcopus habet ultra Rodanum et in imperio, et pro sustentacione necessaria hominum dictorum castrorum, poterit episcopus bladum, victualia et arma de terra sua dicti regni extrahere, et ad dicta castra portare; nonobstante vetito generali facto vel imposterum faciendo, dum tamen predicta faciat sine fraude; et si contingeret episcopum vel capitulum alicui guerram facere extra regnum, non impediemus nos nec gentes nostre, quominus vassali et homines eorum extra regnum eos sequantur, ve teneri noscuntur, cum equis et armis.

(20) Ministri et officiales nostri aliqui larem non fovebunt in terrâ dictorum episcopi et capituli, vel vassalorum suorum, contra formam statutorum nostrorum noviter editorum.

(21) Si homines dictorum episcopi et capituli in immunita-

tibus, libertatibus et franchisiis, quas athenus extra regnum habuisse noscuntur, impedirentur vel perturbarentur occasione hujusmodi composicionis, senescallus Bellicadri et alii ministri nostri providebunt indempnitati dictorum hominum de remedio opportuno.

(22) De speciali gardiâ nostrâ erunt in perpetuum dicti episcopus et capitulum; homines et terra eorum; et ipsos episcopum et capitulum, canonicos ipsius ecclesiæ, qui nunc sunt, et qui pro tempore fuerint, homines, res et bona et jura eorum, nos et successores nostri tenebimur defendere et gardiare ab omnibus injuriis et violenciis, bona fide, modis et remediis quibus bonus dominus et gardiator debet suos fideles defendere et eciam gardiare.

(23) Senescallus, judex major et procuratores nostri in nostrâ senescalliâ Bellicadri, qui pro tempore fuerint, in novitate sui regiminis, tenebuntur jurare ad requisicionem dicti episcopi, vel capituli, sede vacante, vel mandati eorum, ad sancta Dei euvangelia corporaliter manu tangenda, omnia et singula in hâc composicione, transaccione et convencione contenta, servare inviolabiliter quantum ad eorum officia pertinebit et contra aliquathenus non venire; et si requisiti jurare noluerunt, non tenebuntur dicti episcopus et capitulum, nec subditi eorum, eisdem donec juraverint, tanquam officiariis regiis in aliquo obedire.

(24) Si contingeret per aliquem ministrorum nostrorum, pretextu alicujus mandati vel editi nostri, vel aliquâ quacumque racione, vel eciam per ipsos episcopum et capitulum, aut gentes eorum, aliquid contra tenorem hujus composicionis fieri vel attemptari de facto, illud pro infecto haberi debebit, et nullum prejudicium, possessionis vel proprietatis, eciam per tractum longi vel longissimi temporis, dictis episcopo et capitulo, terre seu hominibus suis vel nobis, faciet, et nichilhominus presens transaccio et omnia et singula in ea contenta, obtineant robur perpetuæ firmitatis.

(25) Damus siquidem dicto episcopo, quicquid nos de jure vel de facto acquisivimus in villâ Sancti Justi, Vivariensi diocesis, ejusque territorio et districtu, sive consistat in juridictione, mero et mixta imperio, sive hominibus, redditibus, vel rebus aliis quibuscumque.

(26) Curabimus a sede apostolicâ impetrare, quod Vivariensis ecclesia et alie ecclesie Vivariensis diocesis, non teneantur solvere decimam, nisi cum decima levabitur in

ecclesiâ gallicanâ, et quod in collectis, contribucionibus et procuracionibus, deinceps tractentur, sicut aliæ ecclesiæ de regno Franciæ tractabuntur.

(27) Sciendum tamen est quod inter dictos episcopum, archidiaconum, sacristam et vicarium, pro se et nomine dicti capituli, fuit solemniter actum, conventu et protestatum, quod per presentem composicionem vel transaccionem, dictus episcopus contra capitulum, vel capitulum contra episcopum, nichil novi acquirat, nec sibi super composicionibus factis inter eos seu predecessores eorum, nec super juribus, usibus et consuetudinibus suis, aliquod prejudicium afferatur, vel aliquod emolumentum acquiratur; sed omnia et singula dicta et expressa referentur ad sopiendas et cedendas contenciones, questiones et controversias, que inter nos et dictos episcopum et capitulum et eorum quemlibet, gentes et homines suos diu verse fuerant vel verti possent usque ad hunc presentem diem, super hiis quæ superius exprimuntur: qua transaccione sic facta, sit pax, finis et concordia inter nos et dictum episcopum et capitulum, de omnibus et singulis questionibus et controversiis, ac rancunis que inter eos vel eorum alterum et nos, erant seu esse poterant super quibuscumque injuriis, dampnis, gravaminibus, seu occupacionibus, saisinis castrorum, vel hominum arrestacionibus, vel quacumque alia causa, vel eciam racione.

Nos autem omnia premissa et singula per nos et dictos episcopum, archidiaconum et vicarium, nomine suo et dicti capituli, acta, conventa et eciam concordata, propter graciam, favorem, pacem et quietem dicte ecclesie, rata et grata habentes, ea tenore presencium approbamus, et nos, heredes et successores nostros promittimus servaturos.

In quorum testimonium et munimen, nostrum presentibus fecimus apponi sigillum.

Actum Parisius, die crastina Circuncisionis Domini, anno ejusdem Domini 1307.

---

N°. 427. — **Mandement** *pour empêcher la fonte du billon, et autres monnaies, dans des lieux privés et secrets.*

Paris, samedi après la St.-Marc, 1308. ( C. L. I, 451. )

N°. 428. — ORDONNANCE *portant qu'on pourra faire dans la monnaie courante, lors du contrat, tous paiemens autres que ceux des cens, rentes et fermages, qui seront en monnaie forte.*

Au Marché Neuf, 5 septembre 1308. (C. L. I, 452.)

---

N°. 429. — LETTRES *au sujet du subside dû à cause du mariage* (1) *d'Isabelle avec le roi d'Angleterre.*

Au Marché Neuf, 6 septembre 1308. (C. L. I, 453.)

---

N°. 430. — ORDONNANCE *portant que les arrérages des rentes à vie seront payés en la monnaie courante au temps du contrat.*

Paris, au parlement (2), vendredi après *Reminiscere*, 1308. (C. L. I, 456.)

SOMMAIRES.

(1) *Les arrérages des rentes à vie, échus depuis que la forte monnaie a eu cours, seront payés en la monnaie qui courait dans le temps du contrat. Et s'il y a contestation pour les arrérages à échoir, elle sera terminée par les Juges laïques ordinaires, eu égard à la condition des personnes, et aux clauses et conditions des contrats.*

*Philippus*, Dei gratiâ Francorum Rex, universis præsentes literas inspecturis, salutem.

Notum facimus quod cùm monasteria, communiæ, et quamplures alii subditi nostri nobis exposuerint, quod ipsi pro suis necessitatibus sublevandis plures redditus (3) ad vitam emen-

---

(1) De ce mariage est né Edouard III, qui disputa la couronne à Philippe de Valois, comme plus prochain héritier, et fut repoussé par les états-généraux en 1328. — Il y a une autre Ord., datée de Creil, 6 octob. 1311, qui porte que ce subside sera le même que celui que chaque baron a droit de lever dans ses terres pour le mariage de sa fille, tom. XI, p. 423.

(2) Ceci est à remarquer depuis la séparation du parlement et du conseil du Roi. — Ce pourrait être un arrêt de règlement.

(3) Ducamanoir parle en plusieurs endroits de ces rentes. On disait anciennement *redditus*, et non *reditus*. V. *Curtius*, libro 2, t. 1, *conjecturalium* cap. 32. (LAUR.)

uum annuatim solvendos, tempore quo debilis moneta nostra currebat, et pro pretio in monetâ debili tantùm eis soluto vendiderunt, quodque ratione ordinationis nostræ super cursus monetæ mutatione, ac super solutione talium reddituum per nos editæ, anno Domini 1306, emptores prædicti a tempore quo deinde fortis moneta nostra incœpit currere, a venditoribus ipsis exigere nituntur in forti moneta redditus ante dictos, ex quo plurimùm damnificarentur ut dicunt, venditores prædicti, supplicantes humiliter, ut super hoc eorum indempnitati providere velimus. Cùm autem tam propter contrahentium hujusmodi diversas conditiones, ætates et status, quam propter temporum diversitatem quibus facti sunt contractus prædicti, et propter diversitatem pactorum, ac multas, et varias promissiones et obligationes in eisdem contractibus appositas, certam et generalem, ac uniformem provisionem super hoc facere non possumus, quæ tot contractus varios et diversos, et diversas personas contrahentium æqualiter comprehendat, nos viam rationi et æquitati consentaneam eligentes, sic duximus ordinandum.

(1) Quod hujusmodi debitores summas conventas, quas pro terminis, qui ceciderunt, à tempore, quo fortis moneta cœpit cursum suum habere, debebuntur, sine difficultate persolvent in valore monetæ tempore contractus currentis, et si de residuo sit discordia inter partes, ipsi super hoc ordinarios justiciarios sæculares eorum adibunt, qui ordinarii ordinatione prædictâ visâ, et diligenter attentâ, consideratis personarum contrahentium, conditionibus, et statu, qualitate contractus et ipsius tempore, quantitate pretii, ac conditionibus, retentionibus, promissionibus, et obligationibus in contractu appositis, et cæteris circumstantiis, quæ fuerint in talibus rationabiliter attendendæ, auditis partibus, exhibebunt eisdem super hoc justitiæ complementum; salvis gratiis, quas aliquibus ex causâ fecimus super debitorum suorum respectu, quibus gratiis per hoc nolumus præjudicium aliquod generari.

Hoc salvo insuper quod illas partes quæ super talibus casibus diem habent, per citationem, vel assignationem in parlamento præsenti, curia nostra audiet et expediet, si possit, alioquin finito parlamento illæ partes quæ super hoc non fuerint expeditæ, ad suos ordinarios, sicut præmissum est, revertentur. In cujus rei testimonium præsentibus literis nostrum fecimus apponi sigillum.

Actum Paris. in parlamento nostro die Veneris post Reminiscere, anno Domini 1308.

---

N°. 431. — ORDONNANCE *qui règle le droit de prise du Roi, de la Reine, des princes et des grands officiers.*

Paris, jeudi avant Pâques fleuries, 1308. (C. L. I, 459.)

*Philippe*, par la grace de Dieu Roys de France, au prevost de Paris, et à touz nos autres seneschaus et bailliz, salut.

Comme nous aions entendu que nos sougiez sont grantment domagiez, par ceux qui veulent prendre et avoir les vivres et les denrées a nostre pris.

*Item.* Pour ceux qui pour besoignes, veulent de par nous prendre, et avoir les chevaux, les bestes, les charettes, les nez, et les batiaus, et les autres voitures de nos souzmis.

(1) Nous considerans les ordenances sur ce faites bien et raisonnablement par nos antecesseurs et par nous, et voulans que elles soient fermement tenues et gardées.

(2) Encores a plus grant fermeté d'icelles et pour le pais, et pour le profit de nos sougiez, establissons, voulons, ordenons et commandons quant as vivres, que nous, la royne nostre compaigne, quant nous l'aurons, nos effans estans avec nous, en nostre mainbournie (1), le chamberier de France, le connestable de France, le bouteillier de France, auront la prise aus vivres, et a nostre pris.

(3) *Item.* Li seneschaus (2) et li chancellier de France quant il y seront.

(4) *Item.* En la ville de Paris, li evesques de Paris a un panier de poisson, et la maison-dieu de Paris a un panier, ou a une somme. Et nulle autre personne de quelconque condition, de quelconque lignage, de quelconque dignité ou estat que elle soit, ne ha point de prise, ne à Paris, ne en autre lieu en nostre terre.

(5) Et commandons expressement que nul autre quelconque que il soit des ore-en avant ne use de ces prises en quelconque maniere que ce soit. Et se aucune grace seur ce avons

---

(1) C.-à-d. à notre pain et en notre puissance. V. Loisel, titre de *Mainbournie*, livre 1er. de ses Institutes coutumières, et liv. 1er. des Etablissemens, chap. 128, 129. (Laur.)

(2) C'était le Grand-Maître de la maison du Roi. V. du Tillet, chap. du Grand-Maître, pag. 401. (Laur.)

faites a autre personne, nous des-orendroit la rappelons dou tout, et voulons que cil, ou ceux qui de par nous seront establi à prendre et prisier les vivres, jurent seur les sainz, que il loyalment feront ceste office, ne ne trepaseront en nulle maniere ceste ordenance, pour quelconque personne que ce soit, par quelconque faveur, ou pour quelconque commandement d'autrui. Et se il contre leur serement vouloient trespasser cest establissement, nous voulons que nos sougiez ne leur obéissent mie, et il sans amende leur puissent en maniere deüe et raisonnable escoure (1) les denrées.

(6) *Item.* Nous establissons, ordenons, et commandons que nulle personne quelconque que elle soit, n'ait poüair de prendre chevaus, bestes, charettes, batiaus, ne autres aisemens, ou voitures par terre, ou par yau, fors seulement pour nos propres besoignes, ou pour nostre chiere compaigne quant nous l'aurons, ou pour nos effans estans avec nous en nostre mainbournie.

(7) Et voulons encore que pour nous len ne puisse prendre bestes de charrue, ou de labourage.

(8) *Item.* Que len ne puisse mie deschevacher marchant, ne arrester, ou autre personne chevauchant en allant en sa besoigne par terre, ou par yau.

(9) *Item.* Que len ne puisse mie deschargier, ne arrester charrette, ou vaissel de terre ou de yau, ou beste chargiée.

(10) *Item.* Que len ne puisse prendre beste en quelconque voiture loée, ou estant en son voiage d'aler querre sa charge.

(11) Que len ne prengne beste, ou charrette, ou autre voiture de maison-dieu, ou de maladerie.

(12) *Item.* Que les bestes ou instrumens, ou vaissiaus que len prendra pour nous, que len ne les greve mie de charge, ou de trop longue journée.

(13) *Item.* Que len paye pour ceus que len prendra, leur journée soffisant.

(14) *Item.* Que cil qui seront establi de par nous a cest office faire, jurent sus les sainz, que il loyaument et bien feront cest office, si comme il est dessus dit, et que il ne prendront de nulle personne de quelconque estat, ou condition que elle soit robes, jouiaus, ne autres dons qui puissent tourner à male convoitise, ne ne trepasseront en nulle maniere ceste

---

(1) C.-à-d., courir après, et les reprendre (Laur.)

ordenance, pour quelconque personne que ce soit, et pour quelconque couleur, ou faveur, ou pour quelconque commandement d'autrui. Et se il contre leur serement vouloient trepasser ceste ordenance, nous voulons que len ne leur obeisse mie, et que len leur puisse, en maniere deüe et raisonnable, escoure sans amende faire.

(15) Et ordenons que quiconque fera, ou par lui, ou par autre, ou fera faire, ou commander à faire contre ces ordenances et ces establissemens, soit encheus et le faiseur et le commandeur en nostre amende a lever, et a prendre à nostre volonté, ou de nostre baillif, ou seneschal d'iceli lieu, ou sera faiz li outrage.

(16) Pourquoi commandons et enjoignons especialement et expressement a toi prevost de Paris, et à vous seneschaus, et baillis, que vous et chascun de vous en vos seneschaucies et baillies, et en vos assises, et tu prevost a Paris, et es villes de ta prevosté, ou tu verras que il sera a faire, faces publier communement et solempnement l'ordenance, l'establissement et toutes les choses dessusdites, et gardez fermement, et faites garder toutes les choses dessusdites, si chier comme vous avez nostre grace, et entendez à eschiver nostre indignation.

(17) Et voulons que vous, et chascun de vous, si et quant vous verrez que mestier sera, deputez de par nous especiaus executeurs bons et soffisans a faire garder entierement ceste ordenance, et a prendre garde que nul ne viengne à l'encontre.

En tesmoing de laquelle chose nous avons fait mettre en ces presentes lettres nostre scel.

Donné à Paris le jeudy avant Pasques flories, l'an de grace mil trois cens et huit.

FIN DU DEUXIÈME VOLUME, ET DE LA PREMIÈRE LIVRAISON.

# TABLE ALPHABÉTIQUE
## DES MATIÈRES.

*( Les premiers chiffres indiquent la page, ceux qui suivent l'A indiquent l'année ).*

## A

ABBAYES. Leur clôture, 42, A. 789.
ABBÉS. Leurs devoirs, 56, A. 811.
ABEILLES FUGITIVES. Comment doivent être redemandées à celui qui les a accueillies, 564, A. 1270.
ABSENT, (Celui qui était hors du diocèse était réputé) 555, 556, 560, A. 1720.
ABSOLUTION. Les juges laïcs ne doivent contraindre personne de l'obtenir pour sa partie adverse, 719, A. 1299.
ACCUSATEUR en matière criminelle est puni comme l'accusé l'aurait été, s'il ne prouve pas, 368, A. 1270.
ACQUETS. Comment femme noble peut les redemander à ses enfans, 380, A. 1270. A qui appartiennent ceux faits pendant le mariage, 536, A. 1270.
ADULTÈRES, (Peines contre les) 48, A. 802.
AFFRANCHISSEMENT des enfans d'un familier du Roi, à cause de son voyage à la Terre Sainte, 105, A. 1085. Des esclaves de corps, hommes et femmes résidant à Orléans, 163, 165, A. 1180. Des habitans de Villeneuve-le-Roi, 251, A. 1246. Nul vavasseur ni gentilhomme ne peut affranchir son homme de corps sans le consentement du baron ou du chef seigneur, 631. A. 1270. Le Roi seul peut affranchir. *ibid.*
AIDE. Ce que c'est. Pour quel cas elle se lève. Comment doivent contribuer ceux qui sont garantis du parage que doit le vavasseur au baron, 409, A. 1270. Accord entre les prélats et les barons pour la levée d'une aide, à cause de la guerre de Flandre, 803. A. 1303.
AJOURNEMENT du sujet du Roi en autre justice que la sienne, 628, A. 1270.
ALBIGEOIS. Leur excommunication par le concile de Narbonne, 234, A. 1229. V. Hérétiques, Inquisiteurs.
ALIMENS. V. Débiteur.
AMÉLIORATION par le mari des biens de la femme, tourne au profit des héritiers de celle-ci sans indemnité, 541, A. 1270.
AMENDE. V. Réparations civiles.
AMNISTIE, 74, A. 851. 78, A. 860.
AMORTISSEMENS, ( Ord. touchant les ) 657, A. 1275. 690, A. 1291. Les Pairs ecclésiastiques ne peuvent amortir que leurs arrière-fiefs. Les évêques qui ne sont pas pairs ne peuvent pas amortir, 664, A. 1277.
ANDELAW, (Traité d') 22, A. 587.
ANGLAIS. Ordre d'arrêter tous les marchands anglais et de saisir leurs effets: motifs de cette mesure, 246, A. 1242. V. Etrangers.
ANIMAUX. Défense d'en vendre la nuit, 50, A. 803.
ANJOU, (Comte d') appelé au trône de Naples et Sicile, 322, A. 1265. V. Pairie.
ANNOBLISSEMENT de Chalo-St.-Mas, 105, A. 1085. (Lett. d') en faveur de Raoul l'Orfèvre. Réflexion d'Hénault à ce sujet, 645, A. 1270.
APANAGE. L'Artois donné comme tel à un frère du Roi, 246, A. 1237. Du fils aîné du Roi, 341, A. 1268. De Robert, comte de Clermont, avec charge de retour à la couronne. Origine et législation, 353, 354, 355, A. 1269. Remarques d'Hénault, 667. A. 1285.

APANAGEUR. A quel service il est tenu s'il ne peut prouver sa noblesse de race, 410, A. 1270. Peut obliger à conterlignage, 453, A. 1270. Quelle redevance lui est due par celui qui tient en parage, 455, A. 1270. Comment on peut l'empêcher de vendre l'héritage de celui qui tient en parage, 524, A. 1270.

APOSTATS. On ne pourra reprocher leurs précédentes erreurs à ceux qui rentreront dans la foi, 643. V. Hérétiques.

APPEL. Suspendait le jugement. Contenait félonie, 366, A. 1270. Ne peut être interjeté d'un jugement rendu par la Cour du Roi, qui ne relève que de Dieu et de son épée, 456, A. 1270. Interdit aux hérétiques condamnés par les évêques et les inquisiteurs. 718, A. 1298. Au futur concile, 783, A. 1302. V. Barons, Cour des pairs, Jugement, Roi, Seigneur.

APPEL DE FAUX JUGEMENT, établi au temps de Pepin, et tout autre proscrit et puni. 35. Note.

APPELLATIONS. Rétablies dans le Laonois, 701, A. 1296. Règlemens sur les appellations en matière criminelle, 664, A. 1277.

ARBITRAGE. V. Jugement, Sentence.

ARCHIVES DU ROYAUME. Perdues au combat de Bellefoge, 185, A. 1194. Réflexion d'Hénault à ce sujet, 185. Note, et à la préface. V. Chartes.

ARGENT. V. Exportation, Or.

ARISTOTE. Ses ouvrages de métaphysique condamnés au feu. Défense de les transcrire, de les lire et garder chez soi, 204, A. 1209.

ARMÉE DE TERRE. Son service, 56, A. 812.

ARMES, (défenses du port d') 52 A. 805. 53, A. 806. Défense aux particuliers d'en porter habituellement, 322, A. 1265. Défendues par les Etablissemens, 643, A. 1270.

ARPENTAGE. Commission donnée pour mesurer les terres du royaume, 133, A. 1115.

ARRÉRAGES. Les propriétaires de maisons à Paris, grevées de cens ou rentes qui n'en payeront pas les arrérages seront dépossédés, 679, A. 1287.

ARRESTATION. Obligation de la faire ou de l'aider en certains cas désignés, 650, A. 1273. V. Caution, Habeas corpus.

ARRÊT, (droit d') accordé aux bourgeois de Paris sur les biens de leurs débiteurs, 143, A. 1134.

ARRHES DE MARIAGE, pour des enfans qui ne sont pas encore en âge, 521, A. 1270. V. Mariage.

ARRIÈRE-BAN (les personnes convoquées en vertu de l') sont à l'abri de toutes poursuites judiciaires, 185, A. 1195.

ASILE (droit d') dans les églises soumis à des restrictions. 49. A. 802. Dispositions sur ce droit, 83, A. 879. 197, A. 1204. Le porche de l'eglise et le cimetière étaient lieux d'asile, 197 (Note). Peine contre ceux qui donnent asile aux hérétiques, 227, A. 1226.

ASSASSIN arrêté avant l'exécution ne perdra ni vie, ni membres, 402, A. 1270.

ASSASSINAT. Le seigneur ne répondait pas de celui commis dans ses domaines après le coucher du soleil. 321, A. 1265.

ASSEMBLÉE NATIONALE, sa tenue. 58. A. 769. de Pistes, 79, A. 854, de Kiersy, 85, A. 877. de Noyon, 95, A. 987. V. Etats généraux, Synodes.

ASSEMBLÉE générale de Worms, 50. A. 803. Publique, 55, A. 809. Des prélats, barons et autres, 800, A. 1302, défendue même de jour, au nombre de plus de cinq personnes, 830, A. 1303.

ASSISE. Ce que c'était, 268, A. 1254.

ASSISES DE JÉRUSALEM, dites aussi Lettres du Saint-Sépulcre, 107, A. 1099.

ASSOCIATION AU TRONE, 98, A. 988. Note.

ASSUREMENT. Ce que c'était. Différence avec la trève. Celui qui sera parjure après l'assurement sera pendu. 395 A. 1270. Du refus d'assurement devant la justice, 402, A. 1270.

AUBAIN. De sa succession, 621, A. 1270.

AUBAINES (Ord. sur les), 727, A. 1301. V. Dixme, Impôts.

AUMÔNES pour Jérusalem, 55, A. 810. Du Roi dans le carême, 282, A. 1260.

AVÉNEMENT. V. Joyeux Avénement.

AVEU. Emportait l'homme qui était justiciable de corps et de chatel où il couchait et levait, 144, A. 1134. Note. 408, A. 1270.

AVOCATS, 55, A. 809. Dispositions à ce

## DES MATIÈRES.

sujet, 78, A. 361. Défense de prendre ou d'exiger du plaideur plus que ce qui est porté par l'ancienne taxe, sous peine de privation de la sépulture ecclésiastique, 148, A. 1148. Note. Leurs fonctions et honoraires, 652, A. 1284. Il leur est défendu d'invoquer le droit écrit là où coutume a lieu, 661, A. 1277.

AVOUERIES. Suppression des nouvelles, et défense d'en établir à l'avenir, 649, A. 1272.

## B

BAIL. Jouissance que les pères, les mères et les collatéraux ont des biens des mineurs, sans leur en rendre compte, à la charge de les nourrir, etc., 249, A. 1246. Note. V. Mineurs, Tutelle.

BAILLAGES. Se vendaient à temps, ou se donnaient à ferme, 268, A. 1254. Note.

BAN (Du droit de mettre) en la terre du vavasseur, 390, A. 1270.

BAPTÊME, (Dispositions sur le) 34, A. 755. 36, A. 757. Ne se donnait qu'aux veilles de Pâques et de Pentecôte, hors le cas de nécessité, 102, A. 1059. Note.

BARONS. Ce qu'il faut avoir pour l'être. Par qui il doit être sommé, 633, A. 1270. Lettre des barons aux membres du sacré collège, au sujet de l'appel au futur Concile interjeté par le Roi contre le Pape, 785, A. 1302. Le Roi reconnaît que la subvention accordée par ceux d'Auvergne l'a été de pure grâce. Il permet à ceux qui ont haute justice, de porter les armes sur les terres d'autrui pour justicier leurs terres et leurs fiefs, 817, A. 1304. V. Aide, Ecclésiastiques, Seigneur.

BARONIE. V. Justice ( haute ).

BATAILLES, (Défense des) 367, A. 1270. Deux frères ne peuvent se battre qu'en cas de trahison ou de meurtre. — Pour contestation de terre ou de meuble ils le peuvent par champion, 567, A. 1270. Un homme sourd, borgne, estropié, infirme ou âgé de 60 ans pourra mettre champion à sa place, 568, A. 1270. V. Duels, Guerres privées.

BATARD. Sa succession. Ses legs. Douaire de sa femme, 483, A. 1270. Ses parens ne peuvent rien réclamer des biens qu'il vend. N'a aucun droit à la succession de ses parens, 484, A. 1270. Terres tenues de lui à terrage, 485, A. 1270. De celui qui meurt sans enfans, 621, A. 1270. Faculté accordée à un bâtard de disposer de ses biens, 831, A. 1305.

BATARDISES, (Ord. sur les) 727, A. 1301.

BÉNÉFICES, (service militaire dû par les possesseurs de ) 54, A. 807. 64, A. 819.

BÉNÉFICIERS. V. Conciles.

BIÈRE. V. Blés.

BLASPHÉMATEURS, (Ord. contre les) 170, A. 1182. 692, A. 1293.

BLASPHÈME, (Ord. contre le) 341, A. 1268. St. Louis enjoint aux régens de faire exécuter les Ord. contre le blasphème, 345, A. 1269.

BLÉS. Il en sera fait perquisition. L'excédant sera porté au marché. Défense d'en faire de la bière. Fixation de leur prix. Confiscation de ceux qui ne seront pas déclarés, 825, A. 1304.

BOILEAU. Premier prévôt de Paris. Ses établissemens, 290, A. 1260.

BOIS SACRÉS, ( destruction des ) 43, A. 794. V. Forêts.

BORNES. Personne n'en peut mettre sans l'autorité de la justice, 534, A. 1270.

BOUCHERS. Leur limitation à Orléans à charge d'une redevance par chacun d'eux, 219, A. 1220.

BOULANGERS. Règlement pour ceux de Paris, 828, A. 1305.

BOURGEOIS. Richard des Costes qualifié à la fois d'Écuyer et Bourgeois, 138, A. 1126. Réforme sur la plainte des Bourgeois de Beaucaire, 262, A. 1254. Confirmation à ceux de Paris de leurs privilèges d'y amener des marchandises à l'exclusion de tous autres, 162, A. 1170. Permis à ceux de Paris de faire mettre à terre leurs vins venus par eau, 183, A. 1192. V. Impots.

BOURGEOISIE (A Tournay, le meurtrier pouvait recouvrer les droits de) en payant 4 livres parisis. Abolition de cette coutume, 338, A. 1267. Ordonnance sur les bourgeoisies, 673, A. 1287.

BOURGOGNE. (Réunion à la couronne du duché de) 137, A. 1124. Note.

BOURGUIGNONS, (Loi des) dite loi Gombette, 17, A. 502.

BREF pour la notification de l'excommunication du Roi de France, 797, A. 1303. V. Bulles.

BRETAGNE, (Preuves de l'autorité originaire de nos rois sur la) 237, A. 1230. Le duc de Bretagne ne pourra être ajourné devant le Roi ou ses gens, qu'en cas d'appel de défaute de droit, 704, A. 1296. Érigée en Duché-Pairie. Causes probables de cette érection, 717, A. 1297.

BULLES de Clément III, portant légitimation des enfans de Philippe-Auguste, 184, A. 1193. De Célestin III, pour juger les Albigeois, 202, A. 1206. De Boniface VIII, sur l'autorité du Saint-Siège, 701, A. 1295. Du même, dite Clericis Laïcos, 702, A. 1296. Du même, 705, A. 1296. 711, A. 1297. 718, A. 1298. Institution du jubilé 6:6, A. 1300. Sur le pouvoir du St. Siège envers les rois, 726, A. 1301. Du même, 736, 738, 739, A. 1301. Du même, sur les droits de la cour de Rome, 751, A. 1302. Du même, sur la prééminence de la puissance spirituelle, sur la temporelle, 752, A. 1302. Du même 787, A. 1302. De Benoit XI, qui relève le Roi des interdits portés par Boniface, 816, A. 1304. De Clément V, *idem*. 849, A. 1306.

## C

CALENDRIER. V. Ère vulgaire.
CANONISATION des saints est une des causes majeures réservées au siége apostolique. Première faite par l'autorité du pape. Par quels degrés les papes ont usurpé cette autorité sur les églises et les évêques, 97, A. 993. De St. Louis. Sa fête instituée au 25 août, 714, A. 1297.
CANONS d'Eugène III, 148, A. 1148.
CAGOCINS. Ce que c'était. Chassés des terres du Roi, 338, A. 1268. Et de celles des barons, 651, A. 1274.
CAPITULAIRES. La plupart de ceux de Louis-le-Pieux sont des réglemens ecclésiastiques arrêtés dans des assemblées synodales, en l'absence des grands et du peuple, 59, A. 815. Note. Mode de leur conservation, 75, A. 853. Sur leur publication, 76, A. 857. V. Préface.
CARDINAUX. Ne marchaient qu'après les Évêques au Concile d'Autun, 107, A. 1095. Obtiennent le chapeau rouge, au concile de Lyon, 248, A. 1245. Lettre des Cardinaux au sujet des démêlés avec le pape, 747, A. 1302.

CARÈME. V. Jeûnes.

CAS ROYAUX. Moyen d'accroissement de la puissance de nos rois, 133, A. 1115. Note. Progrès de la doctrine des cas royaux. Ce qui les fit imaginer, 6..., A. 1287. Note.

CAUTION. Vassaux cautionnaient leur souverain, 190, A. 1200. Note. On ne peut s'adresser à elle qu'après avoir discuté les terres des débiteurs, 295, A. 1261. Ne peut être reçue pour accusation de meurtre ou trahison. Ce qu'elle devient si elle a été mal à propos accordée pour ces cas, 492, A. 1270. Ses effets, 511, A. 1270.

CENS. Il n'y en avait pas de général dans la monarchie, 52, A. 805. Que doit faire le seigneur qui doute qu'on le lui paye exactement, 483, A. 1270. Peine contre l'homme coutumier qui ne rend pas au seigneur, au terme marqué, les cens et coutumes qu'il lui doit, 561, A. 1270. V. Monnaies.

CENTENIERS. Il leur est défendu de connaitre de la vie et de la liberté, 55, A. 810. Formule de leurs sermens, 75, A. 853.

CHAMBELLANS. Règlement sur leurs droits. L'office de chambellan était un fief à vie. Sa suppression, 648, A. 1272.

CHAMPIONS. Ne se battront plus avec des bâtons plus longs que de 3 pieds, 211, A. 1215. S'ils succombent, ils auront le poing coupé. Motif de cette disposition, 286, A. 1260.

CHANCELIER. Existait au XIe siècle. L'archevêque de Reims prétendait que la charge de chancelier était annexée à son archevêché, 105, A. 1085. Guérin, Évêque de Senlis, rend cette charge la première de l'État, 224, A. 1224. Note.

CHANDELIERS-HUILIERS. Agrégés au corps des jouissans du bénéfice de régrats par lettres qui sont le 1er. acte royal qui parle des métiers, 104, A. 1061.

CHANGES. Etablissement de 14 Changes Royaux, avec droit exclusif. Attribution du cinquième au dé-

DES MATIÈRES.

nonciateur, 831, A. 1305. V. Lettres de Change.

CHAPEAU ROUGE. Donné aux cardinaux; 248, A. 1245. V. Concile de Lyon.

CHARLEMAGNE. Ordonne l'élection des papes, 38, A. 769. Exerce au concile de Francfort l'autorité des empereurs d'Orient dans les conciles, 43, A. 794. Ne savait pas écrire, 108, A. 1085. Note.

CHARLES-LE-GROS. (dit le Chauve) Ses capitulaires, 89, A. 885.

CHARLES-III. (dit le Simple) Ses capitulaires, 89, A. 907.

CHARLES DE LORRAINE, (dit le Prétendant) 92, A. 987.

CHARRETTE Versée; elle ne pouvait être relevée sans la permission du seigneur, sous peine d'amende, 280, A. 1258.

CHARTE DES COMMUNES LIBERTÉS, ou grande Charte anglaise, 301, 302, A. 1215. De Henri III, roi d'Angleterre. 320, A. 1258.

CHARTES. (Trésor des) Perdu au combat de Bellefoge, 185, A. 1194. Etabli de l'avis de Guérin, évêque de Senlis, 224, A. 1224. Note. V. Préface.

CHATEAUX. Leur destruction ordonnée par l'édit de Pistes, 81, A. 864. Réédifiés sous Charles-le-Simple et détruits de nouveau sous Louis XI, 89, A. 907.

CHATELET, (Ord. sur les officiers du) 749, A. 1302.

CHEVAL (DE COMBAT) Quand il est dû. Nul vassal n'est tenu de le donner, que lorsqu'il s'est dégagé de la foi qu'il a rendue à son seigneur, 453, A. 1270. Obligations du vassal et du seigneur relativement au cheval de service, 528, A. 1270. Saisie des chevaux défendus tant que la guerre durera, 702, A. 1296.

CHEVALIER. Nul ne peut l'être s'il n'est gentilhomme de parage, 645, A. 1270. Chargé des ajournemens à la cour du Roi, 693, A. 1293. V. Barons. Fiefs. Noble.

CHEVAUCHÉES. Comment et par qui le service est dû, 439, A. 1270.

CHIENS. Défenses aux évêques de consommer leurs revenus à nourrir des meutes de chiens, 22, A. 589. V. Évêques.

CHRÉTIEN. (TRÈS) Origine de ce titre pour les souverains de France, 39,

A. 779. 74, A. 853. Note. Un Chrétien ne peut se mettre en service chez des Juifs, 666, A. 1280.

CIMETIÈRES. Sont exceptés de la vente ordonnée des biens des Juifs, 280, A. 1257.

CLERCS. Protégés contre les violences des soldats, 20, A. 510. Capitul. contenant des dispositions sur les clercs, 65, A. 819. Peines contre ceux qui les insultent et qui les tuent, 66, A. 822. Il leur est défendu d'avoir ni femmes ni concubines. Leurs enfans sont Serfs de l'église dans laquelle leurs pères servent, 132, A. 1107. Leur mariage. Note. Leurs privilèges en matière criminelle, 204, A. 1210. Absous en cour d'église, ils peuvent être punis par la justice temporelle si le crime est notoire, 725. A. 1300. Leurs privilèges en Languedoc. V. Juridiction ecclésiastique, Justice Laie, Taille.

CLERCS DE JUGE. V. Notaires.

CLERGÉ. Honneur à lui rendre, 83, A. 876. Eudes s'engage à réformer les abus avec le concours du clergé, 89, A. 888. Lettre de l'assemblée du clergé à Boniface VIII, sur ses démêlés avec le Roi, 754, A. 1302. V. Bulles, Conciles.

CLÉRICATURE. Louis VIII ordonne à son fils d'y entrer, 225, A. 1225. Note.

CLERICIS-LAICOS. (Décrétale) Sa révocation, 819, A. 1306. V. Bulles.

CLOVIS. Ses actes. V. Préface.

COMBAT JUDICIAIRE. Requête présentée pour son abrogation, 19, A. 502. A lieu entre chevalier et roturier, 463, A. 1270.

COMMISSAIRES IMPÉRIAUX. V. Envoyés.

COMMISSION JUDICIAIRE, 665, A. 1279.

COMMUNES. Louis-le-Gros ne les a pas affranchies le premier, 137. A. 1124. Note. Charte de celle de Laon. La plus ancienne est celle de Noyon. Origine, progrès, effet des chartes de communes. Distinction entre les chartes de commune et les ordonnances qui confirment les coutumes, 138, A. 1128. Note. Charte pour Châteauneuf, 166, A. 1181. Rétablissement et confirmation de la commune de Noyon, 167, A. 1181. Note. Les seigneurs et le haut clergé combattirent leur établissement autant qu'ils le purent. Les rois s'interposèrent dans l'intérêt de leur

COMPLAINTE, 170, A. 1186. Celle d'Étampes est cassée, 189, A. 1199. On appelait commune une ville affranchie de la main-morte, qui formait un corps civil et qui avait ses maires et ses échevins, 209, A. 1214. Note. Exerçaient la justice temporelle dans les villes et banlieues, 205, A. 1210. Note. Permis à une commune de lever un impôt sur les terres et un droit d'entrée sur les voitures, animaux chargés, bête à vendre, 207, A. 1210. Note. Philippe-Auguste autorise le renouvellement annuel des échevins de celle de Montdidier, 218, A. 1220. Louis VIII prétend que lui seul pouvait donner les droits de commune, 222, A. 1223. Ne pouvait exister sans le consentement de nos Rois. Pourquoi, 277, A. 1256. Ord. sur l'administration des communes en Normandie, 278, A. 1256.

COMPLAINTE. Le juge laïc en connaissait, 211, A. 1214. Note.

COMPLICES des voleurs et des meurtriers condamnés au feu, 399, A. 1270.

COMPOSITIONS (Capitul. sur les) pour crime, 59, A. 813. Pour vol, 88, A. 884.

COMTAT VENAISSIN. (abandon à Grégoire X du) 656, A. 1274.

COMTÉ. Donation de celui de Beauvais, à l'église de cette ville, 99, A. 1015. Celui de Poitiers adjugé par arrêt du parlement à Charles, roi de Sicile, 667, A. 1283.

COMTES. (Devoirs des) Griefs allégués contre eux, 56, A. 811. V. Barons, Seigneur.

CONCILE. Il ne peut en être tenu dans le royaume sans le consentement du Roi, 30, A. 550. De Francfort, 43, A. 794. De Vernon, 72, A. 845. D'Ingelheim, 91, A. 948. De Rome, 97, A. 993. De Rome, 98, A. 998. 102, A. 1059. D'Autun, 107, A. 1095. De Clermont, 150, A. 1096. De Latran, 150, A. 1123. De Clermont, 150, A. 1130. De Troyes, 132, A. 1307. De Latran, 150, A. 1139. De Reims, 152, A. 1148. De Beaugency, 150, 152. De Paris, 204, A. 1209. De Latran, 218, A. 1219. De Narbonne, de Toulouse, 234, A. 1229. De Lyon, 248, A. 1245. De Lyon,

célèbre par les matières qui y furent traitées, 651, A. 1274. De Wurzbourg, 681, A. 1287. De Rouen, 725, A. 1299.

CONCUBINES. 681, A. 1287. V. Ecclésiastiques.

CONFESSEURS du Roi. Signaient quelquefois les chartes, 105, A. 1085.

CONFESSION. (Celui qui refuse la avant de mourir, perd ses meubles, 469, A. 1270.

CONFISCATION. On ... à l'archevêque de Rouen et aux églises de Normandie leurs biens confisqués, 185, A. 1194.

CONNÉTABLE. Ce que c'était que cet office dans son origine. Ce qu'il devint. Sa suppression, 105, A. 1085. Note.

CONQUÊTS. Leur attribution au mari en cas de prédécès de la femme sans enfans, 217, A. 1219.

CONSEIL DU ROI, (Mode de discussion et de délibération au) 87, A. 877. Serment de ses membres, 345, A. 1269.

CONSEIL PRIVÉ. (Jugement du Roi en) 709, A. 1296. V. Plaids et Préface.

CONSEILLERS DU ROI. Leur élection, 86, A. 877.

CONSTITUTIONS des Mérovingiens, 3 à 30, A. 420 à 752. V. Préface.

CONTRAINTE PAR CORPS. Pour dettes contractées aux foires de Champagne, 818, A. 1304.

CONTRATS. Leur passation devant les juges ecclésiastiques, 721, A. 1299.

CONTRESEING. Ses formes, 137, A. 1118. V. Préface.

CONTRIBUTIONS. V. Impôts.

CONVERTIS. Sont sous la surveillance de l'autorité. Porteront une marque sur leurs habits; ne pourront exercer charges, ni droits civils, sans dispense du pape. Les convertis par crainte sont condamnés à une prison perpétuelle, 234, A. 1229.

CORRUPTION. Peines contre ceux qui l'exercent, 357, A. 1269.

COUR DU ROI. V. Duels, Jugement, Parenté, Roi, Sentence arbitrale.

COUR DES PAIRS. Arrêt contre Jean-sans-Terre, 194, A. 1202. Entre la comtesse de Flandre et Jean de Nesle, 224, A. 1224. Contre Erard de Brienne, 212, A. 1216. (Plainte contre le seigneur; celui-ci ne peut en demander la cour) 619, A. 1270.

COUR DE ROME. Défense de fournir à

ses envoyés aucuns deniers sous prétexte de la Terre-Sainte, 691, A. 1292. Protestation de Philippe-le-Bel contre ses entreprises, 705, A. 1296. Bulle de Boniface VIII, sur ses droits, 751, A. 1302. V. Bulles, Conciles, Puissance temporelle et spirituelle.

COURONNE. (Preuve de l'indépendance de la) 10, A. 1059. Note. V. Roi.

COURONNE. Pepin est le premier de nos [Rois] qui se soit fait couronner et sacrer avec les cérémonies de l'église, 34, A. 752. Procès-verbal de celui de Louis-le-Bègue.(Demandes et promesses du Roi, à son)—87, A. 877. De Charles-le-Chauve. Procès-verbal, 83, A. 869. De Philippe Ier. du vivant de son père, 103, A. 1059. V. Sacre.

COUTUMES (Réformes de plusieurs mauvaises) dans la ville de Bourges, 148. A. 1145. De Lorris. 153, A. 1155. (Lettres de) pour Bourges et Dun-le-Roy: 169. A. 1181. (Mandement aux baillis pour la recherche des) 358, A. Sans date.

CRIMES. Leur punition par les évêques et par les comtes, 76, A. 857. V. Justice.

CRIMINELS CONDAMNÉS. On rasait leur maison, on arrachait leurs vignes, on coupait leurs arbres, 638, A. 1270.

CROISADE, (Traité pour la) 175. A. 1189. Le Roi s'engage à payer pour elle le 40e. de son revenu, 211, A. 1214.

CROISÉS, (Établissement sur les) 207, A. 1214. Le Roi leur accorde un répit pour leurs dettes, 211, A. 1214. V. Justice Laie.

CROSSE, (Les papes quittent la) 218, Note.

CULTE. (Protection et honneurs dus au) 85, A. 877. V. Clergé. Évêque.

CURÉS. Il leur est défendu de paraître en public avec des habits courts et l'épée au côté, 725, A. 1299. — De retirer chez eux des femmes suspectes, ibid. — D'exercer des charges dans les justices séculières, ibid. — De prêter à usure, ibid. — De vivre dans la débauche, etc., ibid. V. Concile de Rouen.

## D

DAME. Comment elle doit faire rachat, 432, A. 1270. Doit sûreté à son seigneur qui la lui demande pour le mariage convenable de sa fille, 433, A. 1270. V. Femme noble.

DÉBITEUR. Comment doit être poursuivi celui qui refuse payement quand la dette est connue et prouvée, 639, A. 1270. Coutume à Tournay de le tenir en charte-privée en lui fournissant des alimens. 704, A. 1296.

DÉCIMES, (Capitul. sur les) 83, A. 876. V. Dimes.

DÉCRÉTALE CLERICIS LAICOS, 702, A. 1296. de Boniface VIII, sur la prééminence de la puissance spirituelle sur la temporelle, 752, A. 1302. V. Papes.

DÉFAILLANT, (Comment la justice doit procéder à l'égard d'homme) 440, A. 1270.

DÉGRADATION. Ce que c'était, 197, A. 1203. Note.

DÉLIT FLAGRANT. A l'égard du justiciable du Roi, 569, A. 1270.

DEMANDE. Mode de procéder sur celle en paiement de deniers, meubles ou autre chose, 445. A. 1270.

DÉNI DE JUSTICE. (Capitul. sur le) 55, A. 809. Négligence à punir malfaiteur, larron ou meurtrier, 426 A. 1270.

DÉNONCIATEUR. Tout individu en âge de puberté sera tenu de dénoncer les hérétiques, 234, A. 1229. V. Change, Exportation.

DENRÉES, (Capitul. sur le prix des) 45, A. 794. 54, A. 808.

DÉPENS, (Les plaideurs donnaient pour gage des) le 10e. de la valeur de la chose contestée, 272, A. 1254. Note. Dans quels cas on doit les rendre en la Cour Laie, 476, A. 1270.

DÉPOSITION de Charles le Gros de la dignité impériale, 89, A. 886. V. Roi.

DÉPOSITION d'un voleur suffira pour faire arrêter ses complices, 400, A. 1270. V. Roi.

DÉSAVEU. De son seigneur, 619, A. 1270.

DESSAISINE. (Mode de procéder sur plainte en) 436, A. 1270.

DETTES. De celles du baron et du vavasseur, 503, A. 1270.

DEVOIRS RELIGIEUX. Capitul. sur leur observation. 76, A. 856. V. Culte, Ecclésiastiques.

DIEU. Faculté de le prier en toute langue, 43, A. 794. (Capitul. sur le jugement de) 54, A. 809. Respect qu'on lui doit, 71, A. 884. Pepin et Charlemagne se disaient rois par la clémence de Dieu. Les rois de la 3e. race, Rois par la grâce de Dieu. Par quels motifs, 74, A. 853. Note. Capitul. sur le culte de Dieu dans le palais du Roi, 85, A. 884.

DIMANCHES. V. Fêtes.

DÎME, (Capitul. sur la) 36. A. 756. 39 A. 779. 46, A. 801. 50, A. 803. Saladine, 171, A. 1188. Abolition de la dime Saladine. Les ordres, même expédiés par le Roi d'en établir de semblables, seront nuls, 175, A. 1189. En Normandie on ne payait pas la dime des foins, genêt, bois, etc., à moins qu'ils n'eussent été précédemment aumônés, 197, A. 1204. Note. Permis aux seigneurs qui possèdent des dimes dans leurs domaines de les céder aux églises, sans prendre le consentement du Roi, 355, A. 1269. Origine des dimes, 356. Note. V. Décimes.

DISCIPLINE ECCLÉSIASTIQUE, (Capit. sur la) 38, A. 769. 39, A. 779. 40, A. 789. 46, A. 801. 52, A. 805. 74, A. 853. V. Conciles, Pragmatique.

DIVORCE, (Capitul. contenant des dispositions sur le ) 33, A, 752. Causes de divorce, 36, A. 757.

DOGMES. Les cardinaux prétendirent, au concile de Reims, que les évêques de France n'avaient pas le droit de juger les dogmes, mais bien le pape seul, assisté des Cardinaux, 148, A. 1148. V. Conciles.

DOMAINE DE LA COURONNE, (Origine du principe de l'inaliénabilité du) 98. Note. Les princes chrétiens, se sont-ils assemblés pour déclarer le domaine de leur couronne inaliénable? 660, A. 1275.

DOMAINES PRIVÉS DU ROI, (Réglement sur l'administration des) 45, A. 800. Les rois de France n'avaient pas d'autres revenus que leur domaine, sauf quelques droits sur les rivières, lorsqu'il y avait un pont ou un passage, 77, A. 858. Note. V. Avènement. Péage.

DOMESTIQUE qui avait volé était condamné à perdre un membre, 295, A. 1261.

DOMMAGE, (Comment on procède sur une plainte en) 447, A. 1270. De la réparation du dommage causé par une bête vicieuse, 516, A. 1270.

DONATION. Confirmation par Louis-le-Débonnaire de celles faites au pape Paschal, par Pepin et Charlemagne, 63, A. 817. Elle est fausse. V. Préface.

DON fait par le Roi à la charge d'hommage, 504, A. 1270. Entre mari et femme, 550, A. 1270. Par mariage, aux enfans qui en naîtront, 501, A. 1270.

DON GRATUIT, (Les hommes n'accordaient rien au-delà de leurs taxes sans faire reconnaître que c'était un) 817, A. 1304.

DOT. Conservation de celle de la reine épouse de Charles III. 89, A. 907. Sans dot, pas de mariage suivant quelques lois romaines, le droit canonique et l'usage de France : de là le douaire dans tous les contrats et la juridiction des juges d'église en commun avec les juges royaux, 196, A. 1204. Note. De la dot qu'un gentilhomme peut donner à sa fille ou à sa sœur, 376, A. 1270. De celle qu'il doit donner à son fils lorsqu'il le marie, 384, A. 1270. En quel cas la femme noble doit la réclamer, 385, A. 1270.

DOUAIRE. Les maris devaient les constituer à leurs femmes de l'avis du curé et des amis communs, 3-8. A. 1270. Comment la femme noble, propriétaire d'une terre doit prendre son douaire; quel il doit être, 380, A. 1270. Dans quel tribunal on peut le demander, 384. A. 1270. En quel cas la femme noble doit le réclamer, 385, A. 1270. Quel douaire doit avoir la femme coutumière et dans quelle cour elle doit plaider lorsqu'il lui est contesté, 533, A. 1270. Comment la femme peut réclamer son douaire, et l'acquéreur se garantir des réclamations de la femme, 565, A. 1270.

DOUAIRE COUTUMIER fixé à l'usufruit de la moitié des immeubles dont le mari est propriétaire au jour des épousailles, 211, A. 1214.

DRAPS, (FAUX) (Peines contre le mar-

chand qui vend des ) 545, A. 1270.
V. Marchands.

DROIT CIVIL ET CANONIQUE. L'évêque de Maguelonne est autorisé à recevoir le serment des professeurs de Montpellier, 234, A. 1230.

DROIT ROMAIN ( quand l'enseignement du ) a-t-il été autorisé ? quand lui a-t-on donné force de loi, 234, A. 1230. Note. On ne peut invoquer le droit civil là où coutume a lieu. 661, A. 1277.

DUC ET PAIR. L'évêque de Langres élevé à cette dignité, 162, A. 1179. Note. V. Pairie.

DUCHÉ-PAIRIE. Erection de la Bretagne en pairie, 717, A. 1297. V. Pairie.

DUELS, ( Capitul. sur la prohibition des ) 52, A. 805. Ne peut être ordonné pour une contestation au-dessous de 5 sols, 162, A. 1168. Ord. sur les duels, 283, A. 1260. Autre ; huit sortes de preuves avant cette ordonnance, 284, A. 1260. Note. Quand il était ordonné pour meubles ou héritages, celui qui succombait perdait la chose contentieuse avec amende, 286, A. 1260. Notes. La connaissance du duel appartenait au seigneur haut justicier. Entre un gentilhomme et un roturier. Ce combat se faisait à cheval pour le gentilhomme, à pied pour le roturier, 287, A. 1260. Note. Duel ordonné par la cour du Roi entre les comtes de Foix et d'Armagnac, 694, A. 1293. Ord. et règlement sur les duels, 831, A. 1306. Le duel judiciaire est aboli, 850, A. 1307. V. Roi.

# E

EAUX. V. Forêts, Pêche.

ECCLÉSIASTIQUES. Leurs priviléges en matière criminelle, 36, A. 756. Leur correction, 48, A. 803. Leurs priviléges relativement au service militaire, 50, A. 803. Capitul. sur les causes eccl., 51, A. 805. Sur la discipline, 768, A. 829. Sur les honneurs dus aux eccl., 52, A. 805. Sur les matières eccl., 67, A. 826. Sur le respect dû aux eccl., 71, A. 844. Capitul. concernant l'oppression des eccl. par les évêques, 72. Réforme des maux qui pèsent sur les eccl., 72. Leurs priviléges, 72, A. 845. Réformes des choses eccl., 74, A. 853. Discipline et police eccl., 74, A. 853. Honneurs et immunités des eccl., 82, A. 869. Fragment d'une Ord. touchant les eccl., 106, A. 1080. Concile de Troyes qui leur défend le mariage, 132, A. 1107. Le 12e. des canons d'Eugène III. défend aux eccl. de se marier, 148, A. 1148. Décret d'alliance des barons de France contre les entreprises des eccl., 252, A. 1246. Les eccl. garderont de la modestie dans leurs habits, ne fréquenteront plus les cabarets, n'entretiendront plus des concubines, 681, A. 1287. Lett. sur les priviléges et la jurid. eccl., 683, A. 1290. Mandem. sur la saisie du temporel des eccl., 719, A. 1296. Saisie du temporel des eccl. sortis du royaume malgré la défense, 747, A. 1302. Défense aux eccl. de sortir du royaume sous peine de mort et de confiscation, 800, A. 1302. Concessions de priviléges aux eccl. de Narbonne, 816, A. 1303. V. Bulles, Clergé, Culte, Dieu, Evêques, Juridiction, Papes.

ÉCHALAS ( Les vignerons à loyer n'emporteront pas les ) des vignes, sans la permission du propriétaire, 322, A. 1265.

ÉCHANGE ( Le gentilhomme peut forcer son vassal à faire ) de terres à sa convenance, 479, A. 1270.

ÉCHEVINS, (Capitul. sur l'élection et la corruption des) 83, A. 873. V. Maires, Municipalités.

ÉCHIQUIER DE NORMANDIE, ( Ord. sur l') 358. Règlement général à ce sujet, 686, A. 1290. Ord. concernant l'échiquier, 790, A. 1302.

ÉCOLES ( Etablissement d' ) dans chaque évêché et monastère, 39, A. 788. Donation de domaines pour l'établissement à Osnabruck d'écoles grecque et latine, 51, A. 804. Formation, au 12e. siècle, d'écoles dans les cathédrales et les monastères, 164. V. Université.

ÉCRITURES. V. Faux.

EDOUARD-LE-CONFESSEUR. Ses lois ; leur sort, 213. Note.

ÉGLISES, ( Lettres de Clovis aux Evêques pour la protection due aux ) 20, A. 510. Capitul. sur la défense des égl., 53, A. 806. Capitul. contenant des dispositions sur les égl. 65, A. 819. Capitul. sur le respect dû aux égl. Sur leur restauration, 71, A. 844. Synode sur les priviléges des égl., 72, A. 845. Capitul. sur l'état des égl., 74, A. 853. Capitul. sur les besoins de l'égl., 75, A. 853. Ord. qui confirme les priviléges des égl. de Tournay, 75, A. 855. Capitul. sur l'état des égl., 82, A. 855. Autre sur les égl. pillées par les Normands. 82, A. 867. Autre sur les honneurs et les immunités des égl., 82, A. 869. Autre sur le même sujet et sur la conservation des choses de l'égl., 83, A. 876. Autre sur le régime de l'égl. Autre sur le gouvernement de l'égl., au moment du départ du Roi pour l'étranger, 85, A. 877. Eudes s'engage par serment à maintenir les priviléges des égl., 89, A. 888. Hugues-Capet, fait serment, à son avénement de conserver les priviléges des égl. Il confirme leurs libertés dons et franchises, 96, A. 987. Louis, roi désigné de France, confirme à l'égl. de Saint-Pierre de Beauvais, ses franchises, coutumes et libertés, 130, A. 1103. Les habitans de Tournay peuvent faire des legs aux égl. sans autorisation du Roi, 246, A. 1235. V. Culte, Ecclésiastiques, Evêchés, Legs.

ÉLECTION ROYALE. V. Roi, Usurpation.

ÉLECTIONS. Les Rois abandonnent les élections aux évêchés par suite de la pauvreté des églises, 50. Notes. 84, A. 876. Le droit d'élect. universellement pratiqué sous la 2e. dynastie réclamé aux états de Blois, de 1576, 99. Lettre au sujet des élections aux archevêchés, aux évêchés et aux abbayes dans l'Aquitaine et le Poitou, 145, A. 1137. V. Ecclésiastiques, Evêques, Pragmatique-Sanction.

ÉMIGRER, (Défense d') 800, A. 1303.

EMPEREUR, (Capitul. sur l'obéissance due à l') 55, A. 810. V. Roi.

EMPIRE, (Capitul. sur le régime de l') Autre sur son gouvernement, 85, A. 877. V. Royaume.

ENFANS. Protégés contre la violence du soldat, 20, A. 510. Comment on doit garder les enfans d'un gentilhomme dont le père et la mère sont morts, 510, A. 1270. L'enfant peut refuser, après la mort de son père, le paiement d'une dette contractée par ce dernier dont il n'aurait pas connaissance, 518, A. 1270. Celui qui se comporte mal a la même part que les autres dans la succession légitime de l'homme coutumier, 540, A. 1270. V. Don, Mineurs, Parages, Successions.

ENVOYÉS IMPÉRIAUX, (Instructions aux) 55, A. 810. Capitul. sur les devoirs des envoyés impériaux, 57, A. 812. 69, A. 829. Autres sur leurs fonctions, 65, A. 819. 75, A. 854. Cap. suivi d'une instruction relative aux envoyés impériaux, 67, A. 828. Cap. sur leurs attributions, 75, A. 853.

ÈRE VULGAIRE, (De quelle époque date l'usage de l') 46. Note.

ESCLAVAGE, (Capitul. sur l') 50, A. 803. V. Affranchissement, Serfs.

ESCLAVES, (Capitul. sur la propriété des enfans des) 50, A. 808. Défenses de recéler les esclaves fugitifs, 51, A. 808. V. Affranchissement.

ÉTABLISSEMENS du roi Robert. Ils sont perdus, 100. Note. Etabliss. entre le Roi, les clercs et les barons, 194, A. 1204. Les Etablissemens faits pour les domaines de l'obéissance du Roi n'engageaient pas les seigneurs, 203, A. 1209. Note. Etablis. de St. Louis. Ce que c'est. Doute sur leur date. Nécessité de les connaître pour être au fait de la jurisprudence de ce temps-là, 361, A. 1270. Les sénéchaux de Carcassonne, etc., jureront d'observer les Etablissemens de saint Louis et ceux de Philippe-le-Bel, 816, A. 1303. V. Préface.

ÉTATS, (Il y avait des provinces qui avaient des) d'autres n'en avaient pas, 221. Remarques. Lettres qui prouvent que les trois états étaient consultés dans les matières où le peuple avait intérêt, 263, A. 1254.

ÉTATS-GÉNÉRAUX. Il est certain qu'ils ont été assemblés en 1302, 764, A. 1302. V. Assemblée nationale, Synodes.

ÉTOILE (Ordre de l') ou des chevaliers de la noble maison; institution de cet ordre, 100, A 1022. V. Ordre.

ÉTRANGER (Droit du baron sur l') qui n'a pas de seigneur, 468, A. 1270. V. Aubaines, Service militaire.

EUDES, (ODON) V. Roi, Serment, Usurpation.

DES MATIÈRES.

EUDES, Duc de Bourgogne; sa lettre et ses promesses au roi, contre celui d'Angleterre et le pape. V. Papes, Roi.

EUGÈNE. (Le pape) V. Bulles, Canons, Papes.

ÉVASION. L'accusé qui s'évade de prison est considéré comme coupable du crime qu'on lui impute, 464, A. 1270.

ÉVÊCHÉS. (Capitul. sur les) 34, A. 755. Les grands seigneurs et barons se rendirent maîtres des évêchés ainsi que des églises paroissiales. Ils les donnèrent en fief à des gentilshommes qui les firent desservir par des personnes à gages, et en tirèrent toutes sortes de profits. Comment on remédia à cet abus, 202. Note. V. Élections.

ÉVÊQUES. Décret de Gontran qui leur défend de consommer leurs revenus à nourrir des oiseaux de proie et des meutes de chiens, 22, A. 589. Edit contenant diverses dispositions sur l'élection des évêques, 22, A. 612. Consécration d'un évêque aux acclamations du clergé et du peuple, 30, A. 636. Capitul. sur le pouvoir des évêques, 34, A. 755. Capitul. sur la résidence des évêques, leur ordination, 43, A. 794. Capitul. sur les honneurs à leur rendre, par les comtes et les autres juges, 45, A. 800. Capitul. fait en grand synode, sur l'élection des évêques, 48, A. 803. Capitul. sur les honneurs dus aux évêq. et autres ecclésiast., 52, A. 805. 83, A. 876. Capitul. sur la puissance des évêq., 53, A. 806. Capitul. contenant l'exposé des griefs allégués contre eux, 56, A. 811. Capitul. sur l'élection des évêq., 59, A. 816. Les évêq. adressent des reproches à Charles-le-Chauve, sur les capitul. qu'il a violés, 76, A. 858. Lettres des évêq. à Louis-le-Germanique, 76, A. 858. Arrêté rendu sur la plainte du Roi au synode de Toul, contenant des mesures contre deux évêq. 77, A. 859. Capitul. de Carloman, relatif aux demandes des évêq. après la mort de son frère, 88, A. 882. Nicolas II confirme le droit que les empereurs avaient d'élire les évêq., 102, A. 1059. Les évêq. précédaient encore les cardinaux au concile d'Autun, en 1095, 107. Note. Défenses de s'emparer des biens des évêq. après leur décès, et de détruire leurs maisons, pour s'en approprier les matériaux, 130, A. 1105. Les biens que les évêq. acquéraient au service de l'église devaient y retourner; leurs propres allaient à leur famille; dans la suite tout appartint aux héritiers, 132. Note. Au 12e. siècle, les évêq. ne recevaient pas les revenus de leurs bénéfices en argent, mais en grains, vins, etc., 159, A. 1158. Les évêq. doivent au Roi le serment de fidélité; depuis quand? 229. Remarq. Les évêq. de Beauvais et de Noyon, de l'ordre du Roi, ajournent le roi d'Angleterre à la cour de France, 693, A. 1293. Lettre sur les priviléges des évêq., 721, A. 1299. V. Amortissement, Bulles, Ecclésiastiques, Elections, Pragmatique, Sacre.

EXCOMMUNICATION (Capitul. sur l') et ses effets, 34, A. 755. Capitul. sur la forme et la règle des excomm. canoniques, 40, A. 789. Capitul. sur les précautions à prendre avant d'excommunier, 82, A. 869. Excom. de Hugues Capet, 91, A. 948. De Robert, 98, A. 998. De Philippe Ier.; ses suites, 107, A. 1095. De Jean-sans-Terre, 212, A. 1216. Note. Excomm. de Philippe-le-Bel, 796, A. 1303. Des Usurpateurs. V. Usurpation.

EXCOMMUNIÉS (les) seront forcés à l'amendement. Comment ils doivent répondre en cour laie, 519, A. 1270.

EXCUSES (Quelles) on peut présenter pour être déchargé des peines d'un défaut, 515, A. 1270.

EXEMPLAIRES. Il en sera fait quatre de chaque capitul. Leur destination, 56, A. 812. V. Loi, Préface.

EXPORTATION défendue, pour le blé, vin, etc., 749, A. 1302. Pour l'argent et le billon. Attribution du 5e. au dénonciateur, 799, A. 1303. Pour les matières d'or et d'argent et monnayées; sous quelles peines? 800, A. 1303.

# F

FAUSSER JUGEMENT, (En quels cas on pouvait) 288. Note. V. Jugement.

FAUX (Capitul. sur le) en écritures, 50, A. 803. V. Jugement.

FAUX DRAPS. V. Draps.

FAUX MONNAYEUR. 672. Note. V. Philippe IV.

FAUX POIDS. V. Mesures.

FAUX TÉMOIGNAGE. (Trois capitul. sur le) 50, A. 803.

FAVEUR (Celui qui aura par de vils moyens employé la ) d'un grand pour obtenir un emploi de judicature. sera noté d'infamie, 357, A. 1269. V. Corruption, Juges.

FEMME (Nulle) n'a voix en cour laie, à moins qu'elle ne se plaigne d'injure personnelle. 546. A. 1270. V. Fornication, Mari, Virginité.

FEMMES MARIÉES (Capitul. sur l'admission des ) dans les monastères, 56, A. 757. V. Monastères.

FEMME NOBLE (La) dont l'inconduite est prouvée, est privée de sa part dans la succession de ses père et mère, 379, A. 1270. Comment femme noble doit entrer en partage des meubles à la mort de son mari, 382. A. 1270. Quelle maison elle doit avoir après la mort de son mari, 382. A. 1270. Elle doit avoir la garde noble de ses enfans après le décès de son mari, 383, A. 1270. Quel don elle peut faire sur son héritage, lorsqu'elle a des enfans, 436 A. 1270. V. Dot, Douaire.

FEMMES PUBLIQUES, (Expulsion des) 345, A. 1269. V. Virginité.

FROMAGES, (Ord. sur le paiment des) 850. A. 1306. V. Monnaies.

FÊTES ET DIMANCHES. (Décret de Childebert, ordonnant, sous peine d'amende l'observation des ) 20, A. 532. Ord. de Gontran sur le même sujet, 20, A. 585.

FEUDATAIRES, (Établiss. sur le devoir des) en cas de division de fiefs, 203, A. 1209. Convocation du feudataire pour cause de guerre, 696. A. 1294.

FIDÉLITÉ, (Capitul. sur le serment de ) au Roi, 42, A. 789. 52, A. 805. De la fidélité due au roi et à son fils, 86, A. 877. V. Barons, Fief, Vassal.

FIEFS ( Capitul. de Kiersy sur l'hérédité des ) 85, A. 877. De la disposition du fief, en cas d'extinction de la race masculine d'un comte, 87, A. 877. Plusieurs des grandes charges de la couronne étaient tenues en fiefs, 136, A. 1118. Ceux qui possèdent des fiefs en France et en Angleterre, seront tenus de choisir celui de ces deux royaumes, auquel ils voudront rendre leur hommage et ne pourront reconnaître deux suzerains, 157, A. 1244. Le vassal ne pouvait imposer au fief la moindre charge, sans le consentement du seigneur dominant, 216. Note. Ord. touchant le relief ou le rachat des fiefs, 244, A. 1235. Chevalier ne doit pas l'hommage à l'acquéreur non noble du fief dont il relève. 295, A. 1260. Baron qui demande à voir le fief, que son vassal tient de lui : comment celui-ci doit le lui montrer, 412, A. 1270. Fief possédé par un baron dans la baronie d'un autre, ne peut avoir ni haute ni basse justice. A qui elle appartient, 502, A. 1270. Celui qui désavoue tenir son fief de son véritable seigneur, le perd, 642, A. 1270. Plusieurs fiefs achetés par des roturiers, 643. Remarques. Ord. sur les extinctions et abrégemens de fiefs, 657, A. 1275. Les possesseurs de fiefs nobles doivent servir en personne et à leurs frais, 701, A. 1295. V. Barons, Évêques, Feudataires, Gentilshommes.

FILLES (Capitul. sur la réception des ) dans les monastères, 51, A. 804. Les filles qui devaient succéder aux fiefs, ne pouvaient se marier sans le consentement du seigneur, 250. Note. Le gentilhomme qui déshonore une fille, confiée à sa garde par un autre gentilhomme, perd son fief. Si c'est par violence, il est pendu, 419, A. 1270.

FILLES DE JOIE. V. Femmes publiques.

FILLE NOBLE. V. Dame. Femme noble,

FLAGRANT. V. Délit.

FOI ET HOMMAGE. (Serment ordonné par Louis VIII à tous les prélats, barons et vassaux de la couronne de) à son fils, 228, A. 1226. Les officiers du Roi faisaient hommage pour lui aux seigneurs de qui relevaient les fiefs qu'il acquérait, 767. Note. V. Hommage, Vassal.

FOIRE (Concession d'une) à une ville, 669, A. 1284.

FOIRES DE CHAMPAGNE. (Les difficultés qui surviendront aux) seront vidées par les officiers desd. foires, 696. A. 1294. 701, A. 1296. V. Contrainte par corps, Lombards.

FORÊTS. Ord. qui attribue la juridiction des causes concernant la marchandise des bois de la forêt de Retz, aux gardes de cette forêt. C'est la Ire. Ord. sur les forêts, 118, A. 1219. V. Usage.

FORFAITURES (Le comte de Bretagne déchu de son titre et de la tutelle de ses enfans, en punition de ses) envers le Roi, 237, A. 1230. V. Jugement.

FORNICATION, (Capitul. sur la) 34, A. 752.

FORTIFICATIONS. Permis à une ville de conserver et d'augmenter les siennes moyennant finances, 669, A. 1284. V. Places fortes.

FRANCS RIPUAIRES, (Loi des) 20, A. 530.

FRANCS SALIENS. (Loi des) V. Salique.

## G

GAGES. V. Juifs, Lombards.

GAGES DE BATAILLE (Établissem. portant défense des guerres privées et des) pendant la guerre, 807, A. 1303. Ord. sur les duels et gages de bataille, suivie d'un réglem. sur le même sujet, 831, A. 1306. V. Duels, Guerres privées.

GARDE NOBLE. A qui appartient celle des enfans mineurs, ou jouissance légale. 385, A. 1270. V. Femme noble.

GARDES. V. Forêts, Sergens d'armes.

GARLANDES. Favoris de Louis-le-Gros, 136, A. 1118.

GENTILSHOMMES. (Les semonces ne pouvaient être faites à des) que par le ministère de leurs pairs, 363, A. 1270. Pour quel méfait le gentilh. perd son fief et ses meubles, 415, A. 1270. Du gentilhomme qui perd ses meubles pour quelque méfait, 422, A. 1270. Comment ils garantissent leurs gens des droits de vente, de péage, et leurs prévôts de péage et de chevauchée, 427, A. 1270. Quel don un gentilh. peut faire sur son héritage, lorsqu'il a des enfans, 435, A. 1270. S'il n'est pas encore reçu chevalier, mais sur le point de l'être, il obtiendra par ce motif un délai d'an et jour, 449, A. 1270. De sa majorité et de sa tutelle, 450, A. 1270. Du gentilh. qui appelle d'un jugem., 456, A. 1270. Gentilsh. servaient à la guerre à cheval, et roturiers ou vilains servaient à pied, 804, A. 1303. V. Ba-

rons, Jugement, Seigneur, Vassal.

GIBIER, (Ord. contre les voleurs de) 724, A. 1299.

GLANAGE. Les bêtes ne seront mises aux champs que trois jours après que les moissons en auront été enlevées, afin que les pauvres gens puissent glaner, 557, A. 1269. Révocation de cette disposition, 660, A. 1276.

GOMBETTE. (Loi) ou des Bourguignons, 17. A. 502.

GRACE DE DIEU, (Par quels motifs les rois de la 3e. race se disent rois par la) 339. Notes.

GRAINS, (Défense d'exporter les) 661, A. 1277. V. Exportation.

GREFFIERS. V. Notaires.

GREFFIERS de la cour faisaient les ajournemens, 693, A. 1293.

GUERRES PRIVÉES, (Première prohibition des) 47. A. 802. Note. Défendues pour dix ans, 155. A. 1155. N'avaient lieu qu'entre gentilsh., et non entre roturiers. 247, A. 1245. Interdites entièrement par saint Louis, 279, A. 1257. Mandement sur les guerres privées, 671. Défense des guerres privées, tant que la guerre durera, 702, A. 1296. Indemnités pour pertes de guerre. 806, A. 1303. Défense des guerres privées, 807, A. 1303. V. Duels, Gages de bataille, Indemnités, Quarantaine-le-Roi.

GUET (Ord. sur le) à Paris; son origine; sa composition, 274, A. 1254.

## H

HABEAS CORPUS. Les Anglais l'ont emprunté de nous, 155. Note. V. Arrestation, Caution.

HÉRÉSIE sur la réalité du saint sacrement, 102. Note. V. Inquisiteurs.

HÉRÉTIQUES. Serment de les exterminer a été prêté par saint Louis, 96. Note. Le concile de Latran oblige la puissance séculière, sous peine d'excommunication, de promettre par serment d'exterminer les hérétiques dénoncés, et de donner leurs terres au premier occupant, 218, A. 1219. Lettres sur l'exécution des condamnés, pour crime d'hérésie, et portant des peines contre ceux qui leur donnent asile, 227, A. 1226. Ordonnance de la régente contre les hérétiques du Languedoc. C'est le premier édit pénal qu'on connaisse contre eux. Opinions contraires, 230, A. 1228. Concile qui ordonne aux évêques de députer dans chaque paroisse un prêtre avec deux laïques, pour la recherche des hérétiques, et approuve la confiscation des biens de ceux qui les recéleront. Place les convertis sous la surveillance de l'autorité, les oblige de porter une marque sur leurs habits, les déclare incapables d'exercer aucune charge, ni aucun droit civil, sans une dispense du pape. Condamne à une prison perpétuelle les convertis par crainte. Oblige tout individu en âge de puberté à dénoncer les hérétiques, 234, A. 1249. Ordonnance au sujet des hérétiques, 254, A. 1250. Comment on doit les punir, 466, A. 1270. V. Albigeois, Appel, Idolâtrie.

Héritage (de celui qui demande) à son homme; comment il doit se pourvoir, 411, A. 1270. Comment l'héritage qui est tenu à cens peut être affranchi en noblesse, 528, A. 1270.

Hiérarchie ecclésiastique. (Capitul. sur la) 39, A. 779. V. Ecclésiastiques.

Homicide. (Décret portant des peines contre l') 20, A. 532. Décret sur l'homicide, 22, A. 595. Capitul. contenant des instructions sur les homicides, 48, A. 802.

Hommage. Le roi d'Angleterre n'a pas droit d'obliger ses vassaux de Gascogne de lui faire hommage en Angleterre, 295, A. 1261. Comment on peut contraindre celui qui refuse l'hommage à son seigneur, 442, A. 1270. De demander hommage à des enfans qui sont en tutelle, 455, A. 1270. L'hommage à rendre par le Roi sera converti en indemnité, 795, A. 1302. V. Fiefs, Roi.

Hommage-lige (à quelle époque l') a été introduit. Lett. par lesquelles Philippe-Auguste reçoit Thibaut à hommage-lige du comté de Champagne, 187, A. 1198. Autres par lesquelles il reçoit Arthur à hommage-lige des comtés d'Anjou, Maine et Touraine, 193, A. 1202. Relation de l'hom.-lige fait par Henri à saint Louis, 282, A. 1259.

Hommes (Capitul. sur l'exclusion des) des monastères où l'on reçoit les filles, 51, A. 804.

Homme coutumier ne peut contredire ni fausser le jugement de son seigneur, 537, A. 1270. D'homme coutumier qui acquiert franchise, 542, A. 1270. Dans quels cas l'homme coutumier est passible d'amendes, 549, A. 1270.

Homme de foi. (Comment on peut céder son) 508, A. 1270.

Hospitalité (Capitul. sur l') due aux voyageurs, 50, A. 803. 55, A. 809. V. Asile, Étranger.

Hôtel Dieu de Paris. (Quand un chanoine, ou tout autre possédant dignité dans l'église de Paris, décède, résigne, ou quitte sa prébende, ou sa dignité, son lit appartient à l') 162, A. 1168. V. Ecclésiastiques, Successions.

Hugues-Capet (Comment; dans quelles circonstances; du consentement de qui) parvient à l'empire, 95, A. 987. V. Roi, Usurpation.

## I

Idolâtrie, (Décret pour l'abolition des restes de l') 21, A. 550. V. Hérétiques.

Impôts (Edit sur les) 22, A. 614. Lett. qui permettent à la ville de Lyon de lever un impôt sur les marchandises qui y sont vendues, pour faire face à ses nécessités, 700, A. 1295. Le comte de Flandre ne pourra lever d'impôt contre la volonté des bourgeois et échevins, et sans la permission du Roi, 701, A. 1296. V. Assemblée nationale, Dîme, Subside.

Inceste (peine contre l') 20, A. 532. 22, A. 595. 33, 34, A. 752. 36, A. 756, 757.

Inconnu qui meurt dans la terre d'un gentilhomme, 481, A. 1270. V. Aubaines.

Incrédules, (Comment on doit punir les) 466, A. 1270. V. Hérétiques.

Indemnités accordées à ceux qui ont été privés de leurs biens par la guerre de Flandre, 806, A. 1303.

Indignité (Capitul. sur les cas d') en matière de succession, 50, A. 803.

DES MATIÈRES.

INFANTICIDE, ( Peine contre l' ), 401, A. 1270.
INJURES, ( Comment doit se plaindre celui ou celle qui prétend avoir reçu des ) 547, A. 1270. V. Duels.
INQUISITEURS (Bulle qui établit des) pour juger les Albigeois, les excommunier, et contraindre les seigneurs par toutes les censures de l'église à confisquer leurs biens, les bannir de leur terre, et même les punir de mort s'ils osaient appeler de leurs jugemens, 202, A. 1206. Le concile de Narbonne enjoint d'établir des inquisit. dans toutes les paroisses, 234, A. 1229. Les inquisit. ne pourront faire d'arrestation pour cause d'hérésie, qu'en cas d'aveu, de clameur publique ou du témoignage de personnes dignes de foi, 672, A. 1287. Défenses aux inquisit. d'excéder leur compétence en s'attribuant la connaissance des usures, sortiléges, et autres délits des juifs, et défenses de les arrêter à la réquisition desdits inquisiteurs, 747, A. 1302. Défenses d'arrêter personne sans avoir délibéré avec l'évêque, 789, A. 1302.
INQUISITION, ( Le concile de Toulouse établit définitivement le tribunal de l' ) 234, A. 1229. Saint Louis est-il le fondateur de l'inquisition? 254, A. 1250.
INSTITUTION CANONIQUE. V. Elections, Evêques, Investitures.
INSTRUCTIONS SECRÈTES données à des commissaires royaux pour la levée d'une subvention, 747, A. 1302.
INTERDIT, ( Le royaume est mis en ) à cause du mariage de Robert, 98, A. 998. Ce que c'était. Abus qu'en firent les ecclésiastiques. Les papes accordent à nos rois, que les villes de leur domaine, ou de celui des Reines, ne pourront être mises en interdit, 199. Note. Les interdits portés contre le Roi et ses conseillers par Boniface, sont levés par Benedict XI, 816, A. 1304.
INTESTATS (Les biens meubles de ceux qui décédaient) appartenaient aux seigneurs par droit de confiscation, 159, A. 1155. V. Successions.
INVESTITURES, (des) 86, A. 877. Fin des contestations au sujet des invest., 145, A. 1137. V. Elections, Evêques, Institution canonique.
IRRUPTION ( Plainte, procédure, et peine contre celui qui fait ) avec armes dans la terre d'autrui, 640, A. 1270. En cas d'invasion, voie de fait, personne, pas même le baron, n'est exempt de payer l'amende. Ibid.

## J

JEAN-SANS-TERRE. Pourquoi ce nom lui fut donné. Condamné à mort par la cour des Pairs, pour l'assassinat d'Arthur, 194, A. 1202. Sa lutte avec Louis VIII; son excommunication; sa mort. Règne de son fils, à l'exclusion de Louis VIII, 212. Note. V. Cour des Pairs, Roi.
JEUNE, ( Capitul. sur le ) 56, A. 811.
JOURS DE TROYES, ( Ord. concernant les ) 790, A. 1302.
JOUTES ET TOURNOIS, ( Ord. qui proroge les défenses des ) 666, A. 1280. V. Duels, Gages de batailles, Guerres privées.
JOYEUX AVÈNEMENT ( L'existence du droit de ) prouvée par un arrêt rendu sous Philippe III, 654, A. 1274. V. Roi.
JUBILÉ, ( Bulle qui institue le ) 625, A. 1300.
JUGEMENS DE LA MER OU D'OLERON. Leur objet. Comment ils furent faits. 322, A. 1266.
JUGEMENT. ( Confirmation des anciennes formules de ) Défenses de rendre ou d'exécuter aucun jugem. qui blesse la loi ou l'équité, et de juger au criminel sans avoir entendu l'accusé, 21, A. 560. Capitul. établissant le recours au prince contre les jugemens contraires aux lois, 34, A. 755. Défense de pendre sans jugement, 54, A. 808. Lettres ayant la forme d'un jugement, 149, A. 1151. Jugement rendu par le Roi, entre l'évêque de Langres et le duc de Bourgogne, 150, A. 1153. Fausser jugement. Ce que c'était. Comment on procédait, 373, A. 1270. V. Justice, Appel, Roi.
JUGEMENT ARBITRAL du Roi, sur une contestation d'entre le comte de Luxembourg et celui de Bar, 338, A. 1263. De saint Louis, sur la charte des Anglais, 297, A. 1263. V. Sentence arbitrale.
JUGES (Défense aux) de violer un décret de Clotaire II, sous peine

de mort, 22, A. 595. Capitul. sur l'élection des juges, 54, A. 809. Capitul. sur leur choix, 55, A. 809. Griefs allégués contre eux, 56, A. 811. Peines contre ceux nommés par faveur, 357, A. 1269. V. Corruption, Faveur.

JUGES D'ÉGLISE. Ne pourront pas mettre en cause devant eux des bourgeois pour affaires temporelles. 695, A. 1294.

JUIFS. Tenus de sortir du royaume dans 3 mois. Confiscation de leurs immeubles. Autorisés à vendre leurs meubles. Commencement de la persécution contre eux; ses effets pour le commerce et l'industrie. Leurs débiteurs déchargés des sommes qu'ils leur doivent, en payant le cinquième au fisc, 170. A. 1182. Philippe-Auguste et le comte de Champagne conviennent que les juifs de l'un ne prêteront pas dans les terres de l'autre. Les Juifs étaient serfs main-mortables, et les seigneurs leur succédaient. 188, 198, 236. Note. Ord. sur les juifs et l'usure, 199. A. 1206. Philippe-Auguste et la comtesse de Champagne se promettent de ne recevoir ni retenir les juifs des domaines l'un de l'autre, 207, A. 1210. Juifs ne tiennent pour leur prochain que les juifs; conséquence de ce sentiment, 215. Note. Constitution sur les juifs du domaine du Roi et sur l'usure, 214, A. 1218. Établissem. touchant les juifs, 222, A. 1223. 235, A. 1230. Doivent porter une marque sur leurs habits, 234. A. 1229, 344, A. 1269. Comment Joinville conseille de traiter ceux qui médisent de la foi chrétienne, 235, A. 1230. Ne recevront aucun gage qu'en présence de personnes dignes de foi, 243, A. 1234. Lett. sur la restitution des usures extorquées par les juifs, et sur la vente de leurs immeubles, à l'exception des anciennes synagogues, cimetières, etc., 280, A. 1257. Contraints d'ouïr un prêcheur chrétien, 643. Remarq. Aucun juif ne peut être reçu en témoignage, 527. Défense aux juifs de recevoir des chrétiens à leur service, 666, A. 1208. Défense d'incarcérer les juifs sur la réquisition d'un religieux, sans information du sénéchal ou du bailli, 681, A. 1288. Expulsion des juifs venus d'Angleterre et de Gascogne, 683, A. 1290. Don d'un juif par le Roi à son frère. Achat d'un juif par le Roi, moyennant 300 fr. 709, A. 1296. Défenses aux baillis d'arrêter les juifs à la réquisition des inquisiteurs, 747, A. 1302. Mandem. sur la vente des biens des juifs; s'il s'y trouve des trésors, ils seront restitués au Roi, 845, A. 1306.

JURÉS. (Lettres dans lesquelles les chefs de la commune sont appelés) 1-0. Note. V. Pairs.

JURIDICTION ECCLÉSIASTIQUE, (Les clercs de Normandie ne sont jugés que par la) 748, A. 1302.

JURIDICTION LAÏQUE ET ECCLÉSIASTIQUE, (Lett. sur la) 721—1299.

JURY, (Le serment des douze compurgateurs est regardé comme l'origine du) 19, A. 502.

JUSTICE. (Capitul. sur l'administration impartiale de la) 34, A. 755. Sur le déni de justice. 39. A. 779. Sur la justice, 51, A. 805. 57, A. 811. Concile qui ordonne aux juges de rendre la justice gratis, 234, A. 1229. Réforme de divers abus commis par le bailli de Beaucaire dans l'administration de la justice, 262, A. 1264. Il n'y avait anciennement que deux degrés de justice; la haute justice, et la basse qui se nommait Voirie, 401. Note. Du défaut de justice en la cour du baron, 424, A. 1270. Comment la justice doit procéder, lorsqu'une affaire a été soumise deux fois à son examen: 493, A. 1270. De ceux qui refusent de paraître en justice après la montrée de choses mobiliaires, 514. A. 1270. De la justice dont les limites tiennent à celle du Roi, 570, A. 1270. Statut pour l'administration de la justice à Toulouse, 808, A. 1303.

JUSTICE CIVILE, (Capitul. sur la) 47, A. 802.

JUSTICE CRIMINELLE, (Capitul. sur la) 47, A. 802. 49, A. 803. 55, A. 810.

JUSTICE ECCLÉSIASTIQUE (Capitul. sur la) 43, A. 794. 47, A. 802. 55, A. 806.

JUSTICE (haute) de baronie, 371, A. 1270. Quels cas sont de haute justice de baronie, 390, A. 1270.

JUSTICE LAIE. Comment elle doit

DES MATIÈRES.   885

procéder contre un clerc, un croisé ou un religieux accusé de crime, 465, A. 1270.

JUSTICES TEMPORELLES. Seront exercées par des laïcs, 678, A. 1287.

JUSTINIEN. Son Code a été publié en 529; retrouvé vers 1137. V. Droit romain.

## L

LAÏCS. V. Justices temporelles.

LAINES. ( Défense aux marchands d'exporter les ) 661, A. 1277.

LANGUEDOIL. V. Réformation.

LANGUE ROMANCE. ( Rédaction des assises de Jérusalem en ) C'était aussi celle de la cour d'Angleterre, 107. Note. Abolie par un statut d'Édouard III. *Ibid.*

LAON; ( Charte de la commune de ) elle a servi de modèle à beaucoup d'autres; révoquée pour rébellion, 138, A. 1128. V. Appellations, Monastères. Régale.

LARCIN, ( Peine contre le ) 21, A. 560. Duel défendu pour cause de larcin, 287. Note. V. Vol.

LARRON, ( Lettres d'affranchissem., avec droit de saing et de) 137, A. 1119.

LATRAN. ( Concile de ) V. Hérétiques.

LÉGISLATEUR, ( du ) 4, A. 466.

LÉGITIMATION par le pape, à cause de la bonne foi, des enfans issus du mariage de Philippe-Aug. avec la princesse Marie, 184, A. 1193. V. Papes.

LEGS de biens à l'église, 522, A. 1270. Les bourgeois de Bourges qui auront fait des legs pieux, pourront élire des tuteurs à leurs enfans, 186, A. 1197. L'Église refusait le Viatique à ceux qui décédaient sans faire de legs pieux; l'usage s'en introduisit, et alla jusqu'au quint des propres, 217. Note.

LÈPRE, (la) cause de divorce, 56, A. 757. V. Divorce, Mariage.

LETTRES ( les ) venant de l'étranger seront portées au Roi, 800, A. 1393.

LETTRES DE CHANGE. ( Invention des ) Quel en fut le motif, 170. Note.

LIBERTÉ INDIVIDUELLE. V. *Habeas corpus*.

LIBERTÉS GALLICANES. V. Élections, Pragmatique-Sanction.

LIBRES ( État des hommes ) sous la monarchie des Francs, 59, A. 815. V. Esclaves. Serfs.

LIGUES ( les ) jurées contre l'évêque de Langres par ses vassaux sont annulées par le Roi, 243, A. 1233. V. Guerres privées.

LIVRES D'OFFICE D'ÉGLISES ( les ) Rédigés par Paul Diacre sont approuvés par Charlemagne, qui ordonne à toutes les églises de les recevoir, 40. A. 788. Des métiers du prévôt Boileau. 290, A. 1260. V. Métiers, Préface.

LOI, (de la ) 6, A. 466. Défenses de rendre ou d'exécuter aucune sentence qui viole la loi ou l'équité, 21, A. 560. Capit. sur l'adoption des lois, 49, A. 803. La loi *Consensu populi fit et constitutione regis*, 80, A. 864. Hugues Capet fait serment d'observer les lois, 96. A. 987. Mode de conservation des lois, 56, A. 812. Loi secrète. 747, A. 1302. Publique. V. Préface. Lois commerciales. V. Jugemens de la mer. Leur seing et contre-seing, 137. A. 1118. Loi en forme de testament. V. Capitulaires, Chartes, Constitutions. Manifeste, Préface.

LOIS CANONIQUES. ( Eudes s'engage à maintenir les ) 89, A. 888.

LOIS DE LA PAIX. Quand ces sortes de conventions ont commencé, 247, A. 1245. V. Quarantaine-le-Roi.

LOIS ROMAINES ( Le pape Honorius III défend l'étude des ) aux ecclésiastiques, de peur qu'elles ne nuisent au droit canon. 221. Remarq. V. Droit romain, Justinien.

LOMBARDS, ( Addition à la loi des ) 46, A. 801.

LOMBARDS USURIERS, seront chassés des terres du Roi, 338, A. 1268. Et de celles des barons, 651, A. 1274. Pourront faire le commerce des marchandises dans les lieux qui leur sont assignés, moyennant redevance selon l'usage des terres de Champagne, 701, A. 1296.

LORRIS, ( Confirmation des coutumes de ) plus anciennes, fameuses et renommées qu'aucunes autres de France, 153, A. 1155.

LOUIS Ier., dit le Pieux ou le Déb...

naire. Ses capitulaires. Sa déposition, 59, A. 815.

LOUIS II. S'intitule Roi par la miséricorde de Dieu et l'élection du peuple, 87, A. 877.

LOUIS III. Ses lois, 88, A. 879.

LOUIS IV. ( dit d'Outremer ) Ses lois, 90, A. 936.

LOUIS V, ( dit le Fainéant ) dernier des Carlovingiens, 92, A. 979. Son prétendu testament. V. Préface.

LOUIS VI. ( dit le Gros ) Sa conduite. 133. Note. Sous son règne, tout se réglait, en France, par le droit des communes, des fiefs et des mainsmortes, 144. Note. Dernières et mémorables paroles du Roi, 146.

LOUIS VII. (dit le Jeune) Ses lois, 147.

LOUIS VIII revendique la couronne d'Angleterre, par suite de la condamnation à mort du Roi Jean. Il y descend favorisé des Anglais qui le chassent après la mort de Jeansans-Terre, 212, A. 1216.

LOUIS IX. (St. Louis) Ses lois, 230. Régence de sa mère. *Ibid.* Son fils ainé prend le gouvernement du royaume, sous le titre de lieutenant-général, 262, A. 1253.

LUXE, (Ord. sur le) 669, A. 1283. Etablissement sur le luxe des habits, 697, A. 1294.

## M

MAGNATS ( Provisions des ) d'Angleterre, pour le règlement des affaires de ce royaume, 319, A. 1244. V. Charte des communes libertés.

MAIN-MORTE (Remise du droit de) aux habitans d'Orléans, 143, A. 1147. V. Amortissemens.

MAIRES OU MAYEURS (Ord. sur l'élection des ) en Normandie, 278, A. 1256. Les Maires des bonnes villes connaîtront des délits commis dans leurs ressorts par les juifs baptisés, 282, A. 1260. V. Communes.

MAISON DU ROI, (Ord. sur la ) 295, A. 1261. Autre de Philippe III, 671, A. 1285.

MAITRES DES REQUÊTES. ( Institution des ) *Voy. Remarq.*

MAJORITÉ DU ROI, à 21 ans, 246, A. 1235. Philippe III fixe la majorité des Rois, à 14 ans. Charles V à 14 ans commencés, 644, A. 1270. V. Régence.

MAJORITÉ FÉODALE, fixée à 21 ans, 199. Note. Celle des filles du Maire et d'Anjou, fixée à 15 ans, 249, A. 1246. Du Gentilhomme, 450, A. 1270. D'homme coutumier, fixée à 15 ans, 541, A. 1270. Des roturiers, à 14 ans, 194. Note.

MALFAITEURS, ( peines politiques et civiles contre les) 78, A. 862. Comment la justice doit procéder contre les malfaiteurs, 391, A. 1270. Ord. pour la recherche des malversations des officiers royaux, 796, A. 1303. V. Justice criminelle.

MANIFESTE DE PHILIPPE IV, en réponse à la bulle de Boniface VIII, 707, A. 1296. V. Cour de Rome, Papes.

MARC D'ARGENT. Sa valeur, 672, A. 1286 — 1305. Note.

MARCHANDS ULTRAMONTAINS. Obtiennent la permission, moyennant un droit, de faire le commerce aux foires de Champagne. Les difficultés seront vidées par les officiers desdites foires, 696, A. 1294. Peines contre ceux qui vendent de faux draps, 545, A. 1270.

MARCHÉ, ( Concession du droit d'établir un ) 134, A. 1118.

MARÉCHAL DE FRANCE. Commande l'armée pour la première fois en 1214. Cette charge fut d'abord héréditaire; le nombre s'en accrut de 1 ( sous Philippe-Aug. ) à 20 ( sous Louis XIV ), 206. Note. Jean Clément, Maréchal de France, déclare qu'il a juré au Roi que ni lui ni ses hoirs ne réclameront pas cette Maréchaussée pour la tenir à titre héréditaire, 222, A. 1223.

MARI. Homme coutumier qui a eu deux femmes, et femme qui a eu deux maris; comment leurs enfans doivent partager, 535, A. 1270.

MARIAGE. ( Capitul. contenant des dispositions sur les prohibitions de) 33, A. 752. 36, A. 757. Autre sur la publicité des mariages, 34, A. 755. Autre sur la dissolution des mariages entre libres et esclaves, 36, A. 757. Concile qui casse le mariage de Robert et de Berthe, pour cause de parenté, 98, A. 998. Dissolution, par le concile de Beaugency, du mariage de Louis-le-Jeune avec Éléonore d'Aquitaine, pour cause de parenté attestée par les parens du Roi, 150, A. 1152. Anathême contre les parens jusqu'au sixième degré, qui contracteraient des mariages ensemble, 150. Note. Philippe-Auguste renonce, en faveur des bourgeois de Caen, au droit de donner en mariage les femmes ou filles de ceux qui se livrent à l'usure, et au droit de tutelle sur leurs enfans, 218. A. 1220. V. Femmes mariées, Virginité.

MARIAGES incestueux, (Décret portant des peines contre les) 20, A. 532.

MAIEURS. Nom donné à des chefs de communes, 170. Note. V. Maires.

MENACES faites à un adversaire devant la justice, 402, A. 1270.

MESDAMES. Origine de ce nom, appliqué aux filles de nos Rois, 184. Note.

MESURES, (Capitul. sur l'uniformité des) 49, A. 803. Amende contre celui qui se sert d'une mesure fausse, 543, A. 1270.

MÉTIERS, (1er. acte royal qui parle des) 104, A. 1061. Réglement pour différens métiers dans Paris, 280, A. 1258. Etablissement ou livre des métiers par Boileau. Mérite de ce recueil, 290, A. 1260. V. Préface.

MEURTRE (Du) qui a lieu dans une querelle, 395, A. 1270. Où doit se défendre l'accusé de meurtre, 563, A. 1270. Comment on doit accuser de meurtre, 616, 636, A. 1270. V. Accusateur, Homicide.

MEURTRIERS. Comment leurs biens restent aux seigneurs, 637, A. 1270. V. Bourgeoisie.

MINEURS. Tutelle des enfans roturiers, 536, A. 1270. V. Garde noble, Tutelle.

MINISTRES FAVORIS, 136, A. 1118. V. Garlaudes.

MISSI DOMINICI. V. Envoyés.

MŒURS, (Capitul. contenant des dispositions sur les) 38, A. 769. V. Fornication, Virginité.

MOINES, (Capitul. sur la réforme des) 41, A. 789. Sur leur discipline. 60, A. 817. Autre sur les moines, 65, A. 819.

MONASTÈRES, (Capitul. sur la discipline des) 34, A. 765. Edit sur les monastères, 79, A. 864. Leur pillage par les Normands, 82, A. 867. Diplome en faveur du monastère de Saint-Denis, 90, A. 923. De Gand, 91, A. 954. De celui de Laon, 101, A. 1031. Admission dans les monastères des femmes mariées, 30, A. 757. Des filles, 51, A. 804. Exclusion des hommes, ibid.

MONNAIES, (Capitul. sur les nouvelles) 43, A. 794. Louis VII s'engage, moyennant redevances, à ne pas altérer les monnaies, 147, A. 1137. Lett. confirmat. de l'accord fait entre le comte de Nevers, les habitans et le clergé, pour qu'il ne soit rien changé à la monnaie que le comte venait de frapper, 171, A. 1188. Ord. touchant les monnaies. Plus de quatre-vingts seigneurs en France pouvaient faire battre monnaie, à l'exception de celles d'or et d'argent que le Roi seul pouvait faire battre, 296, A. 1262. La monnaie du Roi aura seule cours dans ses domaines et concurremment dans ceux des barons, 646, A. 1271. Ord. touchant les monnaies, 649, A. 1273. —681, A. 1289. Le Roi s'engage pour lui, la reine, ses successeurs, et sur ses biens et revenus, de tenir compte, à ceux qui prendront sa nouvelle monnaie, de la différence du poids ou loy, 700, A. 1295. Les monnaies étrangères n'auront pas cours dans le royaume, 727, A. 1301. 845, A. 1306. Défenses de fondre les monnaies, 799, A. 1303. Défenses aux prélats et barons d'en faire frapper à moindre prix et loy que d'ancienneté. Elles n'auront cours que dans leurs terres. Défenses d'élever le prix des denrées à cause des nouvelles monnaies, sous peine de confiscation, 830, A. 1301. Il ne pourra en être fondu dans les lieux privés et secrets. On pourra faire dans celle courante, lors du contrat, tous paiemens autres que ceux des cens, rentes et fermages qui seront en monnaie forte, et les arrérages des rentes à vie seront payés dans la monnaie courante au temps du contrat, 862, A. 1308. A l'effigie de Mahomet. V. Exportation, Obligations, Préface.

MORT CIVILE. (Capitul. sur les effets de la) 55, A. 809.

MOULIN (Comment on doit user du) possédé en commun, 499, A. 1270.

MOULIN BANNAL. Tout seigneur ayant justice en sa terre, a droit d'obliger tous les habitans de la banlieue de moudre à son moulin. Peine contre les contrevenans. 497, 501, A. 1270.

MUNICIPALITES. Ord. sur l'administration des bonnes villes, 277, A. 1256. V. Communes.

MYSTÈRES, (Commencement des représentations des) 164.

## N

NAISSANCE D'UN PRINCE. Charte relative à celle de Philippe-Auguste, 160, A. 1165.

NAPLES. V. Anjou.

NAVARRE, (Fondation du Collége de) 643.

NAUFRAGE (St. Louis, dans un traité avec le duc de Bretagne, stipule la renonciation au droit de) moyennant un droit sur les navigateurs, 238.

NICOLAS II. V. Papes.

NOBLES (Premiers), maison des Montmorency, 91, A. 958. Ceux qui n'ont pas répondu à la convocation sont condamnés à l'amende, 651, A. 1274. Convocation des nobles pour cause de guerre, 656, A. 1294. Arrestation des nobles qui, pendant la guerre, se rendent aux tournois; sequestre de leurs biens; défense de les recevoir et héberger; de leur vendre armes et chevaux, 825, A. 1304. V. Anoblissement. Préface.

NOTAIRES du Châtelet de Paris, réduits à 60, 725, A. 1300. Création de notaires dans les domaines du Roi. Défenses aux juges de se servir de leurs clercs ou greffiers, 795, A. 1302. Ord. sur les notaires, 818, A. 1304. V. Témoins.

NOYON (La Charte de la commune de) est la plus ancienne, 138, A. 1128. V. Communes.

NUIT (Défenses de vendre pendant la) des matières d'or et d'argent, pierreries, anneaux, 50, A. 803. Les délais se comptent par nuits et non par jours. V. Préface.

## O

OBLIGATIONS (Ord. sur le payem. des) contractées pendant la forte monnaie, 843, A. 1306.

OFFICIERS DE JUSTICE. V. Résidence.

OFFICIERS DU PALAIS, (Fragment d'un Capitul. sur le service des) 45, A. 800.

OFFICIERS MUNICIPAUX (Charte sur l'élection et la juridiction des) de Bapaume, 185, A. 1196.

OFFICIERS ROYAUX. Ordonnance pour la recherche de leurs malversations, 796, A. 1303.

OISEAUX DE PROIE, (Défenses aux évêques de consommer leurs revenus à nourrir des) 22, A. 58.

OLERON. (Jugemens d') V. Jugemens de la mer.

OLIM. Recueil d'arrêts. 643. Note. V. Préface.

OR (Défenses de vendre de l') pendant la nuit, 50, A. 803. V. Exportation.

ORDONNANCES (Comment les) étaient faites et rendues, 652. Note.

ORDRE DE L'ÉTOILE ou des Chevaliers de la Noble Maison, 100, A. 1022.

ORDRE MILITAIRE et des Chevaliers du Navire et du Croissant, 643.

ORLÉANS, (Confirmation des priviléges de l'église d') 92. Confirmation des possessions de cette église, 98, A. 991. Les portes d'Orléans ne seront plus fermées pendant les vendanges, et les officiers du Roi n'exigeront plus de vins à l'entrée, 101, A. 1057. Confirmation de l'institut de l'Université d'Orléans, 643.

ORPHELINS, (Capitul. sur les causes des) 34, A. 755. 42, A. 789. 52, A. 806. V. Mineurs.

OST, (Comment et par qui est dû le service d') 429, A. 1270. V. Recrutement.

## P

PAIRIE, (Pourquoi on ne voit pas de lettres d'érection de) 13-. Note. Érection de l'Anjou en Pairie, 710, A. 1297. De la Bretagne, 717, A. 1297.

PAIRS, (Lettre d'où se tire la première preuve de l'existence des) sous les premiers rois de la troisième race, 100, A. 1025. Les Pairs prennent séance à la cérémonie du sacre de Philippe-Auguste, 163. Note. Le nom de Pairs donné à des chefs de communes, 170. Note. Arrêt de la cour des pairs contre l'évêque de Châlons, 338, A. 1267. Si un baron, ajourné en matière d'héritage, demande à être jugé par ses pairs, on en appellera trois au moins, pour juger avec les chevaliers, 449, A. 1270. V. Cour des Pairs.

PAIRS ECCLÉSIASTIQUES, 664, A. 1277. L'évêque de Langres, élevé à cette dignité, 162, A. 1179. V. Amortissemens.

PAIX, ( Pacte pour l'entretien de la ) 21, A. 560. Edit pour la paix du royaume, 79, A. 864. La paix de l'état ne sera pas rompue par les démélés qui s'éleveront entre les villes, châteaux et villages, et les barons ou bourgeois, 357, A. 1270. V. Duels, Guerres privées, Quarantaine-le-Roi, Trève de Dieu.

PAPES. Promesse faite à Louis-le-Débonnaire et à son fils Lothaire, sous la foi du serment, par le clergé et le peuple romain, de ne pas élire de pape, ou de ne pas le consacrer, sans lui avoir fait prêter serment de fidélité devant les *missi dominici*, 67, A. 824. Le pape Eugène refuse d'y souscrire, *ibid.* Nicolas II confirme le droit qu'avaient les Empereurs d'élire les papes, 102, A. 1059. Le nom de pape fut donné, pour la première fois, au chef de l'Eglise, au concile d'Autun, à l'exclusion des évêques qui le prenaient auparavant, 107. Note. Les papes peuvent se démettre de la papauté, 705, A. 1296. Entreprises des papes contre l'autorité temporelle, 705, A. 1296. 729, A. 1301.

PARAGES ( Le cadet qui avait reçu des ) de l'ainé, lui en faisait hommage ; le seigneur dominant ne les tenait plus qu'en arrière-fief. L'ainé qui garantissait les puinés sous hommage, portait seul la foi et paraissait seul seigneur, 203. Note. Parage n'avait lieu qu'entre nobles, 387, A. 1290. V. Successions.

PARENTÉ. La cour du Roi casse, ( pour cause de ) éloignée, le mariage du Roi avec Isemburge. Suite de ce jugement, 184, A. 1193. V. Mariage.

PARJURES, (Capitul. sur la punition des) 39, A. 779. 50, A. 803. 54, A. 808. V. Blasphème, Serment, Vilain.

PARLEMENT ( Arrêt du) qui ordonne l'arrestation d'individus soupçonnés de vols; preuve que dès son origine il eut le droit d'arrestation, 280, A. 1258. Ord. sur le Parlement. Il fut, dans son origine, un démembrement du conseil d'état. 686, A. 1261. Autre, 790, A. 1302. Quand le Parlement commença d'être sédentaire. Opinions diverses sur son origine, 790. Note. Ord. du Parlement, V. Echiquier, Roi.

PARRAIN. Abbé, parrain de Louis VIII, 222. Note.

PARRICIDE. (Capitul. sur le) 34, A. 752. V. Homicide, Infanticide, Meurtre.

PARTAGE ( Comment se fait le ) de l'héritage d'un gentilhomme qui meurt, sans avoir assigné à ses enfans leur part et portion, 374, A. 1270. Comment, entre les enfans d'une femme noble mariée à un roturier, 367, A. 1270. Quelle part doivent avoir les enfans des barons. 390, A. 1270. Comment, pour les terres possédées en commun, 495, A. 1270. Comment, entre les enfans coutumiers, 530, 538, A. 1270. V. Successions.

PARTAGE du royaume entre les fils de Pepin, du consentement des grands et des évêques, 37, A. 768. Entre les trois fils de Charlemagne, 52, A. 806. Entre les trois enfans de Louis-le-Débonnaire, en assemblée générale du peuple, 60, A. 817. 70, A. 837. Le partage cesse à l'avènement de Hugues Capet, 95, A. 987. V. Domaine.

PATRONAGE ( Moyen d'établir son droit au ) des églises de Normandie. Ce que c'était, 202, A. 1208.

PAUVRES (Capitul. sur la protection des) contre les puissans, 52, A. 805. V. Orphelins.

PAYEMENT. V. Obligations.

PAYENS ( Ord. contenant invitation aux ) de se convertir, 70, A. 834. V. Hérétiques.

PAYSAN. V. Mainmorte, Serfs.

PÉAGES. (Capitul. sur la perception des) 34, A. 755. Autre sur le payem. et l'exemption des péages, 65, A. 821. Exemption de droits de péages en faveur de l'abbaye de St.-Denis. 136, A. 1110. Les marchands ne payeront pas les péages, s'ils trouvent passage ailleurs, 338, A. 1267. Refus d'en payer le droit puni d'amende. Du marchand qui le passe sans le payer, 543, A. 1270. V. Gentilshommes.

Pêche (Défense de la) en eau courante, 525, A. 1270. Sa police, 691, A. 1292. V. Forêts.

Peine de mort. Défenses de la prononcer sans jugement, 541, A. 808.

Pèlerins. Nom donné à ceux qui se croisaient pour le voyage de la Terre-Sainte, 210. V. Croisés.

Pénitence (Grégoire V impose une) de 7 ans au roi Robert, sous peine d'anathème, 98, A. 998. V. Excommunication.

Pepin couronné et sacré avec les cérémonies de l'Eglise, 33. Note. Pepin, roi d'Aquitaine, condamné à mort pour avoir trahi sa loi et son pays, 79, A. 864. V. Assemblée nationale, Roi.

Pertes de guerre. V. Indemnités.

Peuple. Le choix du peuple intervient dans la succession à la couronne, 52. Note. Lettres au peuple, 67, A. 828. Hugues-Capet fait serment de maintenir les droits du peuple, 96, A. 987. V. Assemblée nationale, Sacre.

Philippe Ier. Ses actes, 103. Est le premier de nos rois qui ait fait souscrire ses chartes par les grands officiers de la couronne, 105. Note.

Philippe II, (Auguste) nommé ainsi à cause de ses conquêtes. Ses lois, 165. Note.

Philippe III. (Le Hardi) Pourquoi il fut nommé ainsi. Ses lois, 644.

Philippe IV. (dit le Bel) Ses lois, 672.

Pierreries. V. Nuit.

Places-fortes, (Désignation des) dont les commandans seront appointés par le Roi, 683, A. 1290.

Plaids, (Capitul. sur la tenue des) 49 A. 803. Autre sur les citations données au plaid général, 50, A. 803. L'obligation d'aller au plaid était une charge dont les hommes libres cherchaient à s'affranchir sous la seconde race 154. Note. V. Jugement, Préface, Roi.

Poisson, (Ord. contre les voleurs de) 724, A. 1299.

Police. (Capitul. sur la) 51, A. 805. 66, A. 823. 68, A. 829. 74, A. 851. 83, A. 873. Ord. du prévôt Boileau. 294, A. 1260.

Poursuivant le roi (Les) seront logés et nourris aux dépens du Roi. Leurs fonctions, 682, A. 1289.

Pouvoir séculier. (Capitul. sur la séparation du) 34, A. 755. V. Papes, Puissance temporelle.

Pragmatique-sanction. Ce que c'était, 131. Note. Authenticité de la Pragmatique-Sanction de S. Louis, 339, A. 1268. V. Bulles, Conciles, Synodes.

Precepteurs du roi (Les) signaient les chartes, 105. Note. V. Contreseing.

Prélats (Privilége des) dans le Languedoc, 739, A. 1302. Le Roi, la reine et ses fils prennent sous leur protection les prélats qui avaient interjeté appel au futur concile contre Boniface VIII, 800, A. 1303. V. Aide, Evêques.

Prescription, (Temps et conditions pour acquérir par) 21, A. 560. Capit. sur la prescription des biens des Eglises, 46, A. 801. Capitul. sur la prescription, 70.

Prêtres, (Capitul. sur l'ordination des) 51, A. 804. Concile de Troyes qui condamne le mariage des prêtres, 132, A. 1087. V. Clergé, Curés.

Prêtrise (Age exigé pour la) 43, A. 794.

Preuve par témoins. (Ord. sur les duels et la) 283, A. 1260. Les preuves par témoins ou par titre, admises à la place des batailles, 367, A. 1270. Comment asseoir un jugement, quand les preuves sont égales de part et d'autre, 634, A. 1270.

Prévôt (De la conduite du) en sa cour, 363, A. 1270. Peine d'amende contre celui qui bat le prévôt, 549, A. 1270. Ord. du prévôt Boileau, 294, A. 1260.

Prières publiques, ordonnées pour l'abondance des biens de la terre, 37, A. 764.

Prince. (Charte à l'occasion de la naissance d'un) 160, A. 1165.

Prince séculier. V. Papes, Roi.

Prises (Exemption du droit de) en faveur de l'abbaye de Saint-Denis, 136, A. 1118. Des matelots, 321, A, 1265. Ord. qui règle le droit de prise du Roi, de la reine, des princes et des grands-officiers, 864, A. 1308.

Priviléges pécuniaires. (Exemption de péages.) V. Gentilshommes.

PROCÈS, (Constitution sur l'instruction des) 661, A. 1277. V. Dépens.
PROCUREUR, (l'ajournée malade doit nommer un) 488, A. 1270. De l'office du procureur, 577, A. 1270.
PROCLAMATION de Charles et de Lotaire, 76, A. 857.
PROFESSEURS. 234, A. 1230. V. Droit civil, École, Université.
PROPRIÉTÉ. V. Indemnités.
PROSTITUTION. V. Femmes publiques.
PROTESTATION de Philippe-le-Bel, contre les entreprises de la cour de Rome, 705, A. 1296. V. Cour de Rome, Papes.
PRUDHOMMES, qualifiés pairs de la commune. Assistent le prévôt, 148, A. 1150. Concessions aux habitans de Breteuil de se gouverner par deux prudhommes élus et renouvelés chaque année, 672, A. 1286.
PUBLICATION DES LOIS. (Quel était le mode de) 78, A. 861. Les Ord. doivent être publiées, 147, A. 1137.
PUISSANCE SPIRITUELLE. V. Décrétale de Boniface VIII, Interdit, Papes.
PUISSANCE TEMPORELLE, V. Cour de Rome, Décrétale de Boniface VIII, Papes.
PUPILLES. (Capitul. sur les causes des) 42, A. 789. V. Mineurs, Orphelins.

## Q

QUARANTAINE-LE-ROI, (Ord. sur les guerres privées, dite la) 247, A. 1245. V. Duels, Guerres privées.
QUINQUAGÉSIME, (Ord. dite) 701, A. 1295.
QUINZE-VINGTS, (Fondation de l'hôpital des) 357, A. 1269.

## R

RACHAT, (Les condamnés pour crime à perdre quelque membre ou la vie étaient admis au) pour de l'argent, 198. Note. On appelait rachat le revenu d'une année qui appartenait au seigneur, en cas de mutation, 249. Note. D'homme qui demande rachat pour cause de parenté. Comme il le doit avoir, 553, A. 1270. V. Dame.
RAPINES, (Répression des) 67, A. 826. 88, A. 883. V. Voies de fait.

RAPT, (Décret sur le) 20, A. 532. 22, A. 595. Des religieuses. V. ce mot.
RECELÉ DES VOLEURS, (Capitul. sur le) 50, A. 803. Des hérétiques punis de la confiscation, 234, A. 1229. Des voleurs et des malfaiteurs punis du feu, 599, A. 1270.
RÉCOLTES, (Capitul. sur la vente anticipée des) 54, A. 809.
RECOURS (Capitul. sur le) au prince contre les jugemens contraires aux lois 134, A. 755. V. Jugement.
RECRÉANCE, (Comment on doit demander) 574, A. 1270. Des cas de haute justice, où la recréance n'a pas lieu, 576, A. 1276. Peut-on la refuser? 582, A. 1270.
RECRUTEMENT. Service de l'Ost. 429, A. 1270. V. Ost, Service militaire.
RÉFORMATION (Ord. de) pour le Languedoc et le Languedoil, 264, A. 1254. Autre, additionnelle pour le Languedoc, 275, A. 1254. Charte de Henri III, roi d'Angleterre, qui donne pouvoir à 12 commissaires des barons, réunis à 12 membres de son conseil, pour réformer les abus de son royaume, 320, A. 1258. Ord. pour la réformation du royaume, 759, A. 1320. V. Justice.
RÉFUGIÉS, (Ord. pour la protection des Espagnols) 57, A. 813. 59, A. 815. 72, A. 846. V. Étranger.
RÉGALE (Lett. touchant la) de Laon. 158, A. 1158. Preuve du droit de régale, 160, A. 1161. Philippe-Auguste remet à perpétuité, à l'évêque de Mâcon, la régale de cet évêché, sous condition de lui faire serment de fidélité, et de recevoir de lui ses régales, 204, A. 1209.
RÉGENCE. Déclaration de Philippe-Auguste, à son départ pour la Terre-Sainte, sur la tutelle de son fils et le gouvernement du Royaume, 183, A. 1190. 1re régence de la reine Blanche, pendant la minorité de saint Louis, 229, 230, A. 1226. 2e régence de la reine Blanche, pendant le voyage de saint Louis à la Terre-Sainte, 253, A. 1248. Lieutenance-générale du Royaume, à la mort de la régente, 262, A. 1253. Régence de l'abbé de Saint-Denis et du sire de Nesle, pendant la seconde croisade de saint Louis, 354, A. 1269. Dispositions de Philippe-le-Hardi, sur la régence,

644, A. 1270. 646, A. 1271. de Philippe-le-Bel, 694, A. 1294. 725, A. 1300.

REIMS (L'archevêque de) prétend que la dignité de chancelier est annexée à cet archevêché, 105. Note. Louis VIII lui attribue la prérogative du sacre, 163, A. 1179.

REINE (la) ne pourra nommer des magistrats, ni donner des ordres aux officiers de justice, ni prendre personne à son service, et à celui de ses enfans, sans le consentement du parlement, et la permission du Roi, 295, A. 1261. Sacre de la reine Anne, 101, A. 1027.

RELIGIEUSES (Lett. de Clovis pour la protection des), contre les violences des soldats, 20, A. 810.

RENAUDT. Pepin, Roi d'Aquitaine, condamne comme tel, 79, A. 864. Note.

RENTES. V. Cens et Monnaies.

RÉPARATIONS CIVILES (les) portaient le nom d'amende comme les réparations adjugées au Roi, 850, A. 1306.

REPAS, 697, A. 1294. V. Luxe.

RÉSIDENCE des officiers de justice, 806, A. 1303.

RETOUR. (Clause de) V. Apanage, Domaine.

RETRAIT FÉODAL. 552, 554, 555, 556, 557, 560, A. 1270. Ord. sur le retrait lignager en Normandie, 665, A. 1278.

REVENUS (Tous les) des Rois ne se payaient pas en argent, mais beaucoup en espèces, comme blés, poules, vins, etc., qui étaient revendus au profit du Roi, 181, A. 1290. Note.

REVISIONS DES JUGEMENS, par le prince, 34, A. 755.

RIPUAIRES, (Loi des Francs) 20, A. 530. Capit. sur la loi des Ripuaires, 50, A. 803.

ROBERT, (Roi) Adjoint à la couronne, 90. Son excommunication, 98, A. 998.

ROBERT, (Roi) 98. Remarques d'Hénault sur l'ignorance de son siècle.

ROI. L'obéissance due à l'Empereur, 55, A. 810. Capitul. sur le respect dû au roi, 71, A. 844. Ne s'emparera plus par force des habitans d'Orléans, de leurs femmes, filles et fils, 170, A. 1183. S'oblige à protéger les habitans de Saint-André, moyennant l'abandon de la moitié de leurs revenus, 171, A. 1188. S'oblige à défendre et protéger Escurolles, moyennant finances, sous la condition que cette sauvegarde sera attachée perpétuellement à la couronne, sans que le Roi puisse s'en décharger, 176, A. 1189. N'est pas tenu des dettes de son prédécesseur, 270, A. 1256. Du droit du Roi, 426, A. 1270. Comment on peut réclamer contre le Roi, et en obtenir justice, 457, A. 1270. Élections de Pepin, 33, A. 752. D'Eudes (Odon), 89, A. 888. De Robert, 90, A. 922. De Lothaire, 91, A. 954. De Hugues-Capet, 95, A. 987. Philippe-Auguste, traité de la liberté d'un baron, 207, A. 1214. Roi d'Angleterre vassal du Roi de France; 282, A. 1259. Sa présence au sacre de Philippe-Auguste. 163, A. 1179. Condamnation du Roi Jean, 194, A. 1202. Sentence arbitrale de saint Louis, 297, A. 1263. Vassalité d'Edouard, 671, Remarques. Roi d'Aquitaine condamné à mort dans une assemblée nationale, 79, A. 864. Roi, chef suprême de justice. V. Couronnement, Jugement, Parlement, Plaids.

ROTURIERS servaient à pied, à la guerre, 804, A. 1303. V. Serfs.

ROYAUME, (Capitul. sur les besoins du) 77, A. 829, 352, 864. Ord. pour l'utilité du royaume, 276, A. 1256. Ord. sur la réformation du royaume, 759, A. 1302. 847, A. 1304. V. Domaine, Partage.

S

SACRE d'Anne de Russie avec celui d'Henri I. 1er. exemple de ce genre, sous la 3e. race, 101. Note. Edit de convocation des barons et des pairs de France, pour le sacre de Philippe-Auguste, 162, A. 1170. Sacre de Philippe-Auguste. Attribution au siège de Reims. Pourquoi ? 163, A. 1179. Louis VIII sacré du vivant de son père, 222. Note. Signification par les prélats et grands vassaux au comte de Champagne, de se trouver à Reims au sacre du Roi, 230, A. 1226. Sacre de Philippe-le-Hardi. Il n'y aura que deux pairs laïcs, 644, A. 1271. Sacre de Philippe IV à 17 ans, 672, A. 1286. V. Couronnement, Foi et Hommage.

DES MATIÈRES. 891

SAINT LOUIS. V. Canonisation.

SAINT-SÉPULCRE, ( Lett. du ) 107, A. 1099. V. Assises de Jérusalem.

SAINT-SIÉGE, (Capitul. sur l'honneur dû au) 46, A. 801. Pouvoir du saint siége envers les Rois, 726, A. 1301. V. Bulles, Cour de Rome, Papes.

SAISIE. ( Instruction de la ) 478. 550, A. 1270. V. Cens, Procès.

SALINES (règlement sur les) de Carcassonne, 348, A. 1269. V. Sels.

SALIQUE. loi) A quelle époque elle a été rédigée, discutée et décrétée, 3, A, 420. Conjectures sur sa correction, révision et publication, 25. A. 630. Terres Saliques. Ce que c'était. Exclusion des femmes de la terre salique, 29. Note. Nouvelle rédaction de la loi salique, 45, A. 798. Addition à la loi salique, 49. A. 803. Autres additions par Louis-le-Débonnaire, en assemblée générale du peuple, 64, A. 819. Cap. sur l'observation de la loi salique, 65, A. 821.

SANG, ( Droit de ) 137. Note.

SCEAU nécessaire pour que foi soit ajoutée aux actes, 691, A. 1291. V. Contre-seing, Préface.

SEIGNEUR. Comment il perd l'obéissance de son vassal. 420, A. 1270. Comme on doit l'appeler lorsqu'il a rendu un jugement faux et injuste, 450, A. 1270. Celui qui porte la main sur son seigneur gentilhomme perd le poing. 540, A. 1270. Responsable des vols faits dans sa seigneurie, 348, A. 1269. V. Barons, Souveraineté.

SEING, Des actes de l'autorité royale, 105. V. Contreseing, Préface.

SELS ( Défenses de vendre d'autres ) que ceux provenant des salines de Carcassonne, et d'en prohiber l'importation, 107, A. 1099.

SÉNÉCHAL ( le ) était grand-maître de la maison du Roi, 105. Note. Cette charge était héréditaire dans la maison d'Anjou. Sa suppression, 136, A. 1118.

SENTENCE ARBITRALE, donnée par saint Louis, sur les difficultés survenues entre le roi d'Angleterre et ses barons, au sujet des articles d'Oxfort, 297, A. 1263. V. Jugement, Plaids, Roi.

SEQUESTRE des biens des prélats, docteurs et autres qui sortent du royaume, 748, A. 1302. V. Emigrer.

SERFS. (Peines contre l'infidélité des) 21, A. 560. Ceux de l'église de Saint-Maur admis en jugement contre les personnes franches. 134, A. 1118. Dans quels cas il était permis aux serfs de combattre, 135. A. 1118. Louis VIII les affranchit. Il y en avait encore alors un grand nombre dans le royaume, 222. Note. Mode de réclamation d'un homme comme serf, 372—622, A. 1270. V. Esclaves.

SERGENS-D'ARMES. (Edit qui institue les) C'est la première garde de nos rois. Ce qu'ils étaient. Ce qu'ils devinrent. Ils ne pouvaient être jugés que par le Roi ou son connétable. Leurs offices étaient à vie, 183, A. 1191. V. Gardes.

SERMENT (Capitul. sur le) de fidélité au Roi. 42, A. 789. A l'empereur, 53. A. 806. Sermens mutuels prêtés par Louis-le-Germanique et Charles-le-Chauve, dans l'assemblée du peuple, et par le peuple lui-même. Prononcé en langue tudesque par Charles; en langue romane par Louis. C'est le plus ancien monument de la langue nationale, 70, A. 842. Serment des fidèles au Roi, 76, A. 858. Formule du serment prêté par les évêques, laïcs, prêtres, à Charles, 83, A. 872.

SERMENT DU ROI. 88, A. 892. D'Eudes à son avènement au trône. 89, A. 888. Hugues-Capet s'engage par serment à conserver les priviléges de l'Eglise, à faire observer les lois et à maintenir les droits du peuple. 96, A. 987. V. Vassal, Vilain.

SERVICE MILITAIRE, (Capitul. sur le privilége des ecclésiastiques relativement au ) 50, A. 803. Comment on doit procéder quand le vassal refuse de rendre le service. 486, A. 1270. Défenses aux habitans de plusieurs villes de prendre du service militaire à l'étranger, sans l'autorisation du Roi, 701, A. 1296. Exemption du service militaire pour ceux qui ont moins de 100 f. de rente en meubles, et 200 fr. en meubles et immeubles, 747, A. 1302. V. Evêques, Recrutement.

SERVITUDE DE CORPS. Abolie en Lan-

57*

guedoc et changée en un cens annuel, 709, A. 1296.

SIMONIE, (Capitul. sur la) 34, A. 755. La simonie défendue comme très-préjudiciable à l'Eglise, 340.

SOLDATS, (Protection accordée aux églises, religieuses, veuves, clercs, enfans, contre les violences des) 20, A. 510.

SORBONNE, (Fondation du collège de) 279, A. 1256.

SORCIERS, (Capitul. sur la punition des) 33, A. 873. V. Hérétiques, Payens.

SOUVERAIN (On recourt au) pour faire droit aux parties, 402, A. 1270. V. Jugement. Roi.

SOUVERAINETÉ de la nation, 52, A. 806. 67, A. 828. 96, A. 937. Traité avec l'évêque de Viviers, contenant des dispositions sur les droits de la souveraineté et sur ceux des seigneurs, 851, A. 1307. V. Assemblée nationale, Roi, Sacre.

SUBSIDE, (Défenses par le pape aux corps ecclésiastiques et prélats, de payer aucun) aux puissances laïques sans la permission du S.-Siége, sous peine d'interdiction et de déposition, et d'en ordonner la levée sous peine d'excommunication, 702, A. 1296. Le pape défend aux gens d'église de payer aucun subside sans la permission de Rome, 739, A. 1301. Levée d'un subside, à cause du mariage d'Isabelle avec le roi d'Angleterre, 862, A. 1308. Pour la guerre de Flandre sera supporté par les nobles ayant plus de 400 fr. de revenus et par les non-nobles ayant 300 fr. en meubles, et 500 fr. en meubles et immeubles, 749, A. 1302. Levée d'une subvention dans l'Agenois à cause de la guerre de Flandre et du consentement des prélats, barons et autres conseillers, 781, A. 1302. Levée d'une subvention sur les personnes ignobles, 799, A. 1303. Subvention d'hommes pour la guerre de Flandre, 803, A. 1303. V. Contributions, Impôts. Mariage, Priviléges pécuniaires, Taille.

SUCCESSIBILITÉ au trône (Origine de la) de mâle en mâle, par ordre de primogéniture, 98. Note. V. Roi. Salique (Loi).

SUCCESSIONS (Décret sur les) collatérales, 22, A. 598. Cas d'indignité en matière de succession, 50, A. 803. Les enfans succèdent aux dignités de leurs pères retirés du monde, 87, A. 877. Successions entre frères en parage, 386, A. 1270. des biens ecclésiastiques, 132. V. ce mot. V. Aubaines, Femme noble, Intestats, Partage.

SUGER, (Régence de). 148, A. 1147. V. Régence.

SUICIDES, (Confiscation des meubles des). 469, A. 1270.

SUSPECTS. (Punition des) Comment la justice doit procéder contre eux, 391, 401, A. 1270. V. *Habeas Corpus*.

SYNAGOGUES. Sont exceptées de la vente ordonnée des biens des juifs, 280, A. 1257. V. Juifs.

SYNODES, (Capitul. sur la convocation des) 34, 36, A. 755. Capitul. sur la formation d'un synode d'évêques; indication des objets qui pourront y être traités, 67, A. 828. Synode contenant des dispositions sur les synodes, 77, A. 859. V. Assemblée nationale, Conciles.

## T

TABELLIONS (L'institution des) n'appartient qu'au Roi, 691, A. 1291. Ord. sur les tabellions, 818, A. 1304. V. Notaires.

TAILLE (la) n'était payée que par les bourgeois ou les vilains, et non par les clercs et les gentilshommes, 208. Note. Ord. sur les tailles, 359. (Sans date.) Comment la maison d'un gentilhomme peut devoir la taille, 479, A. 1270. Défenses d'imposer à la taille les clercs vivant cléricalement, 704, A. 1296. V. Impôts.

TALION ( La peine du ) en usage dans tout le royaume, 321. Note. Lorsque le gage de bataille ou le duel étaient ordonnés pour crimes, le talion avait lieu soit pour la mort ou la mutilation des membres, 236. Note.

TÉMOIGNAGE, (Capitul. contre le faux) 50, A. 803. 373, A. 1270.

TÉMOINS, (Capitul. sur l'audition des) 52, A. 805. Les dépositions des témoins seront écrites par les notaires du Châtelet, 726, A. 1300. Punition des faux témoins, 373, A. 1270.

TEMPLIERS-HOSPITALIERS (les) et autres religieux qui n'auront pas l'habit et ne se rendront pas aux règles de l'ordre, ne jouiront pas des privilèges y attachés, 686, A. 1290. V. Monastères.

TEMPOREL des ecclésiastiques. V. Ecclésiastiques.

TERRAGE, (Terres sujettes au droit de) 561, A. 1270.

TERRES, (Échange de) 550, A. 1270.

TESTAMENT de Charlemagne, 50, A. 811. De Philippe-Aug. 177, A. 1190. Autre du même, 219, A. 1222. De Louis VIII, 225, A. 1225. Défenses de faire usage de l'ancien et du nouveau testament. Le testament devra être fait en présence du curé, pour qu'il s'assure de la foi du testateur, 234, A. 1229. Testament de St. Louis. 348, A. 1269. Prétendu, de Louis V. V. Préface.

THÉATRE, (Premières représentations de) 164.

THÉODOSIEN, (Publication pour l'Occident du code) 4, A. 443. Code Théodosien, 20, A. 506.

TOURNOIS. (Premier) Il ne fut pas ensanglanté, 70, A. 842. Le 12e. des canons d'Eugène III défend les tournois, sous peine d'être privé de la sépulture ecclésiastique, 148. Défenses des Tournois, 826, A. 1304. V. Guerres privées, Nobles.

TRAHISON. Peine de mort pour crime de haute trahison, appliquée à Pepin, roi d'Aquitaine, 79, A. 864.

TRAITÉ de paix et d'alliance entre les trois rois, 73, 74, A. 847. Entre le roi de France et celui d'Allemagne, 188, A. 1198. Entre le roi de France et celui d'Angleterre, 189, A. 1200. 206, A. 1214. 281, A. 1259. Entre la France et le roi de Tunis, 646, A. 1270. Traité secret entre Philippe et le roi d'Angleterre, 697, A. 1294. V. Barons.

TRÉSOR (L'argent d'un) appartient au seigneur. L'or au Roi, 232, A. 1259. Comment on doit disposer du trésor qu'on trouve par hasard ou autrement, 471, A. 1270. La découverte doit en être révélée au Roi, 845, A. 1306.

TRÊVE DE DIEU (la) n'était pas enfreinte par paroles, ni même par les coups et les blessures, s'ils n'étaient pas une suite de la première querelle, 636, A. 1270. V. Quarantaine-le Roi.

TRIBUTS, (Capitul. sur les) 64, A. 819.

TROYES. (Jours de) V. Échiquier, Justice.

TUTELLE, (D'enfans roturiers) 186, A. 1197. 36, A. 1270. V. Gentilshommes, Mariage, Mineurs, Pupilles, Régence.

## U

UNIVERSITÉ (Lettres en faveur de l') de Paris. Les premiers statuts en furent dressés par Robert de Courçon. Ses progrès. Sa puissance. Ses privilèges. Le recteur signait les traités. L'université députait aux conciles. Sa décroissance de Charles VI à Louis XII. Louis XIV la réduit à ce qu'elle fut depuis, 190, A. 1200. 233, A. 1229. 247, A. 1245. Fondation de l'Université de Montpellier, 671.

USAGE (Ord. sur le droit d') dans les forêts du Roi, 666, A. 1280.

USURE. V. Juifs, Lombards, Mariage.

USURIERS, (Comment on doit punir les) 467, A. 1270.

USURPATION, De Pepin, 33, A. 752. D'Eudes, 89, A. 888. De Robert, 90, A. 922. Concile prononçant excommunication de Hugues, père de Hugues Capet, envahisseur du royaume de Louis, s'il ne vient se justifier au concile synodal, 91, A. 948.

UTILITÉ COMMUNE, (Capitul. sur l') 56, A. 811.

## V

VAISSEAUX, (Capitul. sur le service des) 56, A. 812.

VAISSELLE D'OR ET D'ARGENT (Défenses d'avoir de la) à ceux qui ont moins de 6000 fr. de rente. Ceux qui en ont en porteront le tiers à la monnaie, 696, A. 1294. Ordre de remettre la moitié de la vaisselle d'argent à la monnaie, 748, A. 1302. V. Luxe.

VASSAL. Ne pouvait plus quitter son seigneur quand il en avait reçu quelque chose, ne fût-ce qu'un sol, 59. Vassal mandé par son seigneur pour faire la guerre au chef seigneur. Quelle conduite il doit tenir vis-à-vis des deux seigneurs, 417, A. 1270. Un vassal qui se plaint de son sei-

TABLE DES MATIÈRES.

...eur en la cour du Roi, 421, A. 1270. V. Foi et hommage, Serfs.

VAUDOIS. D'où vient ce nom, 364, A. 1250. V. Hérétiques.

VAVASSEUR (Le) ne peut condamner au bannissement sans le consentement du baron, sinon il perdrait sa justice, 398, A. 1270. De la justice du vavasseur, 404, A. 1270. Pour quel méfait le vavasseur ne peut rappeler son vassal de la cour du baron à la sienne. Vavasseur ne peut mettre un voleur en liberté sans le consentement du chef seigneur, 406, A. 1270. Vavasseur peut avoir un moulin banal. Dans quel cas? 500, A. 1270. V. Bacons, Seigneur, Serfs, Vassal.

VEUVES. Protégées contre les violences des soldats, 22, A. 510. Cap. sur les causes des veuves, 34, A. 751. Autre sur leur défense, 45, A. 806.

VIDUITÉ. (Don de) Gentilhomme en jouira pourvu que l'enfant ait assez vécu pour crier et se faire entendre, et que sa femme lui ait été donnée vierge encore, 378, A. 1270.

VILAIN, (On ne peut pas faire un noble d'un) sans le consentement du Roi, 666, A. 1280. V. Anoblissement, Nobles, Roturiers.

VILAIN Serment. Ce que c'était, 342. Note.

VILLES. (bonnes) V. Municipalités, Fortifications.

VIN (Les paysans portant eux-mêmes au marché le) de leur cru, ne payeront pas de droit, 321, A. 1265.

Défense d'exporter les vins, 661, A. 1270. V. Exportation.

VIRGINITÉ. (Capital. sur la perte de) 38, A. 757. V. Fornication.

VISIGOTHS, (Loi des) 4, A. 466. Changée par Jean VIII. 88. Note.

VOIES DE FAIT. Peine contre ceux qui envahissent avec armes le terrain d'autrui, 640, A. 1270.

VOL (Peines contre le) 20, A. 532. 22, A. 595. Comment on peut réclamer l'objet volé, entre les mains d'un tiers de bonne foi, 473, A. 1270.

VOL DOMESTIQUE, sera puni de la corde, 398, A. 1270.

VOLEUR. (Peine contre celui qui refuse d'aider à poursuivre un) 22, A. 595. Capitul. sur la punition des voleurs, 39, A. 779. Capitul. sur le recélé des voleurs, 50, A. 803. Capitul. sur les voleurs, 53, A. 806. Le voleur sera puni selon son crime, 397, A. 1270. Réclamation d'un voleur qui s'enfuit d'une terre dans une autre, 408, A. 1270. Comment le voleur doit être rendu par le seigneur à son vassal, et par le vassal à son seigneur, 427, A. 1270. Le voleur ne peut être mis en liberté par le vavasseur, sans le consentement du baron, 632, A. 1270. Comment les biens des voleurs restent aux seigneurs, 637, A. 1270. V. Gibier, Poisson, Seigneur.

VOYAGEURS. (Capitul. sur la sûreté des) 39, A. 779. Capitul. sur l'hospitalité due aux voyageurs, 50, A. 803. V. Étranger.

FIN DE LA TABLE DES MATIÈRES.

www.ingramcontent.com/pod-product-compliance
Lightning Source LLC
Chambersburg PA
CBHW051358230426
43669CB00011B/1689